Klümpen-Neusel • Immobilien klug vererben

Zusätzliche digitale Inhalte für Sie!

Dieses Buch bietet Ihnen mehr als nur eine gedruckte Version! Nutzen Sie die folgenden Möglichkeiten, die Ihnen für dieses Produkt in der NWB Datenbank zur Verfügung stehen.

Online-Version

Sie haben das gedruckte Exemplar Ihres Buches nicht zur Hand oder möchten etwas schnell recherchieren? Dann nutzen Sie die Online-Version Ihres Buches. Diese steht Ihnen nach Eingabe des folgenden Freischaltcodes direkt zur Verfügung.

Schalten Sie sich das Buch inklusive Mehrwert direkt frei.

Scannen Sie den QR-Code **oder** rufen Sie die Seite www.nwb.de auf.
Geben Sie den Freischaltcode ein und folgen Sie dem Anmeldedialog. Fertig!

Ihr Freischaltcode

BNMS-GMOS-KQFI-JPMI-NOQD-FE

www.nwb.de

Immobilien klug vererben

Steueroptimierende Gestaltungen

Von

Dr. Claudia Klümpen-Neusel, Rechtsanwältin und Steuerberaterin

unter Mitarbeit von Christoph Hübner, Steuerberater

2. aktualisierte und erweiterte Auflage 2025

nwb

ISBN 978-3-482-**67102**-9

2. aktualisierte und erweiterte Auflage 2025

NWB Verlag GmbH & Co. KG
Eschstr. 22
44629 Herne
service@nwb.de

Satz: Reemers Publishing Services GmbH, Krefeld

Druck: Elanders Waiblingen GmbH, Waiblingen

Um eine gute Lesbarkeit zu gewährleisten, verwenden wir in Fachtexten in der Regel geschlechtsspezifische Personenbezeichnungen. Selbstverständlich sind damit alle Menschen gleichermaßen gemeint.

VORWORT

Seit dem Erscheinen der ersten Auflage mussten sich rechtliche und steuerliche Berater mit einigen Gesetzesänderungen auseinandersetzen, die die steuerliche Behandlung von Immobilien bzw. Immobilientransaktionen betrafen. An erster Stelle sei dabei an das zu Beginn des Jahres 2024 in Kraft getretene „MoPeG“, das Gesetz zur Modernisierung des Personengesellschaftsrechts, genannt, das insbesondere die Ausstattung und anschließende Übertragen von Kommanditanteilen an Immobilien-Personengesellschaften auf die nächste Generation überschattete: Erst seit Verkündung des Jahressteuergesetzes 2024 besteht Gewissheit, dass vor dem 31.12.2026 getätigte Einlagen in Form von Immobilien in die Familiengesellschaft mit anschließender Reduzierung der Beteiligungsquote des einlegenden Elternteils bei diesem keine rückwirkende Grunderwerbsteuer auslösen, falls die Personengesellschaft ab 2027 grunderwerbsteuerlich als intransparentes Gebilde anzusehen sein sollte.

Des Weiteren leisteten sich Finanzverwaltung und Rechtsprechung einen kurzweiligen Schlagabtausch zu der Frage, ob die Veräußerung eines Erbteils der Veräußerung des anteiligen Nachlassvermögens gleichstehe. Insbesondere im Rahmen des § 23 EStG schien sich für Steuerpflichtige und Beraterschaft eine Lücke aufzutun, wonach von einer Erbengemeinschaft gehaltene steuerverhaftete Immobilien über die Veräußerung des Miterbenanteils veräußert werden könnten, ohne als privates Veräußerungsgeschäft der Einkommensteuer zu unterliegen. Diesen Überlegungen hat jedoch der Gesetzgeber wiederum im Rahmen des Jahressteuergesetzes 2024 einen Riegel vorgeschoben.

Neben den gesetzlichen Neuerungen wurde ein weiterer Schwerpunkt der 2. Auflage „Immobilien klug vererben“ auf die Auslandsimmobilie gelegt. Ganz herzlich möchte ich mich an dieser Stelle bei meinem Co-Autor Christoph Hübner bedanken, der am Beispiel einer ausländischen Ferien-Immobilie seinen Erfahrungsschatz mit der Leserschaft teilt.

Düsseldorf, im November 2024

Claudia Klümpen-Neusel

INHALTSÜBERSICHT

Seite

INHALTSVERZEICHNIS

C. GESTALTUNGSMÖGLICHKEITEN NACH DEM ERBFALL

LITERATURVERZEICHNIS

Monografien / Kommentare

B

Bamberger/Roth/Hau/Poseck, BeckOK zum BGB, 71. Ed. 2024

Baumbach/Hueck, Gesetz betreffend die Gesellschaften mit beschränkter Haftung: GmbHG, 21. Aufl. 2017

BeckOK, AO, 5. Ed. 2018, München

BeckOK, AO, 29. Ed. 2024, München

BeckOK, BGB, 45. Ed. 2017, München

BeckOK, BGB, 46. Ed. 2018, München

BeckOK, BGB, 70. Ed. 2024, München

BeckOK, BGB, 71. Ed. 2024, München

BeckOK, ErbStG, 9. Ed. 2020, München

BeckOK, EStG, 19. Ed. 2024, München

Beck'sches Handbuch der GmbH, 6. Aufl. 2021

Beck'sches Handbuch der Personengesellschaften, 5. Aufl. 2020

Blümich, EStG, KStG, GewStG Kommentar, 154. Erg.-Lfg. 2020

Ders., EStG, KStG, GewStG Kommentar, 157. Erg.-Lfg. 2021

Boruttau, Grunderwerbsteuergesetz Kommentar: GrEStG, 18. Aufl. 2016

Ders., Grunderwerbsteuergesetz Kommentar: GrEStG, 19. Aufl. 2018

Burandt/Rojahn, Erbrecht, 4. Aufl. 2022

D

Daragan/Halaczinsky/Riedel, Praxiskommentar ErbStG und BewG, 4. Aufl. 2022

E

Engel, Vermögensverwaltende Personengesellschaften im Ertragsteuerrecht, 3. Aufl. 2023

Erkis/Thonemann-Micker, BeckOK zum ErbStG, 25. Ed. 2024

F

Fleischer/Goette, Münchener Kommentar zum Gesetz betreffend die Gesellschaften mit beschränkter Haftung (GmbHG), Band 1: §§ 1–34, 4. Aufl. 2022

G

Gaier, Münchener Kommentar zum Bürgerlichen Gesetzbuch: BGB, Band 8: Sachenrecht, §§ 854-1296 BGB, WEG, ErbbauRG, 9. Aufl. 2023

Gosch/Kroppen/Grotherr/Kraft, DBA-Kommentar, 59. Erg.-Lfg. 2024

Greiser/Rotter, Immobilien im Betriebsvermögen, 1. Aufl. 2016

Grüneberg, Bürgerliches Gesetzbuch – BGB, 83. Aufl. 2024

Gsell/Krüger/Lorenz/Reymann, BeckOGK zum BGB, Stand: 1.10.2020, München

H

Habersack/Papier, Münchener Kommentar zum Bürgerlichen Gesetzbuch: BGB, Band 7: Schuldrecht – Besonderer Teil IV, §§ 705-853 BGB, PartGG, ProdHaftG, 7. Aufl. 2017

Hannes, Formularbuch Vermögens- und Unternehmensnachfolge, 2. Aufl. 2017

Herberger, Juris Praxiskommentar BGB – Band 5: Erbrecht, 9. Aufl. 2019

Hermann/Heuer/Raupach, EStG KStG Kommentar, 325. Aktualisierung 2024

J

Jauernig, Bürgerliches Gesetzbuch: BGB, 19. Aufl. 2023

K

Kapp/Ebeling, Erbschaftsteuer- und Schenkungsteuergesetz, 100. Erg.-Lfg. 2024

Kessal-Wulf, Münchener Kommentar zum Bürgerlichen Gesetzbuch: BGB, Band 11: Erbrecht, §§ 1922-2385 BGB, §§ 27-35 BeurkG, 9. Aufl. 2022

Klein, Abgabenordnung: AO, 11. Aufl. 2012

Ders., Abgabenordnung: AO, 13. Aufl. 2016

Ders., Abgabenordnung: AO, 14. Aufl. 2018

Ders., Abgabenordnung: AO, 18. Aufl. 2024

Klein/Müller, Praxishandbuch der GmbH – Gesellschafts- und Steuerrecht, 4. Aufl. 2017

Koenig, Abgabenordnung: AO, 5. Aufl. 2024

Kreutziger/Schaffner/Stephany, Kommentar zum Bewertungsgesetz: BewG, 6. Aufl. 2024

Kroiß/Ann/Mayer, BGB, 5. Aufl. 2018

Krüger, Münchener zum Bürgerlichen Gesetzbuch: BGB, Band 3: Schuldrecht – Allgemeiner Teil II, §§ 311-432, 8. Aufl. 2019

L

Landsittel, Gestaltungsmöglichkeiten von Erbfällen und Schenkungen, 3. Aufl. 2006

Leingärtner, Besteuerung der Landwirte, 46. Erg.-Lfg. 2024

M

Meincke/Hannes/Holtz, Erbschaftsteuer- und Schenkungsteuergesetz: ErbStG, 18. Aufl. 2021

Moench/Weinmann, Erbschaft- und Schenkungsteuergesetz: ErbStG Kommentar, 103. Aktualisierung 2024

N

Nacke, Immobilienbesteuerung bei Erwerb, Besitz, Veräußerung, 1. Aufl. 2016

Nieder/Kössinger, Handbuch der Testamentsgestaltung, 5. Aufl. 2015

O

Oetker, Handelsgesetzbuch: HGB, 8. Aufl. 2024

P

Pahlke, Grunderwerbsteuergesetz: GrEStG, 7. Aufl. 2023

Priester/Mayer/Wicke, Münchener Handbuch des Gesellschaftsrechts, Band 3: Gesellschaft mit beschränkter Haftung, 6. Aufl. 2024

R

Reymann, juris Praxiskommentar BGB, 9. Aufl. 2020

Rössler/Troll, Bewertungsgesetz: BewG, 38. Erg.-Lfg. 2024

Rowedder/Pentz, Gesetz betreffend die Gesellschaften mit beschränkter Haftung: GmbHG, 7. Aufl. 2022

S

Scherer, Unternehmensnachfolge, 6. Aufl. 2020

Schmidt, Einkommensteuergesetz: EStG Kommentar, 43. Aufl. 2024

Schmidt, K., Münchener Kommentar zum Handelsgesetzbuch, Band 2: Handelsgesellschaften und stille Gesellschaft, §§ 105–160, 4. Aufl. 2016

Staudinger, BGB – Buch 5: Erbrecht: §§ 2064–2196 (Testament 1), 1. Aufl. 2019

Stenger/Loose, Kommentar zum Bewertungsrecht – BewG ErbStG, 171. Aufl. 2024

Schwab, Münchener Kommentar zum Bürgerlichen Gesetzbuch: BGB, Band 10: Familienrecht II: §§ 1589-1921 SGB VIII, 9. Aufl. 2024

T

Troll/Gebel/Jülicher/Gottschalk, Erbschaftsteuer- und Schenkungsteuergesetz: ErbStG, 54. Erg.-Lfg. 2017

Dies., Erbschaftsteuer- und Schenkungsteuergesetz: ErbStG, 57. Erg.-Lfg. 2019

Dies., Erbschaftsteuer- und Schenkungsteuergesetz: ErbStG, 59. Erg.-Lfg. 2020

Dies., Erbschaftsteuer- und Schenkungsteuergesetz: ErbStG, 60. Erg.-Lfg. 2020

Dies., Erbschaftsteuer- und Schenkungsteuergesetz: ErbStG, 68. Erg.-Lfg. 2024

Dies., Erbschaftsteuer- und Schenkungsteuergesetz: ErbStG, 69. Erg.-Lfg. 2024

V

Viskorf/Schuck/Wälzholz, Erbschaftsteuer- und Schenkungsteuergesetz, Bewertungsgesetz – Kommentar, 7. Aufl. 2023

Vogel/Lehner, Doppelbesteuerungsabkommen: DBA – Kommentar, 7. Aufl. 2021

W

Wassermeyer, DBA: Doppelbesteuerung – Kommentar zu allen deutschen Doppelbesteuerungsabkommen, 166. Erg.-Lfg. 2024

Ders., DBA USA (E), 153. Erg.-Lfg. 2021

Weilbach, Kommentar zum Grunderwerbsteuergesetz: GrEStG, 58. Aktualisierung 2024

Weinmann/Revenstorff/Offerhaus/Erkis, Erbschaft- und Schenkungsteuerrecht, 4. Aufl. 2017

Artikel

B

Barry, Nießbrauch an GmbH-Geschäftsanteilen, RNotZ 2014 S. 401

Beckervordersandfort, Nachfolgegestaltung mit Familienpool, ZErb 2016 S. 189

Binnewies/Wollweber, Private Feriendomizile in der Steuerfalle? – Zu den ertragsteuerlichen Fallstricken selbst genutzter Auslandsimmobilien, DStR 13/2014 S. 628

Blank, Von der „Cash-GmbH" zur „Real-Estate-GmbH" – Gestaltungen in einem (weiterhin) verfassungswidrigen Erbschaftsteuerrecht, DStR 2020 S. 2179

Broemel/Westermann, Zur Nämlichkeit von Wirtschaftsgütern im Gesamthandseigentum – Aktuelle Rechtsprechung und Implikationen für die Beratung, DStR 2024 S. 1681

Bron, Zum Risiko der Entstrickung durch den Abschluss bzw. die Revision von DBA – Überlegungen zu Outbound-Investitionen unter besonderer Berücksichtigung von Art. 13 Abs. 4 OECD-MA, § 6 AStG sowie von Umstrukturierungen, IStR 23/2012 S. 904

Brüggemann, Genehmigung, vormundschaftsgerichtliche G., Vormundschaftsgericht, Genehmigung von Rechtsgeschäften, FamRZ 1990 S. 124

C

Chuchra/Dorn/Schwarz, Besteuerung nach § 6 AStG aufgrund von Art. 13 Abs. 4 OECD-MA ohne aktives Zutun des Steuerpflichtigen? Überblick, Anwendungsbeispiele und offene Fragen, IWB 20/2016 S. 745

von Cölln, ErbStR 2011: Die Behandlung von Immobilienunternehmen, ZEV 2012 S. 133

Crezelius, Kunst im Nachlass – Ertrag- und erbschaftsteuerrechtliche Probleme, ZEV 2014 S. 637

Ders., Pflichtteilsabfindung und Erbschaftsteuer, BB 2000 S. 2333

D

Damrau, Kein Erfordernis der gerichtlichen Genehmigung bei Schenkungen von Gesellschaftsbeteiligungen an Minderjährige, ZEV 2000 S. 209

Detmering/Tetzlaff, Private Veräußerungsgeschäfte, NWB 39/2013 S. 3043

Deutsches Notarinstitut, Erbschaftsteuerliche Behandlung eines Zweckvermächtnisses („Supervermächtnis"), DNotI-Report 1/2010 S. 3

Dorn, Offene Fragen zur Anwendung der Behaltensregelung und Reinvestitionsklausel des § 13a Abs. 5 ErbStG bei Asset Deals und Share Deals in mehrstufigen Beteiligungsstrukturen, ZEV 2015 S. 619

E

Eich, Die Stundung von Erbschaft- und Schenkungsteuer – Fallgruppen, Voraussetzungen, Rechtsfolgen, ErbStB 2011 S. 114

Eisele, Entwurf eines Jahressteuergesetzes 2020, NWB 39/2020 S. 2892.

Ders., Erbschaftsteuerliches Bewertungsrecht, NWB 9/2008 S. 695

Ders., Erbschaftsteuerliche Immobilienbewertung: Verkehrswertnachweis nach dem ErbStG, ZEV 2009 S. 451

Eisele/Schmitt, Verkehrswertnachweis bei erbschaftsteuerlicher Immobilienbewertung, NWB 28/2010 S. 2232

Esskandari, Einkommen- und gewerbesteuerliche Folgen bei Tod eines Personengesellschafters, ZEV 2012 S. 249.

Everts, Kein lediglich rechtlich vorteilhaftes Geschäft bei Überlassung vermieteten Grundbesitzes trotz Nießbrauchsvorbehalt (m. Anm. Fembacher), DNotZ 2005 S. 625

F

Felix, Ausschlagung statt Erbauseinandersetzung zur Vermeidung der Einkommensteuer, DStZ 1991 S. 50

von Fragstein und Niemsdorff, Immobilien im Privat- und Betriebsvermögen in der steuerlichen Nachfolgeberatung – Gestaltungsüberlegungen für eine steueroptimierte Übertragung, NWB 12/2019 S. 793

Frank, Der Nießbrauch an Gesellschaftsanteilen, MittBayNot 2010 S. 96

G

Geck, Die Übertragung unter Nießbrauchsvorbehalt nach Aufhebung des § 25 ErbStG durch das ErbStRG, DStR 2009 S. 1005

Geuder, Bedingte und befristete Vermächtnisse in der notariellen Praxis, RNotZ 2021 S. 305

Götz, Schenkungsteuerliche Folgen eines Verzichts auf ein vorbehaltenes Nießbrauchsrecht, ZEV 2009 S. 609

Goetze, Der lebzeitige Nießbrauch an Grundstücken des Privatvermögens im Steuerrecht, RNotZ 2013 S. 147

Grözinger, Was setzt die steuerliche Anerkennung einer Personengesellschaft als Familiengesellschaft voraus?, NWB Steuerfach-Scout 2022

Groh, Erben als „Durchgangsunternehmer", DB 1992 S. 1312

Grotherr, Passive Entstrickung von Anteilen an Immobiliengesellschaften – Folgen der erstmaligen Anwendbarkeit des Multilateralen Instruments, IWB 15/2020 S. 597

H

Halaczinsky, Grunderwerbsteuer / Schenkung auf den Todesfall: Grunderwerbsteuerliche Aspekte bei Schenkungen und Erwerben von Todes wegen – Was ist zu beachten?, ErbStB 11/2012 S. 335

Ders., Ist eine Doppelbelastung mit Erbschaft- und Grunderwerbsteuer möglich?, ZEV 2003 S. 97

Hannes, Gestaltungsalternative: Ausschlagung der Erbschaft gegen Nießbrauchsabfindung oder Erbschaftsannahme mit nachfolgender Schenkung unter Nießbrauchsvorbehalt, ZEV 1996 S. 10

Hannes/Onderka, Die Bewertung von Betriebsvermögen und Anteilen an Kapitalgesellschaften nach der „AntBVBewV", ZEV 2008 S. 173

Hartmann, Ein super Vermächtnis – die Zulässigkeit des sog. Supervermächtnisses und die Möglichkeiten seiner Gestaltung, RNotZ 2022 S. 469

Heiliger, Einkommensteuerliche Risiken aus der Erbschaftausschlagung gegen Abfindungszahlungen, ZEV 2001 S. 432

Herbort/Sendke, Entstrickung durch die Revision des DBA-Spanien, IStR 14/2014 S. 499

Heuer/von Cube, Die steuerliche Behandlung von Kunstsammlungen im Licht der jüngsten BFH-Rechtsprechung, DStR 2017 S. 129

Hochheim/Wagenmann, Der Vorbehaltsnießbrauch am Kommanditanteil und die Mitunternehmerschaft, ZEV 2010 S. 109

Hölscher, Der gesellschaftsrechtliche Abfindungsausschluss in der erbrechtlichen Gestaltung: Wirksames Instrument zur Pflichtteilsreduzierung?, ZEV 2010 S. 609

Höne, Erbschaftsteuer-Richtlinien 2019 – Überblick über die wichtigsten Regelungen: Neuerungen, Ergänzungen sowie Änderungen verstehen und anwenden, NWB-EV 11/2019 S. 366

Höne/Nienhaus, Steuerpflicht von Grundstücksschenkungen unter Beteiligung von Kapitalgesellschaften? – § 7 VIII ErbStG versus § 3 Nr. 2 GrEStG, UVR 2012 S. 306

Hofmann, Grunderwerbsteuervergünstigung bei Übergang eines Grundstücks von Gesamthänder auf Gesamthand, BB 2000 S. 2605

Hoheisel/Nesselrode, Kunst im Betriebsvermögen und Erbschaftsteuer, DStR 2011 S. 441

Hübner/Hammes, Testamentsvollstreckung und Vertretung bei Gesellschafts- und Geschäftsanteilen, BB 2013 S. 2307

I

Ivo, Die Beteiligung Minderjähriger an Personengesellschaften, NWB 33/2007 S. 2871

J

Jänig/Schiemzik, Minderjährige Kinder als Gesellschafter, NWB 25/2016 S. 1897

Jülicher, Vertragliche Rückforderungsrechte und Weiterleitungsklauseln in Schenkungsverträgen – Steuerliche Auswirkungen ihrer Vereinbarung und ihrer Durchführung, DStR 1998 S. 1977

K

Kämper, Testamentsvollstreckung an Personengesellschaftsanteilen, RNotZ 2016 S. 625

Keim, Neues Recht in niedriger Dosierung: Das Gesetz zur Änderung des Erb- und Verjährungsrechts und seine Bedeutung für den Notar, MittBayNot 2010 S. 85

Keller/von Schrenck, Die vorweggenommene Erbfolge unter Beteiligung Minderjähriger, NWB 34/2014 S. 2555

Kepper, Übertragung von Einzelunternehmen und Anteilen an Personengesellschaften unter Nießbrauchsvorbehalt im Lichte der neueren BFH-Rechtsprechung, NZG 2019 S. 211

Kessler/Hübner, Passive Ent- bzw. Verstrickung von Immobiliengesellschaften – ein Leitfaden für die Praxis, PIStB 08/2019 S. 216

Kessler/Spychalski, Die Tatbestandsvoraussetzungen einer passiven Entstrickung bei Änderung bilateraler Verträge – Kann rein staatliches Handeln die Aufdeckung stiller Reserven implizieren?, IStR 06/2019 S. 193

Klingelhöffer, Die Stundung des Pflichtteilsanspruchs, ZEV 1998 S. 121

Klümpen-Neusel, Nießbrauch und Nießbrauchsverzicht, ErbBstg 2006 S. 192

Dies., Schenkungsteuerfreiheit disquotaler Einlagen vor dem Aus?, GmbH-Steuerpraxis 2011 S. 257

Klümpen-Neusel/Kaiser, Berücksichtigung von Nutzungslasten an Grundstücken, ErbBstg 2013 S. 79

Kollmeyer, Unternehmensnachfolge und Geschwisterabfindung durch Bestimmungs- und Zweckvermächtnisse in der Praxis, NJW 2017 S. 3271

Korn/Strahl, Private Veräußerungsgeschäfte gem. § 23 EStG: Steuerfallen und Gestaltungsmöglichkeiten, NWB 22/2001 S. 11609

Krause/Grootens, Wohn- und Nießbrauchsrechte in der Erbschaftsteuer – Kollision des § 198 BewG mit der Regelung des § 14 Abs. 2 BewG, NWB 14/2011 S. 1142

L

Lindenau, Steuersparmodell Kunstsammlung, ZErb 2015 S. 245

van Lishaut/Ebber/Schmitz, Die schenkung- und ertragsteuerliche Behandlung disquotaler Einlagen und disquotaler Gewinnausschüttungen, Ubg 2012 S. 1

Lohr/Görges, Die Behandlung des Pflichtteils in der Einkommenssteuer – Überblick mit Gestaltungsempfehlungen, DStR 2011 S. 1890, 1939

Lorenz, Möglichkeiten zur erbschaftsteuerlich begünstigten Übertragung von Wohnungsunternehmen und von Wohnungen im Bau, ZEV 2020 S. 281

M

Mannek, Diskussionsentwurf für eine Anteils- und Betriebsvermögensbewertungsverordnung – AntBVBewV, DB 2008 S. 423

Meincke, Abfindungsleistungen aus erbschaftsteuerlicher Sicht, ZEV 2000 S. 214

Milatz/Sonneborn, Nießbrauch an GmbH-Geschäftsanteilen: Zivilrechtliche Vorgaben und ertragsteuerliche Folgen, DStR 1999 S. 137

Milatz/Wiemann, Privilegiert § 13b Abs. 4 Nr. 1 S. 2d) ErbStG nur Eigenbesitz? – Erfüllt die Beteiligung an Personengesellschaften, die Grundbesitz verwalten, die Voraussetzungen eines Wohnungsunternehmens?, BB 2020 S. 1114

Müller, Ausgleich zwischen erbendem Kind und überlebendem Ehepartner, ErbStB 2006 S. 54

Müller/Fröhlich, Erbschaftsteuerliche Nachfolgeplanung für Immobilienunternehmen, ErbStB 2010 S. 14

Münch, Die zeitliche Abfolge einer mittelbaren Grundstücksschenkung – zugleich Anmerkung zum Urteil des Bundesfinanzhofs vom 10.11.2004 – II R 44/02, RNotZ 2005 S. 165

N

Neufang/Merz, Einkommen- und erbschaft- bzw. schenkungsteuerrechtliche Folgen bei Wegfall des Nießbrauchs, DStR 2012 S. 939

O

von Oertzen, Aktuelle Gestaltungsfragen bei der Erbschaftsteuerplanung für Kunstsammler, ZEV 10/2016 S. 561

von Oertzen/Hermann, Vermögensverwaltende GbR vs. vermögensverwaltende KG: Überblick über die zivil- und steuerrechtlichen Gemeinsamkeiten bzw. Unterschiede, ZEV 10/2003 S. 400

von Oertzen/Hübner, Behandlung vermögensverwaltender Tochtergesellschaften bei Wohnungsunternehmen iSd ErbStG, DStR 2020 S. 2586

von Oertzen/Lindermann, Das Supervermächtnis: Ein postmortales Gestaltungsinstrument der Nachfolgeplanung, ZEV 2020 S. 144

von Oertzen/Reich, Das Leben in der realisierten Cash-GmbH, BB 2013 S.1559.

Orth, Umwandlung durch Anwachsung (Teil I), DStR 1999 S. 1011

P

Piltz, Verwaltungsvermögen im neuen Erbschaftsteuerrecht, ZEV 2008 S. 229

von Proff, Die Anwachsung als Gestaltungsmodell bei Personengesellschaften, DStR 2016 S. 2227

Ders., Die Erbfolge in Beteiligungen an Personengesellschaften – Funktionsweise und Gestaltungsmöglichkeiten, DStR 2017 S. 2555

Ders., Die Testamentsvollstreckung an Beteiligungen an Personengesellschaften – Funktionsweise und Gestaltungsmöglichkeiten, DStR 2018 S. 415

Ders., (Nachlass-)Insolvenz, Nachlassverwaltung und Testamentsvollstreckung an Personengesellschaftsanteilen, NJW 2018 S. 828

R

Regierer/Vosseler, Steuerbefreiung für Wohnimmobilien gemäß § 13c ErbStG, DStR 25/2015 S. 1351

Reich, Die ertragsteuerliche Behandlung der Ausschlagung einer Erbschaft durch den Alleinerben gegen wiederkehrende Leistungen, DStR 2011 S. 2030

Ders., Schenkungsteuer bei Übertragung einer Ferien-/Zweitimmobilie unter Ehegatten, NZM 2014 S. 67

Reimann, 15 Ratschläge zum Umgang mit dem Familienheim, ZEV 2010 S. 174

Reiter, Entstrickung durch Abschluss oder Revision eines DBA, IStR 10/2012 S. 357

Riedel, Bewertung von Kapitalgesellschaftsanteilen für Zwecke der Erbschaft- und Schenkungsteuer, GmbHR 2009 S. 743

Rust, Die Beteiligung von Minderjährigen im Gesellschaftsrecht – Vertretung, familien-/vormundschaftsgerichtliche Genehmigung und Haftung des Minderjährigen (Teil I), DStR 2005 S. 1942

S

Saecker, Grunderwerbsteuerliche Auswirkungen bei (Familien-)Kapitalgesellschaften, NWB 36/2020 S. 2691

Saecker/Gelhaar, Das erbschaftsteuerlich begünstigte Wohnungsunternehmen, NWB 46/2020 S. 3427

Schießl, Erwerb der Beteiligung an einer Personengesellschaft und anschließende Veräußerung gesamthänderisch gehaltener Grundstücke – „Mischfall" – Zugleich Anmerkung zu dem BFH, Urteil v. 21.1.2014 - IX R 9/13, DStR 2014 S. 512.

Schley, Die Immobilien-GmbH, NWB-EV 6/2020 S. 198

Schönfeld, Die spanische Ferienimmobilie – quo vadis, FR 03/2015 S. 156

Scholten/Korezkij, Begünstigungen für Betriebsvermögen nach der Erbschaftsteuerreform – Verwaltungsvermögen, DStR 2009 S. 147

Schothöfer, Zur Einkünfte-Zurechnung bei einem (Quoten-)Nießbrauch am Anteil an einer GbR mit Einkünften aus Vermietung und Verpachtung, DStR 31/2023 S. 1695

Siebert, Die taktische Ausschlagung, ZEV 2010 S. 454

Söffing, Gewerblicher Grundstückshandel – Anmerkungen zum BMF-Schreiben vom 26.3.2004, DStR 2004 S. 793

Söffing/Klümpen-Neusel, Unentgeltliche Grundstücksgeschäfte und gewerblicher Grundstückshandel – Zugleich eine Besprechung des BFH-Urteils vom 5.3.2000, DStR 2000 S. 1753

Söffing/Thonemann, Anwendung der geänderten Vorschriften des Erbschaftsteuer- und Schenkungssteuergesetzes, ErbStB 2009 S. 325

Dies., Begünstigung unternehmerischen Vermögens nach dem ErbStG, DB 2009 S. 1836

Stein, Aktuelle ertragsteuerliche Fragestellungen zum Nießbrauchsvorbehalt an Gesellschaftsanteilen, ZEV 2019 S. 131

Ders., Wenn die Pflichtteilslast trotz steuerbefreiter Erwerbsgegenstände doch noch voll abziehbar ist ..., ErbBstg 2021 S. 152

Stoklassa, Ungeklärte Zweifelsfragen bei der Behandlung von Wohnungsunternehmen i. S. d. § 13b Abs. 4 Nr. 1 Satz 2 lit. d ErbStG n. F., ErbStB 2017 S. 80

Streppel, Einfach super?, DNotZ 2021 S. 259

T

von Thunen/Mehringer, Gegenmittel bei drohender Nachversteuerung der lebzeitigen Unternehmensnachfolge, BB 2020 S. 1752

Tiedtke/Wälzholz, Ausschlagung einer Erbschaft gegen Zahlung einer Abfindung und Erbschaftskauf als Veräußerungsgeschäft i. S. des § 23 EStG, BB 2001 S. 234 f.

Dies., Der BMF-Erlass vom 26.3.2004 zum gewerblichen Grundstückshandel – Neuerungen für die Praxis, MittBayNot 2004 S. 325

Dies., Nochmals: Einkommensteuerliche Risiken bei der Erbschaftsausschlagung gegen Abfindungszahlungen und beim Erbschaftskauf – Replik auf Heiliger, ZEV 2001 S. 432, ZEV 2002 S. 183

V

Viskorf, Der nachträgliche Verlust der Steuervergünstigung nach § 5 GrEStG: Die Voraussetzungen des neuen § 5 Abs. 3 GrEStG, DStR 2001 S. 1101

Ders., Kommentar zu BFH, Urteil v. 7.10.1998 - II R 52/96, FR 1999 S. 663

Vosseler/Regierer, Immobiliennachfolge mittels Familiengesellschaften, ZEV 2018 S. 434

W

Wachter, Erbschaftsausschlagung als steuerliches Gestaltungsmittel, ZNotP 2004 S. 176

Ders., Steuerbefreiung des selbstgenutzten Familienheims, ZEV 2014 S. 191

Ders., Supervermächtnis und Testamentsvollstreckung – zugleich Anm. zu OLG Hamm, Beschl. v. 16.8.2018 – 15 W 256/18, ErbR 10/2019 S. 621

Wacker, Vermögensverwaltende Gesamthand und Bruchteilsbetrachtung – eine Zwischenbilanz, DStR 2005 S. 2014

Weber/Heuser, Gestaltungsmöglichkeiten des länger lebenden Ehegatten, NWB-EV 11/2020 S. 366

Dies., Gestaltungsmöglichkeiten des länger lebenden Ehegatten – Erbrechtliche Gestaltungen nach dem Tod des zuerst versterbenden Ehegatten, NWB-EV Sonderausgabe November 2020 S. 6

Werner, Der Immobilien-Familienpool – Ein interessantes Instrument zur Gestaltung der Vermögensnachfolge, NWB-EV 32/2018 S. 2332

Ders., Die erbschaftsteuerliche Optimierung des Berliner Testaments durch das Supervermächtnis, NWB-EV 7/2020 S. 222

Ders., Postmortale Reparatur des Berliner Testaments durch die taktische Ausschlagung des Erbes – Erbrechtliche und güterrechtliche Lösung sowie Ausschlagung gegen Abfindung, NWB-EV Sonderausgabe November 2020 S. 22

Z

Zehentmeier, Die Schenkung- bzw. Erbschaftsteuerbefreiung beim Erwerb eines Familienheims – Aktuelle Rechtsprechung zum Familienheim, NWB 4/2019 S. 204

Zimmermann, Einkommensteuerliche Risiken aus der Erbschaftsausschlagung gegen Abfindung, ZEV 2001 S. 5

ABKÜRZUNGSVERZEICHNIS

A

a. A.	anderer Ansicht
a. a. O.	am angegebenen Ort
ABl	Amtsblatt
Abs.	Absatz
Abschn.	Abschnitt
abzgl.	abzüglich
ADS	Adler/Düring/Schmaltz (Rechnungslegung und Prüfung der Unternehmer)
a. E.	am Ende
AEAO	Anwendungserlass zur Abgabenordnung
AEAStG	Anwendungserlass zum Außensteuergesetz
AEUV	Vertrag über die Arbeitsweise der Europäischen Union
a. F.	alte Fassung
AfA	Absetzung für Abnutzung
AG	Aktiengesellschaft; Die Aktiengesellschaft (Zs.)
AK	Anschaffungskosten
AktG	Aktiengesetz
a. M.	anderer Meinung
AnfG	Anfechtungsgesetz
Anm.	Anmerkung(en)
AO	Abgabenordnung
Art.	Artikel
AStG	Außensteuergesetz
ATADUmsG	Gesetz zur Umsetzung der Anti Steuervermeidungsrichtlinie
Aufl.	Auflage
Az.	Aktenzeichen

B

BAG	Bundesarbeitsgericht
BAnz.	Bundesanzeiger
BauGB	Baugesetzbuch
BayOLG	Bayerisches Oberlandesgericht
BayObLGZ	Entscheidungen des Bayerischen Obersten Landesgerichts in Zivilsachen
BB	Betriebsberater (Zs.)
BBK	Buchführung, Bilanzierung, Kostenrechnung (Zs.)
Bd.	Band
BeckOK	Beck'sche Online-Kommentare

BeckRS	Beck-Rechtsprechung
BeckVerw	Datenbank der Verwaltungserlasse in beck-online des Verlags C. H. Beck
ber.	berichtigt
betr.	betreffend, betreffs
BetrVG	Betriebsverfassungsgesetz
BewDV	Durchführungsverordnung zum Bewertungsgesetz
BewG	Bewertungsgesetz
BFH	Bundesfinanzhof
BFHE	Entscheidungen des Bundesfinanzhofs (Sammlung wichtiger Entscheidungen des BFH)
BFH/NV	Sammlung amtlich nicht veröffentlichter Entscheidungen des BFH (Zs.)
BFH/PR	Entscheidungen des BFH für die Praxis der Steuerberatung
BGB	Bürgerliches Gesetzbuch
BGBl	Bundesgesetzblatt
BGH	Bundesgerichtshof
BGHZ	Entscheidungen des BGH in Zivilsachen
BilMoG	Bilanzrechtsmodernisierungsgesetz
BMF	Bundesminister der Finanzen
BR-Drucks.	Bundesrats-Drucksache
BSHG	Bundessozialhilfegesetz
bspw.	beispielsweise
BStBl	Bundessteuerblatt
BT	Bundestag
BT-Drucks.	Bundestags-Drucksache
Buchst.	Buchstabe
BV	Betriebsvermögen
BVerfG	Bundesverfassungsgericht
BVerwG	Bundesverwaltungsgericht
BWNotZ	Zeitschrift für das Notariat in Baden-Württemberg (Zs.)
bzgl.	bezüglich
bzw.	beziehungsweise

D

DB	Der Betrieb (Zs.)
DBA	Doppelbesteuerungsabkommen
DDR	Deutsche Demokratische Republik
ders.	derselbe
d. h.	das heißt
dies.	dieselbe(n)
DNotZ	Deutsche Notar-Zeitung (Zs.)
DStR	Deutsches Steuerrecht (Zs.)

DStRE	DStR-Entscheidungsdienst (Zs.)
DStZ	Deutsche Steuer-Zeitung (Zs.)

E

EEE	Einheitliche Europäische Eigenerklärung
EFG	Entscheidungen der Finanzgerichte (Zs.)
EG	Einführungsgesetz
EGBGB	Einführungsgesetz zum Bürgerlichen Gesetzbuch v. 18.8.1896
ErbBStg	Erbfolgebesteuerung (Zs.)
ErbStB	Der Erbschaft-Steuer-Berater (Zs.)
ErbStDV	Erbschaftsteuer-Durchführungsverordnung
ErbStG	Erbschaftsteuergesetz
ErbStH	Erbschaftsteuerhandbuch
ErbStR	Erbschaftsteuer-Richtlinien
ErbStRG	Erbschaftsteuerreformgesetz
Erg.-Lfg.	Ergänzungslieferung
EStB	Der Ertrag-Steuer-Berater (Zs.)
EStDV	Einkommensteuer-Durchführungsverordnung
EStG	Einkommensteuergesetz
EStH	Amtliches Einkommensteuer-Handbuch
EStR	Einkommensteuer-Richtlinien
etc.	et cetera
EU	Europäische Union
EuErbVO	Europäische Erbrechtsverordnung
EuGH	Gerichtshof der Europäischen Union
EUR	Euro
EuZW	Europäische Zeitschrift für Wirtschaftsrecht (Zs.)

F

F	Fach
f.	folgend(e)
FamRZ	Zeitschrift für das gesamte Familienrecht (Zs.)
FAZ	Frankfurter Allgemeine Zeitung
ff.	fortfolgend(e)
FG	Finanzgericht
FinMin	Finanzministerium (der Länder)
FM	Finanzminister
FN IDW	Fachnachrichten des Instituts der Wirtschaftsprüfer e. V.
FN	Fußnote
FR	Finanz-Rundschau (Zs.)
FS	Festschrift

G

GBl.	Gesetzblatt
GbR	Gesellschaft bürgerlichen Rechts
gem.	gemäß
GewSt	Gewerbesteuer
GewStDV	Gewerbesteuer-Durchführungsverordnung
GewStG	Gewerbesteuergesetz
GewStR	Gewerbesteuer-Richtlinien
GFZ	Geschossflächenzahl
GG	Grundgesetz
ggf.	gegebenenfalls
GLE	Gleich lautende Erlasse
GmbH	Gesellschaft mit beschränkter Haftung
GmbH & Co. KG	Gesellschaft mit beschränkter Haftung und Compagnie Kommanditgesellschaft
GmbHG	Gesetz betreffend die Gesellschaften mit beschränkter Haftung
GmbHR	GmbH-Rundschau (Zs.)
GmbH-StB	GmbH-Steuer-Berater (Zs.)
GNotKG	Gerichts- und Notarkostengesetz
grds.	grundsätzlich
GrEStG	Grunderwerbsteuergesetz
GrS	Großer Senat
GrStG	Grundsteuergesetz
GVBl	Gesetz- und Verordnungsblatt
GWB	Gesetz über Wettbewerbsbeschränkungen

H

H	Hinweis
Halbs.	Halbsatz
HB	Handelsblatt (Zs.)
HFA	Hauptfachausschuss des Instituts der Wirtschaftsprüfer e. V.
HFR	Höchstrichterliche Finanzrechtsprechung (Zs.)
HGB	Handelsgesetzbuch
HK	Herstellungskosten
h. L.	herrschende Lehre
h. M.	herrschende Meinung
HöfeO	Höfeordnung
Hrsg.	Herausgeber
HTestformÜ	Haager Testamentsformübereinkommen

I

i. d. F.	in der Fassung
i. d. R.	in der Regel
IDW	Institut der Wirtschaftsprüfer
i. E.	im Einzelnen
i. Erg.	im Ergebnis
IFA	International Fiscal Association, Rotterdam
i. H.	in Höhe
ImmoWertV	Verordnung über die Grundsätze für die Ermittlung der Verkehrswerte von Immobilien und der für die Wertermittlung erforderlichen Daten
Inf	Die Information für Steuerberater und Wirtschaftsprüfer (Zs.)
InsO	Insolvenzordnung
IPR	Internationales Privatrecht
i. S.	im Sinne
IStR	Internationales Steuerrecht (Zs.)
i. V. mit	in Verbindung mit
IWB	Internationales Steuer- und Wirtschaftsrecht (Zs.)
i. Z. mit	im Zusammenhang mit

J

JbFStR	Jahrbuch der Fachanwälte für Steuerrecht
JR	Juristische Rundschau (Zs.)
JStG	Jahressteuergesetz
JW	Juristische Wochenschrift (Zs.)
JZ	Juristenzeitung (Zs.)

K

KapCoRiLig	Kapitalgesellschaften & Co. Richtlinien-Gesetz
KG	Kommanditgesellschaft
krit.	kritisch
KStDV	Körperschaftsteuer-Durchführungsverordnung
KStG	Körperschaftsteuergesetz
KStH	Körperschaftsteuer-Hinweise
KStR	Körperschaftsteuer-Richtlinien
KV	Kapitalvermögen
KWG	Gesetz über das Kreditwesen

L

LG	Landgericht
LGBl	Landesgesetzblatt

LS	Leitsatz
LT-Drucks.	Landtags-Drucksache

M

m.	mit
m. E.	meines Erachtens
mind.	mindestens
Mio.	Million
MittBayNot	Mitteilungen des Bayerischen Notarvereins (Zs.)
MittRhNotK	Mitteilungen der Rheinischen Notar-Kammer (Zs.)
MLI	Multilaterales Instrument
MüKo	Münchener Kommentar
MünchKomm	Münchener Kommentar
m. w. N.	mit weiteren Nachweisen
m. w. NW.	mit weiteren Nachweisen

N

Neubearb.	Neubearbeitung
n. F.	neue Fassung
NJW	Neue Juristische Wochenschrift (Zs.)
NJW-RR	Neue Juristische Wochenschrift-Rechtsprechungsreport (Zs.)
Nr.	Nummer
nrkr.	nicht rechtskräftig
n. v.	nicht veröffentlicht
NVwZ	Neue Zeitschrift für Verwaltungsrecht (Zs.)
NWB	Neue Wirtschafts-Briefe (Zs.)
NWB DokID	NWB Dokumenten-Identifikationsnummer Online-Datenbank (www.nwb.de)
NWB-EV	NWB Beraterbrief Erben und Vermögen (Zs.)
NZG	Neue Zeitschrift für Gesellschaftsrecht (Zs.)

O

o.	ohne
o. a.	oben angegeben
o. Ä.	oder Ähnliches
OECD	Organization of Economic Cooperation and Development
OFD	Oberfinanzdirektion
OHG	Offene Handelsgesellschaft
OLG	Oberlandesgericht
OVG	Oberverwaltungsgericht

P

p. a.	per annum, pro Jahr
PartG	Partnerschaftsgesellschaft
PartGG	Partnerschaftsgesellschaftsgesetz
PGR	Liechtensteinisches Personen- und Gesellschaftsrecht
PIStB	Praxis Internationale Steuerberatung (Zs.)
PrAGBGB	Preußisches Ausführungsgesetz zum Bürgerlichen Gesetzbuch

R

R	Richtlinie
RA	Rechtsanwalt, Rechtsanwältin
RFH	Reichsfinanzhof
RFHE	Entscheidungen des Reichsfinanzhofs (amtliche Entscheidungssammlung)
RG	Reichsgericht
RGBl	Reichsgesetzblatt
RGRK	BGB unter besonderer Berücksichtigung der Rechtsprechung des Reichsgerichts und des Bundesgerichtshofs
RGZ	Reichsgerichtszeitung
rkr.	rechtskräftig
Rn.	Randnummer
RNotZ	Rheinische Notarzeitung (Zs.)
RS	Rechnungslegungsstandards
Rspr.	Rechtsprechung
RStBl	Reichssteuerblatt
Rz.	Randziffer

S

S.	Seite
S&S	Stiftung und Sponsoring (Zs.)
S&S RS	Stiftung und Sponsoring, Rote Seiten (Zs.)
Sen. Fin.	Senator für Finanzen
Sen.-Drucks.	Senatsdrucksache
SEStEG	Gesetz über steuerliche Begleitmaßnahmen zur Einführung der Europäischen Gesellschaft und zur Änderung weiterer steuerrechtlicher Vorschriften
sog.	sogenannte/r/s
StAnpG	Steueranpassungsgesetz
StB	Der Steuerberater (Zs.)
Stbg	Die Steuerberatung (Zs.)
StbJb	Steuerberater-Jahrbuch
StBp	Die steuerliche Betriebsprüfung (Zs.)
StEK	Steuererlasse in Karteiform

StEntlG	Steuerentlastungsgesetz
SteuerStud	Steuer und Studium (Zs.)
StG	Stiftungsgesetz
StGB	Strafgesetzbuch
StiftG	Stiftungsgesetz
StMBG	Missbrauchsbekämpfungs- und Steuerbereinigungsgesetz
str.	streitig, strittig
st. Rspr.	ständige Rechtsprechung
StSenkG	Steuersenkungsgesetz
StuB	Steuern und Bilanzen (Zs.)
StuW	Steuer und Wirtschaft (Zs.)
StW	Steuerwarte (Zs.)
SZ	Süddeutsche Zeitung

T

Tz.	Teilziffer

U

u.	und
u. a.	unter anderem; und andere
u. Ä.	und Ähnliche(s)
Ubg	Die Unternehmensbesteuerung (Zs.)
UmwG	Umwandlungsgesetz
UmwStG	Umwandlungssteuergesetz
unstr.	unstreitig, unstrittig
UntStFG	Gesetz zur Fortentwicklung des Unternehmenssteuerrechts
UR	Umsatzsteuer-Rundschau (Zs.)
UStAE	Umsatzsteuer-Anwendungserlass
UStDV	Umsatzsteuer-Durchführungsverordnung
UStG	Umsatzsteuergesetz
usw.	und so weiter
u. U.	unter Umständen
UVR	Umsatzsteuer- und Verkehrssteuerrecht (Zs.)

V

v.	vom, von
VAG	Versicherungsaufsichtsgesetz
Vfg.	Verfügung
VG	Verwaltungsgericht
VGH	Verwaltungsgerichtshof
vgl.	vergleiche

v. H.	von Hundert
VO	Verordnung
VStG	Vermögensteuergesetz
VuV	Vermietung und Verpachtung
VZ	Veranlagungszeitraum

W

wg.	wegen
WM	Wertpapier-Mitteilungen (Zs.)
WP	Der Wirtschaftsprüfer (Zs.)
Wpg	Die Wirtschaftsprüfung (Zs.)

Z

z. B.	zum Beispiel
ZErb	Zeitschrift für die Steuer- und Erbrechtspraxis (Zs.)
ZEV	Zeitschrift für Erbrecht und Vermögensnachfolge (Zs.)
ZfS	Zeitschrift für Stiftungswesen (Zs.)
ZGB	Zivilgesetzbuch der Schweiz
ZGR	Zeitschrift für Unternehmens- und Gesellschaftsrecht (Zs.)
ZHR	Zeitschrift für das Gesamte Handelsrecht und Konkursrecht (Zs.)
Ziff.	Ziffer
ZIP	Zeitschrift für Wirtschaftsrecht (Zs.)
ZNotP	Zeitschrift für die Notarpraxis (Zs.)
ZPO	Zivilprozessordnung
ZRP	Zeitschrift für Rechtspolitik (Zs.)
Zs.	Zeitschrift
ZSt	Zeitschrift für Stiftungs- und Vereinswesen (bis 2009) (Zs.)
ZStV	Zeitschrift für Stiftungs- und Vereinswesen (ab 2010) (Zs.)
zzgl.	zuzüglich
z. Zt.	zurzeit

A. Allgemeines

Das von privaten Haushalten in Deutschland gehaltene Immobilienvermögen wächst kontinuierlich. In den Jahren zwischen 1999 und 2019 verdoppelte sich der Bestand von ca. 4,2 Billionen € auf ca. 8,4 Billionen €. Das per 31.12.2019 allein in Wohnbauten investierte Vermögen entspricht dabei bereits dem Gesamtvolumen des Jahres 1999.[1] Es ist somit nicht verwunderlich, dass Investments in Immobilien auch in der steuerlichen Fachliteratur einen immer größeren Raum einnehmen. Unter Berücksichtigung der Annahme, dass in den Jahren 2015–2024 Immobilien schätzungsweise mehr als 40 % des Erbschaftsvolumens ausmachen,[2] konzentriert sich das vorliegende Buch auf die unentgeltliche Übertragung von Immobilien, wobei Erbfolge und vorweggenommene Erbfolge gleichermaßen behandelt werden. Zu diesem Zweck werden in Abschnitt B zunächst erbrechtliche Begriffe und Übertragungsformen erläutert, bevor – entsprechend der Systematik des deutschen Erbschaftsteuerrechts – Ausführungen zu Bewertung und sachlichen Steuerbefreiungen folgen. Abschnitt C widmet sich potenziellen Gestaltungsmöglichkeiten nach dem Erbfall, während Abschnitt D sich mit Gestaltungsmöglichkeiten vor dem Erbfall auseinandersetzt. Sowohl in Abschnitt C als auch in Abschnitt D werden Gestaltungsansätze nicht nur isoliert unter erbschaft- und schenkungsteuerlichen Gesichtspunkten betrachtet, sondern eventuelle ertrag- und/oder grunderwerbsteuerliche Aspekte werden miteinbezogen. Dies ermöglicht dem Leser, unterschiedliche Optionen umfassend gegeneinander abzuwägen und insbesondere individuelle Gestaltungsanforderungen bestmöglich umzusetzen. 1

Aufgrund der zunehmenden Internationalisierung von Vermögen werden schließlich Immobilien mit Auslandsbezug in einem separaten Abschnitt E behandelt. Auch hier wird zunächst wieder der zivilrechtliche Rahmen dargestellt, bevor erbschaft- und schenkungsteuerliche Ausführungen folgen. 2

1 Statista Research Department, 11.6.2021, https://de.statista.com/statistik/daten/studie/310037/umfrage/immobilienvermoegen-der-privaten-haushalte-in-deutschland/.

2 Statista Research Department, 17.9.2015, https://de.statista.com/statistik/daten/studie/825578/umfrage/prognose-zum-erbschaftsvolumen-in-deutschland-nach-vermoegensart/.

B. Rechtliche Grundlagen

I. Erbschaft, Vermächtnis und Co. – grundlegende erbrechtliche Übertragungsformen

1. Erbschaft

a) Gesetzliche Erbfolge

Verstirbt der Eigentümer einer Immobilie oder einer Immobiliengesellschaft, 3
geht sein Vermögen per Gesetz auf den oder die Erben im Wege der **Universalsukzession** über.[3] Der oder die Erben treten mit der Sekunde des Todes in alle Rechte und Pflichten des Erblassers ein, sie werden damit automatisch Eigentümer des Nachlassvermögens im Ganzen. Sind mehrere Erben vorhanden, bilden diese eine **Erbengemeinschaft**, die zivilrechtlich als **Gesamthandsgemeinschaft** qualifiziert wird.[4] Das bedeutet, dass zum einen nur alle Miterben gemeinschaftlich über die Nachlassgegenstände verfügen können[5] und zum anderen, dass dem einzelnen Erben kein anteiliger Anspruch am jeweiligen Nachlassgegenstand zusteht; vielmehr bezieht sich seine Erbquote auf den gesamthänderisch gebundenen Nachlass als solchen.[6,7]

BEISPIEL: Erblasser E hinterlässt eine Immobilie im Wert von 1 Mio. €, ein Bankguthaben i. H. von 500.000 € und eine Kunstsammlung im Wert von 3 Mio. €. E wird von seinen drei Kindern jeweils zu gleichen Teilen beerbt.

Die Kinder bilden eine Erbengemeinschaft, auf die das gesamte Vermögen des E übergegangen ist. Dementsprechend sind bis zur Auseinandersetzung des Nachlasses nicht die Kinder als Miteigentümer zu jeweils ein Drittel, sondern die Erbengemeinschaft – bestehend aus K1, K2 und K3 – im Grundbuch als neue Eigentümerin der Immobilie einzutragen. Entsprechendes gilt für das Bankkonto. Auch dieses ist bis zur Auseinandersetzung des Nachlasses unter der Bezeichnung „Erbengemeinschaft E" zu führen. Sofern die Kunstsammlung in keinem Verzeichnis geführt wird, gilt zwar auch hier, dass die Sammlung gesamthänderisch gebundenes Eigentum der Erbengemeinschaft geworden ist; dies wird jedoch nicht in „öffentlichkeitswirksamer Weise" dokumentiert.

Hat der Erblasser kein Testament errichtet, bestimmen sich die Erben nach der 4
gesetzlichen Erbfolge. Diese unterscheidet zunächst zwischen dem **Verwand-**

---

3 § 1922 BGB.

4 § 2032 BGB.

5 Gergen in MüKoBGB, 7. Aufl. 2017, § 2038 Rz. 24.

6 § 2033 Abs. 2 BGB.

7 § 2033 Abs. 2 BGB.

tenerbrecht und dem **Ehegattenerbrecht,**[8] wobei innerhalb des Verwandtenerbrechts weiter nach Stämmen und Ordnungen differenziert wird.[9]

5 Zu den **Erben erster Ordnung** zählen bspw. die Abkömmlinge des Erblassers – also Kinder, Enkel, Urenkel usw. Jedes Kind bildet einen Stamm, auf den der Nachlass zu gleichen Teilen verteilt wird. Hatte der Erblasser z.B. drei Kinder, erbt jedes Kind ein Drittel. Als jeweilige Stammesvertreter schließen sie die weiter entfernten Generationen (Enkel und Urenkel) von der Erbfolge aus. Ist hingegen ein Kind (K3) vorverstorben und hinterlässt es zwei Enkel, geht der Erbteil des Stammes auf die beiden Enkel über; sie teilen sich den Erbteil des Kindes und erben damit jeweils ein Sechstel.[10] Erst wenn ein Stamm ohne weitere Abkömmlinge verwaist ist, wächst der auf diesen Stamm entfallende Erbteil den anderen Stämmen an. Im Beispiel des kinderlos verstorbenen K3 würden daher die beiden Geschwister K1 und K2 zu jeweils ein Halb erben.

6 Zu den **Erben zweiter Ordnung** zählen die Eltern und deren Abkömmlinge (=Geschwister, Neffen, Nichten).[11] Leben beide Eltern, schließen diese wieder als jeweilige Stammesvertreter die Geschwister von der Erbfolge aus. Die dritte Ordnung umfasst schließlich die vier Großeltern und deren Abkömmlinge (Onkel, Tante, Cousin, Cousine etc.).[12]

7 Bei der Rangfolge der Ordnungen ist zu beachten, dass Vertreter näherer Ordnungen Vertreter ferner Ordnungen von der Erbfolge ausschließen.[13] Solange also Kinder vorhanden sind, gelangen die Eltern und Geschwister des Erblassers nicht zur Erbfolge.

Neben den Verwandten ist im deutschen Erbrecht auch der **Ehegatte** (eingetragener Lebenspartner) gesetzlich zur Erbfolge berufen. Der Umfang seines gesetzlichen Erbrechts bestimmt sich danach, neben Erben welcher Ordnung er zur Erbfolge gelangt und in welchem **Güterstand** er mit dem Erblasser gelebt hat. So erbt der überlebende Ehegatten grds. neben Erben der ersten Ordnung (Kinder und deren Abkömmlinge) ein Viertel, neben Erben der zweiten Ordnung (Eltern und deren Abkömmlinge) sowie neben Großeltern ein Halb und neben Erben entfernterer Ordnungen alles.[14]

---

8 § 1931 BGB.
9 §§ 1924–1929 BGB.
10 § 1924 Abs. 3 BGB.
11 § 1925 Abs. 1 BGB.
12 § 1926 Abs. 1 BGB.
13 § 1924 Abs. 2 BGB.
14 § 1931 BGB.

Lebten die Ehegatten zudem in der Zugewinngemeinschaft – dem gesetzlich vorgesehenen Güterstand, der immer dann zum Tragen kommt, wenn die Ehegatten keinen abweichenden Ehevertrag geschlossen haben – erhöht sich der gesetzliche Erbteil des Ehegatten jeweils um ein Viertel; dieses Viertel stellt den pauschalierten Zugewinnausgleich dar (sog. erbrechtliche Lösung).[15] Auf Veranlassung des überlebenden Ehegatten kann es gem. §§ 1371 Abs. 3, 1373 BGB zu einem konkret berechneten Zugewinnausgleich kommen, wenn er die Erbschaft ausschlägt und seinen Pflichtteil verlangt (sog. güterrechtliche Lösung).

Hatten die Ehegatten hingegen Gütertrennung vereinbart und hinterlässt der Erblasser ein oder zwei Kinder, erben der überlebende Ehegatte und die Kinder jeweils zu gleichen Teilen.[16] 8

Gehört zum Nachlass des Erblassers ein Gesellschaftsanteil an einer Immobiliengesellschaft, sind neben dem Erbrecht zwingend auch die **gesellschaftsvertraglichen Regelungen** über die Vererbung und Übertragung von Gesellschaftsanteilen zu berücksichtigen. Schränken diese den Kreis der „nachfolgeberechtigten Personen" ein – was bei Familiengesellschaften im Gegensatz zu Publikumsgesellschaften sehr oft der Fall ist – und steht die gesetzliche Erbfolge nicht im Einklang mit den gesellschaftsvertraglichen Regelungen, kann die gesetzliche Erbfolge ins Leere laufen. Im Ergebnis kann dann der Erbe möglicherweise nicht in die Gesellschafterstellung des Erblassers nachrücken und muss sich stattdessen ggf. auf Abfindungsansprüche verweisen lassen.[17] 9

b) Gewillkürte Erbfolge

Entsprechen die Rechtsfolgen der gesetzlichen Erbfolge nicht den Vorstellungen des Erblassers, kann er von seiner Testierfreiheit Gebrauch machen und die Erbfolge durch eine letztwillige Verfügung regeln. So kann der Erblasser bspw. durch einseitige Verfügung von Todes wegen eine oder mehrere Personen zu Erben bestimmen, gesetzliche Erben von der Erbfolge ausschließen, Vermächtnisse aussetzen, Auflagen anordnen oder einen Erbvertrag schließen. Ihm ist damit ein umfangreiches Instrumentarium an die Hand gegeben, sein Vermögen auf andere Personen zu übertragen. 10

15 § 1371 Abs. 1 BGB.

16 § 1931 Abs. 4 BGB.

17 Siehe unten Kapitel D. III. 8. b) Rz. 547.

11 Die Grundform der letztwilligen Verfügung von Todes wegen bildet das klassische (Einzel-)Testament.[18] Hierbei handelt es sich um eine einseitige Willenserklärung des Erblassers, die er entweder eigenhändig verfassen oder zur Niederschrift eines Notars abgeben kann.[19] „Einseitige Willenserklärung" bedeutet dabei, dass der Erblasser keinen „Vertragspartner" benötigt, der die Erklärung annimmt. Er kann daher „heimlich" testieren, ohne dass die Begünstigten hiervon Kenntnis haben müssen.

Dieser einseitigen Befugnis des Erblassers steht das Recht des Erben gegenüber, die Erbschaft nach dem Erbfall auszuschlagen.[20] Kein Erbe ist also gezwungen, dasjenige widerspruchslos anzunehmen, was der Erblasser ihm zuwenden wollte.

12 Entscheidet sich der Erblasser für ein **eigenhändiges Testament**, muss er die Verfügung von Anfang bis Ende eigenhändig schreiben und unterschreiben.[21] Das Unterschreiben eines am Computer verfassten Dokuments reicht nicht aus. Zusätzlich zur Unterschrift „soll"[22] das Testament auch Angaben zum Ort und Zeitpunkt der Errichtung beinhalten. Beachtet der Erblasser diesen Zusatz nicht, wird – im Gegensatz zur Verletzung der Schriftform – das Testament dadurch nicht ungültig. Zweifel an der Gültigkeit des Testaments, die aufgrund eines Verstoßes gegen die Soll-Vorschrift entstehen, gehen jedoch zulasten des Erblassers.

BEISPIEL: Erblasser E verfasst ein eigenhändiges Testament, in dem er seinen Sohn zum Alleinerben einsetzt. Fünf Jahre später ändert er seine Absicht und setzt nun in einem zweiten Testament seine Tochter zur Alleinerbin ein. Mangels Orts- und Zeitangaben lässt sich für die Hinterbliebenen und das Nachlassgericht nicht mehr zweifelsfrei feststellen, welches Testament zuerst und welches zuletzt errichtet wurde. Damit sind beide Testamente ungültig; es greift die gesetzliche Erbfolge, wonach beide Kinder zu gleichen Teilen erben.

13 Unabhängig davon, ob sich der Erblasser für ein eigenhändiges oder ein notarielles Testament entscheidet, ist er – im Gegensatz zum gemeinschaftlichen Testament und zum Erbvertrag – zu Lebzeiten nicht an seine Verfügung gebunden. Er kann sein Testament also jederzeit widerrufen, indem er das bisherige Testament vernichtet, ein neues errichtet oder seine frühere Verfügung für

18 Zu den Sonderformen des gemeinschaftlichen Testaments, das nur von Ehegatten und eingetragenen Lebenspartnern errichtet werden kann, sowie zum Erbvertrag siehe §§ 2265–2272 BGB (gemeinschaftliches Testament) und §§ 2274–2302 BGB (Erbvertrag).

19 § 2231 BGB.

20 Siehe hierzu Kapitel C. II. Rz. 232 ff.

21 § 2231 i. V. mit § 2247 BGB.

22 § 2247 Abs. 2 BGB.

unwirksam erklärt.[23] Darüber hinaus ist der Erblasser zu Lebzeiten auch nicht in der Verfügung über sein Eigentum beschränkt.

BEISPIEL: Erblasser E verfügt in seinem Testament, dass sein Sohn Alleinerbe werden und seine Tochter das Ferienhaus auf Mallorca als Vermächtnis erhalten soll. Zwei Jahre vor seinem Tod gerät E in einen finanziellen Engpass und veräußert die Immobilie. Hieran ist er trotz der Verfügung in seinem Testament rechtlich nicht gehindert. Er ist und bleibt bis zu seinem Tod verfügungsberechtigt über sein Eigentum.

Eine andere Frage ist, wie sich die Veräußerung der Immobilie auf die Rechtsposition der Tochter auswirkt: Da die Immobilie zum Zeitpunkt des Erbfalls nicht mehr im Nachlass des E vorhanden ist, kann sie nicht auf die Tochter übertragen werden. Die Tochter geht damit – unbeschadet eines eventuellen Pflichtteilsanspruchs – leer aus, sofern nicht ausnahmsweise ein Verschaffungsvermächtnis gewollt ist.[24]

2. Vermächtnis

Im Gegensatz zur Erbeinsetzung, bei der sich die rechtliche Stellung des Erben auf den Nachlass als Ganzes bezieht, kann der Erblasser mithilfe eines Vermächtnisses einer Person einen einzelnen Gegenstand aus dem Nachlass oder ein Recht hieran zuweisen. Der Erblasser kann bspw. bestimmen, dass sein Sohn Alleinerbe werden soll, seine Frau aber das Familienheim oder ein Nießbrauchrecht an der Mietimmobilie erhalten soll. Die auf die Zuordnung individualisierter Gegenstände oder Rechte an bestimmte Personen gerichtete Verfügung wird als Vermächtnis bezeichnet.[25] Ist die bedachte Person zugleich Miterbe geworden, spricht man von einem **Vorausvermächtnis**.[26] Der Erbe erhält „vorab" ein Vermächtnis und ist am verbleibenden Nachlass als Teil der Erbengemeinschaft entsprechend seiner Erbquote beteiligt. 14

BEISPIEL: Erblasser E hat seinen Sohn und seine Ehefrau als Miterben eingesetzt. Zusätzlich zu ihrer Erbquote soll die Ehefrau aber noch das Familienheim erhalten.

Erbrechtlich wird der Ehefrau daher zunächst das Familienheim als Vorausvermächtnis zugewiesen. Am verbleibenden Nachlass sind Ehefrau und Sohn zu gleichen Teilen berechtigt.

Die Rechtsposition des Vermächtnisnehmers ist deutlich schwächer als die rechtliche Stellung des Erben. Während der Erbe automatisch in alle Rechte und Pflichten des Erblassers nachrückt, muss das Vermächtnis erst noch vom Erben erfüllt werden. Dem Vermächtnisnehmer steht damit nur ein sog. **schuldrechtlicher Erfüllungsanspruch** gegen den Erben zu. Erst wenn der Erbe 15

23 §§ 2253 ff. BGB.
24 § 2169 BGB; Rudy in MüKoBGB, 7. Aufl. 2017, § 2169 Rz. 7–8.
25 §§ 1939, 2174 BGB.
26 § 2150 BGB.

durch einen weiteren Rechtsakt das Eigentum am Vermächtnisgegenstand auf den Vermächtnisnehmer übertragen hat oder ihm das vermachte Recht eingeräumt hat, ist das Vermächtnis erfüllt.

HINWEIS:

Das Einräumen eines Vermächtnisses bietet sich bspw. dann an, wenn der Erblasser Nachlassgegenstände zielgerichtet „vererben" möchte oder wenn er verhindern möchte, dass eine bestimmte Person Teil der Erbengemeinschaft wird.

Alternativ wäre insoweit auch eine Teilungsanordnung gem. § 2048 Satz 1 BGB denkbar. Mit einer Teilungsanordnung trifft der Erblasser Vorgaben darüber, wie sich eine Erbengemeinschaft auseinandersetzen soll z. B., dass ein bestimmter Nachlassgegenstand an einen bestimmten Miterben unter Anrechnung auf seine Erbquote übertragen werden soll.

BEISPIEL: Erblasser E ist geschieden und lebt mit seiner Lebensgefährtin L zusammen. Aus erster Ehe sind die Kinder S und T hervorgegangen. Das Verhältnis zwischen S und T einerseits sowie L andererseits ist angespannt. E setzt daher seine Kinder zu Erben zu gleichen Teilen ein; seiner Lebensgefährtin vermacht er das derzeit gemeinsam bewohnte Einfamilienhaus in Hamburg.

16 Darüber hinaus eröffnet der Einsatz von Vermächtnissen vielseitige Gestaltungsmöglichkeiten, mit denen der künftige Erblasser auf seine individuellen Verhältnisse und insbesondere auf seine familiäre Situation eingehen kann.[27] So bieten sich bspw. sog. Bestimmungs- oder Zweckvermächtnisse an, wenn der Vermögensinhaber zwar Vorsorge treffen und den Erhalt des Familienvermögens im Wege einer letztwilligen Verfügung sichern möchte, die potenziellen Nachfolger aber noch jung und unerfahren sind und sich ihre persönliche Eignung für bestimmte Aufgaben noch nicht abschätzen lässt. Ein Bestimmungsvermächtnis liegt vor, wenn der spätere Erblasser ein Vermächtnis zugunsten einer Personengruppe aussetzt, von denen aber nur einer oder mehrere das Vermächtnis erhalten sollen. Das Bestimmungsrecht, welcher konkreten Person aus dem Kreis der potenziell Begünstigten das Vermächtnis zukommen soll, überlässt der Erblasser dabei entweder dem mit dem Vermächtnis Beschwerten (z. B. dem Erben) oder einem Dritten.[28] Vor dem Hintergrund, dass es sich bei der Errichtung eines Testaments um ein höchstpersönliches Rechtsgeschäft handelt, bei dem eine Stellvertretung unzulässig ist und bei dem der Erblasser die Bestimmung der Person, die eine Zuwendung erhalten soll, nicht einem Dritten überlassen kann, ist das Bestimmungsvermächtnis

27 Ausführlich hierzu: Kollmeyer, NJW 2017 S. 3271; Kössinger in Nieder/Kössinger, Handbuch der Testamentsgestaltung, 5. Aufl. 2015, § 6 Rz. 208–209; Werner, NWB-EV 7/2020 S. 222 NWB SAA-AH-51487.

28 § 2151 BGB.

nicht ganz unproblematisch.[29] Daher muss der Erblasser sowohl den Kreis der potenziell Begünstigten als auch die Kriterien, nach denen ausgewählt werden soll, so genau fassen, dass der Dritte sich an objektiven Kriterien orientieren kann und keine freie Ermessensentscheidung treffen muss.[30]

BEISPIEL: Meine Kinder S und T erhalten meine Gesellschaftsanteile an der Immobilien GmbH, eingetragen im Handelsregister unter ..., im Wege eines Bestimmungsvermächtnisses gem. § 2151 Abs. 1 BGB. Das umfassende Bestimmungsrecht soll meiner Ehefrau zustehen. Sie soll bestimmen, welches meiner Kinder mit welchem Anteil an der Immobilien GmbH beteiligt werden soll.

Mit einem Zweckvermächtnis ermöglicht das Gesetz dem Erblasser, nicht den Begünstigten, sondern den Zuwendungsgegenstand noch nicht abschließend zu definieren. Es reicht, dass der Erblasser den Zuwendungsgegenstand nur mittelbar über die Bestimmung des Zuwendungszwecks festlegt. Welchen Gegenstand der Bedachte konkret aus dem Nachlass erhalten soll, entscheidet wiederum ein Dritter, den der Erblasser zuvor benannt hat.[31] Auch diese Regelung ist im Lichte des Höchstpersönlichkeitsgrundsatzes – höchstpersönliche Errichtung einer letztwilligen Verfügung – anzuwenden.

BEISPIEL: Meinem Enkel vermache ich ein Zweckvermächtnis gem. § 2156 BGB. Zweck des Vermächtnisses ist es, das Erststudium an einer deutschen oder ausländischen Hochschule zu finanzieren, soweit dies aus den Erträgen der zum Zeitpunkt meines Todes vorhandenen Mietimmobilien möglich ist. Das Bestimmungsrecht über die Höhe und die Zusammensetzung der Leistung soll meiner Ehefrau zustehen.

HINWEIS:

Sowohl beim Bestimmungs- als auch beim Zweckvermächtnis stellt die Erklärung des Dritten ein Gestaltungsrecht dar, dem aus steuerlicher Sicht die Wirkung einer aufschiebenden Bedingung zukommt.[32] Dies hat Einfluss auf den Zeitpunkt der Steuerentstehung und den Zeitpunkt der Bewertung. Denn gem. § 9 Abs. 1 Nr. 1 Buchst. a ErbStG entsteht die Steuer bei Erwerben von Todes wegen für aufschiebend bedingte Ansprüche erst mit dem Zeitpunkt des Eintritts der Bedingung. Der Zeitpunkt der Steuerentstehung ist wiederum maßgebend für den Zeitpunkt, auf den der Nachlassgegenstand zu bewerten ist.[33]

---

29 Siehe aber Wachter, ErbR 2019 S. 621, der unter 3. b) aa) darauf hinweist, dass sich das Erfordernis der Höchstpersönlichkeit nur auf die Einsetzung von Erben, nicht aber auch auf die Bestimmung von Vermächtnisnehmern bezieht.

30 BGH, Urteil v. 18.11.1954 - IV ZR 152/54, NJW 1955 S. 100.

31 § 2156 BGB.

32 BFH, Urteil v. 5.3.1971 - III R 130/68, BStBl 1971 II S. 481 NWB PAAAA-90668; Viskorf in Viskorf/Schuck/Wälzholz, ErbStG, 7. Aufl. 2023, § 9 Rz. 18.

33 § 11 ErbStG.

16/1 Das sog. „Supervermächtnis" kombiniert schließlich Elemente eines Zweckvermächtnisses mit denjenigen eines Bestimmungsvermächtnisses. Ziel ist es dabei, den Nachlass erbschaftsteuerlich optimiert auf die Nachfolger zu übertragen und dem Erben im größtmöglichen Umfang die hierfür erforderlichen Gestaltungsspielräume zu verschaffen. Während der Erblasser zum Zeitpunkt der Abfassung seines letzten Willens in aller Regel nicht vorhersehen kann, welche wirtschaftlichen Verhältnisse und gesetzlichen Regularien zum Zeitpunkt des Erbfalls vorherrschen, kann der Erbe – sofern der Erblasser ihm die Möglichkeit einräumt – ohne Weiteres auf dieses Umfeld reagieren und die erbschaftsteuerlichen Freiräume ausnutzen.

BEISPIEL: Ich beschwere meinen Ehemann mit einem Bestimmungs- und Zweckvermächtnis gem. §§ 2151 ff., 2156 ff. BGB zugunsten unserer gemeinsamen Kinder. Zweck des Vermächtnisses ist es, unter Berücksichtigung des eigenen Versorgungsinteresses meines Ehemannes allen oder einzelnen Abkömmlingen eine Abfindung dafür zu gewähren, dass sie beim ersten Erbfall durch die Einsetzung meines Ehemannes als Alleinerben enterbt werden, eine gerechte und wirtschaftlich sinnvolle Vermögensverteilung zu erreichen und darüber hinaus die Nutzung der erbschaftsteuerlichen Freibeträge zu ermöglichen. Meinem Ehemann steht zur Vereinbarung dieser Zwecke mit dem eigenen Interesse auf Sicherung seiner Altersversorgung ein umfassendes Bestimmungsrecht zu. Er ist berechtigt, den Gegenstand und die Bedingungen der Leistungen, § 2156 BGB, die Zeit der Erfüllung, § 2181 BGB, diejenigen, die aus dem Kreis der oben Genannten das Vermächtnis erhalten sollen, § 2151 BGB, und deren Anteile an dem Vermächtnis, § 2153 BGB, zu bestimmen.

16/2 Vorsicht ist geboten, wenn die Erfüllung des Vermächtnisses zu weit in die Zukunft verlagert wird oder wenn dem Bestimmungsberechtigten überhaupt keine Einschränkungen hinsichtlich des Erfüllungszeitpunkts gemacht werden. In derartigen Fällen besteht die latente Gefahr, dass das Vermächtnis als erst „beim Tod des Beschwerten fälliges Vermächtnis" i. S. des § 6 Abs. 4 ErbStG gewertet werden könnte und somit die erbschaftsteuerlich äußerst nachteiligen Konsequenzen einer Vor- und Nacherbschaft eintreten. Dann nämlich würden die Bedachten (Vermächtnisnehmer) erbschaftsteuerlich so gestellt, als hätten sie das Vermächtnis vom Beschwerten (Erben) erhalten und nicht vom Erblasser. Zudem hätte der Beschwerte (Erbe) das Vermächtnis zunächst als eigenen Erwerb vom Erblasser zu versteuern. Es bietet sich somit eine einschränkende Formulierung hinsichtlich des Zeitpunkts der Erfüllung des Vermächtnisses an.

BEISPIEL: Das Vermächtnis fällt mit meinem Tod an. Der Zeitpunkt der Bestimmung und der Erfüllung ist jedoch gem. § 2181 BGB in das freie Belieben meines Ehemannes gestellt; er kann das Vermächtnis auch durch mehrere zeitlich auseinanderfallende Einzelleistungen erfüllen. Die Bestimmung und das Vermächtnis sind aber spätestens binnen ... Monaten nach dem Anfall vorzunehmen bzw. fällig.

HINWEIS:

Bei der Bestimmung der zeitlichen Grenze sollte auch das Alter des potenziellen Beschwerten (Erben) berücksichtigt werden. Andernfalls könnte sich trotz zeitlicher Vorgabe die Anwendung des § 6 Abs. 4 ErbStG geradezu aufdrängen, wenn der Zeitpunkt der spätestens möglichen Erfüllung jenseits der voraussichtlichen Lebenserwartung des Beschwerten liegt.

Neben der zeitlichen Komponente wirft auch die Zweckbestimmung beim Supervermächtnis Fragen auf: Da es sich bei der Ausgestaltung des letzten Willens um ein höchstpersönliches Rechtsgeschäft handelt,[34] muss der Erblasser den Zweck des Vermächtnisses so genau bestimmen, dass ein Dritter innerhalb des vom Erblasser vorgegebenen Rahmens eine Ermessensentscheidung treffen kann, die objektiv nachprüfbar ist und die sich auf den hinreichend konkreten Willen des Erblassers zurückführen lässt.[35] Sofern als Zweck des Vermächtnisses „das Ausnutzen der erbschaftsteuerlichen Freibeträge" genannt wird, könnte es bspw. fraglich sein, inwieweit sich diese Vorgabe mit der Möglichkeit des Bestimmungsberechtigten in Einklang bringen lässt, einzelnen Personen aus dem Kreis der Bedachten etwas zuzuwenden und einzelnen aus demselben Kreis nicht. Dies könnte nur dann gerechtfertigt werden, wenn und soweit der persönliche Erbschaftsteuerfreibetrag im Verhältnis zwischen Erblasser und Bedachtem bereits verbraucht ist. In allen anderen Fällen müsste womöglich von einer Ermessensreduzierung auf null ausgegangen werden. Weiter wäre zu prüfen, ob sich „das Ausnutzen der erbschaftsteuerlichen Freibeträge" darin erschöpft, den jeweiligen Bedachten in Höhe seines persönlichen Freibetrags am Nachlass zu beteiligen oder ob es auch dem Willen des Erblassers entspricht, dem jeweiligen Bedachten darüber hinausgehende Vermögenswerte zuzuwenden – z. B. um die Steuersatzspreizung über den Gesamtnachlass zu optimieren.[36] Auch soweit der Erblasser als Zweck des Vermächtnisses „die Abfindung für einzelne oder alle Abkömmlinge als Ersatz für den gesetzlichen Erbteil" angibt, lässt sich möglicherweise nicht hinreichend genug erkennen, in welcher Größenordnung der Erblasser eine Abfindung im Sinn hatte und unter welchen Voraussetzungen ein Abkömmling eine Abfindung erhalten soll und unter welchen Voraussetzungen nicht. Eine „hinreichend konkrete" Zweckbestimmung könnte andererseits den Bestimmungsberechtigten in seiner Entscheidung soweit einschränken, dass das typische 16/3

34 Siehe oben Rz. 16, aber auch FN 29.

35 Geuder, RNotZ 2021 S. 305, 320; Hartmann, RNotZ 2022 S. 469 f.

36 Hartmann, RNotZ 2022; von Oertzen/Lindermann, ZEV 2020 S. 144, 146; Streppel, DNotZ 2021 S. 259, 270.

Ziel des Supervermächtnisses – möglichst freie Entscheidung über die Aufteilung des Nachlasses – gerade nicht erreicht wird.[37]

HINWEIS:

Rechtsprechung und Finanzverwaltung haben – soweit ersichtlich – noch keine Stellung zur Wirksamkeit und steuerlichen Anerkennung von Supervermächtnissen bezogen. Daher sollte im Zweifel überlegt werden, welches Ziel mit einem Supervermächtnis erreicht werden soll und ob sich dafür nicht andere – allgemein anerkannte – Gestaltungsmöglichkeiten anbieten.

3. Pflichtteilsanspruch und Übertragung einer Immobilie an Erfüllungs statt

17 Grundsätzlich ist der Erblasser in seiner Entscheidung frei, wen er zu seinen Erben einsetzen und wen er von der Erbfolge ausschließen möchte. Dennoch sind der Dispositionsfreiheit des Erblassers insofern Grenzen gesetzt, als das deutsche Erbrecht bestimmten Personen eine unentziehbare Teilhabe am Nachlass einräumt. Zu diesen geschützten Personen zählen die Abkömmlinge, die Eltern und der Ehegatte des Erblassers. Ihnen steht zumindest ein Pflichtteilsanspruch zu, selbst wenn es dem Wunsch des Erblassers widerspricht.[38] Der Pflichtteilsanspruch kann dem Berechtigten nur in den sehr engen Grenzen des § 2333 BGB entzogen werden.

18 Ähnlich wie bei der gesetzlichen Erbfolge schließen Verwandte näherer Ordnung den Pflichtteilsanspruch von Verwandten fernerer Ordnung aus. Hinterlässt der Erblasser also Kinder, steht den Eltern des Erblassers kein Pflichtteilsanspruch mehr zu, unabhängig davon, ob die Kinder Erben oder Pflichtteilsberechtigte werden. Darüber hinaus verhindern die Kinder, dass ein Pflichtteilsanspruch fernerer Generationen (Enkel oder Urenkel) zur Entstehung gelangt.[39]

37 Zum Meinungsstreit, welche Zweckvorgaben als hinreichend konkret angesehen werden: Wachter, ErbR 2019 S. 621; Hartmann, RNotZ 2022 S. 469; Erbschaftsteuerliche Behandlung eines Zweckvermächtnisses („Supervermächtnis"), DNotI-Report 1/2010 S. 3; Reymann in jurisPK-BGB, 9. Aufl. 2020, § 2156 BGB Rz. 5; Hölscher in BeckOGK, Stand: 1.10.2020, § 2156 Rz. 8; Burandt in Burandt/Rojahn, Erbrecht, 4. Aufl. 2022, § 2156 BGB Rz. 1; Horn/Mayer in Kroiß/Ann/Mayer, BGB, 5. Aufl. 2018, § 2156 BGB Rz. 5; kritisch: Otte in Staudinger, 2019, § 2156 Rz. 2; Horn/Mayer in Kroiß/Ann/Mayer, BGB, 5. Aufl. 2018, § 2151 BGB Rz. 26; Geuder, RNotZ 2021 S. 305, 319 ff.

38 § 2303 BGB.

39 § 2309 BGB.

Ein Pflichtteilsanspruch entsteht, wenn 19

- pflichtteilsberechtigte Personen von der Erbfolge ausgeschlossen sind,[40]
- eine pflichtteilsberechtigte Person zwar Erbe geworden ist, ihr Erbteil aber mit bestimmten Beschwerungen oder Beschränkungen versehen ist,[41] und sie die Erbschaft ausschlägt,
- ein Pflichtteilsberechtigter ein Vermächtnis[42] oder der überlebende Ehegatte die Erbschaft ausschlägt.[43]

Der Pflichtteilsanspruch ist ein auf **Zahlung einer Geldsumme** gerichteter Anspruch gegen die Erben, dessen Höhe sich nach der Hälfte des gesetzlichen Erbteils bemisst.[44] Die Pflichtteilsberechtigten werden also nicht am Nachlass beteiligt, sondern müssen – ähnlich einem Vermächtnisnehmer – ihre Ansprüche gegenüber den Erben geltend machen.[45] 20

Anders als das Vermächtnis wird der Pflichtteilsanspruch aus erbschaftsteuerlicher Sicht aber nur und erst dann relevant, wenn er geltend gemacht wird.[46] Solange sich der Pflichtteilsberechtigte nicht regt, liegt bei ihm weder ein erbschaftsteuerlich relevanter Erwerb vor,[47] noch kann der Erbe den Pflichtteilsanspruch als Nachlassverbindlichkeit geltend machen.[48] Darüber hinaus wird der Pflichtteilsanspruch erbschaftsteuerlich auch nur relevant, **soweit** er geltend gemacht wird. Der Pflichtteilsberechtigte muss also nicht zwingend alles oder nichts geltend machen. Vielmehr steht es ihm frei, seinen Pflichtteil nur zum Teil oder eben doch in voller Höhe einzufordern.[49]

Bei der teilweisen Geltendmachung des Pflichtteils ist streng darauf zu achten, 21
dass auch tatsächlich nur eine teilweise Forderung an den Erben herangetragen und eingefordert wird. Macht der Pflichtteilsberechtigte zunächst seinen Pflichtteilsanspruch pauschal ohne Einschränkung geltend und erfüllt der Erbe den Anspruch später aufgrund übereinstimmender Absprache mit dem Pflicht-

40 § 2303 BGB.
41 § 2306 BGB.
42 § 2307 BGB.
43 § 1371 Abs. 3 BGB.
44 § 2303 BGB; FG Düsseldorf, Urteil v. 8.11.2002 - 1 K 5974/99 E NWB ZAAAB-07433.
45 Vertiefend zum Pflichtteilsanspruch: Lohr/Görges, DStR 2011 S. 1890, 1939.
46 Im Gegensatz zum Zivilrecht, wonach der Anspruch auf den Pflichtteil mit dem Erbfall entsteht, § 2317 BGB.
47 Gemäß § 3 Abs. 1 Nr. 1 ErbStG unterliegt der Erbschaftsteuer (nur) der geltend gemachte Pflichtteilsanspruch.
48 § 10 Abs. 5 Nr. 2 ErbStG.
49 Lohr/Görges, DStR 2011 S. 1890, 1939.

teilsberechtigten nur teilweise, muss der Pflichtteilsberechtigte trotz allem den gesamten Pflichtteilsanspruch versteuern, da er ihn ja geltend gemacht hat.[50]

Ein Verzicht des Pflichtteilsberechtigten auf den Rest müsste darüber hinaus als weitere Zuwendung des Pflichtteilsberechtigten an den Erben versteuert werden. Damit würde der nicht ausgezahlte Pflichtteilsbetrag letztendlich zweimal besteuert: nämlich einmal beim Pflichtteilsberechtigten und einmal beim Erben.

22 Der oder die Erben erfüllen den Anspruch, indem sie dem jeweiligen Pflichtteilsberechtigten den relevanten Betrag überweisen. Je nach Zusammensetzung des Nachlasses und Höhe des Pflichtteilsanspruchs, kann der Pflichtteil eine erhebliche Liquiditätsbelastung für den Nachlass darstellen, insbesondere dann, wenn der Nachlass zu einem großen Teil aus illiquidem Vermögen besteht.

BEISPIEL BERLINER TESTAMENT: Erblasser E lebte mit seiner Ehefrau F im gesetzlichen Güterstand der Zugewinngemeinschaft. Aus ihrer Ehe sind die gemeinsamen und inzwischen volljährigen Kinder S und T hervorgegangen. Das Vermögen des Ehegatten besteht nahezu ausschließlich aus Mietimmobilien, die der Altersversorgung der Ehegatten dienen. In einem gemeinschaftlichen Ehegattentestament haben sich E und F gegenseitig zu Alleinerben eingesetzt. Die Kinder sollen erst nach dem Tod des länger lebenden Ehegatten erben.

Verstirbt nun E, wird er ausschließlich von F beerbt. Den von der Erbschaft ausgeschlossenen Kindern stehen jedoch Pflichtteilsansprüche in Höhe der Hälfte ihres gesetzlichen Erbteils zu. Der gesetzliche Erbteil des einzelnen Kindes beträgt unter Berücksichtigung des ehelichen Güterstandes ein Viertel; dementsprechend steht jedem Kind ein Pflichtteilsanspruch in Höhe von einem Achtel zu. F muss also insgesamt Liquidität in Höhe von zwei Achteln (= einem Viertel) vorhalten bzw. beschaffen, um die Ansprüche ihrer beiden Kinder bedienen zu können. Hat sie die Liquidität nicht vorrätig, ist sie gezwungen, einen Teil der Immobilien zu veräußern. Dies kann nicht nur eventuelle ertragsteuerliche Konsequenzen nach sich ziehen,[51] sondern führt auch dazu, dass ein Teil der für die Altersvorsorge vorgesehenen Einkunftsquelle versiegt.

23 Vor einem solchen Schreckensszenario versuchen sich die Ehegatten in aller Regel durch sog. **Strafklauseln** in ihrem gemeinschaftlichen Testament zu schützen. Die Ehegatten verfügen dann, dass derjenige, der nach dem Tod des Erstversterbenden seinen Pflichtteil fordert, auch nach dem Tod des länger lebenden Ehegatten nur den Pflichtteil erhalten soll. Etwaige Abkömmlinge des den Pflichtteil fordernden Kindes sollen dann ebenfalls nur den Pflichtteil erhalten.

---

50 § 3 Abs. 1 Nr. 1 ErbStG.

51 Verwirklichung eines steuerpflichtigen Veräußerungsgewinns nach § 23 EStG.

BEISPIEL: Macht einer der von uns eingesetzten Schlusserben nach dem Tod des Erstversterbenden gegen den Willen des Überlebenden einen Pflichtteils-, Pflichtteilsrest- oder Pflichtteilsergänzungsanspruch geltend und erhält er auch Zahlung, so steht es dem Längerlebenden von uns frei, denjenigen einschließlich seiner Erben testamentarisch von der Schlusserbfolge auszuschließen.

Der **Nachteil** dieser Strafklauseln besteht bekanntermaßen darin, dass die Kinder, die den Wunsch ihrer Eltern achten, endgültig von der Erbfolge nach dem erstversterbenden Elternteil ausgeschlossen sind und aus erbschaftsteuerlicher Sicht mithin keine persönlichen Freibeträge nach diesem Elternteil geltend machen können. Soweit die Freibeträge nicht bereits durch Schenkungen zu Lebzeiten ausgeschöpft sind, gehen sie damit ungenutzt unter. 24

Zusätzlich geht mit dem Tod des länger lebenden Elternteils sowohl das ursprüngliche Vermögen des Vaters als auch das ursprüngliche Vermögen der Mutter zusammengeballt auf die Kindergeneration über, wodurch aller Voraussicht nach ein höherer Erbschaftsteuertarif zur Anwendung gelangt. Und schließlich unterliegt das Vermögen des zuerst verstorbenen Elternteils dadurch zweimal der Erbschaftsteuer, nämlich einmal bei der Übertragung auf den länger lebenden Ehegatten und ein zweites Mal bei der Übertragung vom länger lebenden Ehegatten auf die Kinder.

HINWEIS

Erfolgt der zweite Vermögensanfall innerhalb kurzer Zeit nach dem ersten Erbfall, kann die Doppelbesteuerung möglicherweise durch Anwendung des § 27 ErbStG abgemildert werden.

Aus erbschaftsteuerlicher Sicht wäre es insgesamt vorteilhafter, wenn die Kinder zumindest in Höhe ihrer persönlichen Freibeträge am Nachlass nach dem ersten Erbfall beteiligt würden. Denkbar ist es auch, dass der überlebende Ehegatte freiwillig Pflichtteilsansprüche an die Kinder auszahlt. Dies kann er mit steuerlicher Wirkung sogar dann, wenn die Ansprüche bereits verjährt sind. Dadurch gehen keine Freibeträge verloren; zudem kann eventuell sogar eine Progressionsminderung genutzt werden. Stets setzt diese Gestaltung aber eine entsprechende Liquidität beim überlebenden Ehegatten voraus. 25

Unter steuerlichen Gesichtspunkten ist es also ungünstig, wenn Kinder oder andere Pflichtteilsberechtigte ihre Pflichtteilsansprüche nicht geltend machen. Jeder potenzielle Erbe, der aus der Nachfolge ausscheidet und nicht zumindest in Höhe seines persönlichen Freibetrages am Nachlass beteiligt wird, verschenkt die Möglichkeit, Vermögen steuerfrei von einer Person auf eine andere zu übertragen. 26

FORTFÜHRUNG DES BEISPIELS BERLINER TESTAMENT: Anstelle eines Berliner Testaments hätten die Ehegatten im Beispielsfall auch ihre Kinder zu Erben einsetzen und zugunsten des überlebenden Ehegatten ein Nießbrauchrecht an den Mietimmobilien einräumen können (soweit der Miteigentumsanteil des zuerst versterbenden Ehegatten betroffen ist). Dadurch wären alle Familienmitglieder am Nachlass beteiligt, persönliche Freibeträge könnten sich auswirken, die Altersversorgung des länger lebenden Ehegatten wäre gesichert und der Bestand der Immobilien verbliebe weiterhin in Familienhand.[52]

27 Eine andere Möglichkeit, die Immobilien im Bestand der Familie zu bewahren, könnte darin bestehen, den Pflichtteilsanspruch der Kinder nicht in Geld, sondern durch die Übertragung einer Immobilie oder eines Miteigentumsanteils an einer Immobilie zu erfüllen – zivilrechtlich liegt eine **Leistung an Erfüllungs statt** vor. Anstelle des errechneten Geldbetrages erhalten die Kinder dann eine wertgleiche Immobilie aus dem Nachlass.

In diesem Zusammenhang lässt sich auch die Gestaltungsmöglichkeit der nur teilweisen Geltendmachung des Pflichtteilsanspruchs durch die Kinder nutzen.[53] Denn nur selten wird sich eine Immobilie im Nachlass befinden, die wertmäßig genau der Höhe des Pflichtteilsanspruchs entspricht. Möchte der Erbe den Pflichtteilsberechtigten nicht Miteigentumsanteile an weiteren Immobilien einräumen, könnte es zum Frieden aller Beteiligten sinnvoll sein, den jeweiligen Pflichtteilsanspruch nur in Höhe des Werts einer übertragbaren Immobilie geltend zu machen.

HINWEIS:

Soll von der Möglichkeit einer nur teilweisen Geltendmachung des Pflichtteilsanspruchs Gebrauch gemacht werden, ist streng darauf zu achten, dass der Berechtigte nicht zuvor schon den Pflichtteilsanspruch in voller Höhe geltend gemacht hat und nun im Nachhinein auf einen Teil seiner Forderung verzichtet. Dann nämlich müsste der Berechtigte den vollen Pflichtteil der Erbschaftsteuer unterwerfen; zusätzlich läge im teilweisen Verzicht eine weitere Schenkung vom Pflichtteilsberechtigten an den Erben vor.[54]

28 Auch wenn durch die Übertragung einer Nachlassimmobilie zum Zwecke der Pflichtteilserfüllung sämtliche erbrechtlichen Ansprüche aus Mitteln des Nachlasses bedient werden und der Nachlass somit lediglich unter den Berechtigten verteilt wird, stellt die Übertragung eines Grundstücks zur Erfüllung des Pflichtteilsanspruchs **ertragsteuerlich** jedoch ein **entgeltliches Rechtsgeschäft**

52 Zu Einzelheiten der Übertragung von Immobilien unter Nießbrauchvorbehalt siehe Kapitel D. I. Rz. 356 ff.

53 Siehe oben Kapitel B. I. 3. Rz. 17 ff.

54 Vertiefend Lohr/Görges, DStR 2011 S. 1890.

zwischen dem Erben und dem Pflichtteilsberechtigten dar.[55] Der Erbe verwirklicht folglich mit der Übertragung der Immobilie ein Veräußerungsgeschäft, das im Anwendungsbereich des § 22 Nr. 2 EStG i. V. mit § 23 Abs. 1 Nr. 1 EStG zu einem steuerpflichtigen Veräußerungsgewinn führen kann.[56] Voraussetzung ist hierfür u. a., dass der Zeitraum zwischen Anschaffung und Veräußerung nicht mehr als zehn Jahre beträgt.

Zur Berechnung der Haltefrist und zur Berechnung eines möglichen Veräußerungsgewinns sind dem Erben dabei Anschaffungskosten und Anschaffungszeitpunkt des Erblassers zuzurechnen. Denn der Erbe tritt mit dem Erbfall in sämtliche Rechtspositionen des Erblassers ein; dies gilt nicht nur für das Zivilrecht, sondern auch für das Steuerrecht.[57]

Im Gegenzug entstehen dem Pflichtteilsberechtigten Anschaffungskosten in 29
Höhe des Pflichtteilsanspruchs bzw. in Höhe des Werts der übertragenen Immobilie. Ihm steht damit neues Abschreibungspotenzial zur Verfügung.[58]

HINWEIS:

Die entgeltliche Übertragung einer Immobilie kann immer auch Grunderwerbsteuer auslösen. Findet die Übertragung zwischen Personen statt, die in gerader Linie miteinander verwandt sind, greift insoweit jedoch die Befreiungsvorschrift des § 3 Nr. 6 GrEStG.[59]

4. Pflichtteilsanspruch und Stundungsmöglichkeit bei immobilem Nachlass

Der Pflichtteilsanspruch wird zivilrechtlich **sofort mit dem Erbfall fällig.**[60] Dies 30
kann den Erben in eine schwierige Situation bringen, wenn nicht genügend Liquidität im Nachlass oder im sonstigen Vermögen des Erben vorhanden ist und der Pflichtteilsberechtigte eine Leistung an Erfüllungs statt durch die Übertragung anderer Wirtschaftsgüter ablehnt. Stellt aber die sofortige Erfüllung des Pflichtteilsanspruchs für den Erben wegen der Art der Nachlassgegen-

55 BFH, Urteil v. 16.12.2004 - III R 38/00, BStBl 2005 II S. 554 NWB NAAAB-44840; FG Hessen, Urteil v. 9.10.2014 - 13 K 317/14, BStBl 2005 II S. 554 NWB XAAAE-84289; OFD Münster, Kurzinfo ESt Nr. 12/2006 v. 7.6.2006 NWB FAAAB-87917; anders noch FG Düsseldorf, Urteil v. 8.11.2002 - 1 K 5974/99 E NWB ZAAAB-07433.

56 Nacke, Immobilienbesteuerung bei Erwerb, Besitz, Veräußerung, Kapitel C. Rz. 630 f.

57 BFH, Urteil v. 21.3.1969 - VI R 208/67, BStBl 1969 II S. 520 NWB AAAAB-50179; zustimmend Glenk/Ratschow in Blümich, EStG, § 23 Rz. 110. Für Schenkungen ergibt sich die Rechtsfolge unmittelbar aus dem Gesetz, § 23 Abs. 1 Satz 3 EStG.

58 OFD Münster, Kurzinfo v. 7.6.2006 - ESt Nr. 12/2006 NWB FAAAB-87917.

59 Siehe unten Kapitel C. IV. 2. Rz. 323 ff.

60 § 271 BGB; Lange in MüKoBGB, 7. Aufl. 2017, § 2317 Rz. 1, 4.

stände eine unbillige Härte dar, kann der Erbe vom Pflichtteilsberechtigten die **Stundung des Pflichtteils** verlangen.[61]

Eine unbillige Härte nimmt das Gesetz insbesondere dann an, wenn der Erbe zur Veräußerung des Familienheims oder eines Wirtschaftsgutes gezwungen wäre, das für den Erben die wirtschaftliche Lebensgrundlage bildet. Bestünde der Nachlass bspw. zu einem überwiegenden Teil aus Mietimmobilien, aus deren Erträgen der Erbe seinen Lebensunterhalt bestreiten soll, und könnte der Lebensunterhalt nicht mehr gewährleistet werden, wenn der Erbe einen Teil der Mietimmobilien veräußert, kann der Anwendungsbereich des § 2331a BGB eröffnet sein.

31 Neben dem Schutzbedürfnis des Erben fordert das Gesetz aber gleichzeitig eine Abwägung mit den Interessen des Pflichtteilsberechtigten. So muss sichergestellt werden, dass sich die Rechtsposition des Pflichtteilsberechtigten nicht verschlechtert bzw. dass er nicht um die Erfüllung seines Anspruches fürchten muss, etwa weil die Vermögenssituation des Erben unsicher ist. Hier könnte sich eventuell die **Eintragung einer Grundschuld** zugunsten des Pflichtteilsberechtigten im Grundbuch anbieten.

32 Liegen die Voraussetzungen des § 2331a BGB nicht vor, bleibt es den Beteiligten unbenommen, eine „freiwillige" **außergerichtliche Stundungsvereinbarung** zu treffen. Eine solche Stundungsvereinbarung können sowohl der Erblasser vor dem Erbfall als auch der Erbe vor oder nach dem Erbfall mit dem Pflichtteilsberechtigten schließen. Eine Vereinbarung zwischen Erblasser und Pflichtteilsberechtigtem gilt als beschränkter Pflichtteilsverzicht gem. § 2346 Abs. 2 BGB. Für diesen ist **notarielle Form** vorgeschrieben. Die Vereinbarung zwischen dem Erben und dem Pflichtteilsberechtigten richtet sich vor dem Erbfall nach § 311b Abs. 5 BGB[62] und nach dem Erbfall nach § 205 BGB.[63]

II. Beschränkte oder unbeschränkte Erbschaftsteuerpflicht

1. Unbeschränkte Erbschaftsteuerpflicht

33 Der unentgeltliche Immobilientransfer, sei es als Erwerb von Todes wegen oder als Schenkung unter Lebenden, unterliegt als grds. steuerbarer Vorgang dem Erbschaft- und Schenkungsteuergesetz, wenn

61 § 2331a BGB; Lange in MüKoBGB, 7. Aufl. 2017, § 2331a Rz. 6 ff.; Müller in Burandt/Rojahn, Erbrecht, 4. Aufl. 2022, § 2331a Rz. 11 ff.

62 Klingelhöffer, ZEV 1998 S. 121 f.

63 Keim, MittBayNot 2010 S. 85, 90.

- der Erblasser bzw. Schenker oder der Begünstigte zum Zeitpunkt des Erbfalls bzw. der Schenkung ein Inländer i.S.des §2 Abs.1 Nr.1 ErbStG ist (unbeschränkte Erbschaftsteuerpflicht) oder
- es sich bei dem übertragenen Gegenstand um Inlandsvermögen i.S.des §2 Abs.1 Nr.3 ErbStG, §121 BewG handelt (beschränkte Erbschaftsteuerpflicht).

Als unbeschränkt erbschaftsteuerpflichtige „Inländer" i.S.des §2 Abs.1 Nr.1 ErbStG gelten alle natürlichen Personen, die im Inland einen Wohnsitz oder ihren gewöhnlichen Aufenthalt haben. Auf die Staatsangehörigkeit kommt es insoweit nicht an. Da das deutsche ErbStG alternativ an die Person des Zuwendenden oder an die Person des Begünstigten anknüpft, ist es für die Begründung der unbeschränkten Steuerpflicht bereits ausreichend, wenn nur eine der Parteien die Inländereigenschaft erfüllt, also über Wohnsitz oder gewöhnlichen Aufenthalt in Deutschland verfügt. 34

Dennoch weicht der Umfang der tatsächlichen Besteuerung voneinander ab, je nachdem, ob die unbeschränkte Erbschaftsteuerpflicht durch den Zuwendenden oder den Begünstigten begründet wird: Denn nur dann, wenn der Erblasser oder Schenker die Inländereigenschaft besitzt, wird tatsächlich der gesamte Vermögensanfall der deutschen Erbschaftsteuer unterworfen. Ist lediglich der Erwerber als Inländer zu qualifizieren, unterliegt nur der Teil des übertragenen Vermögens der deutschen Erbschaftsteuer, der auf den inländischen Erwerber entfällt.[64]

BEISPIEL: Erblasser E, der bis zu seinem Tod in Berlin gelebt hat, verstirbt und wird von seinen Söhnen S1 und S2 beerbt. S1 lebt in der Schweiz, S2 in Frankfurt.

Da bereits E als Zuwendender die Inländereigenschaft i.S.des §2 Abs.1 Nr.1 ErbStG erfüllt, kommt es insofern nicht mehr auf die Inländereigenschaft der Söhne an. Der gesamte Vermögenstransfer unterliegt der deutschen unbeschränkten Erbschaftsteuerpflicht.

ABWANDLUNG: Erblasser E lebt seit 30 Jahren in der Schweiz bei seinem Sohn S1. S2 lebt weiterhin in Frankfurt. E verstirbt und wird von seinen Söhnen beerbt.

E erfüllt nun nicht mehr die Inländereigenschaft. Da aber S2 weiterhin seinen Wohnsitz in Frankfurt hat, begründet er eine unbeschränkte deutsche Erbschaftsteuerpflicht. Nunmehr unterliegt jedoch nur der auf S2 entfallende Erwerb der unbeschränkten deutschen Erbschaftsteuer.

Neben der unbeschränkten Steuerpflicht kennt das ErbStG auch die sog. **erweiterte unbeschränkte Erbschaftsteuerpflicht**. Sie knüpft nicht an den Wohnsitz 35

64 Siehe ergänzend auch Kapitel E. I. 1. und 2. Rz. 582 ff. zur unbeschränkten und beschränkten Erbschaftsteuerpflicht und Kapitel E. II. 3. Rz. 589 zur Aufteilung des Besteuerungsrechts im internationalen Erbschaftsteuerrecht.

oder gewöhnlichen Aufenthalt, sondern an die Staatsangehörigkeit des Erblassers, Schenkers oder Erwerbers an. Insbesondere gelten danach auch diejenigen Personen als Inländer i.S.des ErbStG, die zwar im Inland keinen Wohnsitz oder gewöhnlichen Aufenthalt mehr haben, aber deutsche Staatsangehörige sind und nicht länger als fünf Jahre dauernd im Ausland leben. Der Gesetzgeber will so die unbeschränkte Steuerpflicht auf Wegzügler ausweiten, die möglicherweise (auch) aus steuerlich motivierten Gründen ins Ausland ziehen und dadurch ihr Vermögen dem deutschen Fiskus entziehen möchten.[65]

36 Die erweiterte unbeschränkte Erbschaftsteuerpflicht kann nur dadurch vermieden werden, dass sowohl Zuwendender als auch Zuwendungsempfänger weder im Inland ihren Wohnsitz oder gewöhnlichen Aufenthalt haben noch die deutsche Staatsbürgerschaft besitzen. Sind Zuwendender oder Empfänger innerhalb von fünf Jahren vor der Zuwendung ins Ausland gezogen, müssen sie also ihre deutsche Staatsbürgerschaft aufgeben, um die deutsche unbeschränkte Steuerpflicht zu vermeiden.

2. Beschränkte Erbschaftsteuerpflicht

37 Erwerbe, bei denen weder auf Seiten des Zuwendenden noch auf Seiten des Zuwendungsempfängers ein Inländer beteiligt ist, unterliegen der beschränkten deutschen Erbschaftsteuerpflicht. Die Steuerpflicht bezieht sich in diesen Fällen nur auf den Vermögensanfall, der in **Inlandsvermögen** besteht.

Was unter Inlandsvermögen zu verstehen ist, ist im Gesetz abschließend definiert. Hierunter fällt bspw. das inländische Grundvermögen.[66] Keinesfalls darf der Begriff „Inlandsvermögen" mit dem „im Inland befindlichen Vermögen" gleichgesetzt werden. So gelten bspw. Bankguthaben, Hausrat oder Anteile von unter 10% an inländischen Kapitalgesellschaften nicht als Inlandsvermögen, selbst wenn die Gegenstände im Inland belegen sind bzw. Forderungen im Inland geltend zu machen sind.

HINWEIS:

Mit Urteil v. 23.11.2022[67] hatte der BFH entschieden, dass der vermächtnisweise Erwerb eines in Deutschland belegenen Grundstücks nicht der beschränkten Erbschaftsteuerpflicht unterfalle. Das Vermächtnis verschaffe dem Begünstigten lediglich einen Anspruch auf Übertragung des fraglichen Grundstücks. Gegenstand des Vermächtnisses sei damit gerade nicht das Grundstück selbst, sondern nur ein Sachleistungsanspruch. Sachleistungsansprüche seien aber nicht von § 121 BewG umfasst, so dass

65 Siehe ergänzend Kapitel E. II. 2. Rz. 587 ff. zur erweiterten beschränkten Erbschaftsteuerpflicht.

66 § 121 Nr. 2 BewG.

67 BFH, Urteil v. 23.11.2022 - II R 37/19, BStBl 2024 II S. 341 NWB SAAAJ-34539.

es an einer gesetzlichen Grundlage fehle, wenn das Finanzamt eine in Deutschland belegene Immobilie mangels Inländereigenschaft von Erblasser und Vermächtnisnehmer in Deutschland der beschränkten deutschen Erbschaftsteuer unterwerfen wolle.

Der Gesetzgeber hat auf diese Rechtsprechung im Rahmen des Wachstumschancengesetzes[68] reagiert und den sich daraus ergebenden Gestaltungsmöglichkeiten einen Riegel vorgeschoben. Für aller Erwerbe von Todes wegen, für die die Erbschaftsteuer nach dem 27.3.2024 entsteht, gilt seitdem, dass auch der bloße Anspruch auf Übertragung von Inlandsvermögen i.S.des § 121 BewG eine beschränkte Erbschaftsteuerpflicht auslösen kann.[69]

38

TAB. 1: Überblick über die persönliche Erbschaft- und Schenkungsteuerpflicht

Wohnsitz oder gewöhnlicher Aufenthalt des Erblassers/Erwerbers	Lage des Vermögens	Steuerpflicht
Inland/Inland	Inland	unbeschränkt
Inland/Inland	Ausland	unbeschränkt
Inland/Ausland	Inland	unbeschränkt
Inland/Ausland	Ausland	unbeschränkt
Ausland/Inland	Inland	unbeschränkt
Ausland/Inland	Ausland	unbeschränkt
Ausland/Ausland	Inland	beschränkt
Ausland/Ausland	Ausland	keine Steuerpflicht

Anhand der vorliegenden Tabelle ist unschwer zu erkennen, dass Deutschland einen sehr weitreichenden Ansatz bei der Bestimmung der deutschen Erbschaftsteuerpflicht gewählt hat. Dies birgt die **Gefahr einer doppelten Besteuerung** in sich, sobald eine der beteiligten Personen oder Teile des Vermögens einen **Auslandsbezug** aufweisen. Denn auch ausländische Staaten machen von ihrer Steuerhoheit Gebrauch und unterwerfen unentgeltliche Übertragungen ihrer eigenen Erbschaft- oder Schenkungsteuer. 39

Gegen diese Gefahr einer Besteuerung sowohl im Inland als auch im Ausland bieten zwischenstaatliche Doppelbesteuerungsabkommen oder – sofern solche fehlen – innerstaatliche Vorschriften, mit denen unter bestimmten Voraussetzungen ausländische Steuern auf die deutsche Steuer angerechnet werden können, einen gewissen Schutz.[70]

68 Gesetz zur Stärkung von Wachstumschancen, Investitionen und Innovation sowie Steuervereinfachung und Steuerfairness (Wachstumschancengesetz) v. 27.3.2024, BGBl 2024 I Nr. 108.

69 § 37 Abs. 20 ErbStG.

70 Siehe ergänzend zur zwischenstaatlichen Aufteilung des Besteuerungsrechts im internationalen Erbfall Kapitel E. II. 3. Rz. 589 ff.

III. Systematik des Erbschaftsteuerrechts und Steuerklassen

40 Liegt ein Anknüpfungspunkt an das deutsche Erbschaftsteuergesetz vor, ist das übertragene Vermögen zu bewerten. Der ermittelte Wertansatz abzüglich etwaiger sachlicher oder persönlicher Freibeträge stellt die Bemessungsgrundlage für die festzusetzende Erbschaftsteuer dar.

	Wert des gesamten Vermögensanfalls
./.	Sachliche Steuerbefreiungen
./.	Abzugsfähige Verbindlichkeiten und Belastungen
=	Bereicherung des Erwerbers
./.	Persönliche Freibeträge
	Abrundung auf volle 100 €
=	Bemessungsgrundlage
x	Einschlägiger Steuertarif
./.	Anrechenbare frühere oder ausländische Erbschaftsteuer
=	Festzusetzende Erbschaftsteuer

41 Nachdem die Wertansätze für das übertragene Vermögen ermittelt und sachliche Steuerbefreiungen in Ansatz gebracht wurden, reduzieren schließlich noch persönliche Freibeträge die steuerliche Bemessungsgrundlage, bevor hierauf schließlich der Steuertarif zur Anwendung gelangt. Sowohl die Höhe der persönlichen Freibeträge als auch der anzuwendende Steuertarif hängen davon ab, in welchem verwandtschaftlichen Verhältnis Erblasser und Erwerber zueinanderstehen, welche Steuerklasse also einschlägig ist.

42 Das Gesetz kennt drei verschiedene Steuerklassen, deren Einteilung wie folgt aussieht:[71]

In die Steuerklasse I fallen:

- Kinder, Stiefkinder und deren Abkömmlinge (Enkel, Urenkel etc.),
- Eltern und Großeltern im Erbfall sowie
- Ehegatten und eingetragene Lebenspartner.

71 § 15 Abs. 1 ErbStG.

Steuerklasse II umfasst:

- Eltern und Großeltern bei Schenkung,
- Geschwister, Neffen und Nichten,
- Stiefeltern,
- Schwiegerkinder, Schwiegereltern sowie
- geschiedene Ehegatten.

Alle übrigen Personen zählen zur Steuerklasse III.

43 Auf der Basis dieser Steuerklasseneinteilung können anhand der nachfolgenden Übersichten die persönlichen Freibeträge sowie die jeweiligen Steuertarife abgelesen werden.[72]

Persönliche Freibeträge	
Ehegatten und Lebenspartner	500.000 €
Kinder und Kinder verstorbener Kinder (= Enkel, wenn die Kinder vorverstorben sind)	400.000 €
Kinder der Kinder (= Enkel, wenn die Kinder noch leben)	200.000 €
Übrige Personen der Steuerklasse I (Urenkel; Eltern oder Großeltern im Erbfall)	100.000 €
Personen der Steuerklasse II (Geschwister, Nichten, Neffen, Tanten, Onkel; Enkel oder Großeltern bei Schenkungen)	20.000 €
Übrige Personen der Steuerklasse III	20.000 €

44

Wert des steuerpflichtigen Erwerbs (§ 10 ErbStG) bis einschließlich ... €	**Steuertarife (in %)**		
	Steuerklasse I	**Steuerklasse II**	**Steuerklasse III**
75.000	7	15	30
300.000	11	20	30
600.000	15	25	30
6.000.000	19	30	30
13.000.000	23	35	50
26.000.000	27	40	50
über 26.000.000	30	43	50

72 Persönliche Freibeträge, siehe § 16 ErbStG; Steuertarife, siehe § 19 ErbStG.

HINWEIS:

Im Gegensatz zur Einkommensteuer gilt bei der Erbschaft- und Schenkungsteuer der ausgewiesene Steuertarif stets für den gesamten steuerpflichtigen Erwerb. Beläuft sich der steuerpflichtige Erwerb also auf 800.000€, unterliegt dieser in der Steuerklasse I insgesamt einer Erbschaftsteuer von 800.000€ x 19% = 152.000€.

IV. Bewertung für erbschaftsteuerliche Zwecke

1. Inländische Immobilien im Privatvermögen (Wohn- und Gewerbeimmobilien)

45 Die Bewertungsvorschriften für erbschaftsteuerliche Zwecke finden sich mit Wirkung **ab dem 1.1.2009** im sechsten Abschnitt des zweiten Teils des Bewertungsgesetzes. Dieser Abschnitt, der mit der Erbschaftsteuerreform 2009 erstmals eingeführt wurde,[73] trägt die Überschrift „Vorschriften für die Bewertung von Grundbesitz, von nicht notierten Anteilen an Kapitalgesellschaften und von Betriebsvermögen für die Erbschaftsteuer ab 1.1.2009" und umfasst die §§ 157–203 BewG. **Ziel** des sechsten Abschnittes ist es, für alle dort aufgeführten Bewertungseinheiten eine **Bewertung mit dem gemeinen Wert** zu erreichen; für das Grundvermögen ist dies ausdrücklich in § 179 BewG i.V. mit § 9 BewG niedergelegt.

46 Die Bewertung des Grundvermögens selbst ist in den §§ 176–198 BewG geregelt. Inhaltlich findet eine Unterscheidung zwischen unbebauten und bebauten Grundstücken sowie „Sonderfällen" statt, wobei die Sonderfälle bspw. Erbbaurechte und Erbbaugrundstücke oder Gebäude auf fremdem Grund und Boden umfassen.

Die Methodik der Bewertung orientiert sich sehr stark am Baugesetzbuch und an der **Immobilienwertermittlungsverordnung.**[74] Letztere legt insbesondere **im außersteuerlichen Bereich** die Grundsätze für die Bewertung von Immobilien fest und findet immer dann Anwendung, wenn Marktwerte in konkreten Fällen ermittelt werden müssen. Die Immobilienwertermittlungsverordnung wird daher von Gutachterausschüssen für Grundstückswerte und von Immobiliensachverständigen angewandt, wenn ein Wertgutachten für eine individuelle Immobilie erstellt werden soll.

73 Bis zum 31.12.2008 orientiert sich die Bewertung für Immobilien sowohl für die Grunderwerbsteuer als auch für Erbschaft- und Schenkungsteuer einheitlich an den Regelungen des vierten Abschnitts des Bewertungsgesetzes (§§ 138 ff. BewG a.F.).

74 Die ImmoWertV ist am 1.7.2010 in Kraft getreten und hat die bis dahin gültige Wertermittlungsverordnung aus dem Jahr 1988 abgelöst.

Da das Steuerverfahren jedoch als Masseverfahren ausgerichtet ist und nicht auf Einzelfallgerechtigkeit abzielt, konnte die Immobilienwertermittlungsverordnung (ImmoWertV) nicht unverändert und in Gänze in das Bewertungsgesetz übernommen werden. Das Bewertungsgesetz hat daher nur die grds. Methodik der ImmoWertV übernommen und durch umfangreiche Pauschalierungen verallgemeinert. Als Kompromiss zwischen der Anwendbarkeit der Bewertungsvorschriften im Masseverfahren und der daraus resultierenden fehlenden Einzelfallgerechtigkeit enthält **§ 198 BewG** zugunsten des Steuerpflichtigen die Möglichkeit, einen **niedrigeren gemeinen Wert** nachweisen zu dürfen, falls die pauschalierten Bewertungsmethoden zu überhöhten Werten führen.

Seit 2009 sind die Bewertungsvorschriften für bebaute Immobilien mehrfach ge- 46/1
ändert und an die fortschreitenden tatsächlichen Verhältnisse angepasst worden. Die aktuellsten Änderungen ergeben sich aus dem Jahressteuergesetz 2022[75] und den daraufhin veröffentlichten Gleichlautenden Erlassen der obersten Finanzbehörden der Länder v. 20.3.2023.[76]

a) Unbebaute Grundstücke

Als unbebaute Grundstücke gelten alle Grundstücke, auf denen sich keine 47
nutzbaren Gebäude (mehr) befinden, § 178 BewG. Grundsätzlich lassen sich drei „Typen" unbebauter Grundstücke unterscheiden:

- Grundstücke ohne Gebäude,
- Grundstücke mit Gebäuden, die auf Dauer nicht mehr nutzbar sind,
- Grundstücke mit Gebäuden, die noch nicht nutzbar sind.[77]

Während Grundstücke ohne Gebäude und Grundstücke mit auf Dauer nicht 48
mehr nutzbaren Gebäuden für erbschaftsteuerliche Zwecke als unbebaute Grundstücke bewertet werden, existiert für Grundstücke mit noch nicht nutzbaren Gebäuden eine Spezialvorschrift in § 196 BewG (Grundstücke im Zustand der Bebauung), die der Anwendung des § 178 BewG vorgeht.

75 Jahressteuergesetz 2022 v. 16.12.2022, BGBl 2022 I S. 2294.

76 Gleich lautende Erlasse betr. Anwendung der Vorschriften für die Bewertung des Grundvermögens im Sechsten Abschnitt des Zweiten Teils des Bewertungsgesetzes i. d. F. des Jahressteuergesetzes 2022 v. 16.12.2022 (BGBl 2022 I S. 2294) – AEBew StG 2022 – v. 20.3.2022, BStBl 2023 I S. 738.

77 Schaffner in Kreutziger/Schaffner/Stephany, BewG, 6. Aufl. 2024, § 178 Rz. 2.

Ob ein Gebäude nutzbar ist oder nicht, ist nach der Verkehrsauffassung zu beurteilen. Entscheidend ist danach, ob die Nutzung dem Bewohner oder Nutzungsberechtigten zugemutet werden kann.[78]

49 Der Wert eines unbebauten Grundstücks bestimmt sich regelmäßig nach seiner **Fläche** und den **Bodenrichtwerten**, § 179 BewG i.V. mit § 196 BauGB. Die Bodenrichtwerte werden von den **Gutachterausschüssen** nach dem Baugesetzbuch ermittelt und den Finanzämtern entsprechend mitgeteilt. Maßgeblich für die Bewertung ist dabei stets der Wert, der vom Gutachterausschuss zuletzt ermittelt wurde und der nicht mehr als drei Jahre vor dem Bewertungsstichtag liegt. Haben sich die Wertverhältnisse nicht wesentlich verändert, können die Angaben des Gutachterausschusses ausnahmsweise auch länger verwendet werden.[79] Sofern von den Gutachterausschüssen kein Bodenrichtwert nach § 196 BauGB ermittelt werden kann, sind für die Wertbestimmung vergleichbare Flächen heranzuziehen.

50 Handelt es sich bei dem zu bewertenden Grundstück um **Bauerwartungsland** oder **Rohbauland**, sind folgende Prozentsätze ausgehend vom Bodenrichtwert für vergleichbares erschließungsbeitragsfreies Bauland anzusetzen, sofern keine Wertangaben der Gutachterausschüsse vorliegen:[80]

Bauerwartungsland:[81]	25 %
Bruttorohbauland:	50 %
Nettorohbauland:	75 %

51 Bei Abweichungen zwischen Geschossflächenzahl (GFZ) zum Bodenrichtwert aus der anwendbaren Richtwertzone und der tatsächlichen GFZ des zu bewertenden Grundstücks, sind die Umrechnungskoeffizienten nach H B 179.2 ErbStH 2019 bzw. die Vorgaben der Gutachterausschüsse gem. R B 179.2 ErbStR 2019 zu berücksichtigen.

78 Halaczinsky in Rössler/Troll, BewG, 38. Erg.-Lfg. 2024, § 178 Rz. 2.

79 AEBew JStG 2022, Tz. 4.

80 H B 179.3 (2) ErbStH 2019.

81 Bzgl. der Definition von Bauerwartungsland, Bruttorohbauland, Nettorohbauland und baureifem Land siehe R B 179.1 Abs. 3 ErbStR 2019.

BEISPIEL (H B 179.2 ERBSTH 2019): Der zuletzt ermittelte Bodenrichtwert eines Grundstücks beträgt 150 €/m² bei einer GFZ von 0,8. Das zu bewertende Grundstück hat eine zulässige GFZ von 0,6. Der Bodenwert beträgt damit:

$$\frac{0{,}78 \text{ (Umrechnungskoeffizient bei einer GFZ von 0,6)}}{0{,}90 \text{ (Umrechnungskoeffizient bei einer GFZ von 0,8)}} \times 150\,€/m^2 = 130\,€/m^2$$

b) Grundstücke im Zustand der Bebauung

Grundstücke, auf denen sich noch nicht bezugsfertige Gebäude befinden, werden als Grundstücke im Zustand der Bebauung bezeichnet. Nach § 196 Abs. 1 BewG liegt ein solches Grundstück vor, wenn mit den Bauarbeiten begonnen wurde und Gebäudeteile noch nicht bezugsfertig sind.[82] 52

Die Bewertung derartiger Grundstücke richtet sich nach dem Wert des unbebauten Grundstücks[83] zuzüglich der bereits entstandenen Herstellungskosten.[84] 53

c) Bebaute Grundstücke

Im Umkehrschluss aus § 178 BewG lässt sich ableiten, dass zu den bebauten Grundstücken alle Grundstücke zählen, auf denen sich nutzbare Gebäude befinden.[85] Als bebautes Grundstück gilt dabei auch ein Gebäude (!), *„das auf fremdem Grund und Boden errichtet oder in sonstigen Fällen einem anderen als dem Eigentümer des Grund und Bodens zuzurechnen ist, selbst wenn es wesentlicher Bestandteil des Grund und Bodens geworden ist“.*[86] 54

Das Gebäude selbst gilt also als bebautes Grundstück; demgegenüber ist der fremde Grund und Boden als unbebautes Grundstück nach § 195 Abs. 3 BewG zu bewerten.[87]

Die Bewertung der bebauten Grundstücke richtet sich nach den Vorschriften der §§ 180–191 BewG. Dabei sieht das Gesetz in § 181 BewG für Zwecke der 55

82 Einzelheiten hierzu siehe R B 178 (2, 3) ErbStR 2011.
83 § 179 BewG.
84 § 196 Abs. 2 BewG.
85 § 180 BewG.
86 § 180 Abs. 2 BewG.
87 Halaczinsky in Rössler/Troll, BewG, 38. Erg.-Lfg. 2024, § 180 Rz. 7.

Bewertung eine Einteilung in verschiedene Grundstücksarten vor, zu denen in R B 181.1 ErbStR 2019 nähere Erläuterungen enthalten sind:

Grundstücksart	Voraussetzungen
1. Ein- und Zweifamilienhäuser	► Wohngrundstücke mit bis zu zwei Wohnungen; ► Mitbenutzung für betriebliche oder öffentliche Zwecke zu weniger als 50 % – berechnet nach der Wohn- oder Nutzfläche – ist unschädlich, soweit dadurch nicht die Eigenart als Ein- oder Zweifamilienhaus wesentlich beeinträchtigt wird; ► kein Wohnungseigentum nach Nr. 3.
2. Mietwohngrundstücke	► Grundstücke, die zu mehr als 80 % – berechnet nach der Wohn- oder Nutzfläche – Wohnzwecken dienen und nicht Ein- und Zweifamilienhäuser i. S. der Nr. 1 oder Wohnungseigentum nach Nr. 3 sind.
3. Wohnungs- und Teileigentum	► Wohnungseigentum ist das Sondereigentum an einer Wohnung i. V. mit dem Miteigentumsanteil an dem gemeinschaftlichen Eigentum, zu dem es gehört (§ 1 Abs. 2 WEG). ► Teileigentum ist das Sondereigentum an nicht zu Wohnzwecken dienenden Räumen eines Gebäudes i. V. mit dem Miteigentum an dem gemeinschaftlichen Eigentum, zu dem es gehört (§ 1 Abs. 3 WEG).
4. Geschäftsgrundstücke	► Grundstücke, die zu mehr als 80 % – berechnet nach der Wohn- oder Nutzfläche – eigenen oder fremden betrieblichen oder öffentlichen Zwecken dienen und nicht Teileigentum nach Nr. 3 sind.
5. gemischt genutzte Grundstücke	► Grundstücke, die teils Wohnzwecken, teils eigenen oder fremden betrieblichen oder öffentlichen Zwecken dienen und keine Grundstücke i. S. der Nr. 1–4 sind.
6. sonstige bebaute Grundstücke	► Grundstücke, die nicht unter die Nr. 1–5 fallen.

Die Grundstücksarten sind – in Anlehnung an die ImmoWertV – nach folgenden Verfahren zu bewerten:[88] 56

Grundstücksart	Bewertungsverfahren	Rechtsgrundlage
Wohnungseigentum, Teileigentum, Einfamilienhäuser, Zweifamilienhäuser	Vergleichswertverfahren	§§ 182 Abs. 2, 183 BewG
Mietwohngrundstücke, Geschäftsgrundstücke und gemischt genutzte Grundstücke, für die sich auf dem örtlichen Grundstücksmarkt eine **übliche Miete** ermitteln lässt	Ertragswertverfahren	§§ 182 Abs. 3, 184–188 BewG
Wohnungseigentum, Teileigentum, Einfamilienhäuser, Zweifamilienhäuser, soweit ein **Vergleichswert nicht vorliegt** Geschäftsgrundstücke und gemischt genutzte Grundstücke, für die sich auf dem örtlichen Grundstücksmarkt **keine übliche Miete** ermitteln lässt, sonstige bebaute Grundstücke	Sachwertverfahren	§§ 182 Abs. 4, 189–191 BewG

Die methodische Vorgehensweise nach den einzelnen in § 182 BewG genannten Verfahren ergibt sich im Detail über die Normierungen der §§ 183–191 BewG, die sich bewertungstechnisch eng an der ImmoWertV orientieren. 57

Da es eine explizite Zuordnung zu einem Bewertungsverfahren nach der Grundstücksart gibt, kommt der **Bestimmung der Grundstücksart** eine entscheidende Bedeutung zu. R B 181.1 ErbStR 2019 regelt, dass bei der Festlegung der Grundstücksart stets die gesamte wirtschaftliche Einheit zu betrachten ist. Dies gilt auch, wenn sich auf einem Grundstück mehrere Gebäude oder Gebäudeteile unterschiedlicher Bauart oder Nutzung befinden. Die Abgrenzung zu einer Grundstücksart ist dabei nach dem Verhältnis der Wohn- und Nutzfläche vorzunehmen. Maßgeblich sind allein die Verhältnisse am Bewertungsstichtag. 58

aa) Vergleichswertverfahren

Beim Vergleichswertverfahren nach § 183 BewG wird der Wert des bebauten Grundstücks entweder auf der Basis von Vergleichspreisen für vergleichbare Grundstücke[89] oder auf der Basis von Vergleichsfaktoren[90] ermittelt. Hierbei 59

88 § 182 BewG. Angelehnt an Eisele, NWB 9/2008 S. 695 NWB VAAAC-71534.

89 § 183 Abs. 2 BewG.

90 § 183 Abs. 3 BewG.

ist zu berücksichtigen, dass sich die Vergleichswerte grds. sowohl auf den Boden- als auch auf den Gebäudewert beziehen.[91]

60 Vergleichspreise können nur herangezogen werden, wenn diese aus einer ausreichenden Zahl von Grundstücken abgeleitet wurden, die hinsichtlich ihrer wertbeeinflussenden Merkmale mit dem zu bewertenden Grundstück „hinreichend übereinstimmende Grundstücksmerkmale" aufweisen. Als Grundstücksmerkmale gelten insbesondere

- Lage,
- Art und Maß der baulichen Nutzung,
- Größe,
- Erschließungszustand,
- Gebäudeart,
- Alter des Gebäudes.

61 Vorrangige Grundlage bilden die von den Gutachterausschüssen mitgeteilten **Vergleichspreise.** Liegen keine Vergleichspreise vor, darf das Finanzamt geeignete Vergleichspreise aus anderen Kaufpreissammlungen berücksichtigen.[92]

ANMERKUNG:

Als ein Vergleichspreis kann auch der für die zu bewertende wirtschaftliche Einheit tatsächlich innerhalb eines Jahres vor dem Bewertungsstichtag unter fremden Dritten erzielte Kaufpreis gelten, sofern zwischenzeitlich keine Änderungen der Wertverhältnisse eingetreten sind und dem Verkauf keine ungewöhnlichen oder persönlichen Verhältnisse zugrunde gelegen haben (H B 183 (2) ErbStH 2019).

62 Alternativ zu den Vergleichspreisen können nach § 183 Abs. 2 BewG zur Wertbestimmung auch **Vergleichsfaktoren** herangezogen werden, die von den Gutachterausschüssen bspw. für Wohnfläche oder jährlich erzielbaren Ertrag ermittelt und mitgeteilt werden. Beziehen sich derartige Faktoren ausnahmsweise nur auf das Gebäude, ist der Bodenwert nach § 179 BewG gesondert zu ermitteln.[93]

63 Weichen die wertbeeinflussenden Merkmale der Vergleichsgrundstücke bzw. der Grundstücke, für die Vergleichsfaktoren bebauter Grundstücke abgeleitet worden sind, vom Zustand des zu bewertenden Grundstücks ab, so sind diese Abweichungen nach R B 183 (4) ErbStR 2019 durch Zu- oder Abschläge nach Vorgabe des örtlichen Gutachterausschusses für Grundstückswerte zu berücksichtigen.

91 R B 183 ErbStR 2019.

92 R B 183 ErbStR 2019.

93 § 183 Abs. 2 Satz 2 BewG.

H B 183 (4) ErbStH 2019 sieht darüber hinaus vor, dass bei fehlenden Anpassungsfaktoren des Gutachterausschusses (Index-Reihen oder Umrechnungskoeffizienten) noch eine hinreichende Übereinstimmung im Sinne des Gesetzes unterstellt werden kann, wenn die wertbeeinflussenden Merkmale des zu bewertenden Grundstücks, wie insbesondere Größe und Alter des Objektes, um höchstens jeweils 20 % von der Vergleichsgröße abweichen.

BEISPIEL (H B 183 (4) ERBSTH 2019): Der Grundstücksmarktbericht des örtlichen Gutachterausschusses für Grundstückswerte enthält im Zusammenhang mit der Darstellung von Vergleichsfaktoren für Wohnungseigentum u. a. folgende Angaben:

1. Definition der Musterwohnung

► Größe (Wohnfläche):	80 m²
► Geschosslage:	1. OG
► Ausstattung:	durchschnittlich (mittel)
► Unterhaltungszustand:	baujahrtypisch
► Vermietung:	unvermietet
► Garage/Stellplatz:	nicht enthalten

2. Vergleichsfaktoren je Quadratmeter Wohnfläche

Die Werte sind umgerechnet auf die definierte Musterwohnung		Baujahrsklasse 1920–1944	Baujahrsklasse 1945–1960
Stadtbezirk	**Wohnlage**	**€/m² Wohnfläche**	
	gut	1.700	1.800
A	mittel	1.500	1.650
	einfach	1.350	1.500
	gut	1.900	1.850
B	mittel	1.700	1.650
	einfach	1.500	1.550

3. Anwendung der Vergleichsfaktoren:

   Liegt z. B. eine im Jahr 1950 errichte Eigentumswohnung (Wohnungseigentum) mit einer Wohnfläche von 70 m² im Stadtbezirk A in guter Wohnlage, weicht sie im Vergleich zur Musterwohnung mit einer Differenz von 10 m² geringfügig ab (Abweichung nicht mehr als 20 % von 80 m²). Deshalb kann der Vergleichswert (Grundbesitzwert) unmittelbar durch Anwendung des Vergleichsfaktors ermittelt werden:

   70 m² Wohnfläche x 1.800 €/m² = 126.000 €

Würde die Wohnfläche der zu bewertenden Eigentumswohnung (Wohnungseigentum) nur 60 m² betragen (Abweichung im Vergleich zur Musterwohnung über 20 % von 80 m²), wäre eine Anwendung des Vergleichsfaktors nur möglich, wenn der Gutachterausschuss zusätzlich entsprechende Umrechnungskoeffizienten hinsichtlich unterschiedlicher Wohnflächen ermittelt und mitgeteilt hat.

64 Obwohl das Vergleichswertverfahren weitestgehend den korrespondierenden Vorschriften der ImmoWertV entspricht, lässt sich ein **wesentlicher Unterschied** zulasten des Steuerpflichtigen festhalten: Anders als die auf den jeweiligen Einzelfall abstellende ImmoWertV gilt im Rahmen des § 183 Abs. 3 BewG, dass Besonderheiten, insbesondere die den Wert beeinflussenden Belastungen privatrechtlicher und öffentlich-rechtlicher Art, bei der Bewertung für erbschaft- und schenkungsteuerliche Zwecke nicht berücksichtigt werden. Solche **wertbeeinflussenden Faktoren** können bspw. sein:

- langfristige Miet- und Pachtverträge,
- Wohn- und Nießbrauchrecht,
- Leitungs- und Wegerechte etc.

65 Sofern sich derartige Belastungen im Einzelfall wesentlich auf den Wert eines Grundstücks auswirken und nicht an anderer Stelle innerhalb der Systematik des Erbschaft- und Schenkungsteuergesetzes Berücksichtigung finden können,[94] bleibt dem Steuerpflichtigen jedoch die Möglichkeit des **Nachweises des niedrigeren gemeinen Werts.**[95] Ein derartiger Nachweis wird regelmäßig nur durch ein entsprechendes Verkehrswertgutachten eines Sachverständigen geführt werden können.[96]

bb) Ertragswertverfahren

66 Das Ertragswertverfahren findet bei der Bewertung von Mietwohngrundstücken, Geschäftsgrundstücken und gemischt genutzten Grundstücken Anwendung, für die sich auf dem örtlichen Grundstücksmarkt eine übliche Miete ermitteln lässt. So plausibel und überschaubar das klingt, so komplex gestaltet sich die Bewertung einer Immobilie nach diesem Verfahren.

67 Zunächst ist der Wert der baulichen Anlagen getrennt vom Bodenwert auf der Grundlage des Ertrags zu ermitteln.[97] Anschließend ist der Bodenwert gem. § 184 Abs. 2 BewG wie der Wert des unbebauten Grundstücks nach § 179

94 Insbesondere Nießbrauchrechte können ggf. auch im Zusammenhang mit § 10 Abs. 5 ErbStG bereicherungsmindernd geltend gemacht werden und gehen daher nicht zwangsläufig verloren, wenn sie sich bei der Bewertung des nießbrauchbelasteten Gegenstandes nicht auswirken.

95 § 198 BewG.

96 Einzelheiten siehe Kapitel B. IV. 1. c) Rz. 91.

97 § 184 Abs. 1 BewG.

BewG zu berechnen. Aus der **Addition von Boden- und Gebäudewert** ergibt sich schließlich der Grundstückswert für steuerliche Zwecke.

Die folgende schematische Darstellung aus H B 184 ErbStH 2019 erleichtert die Nachvollziehbarkeit der in den §§ 185–189 BewG im Einzelnen dargestellten Schritte: 68

Rohertrag (Jahresmiete bzw. übliche Miete)	
./.	
Bewirtschaftungskosten	
=	
Reinertrag des Grundstücks	
./.	
Bodenwertverzinsung	
=	
Gebäudereinertrag	
x	
Vervielfältiger	
=	
Gebäudeertragswert (> 0 €)	Gebäudeertragswert (< 0 €), dann Ansatz mit 0 €
+	+
Bodenwert (§ 179 BewG)	Bodenwert (§ 179 BewG)
=	=
Grundbesitzwert	Grundbesitzwert (entspricht Bodenwert)

(1) Reinertrag des Grundstücks

Der Reinertrag des Grundstücks ergibt sich aus dem **Rohertrag** des Grundstücks[98] abzüglich der **Bewirtschaftungskosten.**[99] 69

§ 186 BewG definiert den **Rohertrag** als das Entgelt, *„das für die Benutzung des bebauten Grundstücks nach den am Bewertungsstichtag geltenden vertraglichen Vereinbarungen für den Zeitraum von zwölf Monaten zu zahlen ist. Umlagen, die zur Deckung der Betriebskosten gezahlt werden, sind nicht anzusetzen."* Da- 70

98 § 186 BewG.

99 § 187 BewG.

mit ist als Rohertrag die vereinbarte (nicht die vereinnahmte!) Jahreskaltmiete anzusetzen. Sind Grundstücke oder Grundstücksteile

- selbstgenutzt, ungenutzt, zu vorübergehendem Gebrauch oder unentgeltlich überlassen oder
- vom Eigentümer dem Mieter zu einer um mehr als 20% von der üblichen Miete abweichenden tatsächlichen Miete überlassen,

ist die übliche Miete heranzuziehen.[100]

71 Die übliche Miete ist in Anlehnung an die Miete zu schätzen, die für Räume gleicher oder ähnlicher Art, Lage und Ausstattung regelmäßig gezahlt wird. Auch bei dem Ansatz der üblichen Miete sind Betriebskosten (Umlagen) nicht zu berücksichtigen, so dass auf eine übliche Kaltmiete abzustellen ist.

HINWEIS:

Die Abweichung von 20% gilt sowohl bei einer Abweichung nach oben als auch nach unten von der üblichen Miete.[101]

Der Rohertrag des Grundstücks ist um die Bewirtschaftungskosten zu reduzieren. Der verbleibende Betrag ergibt den Reinertrag des Grundstücks.

72 Gemäß § 187 BewG sind **Bewirtschaftungskosten** die bei gewöhnlicher Bewirtschaftung nachhaltig entstehenden

- Verwaltungskosten,
- Betriebskosten,
- Instandhaltungskosten und
- das Mietausfallwagnis.

Sämtliche Betriebskosten, die durch Umlagen gedeckt werden, bleiben hingegen unberücksichtigt. Die Verwaltungs- und die Instandhaltungskosten sind jährlich an den vom Statistischen Bundesamt festgestellten Verbraucherpreisindex für Deutschland anzupassen.[102]

73 Nicht durch Umlagen gedeckte Verwaltungskosten sind unter anderem Kosten für die rechtliche Beratung oder Aufwendungen für die Erstellung von Jahresabschlüssen. Instandhaltungskosten hingegen betreffen alle Kosten, die mit der Erhaltung des Objektes infolge von Alterung und Abnutzung im Zusam-

100 § 186 Abs. 2 BewG.

101 R B 186.4 Abs. 2 Satz 7 ErbStR 2019; Einzelheiten zur Ermittlung der üblichen Miete siehe R B 186.4 Abs. 3 und R B 186.5 ErbStR 2019.

102 § 187 Abs. 3 BewG.

menhang stehen. Kosten des Mietausfallwagnisses sind solche Aufwendungen, die im Zusammenhang mit Leerstand oder der Ertragsminderung durch uneinbringliche Mietforderungen entstehen.

Die Bewirtschaftungskosten sind nach Erfahrungssätzen anzusetzen, die von 74
den Gutachterausschüssen zur Verfügung gestellt werden. Sofern keine Erfahrungssätze der Gutachterausschüsse zur Verfügung stehen, ist von den **pauschalierten Bewirtschaftungskosten** nach Anlage 23 zum BewG auszugehen.[103]

BEISPIEL ZUR BERECHNUNG DER BEWIRTSCHAFTUNGSKOSTEN AUS AEBEWJSTG 2022 RZ. 34 UND 38:

Für ein Mietwohngrundstück mit einer Wohnfläche von insgesamt 800 m², verteilt auf 10 Wohnungen, und einer Gewerbeeinheit mit einer Nutzfläche von 100 m² sind die Bewirtschaftungskosten auf den 1.2.2023 zu ermitteln. Im Untergeschoss des Mehrfamilienhauses befinden sich insgesamt 11 Tiefgaragenstellplätze, die jeweils einer Wohnung und der Gewerbeeinheit zuzuordnen sind. Von dem gesamten jährlichen Rohertrag i. H. von 75.600 € entfallen auf die nicht zu Wohnzwecken genutzte Gewerbeeinheit einschließlich des dazugehörenden Tiefgaragenstellplatzes 8.400 €.

Der Verbraucherpreisindex beträgt für den Monat Oktober 2022 (2015 = 100) 122,2 und für den Monat Oktober 2001 (2015 = 100) 81,6. Hieraus ergeben sich für die Bewertungsstichtage in 2023 folgende indizierte Verwaltungs- und Instandhaltungskosten:

I. Bewirtschaftungskosten für Wohnnutzung		
1. Verwaltungskosten		
	Basiswerte (Anlage 23 BewG)	**Werte nach Indizierung für Bewertungsstichtage in 2023**
jährlich je Wohnung	230,00 €	344,00 €
jährlich je Garage oder ähnlichen Einstellplatz	30,00 €	45,00 €
2. Instandhaltungskosten		
	Basiswerte (Anlage 23 BewG)	**Werte nach Indizierung für Bewertungsstichtage in 2023**
jährlich je Quadratmeter Wohnfläche	9,00 €	13,50 €
jährlich je Garage oder ähnlichen Einstellplatz	68,00 €	102,00 €

103 § 187 Abs. 2 BewG.

Bewirtschaftungskosten	
1. Verwaltungskosten	
10 Wohnungen x 344,00 €	3.440,00 €
10 Tiefgaragenstellplätze x 45,00 €	450,00 €
3 % von 8.400,00 € (anteiliger Rohertrag für die Gewerbeeinheit inkl. Tiefgaragenstellplatz)	252,00 €
2. Instandhaltungskosten	
800 m² Wohnfläche x 13,50 €	10.800,00 €
100 m² Nutzfläche x 13,50 €	1.350,00 €
11 Tiefgaragenstellplätze x 102,00 €	1.122,00 €
3. Mietausfallwagnis	
2 % vom anteiligen jährlichen Rohertrag für Wohnnutzung (67.200,00 €)	1.344,00 €
4 % vom anteiligen jährlichen Rohertrag für Nicht-Wohnnutzung (8.400,00 €)	336,00 €
Gesamt	**19.094,00 €**

(2) Gebäudereinertrag

75 Der Gebäudereinertrag ermittelt sich aus dem Reinertrag des Grundstücks abzüglich der Bodenwertverzinsung. Für die Verzinsung des Bodenwerts ist der Liegenschaftszins nach § 188 BewG heranzuziehen. Dies ist der Zinssatz, mit dem der Verkehrswert von Grundstücken im Durchschnitt marktüblich verzinst wird.

ANMERKUNG:

Zur Erläuterung der Bodenwertverzinsung siehe R B 185.1 ErbStR 2019: „Der Reinertrag für ein bebautes Grundstück stellt sowohl die Verzinsung für den Grund und Boden als auch für die auf dem Grundstück vorhandenen Gebäude dar. Da der Grund und Boden als unvergänglich gilt, die Gebäude jedoch nur eine begrenzte Nutzungsdauer haben, ist der Reinertrag in Verzinsungsanteile des Bodens und der Gebäude aufzuspalten. Der Reinertragsanteil (Verzinsungsbetrag) des Grund und Bodens ergibt als Barwert einer ewigen Rente den Bodenertragswert, der im Ertragswertverfahren durch den Ansatz des Bodenwerts nach Maßgabe des § 179 BewG bereits erfasst wird. Der Reinertragsanteil der Gebäude ist zur Ermittlung des Gebäudewerts (Gebäudeertragswerts) als Zeitrente über die Restnutzungsdauer der Gebäude zu kapitalisieren."

Auch hier gilt analog zu den vorgenannten Regelungen, dass vorrangig die von den Gutachterausschüssen mitgeteilten örtlichen Liegenschaftszinssätze heranzuziehen sind.[104] Sofern keine entsprechenden Werte der Gutachterausschüsse im Einzelfall vorliegen, ist nachrangig auf die Zinssätze gem. § 188 Abs. 2 BewG zurückzugreifen. Hiernach gelten folgende Zinssätze:

- 3,5 % für Mietwohngrundstücke,
- 4,5 % für gemischt genutzte Grundstücke mit einem gewerblichen Anteil von bis zu 50 %, berechnet nach der Wohn- und Nutzfläche,
- 5,0 % für gemischt genutzte Grundstücke mit einem gewerblichen Anteil von mehr als 50 %, berechnet nach der Wohn- und Nutzfläche, und
- 6,0 % für Geschäftsgrundstücke.

Ist das Grundstück wesentlich größer, als es einer den Gebäuden angemesse- 76
nen Nutzung entspricht, und ist eine zusätzliche Nutzung oder Verwertung einer Teilfläche zulässig und möglich, ist bei der Berechnung des Verzinsungsbetrages der Bodenwert dieser Teilfläche nicht anzusetzen.[105]

Die Bodenwertverzinsung bezieht sich also nur auf die der jeweiligen Bebauung zuzuordnende Fläche. Die Erbschaftsteuerrichtlinien verweisen insoweit auf die bebaute Fläche „einschließlich der sog. Umgriffsfläche“,[106] ohne den Begriff der Umgriffsfläche weiter zu definieren. In der Kommentarliteratur finden sich Hinweise darauf, dass wohl das Fünffache der bebauten Fläche noch als Umgriffsfläche bezeichnet werden kann.[107]

(3) Gebäudeertragswert

Der Gebäudeertragswert ergibt sich schlussendlich aus dem Gebäudereiner- 77
trag multipliziert mit dem **Vervielfältiger nach der Anlage 21 zum BewG**. Gemäß § 185 Abs. 3 Satz 2 BewG sind für die Höhe des Vervielfältigers der **Liegenschaftszinssatz** und die **Restnutzungsdauer** des Gebäudes maßgebend.

Zur Bestimmung der Restnutzungsdauer geht das Gesetz von der wirtschaft- 78
lichen Gesamtnutzungsdauer des Objektes gem. Anlage 22 zum BewG und dem Baujahr des Gebäudes aus. Soweit nach der Bezugsfertigkeit des Gebäudes Veränderungen eingetreten sind, die die wirtschaftliche Gesamtnutzungsdauer des Gebäudes verlängert oder verkürzt haben (z. B. durch um-

104 § 188 Abs. 2 BewG.

105 § 185 Abs. 2 Satz 3 BewG.

106 R B 185.1 Abs. 3 ErbStR 2019.

107 Schaffner in Kreutziger/Schaffner/Stephany, BewG, 6. Aufl. 2024, § 185 Rz. 3; Mannek in Stenger/Loose, BewG ErbStG, 171. Aufl. 2024, § 185 Rz. 18.

fangreiche Instandhaltungs-/Modernisierungsmaßnahmen oder umgekehrt bei Gebäuden, die den aktuellen Anforderungen nicht mehr gerecht werden), ist grds. von einer der Verlängerung oder Verkürzung entsprechenden Restnutzungsdauer auszugehen. Die Restnutzungsdauer eines noch nutzbaren Gebäudes beträgt jedoch regelmäßig noch **mindestens 30 %** der wirtschaftlichen Gesamtnutzungsdauer.[108]

79 Gemäß R B 185.3 Abs. 4 ErbStR 2019 kommt eine **Verlängerung der Restnutzungsdauer** in Betracht, wenn in den letzten zehn Jahren vor dem Bewertungsstichtag durchgreifende Modernisierungsmaßnahmen durchgeführt wurden. Zur Ermittlung des Umfangs der Modernisierungsmaßnahmen und ihrer Auswirkungen auf die typisierte Nutzungsdauer hat die Finanzverwaltung ein detailliertes Punktesystem entwickelt.

Eine **Verkürzung der Restnutzungsdauer** will die Finanzverwaltung demgegenüber nur in absoluten Ausnahmefällen annehmen, da im typisierten Bewertungsverfahren individuelle bauliche Besonderheiten keine Berücksichtigung finden könnten. Lediglich eine bestehende Abbruchverpflichtung könne zu einer verkürzten Restnutzungsdauer führen.[109]

(4) Grundbesitzwert

80 Die Addition von Bodenwert und Gebäudeertragswert führt schließlich zum erbschaftsteuerlich relevanten Grundbesitzwert. Ergibt sich rechnerisch ein negativer Gebäudewert, ist dieser für die Ermittlung des Grundbesitzwerts nicht weiter zu beachten. In diesem Fall erfolgt als Mindestansatz immer der Bodenwert.[110] Zu einem negativen Gebäudewert kann es rechnerisch bspw. kommen, wenn der Reinertrag des Grundstücks unterhalb der Bodenwertverzinsung liegt.

81 Sonstige bauliche Anlagen, wie Außenanlagen, werden ebenfalls nicht gesondert berücksichtigt, sondern sind gem. § 184 Abs. 3 Satz 3 BewG regelmäßig mit dem Ertragswert des Gebäudes abgegolten.

108 § 185 Abs. 3 Satz 5 BewG.

109 R B 185.3 Abs. 5 ErbStR 2019.

110 § 184 Abs. 3 Satz 2 BewG.

cc) Sachwertverfahren

Nach § 182 Abs. 4 BewG sind im Sachwertverfahren zu bewerten: 82

- das Wohnungseigentum, das Teileigentum, Ein- und Zweifamilienhäuser, wenn ein Vergleichswert nicht vorliegt,
- Geschäftsgrundstücke und gemischt genutzte Grundstücke, für die sich aus dem örtlichen Grundstücksmarkt keine übliche Miete ermitteln lässt und
- sonstige bebaute Grundstücke.

Gemäß § 189 Abs. 1 BewG sind bei Anwendung des Sachwertverfahrens der Wert der baulichen Anlagen und der Wert der sonstigen Anlagen getrennt vom Bodenwert auf der Basis von gewöhnlichen Herstellungskosten zu ermitteln. Der Bodenwert ist dabei analog zum Wert des unbebauten Grundstücks nach § 179 BewG zu bewerten. 83

Das BewG nimmt die Präzisierung des Verfahrens in den §§ 190, 191 BewG vor. In diesem Zusammenhang ist § 189 Abs. 1 Satz 2 BewG zu beachten, wonach der Wert der **sonstigen baulichen Anlagen**, insbesondere der Außenanlagen, und der Wert der **sonstigen Anlagen**, wie bspw. gärtnerische Anpflanzungen, regelmäßig mit dem Gebäude- und dem Bodenwert abgegolten sind. Ausnahmsweise sollen jedoch „besonders werthaltige Außenanlagen" gesonderte Wertansätze nach durchschnittlichen Herstellungskosten erforderlich machen. Eine Übersicht, wann die Finanzverwaltung „besonders werthaltige Außenanlagen" annimmt, enthält R B 190.5 ErbStR 2019.[111]

111 Siehe auch „Gleichlautende Erlasse zur Umsetzung des Steueränderungsgesetzes 2015; Regelungen zur Anwendung der Vorschriften für die Bewertung des Grundvermögens im Sechsten Abschnitt des Zweiten Teils des Bewertungsgesetzes für Bewertungsstichtage nach dem 31.12.2015" v. 8.1.2016, BStBl 2016 I S. 173.

84 Das Sachwertverfahren stellt sich im Überblick wie folgt dar:[112]

Regelherstellungskosten		
x		
Bruttogrundfläche		
=		
Gebäuderegelherstellungswert		Bodenrichtwert
./.		x
Alterswertminderung		Grundstücksfläche
=		=
Gebäudesachwert	+	Bodenwert nach § 179 BewG
	=	
vorläufiger Sachwert (§ 189 Abs. 3 BewG)		
	x	
Wertzahl		
	=	
Grundbesitzwert		

(1) Ermittlung des Bodenwerts

85 Im Hinblick auf die Ermittlung des Bodenwerts wird zur Vermeidung von Wiederholungen auf die obigen Ausführungen zur Ermittlung des Werts des unbebauten Grundstücks (siehe Rz. 46 ff.) verwiesen.[113]

(2) Ermittlung des Gebäudesachwerts

86 Zur Ermittlung des Gebäudesachwerts ist zunächst der **Gebäuderegelherstellungswert** zu ermitteln, der korrigiert um die **Alterswertminderung** zum Gebäudesachwert führt.

87 Der **Gebäuderegelherstellungswert** leitet sich aus der Multiplikation der **Bruttogrundfläche** mit den sog. **Regelherstellungskosten** gem. § 190 Abs. 1 BewG ab. Die Regelherstellungskosten wiederum ergeben sich – ebenso wie die Definition der Bruttogrundfläche – aus der Anlage 24 zum BewG. Innerhalb der Anlage 24 wird nach Grundstücksart, Gebäudeart und Gebäudestandard unterschieden.[114]

112 R B 189 ErbStR 2019.

113 Siehe oben Kapitel B. IV. 1. a) Rz. 47 ff.

114 Siehe ergänzend zur Gebäudeart R B 190.2 ErbStR 2019 und H B 190.2 Abs. 1 und 2 ErbStH 2019 und zum Gebäudestandard R B 190.3 ErbStR 2019.

Die gesetzlich verankerten Regelherstellungskosten sind mithilfe sog. Baupreisindizes, die vom BMF jährlich im Bundessteuerblatt veröffentlicht werden, auf den jeweiligen Bewertungsstichtag anzupassen, § 190 Abs. 4 BewG. Für 2024 hat das BMF folgende Baupreisindizes bekanntgegeben:[115] 87/1

Baupreisindizes (2010 = 100)	
Gebäudearten[116] 1.01.–5.1. Anlage 24, Teil II., BewG	Gebäudearten[117] 5.2.–18.2. Anlage 24, Teil II., BewG
177,9	**181,3**

Anschließend sind die so ermittelten durchschnittlichen Herstellungskosten des Gebäudes mit einem Regionalfaktor[118] und einem Alterswertminderungsfaktor[119] zu multiplizieren.

HINWEIS:

Regional- und Alterswertminderungsfaktor sind erstmals mit Wirkung zum 1.1.2023 in das Bewertungsgesetz aufgenommen worden. Dadurch können erstmals die Herstellungskosten an die regionalen Verhältnisse angepasst werden. Zuvor ging das Gesetz von deutschlandweit einheitlichen Regelherstellungskosten aus, unabhängig davon, ob die Immobilie z. B. in München oder in Gelsenkirchen belegen war.

Der Alterswertminderungsfaktor löst die bis zum 31.12.2022 geltende Alterswertminderung nach § 190 Abs. 2 BewG a. F. ab und ist nun in § 190 Abs. 6 BewG enthalten. Er entspricht dem Verhältnis der Restnutzungsdauer des Gebäudes am Bewertungsstichtag zur Gesamtnutzungsdauer nach Anlage 22 zum BewG. Gegenüber den bis zum 31.12.2022 anzusetzenden Werten ist dabei ab 2023 in den meisten Fällen von einer um zehn Jahre längeren Gesamtnutzungsdauer eines Gebäudes auszugehen. Zu beachten ist zudem, dass die Restnutzungsdauer eines noch nutzbaren Gebäudes immer mindestens 30 % der Gesamtnutzungsdauer beträgt, § 190 Abs. 6 Satz 5 BewG. 88

115 BMF, Schreiben betr. Ermittlung des Gebäudesachwerts nach § 190 BewG; Baupreisindizes zur Anpassung der Regelherstellungskosten aus der Anlage 24 BewG für Bewertungsstichtage im Kalenderjahr 2024 v. 30.1.2024, BStBl 2024 I S. 192.

116 Die Bestimmungen in der Anlage 24, Teil II., BewG zum Teileigentum und zur Auffangklausel gelten analog.

117 Die Bestimmungen in der Anlage 24, Teil II., BewG zum Teileigentum und zur Auffangklausel gelten analog.

118 § 190 Abs. 5 BewG.

119 § 190 Abs. 6 BewG.

89 Bei wesentlichen Veränderungen an dem Objekt, die zu einer etwaigen Verlängerung oder Verkürzung des Nutzungszeitraums führen, sind die Ausführungen zum Ertragswertverfahren analog heranzuziehen (siehe Rz. 78 f.).

(3) Ermittlung des Grundbesitzwerts

90 Die Addition von Bodenwert und Gebäudesachwert ergibt den **vorläufigen Sachwert**. Dieser ist nach § 189 Abs. 3 i. V. mit § 191 BewG mit einer Wertzahl zu multiplizieren und führt sodann zum endgültigen Grundbesitzwert. Die Wertzahlen sollen wiederum vorrangig von den Gutachterausschüssen als sog. Sachwertfaktoren zur Verfügung gestellt werden. Nur nachrangig sind die Wertzahlen gem. Anlage 25 zum BewG heranzuziehen, falls keine Sachwertfaktoren des jeweiligen Gutachterausschusses existieren.[120]

Nachfolgendes **Beispiel** zeigt die Bewertung nach dem Sachwertverfahren nochmals anhand von Zahlen:

BEISPIEL: Ein Geschäftsgrundstück (Büro- und Verwaltungsgebäude),[121] für das ein Vergleichswert nicht ermittelt werden kann, ist auf den 25.5.2024 zu bewerten. Die Grundstücksfläche beträgt 8.003 m^2, der Bodenrichtwert pro m^2 55 €. Die bebaute Grundfläche des eingeschossigen Gebäudes ist mit 1.100 m^2 angegeben. Das Objekt wurde im Jahr 2016 erbaut und befindet sich im Originalzustand mit mittlerem Ausstattungsstandard.

LÖSUNG: I. Bestimmung Bodenwert

Bodenrichtwert 55 €/m^2 x Grundstücksfläche 8.003 m^2 = 440.165 €

II. Bestimmung Gebäudesachwert

Bruttogrundfläche (Anlage 24, I.)	1.100 m^2	
	x	
Regelherstellungskosten (Anlage 24, II.)	1.040 € x 166,9 / 100 =	 1.909.336 €
	x	
Regionalfaktor	1	
	x	
Alterswertminderung (Anlage 22)	0,883	
	=	1.685.944 €

120 § 191 Abs. 2 BewG.

121 Zur Einteilung der Standardstufen siehe Anlage 24, III. zum Bewertungsgesetz.

III. Bestimmung Grundbesitzwert

Gebäudesachwert	1.685.944 €
zzgl. Bodenwert	440.165 €
ergibt vorläufigen Sachwert i. H. von	2.126.109 €
vorläufiger Sachwert x Wertzahl 0,704 (Anlage 25)	
=	
Grundbesitzwert nach Sachwertverfahren	1.496.781 €

dd) Nachweis eines niedrigeren gemeinen Werts

91 Ist der Steuerpflichtige der Ansicht, dass die auf der typisierten und pauschalierten Bewertungsmethode der gesetzlichen Regelungen basierende Wertfindung für die konkret übertragene Immobilie zu hoch ausgefallen ist, eröffnet ihm § 198 BewG die Möglichkeit, einen niedrigeren gemeinen Wert nachzuweisen. Der Nachweis kann in aller Regel nur durch ein Gutachten des zuständigen **Gutachterausschusses**, das Gutachten eines **Sachverständigen** für die Bewertung von Grundstücken oder durch einen im gewöhnlichen Geschäftsverkehr innerhalb eines Jahres vor oder eines Jahres nach dem Übertragungsstichtag zustande gekommenen **Kaufpreis** geführt werden.[122] Andere Beweismittel stehen dem Steuerpflichtigen nicht offen.[123]

92 Insbesondere der Nachweis durch Verkäufe innerhalb eines Jahres nach dem Übertragungsstichtag könnte als „Exot" bei den Bewertungsansätzen für erbschaft- und schenkungsteuerliche Zwecke angesehen werden. Denn das Erbschaft- und Schenkungsteuergesetz findet üblicherweise stichtagsbezogen auf den Tag „der Entstehung der Steuer" Anwendung. Dementsprechend erfolgt auch die Bewertung auf eben diesen Zeitpunkt.[124] Wertentwicklungen, die der jeweils übertragene Gegenstand nach dem Stichtag durchläuft, bleiben für die Ermittlung der Erbschaft- und Schenkungsteuer irrelevant.[125]

Im Gegensatz zu **wertverändernden Sachverhalten** dürfen jedoch **werterhellende Tatsachen**, die dem Steuerpflichtigen erst nach dem Stichtag bekannt

122 R B 198 Abs. 3 ErbStR 2019. Siehe hierzu auch „Gleichlautender Erlass betr. Nachweis des niedrigeren gemeinen Werts; Berücksichtigung von Sachverständigengutachten zum Nachweis eines niedrigeren Grundbesitzwerts" v. 19.2.2014, BStBl 2014 I S. 808.

123 Halaczinsky in Rössler/Troll, BewG, 38. Erg.-Lfg. 2024, § 198 Rz. 11.

124 § 11 ErbStG.

125 Viskorf in Viskorf/Schuck/Wälzholz, ErbStG, 7. Aufl. 2023, § 11 Rz. 3 ff.; Gottschalk in Troll/Gebel/Jülicher/Gottschalk, ErbStG, 54. Erg.-Lfg. 2017, § 11 Rz. 83 ff.

werden, bei der stichtagsbezogenen Bewertung berücksichtigt werden.[126] Bei Immobilien, deren Werte üblicherweise nicht derart volatil sind, dass sie sich täglich ändern, unterstellt der Gesetzgeber offensichtlich, dass Verkaufspreise innerhalb eines Jahres nach dem Übertragungsstichtag noch als lediglich wertaufhellende Faktoren anzuerkennen sind und keine wertverändernden Faktoren widerspiegeln.[127]

93 Nur der Steuerpflichtige kann einen niedrigeren gemeinen Wert nachweisen, nicht hingegen die **Finanzverwaltung** oder die **Finanzgerichte**.[128] Letztere sind also an den Wert auf Basis der gesetzlichen Vorschriften **gebunden**, sofern nicht der Steuerpflichtige die Öffnungsklausel in Anspruch nimmt und den Nachweis tatsächlich zur Überzeugung des Finanzamtes bzw. des Gerichts führt.

HINWEIS:

Es reicht nicht aus, dass der Steuerpflichtige Zweifel an der Wertfindung auf der Grundlage der §§ 177 ff. BewG hervorruft; vielmehr trägt er die Nachweislast, d. h. er muss den individuellen Verkehrswert positiv und mit an Sicherheit grenzender Wahrscheinlichkeit darlegen. Das Verkehrswertgutachten selbst unterliegt der Beweiswürdigung durch das Finanzamt und das Finanzgericht. Werden Mängel am Gutachten festgestellt, können die Behörden das Gutachten zurückweisen; andernfalls sind sie gezwungen, das Gutachten und den darin aufgeführten Wert anzuerkennen.[129]

94 Die Verkehrswertgutachten sind auf Basis der aufgrund des § 199 Abs. 1 BauGB erlassenen Vorschriften, insbesondere also der ImmoWertV, zu erstellen.[130] Danach sind alle wertbeeinflussenden Umstände zu berücksichtigen. Hierzu zählen bspw. Grunddienstbarkeiten oder **Nießbrauch- und Wohnrechte**.

Vor allem bei Nutzungsrechten (Nießbrauch oder Wohnrecht) hat der Steuerpflichtige damit die **Wahl**, ob diese Belastung bereits im Rahmen der **Bewertung** über den Nachweis eines niedrigeren gemeinen Werts[131] oder erst als

126 BFH, Urteil v. 13.5.1998 - II R 98/97 NWB TAAAB-39732.

127 Anders hingegen bei nicht notierten Anteilen an Kapitalgesellschaften; hier lässt § 11 Abs. 2 BewG nur Verkäufe innerhalb eines Jahres **vor** dem Stichtag zu. Zur Indizwirkung von Verkaufspreisen außerhalb des Einjahreszeitraums siehe BFH, Urteil v. 2.7.2004 - II R 55/01, BStBl 2004 II S. 703 NWB EAAAB-25020.

128 Halaczinsky in Rössler/Troll, BewG, 38. Erg.-Lfg. 2024, § 198 Rz. 3.

129 Halaczinsky in Rössler/Troll, BewG, 38. Erg.-Lfg. 2024, § 198 Rz. 6 und 21; Eisele, ZEV 2009 S. 451, 455; R B 198 Abs. 3 ErbStR 2019.

130 Zur inhaltlichen Ausgestaltung eines Verkehrswertgutachtens siehe Merkblatt des Finanzministeriums Brandenburg „Hinweise zu den Anforderungen an Verkehrswertgutachten zum Nachweis des niedrigeren gemeinen Werts bei der Bewertung des Grundbesitzes“ aus Oktober 2014, https://mdfe.brandenburg.de/cms/detail.php/lbm1.c.291026.de.

131 § 198 BewG.

bereicherungsmindernde Position bei der Ermittlung der erbschaftsteuerlichen Bemessungsgrundlage gem. § 10 Abs. 5 Nr. 2 ErbStG (Duldungsauflage) berücksichtigt werden soll.[132] Entscheidet er sich für den Ansatz im Rahmen der Verkehrswertermittlung,[133] ist eine zusätzliche Berücksichtigung als bereicherungsmindernde Position bei der Ermittlung der erbschaftsteuerlichen Bemessungsgrundlage nicht mehr möglich.[134]

HINWEIS:

Die Entscheidung, für die eine oder die andere Variante, wird der Steuerpflichtige erfahrungsgemäß nur anhand einer Vergleichsrechnung treffen können. Besteht jedoch die Möglichkeit, dass die Belastung vorzeitig wegfällt und müsste in diesem Fall die Erbschaft- oder Schenkungsteuer neu ermittelt werden,[135] erscheint ein Einbezug der Nutzungslast in die Verkehrswertermittlung vorzugswürdig. Ist nämlich das Nießbrauchrecht bereits im Rahmen der Immobilienbewertung gem. § 198 BewG wertmindernd berücksichtigt worden, kann es – wie bereits erwähnt – nicht noch zusätzlich als Belastung gem. § 10 Abs. 5 und 6 ErbStG abgezogen werden.

Stellt das Nießbrauchrecht aber keinen Abzugsposten dar, bedarf es insoweit keine Bewertung der Last nach §§ 14–16 BewG. Entsprechend kann auch ein späterer Wegfall der Belastung nicht nach § 14 BewG korrigiert werden.[136]

Nicht nur der vorzeitige Wegfall einer Nießbrauchbelastung, sondern auch die Höhe des Nießbrauchwerts kann für eine Berücksichtigung bereits im Rahmen der Grundstücksbewertung nach § 198 BewG sprechen: Wie zuvor geschildert, darf der Empfänger des belasteten Grundbesitzes die Nießbrauchlast – sei es über § 198 BewG oder über § 10 Abs. 5 und 6 ErbStG – bereicherungsmindernd geltend machen. Um einen Abzug nach § 10 Abs. 5 und 6 ErbStG durchführen zu können, ist das Nießbrauchrecht gem. § 12 Abs. 1 ErbStG i. V. mit §§ 14 ff. BewG zu bewerten. 95

Es ist daher zunächst der Jahreswert des Nießbrauchs gem. § 15 BewG zu ermitteln. Dieser ist anschließend mit einem Vervielfältiger zu multiplizieren, dessen Höhe von der voraussichtlichen Dauer der Nießbrauchrechts abhängt. Gemäß § 16 BewG ist der Jahreswert jedoch gedeckelt: Der Jahreswert eines Nießbrauchs kann danach maximal mit dem Betrag angesetzt werden, der

132 Zur erbschaft- und schenkungsteuerlichen Abzugsfähigkeit des Nießbrauchrechts beim Nießbrauchbelasteten siehe unten Kapitel D. I. 1. b) Rz. 363.

133 § 198 BewG.

134 § 10 Abs. 6 Satz 6 ErbStG; Eisele/Schmitt, NWB 28/2010 S. 2232 NWB MAAAD-45747; Klümpen-Neusel/Kaiser, ErbBstg 2013 S. 79; Eisele in Rössler/Troll, BewG, 38. Erg.-Lfg. 2024, § 14 Rz. 23a; OFD Münster, Vfg. v. 17.2.2012 - S 3104 - 14 - St 23 – 35 NWB RAAAE-03572.

135 § 14 Abs. 2 BewG.

136 Eisele in Rössler/Troll, BewG, 38. Erg.-Lfg. 2024, § 14 Rz. 23a; Riedel in Daragan/Halaczinsky/Riedel, BewG, § 14 Rz. 8; vertiefend Krause/Grootens, NWB 14/2011 S. 1142 NWB EAAAD-79645; NWB 17/2012 S. 1426 NWB JAAAE-07613; Neufang/Merz, DStR 2012 S. 939.

dem durch 18,6 geteilten Wert des nießbrauchbelasteten Wirtschaftsgutes entspricht.[137] Diese Deckelung greift nach höchstrichterlicher Rechtsprechung jedoch ausschließlich im Falle der Bewertung nach den §§ 14 BewG, nicht aber bei einer Bewertung nach der ImmoWertV, die als Grundlage für ein Verkehrswertgutachten nach § 198 BewG heranzuziehen ist.[138]

Für den Nachweis eines niedrigeren gemeinen Werts nach § 198 BewG darf das Nießbrauchrecht daher stets in voller Höhe abgezogen werden, während dasselbe Nießbrauchrecht im Rahmen des § 10 Abs. 5 und 6 ErbStG möglicherweise nur begrenzt zum Abzug gelangen könnte.[139]

HINWEIS:

Die Entscheidung des Steuerpflichtigen, an welcher Stelle er die Nießbrauchlast geltend machen möchte, entfaltet keine Auswirkung auf die Höhe einer eventuellen Grunderwerbsteuer; auch wenn die Nutzungslast bereits bei der Wertermittlung berücksichtigt wurde, bleibt eine Schenkung unter Nießbrauchvorbehalt weiterhin eine Schenkung unter Auflage. Der Anwendungsbereich des § 3 Nr. 2 Satz 2 GrEStG ist nach wie vor eröffnet. Allerdings kann es zu divergierenden Wertansätzen der Auflage für schenkungsteuerliche Zwecke einerseits und grunderwerbsteuerliche Zwecke andererseits kommen, wenn der Steuerpflichtige das Nießbrauchrecht als Abzugsposten nach § 10 Abs. 6 ErbStG geltend macht.[140]

2. Besonderheiten bei der Bewertung ausländischer Immobilien

96 Anders als für inländische Immobilien richtet sich die Bewertung ausländischen Grundbesitzes nicht nach dem sechsten Abschnitt des zweiten Teils des Bewertungsgesetzes, sondern nach dem ersten Teil.[141] Ausländisches Grundvermögen inklusive Bestandteile und Zubehör ist folglich mit dem **gemeinen Wert** anzusetzen. Im Grunde genommen besteht damit kein Unterschied zur Bewertung inländischer Grundstücke, da auch diese seit 2009 –

137 Zur Geltung des § 16 BewG auch nach Inkrafttreten des Erbschaftsteuerreformgesetzes ab dem 1.1.2009 siehe Klümpen-Neusel/Kaiser, ErbBstg 2013 S. 79; Niedersächsisches FG, Urteil v. 19.9.2012 - 3 K 194/12 NWB NAAAE-23278, NWB 43/2012 S. 3437 NWB GAAAE-19985, aufgehoben durch BFH, Urteil v. 9.4.2014 - II R 48/12, BStBl 2014 II S. 554 NWB ZAAAE-65012, NWB 22/2014 S. 1629 NWB YAAAE-65086.

138 Insoweit übereinstimmend BFH, Urteil v. 9.4.2014 - II R 48/12, BStBl 2014 II S. 554 NWB ZAAAE-65012, NWB 22/2014 S. 1629 NWB YAAAE-65086 und Niedersächsisches FG, Urteil v. 19.9.2012 - 3 K 194/12 NWB NAAAE-23278, NWB 43/2012 S. 3437 NWB GAAAE-19985.

139 Vertiefend siehe Kapitel D. I. 1. b) Rz. 363.

140 FG Bremen, Urteil v. 24.6.2015 - 2 K 24/15 1 NWB LAAAF-07939; zur grunderwerbsteuerlichen Berücksichtigung einer Auflage im Schenkungsfall siehe Kapitel D. I. 3. Rz. 384 ff.

141 § 12 Abs. 7 ErbStG i. V. mit §§ 31, 9 BewG.

zumindest der gesetzgeberischen Intention nach – mit dem gemeinen Wert angesetzt werden sollen.

Allerdings wird ein Ansatz der „inländischen" Bewertungsmethoden oftmals daran scheitern, dass im Ausland keine Bodenrichtwerte, Liegenschaftszinsen o.Ä. vorgehalten werden. Dementsprechend sollte versucht werden, den Wert ausländischer Grundstücke durch Wertgutachten, Werteinschätzungen eines Maklers oder Daten über Verkäufe innerhalb des letzten Jahres vor oder nach dem Stichtag für das zu bewertende Objekt zu belegen.[142] Daneben können eventuelle Verkaufspreise für vergleichbare Objekte – entsprechend dem inländischen Vergleichswertverfahren – oder auch (zeitnahe) Anschaffungs- und Herstellungskosten – in Anlehnung an das Sachwertverfahren – einen Anhaltspunkt bieten.[143]

HINWEIS:

Der Wert des ausländischen Grundbesitzes wird nicht gesondert festgestellt,[144] sondern im Veranlagungsverfahren ermittelt. Als unselbständiger Teil des Erbschaftsteuerbescheides können Einwendungen gegen den Wert daher nur im Rechtsmittelverfahren gegen den Erbschaftsteuerbescheid geltend gemacht werden.[145]

3. Immobilien im Betriebsvermögen

a) Grundsatz

Werden Immobilien nicht im Privat-, sondern im Betriebsvermögen eines Einzelunternehmens, einer gewerblich tätigen, geprägten oder infizierten Personengesellschaft oder im Betriebsvermögen einer Kapitalgesellschaft gehalten, erfolgt – von den nachfolgend dargestellten Ausnahmen abgesehen – keine separate Bewertung der Immobilien. Vielmehr werden sie als Bestandteil der jeweiligen betrieblichen Einheit in die Bewertung des jeweiligen Betriebsvermögens miteinbezogen. 97

Die Bewertung von Betriebsvermögen ist über den Verweis in § 12 Abs. 5 ErbStG i.V. mit § 157 Abs. 5 BewG für inländisches Betriebsvermögen bzw. in 98

142 Ähnlich wie bei § 198 BewG, der zwar nur für inländisches Grundvermögen gilt, für ausländisches Grundvermögen aber auch entbehrlich ist, da § 9 BewG ohnehin auf den individuellen Verkehrswert abstellt; Halaczinsky in Rössler/Troll, BewG, § 198 Rz. 5.

143 Halaczinsky in Rössler/Troll, BewG, 38. Erg.-Lfg. 2024, § 31 Rz. 7; Meincke/Hannes/Holtz, ErbStG, § 12 Rz. 104.

144 R B 151.1 Abs. 2 ErbStR 2011.

145 Anders, wenn der ausländische Grundbesitz Teil einer inländischen wirtschaftlichen Einheit des Betriebsvermögens oder zum Vermögen einer Kapitalgesellschaft oder vermögensverwaltenden Gemeinschaft/Gesellschaft mit Sitz oder Geschäftsleitung im Inland gehört, R B 151.1 Abs. 2 ErbStR 2019.

§ 12 Abs. 2 ErbStG i. V. mit § 157 Abs. 4 BewG für Anteile an Kapitalgesellschaften in § 11 Abs. 2 BewG geregelt. Danach ist der Wert des Unternehmens vorrangig aus Verkäufen unter fremden Dritten innerhalb eines Jahres vor dem Bewertungsstichtag abzuleiten. Liegt ein solcher Verkauf nicht vor, ist der Wert unter Berücksichtigung der Ertragsaussichten des Unternehmens oder einer anderen anerkannten, auch im gewöhnlichen Geschäftsverkehr für nichtsteuerliche Zwecke üblichen Methode zu ermitteln. Das Gesetz bietet dem Steuerpflichtigen als Bewertungsverfahren das sog. vereinfachte Ertragswertverfahren an, das in den §§ 199 ff. BewG im Einzelnen niedergelegt ist. Daneben steht es dem Steuerpflichtigen aber auch frei, den Unternehmenswert im Wege eines anderen Verfahrens – z. B. IDW S 1-Verfahren, DCF-Verfahren oder Multiplikatorenmethode – nachzuweisen.

b) Ausnahmen

99 Allen Bewertungsverfahren – mit Ausnahme der Ableitung aus Verkäufen unter fremden Dritten[146] – ist gemeinsam, dass als **Mindestwert immer der Substanzwert** angesetzt werden muss. Dieser ermittelt sich aus dem Ansatz der Aktiva abzüglich der Schulden und Rückstellungen.[147] Der Substanzwert eines Unternehmens stellt somit immer den Wert dar, der für erbschaft- und schenkungsteuerliche Zwecke nicht unterschritten werden darf. Liegt der Ertragswert über dem Substanzwert, gilt der Ertragswert; liegt der Ertragswert unter dem Substanzwert, greift der Substanzwert als Mindestwert.

100 Im Rahmen des Substanzwertverfahrens sind die Wirtschaftsgüter wiederum nicht mit dem Buchwert, sondern mit ihrem jeweiligen gemeinen Wert[148] anzusetzen. **Betriebsgrundstücke**, die losgelöst von ihrer Zugehörigkeit zu einem Gewerbebetrieb zum Grundvermögen gehören würden, sind dementsprechend **wie Grundvermögen zu bewerten**.[149] Bezüglich der Einzelheiten zur Bewertung von Grundvermögen wird auf die Ausführungen unter Kapitel B. IV. Rz. 45 ff. verwiesen.

101 Darüber hinaus kann eine separate Bewertung der Betriebsimmobilien auch dann erforderlich sein, wenn Immobilien innerhalb von zwei Jahren vor dem Bewertungsstichtag in das Unternehmen eingelegt wurden,[150] zum nicht be-

146 FG Düsseldorf, Urteil v. 3.4.2019 - 4 K 2524/16 F NWB ZAAAH-16244; R B 11.5 Abs. 1 ErbStR 2019; Eisele in Rössler/Troll, BewG, 38. Erg.-Lfg. 2024, § 11 Rz. 39; Schuck in Viskorf/Schuck/Wälzholz, BewG, § 11 Rz. 22.

147 § 11 Abs. 2 Satz 3 BewG.

148 § 9 BewG.

149 § 99 Abs. 2 BewG.

150 § 200 Abs. 4 BewG.

triebsnotwendigen Vermögen[151] zählen oder dem Verwaltungsvermögen[152] des Unternehmens zuzuordnen sind.

Betriebsvermögen, das aus dem Unternehmen herausgelöst werden kann, ohne dass sich dies auf die betriebliche Tätigkeit auswirkt, stellt **nicht betriebsnotwendiges Vermögen** dar und ist mit seinem eigenständigen Wert neben dem Ertragswert des Unternehmens anzusetzen.[153] Dies geschieht, indem zunächst Erträge und Aufwendungen des nicht betriebsnotwendigen Vermögens aus dem Ertragswert des Unternehmens eliminiert werden.[154] Anschließend ist der gemeine Wert des nicht betriebsnotwendigen Vermögens einschließlich der damit in Zusammenhang stehenden Verbindlichkeiten zu ermitteln und zum Ertragswert des Unternehmens hinzuzurechnen.[155] 102

Die Frage, ob einzelne **Wirtschaftsgüter betriebsnotwendig** sind oder nicht, ist individuell für jeden einzelnen Betrieb zu bestimmen. Dabei kann nicht schematisch auf die ertragsteuerliche Qualifikation als gewillkürtes Betriebsvermögen oder auf die erbschaftsteuerliche Qualifikation als Verwaltungsvermögen abgestellt werden.[156] Bezüglich der Verwaltungsvermögenseigenschaft lässt sich dies insbesondere für Immobiliengesellschaften in der Rechtsform einer gewerblichen Personengesellschaft oder einer Kapitalgesellschaft sehr leicht nachvollziehen: Zweck der Immobiliengesellschaft ist üblicherweise das Halten und Verwalten einschließlich der Vermietung des Immobilienbesitzes. Eine vermietete Immobilie wird daher zwangsläufig betriebsnotwendig sein. Das bedeutet jedoch nicht automatisch, dass die vermietete Immobilie nicht auch Verwaltungsvermögen i.S.des §13b Abs.4 Nr.1 ErbStG sein kann. Denn Immobilien, die Dritten zur Nutzung überlassen werden, stellen grds. Verwaltungsvermögen dar, sofern nicht eine Rückausnahme greift.[157] **Die Betriebsnotwendigkeit sagt damit nichts über die Qualifikation eines Wirtschaftsgutes als Verwaltungsvermögen aus und umgekehrt.**[158] 103

Aber auch gewillkürtes Betriebsvermögen kann nicht ohne Weiteres als nicht betriebsnotwendig eingestuft werden, da gewillkürtes Betriebsvermögen zu- 104

151 §200 Abs.2 BewG.
152 §13b Abs.4 Nr.1 i.V.mit Abs.6 ErbStG. Zum Verwaltungsvermögen siehe Kapitel B. V. 2. b) Rz.184ff.
153 §200 Abs.2 BewG.
154 §202 Abs.1 Nr.1 Buchst.f und Nr.2 Buchst.f BewG.
155 R B200 Abs.2 ErbStR 2019.
156 R B200 Abs.2 Satz 4 ErbStR 2019.
157 Zu Einzelheiten siehe Verweis Kapitel B. V. 2. Rz.184ff.
158 Eisele in Rössler/Troll, BewG, 38.Erg.-Lfg.2024, §200 Rz.3; Hofmann in Viskorf/Schuck/Wälzholz, BewG, §200 Rz.3; Hannes/Onderka, ZEV 2008 S.173.

mindest geeignet sein muss, den Betrieb des Unternehmens zu fördern oder diesem zu dienen. Es muss *„objektiv „betriebsdienlich“ sein“*.[159] Wenn ein Wirtschaftsgut aber „betriebsdienlich“ ist, muss im Einzelfall dargelegt werden, warum es zwar dienlich, aber nicht notwendig sein soll.

105 Ist eine Immobilie zwar betriebsnotwendig, aber **innerhalb von zwei Jahren vor dem Bewertungsstichtag eingelegt** worden (**„junges Betriebsvermögen“**),[160] vermutet der Gesetzgeber typisierend eine Missbrauchsabsicht[161] und fordert daher ebenfalls wieder eine eigenständige Bewertung dieser Immobilie sowie der damit in Zusammenhang stehenden Schulden. Die aus Immobilie und Schulden in der Zwischenzeit erzielten Erträge und Aufwendungen sind aus dem Jahresertrag des Unternehmens herauszurechnen. Anschließend ist der um diese Ereignisse bereinigte Ertragswert des Unternehmens um den gemeinen Wert der „jungen“ Immobilien einschließlich dazugehöriger Schulden zu erhöhen.[162]

106 Voraussetzung für die separate Bewertung und Hinzurechnung des jungen Betriebsvermögens ist, dass das Vermögen eingelegt und zum Bewertungsstichtag noch vorhanden ist.[163] Eine Einlage in diesem Sinne liegt nicht vor, wenn das **Wirtschaftsgut im Wege eines Aktivtauschs erworben** wurde.[164] Damit fallen nur solche Grundstücke unter § 200 Abs. 4 ErbStG, die dem Unternehmen unentgeltlich von außen zugeführt,[165] nicht aber auch solche, die gegen Zahlung eines Kaufpreises oder Verrechnung mit einer Forderung entgeltlich erworben wurden. Bei Letzteren handelt es sich nicht um **Einlagen**, sondern um **Erwerbsvorgänge**.

107 Ist die „junge“ Immobilie am Bewertungsstichtag nicht mehr vorhanden, weil sie bereits wieder entnommen oder als Sachdividende ausgeschüttet wurde,

---

159 Eisele in Rössler/Troll, BewG, 38. Erg.-Lfg. 2024, § 95 Rz. 20.

160 Der Begriff des jungen Betriebsvermögens ist nicht identisch mit dem Begriff des jungen Verwaltungsvermögens i. S. des § 13b Abs. 7 Satz 2 ErbStG! Junges Betriebsvermögen entfaltet Relevanz im Rahmen der Bewertung, junges Verwaltungsvermögen erst bei der Prüfung der erbschaft- und schenkungsteuerlichen Vergünstigung.

161 BT-Drucks. 16/11107 S. 22 f., 11075, wonach junge Wirtschaftsgüter des Betriebsvermögens in aller Regel „einen hohen gemeinen Wert bei relativ geringer Rendite“ haben; dagegen Riedel, GmbHR 2009 S. 743, 748; vermittelnd Mannek, DB 2008 S. 423 f., der darauf hinweist, dass sich junge Wirtschaftsgüter aufgrund der nur kurzen Betriebszugehörigkeit möglicherweise noch nicht ausreichend im Ertragswert widerspiegeln.

162 § 200 Abs. 4 ErbStG; R B 200 Abs. 1 und 5 Satz 1 und 4 ErbStR 2019; § 202 Abs. 1 Nr. 1 Buchst. f und Nr. 2 Buchst. f BewG.

163 R B 200 Abs. 5 Satz 1 ErbStR 2019.

164 R B 200 Abs. 5 Satz 5 ErbStR 2019; Eisele in Rössler/Troll, BewG, 38. Erg.-Lfg. 2024, § 200 Rz. 11; Kreutziger in Kreutziger/Schaffner/Stephany, BewG, 6. Aufl. 2024, § 200 Rz. 8.

165 § 4 Abs. 1 Satz 8 EStG.

erfolgt keine separate Bewertung.[166] Etwas anderes gilt nur dann, wenn anstelle der „jungen“ Immobilie ein Surrogat getreten ist. In diesem Fall ist das Surrogat mit seinem auf den Bewertungsstichtag ermittelten Wert gesondert anzusetzen und dem Ertragswert des Unternehmens hinzuzurechnen.[167]

HINWEIS:

Auch wenn Betriebsgrundstücke damit grds. als unselbständige Teile in die Bewertung des Betriebsvermögens miteinfließen, ist in den allermeisten Fällen dennoch eine separate Bewertung der Immobilien erforderlich.

V. Sachliche Steuerbefreiungen

Nicht immer fließen Immobilien mit ihrem vollen Wert in die erbschaft- oder schenkungsteuerliche Bemessungsgrundlage ein. Das ErbStG enthält eine Reihe verschiedener Regelungen, die teilweise einen Bewertungsabschlag, teilweise aber auch eine vollständige Befreiung von der Erbschaft- oder Schenkungsteuer vorsehen. Dabei ist es grds. möglich, dass auf einen Sachverhalt mehrere Befreiungsvorschriften gleichzeitig anwendbar sind. Im Zweifel darf sich der Steuerpflichtige dann auf die jeweils umfassendere Befreiungsvorschrift berufen, eine mehrfache Begünstigung soll hingegen in aller Regel vermieden werden.[168] 108

Innerhalb der Befreiungs- oder Begünstigungsvorschriften ist zwischen solchen zu unterscheiden, die für Grundvermögen im Allgemeinen gelten, und solchen, die ausschließlich Grundvermögen als Bestandteil eines Betriebsvermögens betreffen. 109

1. Grundvermögen im Allgemeinen

a) Denkmalgeschützte Immobilien

Grundbesitz oder Teile von Grundbesitz können nach § 13 Abs. 1 Nr. 2 Buchst. a ErbStG mit **85 % ihres Werts steuerfreigestellt** werden, d. h. sie fallen nur noch mit 15 % ihres Werts in die erbschaft- oder schenkungsteuerliche Bemessungsgrundlage, wenn ihre Erhaltung *„wegen ihrer Bedeutung für Kunst, Geschichte oder Wissenschaft im öffentlichen Interesse liegt, die jährlichen Kosten i. d. R. die erzielten Einnahmen übersteigen und die Gegenstände in einem den Verhältnissen entsprechenden Umfang den Zwecken der Forschung oder der Volksbildung* 110

166 Hofmann in Viskorf/Schuck/Wälzholz, BewG, § 200 Rz. 6.

167 R B 200 Abs. 5 Satz 6 und 7 ErbStR 2019.

168 Siehe z. B. § 13 Abs. 3 Satz 1 ErbStG; § 13d Abs. 3 Nr. 3 ErbStG oder R E 13.1 Abs. 2 ErbStR 2019.

nutzbar gemacht sind oder werden".[169] Die **Steuerbefreiung erhöht sich auf 100% des Werts**, wenn der Steuerpflichtige zusätzlich bereit ist, die Immobilien den geltenden Bestimmungen der Denkmalspflege zu unterstellen oder sich die Immobilien seit mindestens 20 Jahren im Besitz der Familie befinden oder die Immobilien in ein Kulturgutverzeichnis eingetragen sind.[170]

HINWEIS:

Eine vollständige Befreiung von der Erbschaftsteuer wird darüber hinaus auch für Grundvermögen, dessen Erhaltung im öffentlichen Interesse liegt, gewährt, wenn der Grundbesitz der Allgemeinheit zur Benutzung zugänglich gemacht wird und die jährlichen Kosten die erzielten Einnahmen übersteigen.[171] Da diese Tatbestandsmerkmale in weiten Teilen mit den Voraussetzungen des § 13 Abs. 1 Nr. 2 ErbStG identisch sind, wird § 13 Abs. 1 Nr. 3 ErbStG nachfolgend nicht gesondert erläutert.

aa) Anwendungsbereich

111 Obwohl dem Gesetzestext eine entsprechende Einschränkung nicht zu entnehmen ist, will die Finanzverwaltung die Befreiungsvorschrift nur auf Immobilien anwenden, die im Inland oder EU-/EWR-Ausland belegen sind. Immobilien in Drittstaaten sollen von der Steuerbefreiung hingegen nicht profitieren.[172]

HINWEIS:

Für ertragsteuerliche Sonderabschreibungen, die nur im Inland belegene Baudenkmale betreffen,[173] haben sowohl der EuGH[174] als auch das FG Düsseldorf[175] eine Vereinbarkeit der räumlichen Einschränkung auf das jeweilige Hoheitsgebiet mit dem EU-Recht bestätigt. Anders als bei § 13 Abs. 1 Nr. 2 ErbStG war bei den durch den EuGH und das FG Düsseldorf zu beurteilenden Vorschriften aber die Einschränkung im Gesetzestext selbst enthalten. Die einschränkende Auslegung des § 13 Abs. 1 Nr. 2 ErbStG durch die Finanzverwaltung könnte demgegenüber vor dem Hintergrund der Gewaltenteilung[176] problematisch sein.

---

169 Siehe ergänzend auch § 32 GrStG, der bei Vorliegen der kulturgüterlichen Voraussetzungen einen Erlass der Grundsteuer vorsieht.

170 § 13 Abs. 1 Nr. 2 Buchst. b ErbStG.

171 § 13 Abs. 1 Nr. 3 ErbStG.

172 R E 13.2 Abs. 1 ErbStR 2019; erläuternd hierzu Jülicher in Troll/Gebel/Jülicher/Gottschalk, ErbStG, 59. Erg.-Lfg. 2020, § 13 Rz. 23; dagegen unter Hinweis auf den Wortlaut des Gesetzes: Crezelius, ZEV 2014 S. 637, 639; Viskorf in Viskorf/Schuck/Wälzholz, ErbStG, § 13 Rz. 21.

173 Z. B. § 7i Abs. 1 EStG.

174 EuGH, Urteil v. 18.12.2014 - Rs. C-87/13 NWB PAAAE-83353, Staatssecretaris van Financiën/X (Vorabentscheidungsersuchen vom Hoge Raad der Nederlanden), IStR 2015 S. 70.

175 FG Düsseldorf, Urteil v. 4.4.2019 - 9 K 2480/17 E NWB VAAAH-14164, (Revision eingelegt, Az. beim BFH: X R 17/19).

176 Die Legislative verabschiedet die Gesetze, die Exekutive wendet sie lediglich an.

Die Vorschrift gilt einheitlich für Immobilien im Privatvermögen, Betriebsgrundstücke und wirtschaftliche Einheiten des land- und forstwirtschaftlichen Vermögens.[177] Allerdings ist hinsichtlich des Übertragungsgegenstandes wie folgt zu differenzieren: 112

Wird eine unmittelbar **im Privatvermögen gehaltene Immobilie** übertragen, ist der Anwendungsbereich des §13 Abs.1 Nr.2 ErbStG ohne Zweifel eröffnet. Liegen die gesetzlich geforderten Voraussetzungen vor, kann die Vergünstigung in Anspruch genommen werden.

Gleiches gilt, wenn die Immobilie zum **Gesellschaftsvermögen einer vermögensverwaltenden Personengesellschaft** gehört und ein Anteil an dieser Gesellschaft übertragen wird. Zwar erhält der Erwerber zivilrechtlich dann nur einen Gesellschaftsanteil und keine Immobilie; aufgrund der Transparenzfiktion des §10 Abs.1 Satz4 ErbStG gilt der Erwerb des Gesellschaftsanteils jedoch als Erwerb der anteiligen Wirtschaftsgüter. Der Erwerber wird folglich so gestellt, als habe er die im Gesellschaftsvermögen befindliche Immobilie unmittelbar erhalten. Damit kann zu seinen Gunsten §13 Abs.1 Nr.2 ErbStG eingreifen.[178] 113

Anders verhält es sich hingegen mit Immobilien, die zum Gesellschaftsvermögen einer **gewerblichen Personengesellschaft oder einer Kapitalgesellschaft** zählen. Während die Kapitalgesellschaft aus steuerlicher Sicht schon ganz allgemein eine Abschirmwirkung gegenüber dem Gesellschafter entfaltet, existiert auch für die gewerbliche Personengesellschaft keine dem §10 Abs.1 Satz4 ErbStG vergleichbare Ausnahmeregelung. Übertragungsgegenstand ist und bleibt damit in beiden Fällen der Gesellschaftsanteil und nicht die im Gesellschaftsvermögen enthaltene Immobilie. Da §13 Abs.1 Nr.2 ErbStG die Übertragung von Grundvermögen voraussetzt, ist somit der Anwendungsbereich dieser Norm nicht eröffnet. 114

177 R E 13.2 Abs.1 Satz3 ErbStR 2019; Hoheisel/Nesselrode, DStR 2011 S.441, zu den ebenfalls in §13 Abs.1 Nr.2 ErbStG erwähnten Kunstgegenständen: Crezelius, ZEV 2014 S.637, 640; Jülicher in Troll/Gebel/Jülicher/Gottschalk, ErbStG, 59.Erg.-Lfg.2020, §13 Rz.26; Viskorf in Viskorf/Schuck/Wälzholz, ErbStG, §13 Rz.20.

178 Hoheisel/Nesselrode, DStR 2011 S.441; Lindenau, ZErb 2015 S.245, 247; Jülicher in Troll/Gebel/Jülicher/Gottschalk, ErbStG, 59.Erg.-Lfg.2020, §13 Rz.25; a.A. Viskorf in Viskorf/Schuck/Wälzholz, ErbStG, §13 Rz.22 unter Verweis auf die im Erbschaft- und Schenkungsteuerrecht anzuwendende zivilrechtliche Sichtweise.

HINWEIS:

Wird die zu übertragende Immobilie im Sonderbetriebsvermögen gehalten, ist Übertragungsgegenstand hingegen wieder die Immobilie selbst. In diesem Falle sollte die Befreiungsvorschrift daher grds. anwendbar sein.[179] Die Immobilie wäre dann so zu behandeln, als wäre sie Teil eines Einzelunternehmens, das auf den Erwerber übertragen wird.[180]

115 Schließlich kann Grundvermögen auch als Teil eines **Einzelunternehmens** auf einen Erwerber übertragen werden. Hierbei ist zu berücksichtigen, dass die Immobilie zwar einerseits im unmittelbaren Eigentum des Unternehmers steht, andererseits aber nicht isoliert übertragen und bewertet wird, sondern nur als Teil einer übergeordneten Einheit, nämlich des Betriebs. Wird das Betriebsvermögen für erbschaft- und schenkungsteuerliche Zwecke nach einem Ertragswert bewertet, individualisiert sich der Wert des Grundvermögens nicht und kann daher auch nicht ganz oder teilweise steuerfrei gestellt werden. Infolgedessen kann § 13 Abs. 1 Nr. 2 ErbStG grds. nicht zur Anwendung gelangen, sofern nicht die Immobilie aus anderen Gründen noch zusätzlich neben dem Unternehmenswert isoliert bewertet werden muss.[181]

116 Wird zur Bewertung des Unternehmens hingegen der **Substanzwert** herangezogen oder zählt die Immobilie zum nicht betriebsnotwendigen Vermögen,[182] findet eine individuelle Bewertung u. a. des Grundvermögens statt mit der Folge, dass eine Befreiung nach § 13 Abs. 1 Nr. 2 ErbStG grds. möglich ist.[183]

117 Eine Einzelbewertung erfolgt daneben auch für Wirtschaftsgüter, die zum **Verwaltungsvermögen** eines Unternehmens zählen. Hierunter fallen u. a. Dritten zur Nutzung überlassene Grundstücke.[184] Solches Verwaltungsvermögen kann über die Schuldenkürzung[185] und die Anwendung der Regelung zum sog. Sockelbetrag[186] zu einem gewissen Umfang von den erbschaft- und schenkungsteuerlichen Vergünstigungen für Betriebsvermögen profitieren. Ist die Immo-

179 So auch Hoheisel/Nesselrode, DStR 2011 S. 441.

180 Voraussetzung ist, dass das Sonderbetriebsvermögen zusammen mit einem Anteil am Vermögen übertragen wird. Andernfalls läge zunächst eine Entnahme der Immobilie aus dem (Sonder-)Betriebsvermögen mit anschließender Übertragung der Immobilie aus dem Privatvermögen des Schenkers oder Erblassers vor. Siehe hierzu auch Kapitel D. III. 7. c) Rz. 484 ff.

181 Beispielsweise weil es sich bei der Immobilie um nicht betriebsnotweniges Vermögen oder um Verwaltungsvermögen handelt. Siehe hierzu auch oben Kapitel B. IV. 3. b) Rz. 99 ff.

182 § 200 Abs. 2 BewG; siehe oben Kapitel B. IV. 3. b) Rz. 101 ff.

183 Hoheisel/Nesselrode, DStR 2011 S. 441.

184 § 13b Abs. 4 Nr. 1 ErbStG.

185 § 13b Abs. 6 Satz 1 ErbStG.

186 § 13b Abs. 7 Satz 1 ErbStG.

bilie dem Betrieb weniger als zwei Jahre zuzurechnen, handelt es sich allerdings um sog. junges Verwaltungsvermögen. Junges Verwaltungsvermögen ist kategorisch von der Begünstigung für Betriebsvermögen ausgeschlossen und muss immer in vollem Umfang der Erbschaft- und Schenkungsteuer unterworfen werden.[187] Da für junges Verwaltungsvermögen somit keine doppelte Begünstigung als denkmalgeschützte Immobilie einerseits und Betriebsvermögen andererseits droht, erlaubt die Finanzverwaltung insoweit die Anwendung des § 13 Abs. 1 Nr. 2 ErbStG. Zählt die Immobilie jedoch nur zum „allgemeinen" Verwaltungsvermögen, nicht aber auch zum jungen Verwaltungsvermögen, soll eine Begünstigung als denkmalgeschützte Immobilie ausgeschlossen sein.[188]

Zusammenfassend lässt sich damit festhalten, dass 118

- Grundvermögen nicht nach § 13 Abs. 1 Nr. 2 ErbStG begünstigt wird, wenn es
  - zum Betriebsvermögen einer gewerblichen Personengesellschaft oder einer Kapitalgesellschaft gehört,
  - zu einem Einzelunternehmen oder zum Sonderbetriebsvermögen gehört, das nach einem Ertragswertverfahren oder mit dem Substanzwert bewertet wird, wenn die Immobilie zum Verwaltungsvermögen, aber nicht zum jungen Verwaltungsvermögen zählt,
- Grundvermögen nach § 13 Abs. 1 Nr. 2 ErbStG begünstigt werden kann, wenn es
  - im unmittelbaren Eigentum des Erblassers oder Schenkers steht und damit Gegenstand der unentgeltlichen Übertragung ist,
  - zum Gesellschaftsvermögen einer vermögensverwaltenden Personengesellschaft gehört und ein Anteil an dieser Gesellschaft übertragen wird,
  - zu einem Einzelunternehmen oder Sonderbetriebsvermögen gehört,
  - nach einem Ertragswertverfahren oder mit dem Substanzwert bewertet wird, wenn die Immobilie zum jungen Verwaltungsvermögen zählt,
  - mit dem Substanzwert bewertet wird, wenn die Immobilie überhaupt nicht zum Verwaltungsvermögen zählt.

187 § 13b Abs. 7 Nr. 2 ErbStG.

188 R E 13.2 Abs. 1 Satz 3 und 4 ErbStR 2019.

bb) Verhältnis zu § 13a ErbStG

119 Handelt es sich bei der zu übertragenden Immobilie um ein Wirtschaftsgut eines Einzelunternehmens oder eines Sonderbetriebsvermögens und ist die Immobilie nicht dem Verwaltungsvermögen zuzuordnen, **konkurrieren** in den zuvor dargestellten Konstellationen die Befreiungsvorschriften des **§ 13 Abs. 1 Nr. 2 ErbStG** einerseits und des **§ 13a ErbStG** andererseits miteinander. Somit stellt sich die Frage, welcher der beiden Regelungen der Vorrang einzuräumen ist. **Das Gesetz enthält hierzu keine Vorgabe.** Es findet sich lediglich in § 13 Abs. 3 Satz 1 ErbStG der Hinweis, dass jede in § 13 ErbStG aufgeführte Befreiungsvorschrift für sich anzuwenden ist. Wie sich § 13 ErbStG zu anderen Befreiungstatbeständen verhält, ist nicht geregelt. Würde § 13 Abs. 3 ErbStG auf das Verhältnis von § 13 ErbStG zu § 13a ErbStG analog angewandt, könnten beide Vergünstigungen nebeneinander zur Anwendung gelangen, so dass derselbe Gegenstand mehrfach begünstigt werden könnte. Der von der **Finanzverwaltung** in R E 13.1 Abs. 2 Satz 3 ErbStR 2019 vorgenommene Ausschluss des § 13 Abs. 1 Nr. 2 ErbStG für „allgemeines" Verwaltungsvermögen i. S. des § 13b Abs. 4 ErbStG[189] zeigt jedoch, dass die Finanzverwaltung einer **doppelten Begünstigung ablehnend** gegenübersteht. Der Steuerpflichtige wird sich daher wohl für eine der beiden Vergünstigungen entscheiden müssen.

120 Soweit der Steuerpflichtige die Optionsverschonung für Betriebsvermögen oder die vollständige Verschonung nach § 13 Abs. 1 Nr. 2 Buchst. b ErbStG in Anspruch nimmt, ist dies unproblematisch, da eine Befreiung von mehr als 100 % des Werts ohnehin nicht erreicht werden kann. Aber selbst dann, wenn er nur die Regelverschonung oder den 85 % Bewertungsabschlag nach § 13 Abs. 1 Nr. 2 Buchst. a ErbStG wählt, macht es im Ergebnis keinen Unterschied, für welche Norm er sich entscheidet, weil beide Befreiungsvorschriften auf einen Wertabschlag in derselben Höhe hinauslaufen. Lediglich in dem Fall, in dem ein Verstoß gegen die Haltefrist der einen oder der anderen Vorschrift droht, kann sich das Wahlrecht auswirken. Dann sollte es aber nach der hier vertretenen Auffassung dem Steuerpflichtigen erlaubt sein, von der einen auf die andere Befreiungsvorschrift zu wechseln. Dem ErbStG lässt sich nämlich nicht entnehmen, dass eine der beiden Vorschriften stets vorrangig zur Anwendung gelangen und die andere auch im Falle eines späteren Wegfalls der ursprünglichen Vergünstigung weiterhin verdrängt bleiben soll.

---

189 Siehe oben Kapitel B V. 1. a) Rz. 117.

cc) Verwirklichung des Tatbestands erst durch den Erwerber

Grundbesitz oder Teile von Grundbesitz werden nach § 13 Abs. 1 Nr. 2 ErbStG begünstigt, wenn ihr Erhalt im öffentlichen Interesse liegt, die Kosten die Einnahmen übersteigen und *„die Gegenstände in einem den Verhältnissen entsprechenden Umfang den Zwecken der Forschung oder der Volksbildung nutzbar gemacht sind oder werden"*. Aus dem Wortlaut des Gesetzes, wonach die Gegenstände bestimmten Zwecken nutzbar gemacht sind oder nutzbar gemacht werden müssen, lässt sich ableiten, dass die Nutzbarmachung nicht zwangsläufig schon zum Stichtag der Übertragung vorliegen muss. Vielmehr wird es als ausreichend angesehen, wenn – abweichend vom Stichtagsprinzip[190] – erst der Erwerber die Immobilien den vorgeschriebenen Zwecken nutzbar macht.[191] Auch die vollständige Steuerbefreiung nach Buchst. b ist in der Variante aa) daran geknüpft, dass der Steuerpflichtige, d. h. der Erwerber[192] die Bereitschaft zeigt, die Gegenstände den geltenden Bestimmungen der Denkmalspflege zu unterstellen.[193] Auch hier ist also ein **Handeln des Erwerbers** erforderlich, aber auch **ausreichend,** um die Steuerbefreiung zu erhalten. Sowohl im Rahmen des Buchst. a als auch im Rahmen des Buchst. b muss jedoch ein **enger zeitlicher Zusammenhang** zwischen Erwerb und Nutzbarmachung bzw. Bereitschaft, das Grundvermögen der Denkmalpflege zu unterstellen, vorliegen. Diesen Zusammenhang nehmen Rechtsprechung,[194] Finanzverwaltung[195] und Literatur[196] einheitlich als gegeben an, wenn ein Zeitraum von **sechs Monaten** seit Kenntnis vom Erwerb eingehalten wird. 121

HINWEIS:

Auch wenn die einzelnen Voraussetzungen der Steuerbefreiung erst durch den Erwerber erfüllt werden können, darf nicht übersehen werden, dass zum Stichtag eine Immobilie vorhanden gewesen und das Eigentum an dieser Immobilie übertragen worden sein muss. Hatte der Erblasser die denkmalgeschützte Immobilie selbst erst kurze Zeit zuvor per notariellem Vertrag erworben und verstirbt er noch vor Eigentumsumschreibung im Grundbuch, befindet sich in seinem Nachlass nicht die denkmalgeschützte Immobilie, sondern lediglich ein Anspruch auf Verschaffung des Eigentums hieran. Dieser Anspruch ist auf Seiten des Erben nicht nur mit dem gemeinen Wert nach § 9 BewG

190 R E 13.1 Abs. 1 ErbStR 2019.

191 Von Oertzen, ZEV 2016 S. 561, 563 zur Zugänglichmachung von Kunstwerken und Kunstsammlungen; Jülicher in Troll/Gebel/Jülicher/Gottschalk, ErbStG, 59. Erg.-Lfg. 2020, § 13 Rz. 24.

192 BFH, Urteil v. 12.5.2016 - II R 56/14 NWB ZAAAF-78702.

193 Siehe zum Nachweis der Bereitschaft LfSt Bayern, Vfg. v. 4.12.2019 - S 3812.1.1 - 14/10 St 34 NWB ZAAAH-37379.

194 BFH, Urteil v. 12.5.2016 - II R 56/14 NWB ZAAAF-78702.

195 LfSt Bayern, Vfg. v. 4.12.2019 - S 3812.1.1 - 14/10 St 34 NWB ZAAAH-37379.

196 Von Oertzen, ZEV 2016 S. 561, 563; Heuer/von Cube, DStR 2017 S. 129 f.; Jülicher in Troll/Gebel/Jülicher/Gottschalk, ErbStG, § 13 Rz. 24 und 36.

(anstelle des Grundbesitzwerts),[197] sondern auch ohne Anwendung der Steuerbefreiung nach § 13 Abs. 1 Nr. 2 ErbStG anzusetzen.[198]

Das Stichtagsprinzip steht jedoch nicht einer Anwendung der Vorschrift auf mittelbare Schenkungen entgegen. Bei der mittelbaren Schenkung überträgt der Schenker keine Immobilie, sondern einen Geldbetrag, den der Begünstigte ausschließlich dazu nutzen darf, eine bestimmte Immobilie zu erwerben. Gleichwohl erwirbt der Begünstigte damit keinen Sachleistungsanspruch gegen den Schenker; Übertragungsgegenstand ist vielmehr die noch zu erwerbende Immobilie selbst.[199]

dd) Verzicht und Haltefrist

122 Der Erwerber ist nicht verpflichtet, die Steuerbefreiung für denkmalgeschützte Immobilien in Anspruch zu nehmen. Es steht ihm frei, darauf zu verzichten. Den **Verzicht** muss er der Finanzbehörde bis zur Unanfechtbarkeit der Steuerfestsetzung **mitteilen**.[200]

HINWEIS:

Ein Verzicht ist für den Steuerpflichtigen insbesondere dann interessant, wenn das Grundvermögen fremdfinanziert ist oder andere Verbindlichkeiten auf dem Grundstück lasten. Diese würden sich nämlich wegen § 10 Abs. 6 Satz 3 ErbStG nicht oder nur teilweise steuermindernd auswirken, soweit das Grundvermögen steuerfrei übertragen wird.[201]

b) Familienheim

123 Eine für gestalterische Zwecke zentrale Steuerbefreiung enthält das Gesetz im Hinblick auf die unentgeltliche Übertragung des Familienheims. Zu unterscheiden sind hierbei drei verschiedene Fallkonstellationen: die **lebzeitige Schenkung unter Ehegatten bzw. Lebenspartnern,**[202] der **Erwerb von Todes wegen durch den überlebenden Ehegatten bzw. Lebenspartner**[203] und der **Erwerb von Todes wegen durch die Kinder des Erblassers.**[204]

197 BFH, Urteil v. 29.11.2017 - II R 14/16 NWB IAAAG-80017.

198 Siehe hierzu ergänzend Kapitel B. V. 1. b) Rz. 132 f.

199 Zur mittelbaren Grundstücksschenkung siehe auch Kapitel D. II. Rz. 387 ff.

200 § 13 Abs. 3 ErbStG.

201 Von Fragstein und Niemsdorff, NWB 12/2019 S. 793 NWB CAAAH-09128; Zehentmeier, NWB 4/2019 S. 204 NWB WAAAH-04675.

202 § 13 Abs. 1 Nr. 4a ErbStG.

203 § 13 Abs. 1 Nr. 4b ErbStG.

204 § 13 Abs. 1 Nr. 4c ErbStG.

Obwohl alle drei Tatbestände sehr ähnlich aufgebaut sind, divergieren sie teilweise erheblich. So kann das Familienheim nur zwischen Ehegatten[205] zu Lebzeiten steuerfrei übertragen werden; eine steuerfreie Schenkung an Kinder ist hingegen nicht möglich. Nur die Steuerbefreiung anlässlich der lebzeitigen Schenkung erfordert keine Haltefrist; bei einem Erwerb von Todes wegen wird die Steuerbefreiung demgegenüber nur dann gewährt, wenn der Erwerber – seien es der Ehegatte oder die Kinder – eine Haltefrist von zehn Jahren beachtet. Der Erwerb des Familienheims von Todes wegen durch den überlebenden Ehegatten wird in vollem Umfang steuerfrei gestellt unabhängig von der Größe des Familienheims; der Erwerb durch Kinder jedoch nur, soweit die Wohnfläche 200 m² nicht übersteigt. 124

Die inhaltlichen Abweichungen liegen in der jeweils **unterschiedlichen Zielsetzung der einzelnen Befreiungsvorschriften** begründet: Die Nr. 4b und 4c der Regelung, die den Erwerb des Familienheims von Todes wegen zum Gegenstand haben, zielen auf „den **Schutz des gemeinsamen familiären Lebensraums**"; zudem soll im Wege einer steuerlichen Lenkungsnorm die Begründung von Wohneigentum als „besonders geschütztes **Familiengebrauchsvermögen**" gefördert werden, indem der unentgeltliche Transfer innerhalb der Familie nicht der Erbschaftsteuer unterworfen wird. Da die familiäre Bindung zwischen (erwachsenen) Kindern und Eltern als nicht so stark angesehen wird wie die Bindung zwischen den Ehegatten, begrenzt der Gesetzgeber den „Schutz des familiären Lebensraums" für Kinder auf 200 m².[206] Bei der Übertragung des Familienheims auf Kinder findet somit eine Angemessenheitsprüfung statt, während der Transfer zwischen Ehegatten stets begünstigt ist – unabhängig von Größe, Lage oder Ausstattung des Lebensraums. Die erbschaftsteuerliche Begünstigung schutzwürdigen Vermögens steht darüber hinaus unter dem Vorbehalt, dass sich der Erwerber als „schutzwürdig" erweist. Dies ist er jedenfalls dann nicht, wenn er das geschützte Vermögen innerhalb einer bestimmten Frist nach dem Erwerb veräußert. Offensichtlich handelt es sich dann nicht mehr um schützenswertes „Gebrauchsvermögen". 125

Demgegenüber stellt § 13 Abs. 1 Nr. 4a ErbStG die Reaktion des Gesetzgebers auf die Rechtsprechung des BFH dar, der das Rechtsinstitut der ehebedingten Zuwendung und damit zugleich die Nichtsteuerbarkeit derartiger Zuwendungen zwischen Ehegatten aufgegeben hatte. Der Gesetzgeber hielt es für *„sach-* 126

205 § 13 Abs. 1 Nr. 4a und 4b ErbStG gelten gleichermaßen für Ehegatten und eingetragene Lebenspartnerschaften. Aus Gründen der besseren Lesbarkeit wird nachfolgend nur noch der Begriff der Ehegatten verwendet. Diese sollen stellvertretend auch für Lebenspartner stehen.

206 Bericht des Finanzausschusses, BT-Drucks. 16/11107 S. 8 f.

lich gerechtfertigt, zumindest solche Zuwendungen, die den engeren Kern der ehelichen Lebens- und Wirtschaftsgemeinschaft berühren, gezielt von der Schenkungsteuer freizustellen. ... Durch die gemeinsame partnerschaftliche Einwirkung auf das Familienwohnheim verwirklichen [die Ehepartner] in besonderem Maße die eheliche Lebens- und Wirtschaftsgemeinschaft und tragen dem Gleichberechtigungsgedanken und der Erwartung in den Fortbestand der Ehe Rechnung."[207] Geschützt wird hier also nicht das übertragene Vermögen als solches, sondern die **Freiheit der Ehegatten, ihre Lebens- und Wirtschaftsgemeinschaft selbst zu gestalten**.

HINWEIS:

Der BFH tritt den Steuerbefreiungen nach § 13 Abs. 1 Nr. 4a–4c ErbStG mit großer Skepsis entgegen und hält nur eine restriktive Anwendung für verfassungsrechtlich unbedenklich.[208] Für die Begünstigung fehle ein sachlicher Grund; insbesondere könne sie nicht auf eine steuerlich gebotene Freistellung des Familiengebrauchsvermögens gestützt werden, da dieses bereits über die persönlichen Freibeträge verschont werde.[209] Bei der Gestaltungsberatung sollte diese Grundhaltung des BFH beachtet werden. Im Zweifel ist davon auszugehen, dass eine Steuerbefreiung bei der Übertragung des Familienheims nicht gewährt wird.[210]

Demgegenüber zeigt sich zumindest das Gesetz im Falle lebzeitiger Zuwendungen zwischen Ehegatten großzügig. Die auch nach Auffassung der Finanzverwaltung unter die Vorschrift fallenden Gestaltungsmöglichkeiten werden in R E 13.3 Abs. 4 ErbStR 2019 aufgezählt. Danach sind folgende Maßnahmen steuerfrei möglich:

- Übertragung des Alleineigentums oder Miteigentums an dem einem Ehegatten bereits gehörenden Grundstück,
- Kauf oder Herstellung aus den Mitteln eines Ehegatten unter Einräumung einer Miteigentümerstellung des anderen Ehegatten,
- Anschaffung oder Herstellung (ganz oder teilweise) durch einen Ehegatten aus Mitteln, die allein oder überwiegend vom anderen, zuwendenden Ehegatten stammen (mittelbare Grundstückszuwendung),
- Tilgung eines im Zusammenhang mit dem Kauf oder der Herstellung des Familienheims von einem oder beiden Ehegatten aufgenommenen Darlehens aus Mitteln des zuwendenden Ehegatten,

207 Entwurf eines Jahressteuergesetzes (JStG) 1996, BT-Drucks. 13/901 S. 157.

208 BFH, Urteil v. 18.7.2013 - II R 35/11, BStBl 2013 II S. 1051 NWB SAAAE-47926, NWB PAAAE-48523; BFH, Urteil v. 11.7.2019 - II R 38/16, BStBl 2020 II S. 314 NWB OAAAH-36175; BFH, Urteil v. 23.6.2015 - II R 39/13, BStBl 2016 II S. 225 NWB CAAAF-01620; BFH, Beschluss v. 27.9.2012 - II R 9/11, BStBl 2012 II S. 29 NWB UAAAD-95588.

209 BFH, Urteil v. 18.7.2013 - II R 35/11, BStBl 2013 II S. 1051 NWB SAAAE-47926.

210 Siehe Kapitel B. V. 1. b) Rz. 151 f.; obwohl eine Gestaltung gewählt wurde, die scheinbar mit dem Gesetzestext in Einklang stand und auch von namhaften Stimmen in der Literatur befürwortet wurde, hat der BFH eine Steuerbefreiung unter Bezugnahme auf eine restriktive Anwendung des § 13 Abs. 1 Nr. 4b ErbStG abgelehnt; Meincke/Hannes/Holtz, ErbStG, 18. Aufl. 2021, § 13 Rz. 21; Viskorf in Viskorf/Schuck/Wälzholz, ErbStG, § 13 Rz. 34.

- Befreiung von einer Schuld des einen Ehegatten gegenüber dem anderen Ehegatten, die im Zusammenhang mit dem Kauf oder der Herstellung des Familienheims gegenüber dem anderen Ehegatten eingegangen wurde,
- Begleichung nachträglicher Herstellungs- oder Erhaltungsaufwendungen am Familienheim aus Mitteln eines Ehegatten, wenn der andere Ehegatte Eigentümer oder Miteigentümer ist.

aa) Zu eigenen Wohnzwecken genutztes Grundstück

Steuerfrei gestellt wird in allen drei Varianten das Familienheim, sofern es im Inland oder EU-/EWR-Ausland belegen ist.[211] Als Familienheim gilt dabei jede zu eigenen Wohnzwecken genutzte Wohnung, in der sich der **Lebensmittelpunkt des Schenkers bzw. Erblassers** befindet. Eine Ferienwohnung oder Zweitwohnung erfüllt diese Voraussetzungen nicht und kann somit nicht begünstigt übertragen werden.[212] Dies wäre nur dann möglich, wenn vor der Zuwendung der Lebensmittelpunkt in der bisherigen „Hauptwohnung" aufgegeben und in die bisherige Ferienwohnung verlegt wird. 127

HINWEIS:

Die Verlagerung des Lebensmittelpunkts muss gegenüber dem Finanzamt nachgewiesen werden können. Ein solcher Nachweis kann gelingen, wenn die bisherige Hauptwohnung bspw. an fremde Dritte vermietet und so dem Gebrauch der Eigentümer tatsächlich entzogen wird. Demgegenüber dürfte eine bloße Ummeldung beim jeweiligen Melderegister nicht ausreichen, um das Finanzamt von einer Verlagerung des familiären Lebensmittelpunkts zu überzeugen.[213]

Vorsicht ist geboten, wenn der Lebensmittelpunkt der Familie ins Ausland verlegt wird. Die dann drohende Wegzugsbesteuerung nach § 6 AStG und die Gefahr einer doppelten Erbschaftsteuerpflicht sowohl im Inland als auch im Ausland[214] können den Vorteil einer steuerfreien Übertragung der bisherigen Ferienimmobilie bei weitem übersteigen.

Unter die Befreiungsvorschrift fallen alle **bebauten Grundstücke** i. S. des § 181 Abs. 1 Nr. 1–5 BewG, soweit der Erblasser oder Schenker das Grundstück als **Wohnung** genutzt hat und – bezogen auf die Tatbestände der Nr. 4b und 4c – der Erwerber das Grundstück weiterhin zur Selbstnutzung zu eigenen Wohnzwecken bestimmt. In diesem Zusammenhang ist die **Legaldefinition des § 181** 128

211 R E 13.3 ErbStR 2019.

212 BFH, Urteil v. 18.7.2013 - II R 35/11, BStBl 2013 II S. 1051 NWB SAAAE-47926; R E 13.3 Abs. 2 Satz 5 ErbStR 2019.

213 Reich, NZM 2014 S. 67 f.

214 Gemäß § 1 Abs. 1 Nr. 1 Buchst. b ErbStG gelten deutsche Staatsangehörige noch für eine Dauer von fünf Jahren seit Wegzug aus Deutschland als in Deutschland unbeschränkt erbschaft- und schenkungsteuerpflichtig. Dies hindert das Zuzugsland jedoch nicht daran, eine Steuerpflicht auch nach dem Recht des Zuzugsstaates anzunehmen.

Abs. 9 BewG zu beachten, wonach eine Wohnung nur dann vorliegt, wenn eine Mehrheit von Räumen dergestalt zusammengefasst werden kann, dass die Führung eines selbständigen Haushalts möglich ist. Insbesondere müssen Küche, Bad und Toilette vorhanden sein und die Wohnfläche mindestens 23 m² betragen.

129 Begünstigt werden neben der eigentlichen Wohnung auch die zusammen mit ihr genutzten Garagen, Nebenräume und Nebengebäude, die sich auf demselben Grundstück befinden.[215] Noch nicht abschließend geklärt ist derzeit die Frage, ob auch Nebenflächen auf grundbuchrechtlich separaten Grundstücken miteinzubeziehen sind, wenn Familienheim und Nebenfläche zwar keine rechtliche, aber eine wirtschaftliche Einheit bilden. Die finanzgerichtliche Rechtsprechung[216] verneint eine Ausweitung der Begünstigung auf angrenzende grundbuchrechtlich selbständige Grundstücke mit dem Hinweis, dass die Befreiungsvorschriften für das Familienheim im Gegensatz zu den Vorschriften des Bewertungsgesetzes[217] nicht auf die wirtschaftliche Einheit abstellten, sondern unter zivilrechtlichen Gesichtspunkten auszulegen seien. Unter einem Grundstück im zivilrechtlichen Sinn sei nur *„der räumlich abgegrenzte Teil der Erdoberfläche, der im Bestandsverzeichnis eines Grundbuchblatts auf einer eigenen Nummer eingetragen ist"*, zu verstehen.[218] Noch weitergehend entschied das FG Niedersachsen mit Gerichtsbescheid v. 12.7.2023: Danach soll auch bei Vorliegen nur eines einzigen Flurstücks lediglich eine „angemessene Zubehörfläche" dem begünstigten Familienheim zuzuordnen sein.[219] Der BFH, der sich bisher nicht verbindlich festlegen musste, ob das zivilrechtliche Eigentum oder die wirtschaftliche Einheit ausschlaggebend ist,[220] wird im Rahmen der Revisionsverfahren Gelegenheit haben, sich mit dieser Thematik auseinanderzusetzen. Angesichts der sehr restriktiven Handhabung der Befreiungsvorschriften für Familienwohnheime durch den BFH ist davon auszugehen, dass der BFH die finanzgerichtliche Rechtsprechung stützen wird.

130 Analog zu den Nebenflächen auf separaten Grundstücken soll auch in den Fällen, in denen sich das Familienheim selbst über zwei Grundstücke im grundbuchrechtlichen Sinne erstreckt, eine Steuerfreiheit für beide Grundstücke aus-

215 R E 13.3 Abs. 2 Satz 8 ErbStR 2019.

216 FG München, Urteil v. 5.4.2018 - 4 K 2568/16 NWB WAAAH-08372; NZB eingelegt, unter Az. BFH: II R 29/19; FG Düsseldorf, Urteil v. 16.5.2018 - 4 K 1063/17 Erb NWB AAAAG-87062.

217 Vgl. § 2 BewG, § 157 Abs. 3 BewG.

218 FG Düsseldorf, Urteil v. 16.5.2018 - 4 K 1063/17 Erb NWB AAAAG-87062 (nicht rechtskräftig).

219 NWB FG Niedersachsen, Gerichtsbescheid v. 12.7.2023 - 3 K 14/23, EFG 2023 S. 1551 (Revision eingelegt, Az. beim BFH: II R 27/23).

220 BFH, Urteil v. 23.2.2021 - II R 29/19 NWB NAAAH-49115.

scheiden. Die finanzgerichtliche Rechtsprechung will ihrer Linie treu bleibend die **Steuerfreiheit nur für ein Grundstück** gewähren. Es sei „restriktiv von einem streng numerischen Verständnis" des Familienheims auszugehen. Dies gilt zumindest dann, wenn beide Grundstücke für sich betrachtet alle Voraussetzungen für eine Wohnung erfüllen, d. h. alle für die Führung eines Haushaltes notwendigen Räumlichkeiten beinhalten und ausschließlich über separate Zugänge verfügen.[221]

HINWEIS:

Im Einzelfall sollte geprüft werden, ob insbesondere bei Zwei- oder Mehrfamilienhäusern Teil- bzw. Wohnungseigentum aufgehoben, die Teil- bzw. Wohnungseigentum-Grundbücher geschlossen und ein neues Grundbuch für das nun einheitliche Grundstück angelegt werden kann. So könnte zumindest dem numerischen Ansatz der Finanzgerichte entsprochen werden.

Unterliegt ein Grundstück i. S. des § 181 Abs. 1 Nr. 1–5 BewG einer gemischten 131
Nutzung, kann die Steuerbefreiung **anteilig** gewährt werden, soweit es tatsächlich als Familienheim genutzt wird.[222] Eine Aufteilung erfolgt anhand der Wohn- bzw. Nutzfläche; die Aufteilung ist vom Lagefinanzamt zu ermitteln und dem Erbschaft- und Schenkungsteuerfinanzamt lediglich nachrichtlich mitzuteilen. Der Bescheid des Lagefinanzamtes entfaltet daher in Bezug auf die Aufteilung **keine Bindungswirkung als Grundlagenbescheid**.

bb) Zuwendungsgegenstand

§ 13 Abs. 1 Nr. 4a–4c ErbStG begünstigt allein die Übertragung von Grundver- 132
mögen. Der restriktiven Anwendung der Vorschrift durch die Rechtsprechung folgend, soll die Steuerbefreiung nicht in Anspruch genommen werden können, wenn lediglich das **Anwartschaftsrecht auf Erwerb eines Familienheims** übertragen wird.

In einem vom BFH entschiedenen Rechtsstreit[223] schloss die spätere Erblasse- 133
rin einen Kaufvertrag über eine noch von einem Bauträger zu errichtende Immobilie und ließ eine Auflassungsvormerkung zu ihren Gunsten im Grundbuch eintragen. Nach Fertigstellung der Eigentumswohnung bezog sie zusammen mit ihrem Ehemann und den gemeinsamen Kindern die Wohnung, in der sich von da ab der familiäre Lebensmittelpunkt befand. Kurze Zeit später, noch bevor die Eigentumsumschreibung im Grundbuch erfolgt war, verstarb die Erblasserin. Der BFH stellte sich auf den Standpunkt, der das Familienheim er-

221 FG Köln, Urteil v. 30.1.2019 - 7 K 1000/17 NWB DAAAH-15758.

222 Jülicher in Troll/Gebel/Jülicher/Gottschalk, ErbStG, § 13 Rz. 59.

223 BFH, Urteil v. 29.11.2017 - II R 14/16, BStBl 2018 II S. 362 NWB IAAAG-80017.

bende Ehemann könne die Steuerbefreiung nach § 13 Abs. 1 Nr. 4b ErbStG nicht beanspruchen. Begünstigt sei nur die **Übertragung des zivilrechtlichen Eigentums** an einem Familienheim.[224] Die Erblasserin sei aber mangels Eintragung im Grundbuch zu keinem Zeitpunkt zivilrechtliche Eigentümerin des Familienheims geworden. Dies hätte eine Einigung zwischen dem Bauträger und ihr über den Eintritt der Rechtsänderung und die Eintragung der Rechtsänderung in das Grundbuch vorausgesetzt.[225] Da die Eigentumsumschreibung im Grundbuch zum Zeitpunkt des Erbfalls noch nicht erfolgt war, konnte die Erblasserin somit kein Eigentum übertragen, der Erbe kein Eigentum an der Wohnung erwerben. Infolgedessen wurde die Steuerbefreiung für den Erwerb des Familienheims nicht gewährt.

HINWEIS:

Das Gleiche gilt für die Übertragung eines dinglichen Wohnrechts. Auch dieses entspricht nicht dem Eigentum am Familienheim, so dass Einräumung und Übertragung dinglicher Wohnrechte nicht nach § 13 Abs. 1 Nr. 4a–4c ErbStG begünstigt übertragen werden können.[226]

134 Anders als in Erbfällen eröffnen demgegenüber **Schenkungen zu Lebzeiten einen größeren Gestaltungsspielraum**, den es insbesondere dann zu nutzen gilt, wenn die Voraussetzungen für eine steuerfreie Übertragung des Familienheims zum Zeitpunkt des Schenkungsversprechens noch nicht vorliegen:

BEISPIEL: Ehemann M und Ehefrau F sind miteinander verheiratet. M verfügt über ausreichend liquide Mittel, F hingegen nicht. M und F betrachten ihre Ehe als Wirtschaftsgemeinschaft, so dass kein Zweifel daran besteht, das derzeit noch vermietete, aber mittelfristig zur Selbstnutzung durch die Familie bestimmte Kaufobjekt dem Vermögen beider Ehegatten zuordnen zu wollen. Schließen aber bereits heute beide Ehegatten als Miteigentümer den Kaufvertrag über das Grundstück und zahlt allein M den Kaufpreis, ist Gegenstand des Erwerbs durch die Ehegatten noch kein Familienheim – das Grundstück bildet noch nicht den familiären Lebensmittelpunkt. Folglich kann M der F auch noch kein Familienheim im Wege der Übernahme des gesamten Kaufpreises zuwenden, so dass die Steuerbefreiung nach § 13 Abs. 1 Nr. 4a ErbStG nicht greift.

M beschließt daher, das Grundstück als Alleineigentümer zu erwerben. Noch im selben Notartermin überträgt er F den hälftigen Miteigentumsanteil, jedoch aufschiebend bedingt auf den Zeitpunkt des gemeinsamen Einzugs. Erst mit Eintritt der Bedingung entfaltet die Schenkung zivilrechtlich und steuerlich ihre Wirkung, so dass nun M der F den hälftigen Miteigentumsanteil am Familienheim zuwendet. Die Steuerbefreiung kommt damit zur Anwendung.

224 BFH, Urteil v. 3.6.2014 - II R 45/12, BStBl 2014 II S. 806 NWB HAAAE-71093.

225 § 873 Abs. 1 BGB.

226 BFH, Urteil v. 29.11.2017 - II R 14/16, BStBl 2018 II S. 362 NWB IAAAG-80017; Gibhardt in Beck-OK, ErbStG, § 13 Rz. 141.

HINWEIS:

Als weitere Alternative bietet sich eine Darlehenslösung an: M gibt der F ein verzinsliches Darlehen i. H. des hälftigen Kaufpreises. Sobald die Ehegatten das Familienheim beziehen, erlässt M der F die Rückzahlung des Darlehens und der noch offenen Zinsen.[227]

Wird das Familienheim über eine **GbR oder eine vermögensverwaltende KG** gehalten, an der beide Ehegatten beteiligt sind, und überträgt ein Ehegatte seine Gesellschaftsanteile ganz oder teilweise an den anderen Ehegatten oder vererbt er den Gesellschaftsanteil an seine Kinder, ist die Frage der Begünstigung nach § 13 Abs. 1 Nr. 4a–4c ErbStG nicht ganz so eindeutig zu beantworten. Ausgangspunkt ist auch hier zunächst die Überlegung, dass die Steuerbefreiung nur für die Übertragung zivilrechtlichen Eigentums an einer Immobilie gelten soll. Zivilrechtlicher **Zuwendungsgegenstand** ist im Falle der Familienheim-GbR oder -KG aber nicht das Eigentum an der Immobilie, sondern ein **Gesellschaftsanteil**. Die Steuerbefreiung für die Übertragung des Familienheims müsste daher versagt werden. Andererseits bestimmt § 10 Abs. 1 Satz 4 ErbStG in Abkehr vom Postulat der Maßgeblichkeit des Zivilrechts für das Erbschaft- und Schenkungsteuerrecht, dass der Erwerb einer Beteiligung an einer vermögensverwaltenden Personengesellschaft als **Erwerb der anteiligen Wirtschaftsgüter** zu werten ist. Der Erwerb eines Gesellschaftsanteils an einer vermögensverwaltenden Personengesellschaft wird erbschaft- und schenkungsteuerlich also nicht anders behandelt als der unmittelbare Erwerb der im Gesellschaftsvermögen befindlichen Gegenstände und Rechte. Konsequenterweise und nach der hier vertretenen Auffassung müsste daher die Übertragung eines Anteils an einer Familien-GbR oder -KG in gleicher Weise begünstigt sein wie die Übertragung des unmittelbaren Eigentums am Familienheim.[228] Höchstrichterliche Rechtsprechung existiert zu dieser Frage jedoch ebenso wenig wie eine Stellungnahme der Finanzverwaltung. Unter Berücksichtigung der restriktiven Anwendung der Vorschrift durch den BFH sollten Mandanten aber auf jeden Fall auf das bestehende Risiko hingewiesen werden. 135

HINWEIS:

Sofern ein Anteil an einer Familienheim-GbR oder -KG schenkweise übertragen werden soll, kann das Risiko einer abweichenden Beurteilung durch die Rechtsprechung mittels Aufnahme von Rückforderungsrechten im Schenkungsvertrag erheblich abgefedert werden. Der Schenker behält sich in einem solchen Fall das Recht vor, die Schenkung zu widerrufen, wenn wider Erwarten die Steuerbefreiung für die unentgeltliche Übertragung des Familienheims nicht gewährt wird.

227 R E 13.3 Abs. 4 Nr. 5 ErbStR 2019.

228 Ebenso Gibhardt/Mühlhaus in BeckOK, ErbStG, 9. Ed. 2020, § 13 Rz. 143; Meincke/Hannes/Holtz, ErbStG, 18. Aufl. 2021, § 13 Rz. 29.

136 Ähnlich stellt sich die Situation dar, wenn das Familienheim zunächst im Alleineigentum eines Ehegatten steht und in eine Ehegatten-GbR unentgeltlich eingebracht werden soll, an der der andere Ehegatte ebenfalls beteiligt ist. Aus zivilrechtlicher Sicht ist die teilrechtsfähige GbR Empfänger der Leistung und damit Beschenkte. § 13 Abs. 1 Nr. 4a und 4b ErbStG begünstigt jedoch nur den Erwerb durch den anderen Ehegatten, nicht den Erwerb durch eine Gesellschaft. Steuerlich werden **Gesamthandsgemeinschaften**[229] hingegen als **transparent** angesehen mit der Folge, dass die Wirtschaftsgüter der Gesamthand den Beteiligten anteilig entsprechend ihrer Beteiligungsquote zuzurechnen sind.[230] Die Zuwendung an eine Personengesellschaft steht damit steuerlich der anteiligen Zuwendung an die Gesellschafter gleich.

Folglich müsste – soweit der andere Ehegatte als bereichert gilt – die Steuerbefreiung für das Familienheim gewährt werden.[231]

HINWEIS:

Da auch hierzu noch keine höchstrichterliche Rechtsprechung bekannt ist, sollte das Risiko einer abweichenden Rechtsprechung vermieden werden, indem der Eigentümer-Ehegatte zunächst dem anderen Ehegatten einen Miteigentumsanteil schenkt und anschließend beide Ehegatten ihre Miteigentumsanteile auf die GbR übertragen.[232]

cc) Besonderheiten bei lebzeitigen Zuwendungen

137 Im Verhältnis zwischen Ehegatten wird der lebzeitigen Zuwendung des Familienheims oftmals der Vorrang vor der Übertragung im Wege der Erbfolge eingeräumt. Der Grund hierfür liegt in der deutlich geringeren Einschränkung, die das Gesetz mit der Gewährung des Befreiungsabschlags für lebzeitige Zuwendungen verbindet. Denn im Gegensatz zu § 13 Abs. 1 Nr. 4b ErbStG (Erwerb von Todes wegen) kennt § 13 Abs. 1 Nr. 4a ErbStG (lebzeitige Zuwendung) **weder eine nachgelagerte Haltefrist** für das Familienheim **noch einen Objektverbrauch.**

(1) Fehlende Haltefrist und Objektbegrenzung

138 Der Befreiungsabschlag nach § 13 Abs. 1 Nr. 4a ErbStG wird gewährt, wenn ein Ehegatte dem anderen Ehegatten das Eigentum oder Miteigentum an einem Grundstück überträgt, das zum Zeitpunkt der Übertragung als Familienheim

229 Als solche gilt die GbR gem. § 39 Abs. 2 Nr. 2 Satz 2 AO.

230 § 39 Abs. 2 Nr. 2 AO.

231 Ebenso Reimann, ZEV 2010 S. 174, 176; Meincke/Hannes/Holtz, ErbStG, 18. Aufl. 2021, § 13 Rz. 29; zweifelnd Wachter, ZEV 2014 S. 191 f.

232 Siehe ergänzend Kapitel D. III. 3. Rz. 426 ff.

qualifiziert. Ändert der begünstigte Ehegatte später die Nutzung oder veräußert er das Familienheim an einen Dritten, bleibt die Steuerbefreiung erhalten. Voraussetzung ist lediglich, dass kein Gestaltungsmissbrauch i.S.des §49 AO vorliegt.[233]

BEISPIEL: Ehemann M ist Eigentümer der von der Familie genutzten Eigentumswohnung in Wuppertal-Barmen. Er überträgt das Familienheim schenkweise an seine Ehefrau F. Schenkungsteuer fällt aufgrund der Steuerbefreiung für das Familienheim nicht an. Nach fünf Jahren zieht die Familie um und bewohnt nun ein Einfamilienhaus in Wuppertal-Elberfeld. F veräußert die Eigentumswohnung an einen fremden Dritten und freut sich über das Startkapital für ihr eigenes Unternehmen, das sie nun endlich eröffnen kann.

Die Steuerbefreiung für die schenkweise Übertragung des Familienheims von M an F bleibt bestehen und wird nicht nachträglich versagt, da das Gesetz keine Haltefrist vorsieht.

ABWANDLUNG: M und F planen schon länger die Selbständigkeit der F. Als F endlich die passenden Räumlichkeiten findet, die für ihre künftige gewerbliche Tätigkeit geeignet sind, machen F und M Nägel mit Köpfen. M schenkt F das bisherige Familienheim. Unmittelbar nach der Übertragung veräußert F das Familienheim an M und finanziert mit dem Veräußerungserlös die Gewerbeimmobilie.

Die schenkweise Übertragung des Familienheims erfolgt auch hier zunächst steuerfrei. Die nachfolgende Veräußerung durch F ist mangels gesetzlich vorgeschriebener Haltefristen grds. unschädlich. Eine Zusammenschau der Ereignisse legt jedoch den Verdacht nahe, dass F nicht ein Familienheim, sondern vielmehr das Startkapital für ihre berufliche Tätigkeit zugewandt werden sollte. Dementsprechend könnte ein Missbrauch rechtlicher Gestaltungsmöglichkeiten vorliegen.

Neben der – vorbehaltlich eines Gestaltungsmissbrauchs – fehlenden Halte- 139
frist wird der Befreiungsabschlag für die schenkweise Übertragung des Familienheims nicht auf die einmalige Zuwendung während des Bestehens der Ehe beschränkt. Vielmehr ist es möglich, die Steuerfreiheit **in unbegrenzter Anzahl** in Anspruch zu nehmen, je nachdem wie viele Familienheime die Ehegatten nacheinander bewohnen. §13 Abs.1 Nr.4a ErbStG sieht **keinen Objektverbrauch** vor.

FORTFÜHRUNG DES BEISPIELS: Im obigen Beispiel könnte M nach der Übertragung des Familienheims in Wuppertal-Barmen F auch das neue Familienheim in Wuppertal-Elberfeld steuerfrei zuwenden, sofern nur das neue Einfamilienhaus zum Zeitpunkt der Schenkung den Lebensmittelpunkt der Familie darstellt und alle sonstigen Voraussetzungen erfüllt, die an das Vorliegen eines Familienheims gestellt werden. Diesen Vorgang können M und F nach jedem weiteren Umzug der Familie unbegrenzt wiederholen.

233 R E 13.3 Abs. 5 Satz 5 und 6 ErbStR 2019.

140 Noch weitreichenderes Steuersparpotenzial bietet den Ehegatten die sog. **Familienheimschaukel**. Bei dieser Gestaltung überträgt der Ehegatte E1 das in seinem Eigentum stehende Familienheim unentgeltlich auf den Ehegatten E2. Nach Abwarten einer Schamfrist veräußert E2 das Familienheim nicht an einen fremden Dritten, sondern an E1 entgeltlich zurück. Letztendlich hat E1 damit einen Geldbetrag im Wert des Familienheims steuerfrei auf E2 übertragen. Lassen die Ehegatten eine weitere Schamfrist verstreichen, können sie das Spiel wieder von vorne beginnen: E1 schenkt E2 das Familienheim, das E2 nach Ablauf einer Schamfrist erneut an E1 zurückveräußert. Grenzen werden der Gestaltung allein durch § 42 AO gesetzt. Dabei wird es eine Frage des jeweiligen Einzelfalls sein, wie lang eine Schamfrist ausgedehnt und wann noch von einem **Gesamtplan** ausgegangen werden muss.

HINWEIS:

Überträgt ein Ehegatte das Eigentum oder einen Miteigentumsanteil am Familienheim unentgeltlich auf den anderen Ehegatten, sollte im Schenkungsvertrag zugunsten des übertragenden Ehegatten ein Rückforderungsrecht für den Fall des Vorversterbens des erwerbenden Ehegatten vorbehalten werden. Macht er von dem Rückforderungsrecht Gebrauch, fällt die Schenkung mit Wirkung für die Vergangenheit weg und das Familienheim in das Eigentum des schenkenden Ehegatten zurück. Andernfalls wäre das Familienheim dem Nachlass des vorverstorbenen Ehegatten zuzuordnen und könnte nur unter Beachtung einer zehnjährigen Haltefrist steuerfrei an den überlebenden Ehegatten vererbt werden.[234] Würde der überlebende Ehegatte nicht Erbe und erhielte er das Familienheim auch nicht im Wege eines Vermächtnisses, wäre die steuerfreie Vererbung des Familienheims an weitere Voraussetzungen geknüpft[235] oder könnte sogar gänzlich versagt[236] werden.

Daneben kann der schenkende Ehegatte seine Rechtsposition zusätzlich im Wege eines Rückforderungsrechts für den Fall der Scheidung und/oder durch ein lebenslanges Nießbrauchrecht absichern.

HINWEIS:

Leben die Ehegatten im gesetzlichen Güterstand der Zugewinngemeinschaft, sollte bei lebzeitigen Zuwendungen immer die Vorschrift des § 1380 BGB im Auge behalten werden. § 1380 BGB kommt zur Anwendung, wenn die Zugewinngemeinschaft beendet wird und ein eventueller Ausgleichsanspruch eines Ehegatten zu berechnen ist. Die Zugewinngemeinschaft kann nur durch drei Ereignisse, nämlich Tod, Scheidung oder Ehevertrag, beendet werden. § 1380 BGB sieht vor, dass sich der ausgleichsberechtigte Ehegatte dasjenige auf seine Ausgleichsforderung anrechnen lassen muss, *„was ihm von dem anderen Ehegatten durch Rechtsgeschäft unter Lebenden mit der Bestimmung*

234 Siehe hierzu sogleich unter Kapitel B. V. 1. b) Rz. 148.

235 Im Falle der erbweisen Übertragung an die Kinder des Erblassers. Siehe Kapitel B. V. 1. b) Rz. 155 f.

236 Falls die Immobilie weder an den überlebenden Ehegatten noch an die Kinder des vorverstorbenen Ehegatten vererbt würde.

zugewandt wurde, dass es auf die Ausgleichsforderung angerechnet werden soll. Im Zweifel ist anzunehmen, dass Zuwendungen angerechnet werden sollen, wenn ihr Wert den Wert von Gelegenheitsgeschenken übersteigt, die nach den Lebensverhältnissen der Ehegatten üblich sind." Die Anwendung des § 1380 BGB steht damit zur Disposition der Ehegatten. Sie selbst können bestimmen, ob der Wert des schenkweisen übertragenen Familienheims auf eine spätere Zugewinnausgleichsforderung angerechnet werden soll und diese damit schmälert, oder ob der begünstigte Ehegatte das Familienheim zusätzlich zum späteren Zugewinnausgleich erhalten soll. Treffen die Ehegatten keine Bestimmung, ist im Zweifel von einer Anrechnung auf den späteren Zugewinnausgleichsanspruch auszugehen.

(2) Mittelbare Grundstücksschenkung

§ 13 Abs. 1 Nr. 4a ErbStG stellt nicht nur die lebzeitige Zuwendung des Familienheims zwischen Ehegatten steuerfrei, sondern auch die Freistellung des Ehegatten von den Verpflichtungen, die dieser zwecks Erwerbs des Familienheims eingegangen ist, durch den anderen Ehegatten. Unbestritten und von der Finanzverwaltung in R E 13.3 Abs. 4 Nr. 3 ErbStR 2019 ausdrücklich bestätigt, gilt die **Steuerbefreiung daher auch für mittelbare Zuwendungen.**[237] 141

Steuerlich relevanter Zeitpunkt, zu dem die Voraussetzungen des § 13 Abs. 1 Nr. 4a ErbStG vorliegen müssen, ist bei einer Schenkung unter Lebenden der Zeitpunkt der Ausführung der Schenkung.[238] Ausgeführt ist eine Schenkung, wenn der Vermögenstransfer abgeschlossen ist und der Begünstigte die versprochene Leistung, d. h. dasjenige, was ihm nach dem Willen des Schenkers zugewandt werden soll, erhalten hat.[239] Die Steuerfreiheit der Zuwendung nach § 13 Abs. 1 Nr. 4a ErbStG wird somit dann gewährt, wenn der begünstigte Ehegatte **zum Zeitpunkt der Ausführung der Schenkung** über ein Familienheim verfügt. 142

Bei einer mittelbaren Grundstücksschenkung stellt der Schenker üblicherweise dem Beschenkten einen Geldbetrag zur Verfügung, mit dem der Beschenkte ausschließlich das zuvor konkret bestimmte Grundstück erwerben darf. Anders als bei der unbedingten Zuwendung eines Geldbetrages soll der Begünstigte somit nicht über den Geldbetrag, sondern nur über das mit dem Geldbetrag konkret zu erwerbende Grundstück frei verfügen dürfen. **Zuwendungsgegenstand** ist folglich das Grundstück und nicht der Geldbetrag. Somit ist die mit- 143

237 Zur mittelbaren Grundstücksschenkung siehe Kapitel D. II. Rz. 387 ff.

238 § 9 Abs. 1 Nr. 2 ErbStG; BFH, Urteil v. 27.10.2010 - II R 37/09, BStBl 2011 II S. 134 NWB LAAAD-58204; BFH, Urteil v. 26.2.2009 - II R 69/06, BStBl 2009 II S. 480 NWB SAAAD-15444; Viskorf in Viskorf/Schuck/Wälzholz, ErbStG, § 13 Rz. 35.

239 BFH, Urteil v. 6.3.1985 - II R 19/84, BStBl 1985 II S. 382 NWB MAAAB-03065; Gottschalk in Troll/Gebel/Jülicher/Gottschalk, ErbStG, § 9 Rz. 78; Meincke/Hannes/Holtz, ErbStG, § 9 Rz. 46.

telbare Grundstücksschenkung erst dann ausgeführt, wenn der Bedachte um das Grundstück bereichert ist. Eine mittelbare Zuwendung des Familienheims liegt daher bspw. dann vor, wenn Ehegatte E1 dem Ehegatten E2 die finanziellen Mittel ausschließlich zu dem Zweck überlässt, das derzeit nur mietweise bewohnte Familienheim zu Eigentum zu erwerben.

HINWEIS:

Die mittelbare Grundstücksschenkung spart in diesem Fall Notar- und Grundbuchkosten: E1 muss nicht zuerst selbst das Familienheim zum Eigentum erwerben, um es in einem anschließenden Schritt mit weiterer notarieller Urkunde und Umschreibung im Grundbuch auf E2 zu übertragen. Stattdessen erwirbt E2 unmittelbar vom Veräußerer, so dass nur eine notarielle Urkunde und nur eine Eigentumsumschreibung im Grundbuch erforderlich sind.

144 Vorsicht ist geboten, wenn zum Zeitpunkt der Ausführung der mittelbaren Schenkung die Eigenschaft der Immobilie als Familienheim noch nicht gegeben ist. Überlässt z.B. Ehegatte 1 dem Ehegatten 2 den erforderlichen Geldbetrag, um eine Immobilie zu erwerben, die erst mit Erwerb zum Lebensmittelpunkt der Familie werden soll, ist fraglich, ob Zuwendungsgegenstand der mittelbaren Grundstücksschenkung ein Familienheim sein kann. Genau genommen liegt mit Abschluss des Kaufvertrages und mit Auflassungsvormerkung noch kein Familienheim vor, weil die Familie das Grundstück noch nicht bewohnt. Angesichts der restriktiven Auslegung und Anwendung des § 13 Abs. 1 Nr. 4a ErbStG[240] sollte in diesem Fall besser eine Gestaltung über aufschiebende Bedingungen oder über die Freistellung des anderen Ehegatten von einer Verbindlichkeit gewählt werden.[241]

145 In einer noch weitergehenden Fallvariante ist fraglich, ob Gegenstand einer mittelbaren Familienheimschenkung auch **ein erst noch fertigzustellendes Gebäude** sein kann.

BEISPIEL: Ehegatte E1 überlässt E2 einen Geldbetrag, mit dem E2 ein Grundstück erwirbt, das nach dem Willen beider Ehegatten als Familienheim genutzt werden soll. Zum Zeitpunkt der notariellen Unterzeichnung des Kaufvertrages ist das Grundstück jedoch noch unbebaut; zwar wird unmittelbar nach Eigentumsübergang mit dem Neubau begonnen, bezugsfertig ist die Immobilie aber erst zwei Jahre später. Unmittelbar nach Bezugsfertigkeit beziehen die Ehegatten die Immobilie als Familienheim. Die Ehegatten möchten die Überlassung des Geldbetrages durch E1 als steuerfreie Zuwendung des Familienheims behandeln.

240 Siehe oben Kapitel B. V. 1. b) Rz. 126, 132.

241 Siehe oben Kapitel B. V. 1. b) Rz. 134; Viskorf in Viskorf/Schuck/Wälzholz, ErbStG, § 13 Rz. 41.

Bei wortgetreuer Anwendung des § 13 Abs. 1 Nr. 4a ErbStG scheint zunächst kein Raum für eine Steuerbefreiung zu sein, da sich der Anwendungsbereich der Vorschrift allein auf *„bebaute Grundstück i. S. des § 181 Abs. 1 Nr. 1–5 des Bewertungsgesetzes"* bezieht. Dem Einwand kann jedoch entgegengehalten werden, dass die Bebauung erst zum Zeitpunkt der Ausführung der Schenkung vorliegen muss und dieser bei einer (mittelbaren) Schenkung nicht zwangsläufig mit der Unterzeichnung des Notarvertrages zusammenfallen muss. Nach Auffassung der Rechtsprechung soll nämlich bei der mittelbaren Schenkung, die die **Zuwendung eines Neu- oder Umbaus** zum Gegenstand hat und bei der der Schenker den zum Erwerb erforderlichen Geldbetrag bereits zur Verfügung gestellt hat, die **Schenkung erst dann ausgeführt** sein, wenn sowohl die **Auflassung erklärt** und die **Eintragungsbewilligung erteilt** als auch das **Gebäude fertiggestellt** ist.[242] Neben der Auflassung und der Umschreibung im Grundbuch soll also eine weitere Voraussetzung vorliegen müssen, um einen Vollzug der Schenkung annehmen zu können: nämlich die **Bezugsfertigkeit des Gebäudes**. Erst dann könne – so die Begründung der Rechtsprechung – der Begünstigte über den Gegenstand verfügen, den er nach dem Willen des Schenkers erhalten sollte. Die mittelbare Zuwendung eines Familienheims wäre demnach nicht nur dann begünstigt, wenn ein bereits vorhandenes Familienheim übertragen wird, sondern auch dann, wenn ein erst noch zu errichtendes Familienheim Gegenstand der mittelbaren Zuwendung ist und die Immobilie unmittelbar mit Bezugsfertigkeit tatsächlich als Familienheim genutzt wird.[243] 146

(3) Lebzeitige Zuwendung an Kinder

Eine lebzeitige steuerfreie Zuwendung des Familienheims ist nur zwischen Ehegatten möglich. An Kinder kann das Familienheim **lediglich von Todes wegen** steuerfrei übertragen werden.[244] Wirtschaftlich lässt sich das Ergebnis einer steuerfreien, zumindest aber steuerbegünstigten Übertragung an Kinder jedoch im Wege einer **Zuwendung unter Nießbrauchvorbehalt** erreichen. 147

BEISPIEL: Vater V schenkt seinem Sohn S das Familienheim und behält sich dabei ein lebenslanges Nießbrauchrecht an der Immobilie vor. Das Familienheim hat einen Wert von 500.000 €, V ist zum Zeitpunkt der Schenkung 64 Jahre alt. Ein marktüblicher Jahresertrag lässt sich für das Nießbrauchrecht mangels Mietspiegels nicht feststellen.

242 BFH, Urteil v. 23.8.2006 - II R 16/06, BStBl 2006 II S. 786 NWB CAAAC-16498; FG München, Urteil v. 21.2.2018 - 4 K 1464/15 NWB IAAAG-81443; R E 9.1 Abs. 2 Satz 3 ErbStR 2019; Gottschalk in Troll/Gebel/Jülicher/Gottschalk, ErbStG, 60. Erg.-Lfg. 2020, § 9 Rz. 100.

243 So auch Jülicher in Troll/Gebel/Jülicher/Gottschalk, ErbStG, 60. Erg.-Lfg. 2020, § 13 Rz. 63; offen gelassen von FG München, Urteil v. 21.2.2018 - 4 K 1464/15 NWB IAAAG-81443.

244 § 13 Abs. 1 Nr. 4c ErbStG.

Für Zwecke der Schenkungsteuer darf S den Kapitalwert des Nießbrauchs bereicherungsmindernd vom Wert der Immobilie abziehen. Der Kapitalwert berechnet sich aus dem Produkt von Jahresertrag und altersabhängigem Vervielfältiger. Nach §16 BewG ist der Jahresertrag begrenzt auf den durch 18,6 geteilten Wert der Immobilie und beträgt vorliegend ca. 26.880€. Multipliziert mit dem für Bewertungsstichtage ab dem 1.1.2021 geltenden Vervielfältiger für einen 64-jährigen Mann (18,68)[245] ergibt sich ein Kapitalwert von ca. 502.000€. Wird der Kapitalwert des Nießbrauchs nun vom Wert des Familienheims abgezogen, verbleibt eine Bereicherung des S von 0€. S hat damit das Familienheim steuerfrei und ohne Ausnutzung des persönlichen Schenkungsteuerfreibetrages von V erhalten. Diese Steuerfreiheit bleibt selbst dann erhalten, wenn S das Familienheim an einen Dritten oder – innerhalb der Grenzen des §42 AO – an V veräußert. Veräußert S das Familienheim an einen Dritten, kann er dies allerdings nur, indem er die mit dem Nießbrauchrecht belastete Immobilie zu einem entsprechend niedrigeren Preis veräußert oder – je nach vertraglicher Vereinbarung mit V – indem sich der Nießbrauch des V am Veräußerungserlös des S fortsetzt.

dd) Besonderheiten bei Zuwendungen von Todes wegen

148 Erwerben der überlebende Ehegatte oder Kinder das Familienheim von Todes wegen, setzt die Steuerbefreiung der §13 Abs.1 Nr.4b und 4c ErbStG voraus, dass der Erwerber das Familienheim unverzüglich zu eigenen Wohnzwecken selbst nutzt und diese Nutzung ebenso wie das Eigentum mindestens zehn Jahre beibehält. Verstößt er gegen diese **Haltefrist**, entfällt die Steuerbefreiung rückwirkend **in vollem Umfang**. Anders als die Steuerbefreiung für Betriebsvermögen schmilzt die Nachsteuer in Bezug auf das Familienheim nicht pro rata temporis für jedes Jahr, in dem die Haltefrist eingehalten wurde, ab. Vielmehr handelt es sich bei §13 Abs.1 Nr.4b und 4c ErbStG um Steuerbefreiungen, die nach dem **Alles- oder Nichts-Prinzip** gewährt werden.

(1) Selbstnutzung

149 Die Steuerbefreiung von Todes wegen setzt sowohl auf Seiten des Erblassers als auch auf Seiten des Erwerbers jedoch unschädlich, wenn der Erblasser aus objektiv zwingenden Gründen daran gehindert war, z.B. weil der Erblasser pflegebedürftig war und sich daher in einem Sanatorium oder einer sonstigen Pflegeeinrichtung aufgehalten hat.[246] Die objektiven Hinderungsgründe sind jedoch nur dann unschädlich, wenn der Erblasser das Familienheim zumindest

245 Schreiben betr. Berechnung einer lebenslänglichen Nutzung oder Leistung; Vervielfältiger für Bewertungsstichtage ab 1.1.2021, BMF, Schreiben v.28.10.2020 - IV C 7 - S 3104/19/10001:005, BStBl 2020 I S.1048 NWB WAAAH-62532.

246 R E13.4 Abs.2 Satz2 und 3 ErbStR 2019.

zu irgendeinem Zeitpunkt vor Eintritt der Hinderungsgründe selbst genutzt hat. Hat er das Familienheim niemals als solches selbst genutzt, kann eine Steuerbefreiung nach § 13 Abs. 1 Nr. 4b oder 4c ErbStG nicht gewährt werden.[247]

HINWEIS:

Ist der Erblasser an einer Selbstnutzung gehindert, muss das frühere Familienheim nicht zwingend bis zum Erbfall leer stehen, um § 13 Abs. 1 Nr. 4b oder 4c ErbStG zur Anwendung gelangen zu lassen. So soll – der Finanzverwaltung folgend – eine zwischenzeitliche Vermietung an Dritte unschädlich sein, solange nur der Erwerber das Mietverhältnis nach dem Erbfall kündigt und die Wohnung tatsächlich unverzüglich zu eigenen Wohnzwecken nutzt, sobald der Mieter die Immobilie geräumt hat.[248]

Auch auf Seiten des Erwerbers wird kein Verstoß gegen das Gebot der Selbst- 150
nutzung angenommen bzw. bleibt ohne steuerliche Konsequenzen, wenn der Erwerber aus zwingenden Gründen an einer weiteren Selbstnutzung zu eigenen Wohnzwecken gehindert ist. Zwingende Gründe nimmt die Finanzverwaltung auch hier wieder bei Tod des Erwerbers oder dessen Pflegebedürftigkeit, die das Führen eines eigenständigen Haushalts nicht mehr zulässt, an.[249] Ist der Erwerber jedoch bereits zum Zeitpunkt des Erbfalls pflegebedürftig und kann er deshalb das Familienheim gar nicht erst beziehen, soll die Steuerbefreiung insgesamt nicht gewährt werden.[250] Auch ein späterer Auszug aufgrund einer beruflichen Veränderung des Erwerbers wird als steuerschädlich angesehen.[251]

HINWEIS:

Diese Beispiele verdeutlichen nochmals die unterschiedliche Zielsetzung der Steuerbefreiungstatbestände nach § 13 Abs. 1 Nr. 4a ErbStG einerseits, bei dem eine Vergünstigung auch dann in Betracht kommt, wenn das übertragene Grundstück erst noch mit einem Familienheim bebaut werden muss,[252] und den Nr. 4b und 4c andererseits.[253] Nr. 4a soll es den Ehegatten ermöglichen, die wirtschaftlichen Verhältnisse ih-

247 FG München, Urteil v. 24.2.2016 - 4 K 2885/14 NWB KAAAF-71747.

248 OFD Rheinland, Kurzinformation v. 4.7.2012, Steuerbefreiung für Erwerbe von selbstgenutzten Familienheimen (§ 13 Abs. 1 Nr. 4b und 4c ErbStG); Einzelfälle mit Lösungshinweisen, Kurzinformation Sonst. Besitz- u. Verkehrsteuern Nr. 001/2012, Beispiel 4, DStR 2012 S. 2082.

249 R E 13.4 Abs. 6 Satz 9 ErbStR 2019; Gottschalk in Troll/Gebel/Jülicher/Gottschalk, ErbStG, 60. Erg.-Lfg. 2020, § 13 Rz. 68.

250 BFH, Urteil v. 23.6.2015 - II R 13/13, BStBl 2015 II S. 960 NWB MAAAF-01621; FG München, Urteil v. 24.2.2016 - 4 K 2885/14, BStBl 2015 II S. 960 NWB KAAAF-71747; Jülicher in Troll/Gebel/Jülicher/Gottschalk, ErbStG, § 13 Rz. 69; Curt in Kapp/Ebeling, Erbschaftsteuer- und Schenkungsteuergesetz, 84. Erg.-Lfg. 2020, § 13 Rz. 39.5; Viskorf in Viskorf/Schuck/Wälzholz, ErbStG, § 13 Rz. 54, a. A. für den überlebenden Ehegatten: R E 13.4 Abs. 2 Satz 5 ErbStR 2019.

251 R E 13.4 Abs. 6 Satz 9 ErbStR 2019.

252 Siehe oben Kapitel B. V. 1. b) Rz. 145 f.

253 Siehe hierzu Kapitel B. V. 1. b) Rz. 149.

res Zusammenlebens weitgehend selbst zu gestalten, während die Nr. 4b und 4c lediglich das Familiengebrauchsvermögen von der Erbschaftsteuer freistellen sollen. Das Familiengebrauchsvermögen wird konsequenterweise nur dann freigestellt, wenn es tatsächlich „gebraucht“ wird.

151 Soweit auf die Selbstnutzung durch den Erwerber abzustellen ist, lässt sich nach Ansicht des BFH[254] des Weiteren aus der gesetzlichen Vorgabe, der Erwerber müsse das Familienheim zu eigenen Wohnzwecken selbst nutzen, ableiten, dass der Erwerber das Familienheim während der Haltefrist **als Eigentümer nutzen** muss. Infolgedessen sieht der BFH in der nachfolgenden Weiter-Schenkung unter Nießbrauchvorbehalt einen Haltefristverstoß.

BEISPIEL IN ANLEHNUNG AN DAS BFH, URTEIL V. 11.7.2019: Ehefrau F ist Erbin ihres verstorbenen Mannes M. Im Nachlass befindet sich der Miteigentumsanteil des M am gemeinsamen Familienheim. Zwei Jahre nach dem Erbfall überträgt E die Immobilie schenkweise auf Tochter T. Aufgrund des im Zuge der Schenkung vorbehaltenen lebenslangen Nießbrauchrechts nutzt F das Familienheim weiterhin zu eigenen Wohnzwecken.

152 Der BFH betrachtet die Aufgabe des Eigentums innerhalb der Haltefrist als steuerschädlichen Verstoß. Daran ändere auch die Tatsache nichts, dass F die Selbstnutzung aufgrund Nießbrauchrecht fortgeführt habe. Die *„Formulierung „Selbstnutzung zu eigenen Wohnzwecken“ in § 13 Abs. 1 Nr. 4b Satz 5 Halbsatz 2 ErbStG [lässt] den Schluss zu, dass die Steuerbefreiung für das erworbene Familienheim wegfallen soll, wenn der überlebende Ehegatte oder Lebenspartner innerhalb von zehn Jahren nach dem Erwerb das Eigentum an dem Familienheim verliert. Hätten in dem Nachversteuerungstatbestand Aussagen lediglich zur weiteren Nutzung des Familienheims innerhalb von zehn Jahren nach dem Erwerb getroffen werden sollen, hätte die – kürzere – Formulierung „Selbstnutzung zu Wohnzwecken“ oder „Nutzung zu eigenen Wohnzwecken“ ausgereicht. Wenn die in der Wendung „Selbstnutzung zu eigenen Wohnzwecken“ enthaltene Dopplung eine Bedeutung haben soll, bezieht sie sich auf die Nutzung und die Eigentümerstellung.“* Den Erläuterungen des BFH zur Auslegung des § 13 Abs. 1 Nr. 4b ErbStG mag man mit Zweifeln begegnen; sie zeigen jedoch nochmals eindeutig, dass der BFH keine Gelegenheit ungenutzt lässt, die Anwendung der Befreiungsvorschrift auf Erwerbe von Todes wegen auf ein Mindestmaß zu reduzieren.[255]

254 BFH, Urteil v. 11.7.2019 - II R 38/16, BStBl 2020 II S. 314 NWB OAAAH-36175; Viskorf in Viskorf/Schuck/Wälzholz, ErbStG, § 13 Rz. 57.

255 Siehe Kapitel B. V. 1. b) Rz. 127, 148.

HINWEIS:

Anders als beim Erwerb von Todes wegen ist die lebzeitige Zuwendung des Familienheims an den anderen Ehegatten unter Nießbrauchvorbehalt steuerlich unschädlich.[256]

HINWEIS:

Ist nicht sicher, ob der überlebende Ehegatte nach dem Tod des Erblassers zehn Jahre lang das Familienheim als Eigentümer zu eigenen Wohnzwecken nutzen wird, könnte der Erblasser per testamentarischer Verfügung ein Herausgabevermächtnis an ein Kind anordnen. Der überlebende Ehegatte hätte dann mit Beendigung der Selbstnutzung das Familienheim an dieses Kind herauszugeben und würde für die Dauer der Nutzung wie ein Nießbraucher behandelt.[257] Das Kind erhielte das Familienheim als vom Erblasser zugewandt und könnte die Steuerbefreiung nach § 13 Abs. 1 Nr. 4c ErbStG in Anspruch nehmen, wenn es das Grundstück selbst unverzüglich als Familienheim nutzt.

(2) Unverzüglichkeit der Selbstnutzung

Unverzüglich nutzt der Erwerber das Familienheim, wenn er dieses „ohne schuldhaftes Zögern“[258] zu eigenen Wohnzwecken bezieht.[259] Allgemein will die Rechtsprechung dem Erwerber dabei eine **Bedenkzeit von sechs Monaten** zugestehen. Hat der Erwerber die Wohnung nicht innerhalb dieser Zeitspanne bezogen und damit seinen Willen zur Selbstnutzung dokumentiert, kann er die Steuerbefreiung für die Übertragung eines Familienheims nicht beanspruchen, sofern er nicht ausnahmsweise darlegen und glaubhaft machen kann, dass er die zeitliche Verzögerung nicht zu vertreten hat.[260] Ein solches Nichtvertreten-Müssen liegt bspw. vor, wenn Erbstreitigkeiten bestehen und der spätere Erwerber aufgrund des Streits an einem Einzug gehindert ist.[261] 153

Darüber hinaus wird auch in den Fällen, in denen das Familienheim des Erblassers vor dem Einzug des Erben oder Vermächtnisnehmers renoviert werden muss, die Unverzüglichkeit – zumindest nach Ansicht der Finanzverwaltung – gewahrt, wenn der Erwerber innerhalb von sechs Monaten seit dem Erbfall mit 154

256 Jülicher in Troll/Gebel/Jülicher/Gottschalk, ErbStG, 60. Erg.-Lfg. 2020, § 13 Rz. 65; Gibhardt in BeckOK, ErbStG, 9. Ed. 2020, § 13 Rz. 142.

257 Jülicher in Troll/Gebel/Jülicher/Gottschalk, ErbStG, 60. Erg.-Lfg. 2020, § 13 Rz. 76a.

258 § 121 Abs. 1 Satz 1 BGB.

259 BFH, Urteil v. 28.5.2019 - II R 37/16, BStBl 2019 II S. 678 NWB IAAAH-23544; BFH, Urteil v. 23.6.2015 - II R 39/13, BStBl 2016 II S. 225 NWB CAAAF-01620; FG Münster, Urteil v. 24.10.2019 - 3 K 3184/17 Erb NWB EAAAH-40175 (Revision eingelegt, Az. beim BFH: II R 46/19).

260 BFH, Urteil v. 28.5.2019 - II R 37/16, BStBl 2019 II S. 678 NWB IAAAH-23544; BFH, Urteil v. 23.6.2015 - II R 39/13, BStBl 2016 II S. 225 NWB CAAAF-01620; FG Münster, Urteil v. 24.10.2019 - 3 K 3184/17 Erb NWB EAAAH-40175 (Revision eingelegt, Az. beim BFH: II R 46/19).

261 BFH, Urteil v. 28.5.2019 - II R 37/16, BStBl 2019 II S. 678 NWB IAAAH-23544; Jülicher in Troll/Gebel/Jülicher/Gottschalk, ErbStG, § 13 Rz. 69a; Viskorf in Viskorf/Schuck/Wälzholz, ErbStG, § 13 Rz. 73.

den **Renovierungsarbeiten** beginnt bzw. diese in Auftrag gibt und „zeitnah" nach Abschluss der Arbeiten die Immobilie bezieht. Ein Umzug innerhalb von 18 Monaten seit dem Erbfall soll dann noch als unverzüglich gelten, wenn der Erwerber die Verzögerung nicht zu vertreten hat.[262] Etwas kritischer sieht das der BFH. Seiner Ansicht nach beinhaltet die Zeitspanne von sechs Monaten sowohl die Bedenkzeit, ob der Erwerber überhaupt die Immobilie zu eigenen Wohnzwecken nutzen möchte, als auch den zeitlichen Aufwand für eine angemessene Renovierung. Zieht der Erwerber erst nach Ablauf von sechs Monaten seit dem Erbfall in das Familienheim des Erblassers, müsse der Erwerber darlegen, warum er nicht früher umgezogen sei und dass er die zeitliche Verzögerung nicht zu vertreten habe. *„Umstände im Einflussbereich des begünstigten Erwerbers, die nach Ablauf des Sechsmonatszeitraums zu einer längeren Verzögerung des Einzugs führen (wie z.B eine Renovierung der Wohnung), sind nur unter besonderen Voraussetzungen nicht dem Erwerber anzulasten."*[263] Der BFH ordnet damit die Renovierungstätigkeiten grds. dem Verantwortungsbereich des Erwerbers zu, während sich die Finanzverwaltung dem Erwerber gegenüber scheinbar etwas großzügiger zeigt. Doch auch die Finanzverwaltung greift einen Umzug später als sechs Monate nach dem Erbfall nur dann nicht auf, wenn die zeitliche Verzögerung auf Umstände zurückzuführen ist, die der Erwerber nicht zu vertreten hat.[264] Im Ergebnis führen somit beide Ansichten zu einem sehr ähnlichen Ergebnis.

HINWEIS:

Ist die Immobilie des Erblassers in einem so schlechten Zustand, dass der Erwerber das Gebäude abreißen und neu bauen lässt, wird die Steuerbefreiung unstreitig versagt. Denn der Erwerber nutzt dann nicht mehr das Familienheim des Erblassers, sondern ein Gebäude, das niemals Gegenstand des Nachlasses war. Die Steuerbefreiung des § 13 Abs. 1 Nr. 4b und 4c ErbStG ist untrennbar mit dem „physischen Fortbestand der ererbten Immobilie" verbunden.[265]

262 OFD Rheinland Kurzinformation v. 4.7.2012, Steuerbefreiung für Erwerbe von selbstgenutzten Familienheimen (§ 13 Abs. 1 Nr. 4b und 4c ErbStG); Einzelfälle mit Lösungshinweisen, Kurzinformation Sonst. Besitz- u. Verkehrsteuern Nr. 001/2012, Beispiel 1, DStR 2012 S. 2082.

263 BFH, Urteil v. 28.5.2019 - II R 37/16, BStBl 2019 II S. 678 NWB IAAAH-23544.

264 OFD Rheinland Kurzinformation v. 4.7.2012, Steuerbefreiung für Erwerbe von selbstgenutzten Familienheimen (§ 13 Abs. 1 Nr. 4b und 4c ErbStG); Einzelfälle mit Lösungshinweisen, Kurzinformation Sonst. Besitz- u. Verkehrsteuern Nr. 001/2012, unter 2. Selbstnutzung zu eigenen Wohnzwecken („Im Allgemeinen ist es nicht zu beanstanden, wenn der Wohnungswechsel innerhalb eines Jahres erfolgt, es sei denn, es sind nach Aktenlage konkrete Anhaltspunkte erkennbar, dass der Wohnungswechsel problemlos schneller möglich gewesen wäre") und Beispiel 1, DStR 2012 S. 2082.

265 FG München, Urteil v. 22.10.2014 - 4 K 847/13 NWB HAAAE-82242, rkr.; Jülicher in Troll/Gebel/Jülicher/Gottschalk, ErbStG, 60. Erg.-Lfg. 2020, § 13 Rz. 63.

(3) Begrenzung der Wohnfläche bei Erwerb durch Kinder

Neben dem Ehegatten können auch Kinder oder – sofern das die Verwandtschaft vermittelnde Kind bereits vorverstorben ist – Enkelkinder das Familienheim des Erblassers steuerfrei von Todes wegen erwerben.[266] Ist das Kind oder Enkelkind **minderjährig** und führt es dementsprechend noch keinen eigenen Hausstand, ist es aus **objektiv zwingenden Gründen** an der Selbstnutzung gehindert. Die Steuerbefreiung kann daher nicht mit der Begründung versagt werden, das minderjährige Kind nutze das Grundstück nicht zu eigenen Wohnzwecken. Der Hinderungsgrund entfällt jedoch mit Eintritt in die Volljährigkeit. 155

Ferner wird die Steuerbefreiung nur gewährt, soweit die Wohnfläche 200 m² nicht übersteigt. Hierbei handelt es sich nicht um eine Freigrenze, wonach eine Vergünstigung in vollem Umfang ausscheidet, wenn die Grenze überschritten wird; vielmehr wird die **Freistellung anteilig gewährt**, soweit das Familienheim eine Fläche von 200 m² überschreitet. Die größenmäßige Begrenzung gilt dabei **objektbezogen**, d. h. unabhängig von der Anzahl der Erwerber.[267] 156

BEISPIEL: Vater V vererbt seinen beiden Kindern S und T das Familienheim. Die Wohnfläche beträgt 300 m². S bezieht das Familienheim innerhalb von sechs Monaten und begründet dort seinen eigenen familiären Lebensmittelpunkt. T bleibt hingegen in ihrer bisherigen Wohnung und zieht nicht um.

S und T erwerben jeweils 50 % des Familienheims; auf jeden von ihnen entfällt damit rechnerisch eine Wohnfläche von 150 m². Aufgrund der Größe des Familienheims kann dieses grds. zu zwei Dritteln steuerfrei vererbt werden. S nutzt seinen Anteil zu eigenen Wohnzwecken, so dass er zwei Drittel (= 100 m²) steuerfrei erhält und ein Drittel (= 50 m²) der Erbschaftsteuer unterwerfen muss. T profitiert mangels Selbstnutzung nicht von der Steuerbefreiung; sie muss ihren Anteil in vollem Umfang der Erbschaftsteuer unterwerfen.

HINWEIS:

Hätten sich die Geschwister im Wege einer freien Erbauseinandersetzung darauf geeinigt, dass S das Familienheim erhält und T im Gegenzug in entsprechend größerem Umfang am „freien" Vermögen beteiligt wird, hätte S zwar weiterhin nur zwei Drittel steuerfrei erhalten können; die Steuerbefreiung hätte sich dann jedoch bezogen auf 200 m² auswirken können. In Summe hätten S und T somit weniger Erbschaftsteuer zahlen müssen.

ee) Verhältnis zu § 13a ErbStG

Die Steuerbefreiungen nach § 13 Abs. 1 Nr. 4a–4c ErbStG sind weder vorrangig vor noch nachrangig nach den Steuervergünstigungen für Betriebsvermögen gem. §§ 13a ff. ErbStG zu gewähren. Sofern ein Familienheim Teil eines begüns- 157

266 § 13 Abs. 1 Nr. 4c ErbStG.

267 Meincke/Hannes/Holtz, ErbStG, 18. Aufl. 2021, § 13 Rz. 39.

tigten Betriebsvermögens sein sollte, stehen beide Befreiungsvorschriften grds. gleichrangig nebeneinander.[268] Ergänzend sei an dieser Stelle auf die obigen Ausführungen zu Kapitel B. V. 1. a) Rz. 119 f. verwiesen.

c) Zu Wohnzwecken vermietete Immobilie

158 Für zu Wohnzwecken vermietete Grundstücke sieht § 13d ErbStG einen Bewertungsabschlag von 10 % vor. Das bedeutet, dass nur 90 % des Grundstückswerts in die erbschaft- und schenkungsteuerliche Bemessungsgrundlage miteinfließen. Dieser Bewertungsabschlag gilt unabhängig davon, ob der gemeine Wert des Grundstücks auf der Basis der Bedarfswerte gem. §§ 180 ff. BewG oder mithilfe eines Bewertungsgutachtens nach § 198 BewG ermittelt wurde.[269] Voraussetzung ist lediglich, dass

- es sich um ein zu Wohnzwecken vermietetes Grundstück handelt,
- es im Inland oder in einem Mitgliedsstaat der EU/des EWR belegen ist und
- es nicht zum begünstigten Betriebsvermögen i. S. des § 13a ErbStG gehört.

HINWEIS:

Der EuGH sieht in der Vorgängerregelung des aktuellen § 13d ErbStG, dem bis 30.6.2016 mit identischem Regelungsinhalt geltenden § 13c ErbStG, einen Verstoß gegen die Kapitalverkehrsfreiheit, da die Vergünstigung nicht auf Grundstücke in Drittstaaten angewandt werden darf.[270] Die Finanzverwaltung hatte mit einem Gleichlautenden Erlass der Obersten Finanzbehörden der Länder[271] auf die Rechtsprechung reagiert und die Vergünstigung auch für zu Wohnzwecken vermietete Immobilien in Drittstaaten gewährt, wenn mit dem jeweiligen Drittstaat ein Informationsaustausch für erbschaft- und schenkungsteuerliche Zwecke sichergestellt war. Eine Übersicht über diejenigen Drittstaaten, die diese Voraussetzung erfüllen, enthielt Anlage 1 zum „Merkblatt zur zwischenstaatlichen Amtshilfe durch Informationsaustausch in Steuersachen".[272] Insbesondere Immobilien in der Schweiz und den USA konnten demnach ebenfalls vom 10%igen Bewertungsabschlag profitieren.

Der Gesetzgeber ist diesem Ansatz der Finanzverwaltung gefolgt und hat die 10%ige Steuerbefreiung für Wohnimmobilien im Drittausland im Rahmen des Jahressteuergesetzes 2024[273] in das Erbschaftsteuergesetz übernommen. Die Regelung ist mit Verkündung des Jahressteuergesetzes in Kraft getreten.

268 BFH, Urteil v. 27.10.2010 - II R 37/09, BStBl 2011 II S. 134 NWB LAAAD-58204; Jülicher in Troll/Gebel/Jülicher/Gottschalk, ErbStG, 60. Erg.-Lfg. 2020, § 13 Rz. 56.

269 Jülicher in Troll/Gebel/Jülicher/Gottschalk, ErbStG, 60. Erg.-Lfg. 2020, § 13d Rz. 5.

270 EuGH, Urteil v. 12.10.2023 - C-670/21 BA/FA X, BStBl 2024 II S. 576.

271 Gleich lautende Erlasse der obersten Finanzbehörden der Länder v. 19.6.2024, BStBl 2024 I S. 1079.

272 BMF-Schreiben v. 29.5.2019, BStBl 2019 I S. 480.

273 Jahressteuergesetz 2024 v. 5.12.2024, BGBl 2024 I Nr. 387.

aa) Begünstigte Grundstücke

Zu Wohnzwecken vermietet werden können **nur bebaute**, nicht aber auch unbebaute Grundstücke. Innerhalb der bebauten Grundstücke findet § 13d ErbStG unstreitig Anwendung auf Mietwohngrundstücke, Ein- und Zweifamilienhäuser und Wohnungseigentum, daneben aber auch auf bebaute Grundstücksteile wie bspw. Eigentumswohnungen, Erbbaurechte oder sonstige Gebäude auf fremdem Grund und Boden.[274] Dies schließt Garagen und Nebengebäude mit ein, sofern diese zusammen mit der vermieteten Wohnung genutzt werden. 159

HINWEIS:

Bei Erbbaurechten – und entsprechend auch bei Gebäuden auf fremdem Grund und Boden – ist unbedingt zwischen dem Erbbaurecht einerseits und dem Erbbaugrundstück andererseits zu unterscheiden. Die Vergünstigung des § 13d ErbStG gilt nur für denjenigen, der tatsächlich Wohnraum schafft und diesen Dritten zur Nutzung überlässt. Bei Erbbaurechten ist dies in aller Regel der Erbbauberechtigte. Der Erbbauverpflichtete, d. h. der Eigentümer des erbbaubelasteten Grundbesitzes, vermietet hingegen nicht in eigener Person Grundbesitz. Zudem ist das überlassene Erbbaurecht – sei es entgeltlich oder unentgeltlich – nicht mit einem Mietvertrag gleichzusetzen. Aus diesem Grund kann § 13d ErbStG nur greifen, wenn das Erbbaurecht, nicht aber, wenn das erbbaurechtsbelastete Grundstück vererbt oder verschenkt wird.[275]

Nach dem Gesetzeswortlaut muss es sich bei dem überlassenen Grundstück **nicht zwingend um eine Wohnung i. S. des § 181 Abs. 9 BewG** handeln. Verlangt wird lediglich die Vermietung zu Wohnzwecken. Damit fallen grds. auch solche Wohneinheiten unter § 13d ErbStG, die nicht dem engen Wohnungsbegriff des Bewertungsgesetzes unterfallen, sondern kleiner als 23 m² sind, über keinen separaten Zugang verfügen oder als einzelne Zimmer vermietet werden. 160

Ob auch als **Ferienhäuser oder -wohnungen** vermietete Immobilien nach § 13d ErbStG begünstigt sind, ist hingegen zweifelhaft und im Ergebnis zu verneinen, da *„keine Vermietung zu Wohnzwecken i. S. des Zivilrechts"* vorliegt.[276] Diese wird üblicherweise nur dann angenommen, wenn die Räumlichkeiten für eine dauerhafte Unterkunft derselben Personen genutzt werden.[277]

Bei gemischter Nutzung des Grundstücks entfällt die Vergünstigung nicht vollständig. Vielmehr ist das Grundstück in einen nach § 13d ErbStG begünstigten 161

274 R E 13d Abs. 6 Satz 1 ErbStR 2019 i. V. mit §§ 180 f. BewG.

275 BFH, Urteil v. 11.12.2014 - II R 25/14, BStBl 2015 II S. 343 NWB VAAAE-84605.

276 Jülicher in Troll/Gebel/Jülicher/Gottschalk, ErbStG, 60. Erg.-Lfg. 2020, § 13d Rz. 12; Gibhardt in BeckOK, ErbStG, 9. Ed. 2020, § 13d Rz. 31.

277 Weidenkaff in Grüneberg, BGB, Einf. § 535 Rz. 89.

und einen nicht begünstigten Teil aufzuteilen. Als Aufteilungsmaßstab wird das Verhältnis der zu Wohnzwecken vermieteten Wohnfläche des Gebäudes zur gesamten Wohn-/Nutzfläche jeweils ohne Berücksichtigung von Garagen, Nebenräumen und Nebengebäuden zugrunde gelegt.[278] Einer solchen Aufteilung bedarf es jedoch dann nicht, wenn die Nutzung zu Wohnzwecken überwiegt und die Nutzung eines Teils der Wohnung als Arbeitszimmer oder für gewerbliche oder freiberufliche Zwecke von untergeordneter Bedeutung ist.[279] In diesen Fällen bleibt die Vergünstigung für die gesamte Einheit erhalten.

HINWEIS:

Verfahrenstechnisch ermittelt das Lagefinanzamt anlässlich der Bewertung des Grundvermögens die Wohn- und Nutzfläche einerseits sowie die zu Wohnzwecken vermietete Fläche andererseits und teilt das Ergebnis nachrichtlich dem Erbschaft- und Schenkungsteuerfinanzamt mit.[280] Der Bescheid des Lagefinanzamtes entfaltet daher bezogen auf die Aufteilung der Wohnfläche keine Wirkung als Grundlagenbescheid.[281] Einwände gegen die Aufteilung müssen gegen den Erbschaft- und Schenkungsteuerbescheid geltend gemacht werden.

bb) Vermietung

162 Vermietet ist ein Grundstück zu Wohnzwecken, wenn es zweckgebunden gegen Entgelt zur Nutzung überlassen wird. Die Höhe der oder Angemessenheit des Mietzinses ist dabei grds. unbeachtlich, solange nur überhaupt ein Mietzins gezahlt wird. Dementsprechend ist es auch nicht relevant, ob Mietverhältnis und Mietzahlung ertragsteuerlich anerkannt werden, etwa weil die Miete einen bestimmten Prozentsatz der ortsüblichen Miete nicht erreicht oder weil das Mietverhältnis zwischen nahen Angehörigen oder Unterhaltsverpflichteten besteht.[282] Schädlich ist allein die voll unentgeltliche Überlassung. Diese liegt auch dann vor, wenn das Grundstück für einen lediglich symbolischen Mietzins „vermietet" wird.[283]

cc) Kein begünstigtes Betriebsvermögen

163 Der Befreiungsabschlag nach § 13d ErbStG wird nur für bebaute Grundstücke oder Grundstücksteile gewährt, die *„nicht zum begünstigten Betriebsvermögen*

278 R E 13d Abs. 6 Satz 7 ErbStR 2019.
279 R E 13d Abs. 7 ErbStR 2019.
280 R E 13d Abs. 6 Satz 8 ErbStR 2019.
281 Jülicher in Troll/Gebel/Jülicher/Gottschalk, ErbStG, 60. Erg.-Lfg. 2020, § 13d Rz. 13.
282 R E 13d Abs. 6 Satz 2 ErbStR 2019; Jülicher in Troll/Gebel/Jülicher/Gottschalk, ErbStG, 60. Erg.-Lfg. 2020, § 13d Rz. 12.
283 Jülicher in Troll/Gebel/Jülicher/Gottschalk, ErbStG, 60. Erg.-Lfg. 2020, § 13d Rz. 12.

oder begünstigten Vermögen eines Betriebs der Land- und Forstwirtschaft i.S.des § 13a gehören“.[284] Die erbschaft- und schenkungsteuerlichen **Vergünstigungen für Betriebsvermögen sind daher grds. vorrangig vor § 13d ErbStG** anzuwenden. Dieser Vorrang muss jedoch weiter konkretisiert werden: § 13d ErbStG greift nämlich nur dann nicht, wenn

- die Immobilie zum Betriebsvermögen gehört und
- die Immobilie darüber hinaus Teil des begünstigten Betriebsvermögens ist.

Damit ist zunächst der grds. Anwendungsbereich für alle Immobilien des Privatvermögens eröffnet und zwar unabhängig davon, ob sie unmittelbar oder mittelbar gehalten werden. Auch **Immobilien im Gesellschaftsvermögen einer vermögensverwaltenden Personengesellschaft** können somit von § 13d ErbStG profitieren.[285]

Der Befreiungsabschlag kann hingegen versagt werden, wenn die Immobilien dem Betriebsvermögen eines Einzelunternehmens, einer gewerblichen Personengesellschaft (inklusive Sonderbetriebsvermögen) oder einem Betrieb der Land- und Forstwirtschaft zuzuordnen sind. Dann ist im Einzelfall zu prüfen, ob das in Frage stehende Grundvermögen **Teil des nach §§ 13a, 13b ErbStG begünstigten Betriebsvermögens** ist. Dies ist jedenfalls dann zu verneinen, wenn das Betriebsvermögen insgesamt nicht begünstigt übertragen werden kann, weil die Verwaltungsvermögensquote zu hoch ist[286] oder weil bereits im ersten Jahr nach der Übertragung ein Verstoß gegen die Haltefrist erfolgt und die Übertragung damit rückwirkend in vollem Umfang der Erbschaft- oder Schenkungsteuer unterworfen wird.[287] Kommt eine Vergünstigung nach §§ 13a, 13b ErbStG von Anfang an oder auch rückwirkend bezogen auf die gesamte betriebliche Einheit nicht zum Zuge, ist der Anwendungsbereich des § 13d ErbStG wieder eröffnet. 164

Das Gleiche gilt, wenn das zu Wohnzwecken vermietete Grundstück zum **jungen Verwaltungsvermögen** zählt, das dem Betrieb am Stichtag weniger als zwei Jahre zuzurechnen war. Auch diese Grundstücke können nach § 13d ErbStG begünstigt werden. Denn junges Verwaltungsvermögen wird immer in vollem Umfang der Erbschaft- und Schenkungsteuer unterworfen; es 165

284 § 13d Abs. 3 Nr. 3 ErbStG.

285 Viskorf in Viskorf/Schuck/Wälzholz, ErbStG, § 13d Rz. 11; siehe ergänzend oben zur gleichen Fragestellung im Rahmen des § 13 Abs. 1 Nr. 2 und 3 ErbStG, bei der Viskorf die Steuerbefreiung für Immobilien in einer vermögensverwaltenden Personengesellschaft nicht gewähren will, Kapitel B. V. 1. a) Rz. 112 ff.

286 § 13b Abs. 2 ErbStG.

287 § 13a Abs. 6 ErbStG.

partizipiert nicht an den erbschaftsteuerlichen Vergünstigungen für Betriebsvermögen.[288] Eine doppelte Begünstigung ist damit von vornherein ausgeschlossen.

166 Zählt das Grundvermögen hingegen nur zum **allgemeinen** (d.h. nicht jungen) **Verwaltungsvermögen**, will die Finanzverwaltung die Anwendung des § 13d ErbStG nicht gewähren. Über den Schuldenabzug nach § 13b Abs. 6 ErbStG und die Regelung zum Sockelbetrag nach § 13b Abs. 7 ErbStG nehme das Grundvermögen bereits in einem gewissen Umfang an der Vergünstigung für Betriebsvermögen teil. Eine weitere Vergünstigung nach § 13d ErbStG komme daneben nicht in Frage.[289] Damit soll offenbar eine mehrfache Begünstigung ein und desselben Vermögens vermieden werden. Zu Recht wird jedoch in der Literatur darauf hingewiesen, dass eine solche Einschränkung dem Gesetzestext nicht entnommen werden kann. Eine übermäßige Begünstigung ist auch dann nicht zu befürchten, wenn die Immobilie nur anteilig, soweit sie nicht über §§ 13a, 13b ErbStG begünstigt wird, in den Anwendungsbereich des § 13d ErbStG miteinbezogen wird.[290]

167 Immobilien, die sich **im Gesellschaftsvermögen einer Kapitalgesellschaft** befinden, sollen nach Ansicht der Finanzverwaltung nicht in den Anwendungsbereich des § 13d ErbStG fallen.[291] Übertragen werde hier nicht eine Immobilie, sondern ein Anteil an einer Kapitalgesellschaft; § 13d ErbStG begünstige aber nur den Erwerb eines Grundstücks und eben nicht den Erwerb von Gesellschaftsanteilen. Dem kann entgegengehalten werden, dass auch bei der Übertragung einer Beteiligung an einer gewerblichen oder **vermögensverwaltenden Personengesellschaft** zivilrechtlicher Übertragungsgenstand immer der Gesellschaftsanteil und nicht das anteilige Gesellschaftsvermögen ist. Wird ein Anteil an einer vermögensverwaltenden Personengesellschaft übertragen, fingiert jedoch § 10 Abs. 1 Satz 4 ErbStG für steuerliche Zwecke den Erwerb der anteiligen Wirtschaftsgüter. Insofern scheint es gerechtfertigt § 13d ErbStG auf Immobilien im Gesellschaftsvermögen einer vermögensverwaltenden Personengesellschaft anzuwenden. Die erbschaftsteuerliche Fiktion greift schon bei Anteilen an einer **gewerblichen Personengesellschaft** nicht mehr, so dass insoweit für die Übertragung von Gesellschaftsanteilen an gewerblichen Personengesellschaften und Kapitalgesellschaften dieselben Prinzipien gelten müssten.

288 § 13b Abs. 7 Satz 2 ErbStG.

289 R E 13d Abs. 7 ErbStR 2019; H 13d Verschonungsabschlag.

290 Jülicher in Troll/Gebel/Jülicher/Gottschalk, ErbStG, 60. Erg.-Lfg. 2020, § 13d Rz. 22.

291 R E 13d Abs. 3 ErbStR 2019; zustimmend Viskorf in Viskorf/Schuck/Wälzholz, ErbStG, § 13 Rz. 11.

Folgerichtig wäre es daher, entweder die Anwendung des § 13d ErbStG einheitlich zu versagen, wenn sich das Grundstück im Gesellschaftsvermögen einer gewerblichen Personengesellschaft oder einer Kapitalgesellschaft befindet, oder einheitlich die Befreiung zu gewähren. Da sowohl die Finanzverwaltung als auch die Literatur[292] gestützt auf den Wortlaut des § 13d Abs. 3 Nr. 3 ErbStG den Befreiungsabschlag auch auf Immobilien im Gesellschaftsvermögen einer gewerblichen Personengesellschaft anwenden, kann der Gleichlauf nur durch die Gewährung des Befreiungsabschlags auch auf Immobilien von Kapitalgesellschaften erreicht werden. 168

HINWEIS:

Im Rahmen des § 13 Abs. 1 Nr. 2 und Nr. 3 ErbStG wird nach überwiegender Auffassung dieser Gleichschritt vollzogen. Die Steuerbefreiung für denkmalgeschützte Immobilien kommt gleichermaßen nicht zur Anwendung, wenn sich die Immobilie im Gesellschaftsvermögen einer gewerblichen Personen- oder einer Kapitalgesellschaft befindet und Gesellschaftsanteile unentgeltlich übertragen werden.[293]

dd) Stichtagsprinzip

Die Voraussetzungen des § 13d ErbStG müssen zum Stichtag, d. h. zum Zeitpunkt des Erbfalls oder der Schenkung vorgelegen haben.[294] Haltefristen sowohl in Bezug auf das Eigentum an der Immobilie als auch in Bezug auf ihre Nutzung bestehen nicht.[295] 169

HINWEIS:

§ 13d ErbStG stellt damit eine Ausnahme innerhalb der erbschaft- und schenkungsteuerlichen Befreiungsvorschriften dar. Üblicherweise wird im System des Erbschaftsteuergesetzes eine Vergünstigung nur dann in vollem Umfang gewährt, wenn der Erwerber das begünstigte Vermögen innerhalb der vorgesehenen Haltefrist behält und nicht in schädlicher Weise darüber verfügt.[296]

Fraglich erscheint, ob der Befreiungsabschlag auch dann gewährt wird, wenn die Immobilie an den bisherigen Mieter verschenkt oder vererbt wird. Zivilrechtlich stellt das Zusammenfallen von Rechten und Pflichten aus dem Mietverhältnis eine **Konfusion** dar, die zum Erlöschen des Schuldverhältnisses 170

292 Jülicher in Troll/Gebel/Jülicher/Gottschalk, ErbStG, 60. Erg.-Lfg. 2020, § 13d Rz. 23.

293 Vgl. oben Kapitel B. V. 1. a) Rz. 112 ff.

294 Zur Voraussetzung des zivilrechtlichen Eigentums in der Hand des Erblassers zum Übertragungsstichtag siehe oben Kapitel B. V. 1. b) Rz. 132 f.

295 R E 13d Abs. 2 ErbStR 2019.

296 Vgl. §§ 13 Abs. 1 Nr. 2, 3, 4b, 4c, 13a ErbStG.

führt.[297] Mit Durchführung der Schenkung bzw. mit Eintritt des Erbfalls endet das Mietverhältnis, so dass bereits zum Stichtag bekannt ist, dass der Erwerber die **Immobilie nicht weiterhin Dritten zu Wohnzwecken vermieten** wird.

HINWEIS:

Erhält der Begünstigte die Immobilie im Wege eines Vermächtnisses,[298] geht der Nachlass zunächst auf den Erben über. Das Mietverhältnis besteht also auch nach dem Erbfall noch solange fort, bis das Vermächtnis erfüllt ist. Da § 13d ErbStG keine Haltefrist vorsieht und somit selbst dann zur Anwendung gelangt, wenn ein Nicht-Mieter die Immobilie kurze Zeit nach dem Erbfall veräußert oder die Nutzungsart in Selbstnutzung ändert, ist nicht ersichtlich, warum der vermächtnisweise Bedachte, der weder veräußert noch eine Nutzungsänderung vornimmt, schlechter gestellt werden soll als ein Erbe, der die Mietimmobilie veräußert. Der vermächtnisweise Erwerb einer zu Wohnzwecken vermieteten Immobilie durch den bisherigen Mieter sollte daher nach § 13d ErbStG begünstigt sein.[299] Das Gleiche müsste gelten, wenn die Immobilie an eine Erbengemeinschaft vererbt wird, aber nur ein Erbe Partei des Mietverhältnisses ist. Auch dann bleibt zunächst das Mietverhältnis zwischen der Erbengemeinschaft und dem einzelnen Erben bestehen und erlischt erst, wenn der einzelne Erbe die Immobilie im Rahmen der Erbauseinandersetzung erhält.

171 Der Befreiungsabschlag müsste im Falle des Vererbens oder Verschenkens der Immobilie an den bisherigen Mieter versagt werden, wenn das **Ziel des § 13d ErbStG** darauf gerichtet wäre, Mietverhältnisse zu schützen und gegenüber der Selbstnutzung einer Immobilie zu bevorzugen. Der Gesetzesentwurf, mit dem der damalige § 13c ErbStG – die Vorgängervorschrift des aktuellen § 13d ErbStG – erstmals eingeführt wurde, enthält folgende Begründung für die Begünstigung vermieteten Wohnraums:

„Gerade das Angebot einer Vielzahl von Mietwohnungen durch Private wie auch durch Personenunternehmen ist als Gegenpol gegen die Marktmacht großer institutioneller Anbieter wichtig für funktionierende Märkte. Das breitere Angebot und der stärkere Wettbewerb garantieren moderate Mieten sowie gleichzeitig eine angemessene Wohnraumversorgung der Bevölkerung auch in der Zukunft. Die Vererbung von privaten Bestandsimmobilien trägt damit dazu bei, dass ein Marktungleichgewicht, z. B. in Form einer Marktkonzentration bei institutionellen Anbietern, verhindert wird."[300]

297 Gebel/Gottschalk in Troll/Gebel/Jülicher/Gottschalk, ErbStG, 60. Erg.-Lfg. 2020, § 10 Rz. 91; Königer in BeckOK, ErbStG, 9. Ed. 2020, § 10 Rz. 115.

298 Diese Argumentation kann nicht auf ein Vorausvermächtnis übertragen werden. Da ein Vorausvermächtnis vorliegt, wenn ein Erbe zusätzlich noch ein Vermächtnis erhält, gelten vielmehr die gleichen Überlegungen wie für die erbweise Übertragung der Immobilie an den bisherigen Mieter.

299 Jülicher in Troll/Gebel/Jülicher/Gottschalk, ErbStG, 60. Erg.-Lfg. 2020, § 13d Rz. 14.

300 BR-Drucks. 4/08 S. 58.

Eine Marktkonzentration bei institutionellen Anbietern wird auch dann verhindert bzw. ihre Verhinderung wird beibehalten, wenn die Mietimmobilie an den bisherigen Mieter vererbt oder verschenkt wird. Es wäre unverständlich, wenn der bisherige Mieter die Immobilie verlassen, an Dritte vermieten und sich selbst eine neue Wohnung suchen müsste. Insbesondere vor dem Hintergrund, dass § 13d ErbStG bewusst keine Haltefrist vorsieht und die **zunächst angedachte Haltefrist nur die Veräußerung, nicht aber auch eine Nutzungsänderung, als schädliches Ereignis aufführte,**[301] ist davon auszugehen, dass der Gesetzgeber den Bestand von Mietimmobilien in der Hand des Erblassers bzw. Schenkers begünstigen wollte. Entscheidendes Kriterium scheint damit die **Vermietung** zu Wohnzwecken **durch den Erblasser oder Schenker** zu sein, die anschließende Nutzung durch den Erwerber hingegen von deutlich geringerer Relevanz. Aus diesem Grund sollte daher auch der Erwerb einer Wohnimmobilie durch den bisherigen Mieter im Wege der Erbeinsetzung oder Schenkung nach § 13d ErbStG begünstigt sein. 172

HINWEIS:

Vorsicht ist jedoch bei der schenkweisen Übertragung auf den bisherigen Mieter geboten. Hier sollte das Mietverhältnis bereits eine gewisse Zeit vor der Schenkung bestanden haben, um sich nicht dem Verdacht eines Missbrauchs rechtlicher Gestaltungsmöglichkeiten nach § 42 AO auszusetzen.

Eine weitere Frage im Zusammenhang mit dem Stichtagsprinzip stellt sich, wenn das übertragene Grundvermögen vorübergehend leer steht:

Obwohl steuerliche Vergünstigungsnormen durch die Rechtsprechung in aller Regel eng ausgelegt werden,[302] **weicht der BFH das erbschaftsteuerliche Stichtagsprinzip** bei der Anwendung des § 13d ErbStG **auf** und erweitert den Anwendungsbereich der Vorschrift, indem er einen vorübergehenden Leerstand z. B. wegen Mieterwechsels oder Renovierung für das Eingreifen des Befreiungsabschlags unschädlich erachtet, sofern nur das Grundstück zur Vermietung zu Wohnzwecken bestimmt ist. Es muss also nicht zwingend eine Vermietung zum Übertragungszeitpunkt selbst vorliegen; auch ist es nicht erforderlich, dass das Grundstück zuvor zu irgendeinem Zeitpunkt überhaupt zu 173

301 Entwurf eines Gesetzes zur Reform des Erbschaftsteuer- und Bewertungsrechts (ErbStRG), Referentenentwurf v. 20.11.2007, § 13c Abs. 5: „Der verminderte Wertansatz fällt mit Wirkung für die Vergangenheit weg, soweit der Erwerber innerhalb von 15 Jahren nach dem Erwerb Grundstücke i. S. des Abs. 3 veräußert."

302 BFH, Urteil v. 3.6.2014 - II R 45/12, BStBl 2014 II S. 806 NWB HAAAE-71093; BFH, Urteil v. 18.7.2013 - II R 35/11, BStBl 2013 II S. 1051 NWB SAAAE-47926; BFH, Urteil v. 11.12.2014 - II R 24/14, BStBl 2015 II S. 340 NWB OAAAE-84159.

Wohnzwecken vermietet war.[303] Stattdessen wird das bloße Vorhandensein einer **Vermietungsabsicht** als ausreichend erachtet.[304] Im Zweifel obliegt es dem Steuerpflichtigen diese Absicht anhand objektiv nachprüfbarer Tatsachen nachzuweisen. Hierzu eignen sich die Vorlage von Mietannoncen, die bereits vor dem Stichtag aufgegeben wurden, der Nachweis über die Beauftragung eines Maklers oder die Aufnahme von Vertragsverhandlungen mit potenziellen Mietern.[305]

HINWEIS:

Im Falle des Leerstands muss die Vermietungsabsicht in der Person des Erblassers oder Schenkers vorgelegen haben.[306] Nur so kann dem Stichtagsprinzip Genüge getan werden. Es ist nach den Verhältnissen zum Zeitpunkt des Erbfalls bzw. der Schenkung zu beurteilen, ob eine Vermietung oder eine Vermietungsabsicht vorlag. Diese Absicht kann zum relevanten Zeitpunkt nur der Erblasser oder Schenker als Eigentümer des Grundvermögens gehabt haben. Die Vermietungsabsicht des Erwerbers ist weder erforderlich noch ausreichend.

Aus diesem Grund kann auch der Wertabschlag nach § 13d ErbStG insbesondere dann nicht gewährt werden, wenn ein Familienheim vererbt wird und der Erbe dieses Familienheim überhaupt nicht oder nicht während der gesamten Haltefrist zu eigenen Wohnzwecken nutzt, sondern an Dritte vermietet. Auch wenn dadurch die Steuerbefreiung nach § 13 Abs. 1 Nr. 4b und 4c ErbStG (nachträglich) wegfällt, kommt § 13d ErbStG hier nicht als Auffangtatbestand zum Tragen.[307]

HINWEIS:

Wird eine leerstehende, aber zur Vermietung beabsichtigte Immobilie vererbt oder verschenkt, kann die Situation eintreten, dass die Vermietungsabsicht beim Erblasser oder Schenker vorhanden gewesen sein muss, dass aber den Erwerber die Pflicht trifft, diese Absicht nachzuweisen. Für den Erwerber wäre es eine große Hilfe, wenn – soweit möglich – bereits im Vorfeld einer geplanten Übertragung eine Abstimmung zwischen Übertragendem und Erwerber über eventuelle Dokumentationsmöglichkeiten erfolgt.

ee) Nießbrauch

174 Das in der (vorweggenommenen) Erbfolge sehr beliebte Gestaltungsinstrument des Nießbrauchs lässt sich auch mit § 13d ErbStG gut kombinieren und steht in vielen Fällen einer Begünstigung nicht entgegen. Voraussetzung ist,

303 BFH, Urteil v. 11.12.2014 - II R 24/14, BStBl 2015 II S. 340 NWB OAAAE-84159.

304 BFH, Urteil v. 11.12.2014 - II R 24/14, BStBl 2015 II S. 340 NWB OAAAE-84159.

305 BFH, Urteil v. 11.12.2014 - II R 24/14, BStBl 2015 II S. 340 NWB OAAAE-84159.

306 BFH, Urteil v. 11.12.2014 - II R 24/14, BStBl 2015 II S. 340 NWB OAAAE-84159.

307 R E 13d Abs. 7 ErbStR 2019; Jülicher in Troll/Gebel/Jülicher/Gottschalk, ErbStG, 60. Erg.-Lfg. 2020, § 13d Rz. 10.

dass Übertragungsgegenstand die nießbrauchbelastete Immobilie und nicht das Nießbrauchrecht selbst ist.

Überträgt der Schenker oder Erblasser eine vermietete Wohnimmobilie auf den Erwerber unter der Auflage, dass der Erwerber einem Dritten ein Nießbrauchrecht einräumen muss, darf der Erwerber nach Ansicht der Finanzverwaltung den Befreiungsabschlag in Anspruch nehmen. Das Gleiche gilt, wenn der Schenker sich selbst ein **Nießbrauchrecht vorbehält.**[308] Der Begünstigte des **Zuwendungsnießbrauchs** kann sich hingegen nicht auf § 13d ErbStG berufen, da im Verhältnis zu ihm nicht die Wohnimmobilie Übertragungsgegenstand ist, sondern die Einräumung eines Rechts.

2. Immobilien im Betriebsvermögen

Nicht selten werden Immobilien über betriebliche Einheiten, d.h. Einzelunternehmen, gewerbliche Personengesellschaften[309] oder Kapitalgesellschaften gehalten und gehören damit zum Betriebsvermögen dieser Einheit. Je nach Unternehmens- bzw. Gesellschaftszweck und Funktion des jeweiligen Grundvermögens kann es sich dabei um notwendiges oder gewillkürtes Betriebsvermögen handeln, bei Personengesellschaften kann es darüber hinaus dem Vermögen oder dem Sonderbetriebsvermögen eines Gesellschafters zuzuordnen sein. 175

Die Zugehörigkeit einer Immobilie zum Betriebsvermögen eröffnet neben oder anstelle der allgemeinen erbschaftsteuerlichen Vergünstigungen für Immobilien[310] die Möglichkeit, anlässlich einer unentgeltlichen Übertragung eines Einzelunternehmens oder von Anteilen an einer Personen- oder Kapitalgesellschaft von den umfangreichen Vergünstigungen für Betriebsvermögen zu profitieren und diese auf den (mittelbaren) Erwerb der Betriebsimmobilien auszudehnen. 176

a) Erbschaftsteuerliche Vergünstigungen für Betriebsvermögen im Überblick

Unternehmerisches Vermögen i.S.des § 13b Abs. 1 ErbStG kann als grds. **begünstigungsfähiges Vermögen** steuerbegünstigt auf die nachfolgende Generation übertragen werden, soweit es aus tatsächlich **begünstigtem Vermögen** besteht. Der Erwerber kann dabei zwischen der Regelverschonung mit einem 177

308 R E 13d Abs. 9 ErbStR 2019.

309 Die Bezeichnung „gewerbliche Personengesellschaft" soll an dieser Stelle sowohl die gewerblich tätigen als auch die gewerblich geprägten oder infizierten Personengesellschaften umfassen.

310 Siehe zuvor die Ausführungen zu denkmalgeschützten Grundstücken, zum Familienheim und zu den zu Wohnzwecken vermieteten Immobilien Kapitel B. V. Rz. 108 ff.

Wertabschlag von 85 % oder der Optionsverschonung mit einem Wertabschlag von 100 % auf das **begünstigte Vermögen** wählen, sofern die einzelnen Voraussetzungen der jeweiligen Verschonungsoption erfüllt sind. Das begünstigte Vermögen errechnet sich als gemeiner Wert des begünstigungsfähigen Vermögens (= gemeiner Wert der übertragenen Einheit)[311] abzüglich des um das unschädliche Verwaltungsvermögen gekürzten Betrages des Netto-Verwaltungsvermögens.[312]

FORMEL:

	Gemeiner Wert des begünstigungsfähigen Vermögens (Einzelunternehmen, Personen- oder Kapitalgesellschaft)
./.	Nettowert des Verwaltungsvermögens
+	unschädliches Verwaltungsvermögen
=	begünstigtes Vermögen

Die Differenz aus dem gemeinen Wert des begünstigungsfähigen Vermögens abzüglich des begünstigten Vermögens ergibt den Wert des **schädlichen Verwaltungsvermögens**. Dieses ist **mit seinem vollen Wert der Besteuerung zu unterwerfen.**

HINWEIS:

Da schädliches Verwaltungsvermögen immer der Erbschaftsteuer unterworfen wird, muss zwingend Liquidität vorgehalten werden, um die daraus resultierende Erbschaftsteuerzahllast bedienen zu können. Kann die Liquidität nicht dem Unternehmen entnommen werden, weil sie entweder nicht vorhanden oder für betriebsnotwendige Investitionen vorgesehen ist, muss neben dem Unternehmen eine private Vermögenssäule aufgebaut werden, die für derartige Steuerzahlungen zur Verfügung steht. Eine Verlagerung liquider Mittel aus dem unternehmerischen Bereich in den privaten Bereich kann auch deshalb angezeigt sein, weil übermäßige Liquidität im Unternehmen wiederum zu schädlichem Verwaltungsvermögen führen kann.

Als begünstigungsfähiges Vermögen gelten gem. § 13b Abs. 1 ErbStG u. a.

- der inländische Wirtschaftsteil des land- und forstwirtschaftlichen Vermögens,
- inländisches Betriebsvermögen eines Einzelunternehmers, Beteiligungen an einer Gesellschaft i. S. des § 15 Abs. 1 Satz 1 Nr. 2 und Abs. 3 oder § 18 Abs. 4 Satz 2 EStG, das einer Betriebsstätte im Inland oder EU-/EWR-Ausland dient, und

311 Zur Bewertung siehe oben Kapitel B. IV. 1. Rz. 45 ff.

312 Das entspricht dem Wert des Verwaltungsvermögens abzüglich abziehbarer Schulden.

- Anteile an einer Kapitalgesellschaft mit Sitz oder Geschäftsleitung im Inland oder EU-/EWR-Ausland, an der der Erblasser oder Schenker unmittelbar zu mehr als 25 % beteiligt war. Ob der Erblasser oder Schenker die Mindestbeteiligung erfüllt, ist dabei nach der Summe der dem Erblasser oder Schenker unmittelbar zuzurechnenden Anteile und der Anteile weiterer Gesellschafter zu bestimmen, wenn der Erblasser oder Schenker und die weiteren Gesellschafter untereinander verpflichtet sind, über die Anteile nur einheitlich zu verfügen oder ausschließlich auf andere derselben Verpflichtung unterliegende Anteilseigner zu übertragen und das Stimmrecht gegenüber nichtgebundenen Gesellschaftern einheitlich auszuüben. Die entsprechenden Bindungen werden üblicherweise durch sog. Poolverträge erzielt.

Ausnahmsweise wird **auch das begünstigte Vermögen nicht begünstigt**, sondern ebenfalls in vollem Umfang der Erbschaftsteuer unterworfen, wenn der Bruttowert des Verwaltungsvermögens[313] mindestens 90 % des gemeinen Werts des Unternehmens oder der Gesellschaft beträgt, § 13b Abs. 2 Satz 2 ErbStG. Wird der **90 %-Test** bestanden und besteht das begünstigungsfähige Vermögen zudem nicht zu mehr als **20 %** aus Verwaltungsvermögen,[314] kann der Erwerber zur Vollverschonung nach § 13a Abs. 10 ErbStG optieren. Andernfalls verbleibt es bei der Regelverschonung. 178

Zusätzlich ist im Rahmen der Verschonungsregeln auch eine größenabhängige Unterscheidung vorzunehmen. Danach gilt: 179

- Bei Erwerben **bis 26 Mio. €** begünstigten Vermögens pro Erwerber ist eine 85%ige oder 100%ige Verschonung grds. möglich.
- Bei Erwerben **von mehr als 26 Mio. €** begünstigten Vermögens pro Erwerber erfolgt grds. eine volle Versteuerung (je nach Steuerklasse mit bis zu 30 %); auf Antrag ist jedoch eine **abschmelzende Verschonung** nach § 13c ErbStG oder eine **Verschonungsbedarfsprüfung** nach § 28a ErbStG möglich.

Bei der Prüfung, ob die 26 Mio. €-Schwelle überschritten wird oder nicht, ist nicht auf den anteilig auf den einzelnen Erwerber übergehenden Unternehmenswert abzustellen, sondern allein auf den Wert des auf ihn übertragenen **begünstigten Vermögens.**

313 Das entspricht dem Wert des Verwaltungsvermögens vor Schuldenabzug.

314 Hier dürfen nun vorhandene Finanzmittel als Teil des Verwaltungsvermögens um Schulden gekürzt werden; der nach Schuldenkürzung verbleibende Bestand an Finanzmitteln wird darüber hinaus nur insoweit dem Wert des Verwaltungsvermögens hinzugerechnet, als er 15 % des anzusetzenden Werts des Betriebsvermögens des Betriebs oder der Gesellschaft übersteigt, § 13b Abs. 4 Nr. 5 ErbStG.

180 Zusätzlich zu diesen allgemeinen Verschonungsregeln für unternehmerisches Vermögen gewährt § 13a Abs. 9 ErbStG für **Familiengesellschaften** einen Wertabschlag („**Vorab-Abschlag**") auf das begünstigte Vermögen **von bis zu 30 %**, sofern folgende Voraussetzungen kumulativ erfüllt sind:[315]

Der Gesellschaftsvertrag oder die Satzung des Unternehmens enthalten Bestimmungen, die

- die **Entnahme und Ausschüttung** auf höchstens 37,5 % des um die auf den Gewinnanteil oder die Ausschüttung aus der Gesellschaft entfallenden Steuern vom Einkommen gekürzten Betrages des **steuerlichen Gewinns beschränken und**
- die **Verfügung** über die Beteiligung an der Personengesellschaft oder den Anteil an der Kapitalgesellschaft auf Mitgesellschafter, auf Angehörige i. S. des § 15 AO oder auf eine Familienstiftung i. S. von § 1 Abs. 1 Nr. 4 ErbStG **beschränken und**
- für den Fall des Ausscheidens aus der Gesellschaft eine **Abfindung** vorsehen, die **unter dem gemeinen Wert** der Beteiligung an der Personengesellschaft oder des Anteils an der Kapitalgesellschaft liegt.

Die Voraussetzungen müssen den tatsächlichen Verhältnissen entsprechen und für eine Mindestdauer von **zwei Jahren vor** dem Zeitpunkt der Entstehung der Steuer bis **20 Jahre nach** diesem Zeitpunkt vorliegen. Die Höhe des Abschlags entspricht der im Gesellschaftsvertrag oder der Satzung vorgesehenen prozentualen Minderung der Abfindung gegenüber dem gemeinen Wert und darf 30 % nicht übersteigen.

181 Liegen die zuvor genannten Voraussetzungen kumulativ vor, kann der Wert des übertragenen begünstigten Vermögens um bis zu 30 % reduziert werden. Dies ist nicht nur für die Einhaltung der Größenklassen „bis 26 Mio. €"/„ab 26 Mio. €" relevant, sondern wirkt sich auch bei der regulären Regelverschonung aus, bei der das begünstigte Vermögen immerhin noch mit 15 % seines Werts der Erbschaftsteuer unterworfen wird. Bei einem Vorab-Abschlag von 30 % reduziert sich dadurch der steuerpflichtige Anteil auf 10,5 %.

182 Damit ein Vorab-Abschlag zur Anwendung gelangen kann, müssen die unter 1.–3. genannten Ausschüttungs- und Verfügungsbeschränkungen am Tag der unentgeltlichen Übertragung bereits seit zwei Jahren **im Gesellschaftsvertrag**

315 Zu Einzelheiten des § 13a Abs. 9 ErbStG soll an dieser Stelle auf die einschlägigen Kommentierungen verwiesen werden. Da die Vorschrift keine immobilienbezogenen Besonderheiten beinhaltet, wird sie hier nur der Vollständigkeit halber erwähnt und ihr Inhalt in gebotener Kürze skizziert.

oder in der Satzung des betroffenen Familienunternehmens enthalten sein. Dies bedeutet zum einen, dass Einzelunternehmen mangels Gesellschaftsvertrag/Satzung vom Anwendungsbereich der Vergünstigung ausgeschlossen sind. Zum anderen können auch AG und SE diese Voraussetzung nicht erfüllen, da die geforderten Beschränkungen in der Verfügbarkeit über Aktien rechtlich nicht zulässig sind.[316]

Alle anderen Unternehmen sollten – sofern sie von der Vergünstigung Gebrauch machen möchten – ihre **Gesellschaftsverträge** auf das Vorhandensein entsprechender Regelungen **überprüfen und ggf. erforderliche Anpassungen vornehmen**. Sind die Beschränkungen lediglich Bestandteil eines Poolvertrags, ist dies für die Anwendung des § 13a Abs. 9 ErbStG nicht ausreichend.[317] 183

HINWEIS:

Nicht selten verfügen Familienunternehmen über eine Struktur, bei der die unternehmerischen Tätigkeiten über Kapitalgesellschaften abgewickelt werden, deren Anteile von einer Familien-Holdinggesellschaft in der Rechtsform einer Personengesellschaft gehalten werden. Im Erb- oder Schenkungsfall werden dann Beteiligungen an der Personen-Holdinggesellschaft übertragen. Die Holding erhält regelmäßig Ausschüttungen aus den Tochtergesellschaften, die anschließend von den Familienmitgliedern zur Bestreitung des persönlichen Liquiditätsbedarfs aus der Holding entnommen werden. Eine Thesaurierung unternehmerischer Gewinne erfolgt dabei nicht auf der Ebene der Holding, sondern oftmals auf Ebene der Tochtergesellschaften. Diese Vorgehensweise erscheint aus erbschaftsteuerlicher Sicht problematisch, da der Vorab-Abschlag – zumindest nach dem Wortlaut des Gesetzes – nur dann zur Anwendung gelangt, wenn auf Ebene der zu übertragenden Holdinggesellschaft eine Entnahmebeschränkung vorgesehen ist. Mithin müssten die Ausschüttungen aus den Tochtergesellschaften an die Holding deutlich erhöht werden, um den bisherigen Entnahmebedarf der Familienmitglieder zu decken.

b) Immobilien als Teil des Verwaltungsvermögens

Einen abschließenden[318] Überblick über die Wirtschaftsgüter, die zum Verwaltungsvermögen eines Unternehmens zählen, enthält § 13b Abs. 4 ErbStG. Danach gehören insbesondere **Dritten zur Nutzung überlassene Grundstücke**, Grundstücksteile, grundstücksgleiche Rechte und Bauten zum Verwaltungsvermögen.[319] Hierunter fallen typischerweise die klassischen **Mietimmobilien**, die 184

316 R E 13a.20 Abs. 1 Satz 4 ErbStR 2019.

317 R E 13a.20 Abs. 2 Satz 1 ErbStR 2019.

318 Jülicher in Troll/Gebel/Jülicher/Gottschalk, ErbStG, 60. Erg.-Lfg. 2020, § 13b Rz. 256; Piltz, ZEV 2008 S. 229, 231; Korezkij in BeckOK, ErbStG, 9. Ed. 2020, § 13b Rz. 111.

319 § 13b Abs. 4 Nr. 1 Satz 1 ErbStG.

der Unternehmensinhaber an eine andere natürliche oder juristische Person[320] vermietet – sei es zu **Wohnzwecken** oder zu **gewerblichen Zwecken**. Ein Entgelt für die Nutzungsüberlassung ist nach dem Gesetzeswortlaut nicht zwingend erforderlich, so dass es auf die ertragsteuerliche Einordnung eines Mietverhältnisses als entgeltlich, teilentgeltlich oder unentgeltlich ebenso wenig ankommt wie auf dessen generelle ertragsteuerliche Anerkennung.[321]

185 Umgekehrt lässt sich aus § 13b Abs. 4 Nr. 1 Satz 1 ErbStG der Schluss ziehen, dass Immobilien, die der Unternehmer oder die Gesellschaft selbst für **eigene betriebliche Zwecke** nutzen, kein Verwaltungsvermögen darstellen. Die Produktionsstätte oder das Verwaltungsgebäude des Betriebes zählen daher nicht zum Verwaltungsvermögen. Das Gleiche gilt aber auch für Immobilien, die zum Zeitpunkt des Erbfalls oder der Schenkung **überhaupt keiner Nutzung** zugeführt werden, etwa weil sie leer stehen, brach liegen oder sich im Zustand der Bebauung befinden.[322] Diese rechtliche Einordnung macht sich die Gestaltungsidee der „**Real-Estate-GmbH**“[323] zunutze:

186 Ähnlich wie vormals bei der **Cash-GmbH**[324] besteht die Idee darin, Immobilienvermögen in das Rechtskleid einer gewerblichen Personengesellschaft oder einer Kapitalgesellschaft zu überführen und anschließend Anteile an dieser Immobiliengesellschaft steuerlich begünstigt auf die nächste Generation zu übertragen.[325] Ausgangspunkt ist dabei die Überlegung, dass Mitunternehmeranteile und Anteile an Kapitalgesellschaften, an denen der Erblasser oder Schenker zu mehr als 25 % beteiligt ist, grds. begünstigungsfähiges Vermögen i. S. der §§ 13a, 13b Abs. 1 ErbStG darstellen. Besteht dieses begünstigungsfähige Vermögen zu einem gewissen Anteil[326] aus Wirtschaftsgütern, die nicht zum Verwaltungsvermögen i. S. des § 13b Abs. 4 ErbStG zählen, können die Vergünstigungen für Betriebsvermögen in Anspruch genommen werden. Nicht zum Verwaltungsvermögen gehören – wie geschildert – (vorübergehend) nicht genutzte Immobilien. Diese bieten sich daher für die Übertragung auf oder den unmittelbaren Erwerb durch eine Immobiliengesellschaft an, deren Anteile anschließend unter Ausnutzung der §§ 13a, 13b ErbStG an Kinder, Ehegatten oder

320 Piltz, ZEV 2008 S. 229 f.; Scholten/Korezkij, DStR 2009 S. 147, 149.

321 R E 13b.13 Satz 2 ErbStR 2019; Jülicher in Troll/Gebel/Jülicher/Gottschalk, ErbStG, 60. Erg.-Lfg. 2020, § 13b Rz. 259; Korezkij in BeckOK, ErbStG, 9. Ed. 2020, § 13b Rz. 122.

322 Meincke/Hannes/Holtz, ErbStG, 17. Aufl. 2018, § 13b Rz. 50; Korezkij in BeckOK, ErbStG, 9. Ed. 2020, § 13b Rz. 121.

323 Blank, DStR 2020 S. 2179.

324 Von Oertzen/Reich, BB 2013 S. 1559.

325 Zu den steuerlichen Aspekten der Übertragung von Immobilien auf eine Immobiliengesellschaft siehe Kapitel D. III. 3. Rz. 426 ff. und Kapitel D. III. 4. a) Rz. 450 ff.

326 Siehe oben Kapitel B. V. 2. a) Rz. 177 ff.

Dritte vererbt oder verschenkt werden können. Unter Berücksichtigung des dem Erbschaftsteuerrecht immanenten **Stichtagsprinzips** muss die Nicht-Nutzung jedenfalls zum Zeitpunkt der Übertragung vorliegen. Haltefristen sind für Zwecke des Veraltungsvermögenstests weder vorgesehen noch relevant.[327] Dementsprechend müssen Leerstand oder Zustand der Bebauung aber auch tatsächlich **nur** zum Zeitpunkt des Erbfalls oder der Schenkung vorliegen; eine nach der Übertragung eintretende **Nutzungsänderung** dürfte sich auf die Steuerbefreiung nicht auswirken. In Konsequenz sollte es daher möglich sein, die Leerstands-Immobiliengesellschaft unentgeltlich und unter Anwendung der §§ 13a, 13b ErbStG auf den Rechtsnachfolger zu übertragen.

Möglicherweise erkennt der Erwerber jedoch keinen großen Vorteil in der 187
Übertragung eines zwar hohen, aber vollkommen **illiquiden Vermögenswerts**. Kann ihn auch der Hinweis auf eine künftige Vermietung, aus der er laufende Erträge generieren kann, nicht begeistern, bietet sich folgende Überlegung an: Der Erwerber veräußert nach Abwarten einer Schamfrist sämtliche Immobilien aus dem Gesellschaftsvermögen und investiert den Veräußerungserlös in Kapitalanlagen oder andere Wirtschaftsgüter. Die Real-Estate-GmbH verwandelt sich dadurch in eine Cash-GmbH. Dies funktioniert jedoch nur dann ohne nachsteuerschädlichen Verstoß gegen die Haltefrist des § 13a Abs. 6 ErbStG, wenn die Immobiliengesellschaft als Kapitalgesellschaft aufgesetzt wird. Unstreitig setzt die vollständige Gewährung der Steuervergünstigung nach den §§ 13a, 13b ErbStG voraus, dass der Erwerber u. a. die begünstigt erworbenen Gesellschaftsanteile innerhalb der nächsten fünf (Regelverschonung) bzw. sieben Jahre (Optionsverschonung) nicht veräußert und auch sonst keinen Verstoß gegen die Haltefrist begeht. Da die Gesellschaftsanteile vorliegend weiterhin in der Hand des Erwerbers verbleiben, droht hieraus kein Haltefristverstoß. Ein „sonstiger" Verstoß gegen die Haltefrist liegt aber bspw. dann vor, wenn wesentliche Betriebsgrundlagen einer gewerblichen Personengesellschaft veräußert werden.[328] Unabhängig von der Frage, ob leerstehende Immobilien wesentliche Betriebsgrundlagen einer Immobiliengesellschaft darstellen können, liegt – anders als bei Personengesellschaften – bei Kapitalgesellschaften ein Verstoß gegen die Haltefrist hingegen nur dann vor, wenn wesentliche Betriebsgrundlagen veräußert und (!) das Vermögen an die

327 R E 13b.12 Abs. 2 ErbStR 2019; Scholten/Korezkij, DStR 2009 S. 147; Korezkij in BeckOK, ErbStG, 9. Ed. 2020, § 13b Rz. 113; Blank, DStR 2020 S. 2179, 2181, der jedoch mit Rücksicht auf § 42 AO empfiehlt, den Leerstand eine gewisse Zeit vor und nach dem Übertragungsstichtag einzuhalten.

328 § 13a Abs. 6 Satz 1 Nr. 1 Satz 2 ErbStG.

Gesellschafter verteilt wird.[329] Solange der Veräußerungserlös nicht an die Gesellschafter ausgekehrt, sondern innerhalb der Gesellschaft reinvestiert wird, führt selbst die Veräußerung sämtlicher wesentlicher Betriebsgrundlagen auf Ebene der Kapitalgesellschaft – im Gegensatz zur Veräußerung wesentlicher Betriebsgrundlagen durch eine Personengesellschaft[330] – nicht zu einem Haltefristverstoß.[331]

HINWEIS:

Dem möglichen erbschaft- und schenkungsteuerlichen Vorteil dieser Gestaltung stehen ggf. nicht unerhebliche Transferkosten gegenüber. Neben den Notar- und Grundbuchkosten kann insbesondere die Grunderwerbsteuer ins Gewicht fallen, die in einzelnen Bundesländern derzeit bis zu 6,5 % beträgt.

c) Rückausnahme: Immobilien als Hauptzweck des Betriebs

188 Von dem Grundsatz, dass Dritten zur Nutzung überlassene Grundstücke trotz ihrer Zugehörigkeit zum Betriebsvermögen Verwaltungsvermögen darstellen, enthält das Gesetz eine Reihe von Rückausnahmen. Nicht in die Kategorie des Verwaltungsvermögens fallen z. B. Grundstücke, die im Rahmen einer Betriebsaufspaltung genutzt oder im Sonderbetriebsvermögen eines Mitunternehmers gehalten werden, Immobilien, die im Zusammenhang mit der Verpachtung eines Unternehmens als Ganzes dem Nichtbetriebsinhaber zur Nutzung überlassen werden, oder Immobilien, die von Dritten zu land- und forstwirtschaftlichen Zwecken genutzt werden. Im hier interessierenden Kontext der schwerpunktmäßigen Übertragung umfangreichen Immobilienvermögens soll der Rückausnahme des Wohnungsunternehmens besondere Aufmerksamkeit gewidmet werden.

189 Nach § 13b Abs. 4 Nr. 1 Satz 2 Buchst. b ErbStG ist eine Nutzungsüberlassung an Dritte nicht anzunehmen, wenn *„die überlassenen Grundstücke, Grundstücksteile, grundstücksgleichen Rechte und Bauten zum Betriebsvermögen, zum gesamthänderisch gebundenen Betriebsvermögen einer Personengesellschaft oder zum Vermögen einer Kapitalgesellschaft gehören und der Hauptzweck des Betriebs in der Vermietung von Wohnungen i. S. des § 181 Abs. 9 des BewG besteht, dessen Erfüllung einen wirtschaftlichen Geschäftsbetrieb[332] erfordert"*.[333] Liegen die Vo-

329 § 13a Abs. 6 Satz 1 Nr. 4 Satz 2 ErbStG.

330 § 13a Abs. 6 Satz 1 Nr. 1 Satz 2 ErbStG; bei der Personengesellschaft ist damit bereits die Veräußerung einer wesentlichen Betriebsgrundlage nachsteuerschädlich, unabhängig davon, ob der Veräußerungserlös auf die private Ebene der Gesellschafter transferiert wird.

331 Dorn, ZEV 2015 S. 619; von Thunen/Mehringer, BB 2020 S. 1752 f.

332 § 14 der AO.

333 § 13b Abs. 4 Satz 2 Buchst. d ErbStG.

raussetzungen der Rückausnahme vor, fällt der jeweilige Grundbesitz aus dem Verwaltungsvermögensbegriff heraus und qualifiziert wieder als Teil des begünstigten Vermögens.[334]

HINWEIS:

Immobilien im Sonderbetriebsvermögen eines Gesellschafters scheiden damit aus und können nicht Gegenstand eines Wohnungsunternehmens einer Personengesellschaft sein.[335]

Dem Gesetzestext folgend müssen neben der Zugehörigkeit der Immobilie(n) zum Betriebsvermögen drei weitere Voraussetzungen erfüllt sein, um die Verwaltungsvermögenseigenschaft wieder zu verlieren: (a) Es müssen zu Wohnzwecken vermietete Immobilien vorhanden sein, (b) der Hauptzweck des Betriebs muss auf die Vermietung von Wohnraum gerichtet sein und (c) die Erfüllung des Hauptzwecks muss einen wirtschaftlichen Geschäftsbetrieb erfordern.

aa) Vermietung von Wohnraum

Welche Räumlichkeiten unter den Begriff der **Wohnung** fallen, ist in **§ 181** 190
Abs. 9 BewG definiert. Danach muss es sich um die Zusammenfassung einer Mehrheit von Räumen handeln, die die Führung eines selbständigen Haushalts ermöglichen; zudem muss die Wohnfläche mindestens 23 m² betragen. Auch das „Ein-Zimmer-Appartement" fällt unter diesen Wohnungsbegriff, da regelmäßig unterstellt werden darf, dass Wohnraum und Bad voneinander getrennt sind und somit eine Mehrheit von Räumen vorliegt. Anders ist hingegen das 10 m² große Studentenzimmer zu beurteilen, das nicht nur mangels ausreichender Größe nicht als separates Zählobjekt geführt werden, sondern nur Teil einer übergeordneten Wohnungseinheit sein kann.

HINWEIS:

Bei der Abgrenzung zwischen vermietetem Wohnraum und sonstiger vermieteter Immobilien ist das Studentenzimmer – stellvertretend für alle anderen Immobilien, die die Voraussetzungen an eine Wohnung nicht erfüllen – als Teil der sonstigen vermieteten Immobilien zu erfassen.[336]

334 Siehe vertiefend zum begünstigten Wohnungsunternehmen Saecker/Gelhaar, NWB 46/2020 S. 3427 NWB VAAAH-63017.

335 Jülicher in Troll/Gebel/Jülicher/Gottschalk, ErbStG, 60. Erg.-Lfg. 2020, § 13b Rz. 291.

336 Korezkij in BeckOK, ErbStG, 9. Ed. 2020, § 13b Rz. 159.

bb) Hauptzweck des Unternehmens

191 Die Verwaltungsvermögenseigenschaft entfällt nur, wenn der **Hauptzweck** des Betriebs auf die Vermietung von Wohnraum gerichtet ist. Dies bedeutet im Umkehrschluss, dass es sich bei der Vermietung von Wohnraum **nicht um den einzigen Zweck** des Unternehmens handeln muss, sondern dass daneben auch andere Zwecke verfolgt werden dürfen. So ist es bspw. unschädlich, neben Wohnraum auch Gewerbeimmobilien zu vermieten oder Kapitalanlagen zu halten, solange nur die Wohnraumvermietung überwiegt.[337]

192 Sind zum Stichtag Immobilien vorhanden, die **vorübergehend leer stehen**, etwa weil ein Mieter ausgezogen, ein Nachmieter aber noch nicht gefunden wurde oder weil die Gelegenheit zu einer umfassenden Sanierung genutzt wird, soll nach Auffassung der Finanzverwaltung anhand der **Zweckbestimmung** beurteilt werden, ob die Immobilie der Wohnraumvermietung oder einer anderen Nutzung zuzuordnen ist.[338] Hiervon zu unterscheiden sind jedoch zumindest solche Grundstücke, die **zielgerichtet leer stehen** bzw. nicht vermietet werden. Diese werden nicht Dritten zur Nutzung überlassen und stellen damit schon überhaupt kein Verwaltungsvermögen dar.[339] Konsequenterweise sind solche Grundstücke auch nicht in die Abgrenzung mit einzubeziehen, ob der Hauptzweck des Unternehmens in der Vermietung von Wohnraum oder etwas anderem besteht. Sie zählen weder zu den zu Wohnzwecken vermieteten noch zu den zu sonstigen Zwecken vermieteten Immobilien. Das Gleiche gilt für noch **im Bau befindliche Anlagen**.[340] Aber auch bezüglich der zum Stichtag nur vorübergehend leer stehenden Immobilien könnte argumentiert werden, dass die Regelungen des Erbschaft- und Schenkungsteuergesetzes stets stichtagsbezogen anzuwenden sind; entscheidend dürften damit allein die Verhältnisse am Stichtag und nicht in die Zukunft gerichtete Absichten und Zweckbestimmungen des Steuerpflichtigen sein. Dem ist wiederum entgegenzuhalten, dass die Frage, ob ein Wohnungsunternehmen vorliegt, typischerweise anhand des Unternehmenszwecks zu beantworten ist. Der Unternehmenszweck ist nicht stichtagsbezogen festzulegen, sondern besteht für eine gewisse Dauer. Dementsprechend wird der Unternehmenszweck nicht dadurch tangiert, dass vorübergehend eine dem Zweck der Vermietung gewidmete Immobilie leer steht. Es ist daher der Auffassung der Finanzverwaltung zu folgen, wonach vorübergehend nicht vermietete Im-

337 R E 13b.17 Abs. 2 Satz 1 und 2 ErbStR 2019.

338 R E 13b.17 Abs. 2 Satz 3 ErbStR 2019.

339 Siehe oben Kapitel B. V. 2. b) Rz. 184 ff.

340 Korezkij in BeckOK, ErbStG, 9. Ed. 2020, § 13b Rz. 158.

mobilien entsprechend ihrer allgemeinen Zweckbestimmung in die Prüfung des Hauptzwecks mit einzubeziehen sind.

HINWEIS:

Für die Einordnung eines Betriebs als Wohnungsunternehmen spielt es keine Rolle, ob die Immobilien im In- oder Ausland zu Wohnzwecken vermietet werden.[341] Die Verwaltungsvermögenseigenschaft richtet sich nicht nach der Belegenheit einer Sache.[342] Davon unabhängig ist jedoch die Frage zu beurteilen, ob der ausländische Grundbesitz Teil des begünstigungsfähigen Betriebsvermögens sein kann.

Der Begriff des **Hauptzwecks** ist **gesetzlich nicht definiert** und steht daher einer Vielfalt an Interpretationsmöglichkeiten offen. Die **Finanzverwaltung** nähert sich dem Begriff, indem sie in R E 13b.17 Abs. 2 Satz 1 ErbStR 2019 feststellt, ein Hauptzweck sei anzunehmen, wenn dieser den **überwiegenden Teil der betrieblichen Tätigkeit** ausmache. Dabei bedeutet überwiegend mehr als 50 %.[343] Anders als es die Feststellung der Finanzverwaltung vermuten lässt, erfolgt dann jedoch keine Abgrenzung anhand von tätigkeitsbezogenen Merkmalen, z. B. Zeitaufwand oder eingesetztes Personal,[344] oder anhand des Umsatzes; vielmehr wird der **Grundbesitzwert** der zu Wohnzwecken vermieteten Immobilien ins Verhältnis zum Grundbesitzwert aller vermieteten Immobilien gesetzt.[345] Dies ist insoweit problematisch, als dass bei Wohnimmobilien und Gewerbeimmobilien **unterschiedliche Bewertungsverfahren** zur Anwendung gelangen können, die den Blick auf den Schwerpunkt des unternehmerischen Vermögens verzerren können. So sind bspw. vermietete Ein- und Zweifamilienhäuser vorrangig nach dem Vergleichswertverfahren zu bewerten, Gewerbeimmobilien hingegen vorrangig nach dem Ertragswertverfahren.[346] Allein die unterschiedlichen Bewertungsverfahren führen selbst bei ein- und derselben Immobilie betragsmäßig schon zu unterschiedlichen Werten.[347] 193

Seitens der **Literatur** wurde daher teilweise vorgeschlagen, unabhängig von der Grundstücksart für Zwecke des § 13b Abs. 4 Satz 2 Buchst. d ErbStG stets **ein-** 194

341 Lorenz, ZEV 2020 S. 281 ff.; Korezkij in BeckOK, ErbStG, 9. Ed. 2020, § 13b Rz. 159.

342 Siehe hierzu auch Lorenz, ZEV 2020 S. 281 f.

343 Korezkij in BeckOK, ErbStG, 9. Ed. 2020, § 13b Rz. 158.

344 Söffing/Thonemann, DB 2009 S. 1836, 1841.

345 R E 13b.17 Abs. 2 Satz 4 ErbStR 2019.

346 Einzelheiten hierzu siehe Kapitel B. IV. 1. Rz. 45 ff.

347 Halaczinsky in Rössler/Troll, BewG, 31. Erg.-Lfg. 2020, § 182 Rz. 7; Korezkij in BeckOK, ErbStG, 9. Ed. 2020, § 13b Rz. 158.

heitlich das Ertragswertverfahren anzuwenden.[348] Das hätte zumindest den Vorteil, dass neben der Eliminierung verfahrenstechnischer Wertunterschiede über das Ertragswertverfahren eine Umsatzkomponente in die Bestimmung des „Hauptzwecks“ mit einfließen würde. Andererseits müssten dann jedoch einzelne Immobilien zweimal bewertet werden, nämlich einmal im Rahmen der allgemeinen und gesetzlich vorgeschriebenen Bewertung für erbschaft- und schenkungsteuerliche Zwecke und ein weiteres Mal im Rahmen der Verschonungsanalyse. Der ohnehin erhebliche und äußerst komplexe administrative Aufwand sowohl auf Seiten des Steuerpflichtigen als auch auf Seiten der Finanzverwaltung würde dadurch noch einmal gesteigert.

195 Alternativ könnte eine **Abgrenzung anhand der Grundstücksflächen** vorgenommen werden. Eine solche Abgrenzung ist auch der Finanzverwaltung nicht fremd und wird von ihr selbst in RB181.1 Abs. 1 Satz 3 ErbStR 2019 bei der Abgrenzung der einzelnen Grundstücksarten angewandt, also bei der Frage, ob es sich vorliegend um Ein- oder Zweifamilienhäuser, um Mietwohngrundstücke, Wohnungs- und Teileigentum, Geschäftsgrundstücke, gemischt genutzte Grundstücke oder um sonstige Grundstücke handelt. Abs. 1 Satz 2 und 3 der Richtlinie lauten:

„Die Grundstücksart ist für die Zuordnung des Bewertungsverfahrens von entscheidender Bedeutung. Die Abgrenzung der Grundstücksarten ist nach dem Verhältnis der Wohn- und Nutzfläche vorzunehmen.“

Weiter heißt es in Absatz 2:

„Bei der Festlegung der Grundstücksart ist stets die gesamte wirtschaftliche Einheit zu betrachten. Dies gilt auch, wenn sich auf einem Grundstück mehrere Gebäude oder Gebäudeteile unterschiedlicher Bauart oder Nutzung befinden.“

196 Besteht das betriebliche Immobilienvermögen nur aus einer einzigen wirtschaftlichen Einheit, auf der sich – wie in der Richtlinie bestätigt – durchaus mehrere Gebäude oder Gebäudeteile unterschiedlicher Bauart oder Nutzung befinden können, kann die Bestimmung über „den Hauptzweck“ ohnehin nur über die Grundstücksfläche erfolgen, da die wirtschaftliche Einheit immer „einheitlich“ bewertet wird.[349] Eine Bewertung für die jeweils unterschiedlich ge-

348 Geck in Kapp/Ebeling, Erbschaftsteuer- und Schenkungsteuergesetz, 100. Erg.-Lfg. 2024, § 13b Rz. 117; von Cölln, ZEV 2012 S. 133 f.; ablehnend wg. des sich daraus ergebenden Aufwands und fehlender Rechtsschutzmöglichkeiten Jülicher in Troll/Gebel/Jülicher/Gottschalk, ErbStG, 60. Erg.-Lfg. 2020, § 13b Rz. 293; Stoklassa, ErbStB 2017 S. 80, 83.

349 Jülicher in Troll/Gebel/Jülicher/Gottschalk, ErbStG, 60. Erg.-Lfg. 2020, § 13b Rz. 293; Müller/Fröhlich, ErbStB 2010 S. 14, 19.

nutzten Flächen wird gerade nicht vorgenommen.[350] Es ist nicht ersichtlich, warum bei einer einzigen wirtschaftlichen Einheit die Bestimmung des „Hauptzwecks“ anders erfolgen soll als bei Vorliegen mehrerer wirtschaftlicher Einheiten.

Besteht die Tätigkeit des Unternehmens nicht nur in der Vermietung und dem Halten von Grundbesitz, sondern bspw. auch im Halten von Wertpapieren oder Beteiligungen, ist eine Abgrenzung anhand der Grundstücksfläche nicht mehr zielführend. Hier scheint ein Abstellen auf den **Wert des jeweiligen Vermögens** naheliegend, auch wenn der Wert nicht zwingend auf den Aufwand, d. h. den Umfang der Tätigkeit, schließen lässt, der mit der Verwaltung des jeweiligen Vermögens anfällt.[351] Die Finanzverwaltung hat sich bisher noch nicht dazu geäußert, wie sie in derartigen Fällen den Hauptzweck des Unternehmens bestimmen will. 197

HINWEIS:

Die Bestimmung des Hauptzwecks ist immer betriebsbezogen, d. h. für das Einzelunternehmen bzw. die jeweilige Gesellschaft vorzunehmen. Ist das Immobilienvermögen auf mehrere Gesellschaften verteilt, können daher nicht alle Immobilien zusammengezogen und deren Werte in Summe zueinander ins Verhältnis gesetzt werden. Vielmehr muss für jede einzelne betriebliche Einheit bzw. Gesellschaft geprüft werden, ob ihr jeweiliger Hauptzweck in der Vermietung von Wohnraum besteht.[352]

cc) Erfordernis eines wirtschaftlichen Geschäftsbetriebs

Ein Wohnungsunternehmen mit steuerunschädlichem Immobilienvermögen wird schließlich nur dann angenommen, wenn die Vermietung von Wohnraum so weitreichend ist, dass die Tätigkeit einen wirtschaftlichen Geschäftsbetrieb erfordert. Nach § 14 Satz 1 AO ist unter einem wirtschaftlichen Geschäftsbetrieb jede selbständige nachhaltige Tätigkeit zu verstehen, durch die Einnahmen oder andere wirtschaftliche Vorteile erzielt werden und die über den Rahmen einer Vermögensverwaltung hinausgeht. Der **BFH**[353] zieht aus dem Verweis auf § 14 AO die Schlussfolgerung, dass auch im Rahmen des § 13b Abs. 4 Nr. 1 Buchst. d 198

350 R B 182 Abs. 1 Satz 2 ErbStR 2019.

351 Meincke/Hannes/Holtz, ErbStG, 18. Aufl. 2021, § 13b Rz. 58.

352 R E 13b.17 Abs. 2 Satz 6 ErbStR 2019; Lorenz, ZEV 2020 S. 281; Korezkij in BeckOK, ErbStG, 9. Ed. 2020, § 13b Rz. 156; a. A. für Grundbesitz, der mittelbar über vermögensverwaltende Tochtergesellschaften gehalten wird: Stoklassa, ErbStB 2017 S. 80, 84; Milatz/Wiemann, BB 2020 S. 1114; hiergegen jedoch ausdrücklich FG Münster, Urteil v. 25.6.2020 - 3 K 13/20 F NWB QAAAH-54794; LfSt Bayern v. 8.7.2020 - S 3812b.2.1 - 34/22 St 34 NWB SAAAH-55680, Verfügung betr. Behandlung Vermögensverwaltender Gesellschaften im Hinblick auf § 13b Abs. 4 Nr. 1 Satz 2 Buchst. d ErbStG (Wohnungsunternehmen) v. 8.7.2020, DStR 2020 S. 2024; Saecker/Gelhaar, NWB 46/2020 S. 3427 NWB VAAAH-63017.

353 BFH, Urteil v. 24.10.2017 - II R 44/15, BStBl 2018 II S. 358 NWB GAAAG-73186.

ErbStG eine **Abgrenzung einer vermögensverwaltenden gegenüber einer gewerblichen Tätigkeit** vorzunehmen sei.[354] Ein wirtschaftlicher Geschäftsbetrieb werde i.d.R. durch die Erzielung von Einkünften aus Gewerbebetrieb i.S.des §15 EStG begründet. Einkünfte aus Vermögensverwaltung und Einkünfte aus Gewerbebetrieb schlössen sich gegenseitig aus. Damit könnte überhaupt nur ein originär gewerblich tätiges Unternehmen bzw. eine originär gewerblich tätige Personen- oder Kapitalgesellschaft die Anforderungen an ein Wohnungsunternehmen i.S.des Erbschaft- und Schenkungsteuergesetzes erfüllen. Weder wären eine nur gewerblich geprägte Personengesellschaft noch eine vermögensverwaltend tätige Kapitalgesellschaft geeignete Rechtsträger, da bei beiden die Qualifikation als Gewerbebetrieb allein auf äußere Merkmale zurückzuführen ist.[355] Die Vermietung und Verpachtung von Grundbesitz stelle grds. eine bloße Verwaltung eigenen Vermögens dar. Die Tätigkeit werde auch nicht allein deshalb gewerblich, weil eine große Anzahl an Immobilien vermietet wird, weil der Vermieter über eine besondere Fachkunde verfügt oder der Immobilienbesitz fremdfinanziert ist. Selbst wenn der Vermieter einen in kaufmännischer Weise eingerichteten Geschäftsbetrieb[356] unterhalte, soll dies allein noch nicht ausreichen, um eine gewerbliche Tätigkeit annehmen zu können. Dazu bedürfe es vielmehr – so der BFH – *„bestimmte[r] ins Gewicht fallende[r], bei der Vermietung von Räumen nicht übliche[r] Sonderleistungen – wie z.B. die Übernahme der Reinigung der vermieteten Wohnungen oder der Bewachung des Gebäudes"*.[357] Die **Anzahl der vermieteten Wohnungen** sei dabei **vollkommen irrelevant**.

199 Der BFH wendet sich damit ausdrücklich gegen die **Ansicht der Finanzverwaltung**, die das Erfordernis und das Vorliegen eines wirtschaftlichen Geschäftsbetriebs bisher ohne weitere Prüfung unterstellt hat, wenn ein Unternehmen **mehr als 300 eigene Wohnungen** hält.[358] Dem auf den jeweiligen Einzelfall abstellenden Ansatz des BFH will sich die Finanzverwaltung auch künftig nicht

354 BFH, Urteil v.24.10.2017 - II R 44/15, BStBl 2018 II S.358 NWB GAAAG-73186.

355 BFH, Urteil v.24.10.2017 - II R 44/15, BStBl 2018 II S.358 NWB GAAAG-73186.

356 Der Begriff des „in kaufmännischer Weise eingerichteten Geschäftsbetriebs" wird in §1 Abs.2 HGB verwendet. Danach ist jeder Gewerbebetrieb ein Handelsgewerbe, sofern nicht das Unternehmen nach Art oder Umfang einen in kaufmännischer Weise eingerichteten Geschäftsbetrieb nicht erfordert. Nach Ansicht des BFH (a.a.O., Rz.30) sei die Vorschrift jedoch nicht gleichbedeutend mit §14 AO und kann daher nicht zur Abgrenzung herangezogen werden.

357 BFH, Urteil v.24.10.2017 - II R 44/15, BStBl 2018 II S.358 NWB GAAAG-73186, unter Verweis auf BFH, Urteil v.12.3.1964 - IV 136/61 S, BStBl 1964 III S.364 NWB HAAAA-90085; BFH, Urteil v.18.4.2000 - VIII R 68/98, BStBl 2001 II S.359 NWB QAAAA-96994; BFH, Urteil v.27.2.1987 - III R 217/82 NWB LAAAB-29455.

358 R E 13b.17 Abs.3 Satz 2 ErbStR 2019.

anschließen. Sie hat das Urteil des BFH zugunsten des Steuerpflichtigen mit einem **Nichtanwendungserlass** belegt[359] und will an ihrer bisherigen typisierenden Betrachtungsweise festhalten. Auch das Urteil des FG Münster v. 25.6.2020,[360] das sich der Rechtsauffassung des BFH angeschlossen hat, ignoriert die Finanzverwaltung geflissentlich und veröffentlichte eine Verfügung v. 8.7.2020,[361] in der sie weiterhin das Erfordernis eines wirtschaftlichen Geschäftsbetriebs regelmäßig als gegeben annimmt, wenn das Unternehmen mehr als 300 eigene Wohnungen hält.

HINWEIS:

Finanzverwaltung und Finanzgerichte scheinen sich in der Anwendung des Erbschaftsteuergesetzes ganz offensichtlich nicht einig zu sein. Da die Veranlagung der Erbschaft- und Schenkungsteuer zunächst über die Finanzämter läuft und die Finanzgerichte nur dann mit der Angelegenheit befasst werden, wenn es zwischen Steuerpflichtigem und Finanzamt zum Streit kommt, kann erst einmal Entwarnung gegeben werden. Die Finanzämter werden die für den Steuerpflichtigen günstige Interpretation des Gesetzes weiterhin anwenden. Kommt es jedoch bei der unentgeltlichen Übertragung von Wohnungsunternehmen zu Diskrepanzen zwischen Steuerpflichtigem und Finanzamt – die noch nicht einmal etwas mit dem Immobilienbestand zu tun haben müssen, sondern nur ganz allgemein den Regelungsbereich der erbschaft- und schenkungsteuerlichen Vergünstigungsvorschriften berühren –, ist zu befürchten, dass die Finanzgerichte die Gelegenheit nutzen werden, auch bei umfangreichem Immobilienbestand die Vergünstigung in Frage zu stellen.[362]

Die **Finanzverwaltung** wendet den 300-Wohnungen-Test **auf Ebene jeder einzelnen betrieblichen Einheit** getrennt an. Hält also ein Wohnungsunternehmen eine Beteiligung an einer Tochtergesellschaft, die ebenfalls über Immobilienvermögen verfügt, sollen die **Grundstücke der Tochtergesellschaft** für die Qualifikation der Muttergesellschaft als Wohnungsunternehmen **unberücksichtigt** bleiben. Ausschlaggebend sollen allein die „eigenen" Wohnungen der Muttergesellschaft sein.[363] Als weitere Konsequenz bestimmt die Finanzverwaltung, dass selbst dann, wenn das Mutterunternehmen mehr als 300 eigene Wohnungen hält, die Rückausnahme vom Verwaltungsvermögen allein für das 200

359 Oberste Finanzbehörden der Länder, Erlass v. 23.4.2018 - S 3821, BStBl 2018 I S. 692, ZEV 2018 S. 428.

360 FG Münster, Urteil v. 25.6.2020 - 3 K 13/20 F NWB QAAAH-54794, Revision eingelegt, Az. beim BFH: II R 20/20.

361 LfSt Bayern, Vfg. v. 8.7.2020 - S 3812b.2.1 - 34/22 St 34 NWB SAAAH-55680, Behandlung vermögensverwaltender Gesellschaften im Hinblick auf § 13b Abs. 4 Nr. 1 Satz 2 Buchst. d ErbStG (Wohnungsunternehmen), DStR 2020 S. 2024; ZEV 2020 S. 516.

362 So auch Viskorf in Viskorf/Schuck/Wälzholz, ErbStG, § 13b Rz. 252 mit der Empfehlung, vor der Übertragung eine verbindliche Auskunft bei der Finanzverwaltung einzuholen.

363 LfSt Bayern, Vfg. v. 8.7.2020 - S 3812b.2.1 - 34/22 St 34 NWB SAAAH-55680.

eigene Grundvermögen des Mutterunternehmens gelte, während die **Immobilien der Tochtergesellschaft stets als Verwaltungsvermögen** zu qualifizieren seien. Diese Einstufung verwundert insbesondere dann, wenn es sich bei der Tochtergesellschaft um eine vermögensverwaltende Personengesellschaft handelt. Die Einstufung ist in diesem Fall **nicht mit dem Gesetzestext in Einklang** zu bringen.

201 Nach §13b Abs.4 Nr.1 Satz2 Buchst.d ErbStG ist eine Nutzungsüberlassung an Dritte nicht anzunehmen, wenn die überlassenen Grundstücke etc. zum **gesamthänderisch gebundenen Betriebsvermögen** einer Personengesellschaft gehören. Das Betriebsvermögen wiederum umfasst gem. §95 Abs.1 BewG alle Teile eines Gewerbebetriebs i.S.des §15 Abs.1 und 2 EStG, die bei der **steuerlichen Gewinnermittlung zum Betriebsvermögen** gehören. Unter Berücksichtigung des §246 Abs.1 Satz2 HGB sowie des §39 Abs.2 AO zählen somit neben den Wirtschaftsgütern, die im **zivilrechtlichen Eigentum** des Unternehmers bzw. der Gesellschaft stehen, auch solche Wirtschaftsgüter, die dem **wirtschaftlichen Eigentum** der Gesellschaft zuzuordnen sind. Wirtschaftsgüter einer vermögensverwaltenden Personengesellschaft sind somit für steuerliche Zwecke dem Gesellschafter anteilig entsprechend seiner Beteiligungsquote unmittelbar zuzurechnen. Für erbschaft- und schenkungsteuerliche Zwecke gibt §10 Abs.1 Satz4 ErbStG darüber hinaus explizit die transparente Behandlung vermögensverwaltender Personengesellschaften vor. Vor diesem Hintergrund ist verständlich, dass auch solche Wirtschaftsgüter, die nur im wirtschaftlichen Eigentum einer betrieblichen Einheit stehen, in den allgemeinen Verwaltungsvermögenstest mit einbezogen werden.[364] Werden sie aber in den Vermögensverwaltungstest mit einbezogen, ist kein Grund ersichtlich, warum sie nur „ins Verwaltungsvermögen hinein", aber nicht „aus dem Verwaltungsvermögen wieder heraus" kommen können sollen. Nach der hier vertretenen Auffassung sind daher die wirtschaftlich und damit ertragsteuerlich der Muttergesellschaft zuzurechnenden Immobilien der vermögensverwaltenden Tochterpersonengesellschaft sowohl in den 300-Wohnungen-Test auf Ebene der Muttergesellschaft als auch in die steuerliche Verschonung nach §§13a, 13b ErbStG mit einzubeziehen, wenn der 300-Wohnungen-Test auf Ebene der Muttergesellschaft bestanden wird.[365]

364 FG Niedersachsen (1.Senat), Urteil v.1.11.2018 - 1 K 7/18 NWB WAAAH-05365; Korezkij in Beck-OK, ErbStG, 9.Ed. 2020, §13b Rz.115; Höne, NWB-EV11/2019 S.366 NWB RAAAH-32425.

365 Ebenso von Oertzen/Hübner, DStR2020 S.2586.

HINWEIS:

Die Ausführungen zu Immobilien einer vermögensverwaltenden Personengesellschaft gelten erst recht, wenn das Wohnungsunternehmen nicht das alleinige zivilrechtliche Eigentum an Immobilien hält, sondern „nur" Bruchteilseigentum i. S. der §§ 741 ff. BGB (= Miteigentum nach Bruchteilen).

Hält der Betrieb oder die Gesellschaft weniger als 300 eigene Wohnungen, 202
muss auch nach Auffassung der Finanzverwaltung im Einzelfall geprüft werden, ob ein wirtschaftlicher Geschäftsbetrieb vorliegt. Indizien, die für einen wirtschaftlichen Geschäftsbetrieb sprechen, hat die Finanzverwaltung in R E 13b.17 Abs. 3 ErbStR 2019 niedergelegt. Ein Vergleich dieser Indizien mit den Feststellungen des BFH, die dieser in seinem Urteil v. 24.10.2017[366] niedergelegt hat, zeigt, dass die **Finanzverwaltung auch außerhalb der 300-Objekt-Grenze deutlich geringere Anforderungen** an das Vorliegen eines wirtschaftlichen Geschäftsbetriebs stellt als die Rechtsprechung:

Indizien, die nach Ansicht der Finanzverwaltung für einen wirtschaftlichen Geschäftsbetrieb sprechen	**Indizien, die nach Ansicht des BFH für eine übliche (= vermögensverwaltende) Vermietungstätigkeit sprechen**
► Bewerbung der Tätigkeit	► Suche nach dem passenden Mieter durch Anzeigen in Portalen
► Umfang der Geschäfte	► die Erstellung des Mietvertrags
► Unterhalten eines Büros	► die Wohnungsübergabe
► Buchführung zur Gewinnermittlung	► den Einzug von Mietzahlungen
► umfangreiche Organisationsstruktur zur Durchführung der Geschäfte	► den Kontakt mit den Mietern während des laufenden Mietverhältnisses
► Anbieten der Dienstleistung/der Produkte einer breiteren Öffentlichkeit gegenüber	► das Abfassen von Betriebskostenabrechnungen
	► die Sauberhaltung der gemeinschaftlich genutzten Räumlichkeiten
	► die Gestaltung und Pflege der Außenanlagen
	► die Erfüllung der Räum- und Streupflicht
	► die Instandsetzung und Instandhaltung der Wohnungen
	► die Beauftragung der entsprechenden Handwerker, deren Überwachung und Kontrolle und deren Bezahlung

366 BFH, Urteil v. 24.10.2017 - II R 44/15, BStBl 2018 II S. 358 NWB GAAAG-73186.

HINWEIS:

Ebenso wie bei der Bestimmung des Hauptzwecks eines Unternehmens ist auch hinsichtlich der Erforderlichkeit eines wirtschaftlichen Geschäftsbetriebs immer nur auf den einzelnen Betrieb bzw. auf die einzelne Gesellschaft abzustellen.[367] Es könnte daher sinnvoll sein, sämtliche in einem Gesellschaftsverbund vorhandene Immobilien in einer zentralen Immobiliengesellschaft zu bündeln. Sofern hierbei Immobilien von einer Gesellschaft in eine andere Gesellschaft transferiert werden müssen, sind jedoch ertragsteuerliche und grunderwerbsteuerliche Konsequenzen zu beachten.[368] Dies gilt insbesondere dann, wenn – so die Rechtsprechung – das Grundvermögen von Wohnungsgesellschaften nur dann nicht als Verwaltungsvermögen qualifiziert, wenn das Wohnungsunternehmen eine originär gewerbliche Tätigkeit ausübt. Dann wären mit Überführung in das Wohnungsunternehmen die jeweiligen Immobilien dem Betriebsvermögen zuzuordnen mit der Folge ihrer ertragsteuerlichen Verstrickung und des eventuellen Verlusts der erweiterten gewerbesteuerlichen Kürzungsmöglichkeit nach § 9 Nr. 1 Satz 2 GewStG.[369]

Kann nachgewiesen werden, dass der Hauptzweck des Unternehmens in der Vermietung von Wohnraum liegt und einen wirtschaftlichen Geschäftsbetrieb erfordert, fallen nicht nur die zu Wohnzwecken vermieteten Immobilien aus dem Verwaltungsvermögen heraus, sondern auch alle anderen vom Unternehmen gehaltenen Grundstücke.[370]

3. Haltefristverstoß und Weitergabeverpflichtung

203 Für alle Befreiungsvorschriften mit Ausnahme des § 13d ErbStG[371] gilt, dass die Steuerbefreiung mit Wirkung für die Vergangenheit wegfällt, wenn die Immobilien innerhalb von **zehn Jahren** nach dem Erbfall oder der Schenkung veräußert werden oder die Voraussetzungen für die Vergünstigung wegfallen.[372] Von diesem nachträglichen Untergang der Steuerbefreiung, der „für und gegen jedermann" gilt, ist die Verpflichtung zur Weitergabe des begünstigten Vermögens an einen Dritten zu unterscheiden, der lediglich die Anwendung der Befreiungsvorschrift beim ursprünglichen Erwerber versagt und stattdessen auf einen nachfolgenden Erwerber des begünstigten Vermögens überträgt. Ausschlaggebendes Moment ist, dass bei einer Weitergabeverpflichtung der nachfolgende Erwerber das Vermögen gedanklich noch vom Erblasser erhält,

367 Vgl. oben Kapitel B. V. 2. c) Rz. 197.

368 Zu Familien-Immobiliengesellschaften siehe Kapitel D. III. 1. Rz. 393 ff.

369 Jülicher in Troll/Gebel/Jülicher/Gottschalk, ErbStG, 60. Erg.-Lfg. 2020, § 13b Rz. 297.

370 R E 13b.17 Abs. 2 Satz 5 ErbStR 2019; Lorenz, ZEV 2020 S. 281; Korezkij in BeckOK, ErbStG, 9. Ed. 2020, § 13b Rz. 156; Meincke/Hannes/Holtz, ErbStG, 17. Aufl. 2018, § 13b Rz. 57.

371 Siehe Kapitel B. V. 1. c) Rz. 169 ff.

372 §§ 13 Abs. 1 Nr. 2 Satz 2, Nr. 3 Satz 2, Nr. 4b Satz 5, Nr. 4c Satz 5 ErbStG; zu den besonderen fünf- bzw. siebenjährigen Haltefristen für Betriebsvermögen siehe § 13a Abs. 6 und Abs. 10 ErbStG.

während bei einem Verstoß gegen eine Haltefrist der Betroffene bereits der endgültige Erwerber ist, der jedoch gegen die Voraussetzungen für eine Vergünstigung verstößt. Der Verstoß gegen eine Haltefrist führt zu einer Nachversteuerung, die Weitergabeverpflichtung zu einem Begünstigungstransfer.

Dementsprechend können die Vergünstigungen für **denkmalgeschützte Immobilien,**[373] für den Erwerb des **Familienheims** von Todes wegen,[374] für **zu Wohnzwecken vermietete Immobilien**[375] und für **betriebliches Vermögen**[376] vom Erwerber nicht in Anspruch genommen werden, soweit er das begünstigte Vermögen aufgrund einer letztwilligen Verfügung des Erblassers (**Testament**) oder einer rechtsgeschäftlichen Verfügung des Erblassers (**Erbvertrag**) oder Schenkers auf einen Dritten übertragen muss. Das Gleiche gilt, wenn ein Erbe im Rahmen der **Teilung des Nachlasses** begünstigungsfähiges Vermögen auf einen Miterben überträgt.[377] Ziel dieser Regelungen ist es, die steuerlichen Vergünstigungen demjenigen zu gewähren, der letztendlich das begünstigte Wirtschaftsgut erhält. Der weitergebende Erbe erleidet dadurch keinen erbschaftsteuerlichen Nachteil, da er den Wert des weiterzugebenden begünstigungsfähigen Vermögens als Nachlassverbindlichkeit abziehen und somit seine Bereicherung in dem Umfang mindern kann, in dem er Vermögen weitergibt. Im Gegenzug darf nun der durch die Weitergabe begünstigte Dritte die Vergünstigung in Anspruch nehmen, sofern neben den sachlichen Voraussetzungen auch die eventuell erforderlichen persönlichen Voraussetzungen in seiner Person erfüllt werden. Der **Dritte** wird steuerlich so behandelt, als habe er von Anfang an das **begünstigte Vermögen vom Erblasser** geerbt. 204

Zur Weitergabe verpflichtet kann der Erbe aufgrund von Sachvermächtnissen, Vorausvermächtnissen, Schenkungsversprechen auf den Todesfall oder Auflagen sein. Für den Begünstigungstransfer ausschlaggebend ist stets, dass dem Dritten ein Sachleistungsanspruch zusteht, d. h. das Recht, den konkreten steuerbegünstigten Nachlassgegenstand zu erhalten. Ein solcher Sachleistungsanspruch liegt neben den zuvor genannten Gestaltungsinstrumenten auch dann vor, wenn ein Miterbe im Wege einer Teilungsanordnung oder anlässlich einer freien Erbauseinandersetzung einen rechnerisch größeren (Mit-)Eigentumsanteil am begünstigten Vermögen erhält, als ihm nach seiner Erbquote zustünde. 205

373 § 13 Abs. 1 Nr. 2 und 3 ErbStG (siehe oben Kapitel B. V. 1. a) Rz. 111 ff.).

374 § 13 Abs. 1 Nr. 4b und c ErbStG; R E 13.4 Abs. 5 ErbStR 2019 (siehe oben Kapitel B. V. 1. b) Rz. 123).

375 § 13d ErbStG; R E 13d Abs. 8 ErbStR 2019 (siehe oben Kapitel B. V. 1. c) Rz. 169 ff.).

376 § 13a Abs. 5 ErbStG; R E 13a.11 ErbStR 2019.

377 Siehe zur Auseinandersetzung der Erbengemeinschaft und zum Begünstigungstransfer auch Kapitel C. III. 1. Rz. 288 ff.

HINWEIS:

Vorsicht ist allerdings geboten, wenn dem Dritten kein Sachleistungsanspruch auf Übertragung des begünstigten Vermögens, sondern lediglich ein Geldanspruch zusteht, der durch Übertragung des begünstigten Vermögens an Erfüllungs statt befriedigt werden soll. Um einen auf Zahlung eines Geldbetrages gerichteten Anspruch handelt es sich bspw. dann, wenn der Dritte einen Pflichtteilsanspruch[378] geltend macht und er sich mit dem Erben darauf einigt, anstelle des Geldbetrages das Familienheim zu erhalten. Diese Leistung an Erfüllungs statt stellt steuerlich einen veräußerungsähnlichen Vorgang dar, der auf Seiten des Erben zu einer nachsteuerschädlichen Veräußerung und auf Seiten des Dritten zu einem entgeltlichen Erwerb führt.[379]

206 Die Versagung der Steuerbegünstigung für denjenigen Erben, der das begünstigte Vermögen auf einen Dritten überträgt, greift nach Ansicht der Finanzverwaltung im Falle einer **Teilungsanordnung** unabhängig davon, wann die Erbauseinandersetzungsvereinbarung geschlossen wird und sich die Erben auseinandersetzen. Bei einer **freien Erbauseinandersetzung** soll die Weitergabeverpflichtung hingegen nur dann steuerlich beachtlich sein, wenn die Auseinandersetzung **„zeitnah“** erfolgt.[380] Bei einer freien Erbauseinandersetzung handeln die Erben nicht aufgrund entsprechender Vorgaben des Erblassers, sondern aufgrund eines eigenen übereinstimmenden Entschlusses. Sie einigen sich darüber, wie der Nachlass unter ihnen verteilt werden soll. Eine solche Einigung kann sich u. U. hinauszögern, insbesondere dann, wenn zunächst unter den Erben Streit über die Verteilung der einzelnen Nachlassgegenstände besteht. Als „zeitnah“ erkennt die Finanzverwaltung in diesen Fällen grds. noch eine Auseinandersetzung innerhalb von **sechs Monaten** seit dem Erbfall an.[381] Diese zeitliche Begrenzung lässt sich jedoch weder dem Gesetzestext entnehmen noch steht sie in Übereinstimmung mit der höchstrichterlichen Rechtsprechung. Der **BFH** hat bereits 2015 entschieden, dass ein **Begünstigungstransfer auch** bei einer Erbauseinandersetzung **nach Ablauf**

378 Dies gilt zumindest nach deutschem Recht, das dem Pflichtteilsberechtigten lediglich einen Anspruch auf Zahlung eines Geldbetrages einräumt, Lange in MüKoBGB, 8. Aufl. 2020, § 2303 Rz. 14; in ausländischen Rechtsordnungen kann die Einstufung anders ausfallen, falls der Pflichtteilsanspruch als dingliches Noterbrecht ausgestaltet ist.

379 BFH, Urteil v. 22.7.2015 - II R 12/14, BStBl 2015 II S. 501 NWB JAAAF-00984; BFH, Urteil v. 26.2.2014 - II R 36/12, BStBl 2014 II S. 581 NWB LAAAE-62160; Jülicher in Troll/Gebel/Jülicher/Gottschalk, ErbStG, 60. Erg.-Lfg. 2020, § 13a Rz. 146.

380 R E 13.4 Abs. 5 Satz 4 und 11 ErbStR 2019; R E 13.a Abs. 1 Satz 4, Abs. 2 Satz 7 ErbStR 2019; R E 13d Abs. 8 Satz 4 und 11 ErbStR 2019.

381 H E 13.4, H E 13d ErbStR und H E 13a.11 „Freie Erbauseinandersetzung“ unter Hinweis auf das BMF, Schreiben zur Ertragsteuerlichen Behandlung der Erbengemeinschaft und ihrer Auseinandersetzung v. 14.3.2006 - IV B 2 - S 2242 - 7/06, BStBl 2006 I S. 253 NWB WAAAB-80130.

von sechs Monaten möglich ist, ohne eine zeitliche Höchstgrenze zu ziehen.[382] Diesem Urteil folgend, erlaubt daher „in begründeten Ausnahmefällen" auch die Finanzverwaltung einen Begünstigungstransfer, wenn der Steuerpflichtige darlegt und nachweist, warum die Sechs-Monats-Frist nicht eingehalten werden konnte.

Überträgt der weitergabebegünstigte Dritte in den Fällen der Teilungsanordnung oder einer freien Erbauseinandersetzung anlässlich der Nachlassteilung für das begünstigte Vermögen (z. B. eine zu Wohnzwecken vermietete Immobilie) nicht begünstigtes Nachlassvermögen (z. B. Wertpapiere) an die Miterben, erhöht der Wert des hingegebenen nicht begünstigten Vermögens (Wertpapiere) den Wert des beim Dritten anzusetzenden begünstigten Vermögens (zu Wohnzwecken vermieteten Immobilie). Bewertet wird die Immobilie mit dem Wert des hingegebenen Vermögens (Wertpapiere), maximal jedoch mit dem (Steuer-)Wert der Immobilie. 207

HINWEIS:

Damit setzt sich grds. der niedrigere der beiden Werte durch: Entweder bleibt der Wert des hingegebenen Vermögens (Wertpapiere) hinter dem Wert des begünstigten Vermögens (Immobilie) zurück – dann bestimmt sich der Wert des begünstigten Vermögens nach dem Wert des hingegebenen Vermögens –, oder der Wert des hingegebenen Vermögens übersteigt den Wert des begünstigten Vermögens – dann ist höchstens der Wert des begünstigten Vermögens anzusetzen.

Die gesetzlich vorgegebene Rechentechnik führt **weder zu einer Änderung der Erbquoten noch zu einer Veränderung der Zurechnung der Erwerbsgegenstände**, sondern wirkt sich lediglich auf die steuerliche Bemessungsgrundlage, d. h. den Wert des steuerpflichtigen Erwerbs beim einzelnen Erben, aus.[383] Dies ist auch aus zivilrechtlicher Sicht konsequent: Trifft nämlich der Erblasser im Rahmen seiner letztwilligen Verfügung eine **Teilungsanordnung**, wird dem vom Erblasser bestimmten Erben ein genau bezeichneter Nachlassgegenstand zugewiesen, dessen Wert sich der Erbe auf seine Erbquote anrechnen lassen muss. Eine Verschiebung der Erbanteile findet dadurch nicht statt. Gerade weil eine Teilungsanordnung ebenso wenig wie eine **freie Erbauseinandersetzung** Auswirkungen auf die Erbquote des jeweiligen Erben entfaltet, geht mit dem zusätzlichen Erwerb begünstigten Vermögens die Hingabe anderer Nachlassgegenstände einher. Findet ein solcher Ausgleich unter den Erben nicht 208

382 BFH, Urteil v. 23.6.2015 - II R 39/13, BStBl 2016 II S. 225 NWB CAAAF-01620, NWB HAAAF-01653; zustimmend Jülicher in Troll/Gebel/Jülicher/Gottschalk, ErbStG, 60. Erg.-Lfg. 2020, § 13d Rz. 6.

383 R E 13.4 Abs. 5 Satz 9 ErbStR 2019.

statt, wäre zu prüfen, ob im Verhältnis zwischen dem „zu wenig" erhaltenden Erbe und dem „zu viel" erhaltenden Erbe eine Schenkung vorliegt.

209 Anders verhält es sich in aller Regel bei **Vermächtnissen** und **Vorausvermächtnissen**, die nicht auf die Übertragung begünstigten Vermögens gerichtet sind: In diesen Fällen erhält ein Erbe zusätzlich zu seinem Erbteil (Vorausvermächtnis) oder eine Person, die nicht als Erbe am Nachlass beteiligt ist (Vermächtnis), einen bestimmter Nachlassgegenstand. Möchten Vorvermächtnisnehmer oder Vermächtnisnehmer das vermächtnisweise zugewiesene Vermögen gegen ein anderes Wirtschaftsgut aus dem Nachlass, nämlich begünstigtes Vermögen, austauschen und geben sie daher das vermächtnisweise zugedachte Vermögen in den Nachlass zurück, ist hierin ein Tausch, d.h. ein veräußerungsähnlicher Vorgang, zu sehen, der auf Seiten des Dritten zu einem entgeltlichen Erwerb des begünstigten Vermögens und auf Seiten des Erben zu einer **nachsteuerschädlichen Veräußerung** führt. In diesem Fall wäre es **steuerlich vorteilhafter**, wenn der Vermächtnisnehmer auf sein Vermächtnis verzichtet und für diesen **Verzicht** eine **Abfindung** in Form des begünstigten Vermögens erhält. Eine solche Abfindung gilt nach § 3 Abs. 2 Nr. 4 ErbStG als vom Erblasser zugewandt mit der Folge, dass der Verzichtende unmittelbar begünstigtes Vermögen aus der Hand des Erblassers erhält und sich die Steuervergünstigungen originär bei ihm auswirken können.[384]

HINWEIS:

Erhält der Verzichtende als Abfindung begünstigtes Betriebsvermögen i.S.des § 13b Abs. 1 ErbStG, will die Finanzverwaltung die Hingabe des begünstigten Vermögens beim Erben als nachsteuerschädliche Veräußerung i.S.des § 13a Abs. 6 ErbStG behandeln.[385] Dies widerspricht nicht nur der zivilrechtlichen und ertragsteuerlichen Wertung,[386] sondern führt auch zu einer inkonsistenten Behandlung innerhalb des Erbschaftsteuergesetzes. Zutreffenderweise fällt der Abfindungsgegenstand zunächst in den Nachlass und ist anschließend an den verzichtenden Vermächtnisnehmer weiterzuleiten. Aufgrund der Abfindungsvereinbarung wird das ursprünglich vermächtnisweise zugewandte Vermögen für erbschaftsteuerliche Zwecke gegen die Abfindung ausgetauscht. Erwerbsgegenstand ist nicht mehr das ursprünglich Zugedachte, sondern das als Abfindung Geleistete.[387] Wenn die Weitergabe des ursprünglichen Vermächtnisses keinen Nachsteuertatbestand auslöst, kann folglich die Weitergabe des „neuen"

---

384 R E 13b.1 Abs. 1 Satz 4 Nr. 7 ErbStR 2019; siehe zum Verzicht gegen Abfindung auch Kapitel C. II. 3. Rz. 254 ff.

385 R E 13a.12 Abs. 3 Nr. 1 ErbStR 2019.

386 Jülicher in Troll/Gebel/Jülicher/Gottschalk, ErbStG, 60. Erg.-Lfg. 2020, § 13a Rz. 151; Hermann in Hannes, 2. Aufl. 2017, B. 2.04 Vermächtnisausschlagung mit Abfindung, Rz. 4; siehe hierzu aber auch die Ausführungen in Kapitel B. V. 3. Rz. 204 ff.

387 FG Köln (7. Senat), Urteil v. 28.6.2018 - 7 K 926/15 NWB KAAAH-08791, Revision eingelegt, Az. beim BFH: II R 36/18.

Vermächtnisses nicht anders behandelt werden. Eine unterschiedliche Behandlung von Vermächtnissen sieht das Erbschaftsteuergesetz schlichtweg nicht vor.

Die Regelung der Finanzverwaltung ist zudem auch nicht erforderlich, da der die Abfindung leistende Erbe, den Wert der Abfindung nach § 10 Abs. 5 Nr. 3 ErbStG als Nachlassverbindlichkeit abziehen kann. Über § 10 Abs. 6 ErbStG ist sichergestellt, dass selbst dann, wenn der Erblasser die Vergünstigungen nach §§ 13a, 13b ErbStG geltend machen wollte, die Nachlassverbindlichkeit ebenfalls nur im selben Umfang abgezogen werden könnte. Unterstellt die Finanzverwaltung einen Nachsteuertatbestand, der mit Leistung der Abfindung verwirklicht wird, kann der Erbe eine entsprechend höhere Nachlassverbindlichkeit abziehen. Im Ergebnis dürften somit die übliche Behandlung von Vermächtnissen als auch die Sonderregelung der Finanzverwaltung zum selben Ergebnis führen: nicht der Weitergabeverpflichtete oder der im Rahmen einer freien Erbauseinandersetzung freiwillig Weitergebende, sondern derjenige, bei dem letztendlich das begünstigte Vermögen anlässlich der Auseinandersetzung und Verteilung des Nachlasses ankommt, kann erbschaftsteuerliche Vergünstigungen in Anspruch nehmen.

HINWEIS:

Während der „Weitergebende" selbst keine Angaben zur Weitergabe machen, sondern lediglich beachten muss, dass er die steuerlichen Vergünstigungen für betriebliches Vermögen nicht in Anspruch nehmen darf, muss der weitergabebegünstigte Dritte erläutern, aufgrund welchen Sachverhalts er das begünstigte Vermögen erhält. Soweit Rechtsgrund des Erwerbs ein Vermächtnis, Vorausvermächtnis, eine Auflage oder ein Schenkungsversprechen auf den Todesfall ist, reicht es aus, wenn der Erwerber in der Erbschaftsteuererklärung das entsprechende Feld ankreuzt. Ist der Begünstigte hingegen als Erbe am Nachlass beteiligt und erhält er aufgrund einer Teilungsanordnung oder aufgrund einer freien Erbauseinandersetzung einen höheren Anteil am begünstigten Vermögen, als es seiner Erbquote entspräche, muss er erläutern, welcher Wert dem zusätzlich erhaltenen Anteil beizumessen ist und welche Nachlassgegenstände er im Gegenzug dafür an den Weitergebenden hingegeben hat.

4. Schuldenabzugsbegrenzung nach § 10 Abs. 6 ErbStG

Unterliegt die Übertragung einer Immobilie aufgrund der unterschiedlichen 210
Steuerbefreiungsvorschriften nicht oder nicht in vollem Umfang der Erbschaft- und Schenkungsteuer, können korrespondierend die mit der Immobilie wirtschaftlich in Zusammenhang stehenden Schulden und Lasten ebenfalls nicht bzw. nur verhältnismäßig steuermindernd berücksichtigt werden.[388] Dies soll sogar selbst dann gelten, wenn die Schulden über den Wert des begünstigten Vermögens hinausreichen, wenn also ein Schuldenüberhang besteht. In diesem Fall geht Steuerminderungspotenzial verloren, da in Summe ein negativer

388 § 10 Abs. 6 ErbStG; beachte bei der Übernahme von Schulden und Lasten im Rahmen gemischter Schenkungen auch R E 7.4 ErbStR 2019.

Wert übertragen wird, der jedoch mit mindestens 0€ in die steuerliche Bemessungsgrundlage einfließt.

HINWEIS:

Liegt im Zusammenhang mit begünstigtem Vermögen ein Schuldenüberhang vor, sollte der Steuerpflichtige prüfen, ob im Einzelfall die Möglichkeit eines Verzichts auf die Steuervergünstigung besteht. Dies ist z. B. nach § 13 Abs. 3 ErbStG bei denkmalgeschützten Immobilien i. S. des § 13 Abs. 1 Nr. 2 und 3 ErbStG möglich.

211 Der Zusammenhang zwischen begünstigtem Vermögen einerseits und Schulden und Lasten andererseits muss wirtschaftlicher Art sein. Ein lediglich rechtlicher Zusammenhang ist für das Abzugsverbot nicht ausreichend.[389] Dementsprechend greift das Abzugsverbot des § 10 Abs. 6 ErbStG nicht schon allein deshalb, weil ein privates Grundstück mit einer Hypothek belastet ist. Dient die Hypothek nämlich nur der Sicherung einer betrieblichen Verbindlichkeit, besteht lediglich ein rechtlicher Zusammenhang zwischen der Last und der Immobilie. Im Gegensatz dazu ist ein wirtschaftlicher Zusammenhang gegeben, „wenn die Entstehung der Schuld oder Last unmittelbar auf Vorgänge zurückzuführen ist, die das belastete Wirtschaftsgut betreffen,“[390] z. B. wenn die Schuld auf Anschaffungs- oder Herstellungskosten des begünstigten Vermögens zurückzuführen ist.[391]

HINWEIS:

Ist eine Immobilie mit einem Nießbrauch oder Wohnrecht belastet, kann sich diese Last bereits bei der Bewertung der Immobilie niedergeschlagen haben, wenn der Steuerpflichtige den Nachweis eines gegenüber den Bewertungsregeln der §§ 176–197 BewG niedrigeren gemeinen Werts mithilfe eines Bewertungsgutachtens geführt hat. In diesen Fällen ist ein abermaliger Schuldenabzug nach § 10 Abs. 5 ErbStG nicht möglich mit der Folge, dass eine Begrenzung des Schuldenabzugs nach § 10 Abs. 6 ErbStG ebenfalls nicht mehr zu prüfen ist.[392]

212 Auch Vermächtnisse können vom Abzugsverbot erfasst sein. Dies gilt jedoch nur für Sachvermächtnisse, die sich auf die Übertragung begünstigten Vermögens beziehen. In diesem Fall ist nämlich das begünstigte Vermögen mit der Pflicht zur Herausgabe an den Vermächtnisnehmer belastet.[393] Steht dem Vermächtnisnehmer hingegen nur ein auf Zahlung einer Geldsumme gerichteter Anspruch zu, handelt es sich insoweit um eine allgemeine Nachlassschuld,

389 BFH, Urteil v. 6.7.2005 - II R 34/03, BStBl 2005 II S. 797 NWB GAAAB-66611.

390 BFH, Urteil v. 13.11.1964 - III 336/61, HFR 1965 S. 449; Gottschalk in Troll/Gebel/Jülicher/Gottschalk, ErbStG, 60. Erg.-Lfg. 2020, § 10 Rz. 247.

391 H E 10.10 ErbStR 2019 „wirtschaftlicher Zusammenhang“.

392 Siehe ergänzend auch Kapitel B. IV. 1. c) Rz. 92.

393 Gottschalk in Troll/Gebel/Jülicher/Gottschalk, ErbStG, 60. Erg.-Lfg. 2020, § 10 Rz. 249.

die sich nicht auf einen bestimmten Nachlassgegenstand bezieht. Mangels wirtschaftlichen Zusammenhangs mit erbschaftsteuerlich begünstigtem Vermögen kann hier das Abzugsverbot nicht greifen.[394]

In gleicher Weise hat der BFH Belastungen aus Pflichtteils- und Zugewinnausgleichsansprüchen behandelt. Auch diese betrachtet er inzwischen[395] als allgemeine Nachlassverbindlichkeiten, die nicht in wirtschaftlichem Zusammenhang mit den einzelnen erworbenen Vermögensgegenständen stehen. Folglich sah er keine Veranlassung, § 10 Abs. 6 ErbStG auf Pflichtteils- und Zugewinnausgleichsansprüchen anzuwenden. Dieser Ansicht, dass zwischen Pflichtteils- und Zugewinnausgleichsansprüchen sowie anderen allgemeinen Nachlassverbindlichkeiten einerseits und den einzelnen erbweise erhaltenen Vermögensgegenständen andererseits kein wirtschaftlicher Zusammenhang besteht, hat sich die Finanzverwaltung ebenfalls angeschlossen.[396] Dem Gesetzgeber gefiel dieses Ergebnis jedoch nicht. Daher wurde § 10 Abs. 6 ErbStG im Rahmen des Jahressteuergesetzes 2020[397] inhaltlich um weitere Regelungen ergänzt. In § 10 Abs. 6 Satz 5 ErbStG heißt es nunmehr: *„Schulden und Lasten, die nicht in wirtschaftlichem Zusammenhang mit einzelnen Vermögensgegenständen des Erwerbs stehen, sind anteilig allen Vermögensgegenständen des Erwerbs zuzurechnen."* Damit ist die beschränkte Abzugsfähigkeit von Pflichtteilsansprüchen, Zugewinnausgleichszahlungen,[398] Konsumentendarlehen und Steuerschulden für alle Erwerbe, für die die Steuer nach dem 28.12.2020 entsteht,[399] durch die Hintertür wieder eingeführt worden. Einzig und allein Nachlassverbindlichkeiten i. S. des § 10 Abs. 5 Nr. 3 ErbStG (Kosten für Bestattung, Grabdenkmal und Nachlassabwicklungskosten) sind gem. § 10 Abs. 6 Satz 6 ErbStG von dieser Einschränkung nicht betroffen.

BEISPIEL: Im Nachlass des Erblassers E befindet sich ein Familienheim im Wert von 1 Mio. € sowie sonstiges Vermögen im Wert von 4 Mio. €. Alleinerbin des E wird Ehefrau F. Die Kinder des E sind nicht bedacht. Ihre Pflichtteilsansprüche sollen sich im Beispielsfall auf insgesamt 1,25 Mio. € belaufen. F möchte wissen, in welcher Höhe sie die Pflichtteilsansprüche als Nachlassverbindlichkeiten abziehen kann.

---

394 BFH, Urteil v. 22.7.2015 - II R 21/13, BStBl 2016 II S. 228 NWB TAAAF-01315.

395 Zur früheren Ansicht, dass zwischen Pflichtteilsanspruch und den einzelnen Nachlassgegenständen ein wirtschaftlicher Zusammenhang bestehe, siehe BFH, Urteil v. 21.7.1972 - III R 44/70, BStBl 1973 II S. 3 NWB SAAAA-99380.

396 R E 10.10 Abs. 3 ErbStR 2019, anders noch Gleichlautender Erlass zur Umsetzung des Gesetzes zur Reform des Erbschaftsteuer- und Bewertungsrechts; Anwendung der geänderten Vorschriften des Erbschaftsteuer- und Schenkungsteuergesetzes v. 25.6.2009, BStBl 2009 I S. 713.

397 Jahressteuergesetz 2020 v. 21.12.2020, BGBl 2020 I S. 3096.

398 Siehe auch § 5 Abs. 1 Satz 6 ErbStG.

399 § 37 Abs. 18 ErbStG.

LÖSUNG:

	Bis 28.12.2020	Ab 29.12.2020
Erwerb	5 Mio.€	5 Mio.€
Befreiung für das Familienheim	./. 1 Mio.€	./. 1 Mio.€
Erbschaftsteuerlicher Erwerb vorläufig	4 Mio.€	4 Mio.€
Pflichtteilsansprüche als Nachlassverbindlichkeiten	./. 1,25 Mio.€	./. 1,25 Mio.€
Kürzung der Nachlassverbindlichkeit um 20% (1 Mio.€ / 5 Mio.€)	0€	+ 250.000€
Endgültiger erbschaftsteuerlicher Erwerb der F	2,75 Mio.€	3 Mio.€

Im Zuge der Verschärfung des Abzugsverbots von allgemeinen Nachlassverbindlichkeiten durch das Jahressteuergesetz 2020 werden in der Literatur bereits erste Gestaltungsmöglichkeiten diskutiert. So wird bspw. empfohlen, begünstigtes Vermögen schon zu Lebzeiten unentgeltlich auf den späteren Erben zu übertragen. Verstirbt später der Erblasser, mag diese Schenkung zwar einen Pflichtteilsergänzungsanspruch der nicht bedachten Pflichtteilsberechtigten auslösen; da zum Zeitpunkt des Erbfalls jedoch kein begünstigtes Vermögen im Nachlass mehr vorhanden ist, der Erbfall sich also ausschließlich auf vollumfänglich steuerpflichtiges Vermögen bezieht, soll es nicht zu einer anteiligen Kürzung der Nachlassverbindlichkeiten kommen können.[400]

HINWEIS:

Die vom Abzugsverbot betroffene Schuld ist rückwirkend wieder zum Abzug zuzulassen, wenn und soweit eine Vergünstigung mit Wirkung für die Vergangenheit entfällt oder der Erwerber das begünstigte Vermögen aufgrund einer Weitergabeverpflichtung auf einen Dritten überträgt und daher keine Steuervergünstigung für sich selbst beanspruchen kann.[401]

213–223 *(Einstweilen frei)*

400 Stein, ErbBstg 2021 S. 152, 155.

401 R E 10.10 Abs. 2, 4 und 5 ErbStR 2019; Gottschalk in Troll/Gebel/Jülicher/Gottschalk, ErbStG, 60. Erg.-Lfg. 2020, § 10 Rz. 244.

C. Gestaltungsmöglichkeiten nach dem Erbfall

I. Fehlende Liquidität zur Begleichung der Erbschaftsteuerschuld

1. Stundung der Erbschaftsteuer

Mit Immobilien werden nicht nur immobile, sondern auch illiquide Vermögenswerte übertragen. Die anlässlich der unentgeltlichen Übertragung anfallende Erbschaft- oder Schenkungsteuer kann daher in aller Regel nicht aus dem Vermögenszuwachs beglichen, sondern muss aus sonstigem Vermögen finanziert werden. Diesem Umstand trägt **§ 28 Abs. 3 ErbStG** Rechnung, der dem Erwerber einer **zu Wohnzwecken vermieteten Immobilie** i. S. des § 13d Abs. 3 ErbStG auf Antrag die Möglichkeit zur Stundung der Erbschaft- und Schenkungsteuer einräumt, wenn die Steuer nur durch Veräußerung des übertragenen Grundbesitzes bezahlt werden könnte. Das Gleiche gilt für Erwerber eines **Ein- oder Zweifamilienhauses oder von Wohneigentum**, sofern diese zu eigenen Wohnzwecken genutzt werden. Für Wohnungen in einem **Mietwohn-, Geschäfts- oder gemischt genutzten Grundstück** oder in einem sonstigen bebauten Grundstück will die Finanzverwaltung in Übereinstimmung mit dem Gesetzestext die Stundungsmöglichkeit **nicht** zulassen.[402] 224

HINWEIS:

Eine Nutzung zu eigenen Wohnzwecken liegt – auch bei ausschließlich selbstgenutzten – Ferienimmobilien nicht vor.[403]

HINWEIS:

Ähnlich wie bei der Gewährung der Steuerbefreiung nach § 13d ErbStG stellt sich auch im Zusammenhang mit der Stundungsmöglichkeit die Frage, ob diese nur dann zur Anwendung gelangt, wenn die Immobilie unmittelbar gehalten bzw. erworben wird, oder auch dann, wenn Zuwendungsgegenstand eine Beteiligung an einer vermögensverwaltenden Personengesellschaft ist, in deren Gesellschaftsvermögen sich die Immobilie befindet.[404] Letzteres wird in der Literatur überwiegend bejaht.[405]

Die Stundung ist auf maximal zehn Jahre bzw. auf die Dauer der Selbstnutzung begrenzt. Beendet der Erwerber die Selbstnutzung zu eigenen Wohnzwe- 225

402 R E 28 Abs. 6 Satz 3 ErbStR.

403 Siehe Kapitel B. V. 1. b) Rz. 127.

404 Siehe oben Kapitel B. V. 1. a) Rz. 112 und Kapitel B. V. 1. c) Rz. 163.

405 Jülicher in Troll/Gebel/Jülicher/Gottschalk, ErbStG, 60. Erg.-Lfg. 2020, § 28 Rz. 13; Hamacher/Liebernickel in BeckOK, ErbStG, 9. Ed. 2020, § 28 Rz. 32; Wälzholz in Viskorf/Schuck/Wälzholz, ErbStG, § 28 Rz. 31; zur Stundungsmöglichkeit von Betriebsvermögen siehe § 28 Abs. 1 ErbStG.

cken, kann weiterhin eine Stundung gewährt werden, wenn das Objekt anschließend zu Wohnzwecken i.S.des §13d ErbStG vermietet wird und die Zehnjahresfrist noch nicht abgelaufen ist. In allen Fällen endet die Stundung auch vor Ablauf der zehn Jahre oder trotz weiter bestehender Selbstnutzung, soweit das Grundvermögen veräußert[406] oder auch nur verschenkt wird.

HINWEIS:

Die Stundung erfolgt nur in den Fällen des Erwerbs von Todes wegen zinslos; ist die Immobilie Gegenstand einer Schenkung, fallen Stundungszinsen nach §§234, 238 AO an.

226 Der Rechtsanspruch auf Stundung besteht nicht, wenn der Erwerber die auf das begünstigte Vermögen entfallende Steuer entweder aus anderem erworbenem Vermögen oder aus seinem eigenen, bereits vorhandenen Vermögen bezahlen kann. Zudem muss der Steuerpflichtige nach Auffassung der Finanzverwaltung auch die Möglichkeit einer Kreditaufnahme ausschöpfen; nur wenn er kein eigenes Vermögen hat und ihm kein Kredit gewährt wird, kann er eine Stundung beanspruchen.[407] Auch dann, wenn zwar nicht der Erwerber, wohl aber der Schenker die Steuer aufbringen kann, soll eine Stundung ausgeschlossen sein. Dies soll sogar unabhängig davon gelten, ob sich der Schenker zur Übernahme der Schenkungsteuer verpflichtet hat. Falls nicht, wird er schlichtweg als Gesamtschuldner in Anspruch genommen.[408]

2. Veräußerung der Immobilie mit Aufdeckung stiller Reserven/Auslösen von Ertragsteuer

227 Fehlt die erforderliche Liquidität auf Seiten des Erben oder Vermächtnisnehmers, um die durch den Erbfall ausgelöste Erbschaftsteuer begleichen zu können, und wird ihm auch keine Stundung der Steuer gewährt, bleibt dem Begünstigten oftmals nur die Möglichkeit, das unentgeltlich erworbene Vermögen zu veräußern. Neben einem **erbschaftsteuerlich relevanten Verstoß gegen eventuelle Haltefristen**[409] können sich hieraus zusätzliche **ertragsteuerliche Konsequenzen** ergeben.

406 Jülicher in Troll/Gebel/Jülicher/Gottschalk, ErbStG, 60.Erg.-Lfg. 2020, §28 Rz.18; RE28 Abs.7 Satz8 i.V.mit Abs.3 Satz1 Nr.1 ErbStR2019.

407 RE28 Abs.7 Satz2 ErbStR; ablehnend Eisele in Kapp/Ebeling, Erbschaftsteuer- und Schenkungsteuergesetz, 100.Erg.-Lfg. 2024, §28 Rz.6.1.

408 RE28 Abs.7 Satz4 ErbStR; zur Kritik an der Auffassung der Finanzverwaltung siehe Söffing/Thonemann, ErbStB2009 S.325, 336; Eich, ErbStB2011 S.114; Meincke/Hannes/Holtz, ErbStG, 18.Aufl. 2021, §28 Rz.8.

409 Siehe oben Kapitel B. V. 3. Rz.203.

a) Veräußerung unmittelbar gehaltenen Immobilienbesitzes

Hat der Begünstigte unmittelbaren Immobilienbesitz erworben, führt die Veräußerung dieser Immobilie zu einem steuerpflichtigen **Veräußerungsgeschäft i.S.des § 23 Abs.1 Satz 1 Nr.1 EStG**, wenn zwischen Anschaffung und Veräußerung nicht mehr als zehn Jahre liegen und die Immobilie in diesem Zeitraum, mindestens aber im Jahr der Veräußerung und den beiden vorangegangenen Jahren, nicht zu eigenen Wohnzwecken genutzt wurde. Zwecks Ermittlung der Haltedauer ist dabei im Falle des unentgeltlichen Erwerbs der Zeitpunkt der Anschaffung durch den Erblasser dem Erben oder Vermächtnisnehmer zuzurechnen.[410] Im Ergebnis wird somit die **Besitzdauer des Erblassers und des Erwerbers addiert**. Führt diese zu einer Haltezeit von mehr als zehn Jahren, können Erbe oder Vermächtnisnehmer die Immobilie ertragsteuerneutral veräußern. Neben der eventuellen Erbschaftsteuer fällt keine weitere Ertragsteuer an. 228

Veräußert der Erwerber mehrere Immobilien innerhalb eines engen zeitlichen Abstands, stellt sich weiter die Frage, ob die Veräußerung einer Nachlassimmobilie Gegenstand eines **gewerblichen Grundstückshandels** sein kann. Dies ist grds. anhand der sog. „Drei-Objekt-Grenze" zu beurteilen, die von der Finanzverwaltung im BMF-Schreiben zum gewerblichen Grundstückshandel definiert wird.[411] Danach gilt die Veräußerung von mehr als drei Immobilien („Zählobjekte") innerhalb von fünf Jahren als gewerbliche Tätigkeit mit der Folge, dass der Gewinn bereits aus der Veräußerung der ersten Immobilie zu gewerblichen Einkünften führt und sowohl der Einkommen- als auch der Gewerbesteuer unterliegt.[412] Zu den Zählobjekten gehören grds. solche Immobilien, bei denen der Zeitraum zwischen Anschaffung und Veräußerung nicht mehr als fünf Jahre beträgt.[413] Die Immobilien sind des Weiteren dem Umlaufvermögen des gewerblichen Immobilienbetriebs zuzuordnen, so dass nicht nur die Mieterträge gewerbliche Einkünfte darstellen, sondern zudem eine Abschreibung für Abnutzung (AfA) nicht möglich ist.[414] 229

Bezüglich der **Veräußerung einer durch Erbfolge auf den Erben übergegangenen Immobilie** geht die Finanzverwaltung inzwischen jedoch davon aus, dass diese Immobilie **kein Zählobjekt** i.S.des gewerblichen Grundstückshandels sein kann. Mag auch der Erbe die Immobilie noch mit bedingter Veräußerungs- 230

410 § 23 Abs.1 Satz 3 EStG.

411 BMF, Schreiben v.26.3.2004 - IV A 6-S 2240-46/04, BStBl 2004 I S.434 NWB CAAAB-20074.

412 BMF, Schreiben v.26.3.2004 - IV A 6-S 2240-46/04, BStBl 2004 I S.434 NWB CAAAB-20074.

413 BMF, Schreiben v.26.3.2004 - IV A 6-S 2240-46/04, BStBl 2004 I S.434 NWB CAAAB-20074.

414 BFH, Urteil v.5.12.2002 - IV R 57/01, BStBl 2003 II S.291 NWB ZAAAA-89474; BMF, Schreiben v.26.3.2004 - IV A 6-S 2240-46/04, BStBl 2004 I S.434 NWB CAAAB-20074.

absicht erworben haben, so kann die persönliche Absicht des Erblassers jedenfalls nicht seinem Rechtsnachfolger zugerechnet werden. Ein Rückschluss aus äußeren Tatsachen auf eine subjektive Absicht setzt nach Ansicht des BFH grds. Personenidentität voraus.[415] Da auch der Erbe selbst die Nachlassimmobilie denknotwendig nicht in bedingter Veräußerungsabsicht erworben haben kann, bleibt somit kein Raum für die Verwirklichung eines gewerblichen Grundstückshandels, soweit die Nachlassimmobilie betroffen ist. Der Erwerb durch Erbanfall im Wege der Gesamtrechtsnachfolge ist daher kein Erwerb i.S.des gewerblichen Grundstückshandels.[416] Etwas anderes gilt nur dann, wenn der Erbe nach dem Erwerb, aber noch vor der Veräußerung die Nachlassimmobilie in erheblichem Umfang modernisiert und hierdurch „ein Wirtschaftsgut anderer Marktgängigkeit"[417] entsteht. In diesem Fall betätigt sich der **Erbe oder Vermächtnisnehmer** selbst in einer Art und Weise, die ihn **wie einen Händler** auftreten lässt.

HINWEIS:

Bei Schenkungen unter Lebenden fällt die Wertung der Finanzverwaltung anders aus. Dann nämlich sollen die Anschaffung durch den Schenker und die Veräußerung durch den Beschenkten zusammengezogen und als einheitlicher Vorgang zu beurteilen sein.[418] Eine vom Schenker angeschaffte und vom Beschenkten veräußerte Immobilie soll damit nach Ansicht der Finanzverwaltung sowohl beim Schenker als auch beim Beschenkten zum Zählobjekt werden. Auch in diesem Fall bleibt jedoch fraglich, wie und warum die bedingte Veräußerungsabsicht des Schenkers, die bereits bei Anschaffung der Immobilie vorgelegen haben muss, durch das Handeln des Beschenkten bestätigt werden kann. Es ist weder ersichtlich, auf welcher tatsächlichen und vor allem rechtlichen Grundlage die persönliche Absicht des Schenkers dem Beschenkten, noch die tatsächliche Veräußerung durch den Beschenkten dem Schenker zugerechnet werden könnte. Die Feststellung des BFH, ein Rückschluss aus äußeren Tatsachen auf eine subjektive Absicht setze grds. Personenidentität voraus,[419] erlangt bei Schenkungen die gleiche Gültigkeit wie bei einem Erwerb im Wege der Erbfolge.

Nicht ausdrücklich thematisiert wird darüber hinaus die Frage, wie mit vermächtnisweise erworbenen Immobilien umzugehen ist. Der vermächtnisweise Erwerb unterscheidet sich von einem Erwerb durch Erbfolge dadurch, dass der Vermächtnisnehmer gerade nicht Gesamtrechtsnachfolger wird, sondern lediglich einen schuldrechtlichen Anspruch gegenüber dem Erben auf Übertragung des vermachten Gegenstandes hat.

415 BFH, Urteil v.15.3.2000 - X R 130-97, BStBl 2001 II S.530 NWB SAAAA-96976.

416 BFH, Urteil v.15.3.2000 - X R 130-97, BStBl 2001 II S.530 NWB SAAAA-96976; BMF, Schreiben v.26.3.2004 - IV A 6-S 2240-46/04, BStBl 2004 I S.434 NWB CAAAB-20074; Söffing/Klümpen-Neusel, DStR 2000 S.1753.

417 BMF, Schreiben v.26.3.2004 - IV A 6-S 2240-46/04, BStBl 2004 I S.434 NWB CAAAB-20074.

418 BMF, Schreiben v.26.3.2004 - IV A 6-S 2240-46/04, BStBl 2004 I S.434 NWB CAAAB-20074; a.A. Söffing/Klümpen-Neusel, DStR 2000 S.1753, 1756; Söffing, DStR 2004 S.793, 795; Tiedtke/Wälzholz, MittBayNot 2004 S.325, 329.

419 Siehe unten Kapitel C. II. Rz.233 FN 398.

Der Vermächtnisnehmer erhält die Immobilie daher im Wege der Einzelrechtsnachfolge. Seine rechtliche Stellung entspricht somit der Rechtsposition eines Beschenkten. Da nach der hier vertretenen Ansicht der Erwerb im Wege der Schenkung nicht anders zu behandeln ist als der Erwerb durch Erbfolge, gilt auch für den vermächtnisweisen Erwerb, dass die per Vermächtnis zugewandte Immobilie kein Zählobjekt i.S. des gewerblichen Grundstückshandels sein kann. Ob die Finanzverwaltung dies ebenso sieht oder ob sie die vermächtnisweise erworbene Immobilie mangels Gesamtrechtsnachfolge wie eine schenkweise erworbene Immobilie behandeln will, ist unklar.

b) Veräußerung eines Anteils an einer Immobiliengesellschaft

Ist Gegenstand des Erbes oder des Vermächtnisses nicht die Immobilie selbst, 231
sondern ein Anteil an einer Immobiliengesellschaft, kann der Erwerber den Anteil an der Immobiliengesellschaft veräußern, um die erforderliche Liquidität zur Begleichung der Erbschaftsteuer zu erhalten. Voraussetzung ist, dass die Fungibilität der Gesellschaftsanteile nicht per Gesetz oder per Gesellschaftsvertrag eingeschränkt ist. In diesem Fall sollte der Erwerber jedoch eine Kündigung bzw. ein Ausscheiden aus der Gesellschaft gegen Zahlung der gesellschaftsvertraglich vereinbarten Abfindung prüfen.[420]

II. Ausschlagung der Erbschaft oder eines Vermächtnisses

Nicht immer führt der Eintritt der gesetzlichen oder der gewillkürten Erbfolge 232
zu einem – aus Sicht der Erben – sinnvollen Ergebnis. Sei es, dass die Erben eine andere Zuordnung des Vermögens, den Ansatz weiterer persönlicher Freibeträge oder etwa den Ausschluss eines Erben aus einer Erbengemeinschaft wünschen. In einem solchen Fall lohnt es sich, über die Möglichkeit der Ausschlagung einer Erbschaft oder eines Vermächtnisses nachzudenken.

Jedem Erben und Vermächtnisnehmer steht das Recht zu, eine Erbschaft bzw. 233
ein Vermächtnis auszuschlagen.[421] Niemand außer dem Fiskus ist gezwungen, eine Zuwendung anzunehmen. Nur der Fiskus darf nicht ausschlagen, wenn er als gesetzlicher Erbe zur Erbfolge berufen ist.[422]

Schlägt der Erbe oder Vermächtnisnehmer aus, gilt der Anfall der Erbschaft 234
oder des Vermächtnisses als von Anfang an nicht erfolgt. Die Erbschaft fällt

420 Zu den ertragsteuerlichen Konsequenzen der Veräußerung eines Anteils an einer Immobiliengesellschaft siehe unten Kapitel D. III. 6. Rz. 465 ff.; zu den ertrag- und erbschaftsteuerlichen Konsequenzen von Abfindungs- und Ausgleichsansprüchen siehe unten Kapitel D. III. 8. b) Rz. 547 ff.

421 § 1942 Abs. 1 BGB für die Erbschaft, § 2180 BGB für das Vermächtnis.

422 §§ 1942 Abs. 2, 1936 BGB.

rückwirkend demjenigen an, der zur Erbfolge berufen wäre, wenn der Ausschlagende zum Zeitpunkt des Erbfalls nicht gelebt hätte.[423]

BEISPIEL: Vater V verstirbt und hinterlässt ein Testament, in dem er seine beiden Kinder S und T zu Erben einsetzt. Ersatzerben sollen die jeweiligen Abkömmlinge seiner Kinder sein, unter sich nach den Regeln der gesetzlichen Erbfolge der ersten Ordnung. T selbst hat inzwischen eigenes umfangreiches Vermögen erwirtschaftet und hält es für sinnvoll, das väterliche Vermögen unmittelbar auf ihre Söhne E1 und E2 übergehen zu lassen. T schlägt daher die Erbschaft aus.

Mit der Ausschlagung geht der Nachlass auf diejenigen Personen über, die Erben geworden wären, wenn T zum Zeitpunkt des Erbfalls nicht gelebt hätte. Hätte sie nicht gelebt, wäre insoweit die testamentarische Ersatzerbenregelung zur Geltung gelangt, wonach die jeweiligen Abkömmlinge an die Stelle des vorverstorbenen Kindes treten. Abkömmling der T sind E1 und E2. Somit wird V letztendlich von E1 und E2 zu jeweils ein Viertel und von S zu ein Halb beerbt. T ist am Nachlass nicht mehr beteiligt.

Aus erbschaftsteuerlicher Sicht muss also nicht zuerst das Vermögen des V zu ein Halb auf die Tochter übergehen, damit diese anschließend dasselbe Vermögen in einem zweiten erbschaft- oder schenkungsteuerlich relevanten Transfer auf ihre Söhne übertragen kann. Durch die Ausschlagung der T wird damit zum einen eine zweifache Besteuerung desselben Vermögens vermieden; zum anderen kann die Gesamtsteuerbelastung durch den Ansatz von zwei persönlichen Freibeträgen und eines möglicherweise geringeren Steuersatzes reduziert werden.[424]

235 Als weitere Konsequenz der Ausschlagung **verliert** der ausschlagende Erbe grds. **eventuelle Pflichtteilsansprüche**, sofern es sich bei den ausschlagenden Personen um Eltern oder Kinder handelt.

236 Eltern und Kinder werden vom Gesetzgeber vor willkürlichen Entscheidungen des Erblassers geschützt, indem ihnen eine nicht entziehbare Mindestteilhabe am Nachlass in Form eines Pflichtteilsanspruchs eingeräumt wird.[425] Eine Schutzbedürftigkeit besteht jedoch nur dann, wenn die schutzwürdigen Personen aufgrund einer letztwilligen Verfügung des Erblassers von der Erbfolge ausgeschlossen wurden. Verzichtet eine schutzwürdige Person hingegen aus

---

423 §§ 1953, 2180 BGB.

424 Unabhängig davon, ob die Ausschlagung erbschaftssteuerlich vorteilhaft ist, müssen zusätzlich die ertragsteuerlichen Konsequenzen geprüft werden, falls der Ausschlagende für die Ausschlagung eine Abfindung erhält. Einzelheiten siehe Kapitel C. II. 3. c) Rz. 266 ff.

425 § 2303 BGB. Siehe oben Kapitel B. I. 3. Rz. 17 ff.

eigenen Stücken auf ihr Erbrecht, verliert sie ihre Schutzbedürftigkeit und damit auch den Pflichtteilsanspruch.[426]

Anders verhält es sich hingegen, wenn der **Ehegatte** oder eingetragene Lebens- 237
partner die Erbschaft ausschlägt. Für diesen Fall sieht der § 1371 Abs. 3 BGB und der § 6 Abs. 4 LPartG eine gesetzlich geregelte Ausnahme vor:

Danach verliert der überlebende Ehegatte durch eine Ausschlagung der Erbschaft 238
ausnahmsweise dann nicht seinen Pflichtteilsanspruch, wenn er mit dem verstorbenen Ehegatten im gesetzlichen **Güterstand der Zugewinngemeinschaft** gelebt hat.[427] Er kann also ausschlagen und anstelle der Erbschaft seinen Pflichtteilsanspruch zuzüglich Zugewinnausgleichsanspruch in tatsächlicher Höhe geltend machen. In diesem Fall berechnet sich der Pflichtteilsanspruch auf der Basis des (nicht um ein Viertel erhöhten) gesetzlichen Erbteils (sog. „kleiner Pflichtteil"); ergänzend wird der Zugewinn nicht pauschal nach § 1371 Abs. 1 BGB, sondern „mit spitzer Feder" nach §§ 1373 ff. BGB berechnet (**güterrechtliche Lösung**).[428]

Diese Ausnahmeregelung eröffnet dem überlebenden Ehegatten eine interes- 239
sante Gestaltungsmöglichkeit.[429]

BEISPIEL:[430] Erblasser E lebte mit seiner Ehefrau F im gesetzlichen Güterstand der Zugewinngemeinschaft. Die Ehegatten haben zwei gemeinsame Kinder S und T. Der Nachlass des E besteht im Wesentlichen aus zwei gleichwertigen Mietimmobilien im Wert von jeweils 1 Mio. €, dem Familienheim im Wert von 500.000 € und Barvermögen im Wert von 1,5 Mio. €. Das Endvermögen des E entspricht seinem während der Ehe erzielten Zugewinn. F hat während der Ehe keinen Zugewinn erzielt. Ein Testament existiert nicht, es tritt gesetzliche Erbfolge ein.

Akzeptiert F die gesetzliche Erbfolge und schlägt sie die Erbschaft nicht aus (erbrechtliche Lösung), verteilt sich der Nachlass wie folgt auf die drei Erben:

F erbt neben den beiden Kindern als Erben erster Ordnung ein Viertel.[431] Als pauschaler Zugewinnausgleich erhöht sich die Erbquote für F um ein weiteres Viertel.[432] F erbt also ein Halb, während K1 und K2 zu jeweils ein Viertel erben.

---

426 Edenhofer in Grüneberg, BGB, § 2303 Rz. 1. Siehe aber zur Möglichkeit der Ausschlagung ohne Verlust des Pflichtteilsanspruchs § 2306 BGB (eine pflichtteilsberechtigte Person ist zwar Erbe geworden, ihr Erbteil ist aber mit bestimmten Beschwerungen oder Beschränkungen versehen) und § 2307 BGB (ein Pflichtteilsberechtigter erhält nur ein Vermächtnis und schlägt dieses aus).

427 § 1371 Abs. 3 BGB.

428 Siehe zur Ausschlagung des überlebenden Ehegatten auch Weber/Heuser, NWB-EV, Sonderausgabe November 2020 S. 6, 9; Werner, NWB-EV, Sonderausgabe November 2020 S. 22.

429 Weitere Beispiele bei Siebert, ZEV 2010 S. 454.

430 Siehe auch Weber/Heuser, NWB-EV, Sonderausgabe November 2020 S. 6, 14, mit weiteren Beispielen.

431 § 1931 Abs. 1 BGB.

432 § 1931 Abs. 3 i. V. mit § 1371 Abs. 1 BGB.

In Zahlen ausgedrückt erhält F 1/2 x 4 Mio.€, d.h. 2 Mio.€.

F kann aber auch die Erbschaft ausschlagen und die güterrechtliche Lösung wählen. Ihr steht dann ein Pflichtteil i.H. von 50 % des gesetzlichen, nicht erhöhten Erbteils zu, d.h. 50 % von 1/4 = 1/8. Zusätzlich kann sie den exakten Zugewinnausgleich verlangen, nämlich 50 % von 4 Mio.€. In Zahlen ausgedrückt bedeutet dies:

(50 % x 4 Mio.€ Zugewinn) + 1/8 x (4 Mio.€ Nachlasswert - 50 % x 4 Mio.€ Zugewinn) = 2 Mio.€ + 1/8 x 2 Mio.€ = 2 Mio.€ + 250.000 € = 2,25 Mio.€.

Im Falle einer Ausschlagung erhält F also 250.000 € mehr.

240 Die Ausschlagung der Erbschaft ist für den überlebenden Ehegatten immer dann vorteilhaft, wenn der Nachlass des verstorbenen Ehegatten im Wesentlichen seinem Zugewinn entspricht und der überlebende Ehegatte einen nur geringen oder gar keinen Zugewinn zu verzeichnen hat.

241 Darüber hinaus kann die Ausschlagung unter Geltendmachung des konkreten Zugewinnausgleichsanspruchs beim überlebenden Ehegatten zu einer höheren Steuerbefreiung nach § 5 ErbStG führen und daher auch unter erbschaftsteuerlichen Gesichtspunkten interessant sein. § 5 ErbStG stellt grds. den Zugewinnausgleichsanspruch von der Besteuerung frei, da der Ausgleichsanspruch per Gesetz mit Beendigung der Zugewinngemeinschaft entsteht und die Erfüllung eines gesetzlich verankerten Anspruchs keine freigebige Zuwendung darstellt. Nur die freigebige Zuwendung unterliegt jedoch der Erbschaft- und Schenkungsteuer. Um den Umfang der freigebigen Zuwendung durch Erwerb von Todes wegen vom Umfang des gesetzlichen Anspruchs auf Zugewinnausgleich zutreffend abzugrenzen, schreibt das Erbschaftsteuergesetz selbst im Falle der erbrechtlichen Lösung (pauschale Erhöhung des gesetzlichen Erbteils um ein Viertel)[433] vor, den tatsächlichen Zugewinn nach den Regeln des § 1371 Abs. 2 BGB zu ermitteln. Entsprechendes gilt, wenn der überlebende Ehegatte testamentarischer Erbe oder Vermächtnisnehmer wird und der Zugewinnausgleichsanspruch in diesem Erwerb von Todes wegen rechnerisch enthalten ist. Trotz Pauschalierung bzw. fehlenden Ausweises des Zugewinnausgleichsanspruchs für erbrechtliche Zwecke verlangt das Steuerrecht damit stets eine genaue Berechnung des tatsächlichen Zugewinnausgleichsanspruchs. Aus erbschaftsteuerlicher Sicht dürfte es daher – dem ersten Anschein nach – keinen Unterschied machen,

433 Siehe oben Kapitel B. I. 1. a) Rz. 7.

- ob der Ehegatte entweder gesetzlicher oder gewillkürter Erbe bzw. Vermächtnisnehmer wird oder
- ob er Erbschaft bzw. Vermächtnis ausschlägt und Pflichtteil zzgl. Zugewinnausgleich beansprucht.

In beiden Fällen ist der erbschaftsteuerlich freizustellende Zugewinnausgleichsanspruch nach § 1371 Abs. 2 BGB zu ermitteln. Allerdings sieht das Gesetz einen wesentlichen Unterschied zwischen beiden Gestaltungsmöglichkeiten vor: Wird der Ehegatte Erbe oder Vermächtnisnehmer, bleiben nämlich gem. § 5 Abs. 1 Satz 2 ErbStG bei der Berechnung des steuerfrei zu stellenden Ausgleichsbetrages die von den Vorschriften der §§ 1373–1383 und 1390 BGB abweichenden güterrechtlichen Vereinbarungen unberücksichtigt. Wird der überlebende Ehegatte hingegen kein Erbe oder Vermächtnisnehmer – schlägt er also bspw. aus – gilt diese Beschränkung nicht. Hier werden gem. § 5 Abs. 2 ErbStG individuelle Vereinbarungen der Ehegatten berücksichtigt. Dies kann sich insbesondere dann auswirken, wenn die Ehegatten zunächst in einem anderen Güterstand gelebt haben und erst später die Zugewinngemeinschaft vereinbaren. Schließen sie diese Vereinbarung rückwirkend, z. B. auf den Tag der ursprünglichen Eheschließung, umfasst der Zugewinnausgleichsanspruch nach § 5 Abs. 2 ErbStG sämtliche Vermögenszuwächse seit Eheschließung, während der Zugewinnausgleichsanspruch nach § 5 Abs. 1 ErbStG nur die Vermögenszuwächse seit Vereinbarung der Zugewinngemeinschaft, d. h. seit dem Tag des ändernden Ehevertrages umfasst.[434] 242

Der eigentliche Vorteil der Ausschlagung liegt nun aber nicht darin, dass der überlebende Ehegatte in größerem Umfang (steuerfrei) am Nachlass beteiligt wird, als wenn er die Erbschaft angenommen hätte. Dies mag zwar im Einzelfall wirtschaftlich erwünscht sein, wenn der Erbteil ansonsten nicht ausreicht, um den überlebenden Ehegatten angemessen zu versorgen. 243

Mit jedem Mehrerwerb des überlebenden Ehegatten vermindert sich zugleich aber auch der Betrag, der auf die Kinder übergeht. Unter erbschaftsteuerlichen Gesichtspunkten sollte daher überprüft werden, ob der Wert des vom Vater auf die Kinder übergehenden Vermögens noch die persönlichen Freibeträge der Kinder ausfüllt. Bleibt er dahinter zurück, können die Freibeträge nicht in vollem Umfang genutzt werden, Steuersparpotenzial geht verloren. Darüber hinaus bedeutet jeder Mehrerwerb des überlebenden Elternteils später einen größeren Vermögenswert, der beim zweiten Erbfall auf die Kinder übergeht und damit eventuell einer höheren Steuerprogression unterliegt. 244

434 Vertiefend siehe Klümpen-Neusel, EEE 2008 S. 92; Fischer/Richter in Viskorf/Schuck/Wälzholz, ErbStG, 7. Aufl. 2023, § 5 Rz. 25 ff.

245 Vielmehr ist der **Vorteil der Ausschlagung** der Erbschaft durch den überlebenden Ehegatten darin zu sehen, dass der Ehegatte seinen Pflichtteil nicht in voller Höhe geltend machen muss. Wie zuvor erläutert[435] steht es ihm frei, den Pflichtteilsanspruch nur teilweise geltend zu machen und so mit Rücksicht auf eine familiäre Gesamtsteuerbelastung den Vermögenszuwachs in einem gewissen Maße zu lenken.

246 Alternativ könnte der überlebende Ehegatte auch die Erbschaft **gegen Leistung einer Abfindung** aus dem Nachlass ausschlagen. Im obigen Beispiel könnte F also die Erbschaft ausschlagen und sich im Gegenzug für die Ausschlagung eine Mietimmobilie übertragen lassen.[436]

1. Form, Frist der Ausschlagung

247 Möchte der Erbe die Erbschaft ausschlagen, muss er dies gegenüber dem Nachlassgericht in **öffentlich beglaubigter Form** oder **zur Niederschrift des Nachlassgerichts** erklären.[437] Zur Ausschlagung eines Vermächtnisses bedarf es hingegen lediglich einer Erklärung gegenüber dem mit dem Vermächtnis Beschwerten;[438] diese Erklärung kann zudem formfrei erfolgen; sie ist nicht an eine besondere Form gebunden.[439]

248 Sowohl die Ausschlagung eines Erbteils als auch die Ausschlagung eines Vermächtnisses sind **bedingungsfeindliche** und **unteilbare** Rechtsgeschäfte. Die Ausschlagung kann daher nur ganz oder gar nicht erklärt werden; eine Teilausschlagung ist unwirksam.[440]

HINWEIS:

Ist der Bedachte zu mehreren Erbteilen eingesetzt worden oder hat mehrere selbständige Vermächtnisse erhalten, ist die Beschränkung der Ausschlagung auf einzelne Erbteile ggf. möglich.[441] Eine weitere Ausnahme enthält § 1948 BGB: *„Wer durch Verfügung von Todes wegen als Erbe berufen ist, kann, wenn er ohne die Verfügung als gesetzlicher Erbe berufen sein würde, die Erbschaft als eingesetzter Erbe ausschlagen und als gesetzlicher Erbe annehmen."*

435 Siehe oben Kapitel B. I. 3. Rz. 20 f.

436 Reich, DStR 2011 S. 2030; Heiliger, ZEV 2001 S. 432; Einzelheiten zur Ausschlagung gegen Abfindung siehe Kapitel C. II. 3. Rz. 254 ff.; zu den grunderwerbsteuerlichen Konsequenzen siehe Kapitel C. IV. 3. Rz. 332.

437 § 1945 BGB.

438 § 2180 Abs. 2 BGB.

439 Rudy in MüKoBGB, 7. Aufl. 2017, § 2180 Rz. 2 und 7.

440 § 1950 BGB.

441 § 1951 BGB.

Darüber hinaus ist die Ausschlagung einer Erbschaft **fristgebunden**: Sie kann nur innerhalb von sechs Wochen seit der Kenntnis des Erben vom Anfall der Erbschaft und dem Grund seiner Berufung erklärt werden. Im Falle der gewillkürten Erbfolge beginnt die Frist jedoch nicht vor Bekanntgabe der Verfügung von Todes wegen durch das Nachlassgericht.[442] Die Frist verlängert sich auf sechs Monate, wenn entweder der Erblasser seinen letzten Wohnsitz im Ausland hatte oder der Erbe sich zu Beginn der Frist im Ausland aufhält.[443] 249

Etwas anderes gilt wiederum für die Ausschlagung eines Vermächtnisses: Dieses kann mangels abweichender gesetzlicher Regelung ohne Fristvorgaben ausgeschlagen werden, solange es noch nicht angenommen wurde.[444,445] 250

2. Erbschaftsteuerliche Folgen der Ausschlagung ohne Abfindung

Schlägt der Erbe oder Vermächtnisnehmer das ihm Zugewandte aus, gilt der Anfall der Erbschaft oder des Vermächtnisses **als von Anfang an nicht erfolgt**.[446] Der Ausschlagende ist nicht mehr am Nachlass beteiligt. Erfolgt die Ausschlagung, ohne dass der Ausschlagende hierfür eine Abfindung erhält, findet keine Vermögensverschiebung zugunsten des Ausschlagenden statt. Damit erhält der Ausschlagende nichts, was der Erbschaftsteuer unterworfen werden könnte. Die Ausschlagung ohne Abfindung ist folglich bezogen auf den weichenden Erben oder Vermächtnisnehmer erbschaftssteuerlich nicht relevant. 251

Gleichzeitig erhält der nachrückende Erbe – eventuell auch der nachrückende Vermächtnisnehmer, wenn ein Ersatzvermächtnisnehmer im Testament oder Erbvertrag benannt wurde – einen Vermögensvorteil, den er ohne die Ausschlagung des weichenden Erben bzw. Vermächtnisnehmers nicht erhalten hätte. Der Ausschlagende verzichtet also unentgeltlich zugunsten des Nachrückenden. Dennoch bestimmt **§ 517 BGB**, dass die Ausschlagung ohne Abfindung **nicht als Schenkung** des Ausschlagenden an den Nachrückenden anzusehen ist: 252

„Eine Schenkung liegt nicht vor, wenn jemand zum Vorteil eines anderen einen Vermögenserwerb unterlässt oder auf ein angefallenes, noch nicht endgültig erworbenes Recht verzichtet oder eine Erbschaft oder ein Vermächtnis ausschlägt."

---

442 § 1944 Abs. 2 BGB.

443 § 1944 Abs. 3 BGB.

444 § 2180 Abs. 1 BGB.

445 Rudy in MüKoBGB, 7. Aufl. 2017, § 2180 Rz. 4.

446 §§ 1953 Abs. 1, 2180 Abs. 3 BGB.

253 Auch im Verhältnis zwischen Ausschlagendem und Nachrückendem wird folglich kein erbschaft- oder schenkungsteuerlich relevanter Sachverhalt verwirklicht, so dass auch insoweit keine Erbschaftsteuer anfällt.

3. Erbschaftsteuerliche und ertragsteuerliche Auswirkungen der Ausschlagung gegen Abfindung

254 Rechtlich kann die Ausschlagung nur ganz oder gar nicht erklärt werden; eine **Teilausschlagung** ist grds. **unwirksam.**[447] **Wirtschaftlich** kann das Ergebnis einer Teilausschlagung jedoch dadurch erreicht werden, dass dem Ausschlagenden eine Abfindung gewährt wird. Bleibt die Abfindung hinter dem Wert des Zugewandten zurück, entspricht das Ergebnis wirtschaftlich einer Teilausschlagung.[448] Aber auch dann, wenn der Ausschlagende eine Abfindung in Höhe des ihm ursprünglich vom Erblasser Zugewandten erhält, kann die Gestaltungsmöglichkeit der Ausschlagung sinnvoll sein: Mithilfe der Abfindung können nämlich der Ausschlagende und der Nachrückende den **Gegenstand der Zuwendung austauschen**.

BEISPIEL: Das Vermögen des Erblassers V besteht aus einem gut gefüllten Wertpapierdepot und einer Ferienimmobilie auf Mallorca. V verstirbt in gesegnetem Alter und wird per testamentarischer Erbfolge von seinem Enkel E beerbt. Zugunsten seines Sohnes S hat V ein Vermächtnis über einen sechsstelligen Geldbetrag ausgesetzt. S steht nach einem erfolgreichen Arbeitsleben kurz vor der Rente; Enkel E hat demgegenüber gerade eine eigene Familie gegründet und sich beruflich selbständig gemacht.

S ist wirtschaftlich abgesichert und hat eigenes Vermögen erwirtschaftet, so dass er das Barvermächtnis nicht benötigt. Da er es künftig etwas ruhiger angehen lassen möchte, hat er aber ein Auge auf die Ferienimmobilie geworfen. Nach Absprache mit E schlägt S daher das Vermächtnis aus und erhält im Gegenzug als Abfindung besagte Immobilie auf Mallorca. Durch die Leistung der Abfindung können die Beteiligten so den Zuwendungsgegenstand (Barvermögen gegen Immobilie) austauschen. Anstelle des ursprünglichen Vermächtnisses unterliegt bei S nun der Abfindungserwerb der Erbschaftsteuer.

a) Erbschaftsteuerliche Konsequenzen auf Seiten des Abfindungsempfängers

255 Gemäß § 3 Abs. 2 Nr. 4 ErbStG gilt als vom Erblasser zugewandt, was als Abfindung für die Ausschlagung einer Erbschaft oder eines Vermächtnisses gewährt wird.[449] Das bedeutet zum einen, dass die Abfindung auf Seiten des Abfin-

---

447 Siehe oben Kapitel C. II. 1. Rz. 248.

448 Tiedtke/Wälzholz, BB 2001 S. 234 f.; Zimmermann, ZEV 2001 S. 5.

449 Siehe ergänzend zur steuerlichen Behandlung der Abfindung Wälzholz in Viskorf/Schuck/Wälzholz, ErbStG, 7. Aufl. 2023, § 3 Rz. 225–238a.

dungsempfängers grds. der Erbschaftsteuer unterliegt; zum anderen gilt der **Abfindungsgegenstand als vom Erblasser zugewandt**, so dass für Zwecke der Erbschaftsteuer allein auf das Verhältnis zwischen Erblasser und Abfindungsempfänger, nicht aber auf das Verhältnis zwischen weichendem und nachrückendem Erben bzw. Vermächtnisnehmer abzustellen ist.

FORTFÜHRUNG DES BEISPIELS IN RZ. 254: Im obigen Beispiel ist daher bei der Ermittlung der Erbschaftsteuerbelastung des S allein auf das Verwandtschaftsverhältnis zischen V und S abzustellen.

Da die Abfindung als Surrogat der Erbschaft der Erbschaftsteuer unterliegt und gem. § 3 Abs. 2 Nr. 4 ErbStG als unmittelbar vom Erblasser zugewandt gilt, ist Bewertungsgegenstand das als Abfindung Geleistete. Vereinbaren nachrückender und weichender Erbe keine Barabfindung, sondern die Übertragung eines bestimmten Gegenstandes, unterliegt dieser **Abfindungsgegenstand** der Besteuerung und damit auch der **Bewertung**. Wird also bspw. eine Immobilie übertragen, ist ihr „Steuerwert" der Besteuerung zugrunde zu legen.[450] 256

Besteht der Gegenstand der Abfindung aus begünstigtem Vermögen i. S. des § 13d ErbStG (zu Wohnzwecken vermietete Grundstücke), könnte fraglich sein, ob die **Steuervergünstigung** dem weichenden oder dem nachrückenden Erben bzw. Vermächtnisnehmer zusteht oder im ungünstigsten Fall insgesamt untergeht. Festzuhalten bleibt, dass zunächst der nachrückende Erbe oder Vermächtnisnehmer aus originärem Recht den begünstigten Gegenstand vom Erblasser erhalten hat. Mithin müsste ihm zunächst die erbschaftsteuerliche Vergünstigung zustehen. 257

Gibt er anschließend den begünstigten Gegenstand als Abfindung an den Ausschlagenden weiter, handelt es sich hierbei um **keine Weitergabeverpflichtung i. S. des § 13d Abs. 2 Satz 1 ErbStG**, da der nachrückende Erbe aus freien Stücken handelt und nicht in Erfüllung einer ihm durch den Erblasser auferlegten Verpflichtung. Dementsprechend formulierte die Finanzverwaltung noch in den Erbschaftsteuerrichtlinien 2003, die steuerlichen Vergünstigungen stünden allein dem (nachrückenden) Erben, nicht aber dem Erwerber der Abfindung zu; werde begünstigtes Vermögen als Abfindung für die Ausschlagung einer Erbschaft oder eines Vermächtnisses übertragen, habe nämlich nicht der Erblasser selbst das begünstigte Vermögen dem Erwerber zugewiesen.[451] 258

450 Siebert, ZEV 2010 S. 454, 456; Crezelius, BB 2000 S. 2333, 2337; Wälzholz in Viskorf/Schuck/Wälzholz, ErbStG, 7. Aufl. 2023, § 3 Rz. 238; Gottschalk in Troll/Gebel/Jülicher/Gottschalk, ErbStG, 54. Erg.-Lfg. 2017, § 3 Rz. 330; Offerhaus/May in Weinmann/Revenstorff/Offerhaus/Erkis, Erbschaft- und Schenkungsteuerrecht, 4. Aufl. 2017, Lexikalischer Teil, Pflichtteilsverzicht Rz. 5; a. A. Müller, ErbStB 2006 S. 54.

451 R 55 Abs. 4 Satz 4 und 5 ErbStR 2003.

259 Im Ergebnis könnte sich dadurch die Vergünstigung weder beim nachrückenden noch beim weichenden Erben auswirken. Denn der nachrückende Erbe könnte auch nur den Wert der Abfindung nach Anwendung der Vergünstigung als Nachlassverbindlichkeit abziehen. Die Vergünstigung liefe also ins Leere, soweit sie auf die Abfindung entfällt.[452]

260 Dieser Auffassung kann jedoch entgegengehalten werden, dass § 3 Abs. 2 Nr. 4 ErbStG einen unmittelbaren Vermögensübergang vom Erblasser auf den Ausschlagenden fingiert. Es wäre eine inkonsistente Rechtsanwendung, wollte man die gesetzliche Fiktion nur auf einen Teil des Erbschaftsteuergesetzes anwenden. Dementsprechend enthalten die Erbschaftsteuerrichtlinien 2011 i. d. F. der koordinierten Ländererlasse v. 22.6.2017[453] diese Aussage nicht mehr.

261 Stattdessen wird in **R E 13b.1 Abs. 1 Satz 4 Nr. 7 ErbStR** der Erwerb infolge einer Abfindung für die Ausschlagung einer Erbschaft oder eines Vermächtnisses **als für Zwecke der §§ 13a, 13b ErbStG** begünstigter Erwerb aufgezählt. Damit stehen auch nach Ansicht der Finanzverwaltung nunmehr die erbschaftsteuerlichen Vergünstigungen für Betriebsvermögen demjenigen zu, der das begünstigte Vermögen aus dem Nachlass erhält. Für die Übertragung begünstigter **Wohnimmobilien** kann – auch wenn die Richtlinien hierzu **keine explizite Aussage** treffen – nichts anderes gelten.

262 Nicht nur mit der Bestimmung über den Abfindungsgegenstand, sondern auch mit der Bestimmung über die **Abfindungshöhe** kann die Verteilung des Nachlasses an die individuellen Bedürfnisse der Beteiligten sowie an die erbschaftsteuerlichen Rahmenbedingungen[454] angepasst werden. Den Beteiligten steht es nämlich frei, die Höhe der Abfindung selbst zu bestimmen. Sie kann dem Wert des Erbteils bzw. des vermachten Gegenstandes ganz oder eben nur teilweise entsprechen. Lediglich dann, wenn die **Abfindung über den Wert des Erbteils** bzw. des vermachten Gegenstandes hinausgeht, ist insoweit eine **Zuwendung** vom nachrückenden Erben an den Ausschlagenden zu prüfen.[455]

263 Ferner ist zu berücksichtigen, dass die Erbschaftsteuer regelmäßig mit dem Tod des Erblassers, also mit dem Eintritt des Erbfalls, entsteht. Schlägt der Erbe hingegen die Erbschaft gegen Abfindungszahlung aus, so ist als **Besteue-**

452 Zur Kritik an der früheren Auffassung der Finanzverwaltung siehe Meincke, ZEV 2000 S. 214, 218; Landsittel, Gestaltungsmöglichkeiten von Erbfällen und Schenkungen, 3. Aufl. 2006 S. 614 Rz. 1531.

453 BStBl 2017 I S. 902.

454 Ausnutzen der persönlichen Freibeträge, Berücksichtigung von Erbschaftsteuer-Tarifsprüngen etc.

455 Gottschalk in Troll/Gebel/Jülicher/Gottschalk, ErbStG, 54. Erg.-Lfg. 2017, § 3 Rz. 330.

rungsstichtag für die Abfindung der Zeitpunkt der Ausschlagung maßgeblich.[456] Wertschwankungen zwischen Erbfall und Ausschlagung der Erbschaft können sich daher auf die Höhe der Erbschaftsteuer (spiegelbildlich sowohl beim nachrückenden als auch beim weichenden Erben) auswirken.

264 Da die Ausschlagung einer Erbschaft grds. nur innerhalb einer kurzen Frist von sechs Wochen möglich ist,[457] wird diese Stichtagsverschiebung im Falle der Ausschlagung einer Erbschaft nur selten erhebliche Auswirkungen entfalten. Ganz anders verhält es sich jedoch bei Vermächtnissen, die ohne Einhaltung enger Fristen auch noch erhebliche Zeit später gegen Abfindung ausgeschlagen werden können, sofern sie nicht bereits vorher angenommen wurden.

b) Erbschaftsteuerliche Konsequenzen auf Seiten des nachrückenden Erben oder Vermächtnisnehmers

265 Der nachrückende Erbe oder Vermächtnisnehmer leistet eine Abfindung an den Ausschlagenden, damit dieser ausschlägt. Es besteht folglich ein enger sachlicher und wirtschaftlicher Zusammenhang zwischen der Abfindungsleistung einerseits und dem „Erwerb" der Erbschaft bzw. des Vermächtnisses andererseits. Diese **Erwerbskosten** darf der Nachrückende nach **§ 10 Abs. 5 Nr. 3 ErbStG** bereicherungsmindernd bei der Ermittlung der Erbschaftsteuer abziehen. Die Höhe des Abzugsbetrags entspricht dabei dem Wertansatz auf Seiten des Abfindungsempfängers.

c) Ertragsteuerliche Konsequenzen der Ausschlagung gegen Abfindung

266 Während zivilrechtlich und erbschaftsteuerlich die Ausschlagung dazu führt, dass der Anfall der Erbschaft oder des Vermächtnisses als von Anfang an nicht erfolgt gilt,[458] soll aus ertragsteuerlicher Sicht nach ganz überwiegender Auffassung die Ausschlagung einer Erbschaft gegen Abfindung der **Veräußerung eines Erbteils** gleichgestellt sein.[459] Ertragsteuerlich veräußert der Ausschlagende also eine Rechtsposition, die ihm zivilrechtlich und erbschaftsteuerlich zu keinem Zeitpunkt zugestanden hat.

---

456 § 9 Abs. 1 Buchst. f ErbStG.

457 Siehe oben Kapitel C. II. 1. Rz. 247 ff.

458 §§ 1953 Abs. 1, 2180 Abs. 3 BGB.

459 BFH, Urteil v. 4.6.1996 - IX R 59/94, BStBl 1998 II S. 431 NWB XAAAA-96221; BFH, Urteil v. 20.4.2004 - IX R 5/02, BStBl 2004 II S. 987 NWB DAAAB-23192; BMF, Schreiben v. 14.3.2006 - IV B 2 - S 2242 - 7/06, BStBl 2006 I S. 253 Tz. 37 NWB WAAAB-80130, geändert durch BMF, Schreiben v. 27.12.2018 - IV C 6 - S 2242/07/10004, BStBl 2018 I S. 11 NWB RAAAH-04522; Wacker in Schmidt, EStG, 43. Aufl. 2024, § 16 Rz. 591; Groh, DB 1992 S. 1312, 1314; kritisch Felix, DStZ 1991 S. 50; Zimmermann, ZEV 2001 S. 5 f.; zur umfassenden Kritik an dieser Auffassung: Hannes, ZEV 1996 S. 10, 14; Zimmermann, ZEV 2001 S. 5, 7.

267 Diese Veräußerung kann auf Seiten des Ausschlagenden zur Verwirklichung eines **steuerpflichtigen Veräußerungsgeschäfts** und auf Seiten des nachrückenden Erben zu steuerlich relevanten **Anschaffungskosten** führen. Nach Ansicht der Finanzverwaltung soll das bspw. der Fall sein, wenn die Veräußerung die Voraussetzungen der §§ 17, 23 EStG oder § 21 UmwStG erfüllt.[460] Der Abfindungserwerb unterläge in diesem Falle beim Abfindungsempfänger folglich sowohl der **Erbschaft- als auch der Einkommensteuer**.

267/1 Interessant ist dabei die Frage, ob die Ausschlagung gegen Einräumung eines Nießbrauchrechts als unentgeltlicher oder als entgeltlicher, veräußerungsähnlicher Vorgang einzustufen ist.

BEISPIEL: Vater V wird Alleinerbe nach Mutter M. Im Nachlass befindet sich nur eine Mietimmobilie. V schlägt die Erbschaft zugunsten des gemeinsamen Sohnes S aus, der ihm dafür gemäß Abfindungsvereinbarung ein Nießbrauchrecht an der Nachlassimmobilie bestellt.

Unbestritten gilt, dass eine Schenkung unter Nießbrauchvorbehalt kein (teil-)entgeltliches Rechtsgeschäft darstellt. Der Nießbrauch haftet dem nießbrauchbelasteten Wirtschaftsgut an, sodass der Erwerber von Anfang an nur den belasteten Vermögenswert erhält. Das vorbehaltene Nießbrauchrecht selbst stellt keine Gegenleistung des Erwerbers für die Übertragung des fraglichen Wirtschaftsgutes dar.[461]

267/2 Anders kann es sich verhalten, wenn ein Zuwendungsnießbrauch vereinbart wird. In diesem Fall bestellt der Eigentümer des Grundstücks einem Dritten ein Nießbrauchrecht. Ob dies unentgeltlich, entgeltlich oder teilentgeltlich geschieht, bemisst sich nach dem zugrunde liegenden Kausalgeschäft und der Wertigkeit der ausgetauschten Leistungen.[462]

267/3 Fraglich ist nun, ob das für die Ausschlagung eines Erbteils bestellte Nießbrauchrecht als Vorbehalts- oder als Zuwendungsnießbrauch zu qualifizieren ist. Für das Vorliegen eines Zuwendungsnießbrauchs spricht, dass der Ausschlagende zivilrechtlich niemals Erbe geworden ist und mangels Eigentümerstellung sich somit kein Nießbrauchrecht vorbehalten konnte. Nur der nachrückende Erbe ist als zivilrechtlicher Rechtsnachfolger des Erblassers verfügungsbefugt; nur er kann folglich ein Nießbrauchrecht zugunsten des Ausschlagenden bestellen. Erfolgt die Nießbrauchbestellung als Gegenleistung

460 BMF, Schreiben v. 14.3.2006 - IV B 2 - S 2242 - 7/06, BStBl 2006 I S. 253 NWB WAAAB-80130, geändert durch BMF, Schreiben v. 27.12.2018 - IV C 6 - S 2242/07/10004, BStBl 2018 I S. 11 Tz. 43 NWB RAAAH-04522; so auch BFH, Beschluss v. 5.7.1990 - GrS 2/89, BStBl 1990 II S. 837 unter C. II. 2. a.

461 BMF, Schreiben v. 30.9.2013 - IV C 1 – S 2253/07/10004, BStBl 2013 I S. 1184 Rz. 40 NWB AAAAE-45949.

462 BMF, Schreiben v. 30.9.2013 - IV C 1 – S 2253/07/10004, BStBl 2013 I S. 1184 Rz. 10 ff. NWB AAAAE-45949.

für die Ausschlagung der Erbschaft, müsste somit ein (teil-)entgeltliches Rechtsgeschäft anzunehmen sein.

BFH und Finanzverwaltung schlagen jedoch übereinstimmend einen anderen Weg ein und behandeln das als Abfindung eingeräumte Nießbrauchrecht als Vorbehaltsnießbrauch. Als Begründung führt der BFH[463] an, dass der Ausschlagende *„als vorläufiger Erbe wirtschaftlich über den Nachlass verfügt habe und daher steuerlich einem Vorbehaltsnießbraucher gleichzustellen sei."* Nachdem der BFH dies zunächst nur für Zwecke der AfA-Befugnis entschieden hatte, hat die Finanzverwaltung diese Wertung insgesamt für ertragsteuerliche Zwecke übernommen: 267/4

„Ein Vorbehaltsnießbrauch liegt vor, wenn bei der Übertragung eines Grundstücks gleichzeitig ein Nießbrauchrecht für den bisherigen Eigentümer an dem übertragenen Grundstück bestellt wird. ... Gleiches gilt für einen vorläufigen Erben, der die Erbschaft mit der Maßgabe ausgeschlagen hat, dass ihm ein Nießbrauchrecht an den zum Nachlass gehörenden Gegenständen eingeräumt wird." [464]

HINWEIS:

Die Ausschlagung einer Erbschaft gegen Bestellung eines Nießbrauchrechts an allen oder einzelnen Nachlassgegenständen stellt somit keinen veräußerungsähnlichen Vorgang dar und sollte daher ertragsteuerneutral möglich sein.

Ob auch die Ausschlagung eines **Vermächtnisses gegen Abfindung** ertragsteuerlich als Veräußerung des Vermächtnisses anzusehen ist, ist bisher **nicht eindeutig geklärt**. Die Finanzverwaltung äußert sich im BMF, Schreiben v. 14.3.2006[465] lediglich zur Ausschlagung eines Erbteils und erklärt keine entsprechende Anwendung auf Vermächtnisse. Darüber hinaus lassen sich auch kaum Ausführungen seitens der Rechtsprechung oder der Literatur finden. 268

Erhellend sind insoweit die Anmerkungen von Hermann,[466] der zu dem Ergebnis kommt, dass die Ausschlagung eines Vermächtnisses gegen Abfindung kein entgeltliches Rechtsgeschäft sei. Anders als der Erbe trete nämlich der Vermächtnisnehmer nicht automatisch in die Eigentümerstellung in Bezug auf den Vermächtnisgegenstand; diese Position erlange er erst dann, wenn das 269

463 BFH, Urteil v. 4.6.1996 - IX R 59/94, BStBl 1998 II S. 431 NWB XAAAA-96221.

464 BMF, Schreiben v. 30.9.2013 - IV C 1 – S 2253/07/10004, BStBl 2013 I S. 1184 Rz. 39 NWB AAAAE-45949.

465 BMF, Schreiben v. 14.3.2006 - IV B 2 - S 2242 - 7/06, BStBl 2006 I S. 253 NWB WAAAB-80130, geändert durch BMF, Schreiben v. 27.12.2018 - IV C 6 - S 2242/07/10004, BStBl 2018 I S. 11 NWB RAAAH-04522.

466 Hermann in Hannes, Formularbuch Vermögens- und Unternehmensnachfolge, 2. Aufl. 2017, B. 2.04 Vermächtnisausschlagung mit Abfindung, Rz. 4.

Vermächtnis erfüllt werde. Dementsprechend würden ihm eventuelle Einkünfte aus dem Vermächtnisgegenstand **ertragsteuerlich auch erst mit Erfüllung des Vermächtnisses**, d. h. mit Übereignung des Vermächtnisgegenstandes, zugerechnet.[467]

270 Wolle man demgegenüber den schuldrechtlichen Anspruch auf Erfüllung des Vermächtnisses als Veräußerungsgegenstand ansehen, könne sich auch hieraus kein ertragsteuerlich relevanter Sachverhalt ergeben. Denn die Veräußerung eines im Privatvermögen gehaltenen Wirtschaftsgutes sei grds. steuerlich irrelevant, sofern nicht einer der Tatbestände der §§ 17, 20 Abs. 2, 23 EStG oder § 21 UmwStG erfüllt werde.

271 Da – wie beschrieben – die ertragsteuerliche Einordnung der Ausschlagung eines Vermächtnisses gegen Abfindung nicht geklärt scheint, wird nachfolgend aus Beratersicht das Worst-Case-Szenario angenommen und von einer entgeltlichen Veräußerung der vermächtnisweise zugewandten Vermögensgegenstände ausgegangen. Gleichwohl werden an den relevanten Stellen Hinweise auf die derzeit ungeklärte Rechtslage aufgenommen.

272 Selbst wenn die Ausschlagung einer Erbschaft bzw. eines Vermächtnisses aus außersteuerlichen Gründen oder aus erbschaftsteuerlicher Sicht vorteilhaft erscheint, ist daher – sobald für die Ausschlagung eine Abfindung gewährt wird – immer zu prüfen, ob dieser Vorteil eventuelle ertragsteuerliche Nachteile noch weiterhin überwiegt.

aa) Ausschlagung von Immobilien im Privatvermögen

273 Ob und in welchem Umfang durch die Abfindungsleistung ertragsteuerlich **stille Reserven** aufgedeckt werden, hängt zum einen von der Zusammensetzung des Nachlasses bzw. des Vermächtnisses und zum anderen von der Höhe der Abfindungsleistung ab. Besteht der Nachlass aus Immobilien (und sonstigen Wirtschaftsgütern), die im Privatvermögen gehalten werden, ergeben sich aus der Ausschlagung gegen Abfindung nur dann ertragsteuerliche Konsequenzen, wenn die Voraussetzungen eines **privaten Veräußerungsgeschäfts** gem. § 22 Nr. 2 i. V. mit § 23 EStG (ggf. auch der §§ 17, 20 Abs. 2 EStG oder § 21 UmwStG) vorliegen.

---

467 BMF, Schreiben v. 14.3.2006 - IV B 2 - S 2242 - 7/06, BStBl 2006 I S. 253 NWB WAAAB-80130, geändert durch BMF, Schreiben v. 27.12.2018 - IV C 6 - S 2242/07/10004, BStBl 2019 I S. 11 NWB RAAAH-04522; zur früheren Möglichkeit der steuerneutralen Ausschlagung eines Vermächtnisses nach Annahme des Vermächtnisses und Verzicht vor dem erbschaftsteuerrechtlichen Entstehenszeitpunkt siehe Eisele, NWB 39/2020 S. 2892 NWB XAAAH-58441.

Entspricht die Höhe der Abfindung dabei dem Wert des ausgeschlagenen Erbteils oder Vermächtnisses, hat der Ausschlagende in vollem Umfang ein **entgeltliches Rechtsgeschäft** getätigt. Bleibt die Abfindung dagegen hinter dem Wert des Erbteils oder des Vermächtnisses zurück, ist wie bei jedem Rechtsgeschäft, bei dem sich Leistung und Gegenleistung nicht in gleichwertiger Höhe gegenüberstehen, das Vorliegen einer **gemischten Schenkung** zu prüfen. 274

Wird die Abfindung nicht in Geld geleistet, sondern in Form von Sachwerten aus dem Nachlass, kann auch der nachrückende Erbe einen steuerpflichtigen Veräußerungsgewinn verwirklichen. 275

BEISPIEL: ▸ Großvater G verstirbt und hinterlässt eine an Feriengäste vermietete Finca auf Mallorca im Wert von 1 Mio. € sowie Barvermögen im Wert von 3 Mio. €. Er wird mangels Testaments von seinem Sohn V als gesetzlichem Erben beerbt. V selbst ist finanziell abgesichert, kann sich aber einen Lebensabend im sonnigen Spanien vorstellen. Er schlägt daher die Erbschaft aus, so dass Enkel E in der gesetzlichen Erbfolge nachrückt. Vor der Ausschlagung haben V und E vereinbart, dass V als Gegenleistung für die Ausschlagung die Finca erhalten soll. Diese wird ihm nun von E übertragen.

► **Besteuerung des Enkels E:**

E ist Erbe geworden und hat den Nachlass im Gesamtwert von 4 Mio. € erhalten. Für den Erwerb seiner Rechtsposition hat er eine Abfindung i. H. von 1 Mio. € an V gezahlt; diese kann er gem. § 10 Abs. 5 Nr. 3 ErbStG als Nachlassverbindlichkeit geltend machen. Mithin versteuert er nach Abzug des persönlichen Freibetrags i. H. von 200.000 €[468] 2,8 Mio. €, was zu einer Erbschaftsteuer i. H. von 532.000 € führt.

Ertragsteuerlich stellt die Abfindung im Wert von 1 Mio. € das Entgelt für den Erwerb der Erbschaft (= Anschaffung durch E bzw. Veräußerung durch V) dar. E erwirbt die Erbschaft zu ein Viertel (1 Mio. €/4 Mio. €) entgeltlich und zu drei Viertel unentgeltlich. Hinsichtlich des unentgeltlichen Teils fällt mangels Schenkung[469] keine Schenkungsteuer im Verhältnis zwischen E und S an.

Hinsichtlich des entgeltlichen Teils ist die Abfindungszahlung auf die einzelnen Wirtschaftsgüter des Nachlasses im Verhältnis ihrer anteiligen Verkehrswerte aufzuteilen.[470] Auf die Finca entfällt folglich ein Viertel des Abfindungsbetrages, d. h. 250.000 €. Da es sich bei der Finca um eine Mietimmobilie handelt, muss der Erbe E

468 Obwohl nach § 1953 BGB die Erbschaft demjenigen anfällt, welcher berufen wäre, wenn der Ausschlagende zur Zeit des Erbfalls nicht gelebt hätte, kommt erbschaftsteuerlich nicht der erhöhte Freibetrag gem. § 16 Abs. 1 Nr. 2 ErbStG, sondern nur der allgemeine Freibetrag zwischen Enkeln und Großeltern gem. § 16 Abs. 1 Nr. 3 ErbStG zur Anwendung. Die Ausschlagung steht nicht dem Vorversterben des „Kindes" gleich; so auch Jülicher in Troll/Gebel/Jülicher/Gottschalk, ErbStG, 54. Erg.-Lfg. 2017, § 16 Rz. 5 a. E.; Moench/Weinmann, ErbStG, § 16 Rz. 10.

469 § 517 BGB.

470 BMF, Schreiben v. 14.3.2006 - IV B 2 - S 2242 - 7/06, BStBl 2006 I S. 253 NWB WAAAB-80130, geändert durch BMF, Schreiben v. 27.12.2018 - IV C 6 - S 2242/07/10004, BStBl 2019 I S. 11 NWB RAAAH-04522; eine andere Zuordnung des Veräußerungserlöses ist möglich, wenn dies in nach außen hin erkennbarer Weise dokumentiert ist und nicht zu einer unangemessenen wertmäßigen Berücksichtigung der einzelnen Wirtschaftsgüter führt.

(sofern er die Finca behält und selber Mieterträge erzielt) der künftigen AfA-Berechnung für das entgeltlich erworbene Viertel der Immobilie die Anschaffungskosten von 250.000 €[471] und für den unentgeltlich erworbenen Teil von drei Viertel der Immobilie die historischen Anschaffungskosten des G[472] zugrunde legen.

Gleichzeitig überträgt E die Finca als Abfindung an den weichenden Erben V mit der Folge, dass E die Finca in vollem Umfang an V veräußert. Diese Veräußerung stellt hinsichtlich des unentgeltlich erworbenen Teils der Finca (drei Viertel) auf Seiten des E einen steuerpflichtigen Veräußerungsvorgang gem. § 23 Abs. 1 Nr. 1 EStG dar, wenn Erblasser G das Grundstück innerhalb von zehn Jahren vor Veräußerung durch E erworben hat.[473] Der Veräußerungsgewinn berechnet sich auf der Basis der anteiligen historischen Anschaffungskosten zzgl. anteiliger Veräußerungskosten abzüglich des Veräußerungspreises.

Hinsichtlich des zuvor aufgrund des Abfindungsvertrages entgeltlich erworbenen Teils der Finca (ein Viertel) ist der Tatbestand des § 23 Abs. 1 Nr. 1 EStG erfüllt, wenn der Veräußerungspreis die Anschaffungskosten zzgl. Veräußerungskosten übersteigt. Dies wird jedoch nicht der Fall sein, da sich Anschaffungskosten (ein Viertel der Abfindung) und Veräußerungspreis (ebenfalls ein Viertel der Abfindung) entsprechen.

► **Besteuerung des Sohnes V:**

V erhält die Finca erbschaftsteuerlich unmittelbar von G. Damit kann er vom Wert der Bereicherung (1 Mio. €) den persönlichen Freibetrag nach seinem Vater (400.000 €) steuermindernd abziehen. Unter Anwendung des Steuertarifs von 15 % ergibt sich eine Erbschaftsteuer i. H. von 90.000 €.

Ertragsteuerlich hat V die Finca genau wie alle anderen Nachlassgegenstände auch zu ein Viertel entgeltlich veräußert und zu drei Viertel unentgeltlich auf E übertragen. Von dem auf das entgeltliche Viertel der Finca entfallenden Veräußerungserlös sind die ursprünglichen anteiligen Anschaffungskosten des G sowie die anteiligen Veräußerungskosten abzuziehen. Der sich hieraus ergebende Betrag ist gem. § 23 Abs. 1 Nr. 1 EStG zu versteuern, sofern der Erblasser G die Immobilie innerhalb von zehn Jahren vor der Veräußerung durch V angeschafft hat.[474]

Im Ergebnis teilen sich also V und E die Besteuerung der im Abfindungsgegenstand ruhenden stillen Reserven. Sofern Erblasser G die Immobilie innerhalb von zehn Jahren vor der Ausschlagung der Erbschaft durch seinen Sohn V angeschafft hat und die entgeltliche Übertragung der Immobilie damit den Tatbestand des § 23 Abs. 1 Nr. 1 EStG erfüllt, müssen Enkel E drei Viertel und Sohn V ein Viertel des Veräußerungsgewinns der Einkommensteuer unterwerfen.

---

471 Die Anschaffungskosten sind wie üblich auf Grund und Boden einerseits und Gebäude andererseits aufzuteilen; nur aus Vereinfachungsgründen wurde im Beispielsfall auf eine Aufteilung verzichtet.

472 § 11 d Abs. 1 EStDV.

473 §§ 23 Abs. 1 Satz 2 EStG, 11d Abs. 1 EStDV.

474 §§ 23 Abs. 1 Satz 2 EStG, § 11d Abs. 1 EStDV.

Ob die soeben dargestellten ertragsteuerlichen Rechtsfolgen auch dann gelten, wenn der Nachlass nicht nur auf einen Alleinerben übergeht, sondern auf eine **Erbengemeinschaft**, ist **umstritten**. 276

BEISPIEL: Im Nachlass der Ehefrau F befinden sich Immobilien. F wird von ihrem Ehemann M und dem gemeinsamen Sohn S beerbt. M schlägt die Erbschaft gegen Zahlung einer Bar-Abfindung durch S aus.

Die Ausschlagung der Erbschaft gegen Abfindungszahlung wird als entgeltliches Veräußerungsgeschäft behandelt. V veräußert also seinen Erbteil an S. Diese Veräußerung zieht lediglich dann ertragsteuerliche Konsequenzen nach sich, wenn ein einschlägiger Steuertatbestand erfüllt ist. Nach Tiedtke/Wälzholz[475] fehlt es vorliegend an einem solchen Steuertatbestand. Insbesondere seien weder § 23 Abs. 1 Satz 1 Nr. 1 EStG noch § 23 Abs. 1 Satz 4 EStG erfüllt, da M weder eine in seinem Eigentum stehende Immobilie noch den Anteil an einer Personengesellschaft veräußere. 277

Der Argumentation von Tiedtke/Wälzholz folgte auch der BFH in seinem Urteil v. 26.9.2023:[476] Gegen die Auffassung der Finanzverwaltung erkannte er für Recht, dass – zumindest für Zwecke des § 23 Abs. 1 EStG – Veräußerung und Anschaffung eines Erbteils nicht mit der Veräußerung und Anschaffung der anteiligen Nachlassgegenstände gleichzusetzen sei.[477] 277/1

Im Urteilsfall hatten zwei Mitglieder (A und B) einer aus drei Miterben (A, B und C) bestehenden Erbengemeinschaft ihren Erbteil an einen Dritten (D) veräußert. Dieser übertrug aufgrund des geltend gemachten gesetzlichen Vorkaufsrechts (§ 2034 BGB) die Erbteile an den Miterben (C), der anschließend eine im Nachlass befindliche Immobilie an einen Vierten (E) veräußerte.

Das Finanzamt war der Ansicht, dass C mit der Veräußerung der Immobilie im Umfang der von A und B erworbenen Erbteile einen steuerpflichtigen Veräußerungsgewinn realisiert habe, da zwischen der Anschaffung (Erwerb der Erbteile A und B) und der Veräußerung der Immobilie nicht mehr als zehn Jahre gelegen hätten. Der Erwerb der Erbteile sei aufgrund der steuerlichen Transparenz der Gesamthandsgemeinschaft wirtschaftlich mit dem anteiligen Erwerb der 277/2

475 Tiedtke/Wälzholz, ZEV 2001 S. 432 und ZEV 2002 S. 183; so auch Korn/Strahl, NWB 22/2001 S. 11609, 11617 NWB QAAAA-73380.

476 BFH, Urteil v. 26.9.2023 - IX R 13/22, BFH/NV 2024 S. 306 = NWB 2024 S. 152 NWB UAAAJ-56573 (Ls. m. Anm. Thomas Carlé); Änderung der Rechtsprechung.

477 BFH, Urteil v. 26.9.2023 - IX R 13/22, BFH/NV 2024 S. 306 = NWB 2024 S. 152 NWB UAAAJ-56573 (Ls. m. Anm. Thomas Carlé); Änderung der Rechtsprechung; siehe hierzu auch Broemel/Westermann, DStR 2024 S. 1681.

Nachlassgegenstände gleichzusetzen mit der Folge, dass in der Hand des C die Voraussetzungen des § 23 Abs. 1 Satz 1 Nr. 1 Buchst. a EStG erfüllt seien.

277/3 Dieser Einschätzung ist der BFH mit dem Argument entgegengetreten, § 23 Abs. 1 Satz 1 Nr. 1 Buchst. a EStG greife nur bei Nämlichkeit des angeschafften und des veräußerten Wirtschaftsgutes. Die Vorschrift sei zivilrechtlich zu verstehen, da Sinn und Zweck des § 23 EStG darauf gerichtet seien, *„Wertänderungen eines bestimmten Wirtschaftsgutes"* der Besteuerung zu unterwerfen. Ein Anteil an einer Erbengemeinschaft sei weder ein Grundstück noch ein grundstücksgleiches Recht, so dass der Erwerb des Erbteils nicht zu einer relevanten Anschaffung i. S. des § 23 Abs. 1 EStG führe. Etwas anderes könne sich auch nicht aus § 23 Abs. 1 Satz 4 EStG ergeben, wonach die Anschaffung oder Veräußerung einer unmittelbaren oder mittelbaren Beteiligung an einer Personengesellschaft als Anschaffung oder Veräußerung der anteiligen Wirtschaftsgüter gelte, da sich der Anwendungsbereich dieser Regelung ausdrücklich auf Personengesellschaften beschränke. Eine Erbengemeinschaft sei aber keine Personengesellschaft.

277/4 Auch eine aus der steuerlichen Transparenz der Erbengemeinschaft abgeleitete Zurechnung der Immobilie nach § 39 Abs. 2 Nr. 2 AO scheide aus. Denn § 39 Abs. 2 Nr. 2 AO komme nur dann zur Anwendung, wenn die Gesamthand selbst und nicht der einzelne Gesamthänder den jeweiligen Besteuerungstatbestand erfülle. Verwirkliche ein Gesellschafter oder Gesamthänder eine Anschaffung bzw. eine Veräußerung, bedürfe es keiner anteiligen Zurechnung nach § 39 Abs. 2 Nr. 2 AO.[478] Daher führe der Erwerb eines Erbteils für Zwecke des § 23 Abs. 1 EStG auch nicht mittelbar zu einer Anschaffung der Nachlassimmobilie. Somit konnte nach Ansicht des BFH mangels Identität des angeschafften und des veräußerten Wirtschaftsgutes aus dem Erwerb eines Erbteils mit anschließender Veräußerung einzelner Nachlassgegenstände kein steuerpflichtiges privates Veräußerungsgeschäft gem. § 23 Abs. 1 Satz 1 Nr. 1 EStG hergeleitet werden.

HINWEIS:

Der BFGH stellte sich mit seinem Urteil ausdrücklich gegen seine Entscheidung aus dem Jahr 2004;[479] damals hatte er unter Ansatz einer wirtschaftlichen Betrachtungsweise den entgeltlichen Erwerb eines Miterbenanteils mit dem Erwerb der anteiligen Nachlassgegenstände gleichgesetzt. Konsequenterweise konnten dadurch die Anschaffungs-

---

478 BFH, Urteil v. 26.9.2023 - IX R 13/22, BFH/NV 2024 S. 306 = NWB 2024 S. 152 Rz. 20 NWB UAAAJ-56573 mit Verweis auf BFH, Urteil v. 4.10.1990 - X R 148/88, BStBl 1992 II S. 211 NWB AAAAA-93962; BFH, Urteil v. 10.7.1996 - X R 103/95, BStBl 1997 II S. 678 NWB EAAAA-95987.

479 BFH, Urteil v. 20.4.2004 - IX R 5/02, BStBl 2004 II S. 987 = NWB 2004 S. 1971, NWB 2006 S. 1513 NWB DAAAB-23192.

kosten für den Erbanteil auf die zum Nachlass gehörenden Wirtschaftsgüter verteilt und mit Blick auf eine streitgegenständliche Nachlassimmobilie ein Veräußerungsgewinn gem. § 23 Abs. 1 EStG ermittelt werden. Das Urteil v. 26.9.2023 stellte nunmehr eine Rückkehr zu seiner früheren Auffassung zur Rechtslage vor 1994[480] dar. In diesen früheren Urteilen hatte der BFH wiederholt betont, dass § 39 Abs. 2 Nr. 2 AO

- lediglich die Möglichkeit eröffnet, *„einzelne Besteuerungsgrundlagen oder das Ergebnis eines durch eine gesamthänderisch verbundene Mehrheit von Personen verwirklichten Steuertatbestands ... diesen Personen anteilig zuzurechnen. Die Vorschrift bietet dagegen keine gesetzliche Grundlage dafür, die objektive Seite steuerrechtlicher Tatbestandsverwirklichung umzugestalten;"*[481]
- eine anteilige Zurechnung von Wirtschaftsgütern auf diejenigen Fälle beschränkt, in denen eine getrennte Zurechnung von Wirtschaftsgütern für die Besteuerung erforderlich ist. Hieran fehlt es, wenn ein Sachverhalt nur von einzelnen Gesamthändern und nicht von der Gesamthandsgemeinschaft verwirklicht wird.

Der BFH hatte sich in seinem Urteil nur zur Anschaffung eines Erbteils geäußert. Es war jedoch davon auszugehen, dass die gleiche Argumentation auch auf die Veräußerung eines Erbteils als Actus contrarius zur Anschaffung angewandt werden konnte. Auch die Veräußerung eines Erbteils hätte somit nicht die Besteuerungsfolgen des § 23 EStG auslösen dürfen, da Veräußerungsgegenstand ein Erbteil und keine eventuell vorhandene Nachlassimmobilie ist. 277/5

Die Ausführungen des BFH sind mit Verkündung des Jahressteuergesetzes[482] jedoch obsolet geworden. Um eine steuerfreie Veräußerung einer Immobilie, deren Haltefrist i. S. des § 23 Abs. 1 Nr. 1 EStG noch nicht abgelaufen ist, aus einer Erbengemeinschaft heraus zu verhindern, wurde im Rahmen des Jahressteuergesetzes 2024 § 23 Abs. 1 Satz 4 EStG dahingehend geändert, dass nicht nur die Anschaffung oder Veräußerung einer unmittelbaren oder mittelbaren Beteiligung an einer Personengesellschaft als Anschaffung oder Veräußerung der anteiligen Wirtschaftsgüter anzusehen ist, sondern auch die Anschaffung oder Veräußerung einer unmittelbaren oder mittelbaren Beteiligung an einer Gesamthandsgemeinschaft. Die Neuregelung gilt in allen noch offenen Fällen und erfasst damit auch Tatbestände, die vor Verkündung des Jahressteuergesetzes verwirklicht wurden. 277/6

480 BFH, Urteil v. 4.10.1990 - X R 148/88, BStBl 1992 II S. 211 NWB AAAAA-93962; BFH, Urteil v. 10.7.1996 - X R 103/95, BStBl 1997 II S. 678 NWB EAAAA-95987.

481 BFH, Urteil v. 4.10.1990 - X R 148/88, BStBl 1992 II S. 211 NWB AAAAA-93962.

482 Jahressteuergesetz 2024 v. 5.12.2024, BGBl 2024 I Nr. 387.

bb) Ausschlagung von Immobilien im Betriebsvermögen

278 Vererbt der Erblasser – was äußerst selten vorkommt – ausschließlich Betriebsvermögen, führt die Ausschlagung des Erben gegen Abfindungszahlung zur **Veräußerung eines Einzelunternehmens bzw. eines Mitunternehmeranteils** i. S. des § 16 Abs. 1 EStG. Der ausschlagende Erbe erzielt folglich einen Veräußerungserlös, dem nachrückenden Erben entstehen Anschaffungskosten in Höhe der Abfindung. Ist der Veräußerungserlös höher als das Kapitalkonto des ausschlagenden Erben, entsteht auf Seiten des Ausschlagenden ein Veräußerungsgewinn, den dieser gem. §§ 16, 34 EStG zu versteuern hat.

BEISPIEL: Großvater G verstirbt und hinterlässt ausschließlich ein gewerbliches Wohnungsunternehmen i. S. des § 13b Abs. 4 Satz 1 Nr. 1 Buchst. d ErbStG in der Rechtsform einer OHG. An dieser OHG sind G und Freund F zu jeweils 50 % beteiligt. Das Kapitalkonto der beiden Mitgesellschafter beläuft sich auf jeweils 400.000 €. Mangels Testaments wird G von seinem Sohn S als gesetzlichem Erben beerbt. Sohn S ist gesundheitlich stark angeschlagen und nicht mehr in der Lage, das Unternehmen weiterzuführen. Er schlägt daher die Erbschaft aus und lässt sich vom nachrückenden Erben E eine Barabfindung i. H. von 600.000 € zahlen.

Ertragsteuerlich veräußert S einen Erbteil, der ausschließlich aus Betriebsvermögen besteht. In Höhe der Differenz zwischen Veräußerungserlös und Kapitalkonto i. H. von 600.000 € ./. 400.000 € = 200.000 € erzielt S einen Veräußerungsgewinn, der nach §§ 16, 34 EStG begünstigt besteuert werden kann. E hat in Höhe des Veräußerungserlöses (600.000 €) Anschaffungskosten, die er mit 400.000 € in der Gesamthandsbilanz der OHG und mit 200.000 € in einer Ergänzungsbilanz ausweisen muss.

279 Gehört der nachrückende Erbe zum Generationennachfolgeverbund des Ausschlagenden, könnte es sich anbieten, die Abfindung nicht als Barabfindung auszugestalten, sondern als **Versorgungsleistung**. Eine Abfindung, die in das Rechtskleid einer Vermögensübergabe gegen Versorgungsleistungen gekleidet wird, stellt nach weitgehend übereinstimmender Auffassung in der Literatur[483] unter Berufung auf ein Urteil des BFH aus dem Jahr 1996[484] einen **unentgeltlichen Vorgang** dar.

280 Der Ausschlagende erzielt damit ertragsteuerlich keinen Veräußerungserlös, die Aufdeckung und Versteuerung stiller Reserven kann vermieden werden. Im Gegenzug entstehen dem nachrückenden Erben dann auch keine Anschaffungskosten. Er kann die Versorgungsleistung jedoch als **dauernde Last** geltend machen.

483 Heiliger, ZEV 2001 S. 432; Zimmermann, ZEV 2001 S. 5; Wachter, ZNotP 2004 S. 176; Hermann in Hannes, Formularbuch Vermögens- und Unternehmensnachfolge, 2. Aufl. 2017, B. 2.04 Vermächtnisausschlagung mit Abfindung, Rz. 7a.

484 BFH, Urteil v. 17.4.1996 - X R 160/94, BStBl 1997 II S. 32 NWB WAAAA-95822.

cc) Ausschlagung von Mischvermögen

Besteht der Nachlass aus Betriebs- und Privatvermögen, gelten die obigen Ausführungen zur Ausschlagung reinen Privatvermögens und reinen Betriebsvermögens entsprechend. Der **Abfindungsbetrag** ist dann **im Verhältnis der Verkehrswerte des Betriebs- und des Privatvermögens** zueinander aufzuteilen, sofern nicht die Beteiligten die Abfindung den jeweiligen Wirtschaftsgütern hiervon abweichend und nach außen hin erkennbar zugeordnet haben.[485] 281

BEISPIEL: Großvater G hinterlässt ein gewerbliches Wohnungsunternehmen in der Rechtsform einer GmbH & Co. KG, zwei Ferienimmobilien und Wertpapiere. Sohn S, alleiniger gesetzlicher Erbe, schlägt aus. Enkel E rückt nach und vereinbart mit S als Abfindungsleistungen einen Barbetrag für die Ferienimmobilien und die Wertpapiere in Höhe der jeweiligen Verkehrswerte sowie regelmäßig wiederkehrende Versorgungsleistungen für den Verzicht auf das Wohnungsunternehmen.

4. Typische Anwendungsfälle der Ausschlagung gegen Abfindung

Auch wenn die Ausschlagung einer Erbschaft oder eines Vermächtnisses gegen Abfindung ein komplexes Gestaltungsmittel darstellt, dessen erbschaft- und ertragsteuerliche Konsequenzen sorgfältig geprüft und gegeneinander abgewogen werden müssen, gibt es bestimmte Fallkonstellationen, bei denen die Ausschlagung aus Beratersicht zumindest in Betracht gezogen werden sollte. 282

a) Widerspruch zwischen Erbfolge und Gesellschaftsvertrag

Bei größeren Immobilienbeständen kommt es häufig vor, dass die Immobilien über Familiengesellschaften, sei es in der Rechtform einer Personengesellschaft oder einer Kapitalgesellschaft, gehalten werden. Typischerweise beinhalten Gesellschaftsverträge von Familiengesellschaften bestimmte Klauseln, wonach Gesellschaftsanteile nur auf Abkömmlinge von Gesellschaftern oder auf Mitgesellschafter übertragen werden können. Diese Einschränkung gilt erfahrungsgemäß sowohl für die entgeltliche Übertragung als auch für die Übertragung im Wege der Schenkung oder Erbfolge. 283

Nicht selten gehen juristisch weniger versierte Gesellschafter davon aus, dass mit diesen gesellschaftsvertraglichen Regelungen über „nachfolgeberechtigte Personen" bereits die Erbfolge geklärt sei. Das Aufsetzen eines Testaments oder der Abgleich mit dem eigenen Testament wird für nicht mehr erforderlich 284

---

485 BFH, Urteil v. 27.7.2004 - IX R 54/02, BStBl 2006 II S. 9 NWB BAAAB-27659; BMF, Schreiben v. 14.3.2006 - IV B 2 - S 2242 - 7/06, BStBl 2006 I S. 253 NWB WAAAB-80130, geändert durch BMF, Schreiben v. 27.12.2018 - IV C 6 - S 2242/07/10004, BStBl 2019 I S. 11 NWB RAAAH-04522.

gehalten. Hierbei handelt es sich jedoch um einen Trugschluss, der im Erbfall zu überraschenden und vor allem unerwünschten Ergebnissen führen kann.

BEISPIEL: Mutter M ist Gesellschafterin einer Immobilien KG, die vor vielen Jahren von ihrem Vater und ihrem Onkel gegründet worden ist. Vater und Onkel hatten damals das Stammesprinzip entdeckt und geregelt, dass Vater und Onkel jeweils einen Familienstamm bilden (Stamm V und Stamm O) und dass Gesellschaftsanteile immer nur innerhalb des jeweiligen Familienstammes weitergegeben werden dürfen. Ziel sei es, beide Stämme unabhängig von der Anzahl nachfolgender Familienmitglieder immer zu jeweils 50 % an der Gesellschaft zu beteiligen. Zum Familienstamm sollen nach der selbst gewählten Definition nur die jeweiligen Abkömmlinge der beiden Gründerväter gehören, d. h. Kinder, Enkel, Urenkel etc. V und O hatten die Gesellschaftsanteile jeweils auf ihre beiden Kinder übertragen, so dass aus dem Stamm V die Gesellschafter M und J und aus dem Stamm O die Gesellschafter S und T mit jeweils 25 % an der Immobilien KG beteiligt sind.

M ist verheiratet und hat zwei Kinder. Sie geht davon aus, dass die Gesellschaftsanteile aufgrund der gesellschaftsvertraglichen Regelung automatisch auf ihre beiden Kinder übergehen. Da sie aber auch ihren Mann E finanziell absichern möchte, setzen die Ehegatten ein Berliner Testament auf. Danach wird der zuerst versterbende Ehegatte vom überlebenden Ehegatten als Alleinerbe beerbt; erst nach dem Tod des länger lebenden Ehegatten sollen die Kinder als Schlusserben zum Zuge kommen. Als Ersatzerben werden jeweils die beiden Kinder eingesetzt.

Als M verstirbt, wird sie entsprechend der letztwilligen Verfügung von E beerbt. Gemäß gesellschaftsvertraglicher Regelung kann E nicht Gesellschafter werden; er rückt also nicht in die Gesellschafterstellung nach, sondern erhält lediglich einen Abfindungsanspruch gegenüber den übrigen Gesellschaftern. Die beiden Kinder können ebenfalls nicht Gesellschafter der Immobilien KG werden, da sie von M weder zu Erben eingesetzt wurden noch entsprechende Vermächtnisse erhalten haben. Insgesamt ist die Familie damit auf Dauer aus der Immobilien KG ausgeschieden. Ihr Anteil ist allen verbleibenden Gesellschaftern (also auch den Gesellschaftern des Stammes O) zu gleichen Teilen angewachsen mit der Konsequenz einer Quotenverschiebung zwischen den beiden Familienstämmen: Stamm V (mit dem verbliebenen Gesellschafter J) ist nur noch zu einem Drittel an der KG beteiligt, Stamm O (mit den beiden Gesellschaftern S und T) dagegen zu zwei Drittel.[486]

486 Einzelheiten zu Familien-Immobiliengesellschaften siehe Kapitel D. III. Rz. 393 ff.

ALTERNATIVE LÖSUNG: Dieses Ergebnis könnte mithilfe einer Ausschlagung der Erbschaft durch E korrigiert werden. Dann nämlich gilt der Anfall der Erbschaft an E als von Anfang an nicht erfolgt.[487] Die Erbschaft fällt stattdessen den beiden Kindern als Ersatzerben an. Die Kinder sind auch in Bezug auf die Immobilien KG nachfolgeberechtigte Personen, so dass

(1) die Gesellschafterstellung der „Familie M" in der KG weiterhin erhalten und

(2) die gleichmäßige Teilhabe der beiden Stämme V und O an der KG gewahrt bleibt.

Damit auch E nicht leer ausgeht, vereinbaren E und die Kinder als Gegenleistung für die Ausschlagung eine Abfindung. Diese kann weite Teile des sonstigen Nachlasses umfassen; sofern es der Gesellschaftsvertrag erlaubt, wäre auch die Einräumung eines Nießbrauchrechts an den KG-Anteilen denkbar.[488]

b) Nichtberücksichtigung einer Betriebsaufspaltung

Aus steuerlicher Sicht verheerend können die Folgen eines Erbfalls auch dann werden, wenn der Erblasser eine bestehende Betriebsaufspaltung übersehen hat. 285

BEISPIEL: Im umfangreichen Immobilienvermögen des Vaters V befindet sich u. a. eine Immobilie, die dem operativen Einzelunternehmen des V zur Nutzung überlassen ist. Diese Immobilie wird entsprechend für steuerliche Zwecke dem Betriebsvermögen des V zugeordnet, während alle anderen Immobilien von V im Privatvermögen gehalten werden. Sohn S arbeitet bereits im Unternehmen des V und soll es nach dem Ableben des V weiterführen. V hat daher ein Testament errichtet, in dem er seinen Sohn S als Alleinerben einsetzt. Seine Frau F soll per Vermächtnis das „gesamte Immobilienvermögen" erhalten.

Stirbt V, geht das Unternehmen auf S über; die Immobilien muss S an F herausgeben. Damit wird die Betriebsaufspaltung in Bezug auf die betrieblich genutzte Immobilie aufgehoben. Die in der Immobilie ruhenden stillen Reserven sind aufzudecken und zu versteuern.

ALTERNATIVE LÖSUNG 1: Auch hier könnte sich wieder eine Ausschlagung des Vermächtnisses durch F anbieten. F könnte als Abfindung die im Privatvermögen gehaltenen Immobilien erhalten,[489] bei denen die Zehn-Jahres-Frist des § 23 Abs. 1 Satz 1 Nr. 1 i. V. mit Satz 3 EStG noch nicht abgelaufen ist. Dadurch käme es zumindest nicht zu einem steuerpflichtigen Veräußerungsgeschäft in Bezug auf die Privatimmobilien.

Allerdings ist zu beachten, dass die Abfindung auf Seiten des S zu einem (teilweise) entgeltlichen Erwerb sämtlicher Vermächtnisgegenstände und damit auch der Be-

487 § 1953 BGB.

488 Hannes, ZEV 1996 S. 10.

489 Die Abfindung bliebe damit hinter dem Wert des Vermächtnisses zurück. Ertragsteuerlich handelt es sich damit um ein teilentgeltliches Geschäft.

triebsimmobilie führen könnte.[490] Sofern S und M keine **abweichende Zuordnung des Veräußerungspreises** zu den einzelnen Immobilien nachvollziehbar darlegen und dokumentieren,[491] kann daher auch mithilfe der geschilderten Ausschlagung gegen Abfindung die Aufdeckung und Versteuerung zumindest eines Teils der stillen Reserven der Betriebsimmobilie eventuell nicht vollständig vermieden werden.

ALTERNATIVE LÖSUNG 2: Alternativ können Sohn und Mutter vereinbaren, dass die Mutter das Vermächtnis ausschlägt und der Sohn ihr als Abfindung ein Nießbrauchrecht an den Immobilien einräumt. Damit ist die Mutter finanziell abgesichert, die Vermögenssubstanz aber in den Händen des Sohnes. Ein entsprechender Fall lag dem Urteil des BFH v. 4.6.1996[492] zugrunde: Hier hatte die Mutter zugunsten ihres Sohnes die **Erbschaft gegen Einräumung eines Nießbrauchrechts** an den im Nachlass befindlichen Immobilien **ausgeschlagen**. Der BFH behandelte die Nießbrauchbestellung aus der für den Streitfall allein relevanten ertragsteuerlichen Sicht wie die unentgeltliche Einräumung eines Nießbrauchrechts.

Dieser Ansicht hat sich die Finanzverwaltung angeschlossen. Auch sie behandelt den vorläufigen Erben, der die Erbschaft mit der Maßgabe ausgeschlagen hat, dass ihm ein Nießbrauchrecht an den zum Nachlass gehörenden Gegenständen eingeräumt wird, als **Vorbehaltsnießbraucher**.[493] Gleichzeitig bestätigt sie, dass die Bestellung des Nießbrauchs keine Gegenleistung des Erwerbers sein soll.[494] Damit dürfte die **Ausschlagung gegen Bestellung eines Nießbrauchrechts als Ausschlagung ohne Abfindung zu werten** sein. Folglich ergeben sich aus einer solchen Vereinbarung ausschließlich erbschaftsteuerliche Konsequenzen. Die ertragsteuerliche Gefahr der Aufdeckung und Versteuerung stiller Reserven dürfte damit gebannt sein.

c) Vorversterben des Beschenkten

286 Wird z. B. Immobilienvermögen im Wege der vorweggenommenen Erbfolge übergeben, sollte im Schenkungsvertrag an eine Rückfallklausel gedacht werden, um etwaige ertragsteuerliche Folgen zu vermeiden. Eine solche Formulierung könnte wie folgt lauten:

„Der Schenker ist berechtigt, die Schenkung ganz oder teilweise zu widerrufen, wenn der Beschenkte vor dem Schenker verstirbt."

Enthält der Schenkungsvertrag keine entsprechende Rückfallklausel, kann ggf. eine Ausschlagung der Erbschaft oder des Sachvermächtnisses angezeigt sein:

490 Zur zweifelhaften Rechtslage, ob die Ausschlagung eines Vermächtnisses gegen Abfindung überhaupt ein entgeltliches Rechtsgeschäft darstellt und falls ja, was Gegenstand der Veräußerung sein soll, vgl. oben Kapitel C. II. 3. c) Rz. 268.

491 BMF, Schreiben v. 14.3.2006 - IV B 2 - S 2242 - 7/06, BStBl 2006 I S. 253 NWB WAAAB-80130, geändert durch BMF, Schreiben v. 27.12.2018 IV C 6 - S 2242/07/10004, BStBl 2019 I S. 11 NWB RAAAH-04522.

492 BFH, Urteil v. 4.6.1996 - IX R 59/94, BStBl 1998 II S. 431 NWB XAAAA-96221.

493 BMF, Schreiben v. 30.9.2013 - IV C 1 - S 2253/07/10004, BStBl 2013 I S. 1184 NWB AAAAE-45949.

494 BMF, Schreiben v. 30.9.2013 - IV C 1 - S 2253/07/10004, BStBl 2013 I S. 1184 NWB AAAAE-45949.

BEISPIEL: Vater V hat bereits zu Lebzeiten im Wege der vorweggenommenen Erbfolge Immobilien auf seinen Sohn S übertragen. Aus heute unerfindlichen Gründen wurde es versäumt, in den damaligen Übertragungsvertrag eine Rückfallklausel für den Fall des Vorversterbens des S aufzunehmen. S ist unverheiratet und kinderlos und verstirbt vollkommen unerwartet vor seinen Eltern, ohne ein Testament aufgesetzt zu haben.

Aufgrund der gesetzlichen Erbfolge wird S von seinen Eltern V und M zu jeweils ein Halb beerbt. Erbschaftsteuerlich ist der Vermögensanfall bei V in Form der anteiligen Immobilien nach § 13 Abs. 1 Nr. 10 ErbStG steuerfrei. Die Mutter hingegen muss den Wert der anteilig auf sie entfallenden Immobilien versteuern und kann dabei lediglich den persönlichen Freibetrag nach § 16 Abs. 1 Nr. 4 ErbStG i. H. von 100.000 € geltend machen.

LÖSUNGSVORSCHLAG: Aus Sicht der Eltern könnte es sinnvoll sein, die Mutter die Erbschaft ausschlagen zu lassen. Damit würde einen Rückfall des gesamten Immobilienvermögens an den Vater ermöglicht, der nun insgesamt der Steuerbefreiung des § 13 Abs. 1 Nr. 10 ErbStG unterliegt. Die Ausschlagung der Mutter ist jedoch nur dann zielführend, wenn die Ehegatten keine weiteren Kinder haben, die anstelle der Mutter in die gesetzliche Erbfolge nachrücken.[495]

d) Insolvenz des Erben oder Vermächtnisnehmers

Schließlich kommt die Ausschlagung einer Erbschaft auch dann in Betracht, 287
wenn der Erbe oder Vermächtnisnehmer insolvent ist und der werthaltige Nachlass der Familie erhalten bleiben soll. Durch die Ausschlagung rückt dann der Nächstberufene in die Erbenstellung nach, während den Gläubigern des ursprünglichen Erben oder Vermächtnisnehmers der Zugriff auf den Nachlass verwehrt ist. Hierzu sind der ausschlagende Erbe bzw. Vermächtnisnehmer gem. § 83 Abs. 1 InsO berechtigt. Eine **Insolvenzanfechtung** der Ausschlagung ist **nicht möglich**. Darüber hinaus stellt eine Ausschlagung während der insolvenzrechtlichen Wohlverhaltensphase auch **keine Obliegenheitsverletzung** dar.[496]

III. Auseinandersetzung des Nachlasses

1. Ungeteilte Erbengemeinschaft

Mit dem Tod des Erblassers geht dessen Vermögen als Ganzes auf den oder 288
die Erben über.[497] Wird der Erblasser von mehreren Personen als Miterben

495 § 1935 Abs. 2 BGB.

496 BGH, Beschluss v. 25.6.2009 - IX ZB 196/08 NWB RAAAD-25870.

497 § 1922 BGB.

beerbt, liegt eine **Erbengemeinschaft** vor, die rechtlich als **Gesamthandsgemeinschaft** qualifiziert wird. Das bedeutet, dass der Nachlass gemeinschaftliches Vermögen der Erben darstellt, der einzelne Erbe zwar über seinen Erbteil, nicht aber über seinen Anteil an den einzelnen Nachlassgegenständen verfügen darf und die Verwaltung allen Erben gemeinschaftlich zusteht.[498]

289 Die Gesamthandsgemeinschaft existiert so lange, bis der Nachlass vollständig auseinandergesetzt ist. Obwohl die Erbengemeinschaft grds. auf Auseinandersetzung angelegt ist, besteht **keine gesetzliche Pflicht** innerhalb bestimmter Fristen die **Auseinandersetzung** zu betreiben. Die Erbengemeinschaft kann daher auch auf unbegrenzte Zeit bestehen bleiben, die rechtliche Position eines Miterben an dessen Erben vererbt werden.[499]

290 Aus steuerlicher Sicht erzielt die Erbengemeinschaft bis zur Auseinandersetzung – je nach Zusammensetzung des Nachlasses – Überschuss- oder Gewinneinkünfte. Im Falle der Überschusseinkünfte steht die Erbengemeinschaft steuerlich einer Bruchteilsgemeinschaft i. S. des § 39 AO gleich; bei Gewinneinkünften werden die Erben zu Mitunternehmern i. S. des § 15 Abs. 1 Satz 1 Nr. 2 EStG.[500] Den Miterben werden die Einkünfte entsprechend der jeweiligen Erbquote zugerechnet.

291 Erst mit der Auseinandersetzung des Nachlasses endet die gemeinschaftliche Einkünfteerzielung; erst dann werden die Einkünfte grds. nur noch demjenigen steuerlich zugerechnet, der die Einkunftsquelle aus dem Nachlass erhalten hat.[501]

---

498 §§ 2032 ff. BGB; in Abgrenzung zur Bruchteilsgemeinschaft, Lohmann in BeckOK, BGB, 45. Ed. 2017, § 2032 Rz. 2; Gergen in MüKoBGB, 7. Aufl. 2017, § 2032 Rz. 4 ff.

499 BGH, Urteil v. 8.10.1984 - II ZR 223/83, BGHZ 92 S. 259; BFH, Urteil v. 9.7.1987 - IV R 95/85, BStBl 1988 II S. 245 NWB FAAAA-92504.

500 BFH, Beschluss v. 5.7.1990 - GrS 2/89, BStBl 1990 II S. 837; BMF, Schreiben v. 14.3.2006 - IV B 2 - S 2242 - 7/06, BStBl 2006 I S. 253 NWB WAAAB-80130, geändert durch BMF, Schreiben v. 27.12.2018 - IV C 6 - S 2242/07/10004, BStBl 2019 I S. 11 NWB RAAAH-04522.

501 Ausnahmsweise ist eine rückwirkende Zurechnung der Einkünfte möglich, wenn die Auseinandersetzung innerhalb von sechs Monaten seit dem Erbfall erfolgt, BMF, Schreiben v. 14.3.2006 - IV B 2 - S 2242 - 7/06, BStBl 2006 I S. 253 NWB WAAAB-80130, geändert durch BMF, Schreiben v. 27.12.2018 - IV C 6 - S 2242/07/10004, BStBl 2019 I S. 11 NWB RAAAH-04522; zur Ausnahme bei der Erfüllung eines Vermächtnisses siehe BMF, Schreiben v. 14.3.2006 - IV B 2 - S 2242 - 7/06, BStBl 2006 I S. 253 NWB WAAAB-80130.

2. Auseinandersetzung des Nachlasses

Nach inzwischen übereinstimmender Auffassung in Rechtsprechung,[502] Verwaltung[503] und Literatur[504] stellen **Erbfall und Erbauseinandersetzung zwei voneinander getrennte Rechtsvorgänge** dar, die auch steuerlich selbständig zu beurteilen sind. Die steuerlichen Folgen der Erbauseinandersetzung hängen davon ab, wie die Aufteilung des Nachlasses unter den Miterben im Einzelnen erfolgt, ob z. B. Verbindlichkeiten übernommen oder Abfindungsleistungen gezahlt werden. Unter Berücksichtigung der höchstrichterlichen Rechtsprechung[505] und des BMF-Schreibens v. 14.3.2006 betreffend die ertragsteuerliche Behandlung der Erbengemeinschaft und ihrer Auseinandersetzung[506] sind folgende Fallgestaltungen zu unterscheiden: 292

- Der Nachlass wird durch Aufteilung der einzelnen Nachlassgegenstände realgeteilt.
- Die Realteilung erfolgt unter Übernahme von Verbindlichkeiten der Erbengemeinschaft (= Nachlassverbindlichkeiten). Dabei übernimmt ggf. ein Miterbe mehr Verbindlichkeiten als es seiner Erbquote entspricht; insgesamt erhält jeder Miterbe aber einen seiner Erbquote entsprechenden „Reinerlös".
- Es liegt eine Realteilung mit Spitzen- oder Wertausgleich vor, d. h. ein Miterbe wird über seine Erbquote hinaus am Nachlass beteiligt und zahlt dafür anderen Miterben eine Abfindung.

Weiterhin spielt es für die ertragsteuerliche Behandlung eine Rolle, ob es sich bei dem Nachlass um 293

- reines Betriebsvermögen,
- reines Privatvermögen oder um
- einen Mischnachlass handelt.

---

502 BFH, Beschluss v. 5.7.1990 - GrS 2/89, BStBl 1990 II S. 837 NWB JAAAA-93411.

503 BMF, Schreiben v. 14.3.2006 - IV B 2 - S 2242 - 7/06 NWB WAAAB-80130, BStBl 2006 I S. 253, geändert durch BMF, Schreiben v. 27.12.2018 - IV C 6 - S 2242/07/10004, BStBl 2019 I S. 11 NWB RAAAH-04522.

504 Schallmoser in Blümich, EStG, § 16 Rz. 36.

505 BFH, Urteil v. 19.12.2006 - IX R 44/04, BStBl 2008 II S. 216 NWB MAAAC-41544; Niedersächsisches FG, Urteil v. 13.10.2016 - 14 K 203/15 NWB KAAAG-45529; FG Münster, Urteil v. 27.9.2013 - 14 K 4210/10 F NWB DAAAE-48621.

506 BMF, Schreiben v. 14.3.2006 - IV B 2 - S 2242 - 7/06, BStBl 2006 I S. 253 NWB WAAAB-80130, geändert durch BMF, Schreiben v. 27.12.2018 - IV C 6 - S 2242/07/10004, BStBl 2019 I S. 11 NWB RAAAH-04522.

3. Realteilung ohne Ausgleich

294 Die „einfache Realteilung" stellt einen **unentgeltlichen Vorgang** dar, der weder zu Anschaffungskosten noch zu einem Veräußerungsgewinn führt. Die Auseinandersetzungsvereinbarungen konkretisieren lediglich den gesetzlichen Auseinandersetzungsanspruch. Anschaffungskosten und Veräußerungserlöse können dadurch nicht entstehen. Da durch die bloße Erfüllung des gesetzlichen Auseinandersetzungsanspruchs des jeweiligen Erben dieser lediglich seinen rechnerischen Anteil – nicht mehr und nicht weniger – am Nachlass erhält, findet keine Vermögensverschiebung zwischen den Erben statt. Der Vorgang löst damit auch **keine Schenkungsteuer** aus.

295 Zu berücksichtigen ist in diesem Zusammenhang, dass bei der **Wertermittlung** der Nachlassgegenstände zum Zwecke der Aufteilung des Nachlasses nicht etwa der Zeitpunkt des Erbfalls maßgeblich ist, sondern der **Zeitpunkt der Erbauseinandersetzung.**[507] Die Erben können sich daher Wertschwankungen einzelner Nachlassgegenstände zunutze machen, indem sie im Hinblick auf die einzelnen Erbquoten den Zeitpunkt der Erbauseinandersetzung u.a. von den Wertverhältnissen abhängig machen. Schließlich ist für die Auseinandersetzung kein bestimmter Zeitpunkt vorgeschrieben. Die Erbengemeinschaft kann sich auch erst Jahre nach dem Erbfall auseinandersetzen.[508]

a) Realteilung von Privatvermögen

296 Besondere steuerliche Fragestellungen anlässlich der Realteilung von Privatvermögen können auftreten, wenn sich ein Familienheim i.S.des **§ 13 Abs. 1 Nr. 4c ErbStG** oder zu Wohnzwecken vermietete Immobilien i.S.des **§ 13d ErbStG** im Nachlass befinden. Setzen sich die Miterben derart auseinander, dass ein Erbe das jeweils begünstigte Vermögen, der andere Erbe hingegen nur nicht begünstigtes Vermögen erhält, ist zu prüfen, wer die steuerlichen Vergünstigungen in Anspruch nehmen darf. Das Gesetz sieht für diesen Fall folgende Regelung vor:

„Ein Erwerber kann den verminderten Wertansatz nicht in Anspruch nehmen, soweit er erworbene Grundstücke auf Grund einer letztwilligen Verfügung des Erblassers oder einer rechtsgeschäftlichen Verfügung des Erblassers oder Schenkers auf einen Dritten übertragen muss. Gleiches gilt, wenn ein Erbe im Rahmen der Teilung des Nachlasses Vermögen i.S.des [§ 13d] Absatzes 3 [ErbStG] auf

507 § 2047 BGB.

508 BMF, Schreiben v. 14.3.2006 - IV B 2 - S 2242 - 7/06, BStBl 2006 I S. 253 NWB WAAAB-80130, geändert durch BMF, Schreiben v. 27.12.2018 - IV C 6 - S 2242/07/10004, BStBl 2019 I S. 11 NWB RAAAH-04522.

einen Miterben überträgt. Überträgt ein Erbe erworbenes begünstigtes Vermögen im Rahmen der Teilung des Nachlasses auf einen Dritten und gibt der Dritte dabei diesem Erwerber nicht begünstigtes Vermögen hin, das er vom Erblasser erworben hat, erhöht sich insoweit der Wert des begünstigten Vermögens des Dritten um den Wert des hingegebenen Vermögens, höchstens jedoch um den Wert des übertragenen Vermögens.“[509]

Diese Regelungen interpretiert der BFH in der Weise, dass der Erbe, der das 297
begünstigte Vermögen hingibt, keine Vergünstigung mehr in Anspruch nehmen kann; der Erbe, der das begünstigte Vermögen erhält, soll demgegenüber auch insoweit die Vergünstigung geltend machen dürfen, als er über seine Erbquote hinaus und unter Hingabe nicht begünstigten Vermögens den begünstigten Vermögensgegenstand erwirbt.[510] Diese Auffassung wird von der Finanzverwaltung grds. geteilt. Erfolgt die Weitergabe des begünstigten Vermögens erst nach dem Erlass eines Steuerbescheides, stellt die Weitergabe ein steuerlich rückwirkendes Ereignis dar, das im Rahmen der üblichen Änderungsvorschriften, § 175 Abs. 2 Nr. 1 AO, zu berücksichtigen ist.[511]

Demgegenüber kommt es nach Ansicht des BFH nicht darauf an, innerhalb 298
welcher Frist die Erben sich auseinandersetzen und die entsprechende Vermögenszuordnung vornehmen. Eine zeitliche Nähe zum Erbfall sei weder für die Teilung des Nachlasses noch für das Eingreifen der steuerlichen Vergünstigung gesetzlich vorgesehen.[512] Die von der Finanzverwaltung vertretene Auffassung, ein Vergünstigungstransfer sei nur möglich, wenn die Erbengemeinschaft innerhalb von sechs Monaten seit dem Erbfall auseinandergesetzt werde, hat vor der Rechtsprechung damit keinen Bestand.

Neben diesen steuerlichen Fristen existiert insbesondere eine **kostenrechtliche** 299
Frist, die die Erben bei der Auseinandersetzung von Nachlassimmobilien im Auge behalten sollten: Gehen Immobilien aufgrund Erbfolge oder aufgrund der Erbauseinandersetzung auf einen neuen Rechtsträger – Miterben-Bruchteilsgemeinschaft, Gesellschaft oder Alleinerbe – über, ist das **Grundbuch** zu **berichtigen**. Die hierfür erforderliche Eintragung im Grundbuch ist innerhalb von **zwei Jahren seit dem Erbfall kostenlos** möglich.[513] Entsprechendes gilt für die Eintragung des oder der Erben, der bzw. die anlässlich der Erbauseinan-

509 § 13d Abs. 2 ErbStG und soweit gleichlautend § 13 Abs. 1 Nr. 4c Satz 2–4 ErbStG.

510 BFH, Urteil v. 23.6.2015 - II R 39/13, BStBl 2016 II S. 225 NWB CAAAF-01620.

511 R E 13.4 Abs. 5 Satz 12 ErbStR 2019.

512 Davon unabhängig muss aber der Steuerpflichtige innerhalb von sechs Monaten zur Selbstnutzung des Familienheims übergegangen sein, um die Steuervergünstigung des § 13 Abs. 4c ErbStG geltend machen zu können.

513 KV 14110 Anm. 1 GNotKG.

dersetzung Eigentümer der Immobilie werden. Auch diese können ohne Auslösung weiterer Kosten innerhalb der Zwei-Jahres-Frist im Grundbuch als Eigentümer eingetragen werden.

300 Werden Immobilien im Wege der Realteilung von der Erbengemeinschaft auf eine oder mehrere Miterben übertragen, führt der Miterbe für Zwecke der AfA die von der Erbengemeinschaft vorgenommene Abschreibung gem. § 11d Abs. 1 EStDV anteilig fort. Eine steuerneutrale Realteilung von Privatvermögen soll nach Ansicht der Rechtsprechung und der Finanzverwaltung sogar auch dann vorliegen, wenn im Rahmen der Erbauseinandersetzung neue Rechte geschaffen werden. Dies verdeutlicht der nachfolgend vereinfacht wiedergegebene Fall:

BEISPIEL[514] S und T haben ihren Vater V als gemeinschaftliche Erben zu je ein Halb beerbt. Im Nachlass befinden sich eine Wohnimmobilie und Barvermögen. Das Barvermögen teilen die Erben untereinander entsprechend der Erbquoten auf. Die Immobilie soll hingegen auf S als Alleineigentümer übergehen. Zum Ausgleich räumt S der T ein Wohnrecht ein, dessen Kapitalwert dem rechnerischen Anteil der T an der Wohnimmobilie entspricht.

301 Der BFH hat in dieser Vereinbarung *„eine besondere Form der Realteilung"* erkannt. Die Miterben seien in ihrer Gestaltung, wie sie eine Erbengemeinschaft aufheben möchten, vollkommen frei. Dies könne auch in der Abrede bestehen, *„dass einem Miterben die Nutzung am Nachlassvermögen während bestimmter Zeit zustehen soll, er am Vermögensstamm aber nicht beteiligt wird. Bei einem entsprechenden Umfang des Nutzungsrechts kann der Miterbe auch dadurch einen seinem Erbteil entsprechenden Vermögenswert aus dem Nachlass erhalten."*

302 Die eindeutige **Tendenz** von Rechtsprechung und Verwaltung, (**vorbehaltene**) **Nutzungsrechte** im Zusammenhang mit der Auseinandersetzung des Nachlasses bzw. der Ausschlagung der Erbschaft **nicht als entgeltliche Gegenleistung** einstufen zu wollen,[515] eröffnet den Miterben interessante Gestaltungsmöglichkeiten. Insbesondere in den Fällen, in denen sich eine Miterbengemeinschaft aus mehreren Generationen eines familiären Nachfolgeverbundes zu-

514 BFH, Urteil v. 28.11.1991 - XI R 2/87, BStBl 1992 II S. 381 NWB EAAAA-94052; BMF, Schreiben v. 14.3.2006 - IV B 2 - S 2242 - 7/06, BStBl 2006 I S. 253, geändert durch BMF, Schreiben v. 27.12.2018 - IV C 6 - S 2242/07/10004 NWB WAAAB-80130, BStBl 2019 I S. 11 NWB RAAAH-04522.

515 BFH, Urteil v. 4.6.1996 - IX R 59/94, BStBl 1998 II S. 431 NWB XAAAA-96221; BMF, Schreiben v. 30.9.2013 - IV C 1 - S 2253/07/10004, BStBl 2013 I S. 1184 NWB AAAAE-45949; zur Ausschlagung gegen Einräumung eines Nießbrauchrechts siehe oben Kapitel C. II. 4. b) Rz. 285.

sammensetzt, kann mithilfe derartiger Nutzungsrechte eine mehrfache Besteuerung desselben Vermögens vermieden werden.

BEISPIEL: Vater V hat zu Lebzeiten kein Testament errichtet. Nach seinem Tod tritt daher die gesetzliche Erbfolge ein, wodurch die Mutter M und die beiden Kinder S und T zur Erbfolge gelangen. Der Nachlass besteht u. a. aus einer wertvollen Wohnimmobilie. M möchte den Nachlass weitgehend ihren beiden Kindern zukommen lassen, hat jedoch die Frist zur Ausschlagung verpasst. Im Rahmen der Erbauseinandersetzung beschließen M, S und T daher, dass das Eigentum an der Wohnimmobilie auf S und T jeweils zu ein Halb übergehen soll. M soll aber ein dingliches Wohnrecht an dieser Immobilie erhalten, das dem Wert ihrer Erbquote entspricht. Verstirbt später M, steht die Immobilie bereits im Eigentum ihrer Kinder, fällt dementsprechend nicht anteilig in den Nachlass der M und muss daher nicht noch ein weiteres Mal anteilig der Erbschaftsteuer unterworfen werden.

b) Realteilung von Betriebsvermögen

303 Unabhängig davon, dass auch die Realteilung von Betriebsvermögen ohne Spitzenausgleich keinen entgeltlichen Vorgang darstellt und damit nicht zu Veräußerungs- bzw. Anschaffungskosten führt, können sich ertragsteuerliche Konsequenzen ergeben, wenn und soweit Betriebsvermögen anlässlich der Erbauseinandersetzung **ins Privatvermögen überführt** wird bzw. wenn der Betrieb selbst eingestellt und nicht weiter fortgeführt wird.

304 Sowohl die Einstellung des laufenden Betriebs als auch die Überführung aller wesentlichen Betriebsgrundlagen in das Privatvermögen der Erben stellen eine **Betriebsaufgabe** dar, die grds. zu einem begünstigten Aufgabegewinn i. S. der §§ 16 Abs. 3 Satz 1, 34 EStG führen. Der Aufgabe- oder Entnahmegewinn ist allen Miterben zuzurechnen, wenn nicht eine abweichende schriftliche Vereinbarung der Erben vorliegt, dass der Gewinn nur dem oder den entnehmenden Erben zuzurechnen ist.

305 Überführt ein Erbe lediglich einzelne Wirtschaftsgüter infolge der Realteilung in sein Privatvermögen, so sind insoweit die gemeinen Werte anzusetzen. Der hieraus resultierende Gewinn unterliegt nicht den Begünstigungen der §§ 16, 34 EStG. Gleiches gilt gem. § 16 Abs. 3 Satz 4 EStG, wenn Wirtschaftsgüter des auseinanderzusetzenden Betriebsvermögens auf eine Körperschaft, Personenvereinigung oder Vermögensmasse übertragen werden.

306 Handelt es sich bei den ins Privatvermögen überführten Wirtschaftsgütern um Immobilien, ermittelt sich die künftige Gebäude-AfA auf Grundlage der jeweiligen Entnahmewerte.[516]

516 BMF, Schreiben v. 14.3.2006 - IV B 2 - S 2242 - 7/06, BStBl 2006 I S. 253, geändert durch BMF, Schreiben v. 27.12.2018 - IV C 6 - S 2242/07/10004, BStBl 2019 I S. 11.

307 Werden hingegen Wirtschaftsgüter des Betriebsvermögens anlässlich der Erbauseinandersetzung **in ein anderes Betriebsvermögen** des jeweiligen Miterben überführt, sind unter Beachtung des § 16 Abs. 3 Satz 2–4 EStG zwingend die **Buchwerte** fortzuführen. Dies gilt unabhängig davon, ob anlässlich der Realteilung Teilbetriebe, Mitunternehmeranteile oder einzelne Wirtschaftsgüter übertragen werden.[517]

c) Realteilung von Mischvermögen

308 Auch bei Mischnachlässen gilt die Regel, dass eine Realteilung ohne Ausgleichszahlung einen unentgeltlichen Vorgang darstellt. Der Vorgang führt somit weder zu Anschaffungskosten noch zu einem Veräußerungsgewinn. Dies gilt auch dann, wenn ein Erbe das Betriebsvermögen und der andere Erbe das Privatvermögen erhält.[518] Insbesondere liegt insoweit auf Seiten desjenigen Erben, der ausschließlich Privatvermögen erhält, auch **keine Aufgabe eines Mitunternehmeranteils** mit der Folge einer Gewinnrealisierung vor.

309 Werden jedoch alle wesentlichen Betriebsgrundlagen im Zuge der Realteilung ins Privatvermögen übertragen, treten bzgl. des Betriebsvermögens die gleichen Konsequenzen wie bei der Realteilung eines reinen Betriebsvermögens ein: D. h., es liegt ein nach §§ 16, 34 EStG begünstigter Entnahmegewinn vor.

4. Realteilung unter Übernahme von Nachlassverbindlichkeiten

310 Übernimmt ein Erbe Nachlassverbindlichkeiten **über seine Erbquote** hinaus, führt dies nach Ansicht der Finanzverwaltung nicht zwingend zu Anschaffungskosten bzw. zu einem Veräußerungsgewinn, solange die Erbquoten dadurch nicht verschoben werden, solange also jeder Miterbe rechnerisch den seiner Erbquote entsprechenden Nettowert aus dem Nachlass erhält.[519]

„Wie sich das dem Miterben entsprechend seiner Erbquote zugeteilte Nachlassvermögen zusammensetzt, hat keine Bedeutung. Die wertmäßige Angleichung kann auch dadurch bewirkt werden, dass der Miterbe Verbindlichkeiten der Er-

517 Wacker in Schmidt, EStG, 43. Aufl. 2024, § 16 Rz. 614 ff.

518 Die erbschaftsteuerlichen Vergünstigungen für Betriebsvermögen kann allerdings nur derjenige Erbe in Anspruch nehmen, der letztendlich das Betriebsvermögen aus dem Nachlass erhält, § 13a Abs. 5 Satz 2 ErbStG.

519 BMF, Schreiben v. 14.3.2006 - IV B 2 - S 2242 - 7/06, BStBl 2006 I S. 253 NWB WAAAB-80130, geändert durch BMF, Schreiben v. 27.12.2018 - IV C 6 - S 2242/07/10004, BStBl 2019 I S. 11 NWB RAAAH-04522.

bengemeinschaft übernimmt; ob dabei sein rechnerischer Anteil an den Verbindlichkeiten überschritten wird, ist ebenfalls ohne Belang".[520]

Die Miterben können also **Nachlassverbindlichkeiten nutzen**, um einen internen Wertausgleich zu erreichen. Dies gilt unabhängig davon, ob es sich bei dem Nachlass um reines Betriebsvermögen, reines Privatvermögen oder einen Mischnachlass handelt. Die Realteilung unter Übernahme von Nachlassverbindlichkeiten wird damit genauso behandelt wie die „einfache" Realteilung. 311

Lediglich bei Mischnachlässen ist eine Besonderheit zu beachten: Hier kann nämlich die Übernahme von Nachlassverbindlichkeiten den **Charakter der Verbindlichkeit** als ursprünglich betrieblich veranlasste oder ursprünglich privat veranlasste Verbindlichkeit ändern. 312

BEISPIEL:[521] A und B sind Miterben zu je ein Halb. Zum Nachlass gehören ein Betrieb (Wert 3 Mio. €) sowie ein privates Grundstück (Wert 2 Mio. €), das mit einer Hypothek von 1 Mio. € belastet ist. A übernimmt den Betrieb und die Verbindlichkeit, B erhält das Grundstück.

Jeder Erbe erhält Nachlassvermögen in Höhe seiner Erbquote. Damit erfolgt die Realteilung ertragsteuerneutral. Nach der Übernahme der ursprünglich privaten Nachlassschuld (Hypothek) durch A wandelt sich diese in eine betriebliche Verbindlichkeit um. Sie steht nun in einem rechtlichen Zusammenhang mit dem Erwerb des Betriebs. Als weitere Konsequenz können zukünftig die hierauf entfallenden Zinsen als Betriebsausgaben geltend gemacht werden.

5. Realteilung mit Spitzenausgleich

Erhält ein Erbe im Zuge der Erbauseinandersetzung mehr, als ihm seiner Erbquote nach zusteht, und leistet er hierfür **Ausgleichszahlungen**, findet bei ihm hinsichtlich dieses „Mehrs" ein **Anschaffungsvorgang** und auf Ebene des weichenden Erben eine **Veräußerungsgeschäft** statt. 313

a) Realteilung von Betriebsvermögen

Erwirbt ein Miterbe gegen Ausgleichszahlung **einzelne Wirtschaftsgüter des Betriebsvermögens** und überführt er diese **in ein anderes Betriebsvermögen**, liegt nach Ansicht der Finanzverwaltung ein nicht nach §§ 16, 34 EStG begünstigter 314

520 BFH, Urteil v. 19.12.2006 - IX R 44/04, BStBl 2008 II S. 216 NWB MAAAC-41544; ebenso FG Münster, Urteil v. 27.9.2013 - 14 K 4210/10 F NWB DAAAE-48621; Wacker in Schmidt, EStG, 43. Aufl. 2024, § 16 Rz. 621; a. A. BFH, Beschluss v. 14.7.2009 - IX R 48/08 NWB BAAAD-28288; Schallmoser in Blümich, EStG, § 16 Rz. 44.

521 BMF, Schreiben v. 14.3.2006 - IV B 2 - S 2242 - 7/06, BStBl 2006 I S. 253 NWB WAAAB-80130, geändert durch BMF, Schreiben v. 27.12.2018 - IV C 6 - S 2242/07/10004, BStBl 2019 I S. 11 NWB RAAAH-04522.

Gewinn, sondern ein laufender Gewinn vor.[522] Werden hingegen sämtliche bei der Aufteilung erworbenen Wirtschaftsgüter des Betriebsvermögens **ins Privatvermögen** überführt, greifen die Vergünstigung der §§ 16, 34 EStG wieder ein. Es handelt sich insoweit um eine Betriebsaufgabe, bei der sich der Aufgabegewinn aus dem Entnahmegewinn einerseits und der Abfindungszahlung andererseits ergibt.

BEISPIEL:[523] A und B sind Miterben zu je ein Halb. Zum Nachlass gehört ein Betriebsvermögen, das lediglich aus zwei Grundstücken besteht. Grundstück 1 hat einen Buchwert von 300.000 € und einen Verkehrswert von 3 Mio. €. Grundstück 2 hat einen Buchwert von 200.000 € und einen Verkehrswert von 2 Mio. €. A erhält das Grundstück 1, B das Grundstück 2 und eine Abfindung von A i. H. von 500.000 €. A führt den Betrieb mit Grundstück 1 fort. Grundstück 2 wird Privatvermögen des B.

Die Abfindung stellt bei A Anschaffungskosten und bei B Veräußerungserlös dar. A erwirbt fünf Sechstel seines Betriebsvermögens unentgeltlich und führt insoweit den Buchwert (= 250.000 €) fort. Der Buchwert ist zusätzlich, um die Abfindungszahlung i. H. von 500.000 € zu erhöhen. Nach Erbauseinandersetzung beträgt der Buchwert 750.000 €.

Für B liegt eine Betriebsaufgabe vor. Durch die Aufgabe seines Mitunternehmeranteils erzielt er einen Aufgabegewinn i. H. von 2,25 Mio. €, der sich aus dem Gewinn aus der Entnahme des Grundstücks 2 (2 Mio. abzgl. 200.000 € Buchwert) und dem Gewinn aus der Abfindungszahlung (500.000 € abzgl. 50.000 € Buchwert) zusammensetzen. Der Gewinn ist nach §§ 16, 34 EStG begünstigt zu besteuern.

b) Realteilung von Privatvermögen

315 Leistet bei einem reinen Privat-Nachlass ein Erbe Abfindungszahlungen an weichende Miterben, liegt bezüglich des Teils an dem erworbenen Wirtschaftsgut oder an der erworbenen Beteiligung, der die Erbquote des Erben übersteigt, ein **Veräußerungsgeschäft** vor. Dieses ist bei den weichenden Erben jedoch nur im Rahmen der §§ 17, 23 EStG, § 21 UmwStG steuerbar. Im Gegenzug beschert die entgeltliche Erbauseinandersetzung dem die Abfindung leistenden Erben neues AfA-Potenzial.

c) Realteilung von Mischvermögen

316 Zahlt ein Erbe für die von ihm übernommenen Wirtschaftsgüter Ausgleichszahlungen an seine Miterben und setzt sich das von ihm übernommene Vermögen sowohl aus Betriebsvermögen als auch aus Privatvermögen zusammen, sind die **Ausgleichszahlungen auf die einzelnen Wirtschaftsgüter aufzuteilen**.

522 BMF, Schreiben v. 14.3.2006 - IV B 2 - S 2242 - 7/06, BStBl 2006 I S. 253 NWB WAAAB-80130, geändert durch BMF, Schreiben v. 27.12.2018 - IV C 6 - S 2242/07/10004, BStBl 2019 I S. 11 NWB RAAAH-04522.

523 BMF, Schreiben v. 14.3.2006 - IV B 2 - S 2242 - 7/06, BStBl 2006 I S. 253 NWB WAAAB-80130, geändert durch BMF, Schreiben v. 27.12.2018 - IV C 6 - S 2242/07/10004, BStBl 2019 I S. 11 NWB RAAAH-04522.

Dabei erfolgt die Aufteilung im Verhältnis der Verkehrswerte der einzelnen Wirtschaftsgüter zueinander.[524] Die steuerlichen Konsequenzen der Abfindungszahlungen richten sich dann danach, ob sie auf Betriebsvermögen oder Privatvermögen entfallen. Insoweit kann auf die obigen Ausführungen zur Realteilung von Betriebsvermögen und Privatvermögen verwiesen werden.

6. Übersicht zur Realteilung

317

	Betriebsvermögen	Privatvermögen	Mischvermögen
Einfache Realteilung	► BV bleibt BV: unentgeltlicher Vorgang; Buchwertfortführung (Rz. 12) ► BV wird ins PV überführt: unentgeltlicher Vorgang; begünstigter Entnahmegewinn (Tz. 13)	► Unentgeltlicher Vorgang; keine AK oder VK (Rz. 22)	► Unentgeltlicher Vorgang; keine AK oder VK (Rz. 32)
Realteilung mit Übernahme von Verbindlichkeiten	► Wie einfache Realteilung (Rz. 18)	► Wie einfache Realteilung (Rz. 23)	► Wie einfache Realteilung (Rz. 34); ► aber: Charakter der übernommenen Verbindlichkeit kann sich ändern
Realteilung mit Spitzenausgleich	► Einzelne WGs werden in anderes BV übertragen = laufender Gewinn ► Sämtliche WGs des BV werden ins PV überführt = begünstigter Aufgabegewinn (Rz. 14)	► Teilentgeltliches Rechtsgeschäft mit AK und Veräußerungsgewinn ► Steuerpflicht nur, wenn §§ 17, 23 EStG, 21 UmwStG vorliegen (Rz. 26)	► Teilentgeltliches Rechtsgeschäft mit AK und Veräußerungsgewinn ► Rechtsfolgen wie PV und BV zusammen (Rz. 36)

524 BMF, Schreiben v. 14.3.2006 - IV B 2 - S 2242 - 7/06, BStBl 2006 I S. 253 NWB WAAAB-80130.

Die Rz. verweisen jeweils auf das BMF, Schreiben v. 14.3.2006 - IV B 2 - S 2242 - 7/06, BStBl 2006 I S. 253 (betr. die ertragsteuerliche Behandlung der Erbengemeinschaft und ihrer Auseinandersetzung) geändert durch BMF, Schreiben v. 27.12.2018 - IV C 6 - S 2242/07/10004, BStBl 2019 I S. 11.

IV. Erbschaft und Grunderwerbsteuer

318 Ändert sich das zivilrechtliche Eigentum an einer in Deutschland belegenen Immobilie, kann dieser Vorgang Grunderwerbsteuer nach § 1 GrEStG auslösen.[525] Nicht jeder Transfer, der grds. steuerbar ist, fällt damit jedoch auch unter die Grunderwerbsteuerpflicht. Das Grunderwerbsteuergesetz kennt eine Reihe von **Steuerbefreiungstatbeständen**, die – einzeln oder in Kombination – dazu führen, dass im Ergebnis keine Grunderwerbsteuer zu zahlen ist.

1. Erwerb aufgrund Erbanfalls oder Vermächtnisses

319 Mit dem Tod des Erblassers geht dessen Vermögen als Ganzes auf den oder die Erben über.[526] Der oder die Erben treten damit automatisch in alle Rechte und Pflichten des Erblassers, insbesondere wird der Erbe Eigentümer einer bisher im Eigentum des Erblassers stehenden Immobilie.

HINWEIS:

Wird der Erblasser von mehreren Miterben beerbt, geht sein Eigentum auf die Erbengemeinschaft zur gesamten Hand und nicht etwa anteilig auf alle Erben entsprechend ihrer Erbquote über.[527]

320 Obwohl der **Rechtsträgerwechsel** an der Nachlass-Immobilie den Tatbestand des § 1 Abs. 1 Nr. 3 GrEStG erfüllt,[528] löst die Erbfolge aufgrund der Befreiungsvorschrift des § 3 Nr. 2 GrEStG keine Grunderwerbsteuer aus. Danach ist nämlich der **Grundstückserwerb von Todes wegen** von der Besteuerung nach dem Grunderwerbsteuergesetz ausgenommen. Als Grundstückserwerb von Todes wegen qualifiziert sowohl die **Erbschaft** als auch das **Vermächtnis**, auch wenn Letzteres erst noch von den Erben erfüllt werden muss.[529]

525 Der deutschen Grunderwerbsteuer unterliegen ausschließlich „inländische" Grundstücke, § 1 Abs. 1 Satz 1 GrEStG. Zur Erleichterung der Lesbarkeit wird nachfolgend unterstellt, dass es sich jeweils um in Deutschland belegenes Grundvermögen bzw. eines hiermit in Zusammenhang stehenden Anspruchs handelt, ohne dass im Text wiederholt auf die Inlandseigenschaft hingewiesen wird.

526 § 1922 Abs. 1 BGB.

527 Siehe oben Kapitel B. I. 1. a) Rz. 3.

528 Fischer in Boruttau, GrEStG, § 1 Rz. 512.

529 § 3 Abs. 1 Nr. 1 ErbStG. Siehe auch oben Kapitel B. I. 2. Rz. 15.

§ 3 Nr. 2 ErbStG zielt darauf ab, eine **Doppelbelastung** des Immobilientransfers mit Schenkung- und Grunderwerbsteuer zu vermeiden.[530] Ein und derselbe Lebenssachverhalt kann daher nicht zugleich Erbschaft- und Schenkungsteuer auf der einen und Grunderwerbsteuer auf der anderen Seite auslösen. Im Zweifel ist dem Erbschaft- und Schenkungsteuergesetz der Vorzug zu geben; dieses setzt sich also gegenüber dem Grunderwerbsteuergesetz durch.[531] Ist danach ein Vorgang **erbschaft- oder schenkungsteuerbar**, d. h. eröffnet ein Sachverhalt den Anwendungsbereich des Erbschaft- und Schenkungsteuergesetzes bereits dem Grunde nach, greift insoweit die Befreiungsvorschrift des § 3 Nr. 2 GrEStG. 321

Nicht erforderlich ist, dass der Vorgang auch tatsächlich **erbschaft- oder schenkungsteuerpflichtig** ist oder Erbschaft- und Schenkungsteuer gezahlt wird. Unterbleibt eine Besteuerung nach dem Erbschaft- und Schenkungsteuergesetz, weil etwa persönliche oder sachliche Freibeträge in Anspruch genommen, sonstige Steuervergünstigungen geltend gemacht werden können oder eine Steuerfestsetzung durch das Finanzamt irrtümlich unterbleibt, kommt es nicht zu einem Wiederaufleben der Grunderwerbsteuerpflicht. Allein die grundsätzliche Steuerbarkeit eines Lebenssachverhalts nach dem Erbschaft- und Schenkungsteuergesetz führt zur Befreiung von der Grunderwerbsteuer gem. § 3 Nr. 2 GrEStG.[532] 322

BEISPIEL: Ehemann E verstirbt und hinterlässt u. a. ein Mietwohngrundstück in Essen. Dieses vermacht er per letztwilliger Verfügung seinem Neffen N. Persönliche Freibeträge sind bereits durch Vorschenkungen aufgebraucht.

Der Erwerb von Todes wegen ist gem. § 3 Abs. 1 Nr. 1 ErbStG erbschaftsteuerbar. Im Rahmen der Bewertung der Immobilie kommt ein 10%iger Bewertungsabschlag gem. § 13d ErbStG zur Anwendung, so dass im Ergebnis nur 90 % der Zuwendung der Erbschaftsteuer unterworfen werden. Dennoch ist der Immobilientransfer gem. § 3 Nr. 2 GrEStG in voller Höhe grunderwerbsteuerfrei.

530 BFH, Urteil v. 23.5.2012 - II R 21/10, BStBl 2012 II S. 793 NWB FAAAE-13312; Pahlke, GrEStG, 7. Aufl. 2023, § 3 Rz. 32.

531 BVerfG, Beschluss v. 15.5.1984 - 1 BvR 464/81, BStBl 1984 II S. 608.

532 BFH, Urteil v. 14.6.1995 - II R 92/92, BStBl 1995 II S. 609 NWB DAAAA-95315; FG Düsseldorf, Urteil v. 21.8.2017 - 7 K 471/17 GE NWB LAAAG-58542; Saecker, NWB 36/2020 S. 2691 NWB UAAAH-56916.

2. Erwerb aufgrund eines geltend gemachten oder abgefundenen Pflichtteilsanspruchs

323 Auch der Erwerb aufgrund geltend gemachten Pflichtteils stellt einen **Erwerb von Todes wegen** dar.[533] Damit müsste folglich der Erwerb einer Immobilie, die der Pflichtteilsberechtigte aufgrund eines geltend gemachten Pflichtteilsanspruchs vom Erben erhält, von der Grunderwerbsteuer befreit sein. Schließlich unterscheidet § 3 Nr. 2 GrEStG nicht nach der konkreten Ausgestaltung des Erwerbs von Todes wegen.

324 Allerdings ist ein unmittelbarer Grundstückserwerb aufgrund eines Pflichtteilsanspruchs nicht denkbar, da der **Pflichtteilsanspruch auf Zahlung einer Geldsumme gerichtet** ist.[534] Einigen sich daher Erbe und Pflichtteilsberechtigter dennoch darauf, den Pflichtteilsanspruch nicht in Form von Geld, sondern im Wege der Übertragung einer Immobilie zu erfüllen, stellt der Immobilientransfer ein Rechtsgeschäft an **Erfüllungs statt** dar, das zivilrechtlich und ertragsteuerlich zu einer Veräußerung der Immobilie durch den Erben und einen entgeltlichen Erwerb durch den Pflichtteilsberechtigten führt.[535] Der Pflichtteilsberechtigte erwirbt also die Immobilie nicht vom Erblasser aufgrund einer Verfügung von Todes wegen, sondern aufgrund einer gesonderten **schuldrechtlichen Vereinbarung** unmittelbar vom Erben. Diese schuldrechtliche Vereinbarung ist nicht von § 3 Nr. 2 GrEStG erfasst, so dass der Immobilientransfer an Erfüllungs statt nicht nach § 3 Nr. 2 GrEStG grunderwerbsteuerfrei gestellt werden kann.[536]

325 Abhängig vom Verwandtschaftsverhältnis zwischen dem Erben und dem Pflichtteilsberechtigten können jedoch andere Befreiungsvorschriften greifen, bspw. § 3 Nr. 6 GrEStG.

BEISPIEL: Erblasser E ist mit Ehefrau F verheiratet. Aus der Ehe geht der gemeinsame Sohn S hervor. E verstirbt und wird aufgrund letztwilliger Verfügung von S als Alleinerbe beerbt. Ehefrau F macht daraufhin ihren Pflichtteilsanspruch gegenüber S geltend. S und F einigen sich darauf, zur Abgeltung des Pflichtteilsanspruchs eine Immobilie aus dem Nachlass auf F zu übertragen.

---

533 § 3 Abs. 1 Nr. 1 ErbStG.

534 Siehe oben Kapitel B. I. 3. Rz. 20.

535 Siehe oben Kapitel B. I. 3. Rz. 27 ff. Zur grunderwerbsteuerlichen Bemessungsgrundlage bei einer Leistung an Erfüllungs statt siehe § 9 Abs. 1 Nr. 3 GrEStG.

536 BFH, Urteil v. 10.7.2002 - II R 11/01, BStBl 2002 II S. 775 NWB OAAAA-89349; ähnlich BFH, Urteil v. 29.9.2015 - II R 23/14, BStBl 2016 II S. 104 NWB PAAAF-09215, zum Grundstückserwerb zur Abgeltung eines auf Geld gerichteten Abfindungsergänzungsanspruchs i. S. des § 13 HöfeO; FG Berlin-Brandenburg, Urteil v. 25.6.2008 - 3 K 1012/06 B (rkr.) NWB CAAAC-88696; Meßbacher-Hönsch in Boruttau, GrEStG, § 3 Rz. 177; Halaczinsky, ZEV 2003 S. 97.

Die Übertragung der Immobilie von S an F erfolgt nicht im Rahmen eines Erwerbs von Todes wegen, sondern aufgrund einer eigenständigen schuldrechtlichen Vereinbarung zwischen F und S. F erwirbt damit die Immobilie nicht von E, sondern von S, so dass § 3 Nr. 2 GrEStG nicht zur Anwendung gelangt. S und F sind jedoch in gerader Linie miteinander verwandt. Daher ist der Immobilientransfer nach § 3 Nr. 6 GrEStG von der Grunderwerbsteuer befreit.

Neben dem eigentlichen Pflichtteilsanspruch gilt darüber hinaus auch als Erwerb von Todes wegen und sogar als unmittelbarer Erwerb vom Erblasser, *„was als* ***Abfindung*** *für einen Verzicht auf den* ***entstandenen Pflichtteilsanspruch****"* gewährt wird.[537] Vereinbaren also Erbe und Pflichtteilsberechtigter, dass der Pflichtteilsberechtigte auf seinen Pflichtteil verzichtet und als Abfindung für diesen Verzicht eine Immobilie aus dem Nachlass erhalten soll, gilt diese Immobilie als unmittelbar vom Erblasser zugewandt. Infolgedessen greift nun auch § 3 Nr. 2 GrEStG. 326

Bei der Anwendung des § 3 Abs. 2 Nr. 4 ErbStG ist jedoch genau zu differenzieren, wann und worauf der Pflichtteilsberechtigte verzichtet. Anders als § 3 Abs. 1 Nr. 1 ErbStG, der den **„geltend gemachten"** Pflichtteilsanspruch als Erwerb von Todes wegen klassifiziert, fingiert § 3 Abs. 2 Nr. 4 ErbStG die Abfindung für den Verzicht auf einen **„entstandenen"** Pflichtteilsanspruch als unmittelbaren Erwerb vom Erblasser. Gemäß § 2317 BGB „entsteht" der Pflichtteil mit dem Erbfall, auch wenn er erst mit seiner Geltendmachung erbschaftsteuerpflichtig wird. 327

Verzichtet der Pflichtteilsberechtigte **vor Geltendmachung** auf den mit dem Erbfall entstandenen Pflichtteilsanspruch und erhält er hierfür vom Erben eine Abfindung, beruht die Abfindungsleistung streng genommen ebenfalls auf einer gesonderten schuldrechtlichen Vereinbarung zwischen dem Erben und dem Pflichtteilsberechtigten. Die Abfindung gilt jedoch aufgrund **gesetzlicher Fiktion** als unmittelbarer Erwerb vom Erblasser. Diese Abfindung hat der Pflichtteilsberechtigte mithin der Erbschaftsteuer zu unterwerfen. 328

Handelt es sich bei der Abfindung um eine Immobilie, ist diese folglich Besteuerungsgegenstand und für erbschaftsteuerliche Zwecke zu bewerten.[538] Eine zusätzliche Besteuerung des Vermögenstransfers mit Grunderwerbsteuer scheidet in diesem Fall aufgrund des § 3 Nr. 2 GrEStG aus.[539] 329

537 § 3 Abs. 2 Nr. 4 ErbStG.

538 Wälzholz in Viskorf/Schuck/Wälzholz, ErbStG, 5. Aufl. 2017, § 3 Rz. 238; Gottschalk in Troll/Gebel/Jülicher/Gottschalk ErbStG, § 3 Rz. 332.

539 Pahlke, GrEStG, § 3 Rz. 84 ff.

330 Hat der Pflichtteilsberechtigte hingegen den entstandenen Pflichtteilsanspruch ganz oder teilweise geltend gemacht, liegt beim Pflichtteilsberechtigten bereits aufgrund der Geltendmachung ein steuerpflichtiger Erwerb von Todes wegen vor. **Verzichtet** er später ganz oder teilweise auf den **geltend gemachten Anspruch**, führt der Verzicht nicht etwa dazu, dass die Erbschaftsteuer im Umfang des Verzichts rückwirkend entfällt und ggf. durch einen Abfindungsanspruch ersetzt wird. Vielmehr bleibt der ursprüngliche Erwerb in Höhe der ursprünglichen Steuerschuld bestehen.[540] Zusätzlich kann in dem Verzicht eine Schenkung vom Pflichtteilsverzichtenden an den pflichtteilsbelasteten Erben liegen, sofern der Erbe keine gleichwertige Gegenleistung für den Verzicht erbringen muss.

331 Soweit der Erbe hingegen eine Abfindung erbringt, handelt es sich um einen **entgeltlichen Forderungsverzicht**, der ähnlich wie bei der Leistung an Erfüllungs statt auf einem neuen Rechtsgrund beruht. Dieser neue Rechtsgrund folgt zeitlich dem Erwerb von Todes wegen nach und wird nicht aufgrund einer ausdrücklichen gesetzlichen Fiktion dem Erwerb von Todes wegen gleichgestellt. Infolgedessen kann er **nicht von § 3 Nr. 2 GrEStG erfasst** werden.[541] Eine **Doppelbelastung** mit Erbschaft- und Grunderwerbsteuer ist die Folge (sofern keine andere Befreiungsvorschrift des § 3 GrEStG eingreift).[542]

HINWEIS:

Ist abzusehen, dass dem Pflichtteilsberechtigten zur Erfüllung des Pflichtteilsanspruchs eine Immobilie übertragen werden soll, bietet sich ein Verzicht des Pflichtteilsberechtigten vor Geltendmachung des Pflichtteils unter Vereinbarung des geplanten Immobilientransfers als Abfindung an. Dann nämlich muss der Pflichtteilsberechtigte lediglich den Wert der Immobilie als Erwerb vom Erblasser der Erbschaftsteuer unterwerfen und kann zudem noch von der Anwendung des § 3 Nr. 2 GrEStG profitieren. Im Gegenzug kann der Erbe auch nur den Wert der Immobilie als Nachlassverbindlichkeit abziehen.

3. Erwerb aufgrund Ausschlagung der Erbschaft/des Vermächtnisses gegen Abfindung

332 Ebenfalls gem. § 3 Abs. 2 Nr. 4 ErbStG gilt **als vom Erblasser zugewandt**, was als **Abfindung für die Ausschlagung** einer Erbschaft oder eines Vermächtnisses gewährt wird. Wird die Abfindung in Form einer Immobilie geleistet, ist dieser

540 Siehe oben Kapitel B. I. 3. Rz. 21.

541 Gottschalk in Troll/Gebel/Jülicher/Gottschalk, ErbStG, § 3 Rz. 333; Pahlke, GrEStG, § 3 Rz. 84 ff.

542 Viskorf, Kommentar zu BFH, Urteil v. 7.10.1998 - II R 52/96, BStBl 1999 II S. 23 NWB QAAAA-96433.

Transfer aufgrund des § 3 Nr. 2 GrEStG von der Grunderwerbsteuer befreit.[543] Die Steuerbefreiung soll sogar dann gelten, wenn das Vermächtnis als Geldvermächtnis ausgestaltet ist und der Begünstigte das Vermächtnis gegen Übertragung einer Immobilie (= Abfindung) ausschlägt. Hat hingegen der Begünstigte das Barvermächtnis bereits beansprucht und wird später eine Immobilie **an Erfüllungs statt** übertragen, unterliegt der Transfer der Grunderwerbsteuer (sofern er nicht aus einem anderen Grund steuerfrei gestellt wird).[544]

4. Erwerb im Rahmen der Auseinandersetzung des Nachlasses

§ 3 Nr. 3 GrEStG stellt den Erwerb einer Immobilie aus dem Nachlass durch 333
einen Miterben zur Teilung des Nachlasses von der Grunderwerbsteuer frei. Der Miterbe wird grunderwerbsteuerlich damit so gestellt, als habe er (im Anschluss an die Erbengemeinschaft) das Grundstück unmittelbar vom Erblasser erworben; ein solcher Erwerb wäre nämlich nach § 3 Nr. 2 GrEStG steuerfrei. Im Ergebnis macht es daher keinen Unterschied, ob der Begünstigte die Nachlassimmobilie als Alleinerbe, als Vermächtnisnehmer oder als Miterbe im Rahmen der Erbauseinandersetzung erhält. Voraussetzung ist allein, dass der Transfer zur Teilung des Nachlasses erfolgt.

HINWEIS:

Ohne die Befreiungsvorschrift des § 3 Nr. 3 GrEStG könnte ein Miterbe nur in Höhe seines Erbteils eine Immobilie grunderwerbsteuerfrei aus dem Nachlass erhalten. Da es sich bei der Erbengemeinschaft um eine Gesamthandsgemeinschaft handelt,[545] ist nämlich der Anwendungsbereich des § 5 Abs. 1 GrEStG eröffnet. Danach wird die Grunderwerbsteuer, die anlässlich des Immobilientransfers von einer Gesamthand auf einen Gesamthänder entsteht, ausnahmsweise in Höhe des Anteils nicht erhoben, zu dem der Erwerber am Vermögen der Gesamthand beteiligt ist. Erwirbt der Miterbe die Immobilie über seine Erbquote hinaus, unterläge – ohne § 3 Nr. 3 GrEStG – der überquotale Erwerb damit der Grunderwerbsteuer.

Wie sich die Miterben auseinandersetzen, spielt für die Steuerbefreiung des § 3 334
Nr. 3 GrEStG keine Rolle. **Für Zwecke der Grunderwerbsteuer** ist es damit **irrelevant**, ob die auf den einzelnen Erben übertragene Immobilie seinem Erbteil entspricht oder ob der Wert über seinen Erbteil hinausgeht und er eine **Ausgleichszahlung** in den Nachlass zu leisten hat. Einer Unterscheidung zwischen einer Realteilung ohne Ausgleich, unter Übernahme von Nachlassverbindlich-

543 Meßbacher-Hönsch in Boruttau, GrEStG, § 3 Rz. 137.

544 Pahlke, GrEStG, § 3 Rz. 66.

545 Siehe oben Kapitel C. III. 1. Rz. 288.

keiten oder mit Spitzenausgleich[546] bedarf es aus grunderwerbsteuerlicher Sicht damit nicht.[547]

335 An einer Teilung des Nachlasses fehlt es, wenn sich die Erbengemeinschaft bereits ganz oder auch nur in Bezug auf die jeweilige Nachlassimmobilie auseinandergesetzt hat. Haben die Miterben bspw. an einer Nachlassimmobilie eine Bruchteilsgemeinschaft gebildet, indem sie die Immobilie aus der Erbengemeinschaft in eine beteiligungsidentische Miteigentümergemeinschaft oder Personengesellschaft überführt haben, ist der nachfolgende Transfer aus der Miteigentümergemeinschaft bzw. Personengesellschaft in das Alleineigentum eines früheren Miterben nicht mehr nach § 3 Nr. 3 GrEStG steuerfrei.[548] In Höhe der Beteiligungsquote des früheren Miterben und jetzigen Alleineigentümers kann jedoch § 5 Abs. 1 GrEStG Anwendung finden.

5. Erwerb im Rahmen des güterrechtlichen Zugewinnausgleichs

336 § 3 Nr. 3 Satz 2 GrEStG stellt den Miterben den überlebenden Ehegatten oder Lebenspartner gleich, dem *„in Anrechnung auf eine Ausgleichsforderung am Zugewinn des verstorbenen Ehegatten oder Lebenspartners ein zum Nachlass gehöriges Grundstück übertragen wird“.*[549] Voraussetzung für das Eingreifen dieser Regelung ist damit zunächst, dass der verstorbene und der überlebende Ehegatte bzw. Lebenspartner im **Güterstand der Zugewinngemeinschaft** gelebt haben.

337 Die Zugewinngemeinschaft ist der gesetzliche Güterstand, der immer dann zum Tragen kommt, wenn die Ehegatten oder Lebenspartner keinen notariellen Ehevertrag geschlossen haben, in dem sie Gütertrennung oder Gütergemeinschaft gewählt haben.[550] Zugewinngemeinschaft bedeutet, dass beide Ehegatten über eigenes Vermögen verfügen, das rechtlich getrennt vom Vermögen des jeweils anderen Ehegatten besteht. Das Vermögen des Einzelnen wird also nicht aufgrund der Ehe gemeinschaftliches Vermögen der Eheleute.

---

546 Siehe oben Kapitel C. III. 2. Rz. 292.

547 Meßbacher-Hönsch in Boruttau, GrEStG, § 3 Rz. 276, 348.

548 BFH, Urteil v. 21.11.1974 - II R 19/68, BStBl 1975 II S. 271 NWB IAAAB-00256; BFH, Urteil 7.2.2001 - II R 5/99 NWB XAAAA-66844; Meßbacher-Hönsch in Boruttau, GrEStG, § 3 Rz. 350.

549 Gleiches gilt für die Übertragung einer Nachlassimmobilie anlässlich der Teilung gütergemeinschaftlichen Vermögens. Der eheliche Güterstand der Gütergemeinschaft kommt in Deutschland jedoch so selten vor, dass auf weitere Ausführungen an dieser Stelle verzichtet wird.

550 § 1363 Abs. 1 BGB.

Ein Ausgleich – nämlich der Zugewinnausgleich – zwischen den beiden Vermögensmassen der Eheleute findet erst dann statt, wenn der **Güterstand beendet** wird.[551] Dies kann durch Scheidung, notarielle Wahl eines anderen Güterstandes oder Tod eines Ehegatten geschehen. 338

Zur Ermittlung des Zugewinnausgleichsanspruchs werden zunächst bei jedem Ehegatten gesondert dessen Endvermögen zum Zeitpunkt der Beendigung des Güterstandes und dessen Anfangsvermögen zu Beginn der Ehe (genauer: zu Beginn des Güterstandes) ermittelt. Die Differenz zwischen Endvermögen und Anfangsvermögen stellt den **Zugewinn eines jeden Ehegatten** dar, den er während des Bestehens der Ehe (bzw. des Güterstandes) erwirtschaftet hat.[552] Verfügt ein Ehegatte über einen höheren Zugewinn als der andere Ehegatte, steht dem anderen Ehegatten die **Hälfte dieses „Überschusses" als sog. Zugewinnausgleichsanspruch** zu.[553] 339

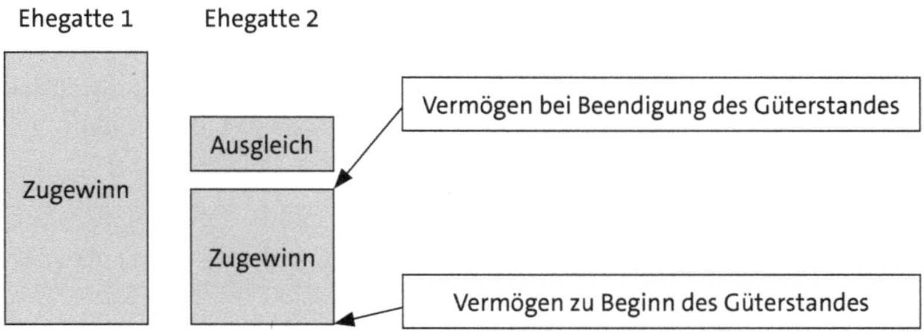

Wird der Zugewinnausgleich durch Tod eines Ehegatten beendet, findet für zivilrechtliche Zwecke jedoch nicht zwingend eine konkrete Ermittlung des Ausgleichsanspruchs statt. Stattdessen ist grds. der sog. **erbrechtliche Zugewinnausgleich** durchzuführen, wonach der gesetzliche Erbteil des überlebenden Ehegatten **pauschal** um ein Viertel erhöht wird und zwar unabhängig davon, ob einer der Ehegatten überhaupt ein Zugewinn erzielt hat.[554] 340

BEISPIEL: Ehefrau E verstirbt und wird von ihrem Ehemann M sowie den beiden gemeinsamen Kindern beerbt. E und M haben im gesetzlichen Güterstand der Zugewinngemeinschaft gelebt. Mangels Testaments tritt die gesetzliche Erbfolge ein. M erhält folglich neben Erben erster Ordnung (den Kindern) ein Viertel des Nachlasses.[555] Aufgrund der zwischen den Ehegatten bestehenden Zugewinngemeinschaft

551 § 1363 Abs. 2 BGB.
552 § 1373 BGB.
553 § 1378 Abs. 1 BGB.
554 § 1371 Abs. 1 BGB.
555 § 1931 Abs. 1 BGB.

erhöht sich gem. § 1371 Abs. 1 BGB dieses Viertel um ein weiteres Viertel auf ein Halb. Das zusätzliche Viertel stellt den pauschalen Zugewinnausgleich dar und wird dem Ehemann gewährt, ohne Rücksicht darauf, ob ihm überhaupt ein Ausgleichsanspruch zusteht.

HINWEIS:

Ist der überlebende Ehegatte aufgrund letztwilliger Verfügung Erbe oder Vermächtnisnehmer geworden, erhöhen sich Erbteil oder Vermächtnis nicht um einen pauschalen Betrag. Das Gesetz geht in diesem Fall konkludent davon aus, dass die Zuwendung per letztwilliger Verfügung nach dem Willen der Ehegatten bereits den Zugewinn „einpreist". Ein zusätzlicher Zugewinnausgleichsanspruch neben einem testamentarischen Erbteil oder Vermächtnis besteht daher nicht.[556]

341 Wird der überlebende Ehegatte vom Erblasser weder als Erbe noch als Vermächtnisnehmer bedacht, greift der sog. **güterrechtliche Zugewinn**. Dem Ehegatten steht dann neben seinem („kleinen") Pflichtteil ein Anspruch auf den tatsächlichen Zugewinnausgleich zu, der anhand detaillierter Zahlen **auf der Basis der tatsächlichen Vermögensverhältnisse** zu ermitteln ist.[557] Das Gleiche gilt, wenn der überlebende Ehegatte das Erbe oder Vermächtnis ausschlägt. Auch in diesem Fall kann er zusätzlich zum („kleinen") Pflichtteil den güterrechtlichen Zugewinnausgleich verlangen.

HINWEIS:

Als „kleiner" Pflichtteil wird der Anspruch deshalb bezeichnet, weil bei der güterrechtlichen Lösung der Pflichtteil nicht bezogen auf den um den pauschalen Zugewinnausgleich erhöhten Erbteil berechnet wird – also nicht 1/2 x (1/4 Erbteil + 1/4 pauschaler Zugewinnausgleich) –, sondern nur auf den eigentlichen erbrechtlichen Teil (1/2 x 1/4 Erbteil). Da der Zugewinn konkret ausgeglichen wird, bedarf es für die Berechnung der Erbquote keiner güterrechtlichen Erhöhung des Erbteils nach § 1371 Abs. 1 BGB mehr.

342 Ist geklärt, dass die Ehegatten im Güterstand der Zugewinngemeinschaft gelebt haben, muss – um in den Anwendungsbereich des § 3 Nr. 3 Satz 2 GrEStG zu gelangen – dem überlebenden Ehegatten oder Lebenspartner *„eine Ausgleichsforderung am Zugewinn des verstorbenen Ehegatten oder Lebenspartners"* zustehen. Eine solche Forderung im Sinne dieser Vorschrift kann sich nur im Rahmen des **güterrechtlichen Zugewinnausgleichs** ergeben, d. h. dann, wenn der Ehegatte oder Lebenspartner **am Nachlass nicht beteiligt** ist.

343 Gelangt hingegen der **erbrechtliche Zugewinn** zur Anwendung, ist der **überlebende Ehegatte zwingend gesetzlicher oder testamentarischer Erbe** bzw. Vermächtnisnehmer geworden. Erhält er in dieser Funktion Grundvermögen aus

556 Rückschluss aus §§ 1372, 1371 Abs. 2 BGB; Koch in MüKoBGB, § 1371 Rz. 20.

557 Siehe zur Ermittlung des tatsächlichen Zugewinnausgleichs §§ 1373 ff. BGB.

dem Nachlass, greift bereits die Befreiungsvorschrift des § 3 Nr. 2 GrEStG. Einer weiteren Befreiungsvorschrift hätte es nicht bedurft.[558]

Pflichtteils- und Zugewinnausgleichsansprüche sind jedoch Ansprüche, die auf **Zahlung einer Geldsumme** gerichtet sind. Werden diese Ansprüche nicht in Geld, sondern durch Übertragung anderer Vermögensgegenstände erfüllt, handelt es sich um eine **Leistung an Erfüllungs statt**. Die Übertragung eines Grundstücks an Erfüllungs statt stellt wiederum einen grds. grunderwerbsteuerbaren Vorgang dar, der nur dann grunderwerbsteuerfrei vollzogen werden kann, wenn eine entsprechende Befreiungsvorschrift existiert.[559] Eine solche Befreiungsvorschrift beinhaltet § 3 Nr. 3 Satz 2 GrEStG für den Fall, dass ein güterrechtlicher Zugewinnausgleichsanspruch des überlebenden Ehegatten oder Lebenspartners durch Übertragung einer Nachlassimmobilie ganz oder teilweise befriedigt wird.[560] 344

(Einstweilen frei) 345–346

558 Meßbacher-Hönsch in Boruttau, GrEStG, § 3 Rz. 324; Pahlke, GrEStG, § 3 Rz. 190.

559 Zur Übertragung eines Grundstücks zur Abgeltung eines Pflichtteilsanspruchs siehe oben Kapitel C. IV. 2. Rz. 323 ff.

560 Meßbacher-Hönsch in Boruttau, GrEStG, § 3 Rz. 321; Pahlke, GrEStG, § 3 Rz. 190.

D. Gestaltungsmöglichkeiten vor dem Erbfall

I. Schenkung mit Schuldübernahme oder Übernahme dinglicher Belastungen

Nicht selten kommt es vor, dass eine Immobilie, die auf die nächste Generation übertragen werden soll, mit einem Grundpfandrecht belastet und noch nicht schuldenfrei ist. Sowohl unter wirtschaftlichen als auch unter steuerrechtlichen Gesichtspunkten stellt sich dann die Frage, ob die Verbindlichkeiten auf den Erwerber übergehen oder beim Schenker verbleiben sollen. Droht einerseits im Falle der Übertragung auch der Verbindlichkeiten die Gefahr eines (teil-)entgeltlichen privaten Veräußerungsgeschäfts – wenn nicht gar eines gewerblichen Grundstückshandels –, kann andererseits die Schaffung neuen AfA-Potenzials sinnvoll und erwünscht sein. 347

HINWEIS:

Die korrekte steuerliche Beurteilung erfordert jedoch stets eine strikte Unterscheidung zwischen dem eigentlichen Finanzierungsdarlehen und einer eventuellen Sicherheit (z. B. Grundschuld).

Dies soll anhand der nachfolgenden Beispiele verdeutlicht werden: 348

BEISPIEL: Vater V überträgt seinem Sohn S eine Immobilie im Wert von 500.000 €; die historischen Anschaffungskosten liegen bei 400.000 €. Der Erwerb der Immobilie wurde durch einen Kredit bei der B Bank fremdfinanziert; die Darlehensverbindlichkeit beläuft sich auf 100.000 €. Als Sicherheit für das Darlehen wurde zugunsten der B Bank eine Grundschuld in entsprechender Höhe im Grundbuch eingetragen.

Im Schenkungsvertrag hat sich S verpflichtet, die Verbindlichkeit des V zu übernehmen. S stellt somit V im Innenverhältnis von sämtlichen Zahlungsverpflichtungen aus dem Darlehensvertrag frei.

Steuerliche Beurteilung: 349

Stehen sich aber Leistung (Übertragung der Immobilie) und Gegenleistung (Übernahme der Verbindlichkeit) nicht in einem ausgewogenen Verhältnis gegenüber, liegt im Falle der Übertragung von Privatvermögen nicht ein vollständig entgeltliches, sondern nur ein teilentgeltliches Rechtsgeschäft vor – sog. gemischte Schenkung. Diese ist in ein voll entgeltliches und ein voll unentgeltliches Geschäft aufzuteilen. Der Wert der schenkungsteuerlichen Bereicherung wird dabei ermittelt, indem vom Steuerwert der Leistung des Schenkers der Steuerwert der Gegenleistung abgezogen wird.[561]

349/1 S hat die Immobilie im Wert von 500.000€ für eine Gegenleistung (Übernahme der Verbindlichkeiten) i.H.von 100.000€ erworben; der Erwerb vollzog sich folglich im Umfang von 20% entgeltlich und im Umfang von 80% unentgeltlich. Der unentgeltliche Teil unterliegt dem Schenkungsteuergesetz, der entgeltliche Teil dem Ertragsteuerrecht.

350 **Ertragsteuer:**

S führt als neuer Eigentümer der Immobilie den Mietvertrag fort und erzielt künftig Einkünfte aus Vermietung und Verpachtung; von den Mieteinnahmen kann er u.a. die Zinsen aus dem übernommenen Darlehen und die AfA als Werbungskosten abziehen. Da sich die AfA auf die Anschaffungskosten bezieht, sind zunächst die Anschaffungskosten zu ermitteln. Soweit S die Immobilie unentgeltlich erworben hat (80%), führt er nach der „Fußstapfentheorie" die Anschaffungskosten des V (400.000€) fort. Die Bemessungsgrundlage der AfA für diesen Teil beläuft sich somit auf 320.000€.

350/1 Neben dieser AfA-Reihe ist aufgrund des teilentgeltlichen Vorgangs durch S eine zweite AfA-Reihe zu führen: S sind für den Erwerb der restlichen 20% Anschaffungskosten von 100.000€ entstanden; somit gilt für den zweiten AfA-Strang eine Bemessungsgrundlage i. H.von ebendiesen 100.000€.

350/2 Soweit S eine entgeltliche Anschaffung getätigt hat, liegt spiegelbildlich bei V eine entgeltliche Veräußerung vor. Ist zum Zeitpunkt des Immobilientransfers von V an S die zehnjährige Haltefrist des §23 Abs.1 Nr.1 EStG noch nicht abgelaufen, unterliegt der Veräußerungsgewinn bei V der Einkommensteuer. Der potenziell steuerpflichtige Veräußerungsgewinn beträgt im Ausgangsfall 20.000€ (100.000€ Veräußerungserlös abzgl. 20% von 400.000€ anteilige historische Anschaffungskosten).

561 BFH, Urteil v.3.9.2019 - IX R 8/18, BFHE 266 S.173 = NWB 2020 S.138 NWB AAAAH-39366; BFH, Beschluss v.5.7.1990 - GrS 4-6/89 NWB DAAAA-93413; BFH, Urteil v.6.9.2006 - IX R 25/06, BFHE 161 S.317 = NWB 2008 S.3287 NWB CAAAC-32270; BFH, Urteil v.17.4.2007 - IX R 56/06, BFHE 218 S.53 = NWB 2008 S.3206 NWB SAAAC-61546; Stobbe in Herrmann/Heuer/Raupach, EStG KStG Kommentar, 325.Aktualisierung 2024, §6 EStG Rz.193, Stichwort „Schuldübernahme"; Musil in Herrmann/Heuer/Raupach, EStG KStG Kommentar, 325.Aktualisierung 2024, §23 EStG Rz.231.

Sollte V in zeitlicher Nähe weitere Immobilien angeschafft und veräußert haben, wäre darüber hinaus auch das Vorliegen eines gewerblichen Grundstückshandels zu prüfen.[562] 350/3

Schenkungsteuer: 351

Für Zwecke der Schenkungsteuer ist der geschenkte Gegenstand zu bewerten und nach Abzug von sachlichen und persönlichen Freibeträgen dem Schenkungsteuertarif zu unterwerfen.

Unterstellt, der Verkehrswert der Immobilie im Ausgangsfall entspricht auch dem für erbschaft- und schenkungsteuerliche Zwecke nach dem Bewertungsgesetz zu ermittelnden Wert, hätte S Immobilienvermögen im Wert von 400.000 € unentgeltlich erworben. Da sachliche Steuerbefreiungen nicht ersichtlich sind, kann die Zuwendung nur noch um den persönlichen Freibetrag von 400.000 € gemindert werden. 351/1

Grunderwerbsteuer: 352

Grunderwerbsteuer fällt weder auf den entgeltlich noch auf den unentgeltlich erworbenen Teil der Immobilie an, da V und S die Steuerbefreiungen nach § 3 Nr. 2 (Grundstücksschenkungen unter Lebenden) und Nr. 6 (Erwerb eines Grundstücks durch Personen, die mit dem Veräußerer in gerader Linie verwandt sind) in Anspruch nehmen können.

Abwandlung 1: 353

Abweichend vom Ausgangsfall übernimmt S nicht die Verbindlichkeiten des V. Er erhält nur das mit der Grundschuld belastete Grundstück. Das Darlehen wird hingegen weiterhin von V bedient.

Die Abwandlung verdeutlicht, dass insbesondere bei Immobilienfinanzierungen streng zwischen dem Darlehen und dem Sicherungsinstrument – der Grundschuld – zu trennen ist. Das Darlehen stellt den schuldrechtlichen Vertrag dar, mit dem der Darlehensnehmer eine Verbindlichkeit gegenüber dem Darlehensgeber begründet. Die Grundschuld dient demgegenüber lediglich als Sicherheit für den Darlehensgeber; eine Verwertung ist erst dann möglich, wenn der Schuldner seiner Zahlungsverpflichtung aus dem Darlehensvertrag nicht nachkommt, und dann auch nur in Höhe der noch offenen Forderung. Solange das Darlehen vertragsgemäß bedient wird, „schlummert" die Grundschuld. Es handelt sich bei ihr somit um eine aufschiebend bedingte Last, deren Bedingungseintritt zunächst sowohl hinsichtlich des Zeitpunkts als auch 353/1

562 Siehe hierzu BMF, Schreiben betr. Abgrenzung zwischen privater Vermögensverwaltung und gewerblichem Grundstückshandel v. 26.3.2004, BStBl 2004 I S. 434.

hinsichtlich der Höhe unbekannt ist. Anders als aus dem schuldrechtlichen Darlehensvertrag resultiert aus der bloßen Grundschuld für den Erwerber der belasteten Immobilie daher keine unmittelbare Zahlungsverpflichtung. Möglicherweise wird der Eigentümer dieser grundschuldbelasteten Immobilie sogar niemals in Anspruch genommen. Tritt aber der Sicherungsfall ein, muss der Eigentümer die Verwertung der Immobilie zwar dulden, eine darüberhinausgehende eigene Zahlungsverpflichtung ergibt sich daraus für ihn jedoch nicht.

353/2 Daher verwundert es auch nicht, dass die isolierte Übernahme einer dinglichen Last schenkungsteuerlich nicht als Gegenleistung angesehen wird. Vielmehr erhält der Erwerber – ähnlich wie bei der Übertragung unter Nießbrauchvorbehalt – von vornherein nur das mit der Grundschuld belastete Eigentum an der Immobilie. Übernimmt der Erwerber also nur isoliert die dingliche Belastung ohne die schuldrechtliche Verbindlichkeit, erbringt er keine Gegenleistung. Mangels Gegenleistung kann der Immobilientransfer nicht als (teil-)entgeltlich behandelt werden, mit der weiteren Konsequenz, dass der Vorgang insgesamt als unentgeltliche Zuwendung zu qualifizieren ist.

HINWEIS:

In der Abwandlung werden somit keine ertragsteuerlichen, sondern allein schenkungsteuerliche Folgen ausgelöst.

354 Um die schenkungsteuerliche Bereicherung bestimmen zu können, muss die Immobilie bewertet werden. Möchte man auch hier wieder den Vergleich mit der Schenkung einer Immobilie unter Nießbrauchvorbehalt (Duldungsauflage) bemühen, stellt sich in diesem Zusammenhang die Frage, ob die latente Belastung aus der Grundschuld ebenso wie die Belastung aus einem vorbehaltenen Nießbrauchrecht wertmindernd abgezogen werden darf. Für die Grundschuld gilt diese Abzugsmöglichkeit jedoch nur in eingeschränktem Maße. Denn der Grundschuld haftet als reines Sicherungsinstrument die Besonderheit an, dass sich die durch sie vermittelte Belastung erst dann realisiert, wenn die Bedingung – Zahlungsverzug oder Zahlungsausfall des Schuldners – eintritt.

354/1 Aufschiebend bedingte Lasten sind für schenkungsteuerliche Zwecke erst dann zu berücksichtigen, wenn die Bedingung eintritt, § 6 BewG. Solange sich also keine ernsthaften Zahlungsschwierigkeiten des Schenkers und Darlehensnehmers abzeichnen, kann sich die Grundschuld nicht bereicherungsmindernd auswirken; die Bereicherung des Beschenkten ist daher zunächst nicht um den Wert der Grundschuld zu mindern.

354/2 Tritt die Bedingung hingegen ein, ist die Schenkungsteuer unter Berücksichtigung der Belastung zu korrigieren, § 6 i. V. mit § 5 Abs. 2 BewG. Die Korrektur im

Rahmen der Schenkungsteuer bedeutet gleichzeitig aber auch, dass Zahlungen, die der Beschenkte zur Ablösung der Grundschuld tätigt, ertragsteuerlich nicht zusätzlich zu nachträglichen Anschaffungskosten des Beschenkten führen können.

Fortführung der Abwandlung 1: 355

V überträgt die Immobilie samt Grundschuld auf S. S übernimmt nicht die Darlehensverbindlichkeit. Einige Zeit später verschlechtert sich Vs finanzielle Situation. Um die Zwangsvollstreckung in die Immobilie abzuwenden, begleicht S die noch ausstehenden Darlehensverbindlichkeiten des V.

Zunächst lag im Verhältnis zwischen V und S eine voll unentgeltliche Zuwen- 355/1
dung der Immobilie vor. Die auf der Immobilie lastende Grundschuld stellte keine Gegenleistung dar. Gegenstand der Zuwendung war vielmehr die mit der Grundschuld belastete Immobilie. Schenkungsteuerlich konnte sich diese Belastung zunächst nicht auswirken, da die Belastung aufschiebend bedingt und die Bedingung noch nicht eingetreten war. Mit Eintritt der Bedingung – Zahlungsunfähigkeit des V – konnte dann jedoch die Belastung berücksichtigt und ein Antrag auf entsprechende Korrektur des Schenkungsteuerbescheides gestellt werden.

Die Ablösezahlungen des S können sich aber nicht zusätzlich noch ertragsteu- 355/2
erlich auswirken und etwa als nachträgliche Anschaffungskosten behandelt werden. Denn gem. § 255 Abs. 1 HGB gelten als Anschaffungskosten nur solche Aufwendungen, die getätigt werden, „um einen Vermögensgegenstand zu erwerben und ihn in einen betriebsbereiten Zustand zu versetzen". Nachträgliche Anschaffungskosten liegen vor, wenn mit den Aufwendungen die Verwendbarkeit eines Vermögensgegenstandes verbessert werden soll.

Mit schenkweiser Übertragung des Eigentums an der Immobilie hatte T bereits 355/3
das vollständige Nutzungsrecht und die umfassende Verfügungsmacht an der Immobilie von V erworben. Weder Nutzungsrecht noch Verfügungsmacht wurden durch die Grundschuld eingeschränkt. Insbesondere war S nicht daran gehindert, die Immobilie zu eigenen Zwecken zu nutzen, zu vermieten oder das Eigentum an der Immobilie auf einen Dritten zu übertragen. Verfügte S aber bereits über umfängliche Nutzungs- und Verfügungsmacht, war der Anschaffungsvorgang bereits abgeschlossen; weitere Zahlungen konnten ihre Rechtsposition mit Blick auf das Eigentum nicht mehr stärken.

Die Gesamtschau zeigt, dass der ursprünglich voll unentgeltliche Vorgang auch 355/4
dann nicht zu einem teilentgeltlichen Vorgang mutiert, wenn sich die dem Zuwendungsgegenstand innewohnende Belastung realisiert. Die anfängliche

Unentgeltlichkeit der Zuwendung bleibt unangetastet; spätere Belastungen entfalten keine ertragsteuerlichen Auswirkungen und führen nicht zu nachträglichen Anschaffungskosten. Eine Korrektur erfolgt allein im Rahmen der Schenkungsteuer.

HINWEIS:

Hierin liegt ein weiterer Unterschied zwischen Grundschuld und Nießbrauch: Ist die Immobilie mit einem Nießbrauchrecht belastet, stehen die Nutzungen dem Nießbrauchberechtigten zu. Löst der nießbrauchverpflichtete Eigentümer das Nießbrauchrecht gegen Zahlung eines Geldbetrages ab, „verbessert" sich seine Position. Er kann von nun an selbst die Nutzungen aus seinem Eigentum ziehen. Aus diesem Grund führen die Zahlungen zur Ablösung des Nießbrauchrechts bei ihm zu nachträglichen Anschaffungskosten.

II. Nießbrauchgestaltungen

356 Oftmals liegen beachtliche Gründe vor, Vermögen nicht erst mit dem Erbfall, sondern bereits zu Lebzeiten auf die nächste Generation zu übertragen. So kann es bspw. sinnvoll sein, bei größeren Vermögen die persönlichen Freibeträge alles zehn Jahre zu nutzen, was nur gelingt, wenn frühzeitig – d. h. zu Lebzeiten – erste Schenkungen getätigt werden. Darüber hinaus kann es sinnvoll sein, Kinder oder Enkelkinder nach und nach im Wege einer gestreckten Vermögensnachfolge an den Umgang mit Vermögen und der sich daraus ergebenden Verantwortung zu gewöhnen. Als weiteres Argument spricht ein möglicherweise erhebliches Steuersparpotenzial für eine frühzeitige Übertragung von Vermögen: Der Schenker überträgt nämlich Vermögen steuerlich zu den Werten am Besteuerungsstichtag, also am Tag der Zuwendung. Spätere Wertsteigerungen des übertragenen Gegenstandes wirken sich damit im Vermögen des Zuwendungsempfängers aus, ohne dass diese Wertsteigerungen der Erbschaftsteuer unterworfen werden müssten. Gerade bei Vermögensgegenständen, deren Wert in der Zukunft aller Wahrscheinlichkeit nach deutlich steigen wird, bietet sich also eine frühzeitige Übertragung auf die nächste Generation an.

357 Einer lebzeitigen Übertragung kann jedoch entgegenstehen, dass der Schenker sein Vermögen noch nicht vollständig aus der Hand geben möchte. Insbesondere kann er die Erträge, die das Vermögen abwirft, bereits für seinen Lebensunterhalt verplant haben oder er möchte sich weiterhin die Entscheidungsbefugnis in Bezug auf Mietverträge oder die Veräußerung einer Immobilie vorbehalten. In derartigen Fällen, in denen der Schenker grds. „schenkwillig" ist, aber noch nicht vollständig auf alle Rechte verzichten möchte, bietet sich eine

Vermögensübertragung in Kombination mit einem Nießbrauchrecht an. Dies ist grds. in zwei Varianten möglich: Der Schenker überträgt die Substanz und behält sich ein Nießbrauchrecht vor („Vorbehaltsnießbrauch“) oder der Schenker behält die Substanz und wendet dem Begünstigten ein Nießbrauchrecht zu („Zuwendungsnießbrauch“). Im Rahmen einer Vermögensnachfolge ist der Vorbehaltsnießbrauch die gängigere Variante, da sie die für eine Vermögensnachfolge wesentlichen Elemente – Übertragung der Substanz zu den aktuellen Werten; Sicherung des Lebensunterhalts des Schenkers in Form vorbehaltener Erträge – beinhaltet. Denkbar sind jedoch auch Fallgestaltungen, in denen der Vermögensinhaber die Substanz auf seine Kinder übertragen, die Erträge hingegen zur finanziellen Absicherung seinem Ehepartner zuwenden möchte. Auf Seiten des Ehepartners liegt dann ein Zuwendungsnießbrauch vor. Beide Varianten sollen daher nachfolgend erörtert werden.[563]

Die wirksame Bestellung eines Nießbrauchrechts an einer Immobilie 357/1
(§§ 1030 ff. BGB) setzt

1. die Einigung zwischen Eigentümer und Nießbrauchberechtigten und
2. Eintragung des Nießbrauchrechts im Grundbuch voraus, §§ 1069, 873 BGB.

Ohne Eintragung kann das Nießbrauchrecht als dingliches Recht nicht zur Ent- 357/2
stehung gelangen.

Anstelle eines dinglichen Nutzungsrechts können die Parteien auch ein sog. 357/3
obligatorisches (= schuldrechtliches) Nutzungsrecht vereinbaren. Hierzu zählen z. B. Miete, Pacht und Leihe. Obligatorische Nutzungsrechte müssen nicht im Grundbuch eingetragen werden; sie entstehen kraft Vertragsabschlusses.

Die Finanzverwaltung erkennt zwischen nahen Angehörigen abgeschlossene 357/4
obligatorische Nutzungsrechte an, wenn sie einem Drittvergleich standhalten. Sie müssen also klar vereinbart, ernsthaft gewollt und tatsächlich durchgeführt werden. Darüber hinaus müssen unentgeltlich eingeräumte obligatorische Nutzungsrechte schriftlich abgeschlossen und das Nutzungsrecht für einen festgelegten Zeitraum vereinbart worden sein.[564]

563 Nießbrauchrechte können selbstverständlich nicht nur unentgeltlich, sondern auch entgeltlich bestellt werden. Wir beschränken uns aber auf die klassische Gestaltung im Rahmen der vorweggenommenen Erbfolge und fokussieren uns daher auf die unentgeltlichen Übertragungsvorgänge.

564 BMF v. 30.9.2013, BStBl 2013 I S. 1184 Tz. 2, 7.

HINWEIS:

Wurde ein Nießbrauchrecht mangels Eintragung nicht wirksam bestellt, wendet die Finanzverwaltung die Grundsätze zu den obligatorischen Nutzungsrechten entsprechend an.[565]

Vorsicht ist bei der Zuwendung eines obligatorischen Nutzungsrechts geboten, wenn an der fraglichen Immobilie bereits ein Nutzungsrecht besteht (der Eigentümer hat die Immobilie vermietet und räumt nun einem Dritten ein obligatorisches Nutzungsrecht ein). Sollen dem Dritten die Vermietungseinkünfte steuerlich zugerechnet werden, muss er zwingend durch rechtsgeschäftliche Vertragsübernahme in die Vermieterstellung eintreten.[566]

1. Vorbehaltsnießbrauch

a) Schenkungsteuerliche Behandlung bei Nießbrauchberechtigtem und Nießbrauchverpflichtetem

358 Bei der schenkweisen Übertragung einer Immobilie unter Nießbrauchvorbehalt überträgt der Vermögensinhaber die Immobilie und behält sich selbst das Nutzungsrecht an der Immobilie vor. Sowohl ertrag- als auch erbschaftsteuerlich stellt der Nutzungsvorbehalt, der als Last mit der Immobilie verbunden ist, keine Gegenleistung dar.[567] Der Vorgang qualifiziert vielmehr in vollem Umfang als unentgeltliche Übertragung. Steuerliche Konsequenzen ergeben sich aus der Übertragung für den Nießbrauchberechtigten selbst damit nicht. Auf Seiten des Empfängers und Nießbrauchverpflichteten ist die Schenkung hingegen steuerlich zu erfassen. Konsequenterweise muss die Immobilie zunächst für schenkungsteuerliche Zwecke bewertet werden. Anschließend kann das Nießbrauchrecht, das ebenfalls nach den Regeln des Erbschaftsteuer- und Be-

565 BMF v. 30.9.2013, BStBl 2013 I S. 1184 Tz. 7.

566 BMF v. 30.9.2013, BStBl 2013 I S. 1184 Tz. 8.

567 BFH, Urteil v. 28.7.1981 - VIII R 124/76, BStBl 1982 II S. 378 NWB OAAAB-02412; BFH, Urteil v. 10.4.1991 - XI R 7, 8/84 BStBl 1991 II S. 791 NWB JAAAA-93813; BFH, Urteil v. 24.4.1991 - XI R 5/83, BStBl 1991 II S. 793 NWB TAAAA-93814; BMF, Schreiben betr. einkommensteuerrechtliche Behandlung des Nießbrauchs und anderer Nutzungsrechte bei Einkünften aus Vermietung und Verpachtung (Nießbraucherlass); BMF, Schreiben v. 30.9.2013 - IV C 1 – S 2253/07/10004, BStBl 2013 I S. 1184 NWB AAAAE-45949; Gebel in Troll/Gebel/Jülicher/Gottschalk, 57. Erg.-Lfg. 2019, ErbStG, § 7 Rz. 160; BMF, Schreiben betr. ertragsteuerliche Behandlung der vorweggenommenen Erbfolge, hier: Anwendung des Beschlusses des Großen Senats v. 5.7.1990, BStBl 1990 II S. 847; BMF, Schreiben v. 13.1.1993 - IV B 3 – S 2190 – 37/92, BStBl 1993 I S. 80 NWB OAAAA-77082, geändert durch BMF, Schreiben v. 26.2.2007 - IV C 2 - S 2230 - 46/06 IV C 3 - S 2190 - 18/06, BStBl 2007 I S. 269 NWB OAAAC-39226; Goetze, RNotZ 2013 S. 147.

wertungsgesetzes zu bewerten ist, seit Abschaffung des § 25 Abs. 1 ErbStG mit Wirkung zum 1.1.2009[568] bereicherungsmindernd geltend gemacht werden.[569]

b) Bewertung des Nießbrauchrechts

aa) Allgemeine Ausführungen

Die Bewertung der Immobilie richtet sich nach den § 12 Abs. 1 ErbStG i. V. mit §§ 151 Abs. 1 Satz 1 Nr. 1, 157 Abs. 1, 176 ff. BewG,[570] die Bewertung des Nießbrauchrechts nach § 12 Abs. 1 ErbStG i. V. mit §§ 14 ff. BewG. 359

Gemäß § 14 Abs. 1 BewG ergibt sich der **Kapitalwert einer Nutzung** (z. B. Nießbrauch) aus dem **Jahreswert** dieser Nutzung multipliziert mit einem **Vervielfältiger.** Dabei kann der Vervielfältiger der für das jeweilige Vorjahr veröffentlichten Sterbetafel des Statistischen Bundesamtes entnommen werden.[571] Als Jahreswert einer Nutzung, die nicht in Geld besteht, also z. B. ein Wohnrecht an einer selbst genutzten Wohnung, gilt der übliche Mittelpreis am Verbrauchsort, d. h. bei Immobilien der üblicherweise erzielbare Mietertrag.[572] Ist der Jahreswert einer fremdvermieteten Immobilie zu ermitteln, ist zunächst von den Einnahmen aus Vermietung und Verpachtung auszugehen. Diese sind anschließend um die laufenden Werbungskosten mit Ausnahme der AfA zu kürzen.[573] Da die Höhe der Einkünfte aus Vermietung und Verpachtung üblicherweise schwankt, wird als Jahreswert der durchschnittlich in der Zukunft erzielbare Betrag zugrunde gelegt.[574] Dieser kann in aller Regel auf der Grundlage des Durchschnittsertrags der letzten drei Jahre ermittelt werden.[575] 360

bb) Berücksichtigung von Schuldzinsen

Vorsicht bei der Ermittlung des Jahreswerts ist geboten, wenn die Immobilie im Zeitpunkt der Übertragung mit **Hypotheken oder Grundschulden** belastet ist und der Schenker weiterhin die Schuldzinsen trägt: Nicht immer ist die zur Übertragung anstehende Immobilie lastenfrei und abbezahlt. Soll eine noch in gewissem Umfang fremdfinanzierte Immobilie übertragen werden, stellt sich 361

568 Aufgehoben durch Gesetz v. 24.12.2008, BGBl 2008 I S. 3018.

569 § 10 Abs. 1 Satz 1 ErbStG; R E 7.4 Abs. 1 Satz 2 ErbStR 2019; BFH, Urteil v. 28.5.2019 - II R 4/16, BStBl 2020 II S. 326 NWB NAAAH-37571.

570 Zur erbschaft- und schenkungsteuerlichen Bewertung von Immobilien siehe im Einzelnen Kapitel B. IV. 1. Rz. 45 ff.

571 § 14 Abs. 1 Satz 2 BewG.

572 § 15 Abs. 2 BewG.

573 Eisele in Rössler/Troll, BewG, 38. Erg.-Lfg. 2024, § 15 Rz. 7, 9.

574 § 15 Abs. 3 BewG.

575 BFH, Urteil v. 11.2.1972 - III R 129/70, BStBl 1972 II S. 448 NWB LAAAA-99151.

immer auch die Frage, ob die Verbindlichkeiten mit auf den Erwerber übergehen oder nicht. Übernimmt der Erwerber die Verbindlichkeiten, liegt insoweit grds. eine **Gegenleistung** vor. Dies hat zur Folge, dass die Übertragung – je nach Höhe der übernommenen Verbindlichkeiten und Wert der Immobilie – als **entgeltliches oder zumindest teilentgeltliches Geschäft** (gemischte Schenkung) zu werten ist. Entgeltlichkeit bedeutet immer auch Aufdeckung und Versteuerung der stillen Reserven und ist daher nicht unbedingt erwünscht.

Als **voll unentgeltliches Geschäft** kann der Immobilientransfer jedoch ausgestaltet werden, wenn der Erwerber zwar im **Außenverhältnis** Darlehen und Grundschuld übernimmt, im **Innenverhältnis** aber der Schenker den Erwerber von allen Verpflichtungen freizustellen hat.[576] Dies geht auch in Kombination mit einem Nießbrauchvorbehalt, wenn sich die Parteien darauf einigen, dass der Schenker als Ausfluss seiner aus dem Nießbrauchverhältnis resultierenden Pflicht sämtliche Tilgungs- und Zinszahlungen übernimmt.

BEISPIEL NACH BFH-URTEIL V. 28.5.2019:[577] Der Vater überträgt seinem Sohn eine Immobilie, die zum Zeitpunkt der Übertragung noch mit einer Grundschuld belastet ist. Gleichzeitig behält er sich an der Immobilie ein lebenslanges Nießbrauchrecht vor. Gemäß Schenkungsvertrag übernimmt der Sohn sämtliche auf dem Grundbesitz lastende Verbindlichkeiten in dinglicher und persönlicher Hinsicht. Im Innenverhältnis einigen sich Vater und Sohn jedoch darauf, dass der Vater weiterhin die Zins- und Tilgungsleistungen zu erbringen habe.

Als der Sohn vom Finanzamt zur Abgabe der Schenkungsteuererklärung aufgefordert wird, ermittelt er den Grundbesitzwert und zieht von diesem den Wert des Nießbrauchrechts bereicherungsmindernd ab. Den Wert des Nießbrauchrechts berechnet er dabei nach der Formel Jahreswert x Vervielfältiger, wobei der Jahreswert der durchschnittlich erzielten Miete der letzten drei Jahre entspricht. Die Schuldzinsen berücksichtigt er in seinen Berechnungen nicht.

Das Finanzamt folgt dem Wertansatz für das Nießbrauchrecht nur bedingt, indem es den vom Sohn ermittelten Jahreswert um die vom Vater zu tragenden Schuldzinsen mindert.

Die Vorgehensweise des Finanzamtes ist nach Ansicht des BFH auch zutreffend. Er stellt zunächst fest, dass keine gemischte, sondern eine **reine Schenkung** vorliegt, wenn zwar der Erwerber die auf dem Grundstück lastenden Verbindlichkeiten übernimmt, der nießbrauchberechtigte Schenker sich aber verpflichtet, die Verbindlichkeiten für die Dauer des Nießbrauchs weiter zu tilgen und die Zinsen zu tragen.[578] Anschließend verweist er darauf, dass Ausgangspunkt für die Bestimmung des Jah-

576 BFH, Urteil v. 17.10.2001 - II R 60/99, BStBl 2002 II S. 165 NWB YAAAA-89149.

577 BFH, Urteil v. 28.5.2019 - II R 4/16, BStBl 2020 II S. 326 NWB NAAAH-37571.

578 BFH, Urteil v. 28.5.2019 - II R 4/16, BStBl 2020 II S. 326 NWB NAAAH-37571; BFH, Urteil v. 17.10.2001 - II R 60/99, BStBl 2002 II S. 165 NWB YAAAA-89149.

reswerts die Einnahmen aus Vermietung und Verpachtung sind. Diese Einnahmen sind um die vom Nießbraucher getragenen Aufwendungen zu kürzen.[579] Hierzu zählen insbesondere auch **die vom Nießbraucher nach § 1047 BGB zu tragenden Zinsen.** Denn nach § 1047 BGB ist der Nießbraucher dem Eigentümer gegenüber verpflichtet, u. a. *„diejenigen privatrechtlichen Lasten zu tragen..., welche schon zur Zeit der Bestellung des Nießbrauchs auf der Sache ruhten, insbesondere die **Zinsen der Hypothekenforderungen und Grundschulden**"*. Nach der gesetzlichen Wertung soll dem Nießbraucher damit nur der Reinertrag zustehen. Er soll diejenigen Lasten tragen, die üblicherweise aus den Erträgen des nießbrauchbelasteten Gegenstandes entrichtet werden.[580] Steht dem Nießbrauchberechtigten aber nur der Reinertrag zu, kann er auch nur diesen i. S. des § 15 Abs. 3 BewG „erzielen". Die Nutzung hat für ihn daher nur den Wert des jährlichen Reinertrags multipliziert mit dem jeweils anwendbaren Vervielfältiger. Der Wert des so ermittelten Nießbrauchrechts gilt **gleichermaßen sowohl für den Nießbrauchberechtigten als auch den Nießbrauchbelasteten.**[581] Der Nießbrauchbelastete (Beschenkte) ist in Höhe der vom Nießbraucher zu zahlenden Zinsen wirtschaftlich nicht belastet; ließe man die Zinsen bei der Bewertung des Nießbrauchrechts unberücksichtigt und erhöhte sich dadurch der beim Beschenkten abzugsfähige Wert des Nießbrauchs, widerspräche dies dem Ansatz, die Bereicherung auf Seiten des Erwerbers der Schenkungsteuer zu unterwerfen.

cc) Deckelung des Jahreswerts nach § 16 BewG

Aufgrund des Verweises des § 12 Abs. 1 ErbStG auf die Vorschriften des ersten Teils des Bewertungsgesetzes kann bei der Bestimmung des Jahreswerts auch die Vorschrift des § 16 ErbStG zur Anwendung gelangen.[582] Danach darf der Jahreswert einer Nutzung höchstens den Wert betragen, der sich ergibt, wenn der für das genutzte Wirtschaftsgut nach den Vorschriften des Bewertungsgesetzes anzusetzende Wert durch 18,6 geteilt wird. Der Grund für diese **Begrenzung des Jahreswerts** liegt darin, dass der Wert des Nutzungsrechts nicht höher sein kann, als der Wert des genutzten Gegenstandes selbst.[583] 362

BEISPIEL: Mutter M schenkt ihrem Sohn S im Jahr 2019 eine zu gewerblichen Zwecken vermietete Immobilie, deren steuerlicher Wert (Verkehrswert ohne Nutzungslast) 500.000 € beträgt. Die Mutter (70 Jahre) behält sich jedoch ein lebenslanges Nießbrauchrecht an der Immobilie vor, dessen Jahreswert (potenzieller jährlicher Mietertrag) bei 30.000 € liegt.

---

579 BFH, Urteil v. 28.5.2019 - II R 4/16, BStBl 2020 II S. 326 NWB NAAAH-37571; BFH, Urteil v. 17.10.2001 - II R 60/99, BStBl 2002 II S. 165 NWB YAAAA-89149.

580 Pohlmann in MüKoBGB, 8. Aufl. 2020, § 1047 Rz. 1.

581 So insbesondere auch die Vorinstanz FG Münster, Urteil v. 26.11.2015 - 3 K 2711/13 Erb NWB NAAAF-67437.

582 BFH, Urteil v. 9.4.2014 - II R 48/12, BStBl 2014 II S. 554 NWB ZAAAE-65012.

583 BFH, Urteil v. 28.8.1954 - III 181/53 U, BStBl 1954 III S. 330 NWB XAAAB-45758; BFH, Urteil v. 6.5.1955 - III 108/54 U, BStBl 1955 III S. 199 NWB FAAAB-45897.

Der Sohn zeigt die Schenkung dem zuständigen Erbschaftsteuerfinanzamt an und wird nachfolgend zur Abgabe einer Schenkungsteuererklärung aufgefordert. Neben dem Wert der Immobilie ist daher auch der Wert des Nießbrauchrechts zu ermitteln, damit S die Belastung bereicherungsmindernd geltend machen kann. Der Wert des Nießbrauchrechts bestimmt sich nach der Formel Jahreswert x Vervielfältiger. Als Vervielfältiger lässt sich aus der Sterbetafel, die für Schenkungen in 2019 gilt,[584] eine durchschnittliche Lebenserwartung der Mutter von weitere 16,91 Jahre und darauf aufbauend ein Vervielfältiger von 11,127 ablesen. Multipliziert mit dem Jahreswert von 30.000€ ergäbe sich ein Kapitalwert des Nießbrauchrechts i. H. von 333.810€. Da der Jahreswert der Nutzung jedoch auf den durch 18,6 geteilten Wert der Immobilie begrenzt ist und damit maximal 26.881,72€ (500.000€/18,6) betragen kann, beläuft sich der Kapitalwert des Nießbrauchrechts vorliegend nur auf 299.112,90€ (26.881,72€ x 11,127). S muss daher eine Bereicherung i. H. von 200.800€[585] versteuern.

§ 16 BewG findet hingegen keine Anwendung, wenn der Wert der Immobilie nicht nach den **pauschalen Regeln des Bewertungsgesetzes**, sondern auf der Basis eines **Sachverständigengutachtens** ermittelt wird und die Nießbrauchbelastung bereits im Rahmen des Gutachtens berücksichtig wurde.

363 § 10 Abs. 6 Satz 6 ErbStG regelt, dass der Abzug einer Belastung vom Wert der übertragenen Immobilie ausgeschlossen ist, wenn sich ein Nutzungsrecht als Grundstücksbelastung bereits im Rahmen der Bewertung des Grundstücks ausgewirkt hat. Damit steht dem Steuerpflichtigen praktisch ein **Wahlrecht** offen, ob er zuerst den Wert der unbelasteten Immobilie ermitteln und hiervon anschließend die eigenständig bewertete **Belastung bereicherungsmindernd** abziehen möchte, oder ob sich die Belastung bereits eine Stufe früher, nämlich bereits **bei der Bewertung der Immobilie,** auswirken soll. Letzteres ist nur möglich, wenn der Steuerpflichtige einen **niedrigeren gemeinen Wert gem. § 198 BewG** geltend macht.[586]

364 Bei der Bewertung bebauter Grundstücke bedient sich das Bewertungsgesetz in den §§ 180 ff. BewG weitreichender Pauschalierungen, die grds. eine Berücksichtigung individueller Besonderheiten nicht mehr zulassen. Daher können u. a. wertbeeinflussende Belastungen privatrechtlicher[587] oder öffentlich-rechtlicher[588] Art im Rahmen des Vergleichswertverfahrens ausdrücklich nicht be-

584 Schreiben betr. Bewertung einer lebenslänglichen Nutzung oder Leistung; Vervielfältiger für Bewertungsstichtage ab 1.1.2019, BMF, Schreiben v. 22.11.2018 - IV C 7 – S 3104/09/10001, BStBl 2018 I S.1306 NWB RAAAH-00825.

585 Nach Abrundung auf volle 100€ nach unten, § 10 Abs. 1 Satz 6 ErbStG.

586 Siehe oben Kapitel B. IV. 1. c) Rz. 91 f.

587 Beispielsweise Nießbrauchrechte oder Wohnrechte.

588 Beispielsweise Wegerechte.

rücksichtigt werden.[589] Auch im Sachwert- oder Ertragswertverfahren sind individuelle Besonderheiten vorstellbar, die nicht durch die Pauschalierungen des Bewertungsgesetzes abgebildet werden können. Gleichzeitig eröffnet aber der Gesetzgeber über § 10 Abs. 6 Satz 6 ErbStG i. V. mit § 198 BewG dem Steuerpflichtigen die Möglichkeit, den Nachweis eines niedrigeren gemeinen Werts zu führen und damit die Feststellung dieses niedrigeren Verkehrswerts zu erreichen. Als Nachweis dient dabei i. d. R. ein durch einen Sachverständigen erstelltes Immobiliengutachten.

Der Immobiliensachverständige wird in seine Bewertung neben allgemeinen 365
wertbildenden Faktoren auch wertmindernde Belastungen einfließen lassen. Dies ergibt sich aus § 6 Abs. 2 ImmoWertVO,[590] wonach als wertbeeinflussende Rechte und Belastungen insbesondere Grunddienstbarkeiten und persönliche Nutzungsrechte (z. B. Nießbrauchrechte zugunsten Dritter) in Betracht kommen. Ziel ist es, einen Verkehrswert der Immobilie zu bestimmen,[591] was nur gelingen kann, wenn Belastungen in tatsächlicher Höhe und nicht mit einem pauschal gedeckelten Wert berücksichtigt werden.[592]

FORTFÜHRUNG DES BEISPIELS: ▶ Der Sachverständigengutachter ermittelt für das Nießbrauchrecht der Mutter einen Verkehrswert von 330.000 €. Dementsprechend setzt er den aktuellen Verkehrswert des Grundstücks unter Berücksichtigung des Nießbrauchrechts mit insgesamt 170.000 € fest.

Ein Vergleich des steuerpflichtigen Erwerbs bei Berücksichtigung des Nieß- 366
brauchs nach § 10 Abs. 1 ErbStG auf der einen Seite (200.800 €) und bei Berücksichtigung des Nießbrauchs nach § 10 Abs. 6 ErbStG auf der anderen Seite (170.000 €) zeigt, dass im Beispielsfall der Nachweis eines niedrigeren gemeinen Werts zu einer deutlich geringeren erbschaftsteuerlichen Bereicherung führt. Dies ist im Beispielsfall allein auf den unterschiedlichen Wertansatz des Nießbrauchrechts zurückzuführen. Es ist daher nicht verwunderlich, dass dem Niedersächsischen Finanzgericht[593] erhebliche Zweifel kamen, ob eine solche unterschiedliche Berücksichtigung grundstücksbezogener Lasten noch als verfassungskonforme Ausgestaltung des Gesetzes angesehen werden kann oder ob hierin nicht vielmehr eine verfassungswidrige Ungleichbehandlung i. S. des Art. 3 Abs. 1 GG durch das Erbschaft- und Schenkungsteuergesetz zu sehen ist. Je nachdem, ob Nutzungen bereits im Rahmen der Bewertung nach § 198

589 § 183 Abs. 3 BewG.

590 Verordnung über die Grundsätze für die Ermittlung der Verkehrswerte von Grundstücken.

591 § 8 ImmoWertVO.

592 R E 10.10. Abs. 6 Satz 2 ErbStR 2019; R B 198 Abs. 3 Satz 5–7 ErbStR 2019; Rössler/Troll, BewG, § 198 Rz. 38.

593 Niedersächsisches FG, Urteil v. 19.9.2012 - 3 K 194/12 NWB NAAAE-23278.

BewG (Nachweis eines niedrigeren Verkehrswerts) oder als Nutzungsauflage nach § 10 Abs. 1 ErbStG berücksichtigt werden, wirke sich – so das Finanzgericht – dieselbe Belastung in vollem Umfang oder aber ggf. nur zu einem Teil auf den steuerpflichtigen Wert der Bereicherung aus. Greife die wertmäßige Begrenzung des Nutzungsrechts, verfehle der Gesetzgeber in diesen Fällen zudem die Vorgabe, Vermögensgegenstände für erbschaftsteuerliche Zwecke stets mit dem Verkehrswert bzw. gemeinen Wert zu erfassen. Nach Ansicht des Gerichtes soll eine Deckelung des Jahreswerts daher überhaupt nur dann in Betracht kommen können, wenn das genutzte Wirtschaftsgut selbst noch nach Vorschriften bewertet wird, die bis einschließlich 31.12.2008 galten und in denen Einheitswerte oder Bedarfswerte zum Zuge kamen. Insbesondere bei Nutzungsrechten an Immobilien und Betriebsvermögen solle eine Begrenzung des Jahreswerts hingegen nicht mehr möglich sein, da für diese Wirtschaftsgüter mit Einführung des Erbschaftsteuerreformgesetz (ErbStRG) ab dem Jahre 2009 vollkommen neue Bewertungsregeln eingeführt wurden.

367 Der Auffassung des Niedersächsischen Finanzgerichts hat jedoch der **BFH mit Urteil v. 9.4.2014**[594] widersprochen. Er stellte in den Leitsätzen des Urteils fest, dass die Begrenzung des Jahreswerts von Nutzungen nach **§ 16 BewG auch nach Inkrafttreten des ErbStRG anwendbar** sei, wenn der Nutzungswert bei der Festsetzung der Erbschaft- oder Schenkungsteuer vom gesondert festgestellten Grundbesitzwert abgezogen wird. Werde der Nutzungswert hingegen im Rahmen der Ermittlung des niedrigeren gemeinen Werts eines Grundstücks berücksichtigt,[595] sei **§ 16 BewG nicht anzuwenden**. Zur Begründung führte der BFH aus, dass es sich bei der pauschalen Bewertung nach dem Bewertungsgesetz und dem Verfahren zum Nachweis eines niedrigeren gemeinen Werts (Anwendung der ImmoWertVO) um **zwei vollkommen unterschiedliche Bewertungsverfahren** handele, deren Elemente nicht miteinander vermischt werden könnten.

HINWEIS:

Behält sich der Schenker ein Nutzungsrecht an dem übertragenen Gegenstand vor, sollte geprüft werden, ob der Nachweis eines niedrigeren gemeinen Werts angezeigt ist. Insbesondere in den Fällen, in denen die Begrenzung des Jahreswerts der Nutzung nach § 16 BewG greift, könnte eine „integrierte" Immobilienbewertung durch einen Sachverständigen zu einer geringeren schenkungsteuerlichen Bereicherung des nießbrauchverpflichteten Beschenkten führen.

594 BFH, Urteil v. 9.4.2014 - II R 48/12, BStBl 2014 II S. 554 NWB ZAAAE-65012.

595 § 198 BewG.

dd) Nießbrauch zugunsten mehrerer Personen

Ein Nießbrauchrecht kann nicht nur zugunsten einer Person, sondern auch **zugunsten mehrerer Personen** vorbehalten werden. Ist das Nießbrauchrecht in derartigen Fällen nicht zeitlich begrenzt, sondern auf die **Lebensdauer des zuletzt Versterbenden** eingeräumt worden, richtet sich die Bewertung des Nießbrauchrechts nach dem jeweils höheren Vervielfältiger, der in der Sterbetafel für die nießbrauchberechtigten Personen ausgewiesen ist.[596] 368

BEISPIEL: Vater (60 Jahre) und Mutter (61 Jahre) sind Miteigentümer einer Mietimmobilie, die sie im Wege der vorweggenommenen Erbfolge auf ihren Sohn im Jahr 2019 übertragen. Da sie die Mieterträge zur Absicherung ihres Lebensunterhalts benötigen, haben sie sich ein Nießbrauchrecht vorbehalten. Das Nießbrauchrecht soll beiden gemeinschaftlich zustehen. Nach dem Tod des zuerst Versterbenden soll es in vollem Umfang dem überlebenden Ehegatten zustehen und erst mit dessen Tod erlöschen.

Das Nießbrauchrecht ist für schenkungsteuerliche Zwecke nach §§ 14 Abs. 1 und 3, 15 Abs. 3 BewG zu bewerten. Daher ist neben dem Jahreswert der Vervielfältiger sowohl für den Vater als auch die Mutter zu ermitteln. Der höhere der beiden Vervielfältiger wird zur Bewertung des Nießbrauchrechts herangezogen. Aus der für Bewertungsstichtage ab dem 1.1.2019 geltenden Sterbetafel lässt sich ein Vervielfältiger für den Vater von 12,810 und für die (ein Jahr ältere) Mutter von 13,628 ablesen.[597] Der Jahreswert ist daher mit 13,628 zu multiplizieren.[598]

§ 14 Abs. 3 BewG greift jedoch nur dann, wenn das Nutzungsrecht **mehreren Personen gleichzeitig** zusteht. Vereinbarungen, wonach das Nießbrauchrecht bspw. zunächst der Ehefrau und erst bei deren Tod dem Ehemann zustehen soll, führen zu einem **anderen bewertungsrechtlichen Ansatz.** In solchen Fällen besteht nämlich zunächst nur ein Nutzungsrecht zugunsten einer einzelnen Person, so dass auch nur der sich für diese Person anzusetzende Vervielfältiger auswirken kann. Der anderen Person steht zunächst noch kein Nutzungsrecht zu; dieses ist vielmehr **aufschiebend bedingt** auf den Tod des zuerst Nutzungsberechtigten. Ein **aufschiebend bedingter Erwerb** (auf Seiten des Ehemannes) bzw. eine aufschiebend bedingte Last (auf Seiten des Nießbrauchverpflichte- 369

596 § 14 Abs. 3 Teilsatz 1 BewG. Umgekehrt ist die Lebenserwartung der älteren Person maßgebend, wenn das Nießbrauchrecht mit dem Tod des zuerst Versterbenden erlischt, § 14 Abs. 3 Teilsatz 2 BewG.

597 Schreiben betr. Bewertung einer lebenslänglichen Nutzung oder Leistung; Vervielfältiger für Bewertungsstichtage ab 1.1.2019, BMF, Schreiben v. 22.11.2018 - IV C 7 – S 3104/09/10001 NWB RAAAH-00825.

598 Der anwendbare Vervielfältiger richtet sich nicht nach dem Alter der jüngeren Person, sondern tatsächlich nach der längeren Lebenserwartung bzw. dem höheren Vervielfältiger.

ten) wird für erbschaftsteuerliche Zwecke erst mit Eintritt der Bedingung berücksichtigt. Vorher sind aufschiebend bedingte Ansprüche und Lasten unbeachtlich.[599]

ABWANDLUNG DES BEISPIELS: Die Parteien vereinbaren, dass das Nutzungsrecht allein dem Vater zustehen soll. Nur für den Fall, dass der Vater vor der Mutter verstirbt, soll das Nutzungsrecht auf die Mutter übergehen.

Der Jahreswert der Nutzung ist hier mit dem für den Vater geltenden Vervielfältiger (12,810) zu multiplizieren. Der Mutter steht nur ein aufschiebend bedingter Anspruch zu, der für erbschaftsteuerliche Zwecke unerheblich ist, § 4 BewG. Verstirbt später der Vater und lebt die Mutter zu diesem Zeitpunkt noch, tritt die Bedingung ein; Sohn S kann nunmehr eine Korrektur des ursprünglichen Schenkungsteuerbescheides beantragen, § 6 Abs. 2 i. V. mit § 5 Abs. 2 BewG. Im Rahmen dieser Korrektur bleibt der Abzugsbetrag für das Nießbrauchrecht des Vaters unangetastet. Der Abzugsbetrag könnte nur innerhalb der Grenzen des § 14 Abs. 2 BewG geändert werden. Wäre der Vater innerhalb von acht Jahren seit der Bestellung des Nießbrauchrechts verstorben, hätte der Abzugsbetrag daher von Amts wegen nach unten korrigiert werden können. Da der Vater diese „Frist" jedoch überlebt hat, kommt eine Anpassung der gegenüber der statistischen Lebenserwartung geringeren Last nicht mehr in Frage.

Neben der Nießbrauchlast zugunsten des Vaters V ist nun aber auch eine Nießbrauchlast zugunsten der Ehefrau E getreten. Diese aus Sicht des S aufschiebend bedingte Last kann S jetzt zusätzlich vom Wert der Schenkung abziehen. Die Bewertung der Last hat nach Ansicht des BFH auf den Zeitpunkt des Bedingungseintritts zu erfolgen; eine Abzinsung der Last auf den Zeitpunkt der Zuwendung erfolgt dabei nicht, da die Last vor Eintritt der Bedingung nicht existierte und mit Bedingungseintritt fällig wird, eine für eine mögliche Abzinsung erforderliche Stundung also nicht vorliegt.[600]

Die Finanzverwaltung hat sich mit Gleichlautenden Erlassen der Obersten Finanzbehörden der Länder[601] v. 4.1.2023 zur Anwendung des BFH-Urteils v. 25.7.2021 geäußert. Darin bestätigt die Finanzverwaltung zumindest für Nutzungsrechte, die erst mit Eintritt der Bedingung bestehen, dass diese auf den Zeitpunkt des Bedingungseintritts (und nicht auf den Zeitpunkt der ursprünglichen Schenkung) zu bewerten seien. Als Vervielfältiger sei somit der sich auf den Zeitpunkt des Eintritts der aufschiebenden Bedingung ergebende Vervielfältiger anzusetzen.[602]

---

599 § 12 Abs. 1 ErbStG i. V. mit §§ 4, 6 BewG; BFH, Urteil v. 21.10.1955 - III 183/55 U, BStBl 1955 III S. 342 NWB PAAAB-46361; BFH, Urteil v. 11.3.1977 - III B 39/75, BStBl 1977 II S. 406 NWB ZAAAA-91213; Eisele in Rössler/Troll, BewG, § 14 Rz. 25.

600 BFH, Urteil v. 15.7.2021 - II R 26/19, BStBl 2023 II S. 66 = NWB 48/2021 S. 3511 NWB RAAAH-95457 (Ls.).

601 Gleich lautende Erlasse betr. Berücksichtigung von aufschiebend bedingten Lasten für Zwecke der Erbschaft- bzw. Schenkungsteuer; Konsequenzen aus dem BFH-Urteil v. 15.7.2021 - II R 26/19 NWB RAAAH-95457: Gleich lautende Erlasse der obersten Finanzbehörden der Länder v. 4.1.2023 – S 3103, BStBl 2023 I S. 172 NWB VAAAJ-31813.

602 Gleich lautende Erlasse der obersten Finanzbehörden der Länder v. 4.1.2023 – S 3103, BStBl 2023 I S. 172 Tz. 3 NWB VAAAJ-31813.

Allerdings sei die aufschiebend bedingte Last auf den Zeitpunkt der Steuerentstehung (= Zeitpunkt der ursprünglichen Schenkung) nach § 12 Abs. 3 BewG abzuzinsen, da der Beschenkte bis zum Eintritt der Bedingung die Möglichkeit hatte, die Nutzungen aus dem nießbrauchbelasteten Gegenstand zu ziehen. Darf der Beschenkte diese Nutzungen behalten, reduziere sich dadurch die Belastung aus dem Nießbrauchrecht; dieser reduzierten Belastung werde durch die Abzinsung Rechnung getragen.

HINWEIS:

Verfahrensrechtlich führt der Eintritt der Bedingung beim Nießbrauchverpflichteten zu einer Korrektur der Steuerfestsetzung nach § 175 Abs. 1 Satz 1 Nr. 2 AO.[603] Die Berichtigung erfolgt jedoch nur auf Antrag des Nießbrauchverpflichteten und ist bis zum Ablauf des Jahres zu stellen, das auf den Eintritt der Bedingung folgt.[604]

c) Nießbrauchverzicht

Verzichtet der Nießbrauchberechtigte **vorzeitig,** d. h. vor Ablauf eines zeitlich begrenzten oder im Falle eines lebenslangen Nießbrauchrechts noch zu Lebzeiten auf das Nießbrauchrecht, stellt dieser Verzicht eine (weitere) **Schenkung** vom Nießbrauchberechtigten an den Nießbrauchbelasteten dar, wenn der Verzicht unentgeltlich erfolgt.[605] Das Nießbrauchrecht ist auf den Zeitpunkt des Verzichts zu bewerten und der Schenkungsteuer zu unterwerfen.[606] Liegen zwischen der ursprünglichen unentgeltlichen Übertragung unter Nießbrauchvorbehalt und Verzicht weniger als zehn Jahre, sind die Zuwendungen nach § 14 ErbStG zusammenzurechnen. 370

HINWEIS:

Unter Umständen kann der spätere Verzicht auf ein vorbehaltenes Nießbrauchrecht zu einer höheren Steuerbelastung führen, als ursprünglich bei der Übertragung des Vollrechts unter Nießbrauchvorbehalt erspart wurde. Dies ist insbesondere dann möglich, wenn der Jahreswert der Nutzung eine erhebliche Wertsteigerung erfahren hat – und sei es auch nur aufgrund einer höheren Kappungsgrenze nach § 16 BewG –, weil der Wert des nießbrauchbelasteten Gegenstandes erheblich gestiegen ist, oder weil aufgrund aktuellerer Sterbetafeln der Vervielfältiger zum Zeitpunkt des Nießbrauchverzichts höher ist als zum Zeitpunkt der ursprünglichen Schenkung.

Nicht immer konnte sich das ursprünglich vorbehaltene Nießbrauchrecht im Rahmen der Schenkungsteuer in voller Höhe bereicherungsmindernd auswir- 370/1

603 BFH, Urteil v. 7.6.1989 - II R 183/85, BStBl 1989 II S. 814 NWB QAAAA-97765; BFH, Urteil v. 8.2.2006 - II R 38/04, BStBl 2006 II S. 475 NWB RAAAB-83250.

604 § 6 Abs. 2 BewG i. V. mit § 5 Abs. 2 BewG.

605 BFH, Urteil v. 17.3.2004 - II R 3/01, BStBl 2004 II S. 429 NWB EAAAB-20257; Geck, DStR 2009 S. 1005; Götz, ZEV 2009 S. 609; Goetze, RNotZ 2013 S. 147.

606 Zur Rechtslage bis einschließlich 31.12.2008 vor Geltung des Erbschaftsteuerreformgesetz siehe Geck, DStR 2009 S. 1005; Götz, ZEV 2009 S. 609; Klümpen-Neusel, ErbBstg 2006 S. 192.

ken. Hatte sich der Schenker bspw. das Nießbrauchrecht an einer zu Wohnzwecken vermieteten Immobilie vorbehalten, durfte – da der Wert der Immobilie aufgrund des § 13d ErbStG nur zu 90 % in die schenkungsteuerliche Bemessungsgrundlage einbezogen wurde – auch das Nießbrauchrecht nur zu 90 % seines Werts die Bereicherung mindern, § 10 Abs. 6 Satz 3 ErbStG. Um nun anlässlich des Nießbrauchverzichts diesen nicht zum Abzug zugelassenen Teil des damaligen Nießbrauchrechts nicht ein zweites Mal zu besteuern, darf dieser sich bisher nicht ausgewirkte Teil bei der Ermittlung der jetzigen Schenkungsteuer vom Wert der Bereicherung abgezogen werden. Mit anderen Worten: Soweit sich das Nießbrauchrecht damals nicht bereicherungsmindernd ausgewirkt hat, kann umgekehrt der heutige Verzicht nicht zu einer Bereicherung führen. Entsprechend verfügt die OFD Düsseldorf: Der *„Teil des Steuerwerts des Nutzungsrechts, welcher bei der Besteuerung des nutzungsrechtsbelasteten Gegenstands bei der ursprünglichen Schenkung unter Nießbrauchvorbehalt nicht zum Abzug zugelassen wurde, muss danach bei der Besteuerung des Erwerbs aus dem Rechtsverzicht vom Steuerwert des Nutzungsrechts im Zeitpunkt des Verzichts abgezogen"* werden.[607]

370/2 Ein Nießbrauchverzicht ist mit dem Nachteil behaftet, dass das Nießbrauchrecht mit dem Verzicht erlischt.[608] Schenkungsvertragliche Widerrufsrechte, die im Falle ihrer Geltendmachung zu einem automatischen Rückfall des Nießbrauchs an den Verzichtenden führen sollen, laufen ins Leere. Der Widerruf kann das erloschene Recht nicht wieder zum Leben erwecken. Stattdessen muss der Beschenkte durch eine entsprechende Klausel im Schenkungsvertrag verpflichtet werden, im Fall des Widerrufs ein neues Nießbrauchrecht zugunsten des Schenkers zu bestellen.

370/3 Eine andere Möglichkeit besteht darin, das Nießbrauchrecht in seinem Bestand unangetastet zu lassen, die Ausübung des Rechts jedoch dem Beschenkten zu überlassen.

BEISPIEL: Mutter M hatte vor einigen Jahren ihrem Sohn S zwei Immobilien unentgeltlich unter Nießbrauchvorbehalt übertragen. Sie stellt fest, dass sie die Mieteinnahmen aus den Immobilien derzeit nicht in vollem Umfang für ihren Lebensunterhalt benötigt und überlegt daher, auf das Nießbrauchrecht an einem der Grundstücke zu verzichten. Gleichzeitig ist sie besorgt über die allgemeine wirtschaftliche Entwicklung in Deutschland und möchte sich die Möglichkeit offenhalten, die Mieterträge auch der zweiten Immobilie wieder an sich ziehen zu können.

607 OFD NRW 4.3.2015 Kurzinfo ErbSt Nr. 002/2015.

608 FG Münster, Urteil v. 12.12.2023 - 6 K 2489/22 E Rz. 54, EFG 2024 S. 392 = NWB 13/2024 S. 840 NWB RAAAJ-52167.

Sie wendet sich an ihren vertrauten Rechtsanwalt, der sie darauf aufmerksam macht, dass der Verzicht auf das Nießbrauchrecht zur Beendigung des Rechts führt (§§ 1064, 1072 BGB); eine Fortführung der Rechtsposition nach Widerruf des Verzichts sei damit nicht möglich. Das Nießbrauchrecht müsse neu bestellt werden. Alternativ könne M aber S lediglich die Ausübung des Nießbrauchrechts überlassen. Dies ergebe sich aus § 1059 Satz 2 i. V. mit § 1068 Abs. 2 BGB. Dabei könne M entscheiden, ob sie ihrem Sohn sämtliche Nießbrauchrechte oder nur einzelne Rechtspositionen überlasse.[609] Die Ausübungsüberlassung beeinträchtige nicht den Bestand des Nießbrauchrechts, so dass ein Widerruf der Überlassung die vorherige Rechtsposition wiederherstelle und M die Fruchtziehung wieder zustehe. Der Rechtsanwalt unterbreitet M folgenden Formulierungsvorschlag:

Die Schenkerin und zugleich Nießbrauchberechtigte überlässt mit Wirkung ab dem 1.1.2025 („Stichtag") dem Begünstigten und zugleich Nießbrauchverpflichteten die vollumfängliche Ausübung sämtlicher Nießbrauchrechte gem. §§ 1059 Satz 2, 1068 Abs. 2 BGB an dem zuvor in der Präambel bezeichneten Grundstück („Ausübungsüberlassung"). Auf den Inhalt des Nießbrauchvertrages zwischen der Schenkerin und dem Begünstigten vom ... wird Bezug genommen.

Der Begünstigte kann ohne vorherige Zustimmung der Schenkerin die Ausübungsüberlassung nicht vererben oder zu Lebzeiten übertragen.

Der Begünstigte nimmt die Ausübungsüberlassung an.

Die Schenkerin behält sich das Recht vor, die schenkweise Ausübungsüberlassung ganz oder teilweise zu widerrufen, wenn die Voraussetzungen des § 528 BGB (Verarmung des Schenkers) vorliegen oder wenn der Begünstigte ohne Zustimmung der Schenkerin über die Ausübungsüberlassung zu verfügen versucht.

HINWEIS:

Die erbschaft- und schenkungsteuerliche Behandlung der unentgeltlichen Ausübungsüberlassung richtet sich nach der erbschaft- und schenkungsteuerlichen Behandlung des Nießbrauchrechts, dessen Ausübung dem Dritten überlassen wird.[610] Wird also bspw. nicht ein Nießbrauchrecht an einer Immobilie, sondern am Gesellschaftsanteil einer immobilienhaltenden Personengesellschaft einem Dritten zur Ausübung überlassen, kann die Ausübungsunterlassung zur Übertragung begünstigungsfähigen Betriebsvermögens oder zur Übertragung sonstigen Privatvermögens führen.

Besteht das Nießbrauchrecht an einer Mietimmobilie, ist darüber hinaus ertragsteuerlich zu prüfen, wer die Mieteinkünfte erzielt: der Eigentümer, der Nießbraucher oder der Ausübungsberechtigte. Für diese Beurteilung wird es entscheidend darauf ankommen, wer *„Träger der Rechte und Pflichten eines Vermieters"* ist und auf Basis dieser Rechtsposition die Mietsache dem Mieter zur Nutzung gegen Entgelt überlässt.[611] In diesem Zusammenhang sollte darauf geachtet werden, dass aufgrund der jeweiligen vertragli-

609 Reischl in BeckOK, BGB, 70. Ed. 2024, BGB § 1059 Rz. 7.

610 Für Nießbrauchrechte an Personengesellschaften: Gleich lautende Erlasse der obersten Finanzbehörden der Länder v. 2.11.2012 - 34 -S 3812b - 005 - 38 141/12, ZEV 2013 S. 51 NWB KAAAE-24212.

611 BMF, Schreiben v. 30.9.2013 - IV C 1 – S 2253/07/10004, BStBl 2013 I S. 1184 Rz. 1 m. w. Nw. NWB AAAAE-4594.

chen Gestaltungen möglichst derjenige die Einnahmen erzielt, der wirtschaftlich auch mit den Aufwendungen belastet ist. Andernfalls lägen bei einem der Beteiligten Einnahmen, aber keine Aufwendungen, und bei einem anderen Beteiligten Aufwendungen ohne Einnahmen vor. Die Aufwendungen könnten dann nicht als Werbungskosten geltend gemacht werden und liefen ins Leere.

370/4 Der Verzicht auf ein Nießbrauchrecht kann nicht nur unentgeltlich, sondern auch entgeltlich vereinbart werden. Auf Seiten des **Nießbrauchverpflichteten**, der dem Nießbrauchberechtigten eine Gegenleistung für dessen Verzicht zahlt, führt die Gegenleistung zu nachträglichen Anschaffungskosten auf seine nießbrauchbelasteten Geschäftsanteile.[612]

370/5 Unklar ist nach derzeitiger Rechtslage hingegen, wie die Gegenleistung auf Seiten des **Nießbrauchverzichtenden** zu behandeln ist. Nach bisheriger Auffassung war davon auszugehen, dass der entgeltliche Verzicht für den Nießbrauchberechtigten keine ertragsteuerlichen Konsequenzen nach sich zieht. Der Vorgang, der auf die Zahlung eines Entgeltes für die endgültige Aufgabe eines Vermögenswerts in seiner Substanz gerichtet ist, berührt nach höchstrichterlicher Rechtsprechung die private, d. h. die nicht steuerbare Vermögensebene, und stellt somit lediglich eine Vermögensumschichtung im privaten Bereich dar.[613] Darüber hinaus führt die Ablösezahlung auch nicht zu einer nachträglichen (teilweisen) Veräußerung des ursprünglich unentgeltlich unter Nießbrauchvorbehalt übertragenen Wirtschaftsgutes, wenn der jetzige Verzicht auf einer neuen Entwicklung der Verhältnisse beruht und nicht bereits im damaligen Schenkungsvertrag angelegt war.[614]

370/6 Mit Urteil v. 29.9.2023 befand jedoch das FG Nürnberg,[615] dass der entgeltliche Verzicht zu einer steuerpflichtigen Entschädigungsleistung i. S. des § 24 Nr. 1a EStG führe. Der Verzichtende erhalte eine Entschädigung für die zukünftigen aus dem Nießbrauchrecht entgehenden Einnahmen. Das FG Köln schätzte in

612 LfSt Bayern, Vfg. v. 28.1.2011 - S 2196.1.1-2/1 St32, DStR 2011, S. 312; Für Nießbrauchrechte an GmbH-Anteilen: BFH, Urteil v. 18.11.2014 - IX R 49/13, BStBl 2015 II S. 224 = NWB 2015 S. 82 (Ls.) NWB XAAAE-82121; H 17 (4) und H 17 (5) EStH 2012; Jülicher in Troll/Gebel/Jülicher/Gottschalk, ErbStG, 68. Erg.-Lfg. 2024, § 37 Rz. 43; Trossen in BeckOK, EStG, 19. Ed. 2024, EStG § 17 Rz. 505.

613 So zur entgeltlichen Aufgabe eines Wohnrechts: BFH, Urteil v. 9.8.1990 - X R 140/88, BStBl 1990 II S. 1026 NWB TAAAA-93036; BFH, Urteil v. 25.11.1992 - X R 34/89 (Saarland), BStBl 1996 II S. 663 NWB IAAAB-04851; BMF, Schreiben v. 30.9.2013 - IV C 1 – S 2253/07/10004, BStBl 2013 I S. 1184 Tz. 58 NWB AAAAE-45949: „Die Ablösung des Vorbehaltsnießbrauchs gegen Einmalzahlung ist beim Nießbraucher eine nicht steuerbare Vermögensumschichtung“.

614 Zur Abfindung für den Verzicht auf ein Nießbrauchrecht an einem GmbH-Anteil: BFH, Urteil v. 14.6.2005 - VIII R 14/04, BStBl 2006 II S. 15 = NWB 25/2007 S. 2119 NWB GAAAB-67528.

615 FG Nürnberg, Urteil v. 29.9.2023 – 7 K 1029/21, EFG 2024 S. 902., Revision eingelegt unter Az. BFH: IX R 5/24 NWB HAAAJ-63179.

seinem Urteil v. 29.2.2024 die Abfindungszahlung wiederum als steuerlich nicht relevant ein, wenn das Nießbrauchrecht so ausgestaltet sei, dass nicht der Nießbraucher, sondern der Eigentümer des nießbrauchbelasteten Wirtschaftsgutes steuerlich als Einkünfteerzielender einzustufen ist.[616] Das FG Münster sah schließlich im Urteil v. 12.12.2023 in der Abfindungszahlung einen veräußerungsähnlichen Vorgang, der jedoch nicht den Tatbestand des § 23 EStG verwirkliche, weil dieser nur Veräußerungen, nicht aber veräußerungsähnliche Vorgänge erfasse.[617] Entgeltliche Nießbrauchverzichte beschäftigen daher ganz offensichtlich aktuell die Rechtsprechung, so dass neue Entwicklungen nicht ausgeschlossen werden können. Bemerkenswert ist, dass alle drei Finanzgerichte die Revision aus folgenden Gründen zugelassen haben:

- Es sei in der höchstrichterlichen Rechtsprechung im Kontext des § 23 EStG bisher nicht entschieden worden, ob der entgeltliche Verzicht auf ein Nießbrauchrecht (auch nach Einführung der Abgeltungsteuer) ein Veräußerungsvorgang oder lediglich ein veräußerungsähnlicher Vorgang sei. (FG Münster).
- Der BFH habe in seinem Urteil v. 18.11.2014[618] offengelassen, ob die Ablösezahlung beim Nießbrauchberechtigten als Entschädigung für entgangene Dividendenansprüche nach §§ 24 Nr. 1, 20 Abs. 1 Nr. 1 Satz 1, 20 Abs. 2a Satz 3 EStG oder nach §§ 24 Nr. 2, 17 Abs. 2 EStG steuerbar sei (FG Köln).
- Die steuerliche Behandlung der entgeltlichen Ablöse eines unentgeltlich bestellten Vorbehaltsnießbrauchs an GmbH–Geschäftsanteilen sei höchstrichterlich nicht abschließend geklärt. Im Hinblick auf die höchstrichterlichen Ausführungen zur Erfassung der Ablösezahlung beim Nießbrauchsberechtigten[619] sei die Zulassung der Revision geboten (FG Nürnberg).

Alle Verfahren beziehen sich auf den entgeltlichen Verzicht eines Nießbrauchrechts an GmbH-Anteilen. Es bleibt abzuwarten, ob die Entscheidungen des BFH – falls er sich zur Sache äußert – auf Nießbrauchverzichte an Immobilien übertragen werden können.

616 FG Köln (7. Senat), Urteil v. 29.2.2024 - 7 K 95/23, BeckRS 2024 S. 18196 NWB JAAAJ-72849, für den entgeltlichen Nießbrauchverzicht an GmbH-Anteilen.

617 FG Münster, Urteil v. 12.12.2023 - 6 K 2489/22 E, EFG 2024 S. 392 = NWB 13/2024 S. 840 NWB PAAAJ-57833.

618 BFH, Urteil v. 18.11.2014 - IX R 49/13, BStBl 2015 II S. 224 = NWB 3/2015 S. 82 (Ls.) NWB XAAAE-82121.

619 Vgl. BFH, Urteil v. 18.11.2014 - IX R 49/13 NWB XAAAE-82121.

d) Ertragsteuerliche Konsequenzen

371 Die ertragsteuerliche Zuordnung und Behandlung von Einkünften aus einem nießbrauchbelasteten Grundstück ist von der Finanzverwaltung im sog. **Nießbraucherlass**[620] geregelt worden. Ausgangspunkt der dort getroffenen Feststellungen ist, dass Einkünfte aus Vermietung und Verpachtung stets demjenigen zuzurechnen sind, *„der den Tatbestand der Einkunftsart Vermietung und Verpachtung verwirklicht und dadurch Einkünfte erzielt."*[621] Dies ist in aller Regel derjenige, *„der Träger der Rechte und Pflichten eines Vermieters ist"* und den Gegenstand anderen Personen gegen Entgelt zur Nutzung überlässt.[622]

372 Bei einem **Nießbrauchvorbehalt** an einem Mietgrundstück erzielt daher der **Nießbraucher** die Einkünfte aus Vermietung und Verpachtung.[623] Er darf die **AfA** im selben Umfang wie zuvor als Eigentümer geltend machen und seine sonstigen Aufwendungen als **Werbungskosten** abziehen.[624] Dabei spielt es keine Rolle, ob er die Aufwendungen aufgrund vertraglicher Vereinbarung oder aufgrund gesetzlicher Vorgaben getragen hat.[625] Dies gilt insbesondere auch für **Schuldzinsen** aus einer Hypothek oder Grundschuld, deren Zahlung der Nießbrauchberechtigte im Verhältnis zum Nießbrauchbelasteten übernommen hat.[626]

373 Dem Grundstückseigentümer und **Nießbrauchverpflichteten** steht hingegen mangels eigener Einkünfte **kein Werbungskostenabzug** zu. Aufwendungen, die er trägt – z. B. außergewöhnlicher Erhaltungsaufwand – laufen steuerlich ins Leere und können sich weder beim Nießbrauchberechtigten (dieser hat die Aufwendungen nicht getragen) noch beim Nießbrauchbelasteten (dieser erzielt keine Einkünfte) steuerlich auswirken. Steuerlich kann es daher sinnvoll sein, dem Nießbraucher auch den außergewöhnlichen Erhaltungs- und Modernisierungsaufwand vertraglich aufzuerlegen.[627] Hat sich der Nießbrauchbe-

620 BMF, Schreiben betr. einkommensteuerrechtliche Behandlung des Nießbrauchs und anderer Nutzungsrechte bei Einkünften aus Vermietung und Verpachtung (Nießbraucherlass); BMF, Schreiben v. 30.9.2013 - IV C 1 – S 2253/07/10004, BStBl 2013 I S. 1184 NWB AAAAE-45949.

621 BMF, Schreiben v. 30.9.2013 - IV C 1 - S 2253/07/10004, BStBl 2013 I S. 1184 NWB AAAAE-45949; BFH, Urteil v. 7.4.1987 - IX R 103/85, BStBl 1987 II S. 707 NWB LAAAA-98140.

622 BMF, Schreiben v. 30.9.2013 - IV C 1 - S 2253/07/10004, BStBl 2013 I S. 1184 NWB AAAAE-45949, unter Hinweis auf BFH, Urteil v. 31.10.1989 - IX R 216/84, BStBl 1992 II S. 506 NWB TAAAA-94102; BFH, Urteil v. 26.4.1983 - VIII R 205/80, BStBl 1983 II S. 502 NWB MAAAB-02696.

623 Zur vorgelagerten Frage der Anerkennung der Nießbrauchvereinbarung siehe BMF, Schreiben v. 30.9.2013 - IV C 1 - S 2253/07/10004, BStBl 2013 I S. 1184 NWB AAAAE-45949.

624 BMF, Schreiben v. 30.9.2013 - IV C 1 - S 2253/07/10004, BStBl 2013 I S. 1184 NWB AAAAE-45949.

625 BMF, Schreiben v. 30.9.2013 - IV C 1 - S 2253/07/10004, BStBl 2013 I S. 1184 NWB AAAAE-45949.

626 Zu der Frage, wie sich diese Verpflichtung auf die Bewertung des Nießbrauchrechts auswirkt, siehe oben Kapitel D. I. 1. b) Rz. 361.

627 Goetze, RNotZ 2013 S. 147.

rechtigte nur einen **Quoten- oder Bruchteilsnießbrauch**[628] vorbehalten, kann der Eigentümer zumindest anteilig AfA und sonstige Werbungskosten ansetzen, soweit die Mieterträge anteilig ihm zustehen.[629]

Die AfA-Berechtigung geht in vollem Umfang auf den nießbrauchbelasteten Eigentümer über, wenn der Vorbehaltsnießbrauch durch Tod des Nießbrauchberechtigten, Zeitablauf oder Verzicht erlischt. Der Eigentümer führt dann die bisherige AfA des Nießbrauchberechtigten fort.[630] 374

2. Besonderheiten des Zuwendungsnießbrauchs gegenüber dem Vorbehaltsnießbrauch

Ein Zuwendungsnießbrauch liegt vor, wenn der bisherige Eigentümer einem Dritten ein Nießbrauchrecht an der Immobilie einräumt. Zuwendungsgegenstand ist in diesem Fall nicht die Immobilie, sondern das Nutzungsrecht. 375

BEISPIEL: Vater V möchte vor dem Hintergrund seiner hohen Einkommensteuerbelastung Einkünfte auf seinen Sohn übertragen („Familiensplitting"), ohne aber Vermögenssubstanz aus den Händen zu geben. Er räumt daher seinem Sohn ein Nießbrauchrecht an einer in seinem Eigentum stehenden Mietimmobilie ein.

ABWANDLUNG: Vater V möchte die aktuell vermeintlich niedrigen Immobilienwerte ausnutzen und überträgt daher eine Mietimmobilie unentgeltlich im Rahmen der vorweggenommenen Erbfolge auf seinen Sohn. Da aber für den Fall, dass ihm etwas zustoßen sollte, seine Ehefrau finanziell noch nicht genügend abgesichert ist, überträgt er die Immobilie nur unter Vorbehalt eines Nießbrauchrechts zugunsten seiner Ehefrau auf den Sohn.

Unter erbschaftsteuerlichen Gesichtspunkten hat der Vater im Beispielsfall seinem Sohn, in der Abwandlung seiner Ehefrau ein Nießbrauchrecht unentgeltlich zugewandt. Das Nießbrauchrecht ist daher zu bewerten und – nach Abzug eventueller Freibeträge – der Schenkungsteuer zu unterwerfen. Die Bewertung des Nießbrauchrechts richtet sich dabei nach den bereits oben unter Rz. 368 dargestellten Grundsätzen. Folgende Besonderheiten sind jedoch zu beachten: 376

628 Nach der Definition der Finanzverwaltung liegt ein Quotennießbrauch vor, wenn dem Nießbraucher ein bestimmter Anteil an den Einkünften des Grundstücks zusteht. In Angrenzung hierzu ist von einem Bruchteilsnießbrauch auszugehen, wenn der Nießbrauch an einem Bruchteil eines Grundstücks bestellt wird; BMF, Schreiben v. 30.9.2013 - IV C 1 - S 2253/07/10004, BStBl 2013 I S. 1184 NWB AAAAE-45949.

629 BMF, Schreiben v. 30.9.2013 - IV C 1 - S 2253/07/10004, BStBl 2013 I S. 1184 NWB AAAAE-45949.

630 BMF, Schreiben v. 30.9.2013 - IV C 1 - S 2253/07/10004, BStBl 2013 I S. 1184 NWB AAAAE-45949.

a) Begrenzung des Jahreswerts nach § 16 BewG

377 Sind lebenslängliche Nutzungen oder Leistungen für erbschaftsteuerliche Zwecke zu bewerten, ist der Jahresertrag der Nutzung oder Leistung nach § 16 BewG auf den durch 18,6 geteilten Wert des zugrunde liegenden Wirtschaftsgutes begrenzt.[631] Diese Begrenzung führt im Ergebnis zu einem – verglichen mit dem Verkehrswert – niedrigeren Wertansatz des Nutzungsrechtes. Für den Nutzungsbelasteten ergibt sich hieraus ein Nachteil, da er nur eine geringere Belastung abziehen kann. Auf Seiten des Nutzungsberechtigten stellt sich dies hingegen als Vorteil dar, da er auch nur den geringeren Wert als Bereicherung versteuern muss. Ist das Nutzungsrecht sowohl auf Seiten des Nutzungsberechtigten als auch auf Seiten des Nutzungsverpflichteten erbschaftsteuerlich zu erfassen[632] und leben Nutzungsberechtigter und Nutzungsverpflichteter in einem Familienverbund, sollten bei der Wahl des günstigeren Weges daher immer die steuerlichen Konsequenzen beider Beteiligten in die Überlegungen mit einbezogen werden.

b) Bestellung eines Nießbrauchrechts zugunsten mehrerer Personen

378 Wird ein Nießbrauchrecht zugunsten mehrerer Personen bestellt, greifen bei der Bewertung des Nießbrauchrechts **Sonderregelungen**, die in **§ 14 Abs. 3 BewG** niedergelegt sind. Danach sind für die Bestimmung des anzuwendenden Vervielfältigers Lebensalter und Geschlecht derjenigen Person ausschlaggebend, für die sich der höchste Vervielfältiger gibt, wenn das Nutzungsrecht gleichzeitig für mehrere Personen bestellt wird und das Recht erst mit dem Tod des Längstlebenden erlischt. Erlischt es mit dem Tod des Zuerstversterbenden, ist umgekehrt auf die Person abzustellen, für die sich der niedrigste Vervielfältiger ergibt.[633] § 14 Abs. 3 BewG findet jedoch nur Anwendung, wenn der Kapitalwert des Nießbrauchrechts auf Seiten des Nießbrauchbelasteten ermittelt werden soll. Auf Seiten der Nießbrauchberechtigten muss der **Nutzungswert für jeden individuell** auf der Basis seiner persönlichen Verhältnisse bestimmt werden.

BEISPIEL: Der Vater überträgt im Jahr 2019 eine in seinem Alleineigentum stehende Immobilie auf seinen Sohn, behält aber sich und zugleich seiner Ehefrau das Nießbrauchrecht an der Immobilie vor. Das Nießbrauchrecht soll erst mit dem Tod des

---

631 Siehe oben Kapitel D. I. 1. b) Rz. 362.

632 Siehe Abwandlung Kapitel D. I. 2. Rz. 376: Der Vater überträgt seinem Sohn eine Immobilie und räumt gleichzeitig seiner Ehefrau ein Nießbrauchrecht an der Immobilie ein.

633 Zur Bewertung eines Nutzungsrechts, das nacheinander mehreren Personen zustehen soll, siehe oben Kapitel D. I. 1. b) Rz. 368 f.

länger lebenden Ehegatten erlöschen. Der Vater ist zum Zeitpunkt der Übertragung 60 Jahre alt, seine Ehefrau 65 Jahre.

Für schenkungsteuerliche Zwecke kann der Sohn den Kapitalwert des Nießbrauchrechts bereicherungsmindernd abziehen. Ein Blick in die relevante Sterbetafel zeigt, dass der Jahreswert der Nutzung mit einem Vervielfältiger zu bewerten ist, der für den Vater 12,810 und für die Ehefrau 12,613 beträgt.[634] Gemäß § 14 Abs. 3 BewG darf der Sohn den bereicherungsmindernden Kapitalwert des Nießbrauchrechts mit dem höheren Vervielfältiger 12,810 ansetzen. Die Ehefrau, die den hälftigen Nießbrauch von ihrem Ehemann schenkweise erhalten hat (Zuwendungsnießbrauch), muss hingegen ihre Bereicherung nur auf der Basis ihrer eigenen persönlichen Verhältnisse versteuern. Sie multipliziert den anteilig auf sie entfallenden Jahresbetrag des Nießbrauchs mit dem für sie geltenden Vervielfältiger von 12,613.

Soll der Ehefrau ein eigener Anspruch aus dem Nießbrauchrecht erst nach dem 379
Tod des Vaters zustehen, ist dieser **aufschiebend bedingte Erwerb** auf Seiten der Ehefrau schenkungsteuerlich zunächst unbeachtlich. Erst mit Eintritt der Bedingung liegt insoweit ein schenkungsteuerlich relevanter Erwerb vor, der **auf den Zeitpunkt des Bedingungseintritts zu bewerten und versteuern** ist.[635]

c) Ertragsteuerliche Behandlung der einem Zuwendungsnießbrauch unterliegenden Einkünfte

aa) Allgemeine Regelungen

Bei einem unentgeltlichen Zuwendungsnießbrauch darf der Nießbrauchbe- 380
rechtigte Nutzungen aus einer Einkunftsquelle ziehen, für deren Anschaffung er selbst keine Aufwendungen getragen hat. Aufwendungen in Form von Anschaffungs- oder Herstellungskosten hat nur der Eigentümer und Nießbrauchverpflichtete getragen, der jedoch keine Einkünfte mehr erzielt. Es ist daher nicht verwunderlich, dass nach allgemeiner Ansicht der **Nießbrauchberechtigte** – wenn er gem. § 567 BGB in die Rechtsstellung des Eigentümers als Vermieter eintritt – zwar die Einkünfte erzielt und zu versteuern hat, ihm ein Werbungskostenabzug in Form von **Gebäude-AfA jedoch versagt** wird.[636] Gleichzeitig kann auch der **Eigentümer** mangels eigener Einkünfte keine **Gebäude-AfA** steuerlich geltend machen, so dass die Gebäude-AfA steuerlich nicht genutzt

---

634 BMF, Schreiben betr. Bewertung einer lebenslänglichen Nutzung oder Leistung; Vervielfältiger für Bewertungsstichtage ab 1.1.2019, BMF, Schreiben v. 22.11.2018 - IV C 7 – S 3104/09/10001, BStBl 2018 I S. 1306 NWB RAAAH-00825.

635 § 4 BewG; siehe ergänzend oben Kapitel D. I. 1. b) Rz. 369.

636 BMF, Schreiben v. 30.9.2013 - IV C 1 - S 2253/07/10004, BStBl 2013 I S. 1184 NWB AAAAE-45949, mit Hinweisen zur Ausnahme bei AfA auf Anlagen, Einrichtungen und Einbauten, die dem vorübergehenden Zweck des Nießbrauchberechtigten dienen.

werden kann.[637] Laufende Aufwendungen, die der Nießbrauchberechtigte aufgrund privatrechtlicher Vereinbarung oder gesetzlicher Vorgabe getragen hat, darf dieser hingegen als Werbungskosten abziehen.

381 Nicht ganz befriedigend für den Eigentümerehegatten verhält sich die Situation, wenn der Eigentümerehegatte eine Mietimmobilie bspw. unentgeltlich auf seinen Sohn überträgt und sowohl sich selbst als auch seinem Nichteigentümer-Ehegatten ein Nießbrauchrecht an der Immobilie vorbehält. Während auf Seiten des Eigentümerehegatten ein **Vorbehaltsnießbrauch** vorliegt, der ihn grds. zur Geltendmachung der Gebäude-AfA berechtigt, ist auf Seiten des Nichteigentümer-Ehegatten von einem **Zuwendungsnießbrauch** auszugehen.[638] Dies führt dazu, dass sowohl dem Eigentümer-Ehegatten als auch dem Nichteigentümer-Ehegatten jeweils die hälftigen Einkünfte zuzurechnen sind; da der Nichteigentümer-Ehegatte jedoch keine Anschaffungskosten getragen hat, kann er keine Gebäude-AfA geltend machen. In Höhe der hälftigen Nießbrauchquote des Nichteigentümer-Ehegatten **bleibt die AfA damit ungenutzt.**[639]

HINWEIS:

Aus ertragsteuerlicher Sicht ist es daher vorteilhafter, dem Nichteigentümer-Ehegatten die Mitberechtigung am Nießbrauch aufschiebend bedingt auf den Tod des Eigentümer-Ehegatten einzuräumen. So kann zumindest während der Lebensdauer des Eigentümer-Ehegatten die volle AfA beansprucht werden.

bb) Zuwendungsnießbrauch zwischen nahen Angehörigen

382 Verträge zwischen nahen Angehörigen unterliegen immer einer besonderen Kontrolle sowohl durch die Finanzverwaltung als auch durch die Finanzgerichte. Ein Zuwendungsnießbrauch zwischen nahen Angehörigen, d. h. die **steuerliche Zurechnung von Einkünften** beim Nießbrauchempfänger, wird nur anerkannt, wenn das Nießbrauchrecht zivilrechtlich klar vereinbart und ernsthaft gewollt ist und die Vereinbarung tatsächlich durchgeführt wird. *„An der tatsächlichen Durchführung fehlt es, wenn äußerlich alles beim Alten bleibt und etwa nur die Erträge an den Nutzungsberechtigten abgeführt werden.“*[640] Im

637 Zur Behandlung der AfA beim Quoten- oder Bruchteilsnießbrauch siehe oben Kapitel D. I. 1. d) Rz. 372 ff.

638 BFH, Urteil v. 28.7.1981 - VIII R 35/79, BStBl 1982 II S. 380 NWB YAAAB-02413; BFH, Urteil v. 11.10.1983 - VIII R 200/80, BStBl 1984 II S. 266 NWB NAAAB-02862.

639 Goetze, RNotZ 2013 S. 147.

640 BMF, Schreiben v. 30.9.2013 - IV C 1 - S 2253/07/10004, BStBl 2013 I S. 1184 NWB AAAAE-45949.

Falle einer **Mietimmobilie** muss der Nießbrauchberechtigte daher tatsächlich in das Mietverhältnis eintreten und dies dem Mieter anzeigen.[641]

HINWEIS:

Grundsätzlich gelten die Anforderungen an Verträge zwischen nahen Angehörigen auch für die Vereinbarung eines Vorbehaltsnießbrauchs. Anders als beim Zuwendungsnießbrauch werden beim Vorbehaltsnießbrauch jedoch nicht die Einkünfte, sondern nur die Substanz verlagert. Die Gefahr einer missbräuchlichen Zuordnung von Einkünften ist in diesen Fällen daher deutlich geringer als beim Zuwendungsnießbrauch.[642]

Die zivilrechtlich wirksame Vereinbarung eines Zuwendungsnießbrauchs kann 383
insbesondere dann problematisch sein, wenn Eltern ihrem **minderjährigen Kind** einen Nießbrauch zuwenden möchten. Da die Vereinbarung eines Nießbrauchs dem Nießbrauchberechtigten nach der gesetzlichen Grundregel nicht nur Rechte, sondern auch Pflichten auferlegt, stellt die Vereinbarung für den Minderjährigen **keinen lediglich rechtlichen Vorteil** dar.[643] So ist der Nießbrauchberechtigte bspw. nach § 1041 BGB zur Erhaltung des nießbrauchbelasteten Wirtschaftsgutes verpflichtet, nach § 1045 BGB hat er die Sache für die Dauer des Nießbrauchs gegen Brandschaden und sonstige Unfälle auf seine Kosten zu versichern und nach § 1047 BGB ist er verpflichtet, insbesondere die Zinsen der auf dem Grundstück ruhenden Hypothekenforderungen und Grundschulden zu tragen.[644] Die Eltern sind damit grds. von der Vertretung des Kindes ausgeschlossen.[645] Dies gilt erst recht, wenn es sich bei dem nießbrauchbelasteten Grundstück um eine Mietimmobilie handelt und das minderjährige Kind in das Mietverhältnis eintritt.[646] Daher ist für die zivilrechtlich wirksame Vereinbarung eines Zuwendungsnießbrauchs zugunsten eines Minderjährigen in aller Regel die Mitwirkung eines **Ergänzungspflegers** erforderlich. Etwas anderes gilt ausnahmsweise nur, wenn das Familiengericht die Bestellung eines Ergänzungspflegers für nicht erforderlich gehalten hat.[647]

641 BFH, Urteil v. 26.4.1983 - VIII R 205/80, BStBl 1983 II S. 502 NWB MAAAB-02696.

642 Goetze, RNotZ 2013 S. 147, 151.

643 § 107 BGB. Wäre die Vorschrift erfüllt, könnte der Minderjährige bei der unentgeltlichen Einräumung eines Zuwendungsnießbrauchs für sich selbst handeln.

644 BFH, Urteil v. 13.5.1980 - VIII R 75/79, BStBl 1981 II S. 297 NWB OAAAB-02130.

645 § 181 BGB.

646 BMF, Schreiben v. 30.9.2013 - IV C 1 - S 2253/07/10004, BStBl 2013 I S. 1184 NWB AAAAE-45949.

647 BFH, Urteil v. 13.7.1999 - VIII R 29/97, BStBl 2000 II S. 386 NWB HAAAA-88683.

HINWEIS:

Auch im Falle eines Vorbehaltsnießbrauchs kann aber die Zuwendung des nießbrauchbelasteten Grundstücks an einen Minderjährigen als nicht lediglich rechtlich vorteilhaft eingestuft werden, wenn das Grundstück vermietet ist.[648] Dann besteht nämlich die Gefahr, dass den minderjährigen Eigentümer die Pflichten aus dem zugrunde liegenden Mietvertrag treffen, sobald das Nießbrauchrecht beendet ist.[649] Da das Nießbrauchrecht u. a. mit dem Tod des Nießbrauchberechtigten endet, kann eine Inanspruchnahme des Minderjährigen nicht mit der erforderlichen Sicherheit ausgeschlossen werden. Infolgedessen hält der BGH daher – im Gegensatz zu der in der Literatur vertretenen Ansicht[650] – auch in solchen Fallgestaltungen die Hinzuziehung eines Ergänzungspflegers für erforderlich.

3. Grunderwerbsteuerliche Aspekte

384 Die schenkweise Übertragung einer in Deutschland belegenen Immobilie ist ebenso wie der Erwerb einer Immobilie von Todes wegen gem. § 3 Nr. 2 GrEStG grds. von der Grunderwerbsteuer befreit, um eine Doppelbesteuerung ein und desselben Lebenssachverhalts mit Schenkung- und Grunderwerbsteuer zu vermeiden.[651] Derjenige Transfer, der bereits dem Schenkungsteuergesetz unterliegt, soll nicht noch ein zweites Mal der Grunderwerbsteuer unterworfen werden.[652]

§ 3 Nr. 2 Satz 2 GrEStG beinhaltet jedoch eine Ausnahme von der Steuerbefreiung für den Fall, dass die **Schenkung mit einer Auflage belastet** ist. Schenkungen sollen danach ausnahmsweise hinsichtlich des Werts solcher Auflagen der Grunderwerbsteuer unterliegen, die bei der Schenkungsteuer abziehbar sind. Denn die Abziehbarkeit der Auflage führt dazu, dass i. H. der Auflage keine Schenkungsteuerpflicht entsteht und eine Doppelbesteuerung mit Schenkung- und Grunderwerbsteuer daher nicht zu befürchten ist. Die abziehbare Auflage wird aus grunderwerbsteuerlicher Sicht wie eine **Gegenleistung** behandelt.[653]

648 BGH, Beschluss v. 3.2.2005 - V ZB 44/04 NWB IAAAC-01841, BGHZ 162 S. 137, FamRZ 2005 S. 1738, ZEV 2005 S. 209; mit ablehnender Anm.: Everts, DNotZ 2005 S. 625 (mit Anm. Fembacher); a. A. noch BayObLG, Beschluss v. 29.5.1998 - 2Z BR 85/98, DNotZ 1999 S. 589.

649 § 1056 Abs. 1 BGB: „Hat der Nießbraucher ein Grundstück über die Dauer des Nießbrauchs hinaus vermietet oder verpachtet, so finden nach der Beendigung des Nießbrauchs die für den Fall der Veräußerung von vermietetem Wohnraum geltenden Vorschriften der §§ 566, 566a, 566b Abs. 1 und der §§ 566c–566e, 567b entsprechende Anwendung."

650 BFH, Urteil v. 13.7.1999 - VIII R 29/97, BStBl 2000 II S. 386 NWB HAAAA-88683.

651 Siehe oben Kapitel C. IV. 1. Rz. 321.

652 Zum Vorrang der Erbschaft- und Schenkungsteuer vor der Grunderwerbsteuer sowie der Unschädlichkeit erbschaft- und schenkungsteuerlicher Befreiungen siehe ebenfalls Kapitel C. IV. 1. Rz. 322.

653 BFH, Urteil v. 20.11.2013 - II R 38/12, BStBl 2014 II S. 479 NWB DAAAE-55574; BFH, Urteil v. 12.7.2016 - II R 57/14, BStBl 2016 II S. 897 NWB MAAAF-80973; BFH, Beschluss v. 9.2.2017 - II B 38/15 NWB PAAAG-40089.

Zu einer solchen abziehbaren Auflage zählt bspw. ein dem Schenker vorbehaltenes oder vom Schenker einem Dritten zugewandtes **Nießbrauchrecht**, da der Wert des Nießbrauchs bei der Ermittlung der auf die Übertragung der Immobilie anfallenden Schenkungsteuer bereicherungsmindernd geltend gemacht werden darf. Mithin kann die Übertragung einer Immobilie unter Nießbrauchvorbehalt bzw. verbunden mit einem Zuwendungsnießbrauch zugunsten einer dritten Person bezogen auf den Wert des Nießbrauchs Grunderwerbsteuer auslösen. 385

HINWEIS:

Soweit § 3 Nr. 2 GrEStG nicht greift, kann eine andere Befreiungsvorschrift zum Zuge kommen. Denkbar wäre z. B. eine Befreiung nach § 3 Nr. 4 oder Nr. 6 GrEStG, wenn der Nießbrauch zugunsten des Ehegatten des Nießbrauchverpflichteten oder zugunsten einer Person, mit der der Nießbrauchverpflichtete in gerader Linie verwandt ist, bestellt wird. Auf diese Personen könnte der Steuerpflichtige nämlich selbst das Eigentum an einer Immobilie grunderwerbsteuerfrei übertragen. Die Einräumung eines (dinglichen oder schuldrechtlichen) Nutzungsrechts an einer Immobilie muss dann erst recht steuerfrei möglich sein (Argumentum a maiore ad minus).[654]

Da der Wert der Auflage der Besteuerung nach dem Grunderwerbsteuergesetz unterliegt, ist die Auflage zu bewerten. Die Bewertung eines Nutzungsrechts erfolgt nach §§ 13–15 BewG, indem der Jahreswert mit einem Vervielfältiger in Abhängigkeit zur Dauer des Nutzungsrechts multipliziert wird.[655] Anders als bei der Bewertung für erbschaft- oder schenkungsteuerliche Zwecke, wird der Jahreswert bei der Ermittlung der grunderwerbsteuerlichen Bemessungsgrundlage jedoch nicht auf den durch 18,6 geteilten Wert des nießbrauchbelasteten Gegenstandes oder Rechts begrenzt.[656] 386

Dies wird ausdrücklich in § 17 Abs. 3 Satz 2 BewG bestimmt, der **§ 16 BewG** im Geltungsbereich des Grunderwerbsteuergesetzes für **nicht anwendbar** erklärt. Der Wert, mit dem die Auflage für schenkungsteuerliche Zwecke bereicherungsmindernd abgezogen werden darf, kann daher hinter dem Wert zurückbleiben, der der Grunderwerbsteuer zu unterwerfen ist.[657]

654 Pahlke, GrEStG, § 3 Rz. 156.

655 Pahlke, GrEStG, § 8 Rz. 50.

656 Zur Bewertung des Nießbrauchrechts für erbschaft- und schenkungsteuerliche Zwecke siehe oben Kapitel D. I. 1. b) Rz. 359.

657 BFH, Beschluss v. 9.2.2017 - II B 38/15 NWB PAAAG-40089; BFH, Urteil v. 12.7.2016 - II R 57/14, BStBl 2016 II S. 897 NWB MAAAF-80973; Pahlke, GrEStG, § 8 Rz. 53, § 3 Rz. 157; Meßbacher-Hönsch in Boruttau, GrEStG, § 3 Rz. 100.

HINWEIS:

Ist zu erkennen, dass der Nießbrauchverpflichtete den Wert des Nießbrauchs nicht in voller Höhe, sondern nur wertmäßig begrenzt nach § 16 BewG bereicherungsmindernd abziehen kann, empfiehlt es sich ggf., die Nießbrauchlast bereits im Rahmen der Bewertung der Immobilie zu berücksichtigen. Dies ist grds. über ein Verkehrswertgutachten nach § 198 BewG möglich.[658]

4. Mittelbare Grundstücksschenkung

387 Das Erbschaft- und Schenkungsteuergesetz beinhaltet verschiedene Begünstigungs- oder Steuerbefreiungsvorschriften, die der Steuerpflichtige in Anspruch nehmen kann, sofern es sich bei dem Gegenstand der Zuwendung um eben solches begünstigtes Vermögen handelt. Geld- und Barvermögen zählt – wenn es sich nicht ausnahmsweise um unschädliches Verwaltungsvermögen eines Betriebs handelt[659] – nicht zum begünstigten Vermögen. Die Zuwendung eines Geldbetrages unterliegt mithin immer in vollem Umfang und ohne jegliche Vergünstigung der Erbschaft- und Schenkungsteuer. Verfügt der Zuwendende nur über Barmittel, stellt sich für ihn die Frage, wie er dennoch von einer möglichen steuerlichen Vergünstigung Gebrauch machen kann. An dieser Stelle setzt das Gestaltungsinstrument der mittelbaren Schenkung an.

388 Der mittelbaren Schenkung liegt die Erkenntnis zugrunde, dass der **Gegenstand der Entreicherung** auf Seiten des Schenkers nicht zwingend mit dem **Gegenstand der Bereicherung** auf Seiten des Beschenkten identisch sein muss. Geschenkt werden kann somit nicht nur ein Vermögensgegenstand, der sich zuvor im Eigentum des Schenkers befunden haben muss, sondern auch ein Vermögensgegenstand, den erst der Beschenkte erwirbt bzw. der erst in seiner Hand entsteht. Steuerlich relevant ist nicht der Gegenstand der Entreicherung, sondern allein der **Zuwendungsgegenstand**. *„Die Besteuerung richtet sich danach, wie sich die Vermögensmehrung im Zeitpunkt der Zuwendung beim Beschenkten darstellt".*[660] Der Zuwendungsgegenstand wird in aller Regel durch den **Willen der Vertragsparteien** definiert.[661] Als geschenkt gilt damit dasjenige, worüber der Beschenkte im Verhältnis zum Schenker nach dem Willen der Parteien **frei verfügen** können soll. Gibt der Schenker aus seinem Vermögen einen Geldbetrag hin, treffen aber Schenker und Beschenkter die **Verwen-**

658 Zu Einzelheiten siehe oben Kapitel B. IV. 1. c) Rz. 94 f. und Kapitel D. I. 1. b) Rz. 363 ff.

659 Beispielsweise als Sockelbetrag i. S. des § 13b Abs. 4 Nr. 5 Satz 1 ErbStG.

660 BFH, Urteil v. 8.3.2017 - II R 2/15, BStBl 2017 II S. 751 NWB KAAAG-45662; BFH, Urteil v. 28.3.2012 - II R 39/10, BStBl 2012 II S. 712 NWB JAAAE-14780; jeweils m. w. N.

661 Gebel in Troll/Gebel/Jülicher/Gottschalk, ErbStG, 60. Erg.-Lfg. 2020, § 7 Rz. 82.

dungsabrede, dass der Beschenkte den Geldbetrag ausschließlich dazu nutzen darf, eine Immobilie oder einen Gesellschaftsanteil zu erwerben, kann der Beschenkte über den Geldbetrag nicht frei verfügen. Erst wenn er schließlich die vereinbarte Immobilie oder den vereinbarten Gesellschaftsanteil erwirbt, ist der Schenkungsvertrag einschließlich Verwendungsabrede erfüllt; der Beschenkte kann nun über den Zuwendungsgegenstand auch im Verhältnis zum Schenker frei verfügen.

BEISPIEL: Neffe N möchte die Immobilie A-Straße 45 in B-Stadt erwerben. Zu diesem Zweck steht er bereits in Vertragsverhandlungen mit dem Eigentümer und Verkäufer des Grundstücks, Herrn V. Da N über keine eigenen liquiden Mittel verfügt, möchte Onkel O ihm den erforderlichen Geldbetrag zur Verfügung stellen. N und O vereinbaren, dass O den Geldbetrag auf ein Konto des S überweist, dass N diesen Geldbetrag aber einzig und allein für den Erwerb der Immobilie A-Straße 45 in B-Stadt verwenden darf. Hält sich N nicht an diese Verwendungsabrede, soll O ein vertragliches Rückforderungsrecht vorbehalten werden.

Nach Überweisung des Geldbetrages auf das Konto des N ist N zwar zivilrechtlicher Eigentümer (Forderungsinhaber) des Kontoguthabens geworden; im Verhältnis zu O kann er jedoch aufgrund der Verwendungsabrede nicht frei über diesen Geldbetrag verfügen. N ist „gezwungen" den Geldbetrag zum Erwerb der genau definierten Immobilie zu verwenden.

Alternativ könnte sich O auch verpflichten, N von der Verpflichtung zur Zahlung des Kaufpreises zu befreien und bei Fälligkeit der Kaufpreisforderung den Betrag unmittelbar auf das Konto des Verkäufers V zu überweisen.

HINWEIS:

Erwirbt der Beschenkte mittelbar eine Mietimmobilie, führt er für Zwecke der AfA die Anschaffungskosten und den Anschaffungszeitpunkt des Rechtsvorgängers, d. h. des Schenkers gem. § 11d EStDV fort. Die Grundsätze der mittelbaren Grundstücksschenkung gelten auch für ertragsteuerliche Zwecke.[662] Auch ertragsteuerlich wird die mittelbare Schenkung damit so behandelt, als habe der Schenker zunächst den Gegenstand selbst erworben und ihn anschließend auf den Beschenkten übertragen.

HINWEIS:

Ein mittelbarer Erwerb von Todes wegen ist nicht möglich.[663] Der Erbe tritt als Gesamtrechtsnachfolger des Erblassers mit dessen Tod automatisch in alle Rechte und Pflichten des Erblassers, d. h. er erwirbt unmittelbar Eigentum am Nachlass des Erblassers. Entreicherungsgegenstand und Zuwendungsgegenstand entsprechen sich damit zwangsläufig.

662 BFH, Urteil v. 4.10.2016 - IX R 26/15, BStBl 2017 II S. 343 NWB JAAAG-38329; Kulosa in Schmidt, EstG, 43. Aufl. 2024, § 6 Rz. 134.

663 Gebel in Troll/Gebel/Jülicher/Gottschalk, ErbStG, 60. Erg.-Lfg. 2020, § 7 Rz. 84.

389 Eine mittelbare Grundstücksschenkung wird von der Finanzverwaltung und der Rechtsprechung nur dann anerkannt, wenn zwischen dem Schenkungsversprechen, der Zuwendung des Geldbetrages und dem Erwerb des Grundstücks ein **enger zeitlicher Zusammenhang** besteht. Ein solcher Zusammenhang setzt voraus, dass

- der Schenker dem Begünstigten den für den Grundstückskauf erforderlichen Geldbetrag bis zum Erwerb des Grundstücks[664] zusagt,
- eine entsprechende Zweckbindung vor Abschluss des Kaufvertrages vorliegt und
- der Geldbetrag bis zur Tilgung der Kaufpreisschuld zur Verfügung gestellt wird.

Wird der Bedachte bereits vor der Überlassung des Geldbetrages Eigentümer des Grundstücks, steht dies einer mittelbaren Grundstücksschenkung nicht entgegen.[665]

390 Erwirbt der Bedachte hingegen zuerst das beabsichtigte Grundstück oder zahlt er zunächst den Kaufpreis und erklärt der Schenker erst anschließend, dass er dem Bedachten für diesen Grundstückserwerb einen bestimmten Betrag zuwenden will, sind die Anforderungen an eine mittelbare Grundstücksschenkung nicht erfüllt.[666] Der Begünstigte kann den Geldbetrag nun nicht mehr zum Zwecke des Grundstückserwerbs einsetzen, da er die Kaufpreisforderung längst beglichen hat. Auch geht eine Zweckbindung fehl, wenn der Begünstigte bereits Eigentümer des Grundstücks geworden ist, bevor der Schenker eine Zweckbindung ausspricht. Die Vermögensmehrung beim Bedachten kann in diesen Fällen nur in einer Geldzuwendung bestehen.

HINWEIS:

Gleiches gilt für den Fall, dass der Bedachte vom späteren Schenker zunächst ein Darlehen für den Erwerb des Grundstücks erhalten hat, der Schenker später jedoch auf die Rückzahlung des Darlehens verzichtet. Auch hier muss der Schenker das Darlehen vor dem Grundstückserwerb und insbesondere vor der Bezahlung des Kaufpreises in eine unentgeltliche Zuwendung umwandeln.

---

664 Dies ist grds. der Zeitpunkt des Abschlusses des Kaufvertrages, sofern – was üblich ist – im Kaufvertrag die Auflassung erklärt und die Umschreibung im Grundbuch durch den Käufer bewilligt wurde; ist Gegenstand der mittelbaren Schenkung ein Neubau oder ein Umbau, kommt es auf den Zeitpunkt der Fertigstellung der Baumaßnahmen an, FG München, Urteil v. 21.2.2018 - 4 K 1464/15 NWB IAAAG-81443, rkr.; R E 7.3 Abs. 1 Satz 7 i. V. mit R E 9.1 Abs. 2 ErbStR 2019; Münch, RNotZ 2005 S. 165 f.; zur mittelbaren Schenkung eines Familienheims siehe Kapitel B. V. 1. b) Rz. 141 ff.

665 BFH, Urteil v. 10.11.2004 - II R 44/02, BStBl 2005 II S. 188 NWB MAAAB-41962.

666 R E 7.3 Abs. 1 Satz 5 ErbStR 2019.

Abzugrenzen ist die mittelbare Schenkung gegenüber einer **Geldschenkung unter Auflage**. Eine solche nimmt die Finanzverwaltung an, wenn das zu erwerbende Grundstück im Schenkungsvertrag nicht genau bestimmt oder konkretisiert ist.[667] 391

BEISPIEL: Neffe N möchte sich in B-Stadt häuslich niederlassen und zu diesem Zweck eine dort belegene Immobilie erwerben. Onkel O verspricht N, ihn finanziell zu unterstützen, und überweist N den voraussichtlich erforderlichen Geldbetrag mit der Verwendungsabrede, den Betrag nur für den Erwerb einer Immobilie einzusetzen. Zum Zeitpunkt der Überweisung steht noch nicht fest, welche Immobilie in B-Stadt N genau erwerben wird.

Die Finanzverwaltung wertet die Zuwendung des Geldbetrages als Schenkung unter Auflage. Zuwendungsgegenstand ist mangels hinreichender Konkretisierung des Erwerbgegenstandes der Geldbetrag und nicht die später zu erwerbende Immobilie.

HINWEIS:

Zur mittelbaren Schenkung eines Familienheims siehe Kapitel B. V. 1. b) Rz. 147.

Die zitierte BFH Rechtsprechung[668] verdeutlicht, dass eine mittelbare Schenkung auch auf Zuwendung eines Geldbetrages gerichtet sein kann. Erhält der Beschenkte zunächst Gesellschaftsanteile oder eine Immobilie, die unmittelbar nach Vollzug der Schenkung verkauft wird, kann auch eine Schenkung des Veräußerungserlöses beabsichtigt sein. Diese Überlegung ist für den Beschenkten weniger relevant, soweit er die im Zusammenhang mit dem Gesellschaftsanteil oder der Immobilie stehende Vergünstigung ohnehin verliert, wenn er gegen gesetzliche Haltefristen verstößt.[669] Dann macht es für ihn keinen Unterschied, ob er grds. begünstigtes Vermögen mit rückwirkendem Wegfall der Vergünstigung oder direkt nicht begünstigtes Vermögen erwirbt. Relevant wird die mittelbare Geldschenkung jedoch dann, wenn zwischen Gesellschaftsanteil bzw. Immobilie einerseits und Veräußerungserlös andererseits Bewertungsunterschiede liegen oder wenn die Gewährung einer steuerlichen Vergünstigung nicht von einer Haltefrist abhängig gemacht wird wie bspw. im Falle des § 13d ErbStG[670] oder des § 13 Abs. 1 Nr. 4a ErbStG.[671]

Umgekehrt kann es im Einzelfall auch hilfreich sein, eine nach dem pauschalierten gesetzlichen Bewertungsverfahren extrem hoch bewertete Immobilie für Zwecke der Geldbeschaffung auf den Beschenkten zu übertragen. Möchte dieser die Immobilie ohnehin veräußern, kann ein kostspieliges Bewertungsgutachten zum Nachweis eines niedrigeren gemeinen Werts vermieden werden, wenn stattdessen der Beschenkte die Immobilie mit der Verwendungs- 392

667 R E 7.3 Abs. 2 ErbStR 2019.

668 Siehe Kapitel D. I. 3. Rz. 386 FN 598, 600 und Kapitel D. II. Rz. 388 FN 603.

669 Z. B. § 13a Abs. 6 ErbStG (Vergünstigung für Betriebsvermögen) oder § 13 Abs. 1 Nr. 2 und 3 ErbStG (denkmalgeschützte Immobilien).

670 Siehe oben Kapitel B. V. 1. c) Rz. 169.

671 Siehe oben Kapitel B. V. 1. b) Rz. 137.

abrede der anschließenden Veräußerung erhält. Der wertmäßig genau zu bestimmende Veräußerungserlös wird dadurch zum Zuwendungsgegenstand.

392/1 Nutzt der Beschenkte die mittelbar zugewandte Immobilie zur Einkünfteerzielung, indem er die Immobilie z.B. vermietet, war lange Zeit umstritten, ob er auch AfA auf das Gebäude als Werbungskosten abziehen darf.

392/2 Ausgangspunkt ist die Überlegung, dass Werbungskosten grds. nur derjenige geltend machen kann, der die Aufwendungen getragen hat. Wird eine Immobilie schenkweise auf den Erwerber übertragen, sind ihm keine Anschaffungskosten entstanden, so dass ihm eigentlich auch keine AfA-Berechtigung zusteht. Ausnahmsweise sieht jedoch § 11d Abs. 1 EStDV vor, dass der Rechtsnachfolger bei schenkweise erhaltenen Wirtschaftsgütern des Privatvermögens ertragsteuerlich in die Fußstapfen des Schenkers tritt und dessen AfA-Berechtigung der Höhe und der verbleibenden Dauer nach als eigene Werbungskosten geltend machen darf. Mit Urteil v. 4.10.2016[672] hat der BFH entschieden, dass diese Ausnahme nicht nur für unmittelbare Schenkungen, sondern auch für mittelbare Grundstücksschenkungen gilt. Es mache wirtschaftlich keinen Unterschied, ob der Schenker zunächst das Grundstück erwerbe und anschließend schenkweise an den Erwerber weiter übertrage, oder ob er dem Beschenkten das Grundstück dadurch verschaffe, dass er es für eigene Rechnung unmittelbar an den Beschenkten übereignen lasse. In beiden Fällen trage letztendlich der Schenker die Anschaffungskosten. Führe die unmittelbare Grundstücksschenkung zu einer AfA-Berechtigung des Beschenkten nach § 11 Abs. 1 EStDV, könne somit ertragsteuerlich die mittelbare Grundstücksschenkung nicht anders gewertet werden.

III. Familien-Immobiliengesellschaften

1. Zielsetzung einer Familiengesellschaft

393 Insbesondere bei immobilen Vermögensgegenständen ist es nicht immer leicht, das Vermögen „fair" bzw. gleichmäßig auf die nachfolgende Generation zu übertragen bzw. die nachfolgende Generation bereits zu Lebzeiten in Maßen am elterlichen Vermögen teilhaben und sie in die Verantwortung für ggf. größerer Vermögen hineinwachsen zu lassen.

Zwar können Kinder und Enkel auch an Grundstücken unmittelbar beteiligt werden, indem ihnen ein Miteigentumsanteil übertragen und der Vorgang entsprechend im Grundbuch eingetragen wird.

672 BFH, Urteil v. 4.10.2016 - IX R 26/15, BStBl 2017 II S. 343 NWB OAAAG-38336.

Dadurch entsteht eine Bruchteilsgemeinschaft mit der Folge, dass den Mitgesellschaftern das Grundstück für steuerliche Zwecke in Höhe ihres jeweiligen Anteils zuzurechnen ist.[673] Über Bruchteilseigentum kann der jeweilige Eigentümer jedoch grds. frei verfügen, was dem Ziel eines langfristigen Erhalts des Vermögens in der Hand der Familie zuwiderlaufen kann. Auch möchte der Senior üblicherweise einen gewissen **Einfluss auf das Familienvermögen** behalten und die Verfügungsbeschränkung jüngerer Familienmitglieder einschränken.

Diese Ziele lassen sich mithilfe einer gesellschaftsrechtlichen Struktur bspw. 394
über die Zuweisung von Geschäftsführungsaufgaben und den zeitlich beschränkten Ausschluss des Kündigungsrechts[674] in aller Regel leichter erreichen.[675] Daneben können Zustimmungserfordernisse für den Fall einer Übertragung des Gesellschaftsanteils an Nicht-Familienmitglieder im Gesellschaftsvertrag festgeschrieben werden, wodurch die Verfügungsbefugnis der Kinder über den Gesellschaftsanteil und damit indirekt auch über das Gesellschaftsvermögen eingeschränkt wird.

HINWEIS:

Das Einräumen von Sonderrechten zugunsten einzelner Gesellschafter im Rahmen eines Familien-Gesellschaftsvertrages – z. B. besonderen Stimmrechten, disproportionaler Gewinn- oder Vermögensbeteiligung, Geschäftsführungsrechten oder Vorkaufsrechten in Bezug auf Gesellschaftsanteile anderer Gesellschafter – sollte jedoch mit Augenmaß erfolgen. Sofern solche Regelungen keinem Drittvergleich standhalten, besteht immer die Gefahr, dass die Familiengesellschaft steuerlich nicht anerkannt wird. Es kann sich daher anbieten, einzelne Sonderrechte nicht in den Gesellschaftsvertrag einer Familiengesellschaft aufzunehmen, sondern den Einfluss des Seniors über vorbehaltene Rückforderungsrechte, Stimmrechtsvollmachten oder Nießbrauchrechte im Schenkungsvertrag abzusichern, mit dem der Senior Gesellschaftsanteile auf die nächste Generation überträgt.

Aufwändig wird die Begründung einer Bruchteilsgemeinschaft an Immobilien 395
vor allem dann, wenn der Senior nicht eine, sondern mehrere Immobilien hält, an denen er seine Kinder beteiligen möchte. Während bei der Begründung von Bruchteilsgemeinschaften eine dingliche Teil-Übertragung an jeder einzelnen

673 § 39 Abs. 2 Nr. 2 AO.

674 Nach allgemeiner Auffassung kann die Kündigung einer Gesellschaft für eine Dauer von bis zu 30 Jahren ausgeschlossen werden, Gersch, BB 1977 S. 871; Schmidt in MüKoHGB, 4. Aufl. 2016, § 132 Rz. 33; kritisch Schäfer in MüKoBGB, 7. Aufl. 2017, § 723 Rz. 66; Beckervordersandfort, ZErb 2016 S. 189; ablehnend im Falle einer GbR: BGH, Urteil v. 22.5.2012 - II ZR 205/10 NWB PAAAE-15254.

675 Werner, NWB 32/2018 S. 2332 NWB EAAAG-89985.

Immobilie erforderlich ist, reicht bei einer Immobiliengesellschaft die Übertragung bzw. **Abtretung lediglich eines einzigen Gesellschaftsanteils** aus.

396 Es besteht daher oftmals der Wunsch, immobiles Vermögen „mobiler" zu gestalten, um es in kleineren Schritten übertragen zu können. Hierfür bietet sich eine **Familiengesellschaft** an, in die das elterliche Vermögen eingebracht und deren Gesellschaftsanteile nach und nach auf die Kinder- und Enkelgenerationen übertragen werden können. Als positiver steuerlicher Nebeneffekt kann dadurch die eingebrachte Einkunftsquelle – sofern es sich um Mietimmobilien oder sonstige ertragbringende Wirtschaftsgüter handelt – auf mehrere Schultern verteilt werden mit der Folge, dass einkommensteuerliche Freibeträge der Kinder und/oder Enkel genutzt und der Steuertarif eventuell gesenkt werden kann.[676]

Zusätzlich können im Zuge kontinuierlicher Gesellschaftsanteilsübertragungen die persönlichen erbschaft- und schenkungsteuerlichen Freibeträge alle zehn Jahre genutzt werden.[677]

397 Der Begriff der Familiengesellschaft bezeichnet **keine eigenständige Rechtsform**, sondern deutet lediglich darauf hin, dass es sich bei den Gesellschaftern um (überwiegend) miteinander verwandte oder verheiratete Personen handelt. Eine klare Abgrenzung, wie weit der Kreis der „Familie" zu ziehen ist und wie viele Nicht-Familienmitglieder Gesellschafterstatus erlangen dürfen, um noch von einer Familiengesellschaft sprechen zu können, existiert nicht. So ist es bspw. möglich, dass eine Familiengesellschaft von Vater und Mutter gegründet und in der Folge um gemeinsame Abkömmlinge erweitert wird (**Einfamiliengesellschaft**) oder dass drei Freunde sich zu einer Gesellschaft zusammenschließen und die Gesellschaftsanteile nur an Abkömmlinge des jeweiligen Gründerstammes weitergegeben werden dürfen (**Mehrfamiliengesellschaft**).

398 In welcher konkreten Rechtsform diese Zusammenschlüsse verwirklicht werden, können die Beteiligten dabei frei entscheiden: Ihnen stehen grds. sämtliche Gesellschaftsformen offen.[678] Aus dem Bereich der Personengesellschaften sind die Gesellschaft bürgerlichen Rechts (GbR) oder die Kommanditgesellschaft (KG bzw. GmbH & Co.KG) häufig anzutreffen. Die offene Handelsgesellschaft oHG, die auf den Betrieb eines Handelsgewerbes gerichtet ist und bei der alle Gesellschafter unbeschränkt mit ihrem eigenen Vermögen haften,

676 Sog. „Familiensplitting".

677 Siehe ergänzend Vosseler/Regierer, ZEV 2018 S. 434.

678 Grözinger, Steuerfach-Scout 2018 NWB NAAAE-64300.

tritt aus Gründen des **Minderjährigenschutzes** und damit einhergehender **familienrechtlicher Genehmigungserfordernisse** eher selten in Erscheinung.

Bei den Kapitalgesellschaften erfreut sich die Gesellschaft mit beschränkter Haftung (GmbH) einer deutlich größeren Beliebtheit als die Aktiengesellschaft (AG). Dies ist darauf zurückzuführen, dass die GmbH ein **flexibleres Regelungswerk** vorhält, das leichter an die individuellen Belange angepasst werden kann, als es die gesetzlichen Vorgaben für die Errichtung und Verwaltung einer AG erlauben.[679] Nachfolgend werden daher die GbR, die (GmbH &Co.) KG sowie die GmbH näher dargestellt.[680] Das soll jedoch nicht bedeuten, dass oHG und AG nicht als Rechtsform für eine Familiengesellschaft gewählt werden können. Gleiches gilt für die KGaA und die Partnerschaftsgesellschaft; auch diese dürfen für Familiengesellschaften genutzt werden, treten aber deutlich seltener in Erscheinung als GbR, KG und GmbH. Dies gilt erst recht, wenn der Zweck der Familiengesellschaft nicht auf den Betrieb eines originären Handelsgewerbes, sondern in erster Linie auf die Verwaltung des Familienvermögens gerichtet ist. 399

Bei der Wahl der passenden Rechtsform sind im Einzelnen zivilrechtliche (gesellschaftsrechtliche), ertragsteuerliche und erbschaftsteuerliche Aspekte zu berücksichtigen. 400

2. Zivilrechtliche Aspekte

a) GbR

Anders als bei Kapitalgesellschaften bedarf die Gründung einer GbR grds. **keiner bestimmten Form**. Sie kann daher auch mündlich vereinbart werden. Allerdings ist aus Gründen der steuerlichen Anerkennung bei **Verträgen zwischen nahen Angehörigen** immer Schriftform zu empfehlen. Darüber hinaus bedarf der Gesellschaftsvertrag der notariellen Form, wenn sich im Gesellschaftsvertrag ein Gesellschafter u.a. zur Einlage von Grundstücken verpflichtet.[681] 401

Um eine GbR zu errichten, sind – wie bei jeder Personengesellschaft – **mindestens zwei Personen** erforderlich. Als Gesellschafter kommen dabei sowohl natürliche Personen als auch juristische Personen (z.B. Personengesellschaften, Kapitalgesellschaften, Vereine, Stiftungen) in Betracht. Auch **Minderjährige** können Gesellschafter einer GbR werden, müssen sich aber sowohl bei der 402

679 Für die AG ist z.B. zwingend ein Aufsichtsrat vorgesehen, § 30 AktG; darüber hinaus gilt der Grundsatz der Satzungsstrenge (§ 23 AktG), wonach die Satzung einer AG nur dann von den Vorschriften des AktG abweichen darf, wenn das AktG dies ausdrücklich zulässt.

680 Ebenso Vosseler/Regierer, ZEV 2018 S. 434.

681 § 311b Abs. 1 BGB.

Errichtung als auch beim entgeltlichen oder schenkweisen Erwerb der Gesellschaftsanteile von ihrem **gesetzlichen Vertreter** vertreten lassen.[682] Dies sind in aller Regel die Eltern.[683]

Ist ein Elternteil oder sind beide Eltern ebenfalls Gesellschafter der GbR, können diese das Kind nicht vertreten, da die Gesellschafterstellung als ein *„Bündel aus Rechten und Pflichten“*[684] dem Kind nicht lediglich einen rechtlichen Vorteil verschafft und § 181 BGB in diesen Fällen sog. Insichgeschäfte untersagt. Stattdessen vertritt ein **Ergänzungspfleger** den Minderjährigen sowohl bei Abschluss als auch bei jeder wesentlichen Änderung des Gesellschaftsvertrages.[685]

403 Betreibt die GbR ein Erwerbsgeschäft, bedarf es darüber hinaus noch der **familiengerichtlichen Genehmigung.**[686] Ein Erwerbsgeschäft soll bspw. vorliegen, wenn die Gesellschaft auf lange Dauer errichtet wird, um Gewerbeimmobilien von erheblichem Wert zu verwalten, zu verwerten und zu vermieten.[687] Dient die Gesellschaft demgegenüber ausschließlich dem Zweck der privaten Verwaltung und Erhaltung des familieneigenen Vermögens, liegt kein Erwerbsgeschäft vor, so dass eine familiengerichtliche Genehmigung nicht erforderlich ist.[688]

404 Die Abgrenzung zwischen Erwerbsgeschäft und Vermögensverwaltung erfolgt anhand der Umstände des jeweiligen Einzelfalls, wobei die Dauer, der Wert des Grundvermögens sowie die Absicht, weiteres Grundvermögen zu erwerben und zu verwerten, als Indizien für das Vorliegen eines Erwerbsgeschäfts angesehen werden können.[689] Im Zweifel ist das Einholen einer familiengerichtlichen Genehmigung bzw. eines Negativattests anzuraten, da andernfalls die Vertretung des Minderjährigen bzw. das in seinem Namen getätigte **Rechtsgeschäft unwirksam** ist.[690]

682 Siehe hierzu vertiefend Jänig/Schiemzik, NWB 25/2016 S. 1897 NWB FAAAF-75194.

683 §§ 1626, 1629 BGB.

684 BGH, Urteil v. 10.2.1977 - II ZR 120/75, NJW 1977 S. 1339, 1341; BFH, Urteil v. 27.4.2005 - II R 52/02, BStBl 2005 II S. 892 NWB NAAAB-69137.

685 §§ 1629 Abs. 2, 1824 Abs. 2, 1801 Abs. 1 BGB.

686 §§ 1643 Abs. 1, 1852 BGB.

687 OLG Nürnberg, Beschluss v. 16.12.2014 - 11 WF 1415/14, NWB 15/2015 S. 1039 NWB FAAAE-87772; OLG Naumburg, Beschluss v. 18.9.2001 - 3 UF 108/01, FamRZ 2003 S. 57; BayObLG (1. ZS), Beschluss v. 5.3.1997 - 1Z BR 210/96, BayObLGZ 1997 S. 113. Es handelt sich hierbei um eine rein zivilrechtliche Definition unabhängig von der steuerlichen Qualifikation als Gewerbebetrieb.

688 Kroll-Ludwigs in MüKoBGB, 7. Aufl. 2017, § 1822 Rz. 21; OLG Zweibrücken, Beschluss v. 14.1.1999 - 3 W 253–98, FamRZ 2000 S. 117; LG Münster, Urteil v. 18.7.1996 - 5 T 383/96, FamRZ 1997 S. 842.

689 Ivo, NWB 33/2007 S. 2871 NWB DAAAC-52226.

690 Bettin in BeckOK BGB, 46. Ed. 2018, § 1821 Rz. 14, § 1829; Rust, DStR 2005 S. 1942.

Ist der Zweck der GbR tatsächlich auf ein Erwerbsgeschäft gerichtet, wird das Familiengericht hingegen aufgrund der weitreichenden Haftung der GbR-Gesellschafter und damit auch des minderjährigen Kindes mit großer Wahrscheinlichkeit die Genehmigung verweigern. Denn unter haftungsrechtlichen Aspekten zeichnet sich die GbR insbesondere dadurch aus, dass die Gesellschafter für Schulden der Gesellschaft gesamthänderisch einstehen. Neben dem Gesellschaftsvermögen haften den Gläubigern der GbR also auch die einzelnen Gesellschafter und zwar jeweils mit ihrem gesamten Vermögen. Sofern die Gesellschaft nicht mehr in der Lage ist, die gesellschaftseigenen Verbindlichkeiten zu bedienen, kann sich der jeweilige Gläubiger daher im Ernstfall an einen beliebigen Gesellschafter wenden und von ihm die Begleichung der Verbindlichkeit in voller Höhe fordern. 405

Je nach Risikoneigung des Gesellschaftszwecks wird dadurch das Vermögen sämtlicher an der GbR beteiligter Familienmitglieder gefährdet.

Eng mit dem Aspekt der gesamthänderischen Haftung aller Gesellschafter verbunden ist die GbR-eigene Besonderheit, die das Gesetz zum Schutze minderjähriger Gesellschafter vorsieht. Gemäß § 725 Abs. 4 BGB kann nämlich jeder Gesellschafter das Gesellschaftsverhältnis **kündigen, sobald er das 18. Lebensjahr vollendet**. Die Kündigung ermöglicht es ihm, seine unbegrenzte Haftung für Verbindlichkeiten der GbR auf sein zum Zeitpunkt des Eintritts der Volljährigkeit vorhandenes Vermögen zu beschränken. Er soll somit schuldenfrei in die Volljährigkeit treten dürfen. Zukünftiges Vermögen soll nicht mit „Altlasten“ aus der Zeit vor Erreichen der Volljährigkeit belastet werden. 406

Die Vorschrift stellt zwingendes Recht dar; abweichende gesellschaftsrechtliche Regelungen sind nichtig. Sind also an einer Familien-GbR auch minderjährige Kinder beteiligt, können diese ohne weitere Voraussetzungen das Gesellschaftsverhältnis kündigen, wenn und weil sie 18 Jahre alt werden. Ein zu diesem Zeitpunkt vorhandenes Auseinandersetzungsguthaben muss an den dann volljährigen ausscheidenden Gesellschafter ausgekehrt werden. 407

Diese außerordentliche Kündigungsmöglichkeit läuft erfahrungsgemäß den Interessen der Eltern, das Familienvermögen zu bündeln und unter Beteiligung der nächsten Generationen langfristig zu erhalten, zuwider. Selbst wenn im Zeitpunkt der Errichtung der Familiengesellschaft keine minderjährigen Kinder vorhanden sind, lässt sich nicht ausschließen, dass eine künftige Enkelgeneration bereits in jungen Jahren an das Familienvermögen herangeführt werden soll und dabei das 18. Lebensjahr noch nicht vollendet hat.

HINWEIS:

Das Sonderkündigungsrecht des volljährig werdenden Gesellschafters wird in der Praxis oftmals dadurch entschärft, dass bei schenkweiser Übertragung des Gesellschaftsanteils die Zuwendung unter der auflösenden Bedingung der Kündigung durch den Beschenkten erfolgt. Übt der volljährig gewordene Gesellschafter das Sonderkündigungsrecht aus, tritt die auflösende Bedingung ein; der Gesellschaftsanteil ist auf den Schenkenden zurückzuübertragen. Eine solche Absicherung greift jedoch nicht, wenn der Minderjährige den Gesellschaftsanteil erbt.

408 Im Hinblick auf spätere letztwillige Verfügungen von Todes wegen ist bei der GbR darauf zu achten, dass die Anordnung einer eventuellen **Testamentsvollstreckung nicht unproblematisch** ist.

HINWEIS:

Dies gilt in erster Linie für den Fall einer Dauertestamentsvollstreckung. Beschränkt sich die Aufgabe des Testamentsvollstreckers lediglich auf die Auseinandersetzung des Nachlasses oder stehen dem Erben nur Abfindungs- bzw. Liquidationsansprüche zu, wird die Testamentsvollstreckung allgemein als unproblematisch angesehen.[691]

Wird ein Testamentsvollstrecker bestellt, geht die Verfügungsgewalt über die der Testamentsvollstreckung unterliegenden Vermögenswerte auf den Testamentsvollstrecker über. Die Erben oder Vermächtnisnehmer sind von der Verfügung über die entsprechenden Vermögenswerte ausgeschlossen. In Bezug auf Gesellschaftsanteile bedeutet Verfügungsgewalt die Ausübung der mitgliedschaftlichen Rechte, d.h. der sich aus der Gesellschafterstellung ergebenden Vermögens- und Teilhaberechte.

Zu den **Vermögensrechten** zählen die laufenden Gewinnansprüche sowie der Auseinandersetzungs- oder Abfindungsanspruch bei Auflösung bzw. Kündigung der Gesellschaft. Die **Teilhaberechte** umfassen im Wesentlichen das Informationsrecht, das Recht auf Vertretung und Geschäftsführung, das Recht auf Teilnahme an der Gesellschafterversammlung sowie das Stimmrecht.

Würde der Testamentsvollstrecker nun die Geschäftsführung oder das Stimmrecht für den Erben[692] ausüben, könnte er aufgrund der unbeschränkten Haftung eines GbR-Gesellschafters für die Verbindlichkeiten der Gesellschaft die Erben persönlich und umfassend verpflichten. Andererseits ist der Testamentsvollstrecker grds. jedoch nur dazu berechtigt, Verbindlichkeiten nur „für den Nachlass“, nicht aber auch für die Erben persönlich einzugehen.[693] Darüber

691 Ausführlich zur Problematik: v. Proff, DStR 2018 S. 415; Kämper, RNotZ 2016 S. 625.

692 Zur leichteren Lesbarkeit ist nur der Erbe aufgeführt. Gleiches gilt aber auch für den Vermächtnisnehmer.

693 §§ 2206 BGB ff.

hinaus steht den Erben das Recht zu, ihre Haftung auf den Nachlass zu beschränken.[694]

Die Rechtsprechung löst diesen Konflikt in der Weise, dass sie eine Testamentsvollstreckung am Gesellschaftsanteil eines persönlich haftenden Gesellschafters lediglich in Bezug auf die Vermögensrechte zulässt.[695]

Insbesondere das Sonderkündigungsrecht des volljährig werdenden Gesellschafters und die eingeschränkte Möglichkeit der Testamentsvollstreckung sprechen gegen die GbR als Mittel der Wahl bei der Errichtung einer Familiengesellschaft. Insofern erscheint die Rechtsform einer KG als vorzugswürdigere Alternative. 409

b) Vermögensverwaltende (GmbH & Co.) KG

Sowohl die Haftungsproblematik als auch die Gefahr eines unentziehbaren Sonderkündigungsrechts volljährig werdender Gesellschafter besteht nicht oder lässt sich zumindest beherrschen, wenn die Gesellschaft in Form einer KG oder einer GmbH errichtet wird. 410

Ebenso wie die GbR kann eine KG grds. **formfrei** errichtet werden. Verpflichtet sich jedoch mindestens ein Gesellschafter im Gesellschaftsvertrag, u.a. ein Grundstück in die Gesellschaft einzubringen, bedarf es wieder einer notariellen Beurkundung. **Minderjährige** müssen bei Abschluss des Gesellschaftsvertrages von ihrem **gesetzlichen Vertreter**, in aller Regel den Eltern, vertreten werden.[696] Eine Vertretung durch die Eltern kommt ebenso wie bei der Errichtung einer GbR nicht in Betracht, wenn ein Elternteil ebenfalls Gesellschafter der KG ist bzw. wird.[697] In diesem Fall ist wiederum die Bestellung eines **Ergänzungspflegers** für den Minderjährigen erforderlich.[698] 411

Nach der Errichtung der KG können die Eltern den minderjährigen Gesellschafter in der Gesellschafterversammlung wieder vertreten. Dies gilt auch dann, wenn sie selbst Gesellschafter sind, da die Gesellschaft grds. von einem gemeinsamen Zweck der Gesellschafter getragen wird und die Interessen der einzelnen Gesellschafter damit gleichgerichtet verlaufen. Ein Interessens-

694 §§ 1975 ff., 2206 Abs. 2 BGB.

695 BGH, Beschluss v. 10.1.1996 - IV ZB 21/94, FamRZ 1996 S. 409, Kurzinfo: NWB PAAAA-18221; v. Proff, NJW 2018 S. 828. Zu Gestaltungsüberlegungen der Praxis, mit denen die Problematik abgemildert werden kann: OLG Düsseldorf, Urteil v. 24.9.2007 - I - 9 U 26/07, FamRZ 2008 S. 1295; Kämper, RNotZ 2016 S. 625; Hübner/Hammes, BB 2013 S. 2307.

696 §§ 1626 Abs. 1, 1629 Abs. 1 BGB.

697 § 181 1. Alt. BGB.

698 §§ 1629 Abs. 2, 1824 Abs. 2, 1801 BGB.

gegensatz, der eine Vertretung durch die Eltern im Rahmen des § 181 BGB verhindern könnte, ist – zumindest im Rahmen der laufenden Verwaltung – damit grds. nicht zu befürchten.[699]

412 Ist die KG auf den Betrieb eines Erwerbsgeschäfts gerichtet, soll auch hier eine **familiengerichtliche Genehmigung** zum Abschluss des Gesellschaftsvertrages selbst dann erforderlich sein, wenn der Minderjährige nur Kommanditist wird.[700] Aufgrund der beschränkten Haftung eines Kommanditisten soll aber davon ausgegangen werden können, dass die Genehmigung durch das Familiengericht erteilt wird, wenn der Minderjährige nicht als Komplementär, sondern als Kommanditist in die Gesellschaft eintreten soll und die Hafteinlage erbracht ist.[701] Die Beteiligung eines Minderjährigen an einer rein vermögensverwaltenden KG bedarf demgegenüber keiner familiengerichtlichen Genehmigung.[702]

413 Prägendes Merkmal einer Kommanditgesellschaft ist – wie bereits angedeutet – die Existenz sowohl mindestens eines persönlich und unbeschränkt haftenden Gesellschafters (**Komplementär**) als auch mindestens eines nur auf seine Hafteinlage beschränkt haftenden Gesellschafters (**Kommanditist**).

414 Die Haftungsbeschränkung des Kommanditisten auf seine Hafteinlage bedeutet, dass Verluste der Gesellschaft vom Kommanditisten nicht über seine Hafteinlage hinaus anteilig ausgeglichen und Verbindlichkeiten gegenüber Gesellschaftsgläubigern damit nicht unter Rückgriff auf das eigene Vermögen des Kommanditisten erfüllt werden müssen. Sofern ein minderjähriges Familienmitglied der Gesellschaft als Kommanditist beitritt, haftet es damit nicht mit seinem eigenen Vermögen, sondern allein mit der im Handelsregister eingetragenen Hafteinlage.

HINWEIS:

Der eintretende Kommanditist haftet aber gem. § 176 Abs. 2 HGB für die zwischen seinem Beitritt und seiner Eintragung im Handelsregister begründete Verbindlichkeiten der Gesellschaft wie ein Komplementär. Die dingliche Übertragung des Kommanditanteils – vor allem auf einen Minderjährigen – sollte daher unbedingt aufschiebend bedingt auf die Eintragung im Handelsregister erfolgen!

699 BGH, Beschluss v. 18.9.1975 - II ZB 6/74, NJW 1979 S. 49; OLG Nürnberg, Beschluss v. 12.4.2018 - 12 W 669/18 NWB FAAAH-06882; Spickhoff in MüKoBGB, 7. Aufl. 2017, § 1795 Rz. 8.

700 §§ 1643 Abs. 1, 1822 Nr. 3 BGB; Kroll-Ludwigs in MüKoBGB, 7. Aufl. 2017, § 1822 Rz. 21; Rust, DStR 2005 S. 1942; zweifelnd v. Oertzen, ZEV 2003 S. 400; Damrau, ZEV 2000 S. 209.

701 V. Oertzen, ZEV 2003 S. 400.

702 OLG Dresden, Beschluss v. 25.4.2018 - 17 W 160/18, BeckRS 2018 S. 13655.

Ein **Sonderkündigungsrecht**, das ihm den schuldenfreien Eintritt in die Volljährigkeit ermöglicht, ist somit nach der hier vertretenen Auffassung **nicht mehr erforderlich.**[703] Infolgedessen steht dem minderjährigen Gesellschafter allein aus dem Grund des Erreichens der Volljährigkeit kein Sonderkündigungsrecht zu – sofern die Hafteinlage voll eingezahlt ist. Er bleibt als Kommanditist an die Gesellschaft gebunden, kann außerhalb der vertraglich vorgesehenen Kündigungsmöglichkeiten weder über seinen Anteil am Gesellschaftsvermögen noch an den einzelnen dazu gehörenden Gegenständen verfügen oder Teilung verlangen.[704] 415

Neben dem oder den Kommanditisten benötigt die Kommanditgesellschaft mindestens einen Komplementär, also eine natürliche oder juristische Person, die unbeschränkt haftet. Oftmals übernimmt der Senior diese Aufgabe. Dies hängt vor allem auch damit zusammen, dass nur der oder die Komplementäre zur Geschäftsführung der KG berechtigt sind und nur den Komplementären die Vertretung der Gesellschaft im Rechtsverkehr nach Außen zusteht. Die Kommanditisten sind von derartigen Aufgaben grds. ausgeschlossen. 416

HINWEIS:

Hierin liegt ein weiterer Charme der KG als Familiengesellschaft: Über die Beteiligung der Kinder als Kommanditisten können diese nach der Regelwertung des Gesetzes von der Geschäftsführung ausgeschlossen werden. Der Einfluss auf das Handeln der Gesellschaft liegt vornehmlich in der Hand der Komplementäre, d.h. der Eltern.

Wenn in einer Familien-KG die Eltern die Geschicke der Gesellschaft lenken wollen, müssen sie also konsequenterweise eine Komplementärstellung übernehmen. Möchten sie dennoch nicht mit ihrem gesamten Vermögen für die Verbindlichkeiten der Familiengesellschaft haften, bietet sich eine Gestaltung über eine **GmbH & Co. KG** an. Bei der GmbH & Co. KG ist mindestens eine persönlich haftende Gesellschafterin eine Kapitalgesellschaft, nämlich die GmbH. 417

Die GmbH ihrerseits entfaltet grds. insoweit eine haftungsrechtliche Abschirmwirkung, als sie zwar unbeschränkt für die Verbindlichkeiten der KG einsteht; als Haftungsmasse steht jedoch nur das Gesellschaftsvermögen der GmbH zur Verfügung. Die Gesellschafter der GmbH, z.B. die Eltern, haften daneben grds.

703 Sofern die Hafteinlage voll eingezahlt ist, zweifelnd Keller/von Schrenck, NWB 34/2014 S.2555 NWB ZAAAE-71116.

704 Zum zeitlich begrenzten Ausschluss des allgemeinen Kündigungsrechts siehe oben FN 547. Daneben gilt selbstverständlich auch für Minderjährige das Sonderkündigungsrecht aller Gesellschafter aus wichtigem Grund (§ 723 Abs. 1 Satz 2 BGB).

nicht mit ihrem eigenen Vermögen; die Haftung ist auf das Gesellschaftsvermögen der GmbH beschränkt.

418 Darüber hinaus ist zu beachten, dass im Falle einer natürlichen Person als Komplementär diese nach der gesetzlichen Regelung mit ihrem Tod aus der Gesellschaft ausscheidet und die Gesellschaft unter den verbleibenden Gesellschaftern fortgesetzt wird. Ihr Anteil am Gesellschaftsvermögen wächst dann den verbleibenden Gesellschaftern, üblicherweise dem Ehegatten und den regelmäßig als Kommanditisten beteiligten Kindern, an. Neben ihren Kommanditanteilen hielten die Kinder dann auch Komplementäranteile.

Gesellschaftsrechtlich ist eine solche Doppelfunktion eines Gesellschafters jedoch nicht möglich. Ein- und dieselbe Person kann nicht zugleich persönlich haftender Gesellschafter und nur beschränkt haftender Gesellschafter sein. Wird der persönlich haftende Gesellschafter nach seinem Tod von einem Kommanditisten beerbt, so vereinigen sich daher die Einlage des Erblassers und die des Erben zu einer einheitlichen Beteiligung. Der bisherige **Kommanditist haftet** dann **als Komplementär** unbeschränkt.

Um dies zu vermeiden, steht dem bisherigen Kommanditisten sowie auch einem bisher nicht an der Gesellschaft beteiligten Erben das Recht zu, seinen Verbleib in der Gesellschaft von der **Wandlung** der Komplementärstellung in eine Kommanditistenstellung abhängig zu machen. Wird dem dies begehrenden Gesellschafter das Anliegen verweigert, steht ihm ein **Sonderkündigungsrecht** zu. Ist kein Gesellschafter mehr bereit, die Komplementärstellung zu übernehmen, muss die Gesellschaft aufgelöst werden.

Den sich hieraus ergebenden Gefahrenquellen für den Fortbestand der Familien-KG wird üblicherweise dadurch entgegengetreten, dass entweder anstelle einer natürlichen Person oder neben einer natürlichen Person auch eine GmbH errichtet wird, die die Funktion des persönlich haftenden Gesellschafters in der Familien-KG übernimmt.

419 Zusätzlich bietet die Einbindung einer GmbH als Komplementärin noch folgenden Vorteil: Während bei Personengesellschaften Organstellungen ausschließlich von Gesellschaftern übernommen werden dürfen (**Gebot der Selbstorganschaft**),[705] besteht bei Kapitalgesellschaften die Möglichkeit der **Fremdorgan-**

705 §§ 161 Abs. 2, 114 Abs. 1; 164 HGB; Lieder in Oetker, HGB, 8. Aufl. 2024, § 114 Rz. 18 f.; Schäfer in MüKoBGB, 7. Aufl. 2017, § 709 Rz. 5; Freitag in Priester/Mayer/Wicke, Münchener Handbuch des Gesellschaftsrechts, Band 3: Gesellschaft mit beschränkter Haftung, 6. Aufl. 2024, § 6 Rz. 10.

schaft. Bei Personengesellschaften darf die organschaftliche Geschäftsführung und Vertretung[706] daher nur von (persönlich haftenden) Gesellschaftern ausgeübt werden, bei Kapitalgesellschaften hingegen auch von Nichtgesellschaftern.

Die GmbH, die Komplementärin einer KG ist, übernimmt somit im Rahmen der Selbstorganschaft Geschäftsführung und Vertretung der KG. Auf Ebene der GmbH greift jedoch die Möglichkeit der Fremdorganschaft, so dass über die GmbH ein Nichtgesellschafter die Geschäftsführerstellung in der GmbH und als Geschäftsführer der GmbH damit die Geschäftsführung in der KG übernehmen kann. Auf einen solchen Fremdgeschäftsführer greifen Familien gerne dann zurück, wenn Führungspersönlichkeiten aus der eigentlichen Familie (noch) nicht vorhanden sind.

Möchte der spätere Erblasser Testamentsvollstreckung an seinem Komple- 420
mentäranteil anordnen, sind die obigen Ausführungen zur Testamentsvollstreckung an einem GbR-Anteil zu beachten.[707] Die Anordnung einer **Testamentsvollstreckung an einem Kommanditanteil** wird demgegenüber als **unproblematisch** betrachtet.[708]

Die KG entsteht mit der Aufnahme ihrer Geschäfte.[709] Die Eintragung im Han- 421
delsregister entfaltet lediglich **deklaratorische Wirkung**. Ausnahmsweise wirkt die Eintragung im Handelsregister aber dann **konstitutiv** – die KG entsteht also erst mit Eintragung –, wenn die Gesellschaft über keinen in kaufmännischer Weise eingerichteten Geschäftsbetrieb verfügt bzw. wenn die Gesellschaft ausschließlich eigenes Vermögen verwaltet.[710]

Bis zur Eintragung ist die KG in diesem Fall eine GbR, d. h. bis zur Eintragung haften alle Gesellschafter gesamtschuldnerisch mit ihrem gesamten Vermögen.[711]

c) Gewerblich geprägte GmbH & Co. KG

Bei der gewerblich geprägten GmbH & Co. KG handelt es sich nicht um eine 422
gesellschaftsrechtliche, sondern lediglich um eine **steuerrechtliche Besonder-**

706 Hiervon zu unterscheiden ist die schuldrechtliche Geschäftsführung, die auf der Grundlage eines Dienstvertrages unter Einräumung rechtsgeschäftlicher Vollmachten auch von Nichtgesellschaftern bzw. nur beschränkt haftenden Gesellschaftern ausgeübt werden kann.

707 Siehe oben Kapitel D. III. 2. a) Rz. 408.

708 Siehe Quellenangaben S. 388 FN 604, 606.

709 §§ 161 Abs. 2, 123 Abs. 2 HGB.

710 §§ 161 Abs. 2, 123 Abs. 2 HGB.

711 BFH, Urteil v. 4.2.2009 - II R 41/07 NWB IAAAD-23342.

heit. Auch die gewerblich geprägte GmbH & Co. KG ist eine GmbH & Co. KG und damit eine Personengesellschaft, für die die zuvor dargestellten Ausführungen zur Errichtung in vollem Umfang und ohne Ausnahme gelten.

Wird in einer KG die Komplementärstellung aber ausschließlich von einer oder mehreren Kapitalgesellschaften übernommen und sind nur diese oder Personen, die nicht Gesellschafter sind, zur Geschäftsführung befugt, gilt die KG aus steuerlicher Sicht als gewerblich geprägte Personengesellschaft[712] in Abgrenzung zur vermögensverwaltenden Personengesellschaft. Für beide steuerlichen Gesellschaftstypen gelten unterschiedliche steuerliche Regelungen.[713]

HINWEIS:

Die gewerblich geprägte Personengesellschaft entsteht erst mit ihrer Eintragung im Handelsregister.[714] Bis zur Eintragung gilt sie als GbR.[715]

d) GmbH

423 Die GmbH & Co. KG-Lösung erfordert – wie gerade gesehen – die Errichtung zweier Gesellschaften, nämlich einer KG und einer GmbH. Das erfordert zwei Gesellschaftsverträge und während des Bestehens der GmbH & Co. KG zusätzlichen Verwaltungsaufwand gegenüber der „einfachen" KG. Allein um eine Haftungsbegrenzung auf das Gesellschaftsvermögen herbeizuführen bzw. um eine Haftung des Privatvermögens der einzelnen Gesellschafter auszuschließen, könnte sich daher ein leichterer Weg anbieten: die Errichtung einer Gesellschaft mit beschränkter Haftung.

424 Die GmbH entfaltet als Kapitalgesellschaft **eigene Rechtspersönlichkeit**; sie ist eine juristische Person mit Haftungsbeschränkung auf das Gesellschaftsvermögen. Das Vermögen der einzelnen Gesellschafter ist strikt vom Gesellschaftsvermögen der GmbH zu trennen und steht Gläubigern der GmbH grds. nicht zur Befriedigung ihrer Ansprüche zur Verfügung. Mit anderen Worten: Die Gesellschafter der GmbH haften – sofern das Stammkapital voll eingezahlt ist – nicht mit ihrem eigenen Vermögen für Verbindlichkeiten der Gesellschaft.

425 Gemäß § 1 GmbHG kann eine GmbH zu jedem (gesetzlich zulässigen) Zweck von einer oder mehreren Personen errichtet werden. Dabei ist der **Gesellschaftsvertrag notariell zu beurkunden**, § 2 GmbHG. Wirken **Minderjährige** an einer Beschlussfassung über den Gesellschaftsvertrag oder über sonstige The-

712 § 15 Abs. 3 Nr. 2 EStG.

713 Siehe hierzu Kapitel D. III. 3.

714 § 105 Abs. 2 i. V. mit § 162 Abs. 2 HGB.

715 BFH, Urteil v. 4.2.2009 - II R 41/07 NWB IAAAD-23342.

men im Rahmen einer Gesellschafterversammlung mit, werden sie von ihren Eltern als **gesetzlichen Vertreter** vertreten.[716]

Ist ein Elternteil oder sind beide Eltern ebenfalls Gesellschafter der GmbH, können sie ihre Kinder ausnahmsweise nicht bei der Beschlussfassung über den Gesellschaftsvertrag oder eine spätere Änderung der Satzung vertreten.[717] Insoweit ist die Bestellung eines **Ergänzungspflegers** erforderlich.[718] Darüber hinaus bedarf der Vertrag über die Gründung einer GmbH aufgrund der umfassenden Haftung der Gesellschafter vor Eintragung der GmbH im Handelsregister einer **familiengerichtlichen Genehmigung.**[719]

Ob die schenkweise Übertragung eines bereits bestehenden Geschäftsanteils ohne Mitwirkung des Familiengerichts wirksam vollzogen werden kann, ist umstritten und anhand der jeweiligen Umstände des Einzelfalls zu beurteilen.[720]

HINWEIS:

In der GmbH können einzelne Gesellschaftsanteile mit Sonderrechten verbunden werden. Bei einer Familiengesellschaft bietet es sich bspw. an, die Geschäftsanteile des Seniors mit einem Mehrfachstimmrecht auszustatten und für bestimmte Beschlüsse ein qualifiziertes Mehrheitserfordernis in der Satzung festzuschreiben.

3. Ertragsteuerliche Folgen der Einbringung von Immobilien

Die Übertragung von Immobilien auf die Familiengesellschaft durch die Grün- 426
dungsgesellschafter kann entweder im Wege eines entgeltlichen oder eines unentgeltlichen Rechtsgeschäfts erfolgen. Während eine entgeltliche Übertragung Einkommensteuer und/oder Grunderwerbsteuer auslösen kann, kann aus einer unentgeltlichen Übertragung Schenkungsteuer resultieren. Die konkreten Rechtsfolgen hängen darüber hinaus von der Rechtsform ab, d. h. davon, ob die Familiengesellschaft als Personen- oder als Kapitalgesellschaft aufgesetzt ist.

716 §§ 1626, 1629 BGB.

717 §§ 1824, 181 BGB.

718 § 1801 BGB.

719 OLG Stuttgart, Beschluss v. 20.9.1978 - 8 W 128/78, GmbHR 80 S. 102; Brüggemann, FamRZ 1990 S. 124; Fastrich in Baumbach/Hueck, GmbHG, 21. Aufl. 2017, § 2 Rz. 25; Rust, DStR 2005 S. 1942.

720 Einen kurzen Überblick gibt Roemer in Hannes, Formularbuch Vermögens- und Unternehmensnachfolge, 2. Aufl. 2017, A. 3.03 Rz. 4; des Weiteren BGH, Urteil v. 20.2.1989 - II ZR 148/88 NWB UAAAF-74353; Kroll-Ludwigs in MüKoBGB, 7. Aufl. 2017, § 1822 Rz. 17; Fastrich in Baumbach/Hueck, GmbHG, 21. Aufl. 2017, § 15 Rz. 4.

a) Personengesellschaft (GbR/KG/GmbH & Co. KG)

427 **HINWEIS**

Unabhängig von den gesellschaftsrechtlichen Unterschieden werden Personengesellschaften grds. aus steuerlicher Sicht einheitlich behandelt. Die Ausgestaltung einer Personengesellschaft als GbR, KG oder GmbH & Co. KG wirkt sich damit steuerlich nicht aus. Aus Vereinfachungsgründen wird im Folgenden daher für alle drei in der Überschrift genannten Gesellschaftsformen nur noch einheitlich die Bezeichnung „KG" verwendet.

Unterschiede können sich jedoch je nach Ausgestaltung oder Tätigkeit im Hinblick auf die Gewerbesteuerpflicht und die Steuerpflicht bei der Veräußerung von Wirtschaftsgütern ergeben.

428 Bei der Vermögensausstattung einer Personengesellschaft ist danach zu unterscheiden, ob es sich um eine sog. vermögensverwaltende Personengesellschaft oder um eine gewerblich tätige bzw. gewerblich geprägte Personengesellschaft[721] handelt.

429 Eine **vermögensverwaltende Personengesellschaft** beschränkt ihre Tätigkeit grds. auf die Nutzung vorhandener oder neu erworbener Wirtschaftsgüter, z. B. auf die Vermietung und Verpachtung von Grundbesitz oder das Erzielen laufender Erträge aus Kapitalvermögen.[722] Die Ausnutzung substanzieller Vermögenswerte, also die Realisierung von Wertsteigerungen durch Anschaffung und Veräußerung von Wirtschaftsgütern, steht demgegenüber nicht im Vordergrund. Sofern die KG darauf gerichtet ist, das familieneigene Immobilien- und Kapitalvermögen langfristig zu bewahren und ertragbringend über die Vermietung und Verpachtung bzw. über Investments in Kapitalanlagen zu nutzen, ist grds. von einer vermögensverwaltenden Personengesellschaft auszugehen.

430 Steht hingegen das Erzielen von Veräußerungsgewinnen durch häufige Umschichtungen des Vermögens im Vordergrund oder erbringt die Familiengesellschaft neben der reinen Vermietung ihrer Immobilien in nicht unerheblichem Maße ergänzende Tätigkeiten, bspw. Projektentwicklungstätigkeiten oder umfangreiche Hausmeisterleistungen, ist mit großer Wahrscheinlichkeit davon

721 Zum Vorliegen einer gewerblich geprägten Personengesellschaft siehe oben Kapitel D. III. 2. c) Rz. 422.

722 BFH, Urteil v. 17.1.1973 - I R 191/72, BStBl 1973 II S. 260 NWB BAAAA-99497; BFH, Urteil v. 8.8.1979 - I R 186/78, BStBl 1980 II S. 106 NWB IAAAB-01805; BFH, Urteil v. 3.6.1987 - II R 209/83, BStBl 1988 II S. 277 NWB VAAAA-93112; BFH, Urteil v. 31.8.1990 - I R 173/83, BStBl 1991 II S. 66 NWB TAAAA-93759; BFH, Urteil v. 26.2.1992 - IR 149/90, BStBl 1992 II S. 693 NWB VAAAA-94188; BFH, Urteil v. 9.12.1986 - VIII R 317/82, BStBl 1988 II S. 244 NWB WAAAA-98051; BFH, Urteil v. 10.6.1992 - I R 76/90 NWB UAAAB-33025.

auszugehen, dass der Bereich der reinen Vermögensverwaltung überschritten wird und damit eine **gewerbliche Tätigkeit** anzunehmen ist.[723]

Die Abgrenzung der vermögensverwaltenden von der **gewerblich tätigen Personengesellschaft** ist insoweit von steuerlicher Relevanz, als dass das Gesellschaftsvermögen einer vermögensverwaltenden Personengesellschaft als **Privatvermögen** qualifiziert wird, während eine gewerbliche Personengesellschaft über **Betriebsvermögen** verfügt. 431

Dies hat Konsequenzen nicht nur für die Besteuerung der laufenden Einkünfte, die durch die Gesellschaft erzielt werden, sondern auch für die Frage, ob überhaupt und wenn ja, in welchem Umfang, ein Vermögenstransfer vom Gründer auf die Gesellschaft der Besteuerung unterworfen wird. Des Weiteren ist die Veräußerung von Wirtschaftsgütern aus einem Betriebsvermögen heraus grds. steuerpflichtig; im Privatvermögen gehaltene Wirtschaftsgüter können demgegenüber weitgehend ohne Steuerbelastung veräußert werden, sofern die Veräußerung außerhalb der 10-jährigen Haltefrist des § 23 Abs. 1 EStG erfolgt.

Zusätzlich ist bei einer gewerblichen Personengesellschaft Folgendes zu beachten: Eine gewerbliche Personengesellschaft erzielt stets und in vollem Umfang Einkünfte aus Gewerbebetrieb. Unterhält sie mit einem Teil der Immobilien einen Gewerbebetrieb, während sie mit einem anderen Teil ihrer Immobilien dem Grunde nach reine Vermögensverwaltung betreibt, infiziert die gewerbliche Tätigkeit der Gesellschaft die daneben bestehende vermögensverwaltende Tätigkeit.[724] Dies hat zur Folge, dass sämtliche Einkünfte der Gesellschaft als Einkünfte aus Gewerbebetrieben zu qualifizieren, entsprechend auf Ebene des Gesellschafters zu versteuern sind und darüber hinaus grds. auch der Gewerbesteuer unterliegen.[725] 432

Eine steuerfreie Veräußerung von Immobilien aus dem Gesellschaftsvermögen einer gewerblichen Personengesellschaft ist daher auch insoweit nicht möglich, als die Immobilie aufgrund ihrer Nutzung oder aufgrund ihrer langen Haltedauer eigentlich einer reinen Vermögensverwaltung zuzuordnen wäre.[726]

Für steuerliche Zwecke werden jedoch sowohl die vermögensverwaltende als auch die gewerbliche Personengesellschaft als transparent angesehen. Das be- 433

723 Gersch in Klein, AO, 11. Aufl. 2012, § 14 Rz. 14, 17; ausführlich zur Abgrenzung zwischen vermögensverwaltender und gewerblicher Tätigkeit siehe Greiser/Rotter, Immobilien im Betriebsvermögen, 1. Aufl. 2016, S. 86 Rz. 263.

724 § 15 Abs. 3 Nr. 1 EStG.

725 Die Gewerbesteuer kann jedoch in den Grenzen des § 35 EStG auf die Einkommensteuerschuld der Gesellschafter angerechnet werden.

726 Greiser/Rotter, Immobilien im Betriebsvermögen, 1. Aufl. 2016, S. 95 Rz. 278 ff.

deutet, dass für steuerliche Zwecke die Gesellschafter einer Personengesellschaft so behandelt werden, als hielten sie das auf ihre Beteiligung rechnerisch anteilig entfallende Gesellschaftsvermögen unmittelbar und als erzielten sie die von der Gesellschaft erwirtschafteten Erträge ebenfalls unmittelbar entsprechend ihrer Beteiligungsquote. Die steuerliche Zurechnung erfolgt bei gewerblichen bzw. gewerblich geprägten Personengesellschaften über § 15 Abs. 1 Satz 1 Nr. 2 EStG und für vermögensverwaltende Personengesellschaften über § 39 Abs. 2 Nr. 2 AO jeweils i. V. mit § 180 Abs. 1 Satz 1 Nr. 2 Buchst. a AO.[727]

aa) Vermögensverwaltende Personengesellschaft

434 Sollen Immobilien des Privatvermögens in das (Privat-)Vermögen einer vermögensverwaltenden Personengesellschaft eingelegt werden, ist zu prüfen, ob dieser Vermögenstransfer einen nach § 23 Abs. 1 Satz 1 Nr. 1 EStG **steuerpflichtigen Veräußerungsvorgang** darstellt. Unabhängig von Haltefristen[728] setzt dies zunächst das Vorliegen einer **Veräußerung**, d. h. eine Übertragung auf einen anderen Rechtsträger gegen Entgelt oder eine andere Gegenleistung, voraus.

(1) Abgrenzung entgeltliche/unentgeltliche Übertragung

435 Die Übertragung einer Immobilie aus dem Privatvermögen eines Gesellschafters in das Vermögen einer vermögensverwaltenden Personengesellschaft führt unter einkommensteuerlichen Gesichtspunkten insoweit nicht zu einer (entgeltlichen) Veräußerung der Immobilie, als der bisherige Eigentümer am Vermögen der empfangenden Gesellschaft beteiligt ist. Denn auch nach der Einlage der Immobilie in die Personengesellschaft ist das Vermögen der KG den Gesellschaftern entsprechend ihrer Beteiligungsquote steuerlich zuzurechnen.[729] **Es fehlt steuerlich** daher an einem **Rechtsträgerwechsel**, soweit dem jeweiligen Gesellschafter nach der Übertragung der Immobilie auf die Gesamt-

727 BFH, Urteil v. 16.12.2008 - VIII R 83/05 NWB OAAAD-21104; Wagner in BeckOK, AO, 5. Ed. 2018, § 180 Rz. 76; Ratschow in Klein, AO, 13. Aufl. 2016, § 180 Rz. 9; Koenig, AO, 5. Aufl. 2024, § 180 Rz. 18; Brühl in BeckOK, AO, 5. Ed. 2018, § 39 Rz. 495; Greiser/Rotter, Immobilien im Betriebsvermögen, 1. Aufl. 2016, S. 104 Rz. 299.

728 Die Zeitspanne zwischen Erwerb und Veräußerung einer fremdvermieteten Immobilie muss grds. mehr als zehn Jahre betragen, damit ein eventueller Veräußerungsgewinn im Privatvermögen steuerfrei vereinnahmt werden kann, § 23 Abs. 1 Satz 1 Nr. 1 Satz 1 EStG. Bei ausschließlich selbstgenutzten Immobilien im Privatvermögen sind grds. keine Haltefristen zu beachten, eine steuerfreie Veräußerung ist daher jederzeit möglich, § 23 Abs. 1 Satz 1 Nr. 1 Satz 3 EStG.

729 § 39 Abs. 2 Nr. 2 AO.

hand die Immobilie weiterhin nach § 39 Abs. 2 Nr. 2 AO zuzurechnen ist und seinen bisherigen Miteigentumsanteil nicht übersteigt.[730]

BEISPIEL: Mutter M errichtet eine Familien-GmbH & Co. KG, an der sie als Kommanditistin zu 100 % beteiligt ist. Die Komplementär-GmbH ist am Kapital und Vermögen der KG nicht beteiligt. M bringt die in ihrem Alleineigentum stehende Immobilie K-Straße in die KG ein.

Da M die Immobilie auch nach dem Transfer auf die KG wirtschaftlich zu 100 % zuzurechnen ist, erfüllt der Vorgang aus ertragsteuerlicher Sicht nicht den Tatbestand einer (entgeltlichen) Veräußerung. § 23 EStG gelangt nicht zur Anwendung. Ein steuerpflichtiger Veräußerungsvorgang liegt in diesem Fall nicht vor.

Ist der die Immobilie einlegende Gesellschafter hingegen nicht zu 100 % vermögensmäßig an der KG beteiligt, sondern neben anderen **Mitgesellschaftern** nur zu einer geringeren Quote, gilt die Steuerneutralität der Einlage zunächst nur für die dem Einlegenden über seinen Gesellschaftsanteil weiterhin zuzurechnenden Anteil am Gesellschaftsvermögen, d. h. an der eingebrachten Immobilie. Hinsichtlich des Anteils am Gesellschaftsvermögen, der den anderen Gesellschaftern zuzurechnen ist, wird weiter zu prüfen sein, ob der Immobilientransfer insoweit **entgeltlich oder unentgeltlich** erfolgt ist. 436

Erbringen die Mitgesellschafter keine Gegenleistung – legen sie z. B. nicht ihrerseits Immobilien in die KG ein oder übernehmen sie bzw. übernimmt die KG im Gegenzug keine Verbindlichkeiten des einbringenden Gesellschafters – vollzieht sich der Vermögenstransfer des Einbringenden im Verhältnis zu den anderen Gesellschaftern **unentgeltlich**. Es liegt folglich eine **Schenkung** vom Einbringenden an die anderen Mitgesellschafter jeweils in Höhe der Beteiligungsquote des einzelnen Mitgesellschafters an der KG vor.[731]

BEISPIEL: Mutter M und Vater V gründen die Immobilien-KG, an der M zu 60 % und V zu 40 % beteiligt sind. M bringt die in ihrem Alleineigentum stehende Immobilie K-Straße in die KG ein. Auf der Immobilie lasten keine Hypotheken oder Grundschulden mehr. V leistet keine Einlage.

Soweit M an der KG beteiligt ist und ihr die Immobilie auch nach Übertragung auf die KG gem. § 39 Abs. 2 Nr. 2 AO zuzurechnen ist (60 %), ist der Vorgang steuerlich unbeachtlich; es liegen weder ein Veräußerungsvorgang noch eine Schenkung vor. Soweit nach der Übertragung hingegen V die Immobilie steuerlich zugerechnet wird (40 %), hat er einen Vermögensvorteil erhalten, für den er keine Gegenleistung erbracht hat. Der Vorgang gilt als unentgeltliche Zuwendung des hälftigen Miteigen-

730 BFH, Urteil v. 18.10.2011 - IX R 15/11 NWB ZAAAD-97578; BFH, Urteil v. 2.4.2008 - IX R 18/06, BStBl 2008 II S. 679 NWB SAAAC-80792; BMF, Schreiben v. 5.10.2000 - IV C 3 - S 2256 - 263–00, BStBl 2000 I S. 1383 NWB YAAAA-76811; Wacker, DStR 2005 S. 2014.

731 Wacker, a. a. O., S. 2018; Gebel in Troll/Gebel/Jülicher, ErbStG, § 7 Rz. 185 ff.; Schuck in Viskorf/Schuck/Wälzholz, ErbStG, § 7 Rz. 179; BFH, Urteil v. 5.2.2020 - II R 9/17, BStBl 2020 II S. 658 NWB OAAAH-55223; BFH, Urteil v. 14.9.1994 - II R 95/92, BStBl 1995 II S. 81 NWB YAAAA-95402.

tumsanteils an der eingebrachten Immobilie von M an V, § 10 Abs. 1 Satz 4 ErbStG.[732] Im Verhältnis zwischen M und V kommen der für Ehegatten geltende persönliche Schenkungsteuerfreibetrag und die Steuersätze der Steuerklasse I zur Anwendung.

437 Bringen hingegen auch die anderen Gesellschafter Immobilien in die KG ein, liegen insoweit **Veräußerungsvorgänge** der einbringenden bzw. Anschaffungsvorgänge der übrigen Mitgesellschafter vor, als sich der Anteil des jeweils einbringenden Gesellschafters an der eingebrachten Immobilie gegenüber seiner bisherigen Eigentumsquote verringert bzw. als sich der Anteil der übrigen Mitgesellschafter an der jeweiligen Immobilie erhöht. Im Verhältnis der Gesellschafter untereinander liegen Tauschgeschäfte vor.[733]

BEISPIEL: Mutter M und Vater V gründen gemeinsam die Immobilien-KG. M erhält eine Beteiligung von 60 %, V von 40 %. M bringt die Immobilie 1 und V die Immobilie 2 in die KG ein.

In Bezug auf die Immobilie 1 erfolgt der Transfer auf die KG zu 60 % steuerneutral, da M nach der Übertragung weiterhin 60 % der Immobilie steuerlich zugerechnet werden. 40 % der Immobilie gelten hingegen als an V veräußert. Diese anteilige Veräußerung, vielmehr der anteilig hierauf entfallende Veräußerungsgewinn, unterliegt der Einkommensteuer nach § 23 Abs. 1 Nr. 1 EStG, wenn – sofern es sich um eine fremdvermietete Immobilie handelt – der Zeitraum zwischen Anschaffung und Übertragung auf die KG maximal zehn Jahre beträgt. Wurde die auf die KG übertragene Immobilie zumindest im Jahr der Einbringung und den vorangegangenen beiden Jahren in vollem Umfang selbstgenutzt oder befindet sie sich bereits länger als zehn Jahre im Eigentum der M, vollzieht sich der Vorgang steuerneutral; ein steuerpflichtiges privates Veräußerungsgeschäft liegt dann nicht vor.

Entsprechend ist die Übertragung der Immobilie 2 zu werten: der Transfer auf die KG erfolgt hier zu 40 % steuerneutral; i. H. von 60 % liegt ein Veräußerungsgeschäft von V an M vor, das je nach bisheriger Nutzung und Dauer der Zugehörigkeit zum Privatvermögen des V zu einem steuerbaren oder nicht steuerbaren Vorgang führt.

438 Werden bei der Ausstattung der Familiengesellschaft Veräußerungsvorgänge getätigt, könnte der einlegende Gesellschafter darüber hinaus den Tatbestand eines gewerblichen Grundstückshandels verwirklichen.

(2) Gewerblicher Grundstückshandel

439 Von einem gewerblichen Grundstückshandel spricht man insbesondere dann, wenn ein Steuerpflichtiger umfangreiche Immobilientransaktionen tätigt, die

732 § 10 Abs. 1 Satz 4 ErbStG lautet: „Der unmittelbare oder mittelbare Erwerb einer Beteiligung an einer Personengesellschaft oder einer anderen Gesamthandsgemeinschaft, die nicht unter § 97 Abs. 1 Satz 1 Nr. 5 des Bewertungsgesetzes fällt, gilt als Erwerb der anteiligen Wirtschaftsgüter; ...“.

733 BFH, Urteil v. 2.4.2008 - IX R 18/06, BStBl 2008 II S. 679 NWB SAAAC-80792; Wacker, DStR 2005 S. 2014 (dort insbesondere Gliederungspunkt 3.5).

ihn wie einen Händler erscheinen lassen. Das äußere Bild seines Handelns geht dann über die üblichen Tätigkeiten einer reinen Vermietung und Verpachtung seiner Immobilien hinaus;[734] er agiert am Markt wie ein Gewerbetreibender, der seinen Gewinn insbesondere durch häufiges Umschichten, d.h. durch den kurzfristigen An- und Verkauf von Immobilien, erzielt.[735]

Liegen die Voraussetzungen eines solchen gewerblichen Grundstückshandels vor, sind grds. alle Immobilienveräußerungen der Einkommensteuer sowie darüber hinaus der Gewerbesteuer zu unterwerfen. Gleiches gilt für Vermietungs- und Verpachtungseinkünfte, die aus diesen Immobilien erzielt werden. Steuerlich werden die Immobilienaktivitäten damit insgesamt als gewerbliche Tätigkeit (Gewerbebetrieb) eingestuft. Steuerfreie Immobilienveräußerungen sind infolgedessen grds. nicht mehr möglich, da nach gesetzlicher Vermutung davon auszugehen ist, dass die von einem Gewerbetreibenden vorgenommenen Rechtsgeschäfte im Zweifel als zum Betrieb seines Handelsgewerbes gelten.[736] 440

Ob ein gewerblicher Grundstückshandel vorliegt, entscheiden Rechtsprechung und Finanzverwaltung anhand der sog. „**Drei-Objekt-Grenze**": Werden innerhalb eines Fünfjahreszeitraums mehr als drei Objekte im Sinne der Drei-Objekt-Grenze veräußert, ist die Veräußerung grds. gewerblich. Dies führt dann zur Gewerblichkeit aller – also auch der ersten drei – Objektveräußerungen.[737] 441

Berücksichtigungsfähig sind aber nur die Objekte, bei denen ein enger zeitlicher Zusammenhang zwischen Errichtung bzw. Erwerb und Veräußerung der Objekte gegeben ist. Dies ist der Fall, wenn die Zeitspanne zwischen Fertig-

734 Sofern die Veräußerung der Immobilie noch zum letzten Akt der Fruchtziehung zählt, liegt Vermögensverwaltung vor: BFH, Urteil v.10.8.1983 - I R 120/80, BStBl 1984 II S.137 NWB MAAAB-02832; BFH, Urteil v.29.4.1987 - I R 10/86, BStBl 1987 II S.603 NWB VAAAA-92380; FG Berlin-Brandenburg, Beschluss v.20.9.2010 - 6 V 6140/10 NWB ZAAAD-55655; steht die Substanzverwertung durch Umschichtung im Vordergrund, liegt gewerbliches Handeln vor: BFH, Urteil v.15.12.1971 - FH I R 179/68, BStBl 1972 II S.279; BFH, Urteil v.29.4.1987 - I R 191/72, BStBl 1973 II S.260 NWB BAAAA-99497; BFH, Urteil v.29.3.1973 - I R 153/71, BStBl 1973 II S.661 NWB MAAAA-99664; BFH, Urteil v.28.9.1987 - VIII R 46/84, BStBl 1988 II S.65 NWB FAAAA-92624; vgl. auch BFH, Beschluss v.26.4.2000 - III B 47/99 NWB HAAAA-65513.

735 Zu den Voraussetzungen und zum Umfang eines gewerblichen Grundstückshandels in Abgrenzung zur reinen Vermögensverwaltung siehe BMF, Schreiben v.26.3.2004 - IV A 6 - S 2240, BStBl 2004 I S.434 (im Folgenden Grundstückshandel-Erlass); Greiser/Rotter, Immobilien im Betriebsvermögen, 1.Aufl. 2016, S.89 Rz.269; Nacke, Immobilienbesteuerung bei Erwerb, Besitz, Veräußerung, 1.Aufl. 2016, S.251ff.

736 BMF, Grundstückshandel-Erlass, Tz.32 mit Verweis auf § 344 Abs.1 HGB.

737 BMF, Grundstückshandel-Erlass, Tz.5. Die zeitliche Grenze hat allerdings keine starre Bedeutung. Ein gewerblicher Grundstückshandel kann z.B. bei einer höheren Zahl von Veräußerungen nach Ablauf dieses Zeitraums, aber auch bei einer hauptberuflichen Tätigkeit im Baubereich vorliegen.

stellung bzw. Erwerb und der Veräußerung eines Objektes nicht mehr als fünf Jahre beträgt.

Nicht als **Zählobjekte** im Sinne der Drei-Objekt-Grenze gelten hingegen Immobilien, die bis zum Verkauf für mindestens zehn Jahre durch Vermietung oder für mindestens fünf Jahre zu eigenen Wohnzwecken genutzt wurden.[738] Werden also bisher selbstgenutzte Immobilien entgeltlich auf die Familien-KG übertragen, sind diese Objekte für die Frage, ob überhaupt ein gewerblicher Grundstückshandel vorliegt, nicht relevant. Gleiches gilt für die Objekte, die seit mehr als zehn Jahren vermietet werden. Darüber hinaus sollen auch solche Immobilien nicht als Zählobjekte im Sinne eines gewerblichen Grundstückshandels anzusehen sein, die der Steuerpflichtige langfristig, d.h. über fünf Jahre hinaus, zu Wohnzwecken vermietet hat.[739]

bb) Gewerblich tätige bzw. gewerblich geprägte Personengesellschaft

442 Auch wenn Immobilientätigkeiten zunächst vermögensverwaltender Natur sind und eine Familien-KG damit als vermögensverwaltende Personengesellschaft errichtet werden kann, besteht die Möglichkeit, sich bewusst für die Errichtung einer gewerblichen Familien-KG zu entscheiden. So kann bspw. eine Personengesellschaft errichtet werden, deren Tätigkeit gewerblicher Natur ist[740] oder alternativ eine Personengesellschaft, bei der ausschließlich eine oder mehrere Kapitalgesellschaften persönlich haftende Gesellschafter sind und nur diese, oder Personen, die nicht Gesellschafter sind, zur Geschäftsführung befugt sind (gewerblich geprägte Personengesellschaft).[741] Diese Gesellschaft verfügt dann aus steuerlicher Sicht nicht mehr über Privatvermögen, sondern über Betriebsvermögen. Hinsichtlich der Übertragung von Immobilien aus dem Privatvermögen in das Betriebsvermögen einer Personengesellschaft stellen sich auch hier – ebenso wie zuvor bei der Übertragung auf eine vermögensverwaltende Personengesellschaft – die beiden Fragen, ob der Vermögenstransfer beim Einbringenden zu einer Veräußerung und damit zu steuerpflichtigen Veräußerungsgeschäften gem. § 23 EStG führt und ob hierdurch ein gewerblicher Grundstückshandel verwirklicht bzw. ausgelöst werden kann.

---

738 BMF, Grundstückshandel-Erlass, Tz. 2 und 10; BFH, Urteil v. 6.4.1990 - III R 28/87, BStBl 1990 II S. 1057 NWB HAAAA-93053; BFH, Urteil v. 16.10.2002 - X R 74/99, BStBl 2003 II S. 245 NWB VAAAA-89458; BFH, Urteil v. 18.9.2002 - X R 28/00, BStBl 2003 II S. 133 NWB BAAAA-89430.

739 BMF, Grundstückshandel-Erlass, Tz. 30.

740 Siehe zuvor Kapitel D. III. 3. a) Rz. 440.

741 § 15 Abs. 3 Nr. 2 EStG.

(1) Abgrenzung entgeltliche/unentgeltliche Übertragung

443 Wird ein Wirtschaftsgut **aus dem Privatvermögen in das Betriebsvermögen** einer gewerblichen Personengesellschaft übertragen[742] und erhält der Übertragende im Gegenzug **Gesellschaftsrechte** (z. B. – zusätzliche – Gewinnbezugsrechte, Auseinandersetzungsansprüche, Entnahmerechte), liegt ein **tauschähnlicher Vorgang** vor, der steuerlich einer **Veräußerung** des Wirtschaftsgutes gleichgestellt ist.[743] Die Gewährung von Gesellschaftsrechten vollzieht sich auf Gesellschafterebene, indem der Wert des eingelegten Wirtschaftsgutes demjenigen Kapitalkonto des Gesellschafters, nach dem sich die maßgebenden Gesellschaftsrechte, insbesondere das Gewinnbezugsrecht, richten (i. d. R. Kapitalkonto I) gutgeschrieben wird.[744] Wird der Wert des Wirtschaftsgutes alternativ einem Darlehenskonto des Gesellschafters gutgeschrieben, erhält der Gesellschafter also eine Forderung gegen die Gesellschaft, vollzieht sich der Vermögenstransfer im Wege eines unmittelbaren Veräußerungsvorgangs. Aus steuerlicher Sicht handelt es sich damit in beiden Fällen auf Ebene des einlegenden Gesellschafters um eine Veräußerung, die grds. geeignet ist, eine Steuerpflicht gem. § 23 Abs. 1 Nr. 1 EStG nach sich zu ziehen.[745]

444 Lediglich in dem Fall, in dem der Wert des eingelegten Wirtschaftsgutes nicht individuell dem Einlegenden gutgeschrieben, sondern auf einem **gesamthänderisch gebundenen Rücklagenkonto** oder einem variablen Kapitalkonto (insbesondere Kapitalkonto II) erfasst wird, ist von einer **unentgeltlichen Übertragung** (sog. **verdeckte Einlage**) auszugehen.[746] Nach neuerer Ansicht des BFH, der sich die Finanzverwaltung angeschlossen hat, ist das Rechtsgeschäft immer dann als unentgeltlich anzusehen, wenn der Wert des Wirtschaftsgutes vollständig auf dem Rücklagenkonto und/oder einem variablen Kapitalkonto verbucht wird. Sobald auch nur ein Teil des Werts auf dem festen Kapitalkonto erfasst wird, gilt die Übertragung insgesamt als entgeltlich.[747] Unentgeltliche Übertragungen qualifizieren üblicherweise nicht als Veräußerungen mit der

742 Zur Entstehung einer gewerblich geprägten Personengesellschaft siehe oben Kapitel D. III. 2. c) Rz. 422. Grundstücke, die vor Eintragung der KG im Handelsregister auf die KG übertragen werden, werden nicht in ein Betriebsvermögen, sondern in ein Privatvermögen überführt. Die gewerblich geprägte KG gilt bis zur Eintragung als vermögensverwaltende GbR.

743 BFH, Urteil v. 24.1.2008 - IV R 37/06, BStBl 2011 II S. 617 NWB KAAAC-75962; BFH, Urteil v. 17.7.2008 - I R 77/06, BStBl 2009 II S. 464 NWB NAAAC-92663; BMF, Schreiben v. 11.7.2011 - IV C 6 - S 2178/09/10001, BStBl 2011 I S. 713 NWB EAAAF-79169.

744 BFH, Urteil v. 29.7.2015 - IV R 15/14, BStBl 2015 II S. 593 NWB HAAAF-49311; BFH, Urteil v. 4.2.2016 - IV R 46/12, BStBl 2016 II S. 607 NWB TAAAF-69016; BMF, Schreiben v. 26.7.2016 - IV C 6 - S 2178/09/10001, BStBl 2016 I S. 684 NWB EAAAF-79169.

745 BMF, Grundstückshandel-Erlass, Tz. 7.

746 Siehe Kapitel D. III. 3. a) Rz. 442 FN 683.

747 Siehe Rz. 442 FN 683; zur Bewertung der Einlage vgl. § 4 Abs. 1 Satz 8 i. V. mit § 6 Abs. 1 Nr. 5 EStG.

Folge, dass dementsprechend auch kein steuerpflichtiger Veräußerungsvorgang realisiert werden kann. Ausnahmsweise gilt im Rahmen des **§ 23 Abs. 1 Satz 5 Nr. 1 EStG** jedoch etwas anderes: Danach gilt die Einlage eines Wirtschaftsgutes in ein Betriebsvermögen als Veräußerung, wenn innerhalb von zehn Jahren seit Anschaffung[748] das eingelegte Wirtschaftsgut aus dem Betriebsvermögen veräußert wird. Wird also die Immobilie im Wege der verdeckten Einlage in das Betriebsvermögen einer gewerblichen Familien-KG übertragen und veräußert die Familien-KG diese Immobilie innerhalb von zehn Jahren seit Anschaffung durch den Einlegenden, gilt die Einlage in das Vermögen der KG als Veräußerung durch den Einlegenden mit der Folge, dass der Anwendungsbereich des § 23 Abs. 1 EStG (steuerpflichtiges Veräußerungsgeschäft) eröffnet ist. Der steuerpflichtige Veräußerungsgewinn bezieht sich dabei jedoch lediglich auf die stillen Reserven, die sich im Privatvermögen gebildet haben; die Wertsteigerung während der Zugehörigkeit der Immobilie zum Betriebsvermögen der Personengesellschaft ist insoweit steuerlich unerheblich.[749]

HINWEIS:

Die zuvor dargelegten Grundsätze gelten selbst dann, wenn Wirtschaftsgüter auf eine sog. Einmann-GmbH & Co. KG übertragen werden, also auf eine KG, deren alleiniger Kommanditist der Einlegende ist, der darüber hinaus sämtliche Geschäftsanteile an der Komplementär-GmbH hält.[750] Trotz der 100%igen Beteiligung des Kommanditisten an der KG und des daraus resultierenden Fehlens eines wirtschaftlichen Rechtsträgerwechsels kann (nachträglich) eine Veräußerung vorliegen. Diese Regelung soll nämlich sicherstellen, dass die Einlage in das Betriebsvermögen nicht eine Umgehung des § 23 Abs. 1 EStG ermöglicht.

Ein den Tatbestand des § 23 EStG eröffnender Veräußerungsvorgang liegt einzig und allein dann nicht vor, wenn eine Immobilie im Wege einer verdeckten Einlage[751] in das Betriebsvermögen einer gewerblichen Familien-KG überführt wird und die KG diese Immobilie bis zum Ablauf von zehn Jahren seit Anschaffung durch den Einlegenden hält.

748 Damit ist die Anschaffung beim Einlegenden gemeint. Es sollen die im Privatvermögen entstandenen stillen Reserven nur dann erfasst werden, falls es auch ohne die zwischenzeitliche Einlage zu einem steuerpflichtigen Veräußerungsgeschäft gekommen wäre (Glenk in Blümich, EStG, § 23 Rz. 139).

749 § 23 Abs. 3 Satz 2 EStG; Glenk/Ratschow in Blümich, EStG, § 23 Rz. 142.

750 BMF-Schreiben v. 11.7.2011 - IV C 6 -S 2178/09/10001, BStBl 2011 I S. 713 NWB EAAAF-79169, Punkt II. 2. C des BMF-Schreibens.

751 Das bedeutet vollständige Verbuchung auf einem gesamthänderisch gebundenen Rücklagenkonto und/oder einem variablen Kapitalkonto, siehe Kapitel D. III. 3. a) Rz. 446 FN 696.

445 Die entgeltliche Übertragung einer Immobilie in das Vermögen der KG kann insbesondere dann sinnvoll sein, wenn **neues AfA-Potenzial** geschaffen werden soll. Handelt es sich bei der einzubringenden Immobilie bspw. um ein Mietwohngrundstück oder um ein gewerbliches Mietobjekt, das sich bereits seit Jahren im Eigentum des Einbringenden befindet, wird das Gebäude möglicherweise schon vollständig abgeschrieben sein. Die entgeltliche Anschaffung durch die Familien-KG eröffnet dann ertragsteuerlich eine neue AfA-Reihe. Hatte der Einbringende die Immobilie seit mehr als zehn Jahren im Bestand, kann dieser Vorteil sogar **steuerneutral** genutzt werden, da die Voraussetzungen eines steuerpflichtigen Veräußerungsgeschäfts gem. § 23 Abs. 1 Nr. 1 EStG außerhalb der Haltefrist nicht erfüllt werden.

HINWEIS:

Die Nutzung neuen AfA-Potenzials gelingt nicht, wenn die Immobilie unter Nießbrauchvorbehalt in die Familiengesellschaft eingebracht werden soll. Da die Mieterträge in diesem Fall (weiterhin) dem Nießbrauchberechtigten zustehen, erzielt die KG keine Einkünfte, von denen sie die AfA steuermindernd abziehen könnte.[752] Darüber hinaus sollte bei einer entgeltlichen Übertragung von Immobilien immer die Gefahr eines gewerblichen Grundstückshandels im Auge behalten werden.

446 Soweit eine unentgeltliche Übertragung auf die Familien-KG erfolgt, löst der Vorgang beim Einlegenden keine Ertragsteuerbelastung aus. Stattdessen ergeben sich aber schenkungsteuerliche Konsequenzen im Verhältnis zwischen Einlegendem und eventuellen Mitgesellschaftern.[753]

(2) Gewerblicher Grundstückshandel

447 Immobilientransfers, die sich als entgeltliche Veräußerungen qualifizieren, können bei Vorliegen der weiteren Voraussetzungen auf Ebene des Einbringenden einen gewerblichen Grundstückshandel begründen. Dies gilt insbesondere auch für die Einbringung eines Grundstücks in eine Personengesellschaft gegen Gewährung von Gesellschaftsrechten.[754] Die vollständige Verbuchung des

752 Siehe zu diesem Themenkomplex Kapitel D. I. 1. d) Rz. 371 ff. und Kapitel D. I. 2. c) Rz. 380 f.

753 BFH, Urteil v. 14.9.1994 - II R 95/92, BStBl 1995 II S. 81 NWB YAAAA-95402; Schuck in Viskorf/Schuck/Wälzholz, ErbStG, § 7 Rz. 179; Gebel in Troll/Gebel/Jülicher/Gottschalk, ErbStG, 54. Erg.-Lfg. 2017, § 7 Rz. 263; zur Bestimmung des Zuwendungsgegenstandes siehe Gebel in Troll/Gebel/Jülicher/Gottschalk, ErbStG, § 7 Rz. 115 ff., mit weiteren Literaturhinweisen.

754 BFH, Urteil v. 19.9.2002 - X R 160/97 NWB RAAAA-69639; FG Baden-Württemberg, Urteil v. 16.4.2013 - 8 K 3100/11, DStR 2014 S. 526 NWB GAAAE-44051; BMF, Grundstückshandel-Erlass, Tz. 7.

Werts der eingelegten Immobilie auf einem gesamthänderisch gebundenen Rücklagenkonto und/oder einem variablen Kapitalkonto[755] schließt hingegen in Bezug auf diese Immobilienübertragung den Anwendungsbereich des gewerblichen Grundstückshandels aus; es liegt keine relevante Veräußerung im Sinne eines gewerblichen Grundstückshandels vor.

b) Kapitalgesellschaft (GmbH)

448 Auch die Übertragung von Immobilien auf eine Familiengesellschaft in Form einer GmbH kann entweder

- im Rahmen einer echten Veräußerung (die GmbH zahlt dem Einbringenden einen marktüblichen Kaufpreis bzw. der Einbringende erwirbt eine (Darlehens-)Forderung, die marktüblichen Bedingungen entspricht) oder
- als offene Einlage (d. h. gegen Gewährung von Gesellschaftsrechten) oder
- im Wege einer verdeckten Einlage[756] (Verbuchung auf dem Kapitalrücklagenkonto)

erfolgen.

Alle drei Varianten stellen **Veräußerungsvorgänge i. S. des § 23 Abs. 1 EStG** dar und führen bei Vorliegen der sonstigen Voraussetzungen[757] zu steuerpflichtigen Veräußerungsgewinnen.[758] Darüber hinaus gelten die „echte" Veräußerung sowie die Übertragung im Wege einer offenen Einlage als Veräußerungen im Sinne eines gewerblichen Grundstückshandels.[759]

449 Eine aus ertragsteuerlicher Sicht steuerneutrale Übertragung von Immobilien auf eine Familien-GmbH, die nicht zur Aufdeckung und Versteuerung stiller Reserven führt, ist daher nicht möglich, sofern nicht ausschließlich Immobilien, bei denen die Haltefrist des § 23 EStG bereits abgelaufen ist, auf die GmbH transferiert werden. Darüber hinaus kann nur im Wege einer verdeckten Ein-

---

755 BFH, Urteil v. 29.7.2015 - IV R 15/14, BStBl 2015 II S. 593 NWB HAAAF-49311; BFH, Urteil v. 4.2.2016 - IV R 46/12, BStBl 2016 II S. 607 NWB TAAAF-69016; BMF, Schreiben v. 26.7.2016 - IV C 6 - S 2178/09/10001, BStBl 2016 I S. 684 NWB EAAAF-79169.

756 Eine verdeckte Einlage liegt vor, wenn ein Gesellschafter „seiner" Kapitalgesellschaft außerhalb gesellschaftsrechtlicher Einlagen Wirtschaftsgüter zuwendet und die Zuwendung ihre Ursache im Gesellschaftsverhältnis hat (st. Rspr., z. B. BFH, Urteil v. 15.10.1997 - I R 80/96 NWB LAAAB-38968). Die Ursächlichkeit des Gesellschaftsverhältnisses ist nur dann gegeben, wenn ein Nichtgesellschafter bei Anwendung der Sorgfalt eines ordentlichen Kaufmanns den Vermögensvorteil der Gesellschaft nicht eingeräumt hätte, was grds. durch Fremdvergleich festzustellen ist (R 40 KStR 2004).

757 Siehe Kapitel D. III. 3. Rz. 434.

758 Bezüglich der verdeckten Einlage siehe § 23 Abs. 1 Satz 5 Nr. 2 EStG.

759 BFH, Urteil v. 19.9.2002 - X R 160/97 NWB RAAAA-69639; BMF, Grundstückshandel-Erlass, Tz. 7.

lage verhindert werden, dass ein Immobilientransfer vor Ablauf der Haltefrist des § 23 EStG im Rahmen der Drei-Objekt-Grenze eines gewerblichen Grundstückshandels berücksichtigt wird. Sind jedoch an der GmbH weitere Gesellschafter beteiligt, löst die **verdeckte Einlage** nur eines Gesellschafters **schenkungsteuerliche Folgen** aus, soweit sie zu einer **Werterhöhung der Gesellschaftsanteile der anderen Gesellschafter** führt. Denn gem. **§ 7 Abs. 8 Satz 1 ErbStG** gilt die Werterhöhung von Anteilen an einer Kapitalgesellschaft, die ein Gesellschafter durch Leistung einer anderen Person an die Gesellschaft erlangt, als Schenkung. Dies gilt im Übrigen selbst dann, wenn die verdeckte Einlage innerhalb der Haltefrist des § 23 Abs. 1 EStG erfolgt und bereits ertragsteuerliche Konsequenzen nach sich gezogen hat. Dann liegt im Verhältnis zwischen Einbringendem und Gesellschaft ein Veräußerungsvorgang und zwischen Einbringendem und Mitgesellschaftern eine Schenkung vor.

4. Grunderwerbsteuerliche Besonderheiten der Einbringung von Immobilien

a) Personengesellschaft (GbR, KG, GmbH & Co. KG)

Die Übertragung einer bisher im unmittelbaren Eigentum eines Gesellschafters 450
gehaltenen inländischen Immobilie auf eine Personengesellschaft führt zu einem zivilrechtlichen Rechtsträgerwechsel, der grds. geeignet ist, Grunderwerbsteuer nach § 1 Abs. 1 Nr. 1 GrEStG auszulösen. Nach dieser Vorschrift unterliegt ein Kaufvertrag oder ein anderes Rechtsgeschäft, das den Anspruch auf Übereignung einer Immobilie begründet, der Grunderwerbsteuer. Aus grunderwerbsteuerlicher Sicht ist es dabei irrelevant, ob es sich bei der empfangenden Personengesellschaft um eine GbR oder eine Kommanditgesellschaft handelt und ob diese vermögensverwaltend oder gewerblich tätig ist.

Bemessungsgrundlage für die Grunderwerbsteuer ist die jeweilige **Gegenleistung** oder – im Falle der Unentgeltlichkeit bzw. bei Erwerbsvorgängen auf gesellschaftsvertraglicher Grundlage – der nach den Vorschriften des Bewertungsgesetzes zu ermittelnde **Grundbesitzwert des übertragenen Grundstücks**, § 8 GrEStG. Die Vorschriften zur Bewertung des Grundvermögens für erbschaft- und schenkungsteuerliche Zwecke sind über den Verweis in § 8 GrEStG somit auch für die Ermittlung der grunderwerbsteuerlichen Bemessungsgrundlage relevant, soweit die Einlage des Grundstücks nicht gegen Zahlung eines Kaufpreises erfolgt. Der Steuertarif wird von den Bundesländern bestimmt und liegt derzeit zwischen 4,5 % in Hamburg und 6,5 % in Brandenburg, Nordrhein-Westfalen, Schleswig-Holstein und Thüringen.

451 Geht ein Grundstück von einem Alleineigentümer auf eine Gesamthand über, so wird die Steuer jedoch ausnahmsweise in Höhe des Anteils nicht erhoben, zu dem der Veräußerer am Vermögen der Gesamthand beteiligt ist.[760] Übertragen mehrere Miteigentümer eine Immobilie auf eine Gesamthand, entfällt entsprechend die Steuerpflicht, soweit der Anteil des Einzelnen am Vermögen der Gesamthand seinem bisherigen Bruchteil am Grundstück entspricht.[761] Unter den Begriff der **Gesamthand** fallen dabei Erbengemeinschaften und eheliche Gütergemeinschaften; über den Verweis in § 24 GrEStG[762] sind auch alle Personengesellschaften wie **GbR, oHG und KG** in die Begriffsbestimmung mit einbezogen. Kapitalgesellschaften fallen jedoch nicht hierunter.[763]

HINWEIS:

Die Steuerbefreiung des § 5 Abs. 2 GrEStG greift nicht nur bei der entgeltlichen, sondern auch bei der unentgeltlichen Einlage einer Immobilie in eine Personengesellschaft, auch wenn die Vorschrift auf den Anteil des „Veräußerers" am Vermögen der Gesamthand abstellt. Das Telos des Gesetzes zielt auf den Übergang eines Grundstücks auf eine Gesamthand. Auf die Entgeltlichkeit der Übertragung kommt es nicht an.[764]

452 Die Steuerbefreiung des § 5 Abs. 1 und 2 GrEStG fällt allerdings in dem Umfang wieder weg, in dem sich der Anteil des Einbringenden am Vermögen der Gesamthand (GbR, KG oder GmbH & Co. KG) innerhalb von zehn Jahren nach der Einbringung des jeweiligen Grundstücks vermindert.[765,766] Bei dieser Regelung handelt es sich um eine **Missbrauchsvermeidungsvorschrift**, die verhindern möchte, dass kurze Zeit nach Einbringung die Immobilie mittelbar im Wege

760 § 5 Abs. 2 GrEStG.

761 § 5 Abs. 1 GrEStG.

762 Die Vorschrift tritt mit Wirkung ab dem 1.1.2027 außer Kraft, BGBl 2023 I Nr. 411 v 29.12.2023 („MoPeG"). Aus heutiger Sicht ist vollkommen offen, wie sich die Rechtslage ab dem 1.1.2027 darstellen wird. Sollte bis zu diesem Zeitpunkt keine gesetzliche Neuregelung getroffen worden sein, wären Personengesellschaften für grunderwerbsteuerliche Zwecke nicht mehr transparent, sondern müssten wie Kapitalgesellschaften behandelt werden. Diese Rechtslage ist durch das Jahressteuergesetz 2024 [...] für bis zum 31.12.2026 verwirklichte Sachverhalte entschärft worden. Gemäß § 23 Abs. 7 GrEStG führt nun allein das Inkrafttreten des MoPeG nicht zu einer Verletzung laufender Nachbehaltensfristen.

763 Gleich lautende Erlasse der obersten Finanzbehörden der Länder v. 9.12.2015, BStBl 2015 I S. 1029 Tz. 2; Viskorf in Boruttau, GrEStG, 18. Aufl. 2016, § 5 Rz. 5 ff. Ebenso nicht die Bruchteilsgemeinschaft, da diese nicht über gesamthänderisch Gebundenes verfügt.

764 Viskorf in Boruttau, GrEStG, § 5 Rz. 13 ff.

765 § 5 Abs. 3 GrEStG.

766 Die Fünfjahresfrist ist taggenau zu berechnen und beginnt mit dem Übergang des Grundstücks auf die Gesamthand, Gleichlautende Erlasse der obersten Finanzbehörden der Länder v. 9.12.2015, BStBl 2015 I S. 1029 Tz. 6.; Pahlke, GrEStG, § 5 Rz. 92.

der Übertragung von Gesellschaftsanteilen grunderwerbsteuerfrei auf einen Dritten transferiert werden kann.[767]

BEISPIEL: V ist Alleineigentümer der Immobilie I. Zusammen mit S gründet er die I-KG, an deren Vermögen V zu 90% und S zu 10% beteiligt sind. V leistet seinen Gesellschafterbeitrag, indem er die Immobilie I in die KG einbringt. Aufgrund der dinglichen Mitberechtigung der Gesellschafter V und S am Gesellschaftsvermögen, ist V die Immobilie für grunderwerbsteuerliche Zwecke nun zu 90% und S zu 10% zuzurechnen. Der grds. steuerbare Immobilientransfer von V auf die KG unterliegt damit zunächst lediglich i.H.von 10% der Grunderwerbsteuer; i.H.von 90% greift die Steuerbefreiung des § 5 Abs. 2 GrEStG.

Überträgt V kurze Zeit später einen Teilkommanditanteil auf S oder einen Dritten und reduziert sich dadurch seine Beteiligung am Vermögen der I-KG auf bspw. 80%, entfällt i.H.von 10% des Immobilienwerts die Steuerbefreiung rückwirkend.

HINWEIS:

Neben der Übertragung eines existierenden Kommanditanteils kann sich die Beteiligung des einbringenden Gesellschafters am Gesellschaftsvermögen auch durch die Aufnahme eines neuen Gesellschafters mit eigener Einlageverpflichtung reduzieren.[768]

FORTFÜHRUNG DES BEISPIELS: Kurze Zeit nach Einbringung der Immobilie durch V nehmen V und S den D als neuen Gesellschafter gegen Leistung einer Bareinlage auf. Daraufhin sind an der I-KG V zu 75%, S zu 8% und D zu 17% beteiligt. Die Beteiligung des V am Gesellschaftsvermögen hat sich folglich um 15% (75% gegenüber 90% zum Zeitpunkt der Einbringung) reduziert, so dass sich die Steuerbefreiung rückwirkend i.H.von 15% bezogen auf die grunderwerbsteuerliche Bemessungsgrundlage reduziert.

Vermindert sich die Beteiligung des Einbringenden am Gesellschaftsvermögen 453
aufgrund des Versterbens des Einbringenden, greift § 5 Abs. 3 GrEStG nicht. Nach wie vor ist der Tod eines Gesellschafters kein Gestaltungsmittel, dem Missbrauchspotenzial anhaftet.[769] Aus dem gleichen Grund führt auch die schenkweise Übertragung eines Gesellschaftsanteils nicht zum Wegfall der Steuerbefreiung. Zwar liegt die Vornahme einer **Schenkung** regelmäßig im Einwirkungsbereich des Schenkers und kann selbstverständlich **als steuerliches Gestaltungsmittel** dienen; § 5 GrEStG wird in diesem Fall jedoch durch **§ 3 Nr. 2 GrEStG** ergänzt, wonach Grundstücksschenkungen unter Lebenden im Sinne

---

767 Viskorf in Boruttau, GrEStG, § 5 Rz. 76.

768 Zu weiteren Möglichkeiten siehe Gleich lautende Erlasse der obersten Finanzbehörden der Länder v. 9.12.2015, BStBl 2015 I S. 1029 Tz. 7.1.

769 Viskorf in Boruttau, GrEStG, § 5 Rz. 86; Pahlke, GrEStG, 7. Aufl. 2023, § 5 Rz. 76; Hofmann, BB 2000 S. 2605; Viskorf, DStR 2001 S. 1101.

des Erbschaft- und Schenkungsteuergesetzes von der Grunderwerbsteuer ausgenommen sind.[770]

454 Wenn die unmittelbare schenkweise Übertragung einer Immobilie keine Grunderwerbsteuer auslöst, kann nichts anderes für den Fall gelten, dass die Immobilie mittelbar über eine Beteiligung an einer grundbesitzhaltenden Personengesellschaft unentgeltlich übertragen wird.[771] Denn grunderwerbsteuerlich wird dem einzelnen Gesellschafter das Gesellschaftsvermögen aufgrund seiner gesamthänderischen Mitberechtigung im Verhältnis seiner Beteiligung am Gesellschaftsvermögen zugerechnet. Auch die unentgeltliche Übertragung eines Anteils an einer Immobilien-Personengesellschaft eröffnet daher den Anwendungsbereich des § 3 Nr. 2 GrEStG. Hatte jedoch der Schenker die Immobilie innerhalb der letzten fünf Jahre vor der schenkweisen Übertragung des Gesellschaftsanteils in die Immobilien-Personengesellschaft eingelegt, muss der Nachfolger die sich aus § 5 Abs. 3 GrEStG ergebende Fünf-Jahres-Frist des Einbringenden fortführen.[772] Überträgt er vor Ablauf dieser Fünf-Jahres-Frist den Gesellschaftsanteil an einen Dritten, bei dem keine (ergänzende) persönliche Steuerbefreiung nach § 3 GrEStG greift, lebt insoweit die Grunderwerbsteuerpflicht des Einbringungsvorgangs wieder auf.

455 Darüber hinaus sind gem. **§ 3 Nr. 4 und Nr. 6 GrEStG** Immobilienerwerbe durch den **Ehegatten** oder durch **Personen, die mit dem Veräußerer in gerader Linie verwandt sind** (z. B. Kinder) von der Grunderwerbsteuer ausgenommen. Diese Steuerbefreiungen greifen ebenfalls unabhängig davon ein, ob der Immobilientransfer entgeltlich oder unentgeltlich erfolgt. Darüber hinaus ergeben sich auch keine abweichenden Konsequenzen dadurch, dass Immobilien nicht unmittelbar auf Ehegatten oder Kinder, sondern zivilrechtlich gesehen auf eine KG, an der die genannten Personen beteiligt sind, übertragen werden. Zwar gelten die Personengesellschaften für Zwecke der Grunderwerbsteuer als selbständige Rechtsträger – Steuerschuldner ist somit die Personengesellschaft als solche –; gleichwohl findet im Hinblick auf Steuerbefreiungen ein Durchgriff statt mit der Folge, dass der Vermögenstransfer auf eine Personengesellschaft insoweit steuerfrei bleibt, als die **Gesellschafter die Voraussetzungen des § 3 GrEStG** erfüllen.[773] Die persönlichen Eigenschaften der Gesellschafter sind an-

770 Siehe oben Kapitel C. IV. Rz. 318 ff.

771 BFH, Urteil v. 7.10.2009 - II R 58/08, BStBl 2010 II S. 302 NWB DAAAD-33136; Viskorf in Boruttau, GrEStG, § 5 Rz. 103; Pahlke, GrEStG, § 3 Rz. 152.

772 Gleich lautende Erlasse der obersten Finanzbehörden der Länder v. 9.12.2015, BStBl 2015 I S. 1029 Tz. 7.4.1.; Pahlke, GrEStG, § 5 Rz. 76.

773 Gebel in Troll/Gebel/Jülicher, ErbStG, § 7 Rz. 505; Weilbach, GrEStG, § 3 Rz. 53.

teilig in dem Umfang zu beachten, in dem der Gesellschafter am Vermögen der Gesellschaft beteiligt ist.[774]

BEISPIEL: Vater V ist Alleineigentümer der Immobilie I. Zusammen mit Sohn S gründet er die I-KG, an deren Vermögen V zu 90 % und S zu 10 % beteiligt sind. V leistet seinen Gesellschafterbeitrag, indem er die Immobilie I in die KG einbringt. Aufgrund der dinglichen Mitberechtigung der Gesellschafter V und S am Gesellschaftsvermögen, ist V die Immobilie für grunderwerbsteuerliche Zwecke nun zu 90 % und S zu 10 % zuzurechnen. Der grds. steuerbare Immobilientransfer von V auf die KG ist i.H. von 90 % steuerfrei gem. § 5 Abs. 2 GrEStG. In Höhe der Beteiligung des S am Gesellschaftsvermögen greift die Steuerbefreiung des § 3 Nr. 6 GrEStG. Im Ergebnis erfolgt der Immobilientransfer auf die Gesellschaft damit insgesamt steuerneutral.

Die zuvor dargestellten Grundsätze gelten zunächst jedoch nur bis zum 455/1
31.12.2026! Der Grund für diese zeitlich befristete steuerliche Beurteilung liegt darin begründet, dass Personengesellschaften mit Inkrafttreten des sogenannten MoPeG[775] zum 1.1.2024 nicht mehr als Gesamthandsgemeinschaften, sondern ebenso wie Kapitalgesellschaften als rechtsfähige Gesellschaften mit eigenem Gesellschaftsvermögen anzusehen sind.[776] Der dadurch eingetretene Wegfall der steuerlichen Transparenz der Personengesellschaft ist für Zwecke des Ertragsteuerrechts und des Erbschaft- und Schenkungsteuergesetzes durch eine entsprechende gesetzliche Regelung wiederhergestellt worden.[777] Sowohl für Zwecke der Ertragsteuer als auch für Zwecke der Erbschaft- und Schenkungsteuer gelten Personengesellschaften damit weiterhin als transparent; eine Änderung der steuerlichen Behandlung gegenüber dem Status quo ist insoweit trotz der zivilrechtlichen und gesellschaftsrechtlichen Änderungen nicht eingetreten.

Anders verhält es sich hingegen im Anwendungsbereich der Grunderwerb- 455/2
steuer. Für dieses Rechtsgebiet besteht derzeit lediglich eine bis zum 31.12.2026 dauernde Übergangsregelung, wonach rechtsfähige Personengesellschaften[778] für Zwecke der Grunderwerbsteuer (weiterhin) als Gesamthand und deren Vermögen (weiterhin) als Gesamthandsvermögen gelten und damit auch grunderwerbsteuerlich transparent sind. Ab dem 1.1.2027 endet die Übergangsfrist, ohne dass bisher geregelt war, was danach gelten solle. Ohne

774 Vgl. BFH, Urteil v. 12.11.1980 - II R 1/78, BStBl 1981 II S. 177 NWB UAAAB-02099; BFH, Urteil v. 10.2.1982 - II R 152/80, BStBl 1982 II S. 481 NWB FAAAB-02441; BFH, Beschluss v. 26.2.2003 - II B 202/01, BStBl 2003 II S. 528 NWB JAAAA-89556; BFH, Urteil v. 11.6.2008 - II R 58/06, BStBl 2008 II S. 879 NWB SAAAC-89508; Meßbacher-Hönsch in Boruttau, GrEStG, § 3 Rz. 40.

775 Gesetz zur Modernisierung des Personengesellschaftsrechts, BGBl 2021 I Nr. 53 S. 3436.

776 § 713 BGB.

777 Siehe § 39 Abs. 2 Nr. 2 Satz 2 AO für das Ertragsteuerrecht und § 2a ErbStG für das Erbschaft- und Schenkungsteuerrecht, jeweils i. V. mit § 14a Abs. 2 Nr. 2 AO.

778 § 14a Abs. 2 Nr. 2 AO.

eine verbindliche Neuregelung drohte ein sog. passiver Haltefristverstoß, wonach allein aufgrund des Auslaufens der Übergangsregelung die Übertragung einer Immobilie auf die Personengesellschaft rückwirkend (!) auf den 1.1.2024 (Inkrafttreten des MoPeG) als grunderwerbsteuerlich relevanter Rechtsträgerwechsel beurteilt und nachträglich Grunderwerbsteuer auf den Wert der in die Personengesellschaft eingelegten Immobilie festgesetzt werden müsste.

Diese unbefriedigende Rechtslage hat der Gesetzgeber jedoch im Rahmen des Jahressteuergesetzes 2024[779] entschärft, indem § 23 Abs. 7 GrEStG nun ausdrücklich regelt, dass in den zuvor dargestellten und bis zum 31.12.2026 verwirklichten Sachverhalten allein das Inkrafttreten des MoPeG nicht zu einer Verletzung laufender Nachbehaltensfristen führt.

b) Kapitalgesellschaft (GmbH)

456 Auch die Übertragung von Immobilien auf eine GmbH stellt einen grds. grunderwerbsteuerbaren Vorgang dar. Anders als bei der Übertragung auf eine Personengesellschaft existieren hierfür jedoch deutlich weniger Steuerbefreiungstatbestände, so dass eine Grunderwerbsteuerpflicht oftmals nicht vermieden werden kann.

Unbestritten ist zunächst, dass sowohl die entgeltliche Veräußerung einer Immobilie an als auch die offene Einlage von Immobilien in eine Kapitalgesellschaft zu einem Rechtsträgerwechsel führen, der entsprechend unter grunderwerbsteuerlichen Gesichtspunkten nachvollzogen wird. Konsequenterweise unterliegen diese Immobilientransfers jeweils der Grunderwerbsteuer. **Bemessungsgrundlage** für die Grunderwerbsteuer ist dabei – nicht anders als bei der Übertragung von Immobilien auf Personengesellschaften – die jeweilige Gegenleistung bzw. der nach den Vorschriften des Bewertungsgesetzes zu ermittelnde Grundbesitzwert des übertragenen Grundstücks.[780]

Daneben wurden auch eine **verdeckte Einlage** und **disquotale Einlagen** von Immobilien in eine Familien-GmbH zumindest bis einschließlich Veranlagungszeitraum 2011 als grunderwerbsteuerpflichtige Vorgänge gewertet, da keine Steuerbefreiung zum Zuge kam: Mangels Gesamthand konnte und kann weiterhin der Immobilientransfer von einem Allein- oder mehreren Miteigentümern auf eine Kapitalgesellschaft, an der die Übertragenden beteiligt sind, nicht gem. § 5 Abs. 1 oder 2 GrEStG grunderwerbsteuerfrei gestellt werden. Des Weiteren griff bis zum 31.12.2011 unstreitig auch

779 Jahressteuergesetz 2024 v. 5.12.2024, BGBl 2024 I Nr. 387.
780 § 8 GrEStG.

nicht die Ausnahmeregelung des § 3 Nr. 2 GrEStG, nach der Grundstücksschenkungen unter Lebenden von der Besteuerung ausgenommen sind. Zwar ist die **verdeckte Einlage** nach Ansicht des BFH als unentgeltlich im Sinne einer fehlenden Gegenleistung zu werten;[781] dennoch legt der Gesellschafter die Immobilie **nicht freigebig**, sondern aufgrund des Gesellschaftsverhältnisses ein – er erfüllt damit einen Gesellschafterbeitrag, der auf die Erreichung des Gesellschaftszwecks gerichtet ist.[782] Zuwendungen, die in rechtlichem Zusammenhang mit einem Gemeinschaftszweck stehen, können damit nicht freigebig im Sinne des Schenkungsteuerrechts sein.[783] Infolgedessen war der Anwendungsbereich des Erbschaft- und Schenkungsteuergesetzes nicht eröffnet mit der weiteren Konsequenz, dass auch § 3 Nr. 2 GrEStG bisher keine Anwendung finden konnte.

Seit dem **1.1.2012** gelten jedoch grds. alle Leistungen in das Vermögen einer Kapitalgesellschaft, für die der Leistende keine Gegenleistung erhält, als Schenkung, sofern sich dadurch der Wert der Gesellschaftsanteile erhöht.[784] Satz 1 der Vorschrift lautet wörtlich: 457

„Als Schenkung gilt auch die Werterhöhung von Anteilen an einer Kapitalgesellschaft, die eine an der Gesellschaft unmittelbar oder mittelbar beteiligte natürliche Person oder Stiftung (Bedachte) durch die Leistung einer anderen Person (Zuwendender) an die Gesellschaft erlangt."

Unter Leistung i. S. des § 7 Abs. 8 ErbStG sind insbesondere Sacheinlagen und Nutzungseinlagen zu verstehen.[785] Auch bei einer verdeckten oder disquotalen Einlage eines Grundstücks handelt es sich um eine Sacheinlage und damit sowohl dem Wortlaut des Gesetzes nach als auch nach Ansicht der Finanzverwaltung um eine Leistung i. S. des § 7 Abs. 8 ErbStG. Dementsprechend sind **verdeckte und disquotale Einlagen** nun **aufgrund gesetzlicher Fiktion als Schenkung** zu werten (sofern die weiteren Voraussetzungen des § 7 Abs. 8 ErbStG erfüllt sind). Konsequenterweise muss diese Wertung auf das Grunderwerbsteuergesetz durchgreifen und der Immobilientransfer muss insoweit grunderwerbsteuerfrei gestellt werden, als der Vorgang schenkungsteuerliche

781 BFH, Urteil v. 27.7.1988 - I R 147/83, BStBl 1989 II S. 271 NWB FAAAA-92783; Glenk in Blümich, EStG, § 23 Rz. 143.

782 BFH, Urteil v. 15.3.2007 - II R 5/04, BStBl 2007 II S. 472 NWB IAAAC-43362; BFH, Urteil v. 17.10.2007 - II R 63/05, BStBl 2008 II S. 381 NWB RAAAC-67517.

783 BFH, Urteil v. 15.3.2007 - II R 5/04, BStBl 2007 II S. 472 NWB IAAAC-43362; Meßbacher-Hönsch in Boruttau, GrEStG, 18. Aufl. 2016, § 3 Rz. 245; Pahlke, GrEStG, § 3 Rz. 150.

784 § 7 Abs. 8 Satz 1 ErbStG.

785 Gleich lautender Erlass der obersten Finanzbehörde der Länder v. 20.4.2018, BStBl 2018 I S. 632 Tz. 3.3.1.

Relevanz entfaltet.[786] Nur dann ist gewährleistet, dass derselbe Lebenssachverhalt (verdeckte/disquotale Einlage) nicht zugleich der Schenkungsteuer und der Grunderwerbsteuer unterliegt.[787]

458 Andererseits stellt jedoch auch die verdeckte Einlage zumindest insoweit keine Schenkung nach § 7 Abs. 8 ErbStG dar, als der **Einlegende selbst an der Gesellschaft beteiligt** ist. Denn § 7 Abs. 8 ErbStG setzt eine Anteilswerterhöhung bei einem Gesellschafter voraus, die durch die Leistung „einer anderen Person" eingetreten ist. Sind Einlegender und Gesellschafter identisch, kommt die Werterhöhung nicht einem anderen Gesellschafter zugute, so dass die verdeckte Einlage eines Alleingesellschafters in die von ihm zu 100 % gehaltene Gesellschaft keine Schenkung darstellt. Dann aber erfüllt der Immobilientransfer auf die GmbH keinen Befreiungstatbestand i. S. des § 3 Nr. 2 GrEStG mit der Folge, dass dieser Transfer auf jeden Fall Grunderwerbsteuer auslöst. Entsprechendes gilt für einen Mitgesellschafter, der eine Immobilie verdeckt einlegt: Nur soweit durch die Einlage der Tatbestand des § 7 Abs. 8 ErbStG **zugunsten der anderen Gesellschafter** verwirklicht wird, droht eine Doppelbesteuerung. Nur insoweit greift folglich die Befreiung des § 3 Nr. 2 GrEStG. Soweit die Einlage dagegen dem einlegenden Mitgesellschafter selbst zugute kommt, bleibt es bei der Grundwertung, dass der Rechtsgrund des unentgeltlichen Transfers in einem gesellschaftsrechtlichen Vorgang begründet ist und damit nicht freigebig im Sinne des Schenkungsteuerrechts erfolgt. Mangels Eingreifens des Erbschaft- und Schenkungsteuergesetzes bleibt folglich Raum für die Anwendung des Grunderwerbsteuergesetzes.[788]

5. Ertragsteuerliche Folgen der Veräußerung von Immobilien durch die Familiengesellschaft

459 Neben der ertragsteuerlichen Behandlung der Einbringung von Immobilien in die Familiengesellschaft hinein sind auch die steuerlichen Folgen einer Veräußerung von Immobilien aus der Gesellschaft heraus von Bedeutung. Denn selbst wenn die Gründer einen langfristigen Bestand der Familiengesellschaft und eine Zentralisierung des Familienvermögens bezwecken, bedeutet dies nicht, dass Vermögensumschichtungen oder eventuelle Notverkäufe zwingend ausgeschlossen sein sollen.

786 So auch Gebel in Troll/Gebel/Jülicher, ErbStG, § 7 Rz. 490; Meßbacher-Hönsch in Boruttau, GrEStG, § 3 Rz. 248; Pahlke, GrEStG, § 3 Rz. 165; Höne/Nienhaus, UVR 2012 S. 306; a. A. Halaczinsky, ErbStB 2012 S. 335, 338.

787 Siehe oben Kapitel C. IV. Rz. 318 ff.

788 Im Ergebnis ebenso Pahlke, GrEStG, § 3 Rz. 165; Höne/Nienhaus, UVR 2012 S. 306.

Wie bei der Einbringung von Immobilien hängen auch bei deren Veräußerung die steuerlichen Folgen von der Rechtsform der Gesellschaft und der Qualifizierung des Vermögens als Privat- oder als Betriebsvermögen ab.

a) Personengesellschaft

Wird eine Immobilie aus dem Gesellschaftsvermögen einer **vermögensverwaltenden Personengesellschaft** veräußert, resultiert hieraus ein dem einzelnen Gesellschafter anteilig zuzurechnendes privates Veräußerungsgeschäft, wenn auf Ebene der Gesellschaft die Voraussetzungen des § 23 Abs. 1 Satz 1 Nr. 1 EStG erfüllt sind.[789] Wurde die Immobilie zuvor von der Gesellschaft unentgeltlich erworben,[790] ist zur Bestimmung des Anschaffungszeitpunkts und der Anschaffungskosten auf den Rechtsvorgänger abzustellen.[791] 460

Darüber hinaus kann die Veräußerung durch die Gesellschaft zu einem isolierten privaten Veräußerungsgeschäft eines einzelnen Gesellschafters führen, wenn sich zwar die Immobilie seit mehr als zehn Jahren im Bestand des Gesellschaftsvermögen befindet, der einzelne Gesellschafter aber die **Gesellschaftsanteile zu einem späteren Zeitpunkt erworben** hat, so dass in seiner Person die Haltefrist noch nicht abgelaufen ist.[792] Die Tatsache, dass die Immobilie zuvor mehr als zehn Jahre im Eigentum der Gesellschaft stand und damit von ihr aufgrund der abgelaufenen Haltefrist steuerunschädlich veräußert werden kann, ist dabei für den veräußernden Gesellschafter nicht relevant. Ihm kommt nur die Haltedauer seiner Gesellschaftsbeteiligung zugute.

Die Veräußerung einer Immobilie aus dem Gesellschaftsvermögen einer **gewerblich tätigen bzw. gewerblich geprägten Personengesellschaft** führt aufgrund der steuerlichen Verstrickung im Betriebsvermögen zu einem Veräußerungsvorgang, der den Einkünften aus Gewerbebetrieb zuzuordnen und dem Gesellschafter entsprechend seiner Beteiligungsquote steuerlich zuzurechnen ist.[793] 461

---

789 OFD Frankfurt/M., Vfg. v. 2.9.2015 - S 2256 A - 41 - St 213, DStR 2015 S. 2554 Tz. 1.1.1.

790 Siehe zur vermögensverwaltenden Personengesellschaft oben Kapitel D. III. 3. a) Rz. 435 und zur gewerblichen/gewerblich geprägten Personengesellschaft oben Kapitel D. III. 3. a) Rz. 442.

791 § 23 Abs. 1 Satz 3 EStG.

792 § 23 Abs. 1 Satz 4 EStG; BFH, Urteil v. 21.1.2014 - IX R 9/13, BStBl 2016 II S. 515 NWB FAAAE-57218; FG Düsseldorf, Urteil v. 14.1.2015 - 15 K 2051/12 F NWB CAAAE-85388; OFD Frankfurt/M., Vfg. v. 2.9.2015 - S 2256 A - 41 - St 21, DStR 2015 S. 2554 Tz. 1.2.1.; Schießl, DStR 2014 S. 512.

793 Zum Verlust der eventuell in Anspruch genommenen erweiterten Kürzung gem. § 9 Nr. 1 Satz 2 GewStG bei Veräußerung einer Immobilie aus dem Betriebsvermögen einer gewerblich tätigen/gewerblich geprägten Personengesellschaft siehe Greiser/Rotter, Immobilien im Betriebsvermögen, S. 132 Rz. 382 f.

HINWEIS:

Hatte ein Gesellschafter die nun veräußerte Immobilie unentgeltlich im Wege einer verdeckten Einlage in das Betriebsvermögen der Personengesellschaft eingelegt und veräußert die Gesellschaft die Immobilie innerhalb von zehn Jahren seit Anschaffung durch den Einlegenden, führt dies auf Ebene des Gesellschafters rückwirkend zu einem steuerpflichtigen Veräußerungsvorgang gem. § 23 Abs. 1 Satz 5 Nr. 1 EStG.[794]

Auch Immobilienveräußerungen durch eine Personengesellschaft können einen **gewerblichen Grundstückshandel** begründen und zwar sowohl auf Ebene der Gesellschaft als auch auf Ebene des einzelnen Gesellschafters:

Grundsätzlich ist es für die Beurteilung, ob ein gewerblicher Grundstückshandel vorliegt, irrelevant, ob die Tätigkeiten von einer natürlichen Person oder einer Gesellschaft (KG oder GmbH) ausgeübt werden. Erfüllt eine Gesellschaft die Voraussetzungen der Drei-Objekt-Grenze, d. h. veräußert sie innerhalb eines Fünfjahreszeitraums mehr als drei steuerlich relevante Immobilienobjekte,[795] unterhält sie einen gewerblichen Grundstückshandel und erzielt hieraus gewerbliche Einkünfte, die den Gesellschaftern als Mitunternehmern zugerechnet werden.[796] Für eine gewerbliche bzw. gewerblich geprägte Personengesellschaft ergeben sich daraus keine weitreichenden Konsequenzen, da diese ohnehin schon als gewerbliche Gesellschaften gelten und damit sämtliche Einkünfte der Gesellschaft als gewerbliche Einkünfte qualifizieren.[797]

462 Anders verhält es sich bei einer vermögensverwaltenden Personengesellschaft. Liegen bei dieser die Voraussetzungen eines gewerblichen Grundstückshandels vor, erfolgt eine **Umqualifizierung ihrer laufenden und außerordentlichen Einkünfte**. Dadurch ändert sich die Gewinnermittlungsart und es entsteht eine umfassende Gewerbesteuerpflicht. Die vermögensverwaltende Personengesellschaft wandelt sich zur gewerblich tätigen Personengesellschaft.

463 Darüber hinaus sind eventuelle Grundstücksveräußerungen einer **gewerblichen Personengesellschaft** bei der Prüfung, ob **zusätzlich** auch auf Ebene des einzelnen **Gesellschafters** ein gewerblicher Grundstückshandel vorliegt, als Ob-

794 Siehe oben Kapitel D. III. 3. a) Rz. 444.

795 Zur Definition, wann eine Immobilie als relevantes Objekt im Sinne des gewerblichen Grundstückhandels qualifiziert, siehe BMF, Grundstückshandel-Erlass, Tz. 6 und 8 ff.; Nacke, Immobilienbesteuerung bei Erwerb, Besitz, Veräußerung, S. 255, Rz. 707 ff.

796 BMF, Grundstückshandel-Erlass, Tz. 14.

797 § 15 Abs. 3 EStG.

jekte im Sinne der Drei-Objekt-Grenze mitzuzählen.[798] Dabei gilt jedes von der Gesellschaft veräußerte Objekt als eigenständiges Zählobjekt des Gesellschafters, auch wenn er hieran nur entsprechend seiner Beteiligungsquote beteiligt ist. Das kann dazu führen, dass der Gesellschafter zum einen als Mitunternehmer der Personengesellschaft gewerbliche Einkünfte aus einem Grundstückshandel erzielt und daneben noch einen eigenen gewerblichen Grundstückshandel betreibt, weil er selbst unmittelbar gehaltene Immobilien veräußert. Möglich ist auch, dass erst aufgrund einer **Gesamtschau** der Immobilienveräußerungen in der Personengesellschaft und im Privatvermögen des Gesellschafters dieser auch auf privater Ebene die Drei-Objekt-Grenze überschreitet und damit auch im privaten Bereich eine ertragsteuerfreie Veräußerung von Immobilien grds. nicht mehr möglich ist.

Eine Zurechnung der Gesellschaftsaktivitäten beim einzelnen Gesellschafter erfolgt jedoch nur dann, wenn der jeweilige Gesellschafter zu mindestens 10% an der grundstückshaltenden Personengesellschaft beteiligt ist oder wenn bei einer Beteiligung von unter 10% der Verkehrswert des Gesellschaftsanteils oder aber der anteilig auf den Gesellschafter entfallende Verkehrswert des veräußerten Grundstücks mehr als 250.000€ beträgt.[799]

Eine Zurechnung der Immobilienveräußerung auf Gesellschaftsebene beim einzelnen Gesellschafter erfolgt in gleicher Weise und unter den gleichen Voraussetzungen, wenn die **Personengesellschaft vermögensverwaltend** tätig ist. Aufgrund der Zusammenschau der Gesellschafts- und der einzelnen Gesellschafteraktivitäten kann es dann dazu kommen, dass zwar die **Gesellschaft** an sich noch als **vermögensverwaltend** anzusehen ist, dass aber der **Gesellschafter selbst** als Einzelunternehmer einen **gewerblichen Grundstückshandel** verwirklicht. Auch hier findet eine Zurechnung der Aktivitäten auf Gesellschaftsebene beim einzelnen Gesellschafter jedoch nur statt, wenn der jeweilige Gesellschafter zu mindestens 10% an der grundstückshaltenden Personengesellschaft beteiligt ist oder wenn bei einer Beteiligung von unter 10% der Verkehrswert des Gesellschaftsanteils oder aber der anteilig auf den Gesellschafter entfallende Verkehrswert des veräußerten Grundstücks mehr als 250.000€ beträgt.[800]

798 BFH, Beschluss v.3.7.1995 - GrS 1/93, BStBl 1995 II S.617 NWB RAAAA-95319; BFH, Urteil v.24.8.2001 - VI R 169/00, BStBl 2002 II S.250 NWB BAAAA-89174; BMF, Grundstückshandel-Erlass, Tz.14ff.; Greiser/Rotter, Immobilien im Betriebsvermögen, S.93 Rz.276 NWB DAAAF-66960.

799 BMF, Grundstückshandel-Erlass, Tz.14.

800 BMF, Grundstückshandel-Erlass, Tz.17.

HINWEIS:

Überschreitet die Beteiligung eines Familienmitglieds die zuvor genannten Beteiligungsgrenzen, besteht die Gefahr, dass über einen gewerblichen Grundstückshandel in der Familien-KG und die Zurechnung dortiger Immobilienveräußerungen zugleich ein gewerblicher Grundstückshandel auf privater Ebene begründet wird. Immobilien, die zur Veräußerung anstehen, sollten in diesem Fall nicht über eine gewerbliche oder eine vermögensverwaltende Familien-KG, sondern bevorzugt über eine Kapitalgesellschaft gehalten werden.

b) Kapitalgesellschaft

464 Die Veräußerung einer Immobilie aus dem Gesellschaftsvermögen einer Kapitalgesellschaft führt bei dieser zu einem laufenden Ertrag, der in Höhe des Veräußerungsgewinns der regulären Körperschaftsteuer zzgl. Solidaritätszuschlags- und Gewerbesteuer unterliegt. Verwaltet und nutzt die Kapitalgesellschaft ausschließlich eigenen Grundbesitz, kann eine erweiterte gewerbesteuerliche Kürzung gem. § 9 Nr. 1 Satz 2–4 GewStG in Betracht kommen. Die Kürzung scheidet jedoch aus, wenn die Kapitalgesellschaft die Voraussetzungen eines **gewerblichen Grundstückshandels** erfüllt und sich damit nicht mehr im Rahmen der einen Vermögensverwaltung bewegt.[801]

HINWEIS:

Selbst wenn die Tätigkeit der Kapitalgesellschaft die Voraussetzungen eines gewerblichen Grundstückshandels erfüllt, werden diese Tätigkeiten nicht dem Gesellschafter für Zwecke eines gewerblichen Grundstückshandels auf dessen persönlicher Ebene zugerechnet. Veräußerungsvorgänge auf Ebene der Gesellschaft führen damit nicht zu Zählobjekten auf Ebene des Gesellschafters. Es greift hier die den Kapitalgesellschaften typische Abschirmwirkung, die zu einer grds. Trennung zwischen Vermögen sowie Einnahmen der Kapitalgesellschaft einerseits und dem Gesellschafter andererseits führt.[802]

6. Ertragsteuerliche Folgen der Veräußerung eines Anteils an der Familiengesellschaft

465 Neben einer Veräußerung von Immobilien aus dem Vermögen der Familiengesellschaft kann es im späteren Verlauf eventuell auch zu einer (teil-)entgelt-

801 Gosch in Blümich, GewStG, § 9 Rz. 57; zur Gefahr des Verlusts der erweiterten Kürzung bei Veräußerung einer Immobilie aus dem Betriebsvermögen einer GmbH siehe Greiser/Rotter, Immobilien im Betriebsvermögen, S. 133 Rz. 384. Zu den Voraussetzungen eines gewerblichen Grundstückshandels siehe Rz. 438 und BMF, Grundstückshandel-Erlass; Greiser/Rotter, Immobilien im Betriebsvermögen, S. 89 Rz. 269; Nacke, Immobilienbesteuerung bei Erwerb, Besitz, Veräußerung, S. 251 ff.

802 Schley, NWB-EV 6/2020 S. 198 NWB IAAAH-49322.

lichen Übertragung der Anteile an der Familiengesellschaft kommen, bspw. wenn ein Gesellschafter **gegen Abfindung aus der Gesellschaft ausscheidet** oder seinen Gesellschaftsanteil an einen Mitgesellschafter veräußert. Die sich hieraus ergebenden steuerlichen Konsequenzen hängen wieder wesentlich von der Rechtsform der Familiengesellschaft ab.

a) Personengesellschaft

Nach **§ 23 Abs. 1 Satz 4 EStG** gilt die Veräußerung einer unmittelbaren oder 466
mittelbaren Beteiligung an einer **vermögensverwaltenden Personengesellschaft** als Veräußerung der anteiligen Wirtschaftsgüter, sofern die Gesellschaftsanteile im Privatvermögen gehalten werden. Eine Veräußerung von Gesellschaftsanteilen einer vermögensverwaltenden Familien-KG würde daher als Veräußerung der anteiligen Immobilien gelten.[803] Die Folge wäre zum einen eine mögliche Besteuerung nach § 23 Abs. 1 Satz 1 Nr. 4 EStG, sofern zwischen Anschaffung und Veräußerung des Gesellschaftsanteils nicht mehr als zehn Jahre liegen; zum anderen könnte – je nach Anzahl der im Gesellschaftsvermögen gehaltenen Objekte sowie der auf privater Ebene bereits veräußerten Objekte – ein **gewerblicher Grundstückshandel** durch den veräußernden Gesellschafter begründet werden.[804]

Veräußert ein Mitgesellschafter seinen gesamten Mitunternehmeranteil an einer gewerblichen Personengesellschaft, unterliegt der Veräußerungsgewinn nach § 16 Abs. 1 Satz 1 Nr. 2 EStG der Einkommensteuer, wobei besondere Vergünstigungen zum Zuge kommen können.[805] Dies führt oftmals zu einem günstigeren als dem regulär anzuwendenden Steuertarif. Darüber hinaus fällt auf den Veräußerungsgewinn keine Gewerbesteuer an, soweit es sich beim

803 Weber-Grellet in Schmidt, EStG, § 23 Rz. 47; Wacker, DStR 2005 S. 2014; OFD Frankfurt/M., Vfg. v. 5.3.2012 - S 2256 A - 41 - St 213 NWB PAAAE-06866.

804 Siehe oben Kapitel D. III. 3. a) Rz. 441.

805 Der Veräußerungsgewinn berechnet sich dabei nach der Differenz zwischen Veräußerungspreis einerseits abzüglich des anteilig auf den Mitgesellschafter entfallenden Buchwerts des Betriebsvermögens sowie der Veräußerungskosten andererseits. Hat der Steuerpflichtige das 55. Lebensjahr vollendet oder ist er im sozialversicherungsrechtlichen Sinne dauernd berufsunfähig, so wird der Veräußerungsgewinn auf Antrag zur Einkommensteuer nur herangezogen, soweit er 45.000 € übersteigt. Der Freibetrag ist dem Steuerpflichtigen nur einmal zu gewähren. Er ermäßigt sich um den Betrag, um den der Veräußerungsgewinn 136.000 € übersteigt, § 16 Abs. 4 EStG. Der verbleibende und der Einkommensteuer zu unterwerfende Teil des Veräußerungsgewinns wird zusätzlich noch nach der sog. Fünftelregelung oder mit 56 % des durchschnittlichen Steuersatzes (mindestens jedoch 14 %) besteuert, § 34 Abs. 3 EStG.

Veräußerer um eine natürliche Person handelt, die an der Gesellschaft unmittelbar beteiligt ist.[806]

HINWEIS:

Die Veräußerung nur eines Teils eines Mitunternehmeranteils stellt hingegen einen einkommensteuerlich nicht begünstigten laufenden Gewinn dar und unterliegt zudem der Gewerbesteuer.[807]

b) Kapitalgesellschaft

467 Wird die Familiengesellschaft in der Rechtsform einer Kapitalgesellschaft geführt, unterliegt der Gewinn aus der Veräußerung eines Geschäftsanteils bzw. eines Teilgeschäftsanteils grds. der Einkommensteuer. Hält der Gesellschafter den Geschäftsanteil in seinem Privatvermögen, war er innerhalb der letzten fünf Jahre vor der Veräußerung zu weniger als 1 % an der Gesellschaft beteiligt und hatten er bzw. bei unentgeltlichem Erwerb sein Rechtsvorgänger die Anteile nicht vor dem 1.1.2009 entgeltlich erworben, greift die Abgeltungsteuer.[808]

Überschreitet seine Beteiligung diese 1 %-Grenze zu irgendeinem Zeitpunkt innerhalb der fünf Jahre vor dem Veräußerungsdatum, erzielt der Gesellschafter aus der Veräußerung Einkünfte aus Gewerbebetrieb, die dem Teileinkünfteverfahren unterworfen werden.[809] Bei einem unentgeltlichen Erwerb innerhalb der letzten fünf Jahre vor der Veräußerung werden dem Gesellschafter die Vorbesitzzeit und die Beteiligungshöhe des Rechtsvorgängers zugerechnet.[810] Der Veräußerungsgewinn ermittelt sich dabei aus dem Veräußerungspreis abzüglich historischer sowie ggf. nachträglicher Anschaffungskosten und der Veräußerungskosten.

468 HINWEIS:

Zu den nachträglichen Anschaffungskosten zählen bspw. offene und verdeckte Einlagen, die ein Gesellschafter geleistet hat.[811] Grundsätzlich erhöhen Einlagen aber nur die Anschaffungskosten desjenigen Gesellschafters, der die Einlage leistet.

806 § 7 Abs. 1 Satz 2 Nr. 2 GewStG; BFH, Urteil v. 15.6.2004 - VIII R 7/01, BStBl 2004 II S. 754 NWB ZAAAB-24349.

807 § 16 Abs. 1 Satz 2 EStG; Schallmoser in Blümich, EStG, § 16 Rz. 235.

808 Steuersatz 25 % zzgl. 5,5 % Solidaritätszuschlag auf die Abgeltungsteuer und ggf. Kirchensteuer, § 32d EStG.

809 § 3 Nr. 40 Buchst. c EStG, 40 % des Gewinnes werden steuerfrei gestellt.

810 Vogt in Blümich, AStG, § 17 Rz. 320 ff.

811 Vogt in Blümich, AStG, § 17 Rz. 605; Weber-Grellet in Schmidt, EStG, § 17 Rz. 164; BFH, Urteil v. 2.10.1984 - VIII R 36/83, BStBl 1985 II S. 320 NWB QAAAA-92039; BFH, Urteil v. 7.7.1992 - VIII R 24/90, BStBl 1993 II S. 333 NWB GAAAA-94436; BFH, Urteil v. 20.4.1999 - VIII R 44/96, BStBl 1999 II S. 698 NWB MAAAA-96631.

Vater V ist Alleingesellschafter der Familien-GmbH. Eine von ihm geleistete verdeckte Einlage wird ihm in vollem Umfang zugerechnet und erhöht seine Anschaffungskosten. In diese erhöhten Anschaffungskosten wachsen seine Kinder hinein, sobald er diesen unentgeltlich Geschäftsanteile an der Familien-GmbH überträgt.

Legt V demgegenüber eine Immobilie verdeckt in die Familien-GmbH ein, an der seine beiden Kinder bereits als Gesellschafter beteiligt sind, dürfte sich diese Einlage ebenfalls nur auf seine eigenen Anschaffungskosten, nicht jedoch auf die Anschaffungskosten der Kinder auswirken. Ausnahmsweise kann aber dann etwas anderes gelten, wenn und soweit die Leistung als unentgeltliche Zuwendung an die Kinder gem. § 7 Abs. 8 ErbStG zu werten ist.[812] Eine Zuwendung von einer Person an eine andere bewirkt nämlich zivilrechtlich, dass der Zuwendungsgegenstand aus dem Vermögen des Zuwendenden ausscheidet und in das Vermögen des Beschenkten übergeht. Im Rahmen der Zuwendungsfiktion des § 7 Abs. 8 ErbStG ist dies zivilrechtlich zwar nicht möglich, da der Einlegende in das Vermögen der Gesellschaft und gerade nicht in das Eigentum des Mitgesellschafters leistet. Die Fiktion führt jedoch dazu, dass der Vorgang wirtschaftlich so behandelt wird, als habe der Zuwendende in das Vermögen des Mitgesellschafters geleistet. Folglich müsste diese Fiktion aus ertragsteuerlicher Sicht dazu führen, dass wirtschaftlich die Einlage als aus dem Vermögen des Mitgesellschafters stammend zu behandeln ist, nachdem diesem der Vermögensvorteil vom einlegenden Gesellschafter wirtschaftlich zugewandt wurde.

BEISPIEL: Vater V und Sohn S sind zu jeweils 50 % an der Familien-GmbH beteiligt. Die Anschaffungskosten der Geschäftsanteile belaufen sich auf jeweils 25.000 €. Dies soll auch dem momentanen Verkehrswert der Anteile entsprechen. V legt eine Immobilie im Verkehrswert von 1 Mio. € verdeckt in die Familien-GmbH ein; S leistet keine Einlage. Der Vorgang ist gem. § 7 Abs. 8 Satz 1 ErbStG besteuert worden. Zwei Jahre später veräußert S seinen Geschäftsanteil für 525.000 € an einen Dritten.

Der Vorgang führt bei S zu einem steuerbaren Veräußerungsgeschäft gem. § 17 Abs. 1 EStG. Dabei ist der Veräußerungsgewinn aus der Differenz zwischen Veräußerungspreis und Anschaffungskosten zu ermitteln.[813,814] Der Veräußerungspreis beträgt 525.000 €; die ursprünglichen Anschaffungskosten belaufen sich auf 25.000 €. Nach der hier vertretenen Auffassung ist die Einlage des V aufgrund der schenkungsteuerlichen Erfassung nach § 7 Abs. 8 ErbStG dem S auch für ertragsteuerliche Zwecke zu 50 % zuzurechnen. Dementsprechend erhöht der gem. § 6 Abs. 1 Nr. 5 EStG anzusetzende Wert der Einlage zur Hälfte die Anschaffungskosten des S. Bei nur für Zwecke dieses Beispiels unterstellter Identität von Verkehrswert und Teilwert i. S. des § 6 Abs. 1 Nr. 5 EStG belaufen sich die (nachträglichen) Anschaffungskosten des S

812 BFH, Urteil v. 12.12.2000 - VIII R 62/93, BStBl 2001 II S. 234 NWB SAAAA-88850, ausdrücklich zur mittelbaren verdeckten Einlage: „Denn in den Fällen der mittelbaren verdeckten Einlage ist der eingelegte Vermögensvorteil eine logische Sekunde vorher auf den Gesellschafter übertragen worden. Er erbringt die Einlage deshalb aus seinem eigenen Vermögen."; Niedersächsisches FG, Urteil v. 12.7.2012 - 5 K 200/10 (rkr.) NWB IAAAE-17569; Klümpen-Neusel, GmbH-Steuerpraxis 2011 S. 257; van Lishaut/Ebber/Schmitz, Ubg 2012 S. 1, Tz. 4.1.1.2.

813 § 17 Abs. 2 EStG.

814 Aus Vereinfachungsgründen werden Veräußerungskosten im vorliegenden Beispiel vernachlässigt.

damit auf insgesamt 525.000€; ein steuerpflichtiger Veräußerungsgewinn nach §17 Abs.1 EStG ist damit nicht gegeben.

Problematisch könnte in diesem Zusammenhang sein, dass Zuwendungsgegenstand im Rahmen der fingierten Schenkung gem. §7 Abs.8 ErbStG nicht die Immobilie als solche, sondern lediglich die Wertsteigerung des anteiligen Geschäftsanteils des S ist. Um diese Wertsteigerung zu ermitteln, ist der erbschaftsteuerliche Wert des Geschäftsanteils vor der Einlage dem erbschaftsteuerlichen Wert des Geschäftsanteils nach der Einlage gegenüberzustellen.[815] Auf der Basis des vereinfachten Ertragswertverfahrens gilt als Wert der Bereicherung damit die Differenz zwischen beiden Ertragswerten. In diesem Zusammenhang ist jedoch die Regelung des §200 Abs.4 ErbStG zu beachten, wonach Wirtschaftsgüter, die innerhalb von zwei Jahren vor dem Bewertungsstichtag eingelegt wurden, neben dem Ertragswert mit dem eigenständig zu ermittelnden gemeinen Wert anzusetzen sind. Im Ergebnis führt dies dazu, dass die von V eingelegte Immobilie neben dem (voraussichtlich unveränderten) Ertragswert der GmbH zu bewerten und diesem anschließend hinzuzurechnen ist. Der Wertunterschied zwischen den GmbH-Anteilen vor und nach der Einlage entspricht damit dem erbschaftsteuerlichen Wert der Immobilie. Dieser wiederum ergibt sich aus den §§176ff. BewG und soll – so die Intention des Gesetzgebers – den gemeinen Wert des Grundvermögens widerspiegeln. Insofern dürfte es daher zu keiner eklatanten Abweichung zwischen Einlagewert einerseits und schenkungsteuerlicher Zuwendung andererseits kommen.

7. Unentgeltliche Übertragung von Gesellschaftsanteilen an einer Familiengesellschaft

469 Ziel einer Familiengesellschaft ist es in aller Regel, das Vermögen zu bündeln, in seinem Bestand langfristig zu erhalten und es an nachfolgende Generationen weiterzugeben.[816] Werden zu diesem Zweck Gesellschaftsanteile unentgeltlich übertragen, können sich hieraus sowohl ertrag- als auch erbschaftsteuerliche Konsequenzen ergeben, die nachfolgend erläutert werden. Zunächst soll der Blick jedoch auf die zivilrechtlichen Aspekte gerichtet werden.

a) Zivilrechtliche Funktionsweise

470 Die Beteiligung an einer **Personengesellschaft** stellt rechtlich ein **Mitgliedschaftsrecht** dar, das nach §§398, 413 BGB im Wege der **Abtretung** vom Rechtsinhaber (Gläubiger) auf einen Dritten übertragen werden kann. Aufgrund der personalistischen Struktur von Personengesellschaften sind die Mitgliedschaftsrechte nach der – allerdings disponiblen – Grundkonzeption des

815 Gleich lautende Erlasse der obersten Finanzbehörden der Länder v.20.4.2018 - S 3806, BStBl 2018 I S.632.

816 Siehe oben Kapitel D. III. 1. Rz.393ff.

Gesetzes nicht übertragbar.[817] Daher bedarf es zur Wirksamkeit der Abtretung entweder der allgemeinen Zulassung im Gesellschaftsvertrag oder der Zustimmung sämtlicher bzw. der im Gesellschaftsvertrag vorgesehenen Mehrheit der Mitgesellschafter.[818] Das Mitgliedschaftsrecht kann dann nicht nur vollständig, sondern auch nur teilweise in Form eines **Teilgesellschaftsanteils** übertragen werden. Die Übertragung vollzieht sich in diesem Fall im Wege einer Teilabtretung, indem bspw. der Nominalwert des Festkapitalkontos entsprechend aufgeteilt oder umgebucht wird.[819] War der Beschenkte bereits vor der Übertragung Mitgesellschafter und verfügte er bereits vor der Übertragung über einen Gesellschaftsanteil, vereinigen sich mit der neuerlichen Übertragung der bisherige und der neue Anteil zu einem einheitlichen Mitgliedschaftsrecht. Der Erwerber hält damit auch nach der Übertragung nur einen Gesellschaftsanteil und nicht etwa zwei getrennte Anteile. Zivilrechtlicher Gegenstand der Schenkung ist in diesem Fall nicht mehr der (neue) Gesellschaftsanteil, sondern die Erhöhung des Anteils des Erwerbers am Vermögen der Gesellschaft.[820]

HINWEIS:

Anders verhält es sich nach Auffassung des BFH, wenn der Gesellschaftsanteil unter Nießbrauchvorbehalt übertragen wurde. In diesem Fall soll der Gesellschaftsanteil in der Hand des Erwerbers bestehen bleiben und sich nicht mit dem bisherigen Anteil des Erwerbers vereinigen. Dies sei zur Wahrung der Rechte des Nießbrauchers erforderlich.[821] Schenkungsteuerliche Konsequenzen ergeben sich aus der unterschiedlichen zivilrechtlichen Behandlung jedoch nicht.[822]

Soll ein Anteil an einer gewerblichen oder gewerblich geprägten Personengesellschaft übertragen werden, ist zu beachten, dass eventuell vorhandenes **Sonderbetriebsvermögen** nicht automatisch von der Anteilsübertragung erfasst wird. Die rein steuerlich geprägten Merkmale „Gewerblichkeit", „Mitunternehmerschaft" oder „Sonderbetriebsvermögen" werden aus Sicht des Zivilrechts nicht übernommen. Das Sonderbetriebsvermögen bildet daher nur steuerlich eine Einheit mit dem Mitunternehmeranteil,[823] während zivilrechtlich Gesellschaftsanteil einerseits und Wirtschaftsgüter des Sonderbetriebsvermögens andererseits separate Vermögensgegenstände oder Rechte darstellen, 471

817 § 707 BGB.
818 BGH, Urteil v. 28.4.1954 - II ZR 8/53, NJW 1954 S. 1155, BGHZ 13 S. 179.
819 Gebel in Troll/Gebel/Jülicher/Gottschalk, ErbStG, 57. Erg.-Lfg. 2019, § 7 Rz. 64.
820 BFH, Urteil v. 18.9.2013 - II R 63/11 NWB WAAAE-53161.
821 BFH, Urteil v. 18.9.2013 - II R 63/11 NWB WAAAE-53161.
822 Siehe zur möglichen ertragsteuerlichen Auswirkung Kapitel D. III. 7. d) Rz. 494 ff.
823 Siehe hierzu Kapitel D. III. 7. c) Rz. 484.

die durch jeweils eigenständige Rechtsakte und ausdrückliche Bezeichnung übertragen werden müssen.

GmbH-Anteile werden ebenfalls im Wege der **Abtretung**[824] übertragen. Ihre Übertragbarkeit ist im Gegensatz zu Beteiligungen an Personengesellschaften grds. uneingeschränkt möglich.[825] Dementsprechend muss bei einer GmbH die Übertragbarkeit per gesellschaftsrechtlicher Regelung beschränkt oder ausgeschlossen werden, wenn eine freie Übertragbarkeit nicht gewünscht sein sollte.

Anders als Beteiligungen an Personengesellschaften können GmbH-Geschäftsanteile zudem nicht formfrei übertragen werden; stattdessen bedarf es eines **notariellen Vertrages.**[826] Soll nur ein **Teil eines Geschäftsanteils** übertragen werden, muss der Geschäftsanteil zudem zuerst geteilt werden. Die Teilung erfolgt durch entsprechenden **Gesellschafterbeschluss**[827] und kann grds. formfrei erfolgen; eine notarielle Beurkundung ist insoweit nicht erforderlich.

BEISPIEL: Vater V hält einen Geschäftsanteil (laufende Nr. 1 der im Handelsregister der Gesellschaft aufgenommenen Gesellschafterliste) an der A GmbH mit einem Nennwert von 100.000 €. Er möchte die Hälfte seines Geschäftsanteils auf seinen Sohn S übertragen. Dies ist nur möglich, wenn der Geschäftsanteil vor der Übertragung in zwei Geschäftsanteile (laufende Nr. 1a und 1b) im Nennbetrag von jeweils 50.000 € geteilt wird. War S bereits zuvor Gesellschafter der A GmbH und hielte er bspw. einen Geschäftsanteil (laufende Nr. 2) mit einem Nennwert von 25.000 €, vereinigten sich anders als bei der Übertragung von Personengesellschaftsanteilen die beiden Geschäftsanteile nicht. S wäre künftig nach Erwerb des Teil-Geschäftsanteils von V mit zwei Geschäftsanteilen – laufende Nr. 1b im Nennwert von 50.000 € und laufende Nr. 2 im Nennwert von 25.000 € – an der GmbH beteiligt.

b) Schenkungsteuerliche Aspekte einer unentgeltlichen Übertragung

472 Aus schenkungsteuerlicher Sicht stellt die unentgeltliche Übertragung eine Schenkung dar, weshalb zunächst der steuerliche Gegenstand der Schenkung zu bestimmen und zu bewerten ist. Anschließend muss geprüft werden, ob sachliche und/oder persönliche Steuervergünstigungen greifen, bevor die verbleibende Bereicherung dem anwendbaren Steuertarif unterworfen wird.[828]

---

824 §§ 413, 398 BGB.

825 § 15 Abs. 1 GmbHG.

826 § 15 Abs. 3 GmbHG.

827 § 46 Nr. 4 GmbHG; abweichende Regelungen in der Satzung sind möglich.

828 Siehe oben Kapitel B. III. Rz. 40 ff.

aa) Vermögensverwaltende Personengesellschaft

Auch für steuerliche Zwecke richtet sich die Bestimmung des **Schenkgegenstandes** zunächst nach den Vorgaben des Zivilrechts.[829] Wurde die Familiengesellschaft in der Rechtsform einer vermögensverwaltenden Personengesellschaft errichtet, kann dementsprechend auch für steuerliche Zwecke entweder ein Anteil an einer vermögensverwaltenden Gesellschaft oder die Erhöhung des Anteils des Erwerbers am Gesellschaftsvermögen[830] zugewendet werden.[831] Dessen ungeachtet richtet sich der **Umfang der Bereicherung** jedoch nicht nach dem Wert des Gesellschaftsanteils bzw. des Mitgliedschaftsrechts an sich. Stattdessen bestimmt der im zweiten Abschnitt des Erbschaftsteuergesetzes bei den Vorschriften zur **Wertermittlung** enthaltene § 10 Abs. 1 Satz 4 ErbStG i. V. mit § 2a ErbStG, dass für Zwecke der Bereicherung der unmittelbare oder mittelbare Erwerb einer Beteiligung an einer vermögensverwaltenden Personengesellschaft als Erwerb der anteiligen Wirtschaftsgüter gelte. **Zuwendungsgegenstand** und **Bewertungsgegenstand** sind damit nicht identisch. Der Erwerber wird steuerlich nicht um einen einheitlichen Vermögensgegenstand „Gesellschaftsanteil" bereichert, sondern um die anteiligen im Vermögen der Gesellschaft befindlichen Wirtschaftsgüter entsprechend der auf ihn übertragenen Quote. Da somit eine vermögensverwaltende Personengesellschaft für bewertungsrechtliche Zwecke transparent ist und der Erwerber so behandelt wird, als existiere die äußere Gesellschafts-Hülle nicht, macht es steuerlich auch keinen Unterscheid, ob der Erwerber zivilrechtlich einen Gesellschaftsanteil oder eine Erhöhung seines Anteils am Gesellschaftsvermögen erhält.[832] Für Zwecke der Bereicherung ist immer auf die Wirtschaftsgüter des Gesellschaftsvermögens abzustellen. Diese sind nach den jeweils für sie geltenden Regeln zu bewerten.[833] Für Grundstücke richtet sich die Bewertung folglich nach dem sechsten Abschnitt des Bewertungsgesetzes.[834] Erbschaftsteuerlich kann bei Vorliegen sämtlicher Voraussetzungen die sachliche Steuerbefreiung gem. § 13d ErbStG in Anspruch genommen werden.[835] 473

Werden zusammen mit der Beteiligung **Schulden und Lasten** der Gesellschaft übertragen, sind diese *„bei der Ermittlung der Bereicherung des Erwerbers wie* 474

829 BFH, Urteil v. 18.9.2013 - II R 63/11 NWB WAAAE-53161.

830 Siehe oben Kapitel D. III. 7. a) Rz. 470.

831 BFH, Urteil v. 11.6.2013 - II R 4/12, BStBl 2013 II S. 742 NWB KAAAE-41248.

832 Siehe oben Kapitel D. III. 7. a) Rz. 470.

833 Königer in BeckOK, ErbStG, § 10 Rz. 81.

834 §§ 157, 176 ff. BewG. Siehe oben Kapitel B. IV. 1. Rz. 45 ff.

835 Siehe oben Kapitel B. V. 1. c) Rz. 158.

eine Gegenleistung zu behandeln".[836] Gegenleistungen führen in aller Regel zu einem Entgelt mit der weiteren Folge, dass der Erwerber den Gegenstand nicht in vollem Umfang unentgeltlich, sondern – je nach Höhe des Entgelts – teilentgeltlich oder vollständig entgeltlich erwirbt. Im Rahmen einer vorweggenommenen Erbfolge erkennt die Finanzverwaltung ein Rechtsgeschäft nur dann als vollentgeltlich an, wenn Leistung und Gegenleistung wie unter fremden Dritten kaufmännisch gegeneinander abgewogen wurden. Ansonsten soll von einem zumindest **teilentgeltlichen Geschäft** auszugehen sein.[837] Auch der BFH sieht eine widerlegbare Vermutung für ein nur teilentgeltliches Rechtsgeschäft gegeben, wenn die tatsächliche Gegenleistung eine übliche und angemessene Gegenleistung um 20 %–25 % unterschreitet.[838]

475 Bezüglich der „Gegenleistung" unterscheidet die Finanzverwaltung zwischen Gleichstellungsgeldern, Abstandszahlungen, Leistungsauflagen und der Übernahme von Verbindlichkeiten einerseits sowie Nutzungs- und Duldungsauflagen[839] andererseits.[840] Erstere stellen ein **Entgelt** dar und führen zu einem Veräußerungs- bzw. Anschaffungsvorgang, während Nutzungs- und Duldungsauflagen nur den Wert des erworbenen Vermögens schmälern, aber kein Entgelt im Sinne eines Veräußerungsgeschäfts darstellen.[841] Nur entgeltliche Gegenleistungen können auch zu einem teilentgeltlichen Rechtsgeschäft und damit zum Vorliegen einer **gemischten Schenkung** führen. Nutzungs- und Duldungsauflagen beeinträchtigen die Zuwendung als voll unentgeltliches Geschäft hingegen nicht.[842] Ihr Wert wird lediglich vom Wert des übertragenen Gegenstandes abgezogen.[843] Demgegenüber wurde bei entgeltlichen Gegen-

836 § 10 Abs. 1 Satz 4 Halbsatz 2 ErbStG.

837 BMF, Schreiben betr. ertragsteuerliche Behandlung der vorweggenommenen Erbfolge; hier: Anwendung des Beschlusses des Großen Senats v. 5.7.1990 - GrS 4-6/89, BStBl 1990 II S. 847 NWB DAAAA-93413; BMF, Schreiben v. 13.1.1993 - IV B 3 – S 2190 – 37/92, BStBl 1993 I S. 80 NWB OAAAA-77082, geändert durch BMF, Schreiben v. 26.2.2007 - IV C 2 - S 2230 - 46/06 IV C 3 – S 2190 - 18/06, BStBl 2007 I S. 269 NWB OAAAC-39226.

838 BFH, Beschluss v. 5.7.2018 - II B 122/17, BStBl 2018 II S. 660 NWB UAAAG-90832.

839 Zur Unterscheidung von Leistungs- und Nutzungsauflagen siehe Gebel in Troll/Gebel/Jülicher/Gottschalk, ErbStG, 57. Erg.-Lfg. 2019, § 7 Rz. 212.

840 BMF, Schreiben v. 26.2.2007 - IV C 2-S 2230-46/06; IV C 3-S 2190-18/06, BStBl 2007 I S. 269 NWB OAAAC-39226.

841 BMF, Schreiben v. 26.2.2007 - IV C 2-S 2230-46/06; IV C 3-S 2190-18/06, BStBl 2007 I S. 269 NWB OAAAC-39226.; BFH, Urteil v. 8.11.1990 - IV R 73/87, BStBl 1991 II S. 450 NWB ZAAAA-93650.

842 Krum in Leingärtner, Besteuerung der Landwirte, 46. Erg.-Lfg. 2024, Kapitel 92 Rz. 55 f.

843 BFH, Urteil v. 26.11.1992 - X R 187/87, BStBl 1993 II S. 298 NWB SAAAA-94419; BFH, Urteil v. 12.4.1989 - II R 37/87, BStBl 1989 II S. 524 NWB ZAAAA-97694.

leistungen die gemischte Schenkung bisher im Rahmen einer Verhältnisrechnung[844] in ein voll entgeltliches und ein voll unentgeltliches Rechtsgeschäft aufgeteilt.[845] Nur der unentgeltliche Teil unterlag den Regelungen des Erbschaftsteuergesetzes.

Nach Ansicht der Finanzverwaltung,[846] nahezu übereinstimmender Auffassung in der Literatur[847] sowie inzwischen bestätigter Rechtsprechung,[848] soll künftig jedoch auch bei der gemischten Schenkung für erbschaftsteuerliche Zwecke **keine Unterteilung** mehr in ein voll entgeltliches und ein voll unentgeltliches Rechtsgeschäft erfolgen. Vielmehr soll auch hier wie bei der Schenkung unter Nutzungs- oder Duldungsauflage die Bereicherung ermittelt werden, *„indem von dem nach §12 ErbStG zu ermittelnden Steuerwert der Leistung des Schenkers die Gegenleistungen des Beschenkten und die von ihm übernommenen Leistungs-, Nutzungs- und Duldungsauflagen mit ihrem nach §12 ErbStG ermittelten Wert abgezogen werden."*[849] Schenkungsteuerlich entfaltet das Rechtsinstitut der gemischten Schenkung damit künftig keine besonderen Auswirkungen mehr.[850] Unabhängig von der Art der Belastung wird die Bereicherung des Erwerbers künftig einheitlich im Wege der **Saldierung** (Wert des übertragenen Gegenstands abzüglich Wert der Gegenleistung oder Auflage) ermittelt. 476

Die Wirkung des §10 Abs.1 Satz 4 Halbsatz 2 ErbStG beschränkt sich damit darauf, dass anteilig auf den Erwerber übergehende Schulden und Lasten der Gesellschaft bereicherungsmindernd vom anteiligen Wert der Wirtschaftsgüter des Gesellschaftsvermögens abzuziehen sind und folglich die steuerliche Bereicherung des Erwerbers mindern.[851] 477

bb) Gewerbliche/gewerblich geprägte Personengesellschaft

Für die Bestimmung des Zuwendungsgegenstandes im Falle der Übertragung einer Beteiligung an einer **gewerblichen Personengesellschaft** gilt nichts ande- 478

844 Sog. Trennungstheorie; Ausführlich zu den diversen dogmatischen Ansätzen und der Entwicklungen aufgrund der Erbschaftsteuerreform 2008, Meincke/Hannes/Holtz, ErbStG, 18. Aufl. 2021, §7 Rz. 30–39; Gebel in Troll/Gebel/Jülicher/Gottschalk, ErbStG, 57. Erg.-Lfg. 2019, §7 Rz. 201 ff.

845 BFH, Urteil v. 12.4.1989 - II R 37/87, BStBl 1989 II S. 524 NWB ZAAAA-97694.

846 R E 7.4 Abs. 1 ErbStR 2019.

847 Gebel in Troll/Gebel/Jülicher/Gottschalk, ErbStG, 57. Erg.-Lfg. 2019, §7 Rz. 204; Krumm in Leingärtner, Besteuerung der Landwirte, 46. Erg.-Lfg. 2024, Kapitel 92 Rz. 56; Königer in BeckOK, ErbStG, 5. Ed. 2019, §10 Rz. 80.

848 BFH, Beschluss v. 5.7.2018 - II B 122/17, BStBl 2018 II S. 660 NWB UAAAG-90832.

849 R E 7.4 Abs. 1 Satz 2 ErbStR 2019.

850 Zur ertragsteuerlichen Behandlung siehe oben Kapitel D. III. 7. b) Rz. 474 f.

851 R E 10.4 Abs. 2 Satz 5 i. V. mit R E 7.4 Abs. 1 Satz 2 ErbStR 2019.

res als für die Übertragung eines Anteils an einer vermögensverwaltenden Personengesellschaft. Da das Zivilrecht eine Unterscheidung zwischen vermögensverwaltenden und gewerblich tätigen/geprägten Personengesellschaften nicht kennt, wird aus zivilrechtlicher Sicht – unabhängig vom Zweck der Gesellschaft – immer ein Mitgliedschaftsrecht oder – wenn der Erwerber bereits Mitgesellschafter ist – eine Erhöhung des Anteils des Erwerbers am Vermögen der Gesellschaft übertragen.[852] Diese Wertung wird für erbschaft- und schenkungsteuerliche Zwecke übernommen.[853] Bereichert i.S.des §10 ErbStG ist der Erwerber hingegen um einen Mitunternehmeranteil, dessen Umfang und Bewertung sich nach den §97 Abs.1 Satz1 Nr.5 BewG und §12 Abs.5 ErbStG i.V.mit §151 Abs.1 Nr.2 BewG richten.[854]

HINWEIS:

Verbindlichkeiten der Gesellschaft wirken sich bereits im Rahmen der Bewertung des Mitunternehmeranteils aus; einer dem §10 Abs.1 Satz4 ErbStG vergleichbaren Regelung bedarf es daher nicht.[855]

HINWEIS:

Die Berücksichtigung von Verbindlichkeiten der Gesellschaft führt sowohl bei der Übertragung von Beteiligungen an einer vermögensverwaltenden Personengesellschaft als auch bei der Übertragung eines Mitunternehmeranteils dazu, dass der Erwerber im Ergebnis nur den Netto-Wert des übertragenen Vermögens zu versteuern hat. Deutlich wird dies insbesondere bei einem Vergleich des §10 Abs.1 Satz4 Halbsatz2 ErbStG mit dem Substanzwertverfahren:[856] nach beiden Bewertungsansätzen werden die zum Gesellschaftsvermögen gehörenden Wirtschaftsgüter und sonstigen aktiven Ansätze um die zum Gesellschaftsvermögen gehörenden Schulden und sonstigen Abzüge gekürzt. Während dieses Ergebnis im Falle der Übertragung eines Mitunternehmeranteils bereits auf Ebene der Bewertung erzielt wird, erfolgt der Abzug von Schulden und Lasten im Falle der Übertragung einer Beteiligung an einer vermögensverwaltenden Personengesellschaft jedoch erst bei der Ermittlung der steuerpflichtigen Bereicherung. Erbschaft- und schenkungsteuerlich mag es daher – abgesehen von den Vergünstigungen für Betriebsvermögen – keinen Unterschied machen, ob der Anteil einer gewerblichen oder einer vermögensverwaltenden Personengesellschaft übertragen wird, da in beiden Fällen nur der Netto-Wert der Erbschaft- oder Schenkungsteuer unterworfen wird; ertragsteuerlich fällt die Wertung jedoch vollkommen anders aus: Freigebige Zuwendungen unter Lebenden unterliegen der Schenkungsteuer, soweit der Bedachte durch sie berei-

852 Siehe oben Kapitel D. III. 7. a) Rz.470; von Sothen in Scherer, Unternehmensnachfolge, 6.Aufl. 2020, §25 Rz.31.

853 Siehe oben Kapitel D. III. 7. b) Rz.473; BFH, Urteil v.18.9.2013 - II R 63/11 NWB WAAAE-53161.

854 Zur Bewertung von Betriebsvermögen siehe oben Kapitel B. IV. 3. a) Rz.97; zum Umfang erbschaftsteuerlicher Vergünstigung Kapitel B. V. 2. Rz.175, 177ff.

855 §95 Abs.1 i.V.mit §103 BewG; siehe auch §11 Abs.2 Satz3 BewG, der für die Bewertung von Betriebsvermögen gem. den §§97 Abs.1a Nr.1, 109 Abs.2 BewG entsprechend anzuwenden ist.

856 §11 Abs.2 Satz3 BewG; siehe auch oben Kapitel B. IV. 3. b) Rz.99.

chert ist.[857] Um die Bereicherung des Erwerbers zu ermitteln, ist nach der Systematik des Erbschaft- und Schenkungsteuergesetzes zunächst der geschenkte Gegenstand zu bewerten; anschließend sind sachliche Steuerbefreiungen sowie Verbindlichkeiten und Belastungen abzuziehen.[858] Die Bereicherung ergibt sich folglich aus dem Wert der Zuwendung abzüglich der Verbindlichkeiten und Belastungen. Nur Verbindlichkeiten, die außerhalb der Bewertung abgezogen werden, können somit die Bereicherung mindern. Eine Belastung, die bereits im Rahmen der Bewertung berücksichtigt wurde, haftet hingegen dem Zuwendungsgegenstand an und mindert bereits den Wert der Zuwendung, nicht aber erst den Umfang der Bereicherung. Bereicherungsmindernde Verbindlichkeiten können demgegenüber auf Seiten des Erwerbers ertragsteuerlich zu Gegenleistungen und damit zum Vorliegen einer gemischten Schenkung führen.[859] Im Umfang der Gegenleistung kann der Schenker dann einen Veräußerungstatbestand und der Erwerber einen Anschaffungsvorgang realisieren.[860]

BEISPIEL: A ist alleiniger Kommanditist der vermögensverwaltenden AGmbH & Co. KG. Im Vermögen der KG befindet sich eine Immobilie im Wert von 1 Mio. €, die mit einer Grundschuld belastet ist. A überträgt seinen Kommanditanteil auf B. Zum Zeitpunkt der Übertragung valutiert die Grundschuld auf 300.000 €.

Für schenkungsteuerliche Zwecke ist die Bereicherung des B nach § 10 Abs. 1 Satz 4 i. V. mit § 2a ErbStG zu ermitteln. Danach gilt als Bereicherung der Erwerb der Immobilie; Schulden und Lasten der Gesellschaft mindern die Bereicherung, indem ihr Wert vom Wert der Zuwendung abgezogen werden darf.[861] Die schenkungsteuerliche Bereicherung beläuft sich damit auf 700.000 € (Wert der Immobilie 1 Mio. € ./. Wert der Gesellschaftsschulden 300.000 €). Gleichzeitig ist der Wert der anteiligen Gesellschaftsschulden als Gegenleistung zu behandeln,[862] so dass ertragsteuerlich die Wirtschaftsgüter des Gesellschaftsvermögens – in diesem Fall die Immobilie – zu 30 % entgeltlich veräußert bzw. erworben wurden.[863] Ertragsteuerlich hat A folglich einen Veräußerungsgewinn zu versteuern, sofern die Immobilie noch nach § 23 EStG steuerlich verhaftet war. Bei B liegen korrespondierend i. H. von 300.000 € Anschaffungskosten vor, die zu neuem AfA-Potenzial führen.[864] Die AfA des A hat B nur im Umfang des unentgeltlichen Erwerbes (70 %) nach § 11d EStDV fortzuführen.

Wäre die AGmbH & Co. KG gewerblich/gewerblich geprägt, hätten sich die Verbindlichkeiten bei unterstelltem Substanzwertverfahren bereits im Rahmen der Bewertung ausgewirkt. Der auf B übertragene Mitunternehmeranteil wäre mit einem

---

857 § 7 Abs. 1 Nr. 1 ErbStG.

858 Siehe oben Kapitel B. III. Rz. 40 ff.

859 BMF, Schreiben betr. ertragsteuerliche Behandlung der vorweggenommenen Erbfolge v. 13.1.1993, BStBl 1993 I S. 80, 464 Tz. 9.

860 BMF, Schreiben betr. ertragsteuerliche Behandlung der vorweggenommenen Erbfolge v. 13.1.1993, BStBl 1993 I S. 80, 464 Tz. 9; Roemer in Hannes, Formularbuch Vermögens- und Unternehmensnachfolge, 2. Aufl. 2017, A. 1.05, Rz. 36.

861 R E 10.4 Abs. 2 Satz 5 i. V. mit R E 7.4 Abs. 1 Satz 2 ErbStR 2019.

862 R E 10.4 Abs. 2 Satz 6 ErbStR 2019.

863 § 23 Abs. 1 Satz 4 EStG.

864 Weiterführend zu Gegenleistungen siehe BFH, Beschluss v. 5.7.1990 - GrS 4-6/89, BStBl 1990 II S. 847 NWB DAAAA-93413.

Wert von 700.000€ anzusetzen. Weitere bereicherungsmindernde Abzüge lägen nicht vor mit der Folge, dass B den Mitunternehmeranteil in vollem Umfang unentgeltlich erworben hätte.[865]

cc) Kapitalgesellschaft

479 Sowohl aus zivilrechtlicher als auch aus erbschaftsteuerlicher Sicht ist **Schenkgegenstand** bei der unentgeltlichen Übertragung eines GmbH-Geschäftsanteils dieser Geschäftsanteil, der nach § 12 Abs. 2 ErbStG i.V.mit §§ 151 Abs. 1 Satz 1 Nr. 3, 11 Abs. 2 BewG zu bewerten ist.[866]

480 Darüber hinaus können die erbschaftsteuerlichen Vergünstigungen für Betriebsvermögen greifen, wenn der Schenker zum Zeitpunkt der Schenkung zu mehr als 25 % an der Gesellschaft beteiligt ist und die übrigen Voraussetzungen der §§ 13a ff. ErbStG erfüllt sind.[867] Dabei kann die 25 %-Grenze auch mithilfe eines Poolvertrages eingehalten werden.[868] Es ist jedoch nicht möglich, die Geschäftsanteile über eine **vermögensverwaltende Personengesellschaft** zu bündeln und anlässlich der Übertragung der Personengesellschaftsanteile die erbschaftsteuerlichen Vergünstigungen zu beanspruchen.

BEISPIEL: A und B sind Kommanditisten einer gewerblich entprägten GmbH & Co. KG. Jeder Kommanditist hält einen 50 %-Kommanditanteil. Die VKG verfügt neben Bargeld über einen 100 %-Geschäftsanteil an der GGmbH. Für ertragsteuerliche Zwecke wird damit jedem Kommanditisten ein 50 %-Geschäftsanteil an der GGmbH zugerechnet. Die Kommanditisten werden insoweit wie Bruchteilseigentümer behandelt.[869]

A überträgt im Wege vorweggenommener Erbfolge seinen Kommanditanteil unentgeltlich auf seinen Sohn S. S macht im Rahmen der Schenkungsteuererklärung die Optionsverschonung, § 13a Abs. 10 ErbStG, geltend. Dabei beruft er sich auf § 10 Abs. 1 Satz 4 ErbStG, wonach der unmittelbare Erwerb einer Beteiligung an einer vermögensverwaltenden Personengesellschaft erbschaft- und schenkungsteuerlich als Erwerb der anteiligen Wirtschaftsgüter gelte.

481 Der BFH hat den Anwendungsbereich der §§ 13a–c ErbStG als nicht eröffnet angesehen, wenn die Schenker nur mittelbar über eine vermögensverwaltende Personengesellschaft an der Kapitalgesellschaft beteiligt sind.[870] **Gegenstand der Zuwendung** sei in diesem Fall nämlich nicht der Anteil an einer Kapitalge-

865 Ehmcke in Blümich, EStG, § 6 Rz. 193.

866 Siehe oben Kapitel B. IV. 3. a) Rz. 97 ff.

867 Siehe oben Kapitel B. V. 2. Rz. 175, 177 ff.

868 Siehe oben Kapitel B. V. 2. Rz. 177.

869 § 39 Abs. 2 Nr. 2 AO.

870 BFH, Urteil v. 18.9.2013 - II R 63/11 NWB WAAAE-53161; BFH, Urteil v. 11.6.2013 - II R 4/12, BStBl 2013 II S. 742 NWB KAAAE-41248.

sellschaft, sondern die Beteiligung an einer Personengesellschaft. § 13 a Abs. 1 Satz 1 i. V. mit § 13b Abs. 1 Nr. 3 ErbStG setze aber die Übertragung eines Anteils an einer Kapitalgesellschaft und nicht die Übertragung eines Anteils an einer Personengesellschaft voraus. Zudem erfordere die Vorschrift ausdrücklich die unmittelbare Beteiligung an der zu übertragenden Kapitalgesellschaft.

HINWEIS:

Der BFH manifestiert damit die Differenzierung zwischen Zuwendungsgegenstand einerseits und Bewertungsgegenstand andererseits.[871] Die Regelung des § 10 ErbStG bezieht sich allein auf die für erbschaft- und schenkungsteuerliche Zwecke relevante Frage, in welchem Umfang der Begünstigte bereichert ist und wie diese Bereicherung für steuerliche Zwecke zu ermitteln ist. Allein für Zwecke der Ermittlung der schenkungsteuerlichen Bemessungsgrundlage soll der Erwerber eines Anteils an einer vermögensverwaltenden Gesellschaft so behandelt werden, als habe er die anteiligen Wirtschaftsgüter der Gesamthand erworben. Die Frage nach dem Vorliegen einer Zuwendung und dem Zuwendungsgegenstandes ist hingegen nach § 7 ErbStG zu beantworten, dem zivilrechtliche Maßstäbe zugrunde liegen.[872]

c) Ertragsteuerliche Aspekte der unentgeltlichen Übertragung

Unter ertragsteuerlichen Gesichtspunkten bewirkt die unentgeltliche Übertragung von Wirtschaftsgütern, dass in den Wirtschaftsgütern enthaltene **stille Reserven** auf den Erwerber übergehen, da der Erwerber anlässlich der Schenkung grds. die historischen **Anschaffungskosten bzw. die Buchwerte des Schenkers** übernimmt. Dies regeln bspw. § 23 Abs. 1 Satz 3 EStG u. a. für die Übertragung von Immobilien, § 17 Abs. 2 Satz 5 EStG für die Übertragung von „wesentlichen“ Anteilen an Kapitalgesellschaften und § 6 Abs. 3 EStG für die Übertragung u. a. von Mitunternehmeranteilen. Die während der Besitzzeit des Schenkers entstandenen und die zukünftig in der Hand des Erwerbers entstehenden stillen Reserven werden im Falle eines steuerauslösenden Veräußerungsvorgangs durch den Erwerber daher in vollem Umfang vom Erwerber versteuert. Der Schenker zahlt hingegen keine Ertragsteuer auf die stillen Reserven, solange er das jeweilige Wirtschaftsgut nicht veräußert und damit den Besteuerungsvorgang auslöst. Anders als bei den §§ 23, 17 EStG wird der Transfer der stillen Reserven vom Schenker auf den Erwerber im Rahmen des § 6 Abs. 3 EStG jedoch von bestimmten **Voraussetzungen** abhängig gemacht. Nur wenn diese eingehalten werden, führt die Übertragung eines Mitunternehmeranteils nicht zu einer Aufdeckung und Versteuerung der stillen Reserven noch in der Hand des Schenkers. 482

871 Siehe oben Kapitel D. III. 7. b) Rz. 473.

872 BFH, Urteil v. 18.9.2013 - II R 63/11 NWB WAAAE-53161.

483 Gemäß § 6 Abs. 3 EStG sind bei der Ermittlung des Gewinns des bisherigen Betriebsinhabers (Schenkers) trotz der (Teil-)Beendigung seines betrieblichen Engagements die Buchwerte anzusetzen, wenn er den Mitunternehmeranteil unentgeltlich überträgt und die Besteuerung der stillen Reserven sichergestellt ist. Dies gilt auch dann, wenn der bisherige Schenker Wirtschaftsgüter, die weiterhin zum Betriebsvermögen derselben Mitunternehmerschaft gehören, nicht überträgt, sofern der Erwerber den übernommenen Mitunternehmeranteil über einen Zeitraum von mindestens fünf Jahren nicht veräußert oder aufgibt.

Grundlegende Voraussetzung für den Buchwertansatz ist damit, dass der Mitunternehmeranteil unentgeltlich übertragen wird.

aa) Mitunternehmeranteil

484 Der Mitunternehmeranteil umfasst neben dem Anteil am **Vermögen** (Gesellschaftsanteil) auch alle Wirtschaftsgüter, die der Mitunternehmer in seinem steuerlichen **Sonderbetriebsvermögen** hält.[873] Eine ertragsteuerneutrale Übertragung nach § 6 Abs. 3 Satz 1 EStG ist folglich möglich, wenn der Schenker seinen gesamten Mitunternehmeranteil, d. h. seinen Anteil am Gesellschaftsvermögen (z. B. Kommanditanteil) einschließlich seines Sonderbetriebsvermögens überträgt. Nach Ansicht der Finanzverwaltung soll eine vollständige Übertragung auch des Sonderbetriebsvermögens jedoch nur insoweit erforderlich sein, als es sich dabei um funktional wesentliches Sonderbetriebsvermögen handelt.[874]

485 Neben der Übertragung des gesamten Mitunternehmeranteils begünstigt § 6 Abs. 3 Satz 1 Halbsatz 2 EStG auch die Übertragung nur eines **Teils eines Mitunternehmeranteils.** Lange Zeit umstritten war in diesem Zusammenhang die Frage, ob der Buchwertansatz nur dann gewährt würde, wenn der Schenker prozentual im selben Verhältnis Gesellschaftsanteile und Sonderbetriebsvermögen überträgt, oder ob auch **unter- oder überquotale** Übertragungen von Sonderbetriebsvermögen von § 6 Abs. 3 EStG erfasst sein sollten. Mit Schreiben v. 20.11.2019[875] hat sich die Finanzverwaltung schließlich der Auffassung des BFH angeschlossen und für den Gesetzesanwender Rechtssicherheit geschaffen. Danach kann künftig und in allen noch offenen Fällen davon ausgegangen

873 BFH, Urteil v. 22.9.2011 - IV R 33/08, BStBl 2012 II S. 10 NWB FAAAD-94864; BFH, Urteil v. 2.8.2012 - IV R 41/11, BStBl 2019 II S. 715 NWB TAAAE-19933.

874 BMF, Schreiben betreffend Zweifelsfragen zu § 6 Abs. 3 EStG; Verhältnis von § 6 Abs. 3 zu § 6 Abs. 5 EStG v. 20.11.2019 - IV C 6 - S 2241/15/10003, BStBl 2019 I S. 1291 NWB HAAAH-35697.

875 BMF, Schreiben betreffend Zweifelsfragen zu § 6 Abs. 3 EStG; Verhältnis von § 6 Abs. 3 zu § 6 Abs. 5 EStG v. 20.11.2019 - IV C 6 - S 2241/15/10003, BStBl 2019 I S. 1291 NWB HAAAH-35697.

werden, dass sowohl eine quotale als auch eine unter- oder überquotale Übertragung von Sonderbetriebsvermögen den Anwendungsbereich des §6 Abs.3 EStG (=Buchwertansatz) eröffnen.[876]

HINWEIS:

Eine quotale Übertragung von Sonderbetriebsvermögen im selben Verhältnis wie Gesellschaftsvermögen liegt auch dann vor, wenn nicht jedes einzelne funktional wesentliche Wirtschaftsgut des Sonderbetriebsvermögens anteilig mitübertragen wird. Vielmehr will die Finanzverwaltung der Beurteilung keine stückmäßige, sondern eine wertmäßige Betrachtung zugrunde legen. Gehören also bspw. zwei gleichwertige Grundstücke zum Sonderbetriebsvermögen und überträgt der Schenker seinen hälftigen Kommanditanteil einschließlich eines der beiden Grundstücke auf den Erwerber, liegt nach Ansicht der Finanzverwaltung eine quotale Übertragung von Gesamthands- und Sonderbetriebsvermögen vor.[877]

Für die **unterquotale Übertragung** von Sonderbetriebsvermögen wird der Buchwertansatz jedoch nur gewährt, wenn der Erwerber eine fünfjährige **Haltefrist** beachtet. Er darf den übernommenen Mitunternehmeranteil über einen Zeitraum von mindestens fünf Jahren nicht veräußern oder aufgeben.[878] 486

HINWEIS:

Ein Verstoß gegen die Haltefrist liegt vor, wenn der Erwerber

- den übertragenen Mitunternehmeranteil einschließlich übertragenem Sonderbetriebsvermögen,
- allein den übertragenen Gesellschaftsanteil,
- einen Teil dieses Gesellschaftsanteils,
- nur zusammen mit dem Gesellschaftsanteil übertragenes Sonderbetriebsvermögen oder
- einen Teil dieses Sonderbetriebsvermögens

veräußert.[879] Als Rechtsfolge eines Verstoßes gegen die Haltefrist sind für die gesamte Übertragung (d.h. nicht nur für den veräußerten Teil) rückwirkend auf den Übertragungsstichtag die stillen Reserven aufzudecken und vom Schenker als laufender Ge-

876 BMF-Schreiben v.20.11.2019 - IV C 6 - S 2241/15/10003, BStBl 2019 I S.1291 NWB HAAAH-35697. Die überquotale Übertragung setzt allerdings voraus, dass überhaupt ein Anteil am Vermögen übertragen wird. Eine isolierte Übertragung von Sonderbetriebsvermögen fällt nicht unter §6 Abs.3 EStG, sondern kann höchstens nach §6 Abs.5 EStG begünstigt werden, BMF-Schreiben v.20.11.2019 - IV C 6 - S 2241/15/10003, BStBl 2019 I S.1291 NWB AAAH-35697.

877 BMF-Schreiben v.20.11.2019 - IV C 6 - S 2241/15/10003, BStBl 2019 I S.1291 NWB HAAAH-35697.

878 §6 Abs.3 Satz2 EStG.

879 BMF-Schreiben v.20.11.2019 - IV C 6 - S 2241/15/10003, BStBl 2019 I S.1291 NWB HAAAH-35697.

winn zu versteuern.[880] Die Haltefrist wird also dem Erwerber auferlegt, während die Rechtsfolgen eines Verstoßes den Schenker treffen. Der Schenker ist daher gut beraten, das Einhalten der Haltefrist durch Rückforderungsrechte oder Gewährleistungsvereinbarungen im Schenkungs- und Anteilsübertragungsvertrag abzusichern.

487 Im Falle der **quotalen** oder **überquotalen** Übertragung von Sonderbetriebsvermögen muss der Erwerber demgegenüber keine Haltefristen beachten.[881]

HINWEIS:

Die Finanzverwaltung stellt ausdrücklich und entgegen bisheriger Auffassung fest, dass die überquotale Übertragung von Sonderbetriebsvermögen einen einheitlich nach § 6 Abs. 3 Satz 1 EStG zu behandelnden Vorgang darstellt – solange nur ein Anteil am Gesellschaftsvermögen mitübertragen wird – und nicht etwa in Höhe der quotalen Übertragung nach § 6 Abs. 3 EStG und darüber hinaus nach § 6 Abs. 5 EStG zu behandeln ist.[882] Dies ist für den Steuerpflichtigen deshalb relevant, weil eine Buchwertfortführung nach § 6 Abs. 5 EStG im Gegensatz zu § 6 Abs. 3 Satz 1 EStG das Einhalten einer Sperrfrist erfordert.

bb) Unentgeltliche Übertragung

488 Unentgeltlich i. S. des § 6 Abs. 3 EStG wird ein Mitunternehmeranteil übertragen, wenn der Erwerber vereinbarungsgemäß **keine gleichwertige Gegenleistung** erbringt und dem Schenker der Mehrwert seiner Leistung bewusst ist.[883] Eine Gegenleistung liegt insbesondere dann nicht vor, wenn ein Mitunternehmeranteil *„unter Übernahme der auf ihm lastenden Verbindlichkeiten"* auf den Erwerber übertragen wird.[884] Übernimmt der Erwerber hingegen **außerbetriebliche Schulden,** führt dies zur Entgeltlichkeit des Vorgangs.[885]

d) Übertragung unter Nießbrauchvorbehalt

489 Ähnlich wie an Immobilien[886] können auch an Gesellschaftsanteilen Nießbrauchrechte eingeräumt werden. Dies regelt § 1068 BGB, wonach Gegenstand

880 BMF-Schreiben v. 20.11.2019 - IV C 6 - S 2241/15/10003, BStBl 2019 I S. 1291 NWB HAAAH-35697.

881 BMF-Schreiben v. 20.11.2019 - IV C 6 - S 2241/15/10003, BStBl 2019 I S. 1291 NWB HAAAH-35697.

882 BMF-Schreiben v. 20.11.2019 - IV C 6 - S 2241/15/10003, BStBl 2019 I S. 1291 NWB HAAAH-35697.

883 BFH, Beschluss v. 5.7.2018 - II B 122/17, BStBl 2018 II S. 660 NWB UAAAG-90832; Zur unentgeltlichen Leistung, die gleichwohl zu einem Veräußerungsverlust führt und damit nicht „unentgeltlich i. S. des § 6 EStG" ist, siehe BFH, Urteil v. 26.6.2002 - IV R 3/01, BStBl 2003 II S. 112 NWB WAAAA-89423.

884 Ehmcke in Blümich, EStG, § 6 Rz. 193.

885 BFH, Urteil v. 22.9.1994 - IV R 61/93, BStBl 1995 II S. 367 NWB BAAAA-95197. Siehe hierzu auch Kapitel D. III. 7. b) Rz. 478.

886 Siehe oben Kapitel D. I. 1. a) Rz. 358 ff.

eines Nießbrauchs auch ein Recht sein kann und wonach die Vorschriften über einen Nießbrauch an Sachen auf den Nießbrauch an Rechten entsprechende Anwendung finden. Als typische Rechte in diesem Sinne gelten insbesondere gesellschaftsvertragliche Mitgliedschaftsrechte, nämlich Beteiligungen an Personengesellschaften und Anteile an Kapitalgesellschaften.[887] Die **Zulässigkeit** der Bestellung von Nießbrauchrechten an Gesellschaftsanteilen ist inzwischen grds. **anerkannt.**[888]

Bestehen gesellschaftsvertragliche **Vinkulierungsklauseln** oder **gesetzliche Beschränkungen** in Bezug auf die Übertragung von Gesellschaftsanteilen, gelten diese über den Verweis in § 1069 Abs. 2 BGB im Zweifel auch für die Belastung mit einem Nießbrauchrecht.[889] 490

Bei der Bestellung eines Nießbrauchrechts an einem Gesellschaftsanteil ist es zudem ratsam, die Bestellung des Nießbrauchrechts der Gesellschaft anzuzeigen. Andernfalls muss der Nießbrauchberechtigte Gewinnausschüttungen oder sonstige Leistungen der Gesellschaft an den Gesellschafter gegen sich gelten lassen.[890]

aa) Schenkungsteuerliche Aspekte einer Übertragung unter Nießbrauchvorbehalt

Bezüglich der schenkungsteuerlichen Konsequenzen einer Nießbrauchbestellung ist zwischen der Einräumung eines Nießbrauchrechts am Gesellschaftsanteil einer vermögensverwaltenden Personengesellschaft, einer gewerblichen/gewerblich geprägten Personengesellschaft und einer Kapitalgesellschaft zu unterscheiden. 491

(1) Vermögensverwaltende Personengesellschaft

Überträgt der Gesellschafter einer vermögensverwaltenden Personengesellschaft seinen Gesellschaftsanteil unentgeltlich auf einen Nachfolger und behält er sich dabei das Nießbrauchrecht am Gesellschaftsanteil vor (Vorbehaltsnießbrauch), ist die **steuerliche Bereicherung** auf Seiten des Erwerbers zu erfassen und der Schenkungsteuer zu unterwerfen. Auch wenn Schenk- 492

887 Roth/Kieninger in MüKoBGB, 8. Aufl. 2019, § 413 Rz. 8 ff.; Pohlmann in MüKoBGB, 8. Aufl. 2020, § 1068 Rz. 20; Frank, MittBayNot 2010 S. 96.

888 Pohlmann in MüKoBGB, 8. Aufl. 2020, § 1068 Rz. 24; Frank, MittBayNot 2010 S. 96, mit umfassenden Nachweisen zur Rechtsprechung.

889 § 1069 Abs. 2 BGB lautet: „An einem Recht, das nicht übertragbar ist, kann ein Nießbrauch nicht bestellt werden".

890 §§ 1070 Abs. 1, 407 Abs. 1 BGB.

gegenstand der übertragene Gesellschaftsanteil ist, wird für Zwecke der Ermittlung der Bereicherung unterstellt, der Erwerber habe die anteiligen Wirtschaftsgüter der Personengesellschaft erworben.[891] Mithin sind die Wirtschaftsgüter der Gesellschaft zu bewerten und dem Erwerber entsprechend des auf ihn übertragenen Anteils zuzurechnen. Das vorbehaltene Nießbrauchrecht stellt dabei als **Duldungsauflage** keine Gegenleistung des Erwerbers dar, sondern bewirkt lediglich, dass der Erwerber von vornherein nur den um die Auflage geminderten Wert des Gesellschaftsanteils erhält.[892] Die steuerlichen Folgen des Nießbrauchs erschöpfen sich daher darin, den Wert der anteilig auf den Erwerber übergegangenen Wirtschaftsgüter des Gesellschaftsvermögens um die Belastung in Höhe des Kapitalwerts[893] des Nießbrauchrechts zu mindern.[894] Aus dem Saldo dieser beiden Positionen ergibt sich der Wert der Zuwendung.

Behält der Schenker umgekehrt den Gesellschaftsanteil zurück und räumt er einem Dritten unentgeltlich ein Nießbrauchrecht an seinem Gesellschaftsanteil ein (Zuwendungsnießbrauch), ist der Dritte um den Kapitalwert des Nießbrauchs bereichert und muss diesen der Schenkungsteuer unterwerfen. Weitere schenkungsteuerliche Folgen ergeben sich hieraus nicht.

(2) Gewerbliche/gewerblich geprägte Personengesellschaft

493 Die Gestaltungsmöglichkeiten und Problematiken der Nießbrauchbestellung an einem Mitunternehmeranteil sind deutlich **vielfältiger und komplexer** als die Nießbrauchbestellung am Gesellschaftsanteil einer vermögensverwaltenden Personengesellschaft. Dies liegt u.a. darin begründet, dass sowohl beim Vorbehaltsnießbrauch als auch beim Zuwendungsnießbrauch der Nießbrauch so ausgestaltet werden kann, dass er dem Nießbraucher entweder eine Mitunternehmerstellung vermittelt oder nicht. Daneben ist auch die rechtliche Position des Gesellschafters und Nießbrauchbelasteten darauf hin zu untersuchen, ob eine Mitunternehmerstellung in seiner Person erwünscht ist oder nicht.

494 Der Begriff des Mitunternehmers ist gesetzlich nicht definiert.[895] Im Anwendungsbereich des § 15 Abs. 1 Satz 1 Nr. 2 EStG wird jedoch nach allgemeiner

891 § 10 Abs. 1 Satz 4 i. V. mit § 2a ErbStG. Siehe oben Kapitel D. III. 7. b) Rz. 473.

892 BMF, Schreiben betr. ertragsteuerliche Behandlung der vorweggenommenen Erbfolge v. 13.1.1993, BStBl 1993 I S. 80, 464.

893 Zur Bestimmung des Kapitalwerts eines Nießbrauchrechts siehe oben Kapitel D. I. 1. b) Rz. 359.

894 R E 7.4 Abs. 1 Satz 2 ErbStR 2019.

895 Bode in Blümich, EStG, § 15 Rz. 341.

Auffassung unter einem Mitunternehmer eine Person verstanden, die **Mitunternehmerinitiative** entfalten kann und **Mitunternehmerrisiko** trägt. Mitunternehmerinitiative ist vorhanden, wenn dem Steuerpflichtigen Stimm-, Kontroll- und Widerspruchsrechte eines Kommanditisten nach den Regelungen des HGB oder der gesellschaftsrechtlichen Kontrollrechte nach § 716 Abs. 1 BGB zustehen. Demgegenüber drückt sich das Mitunternehmerrisiko durch die Beteiligung am Gewinn und Verlust sowie an den stillen Reserven des Anlagevermögens einschließlich des Geschäftswerts des Unternehmens aus.[896] Für die Mitunternehmerstellung ist es nicht erforderlich, dass der Betroffene zivilrechtlicher Gesellschafter einer Personengesellschaft sein muss. Ausreichend ist ein wirtschaftlich vergleichbares Rechtsverhältnis, bspw. das zwischen Nießbraucher, Nießbrauchbesteller und den übrigen Gesellschaftern vorliegende Rechtsverhältnis.[897] Auch ein **Nießbraucher** kann daher Mitunternehmer i. S. des § 15 Abs. 1 Satz 1 Nr. 2 EStG sein.[898]

Für das Bedürfnis, dem **Erwerber** einer unentgeltlichen Zuwendung eine Mit- 495
unternehmerstellung einzuräumen, sprechen in aller Regel **schenkungsteuerliche Aspekte.** Der begehrte schenkungsteuerliche Vorteil bei der Übertragung von Betriebsvermögen besteht darin, dieses Vermögen mit einer möglichst niedrigen Schenkungsteuerbelastung auf die nächste Generation zu übertragen, indem die steuerlichen Vergünstigungen für Betriebsvermögen, **§§ 13a ff. ErbStG,** in Anspruch genommen werden. Dies setzt im Zusammenhang mit der schenkweisen Übertragung eines Mitunternehmeranteils voraus, dass das erworbene Vermögen sowohl auf Seiten des Schenkers als auch auf Seiten des Erwerbers Betriebsvermögen i. S. des § 13b Abs. 1 Nr. 2 ErbStG ist bzw. wird.[899]

Aber auch der **Schenker** kann ein eigenes steuerliches Interesse daran haben, 496
weiterhin als Mitunternehmer angesehen zu werden. Aus erbschaft- und schenkungsteuerlicher Sicht mag es für ihn zwar keine Rolle spielen, ob er in Bezug auf den übertragenen Gesellschaftsanteil nach der Übertragung noch Mitunternehmer ist oder nicht; **ertragsteuerlich** kann der Verlust der Mitunternehmerstellung hingegen weitreichende Folgen haben.

896 BFH, Beschluss v. 25.6.1984 - GrS 4/82, BStBl 1984 II S. 751 NWB IAAAA-91985; BFH, Urteil v. 1.7.2010 - IV R 100/06 NWB BAAAD-52040; Bode in Blümich, EStG, § 15 Rz. 347.

897 BFH, Urteil v. 1.9.2011 - II R 67/09, BStBl 2013 II S. 210 NWB FAAAD-94368; Bode in Blümich, EStG, § 15 Rz. 338.

898 BFH, Urteil v. 1.3.1994 - VIII R 35/92, BStBl 1995 II S. 241 NWB KAAAA-95142; BFH, Urteil v. 23.2.2010 - II R 42/08, BStBl 2010 II S. 555 NWB DAAAD-42166; ausführlich m. w. N. Wacker in Schmidt, EStG, 43. Aufl. 2024, § 15 Rz. 306; Scherer, Unternehmensnachfolge, 6. Aufl. 2020, § 28 Vorweggenommene Erbfolge, Rz. 169.

899 BFH, Urteil v. 16.5.2013 - II R 5/12, BStBl 2013 II S. 635 NWB YAAAE-39302; BFH, Urteil v. 23.2.2010 - II R 42/08, BStBl 2010 II S. 555 NWB DAAAD-42166.

BEISPIEL: Vater V ist Mitunternehmer der KKG. In seinem Sonderbetriebsvermögen bei der KKG hält er eine Immobilie, die in den letzten Jahren eine erhebliche Wertsteigerung erfahren hat. Zum 30. Geburtstag seines Sohnes S möchte V diesem seinen Mitunternehmeranteil übertragen und sich vollständig aus dem operativen Geschäft der KG zurückziehen. Die Immobilie möchte er jedoch noch nicht übertragen. Sein Steuerberater hat ihm verraten, dass das alles kein Problem sei, wenn er den KG-Anteil unter Nießbrauchvorbehalt auf S übertrage. Das Nießbrauchrecht ist vertraglich so ausgestaltet, dass (1) nur S Mitunternehmer geworden ist, (2) nur V Mitunternehmer geblieben ist oder (3) künftig beide Mitunternehmer sind.

497 Schenkungsteuerlich ist der Vorgang in der **Variante (1)** dahingehend zu werten, dass S einen Kommanditanteil schenkweise erhalten hat, der ihm eine Mitunternehmerstellung vermittelt. Dementsprechend kann S die schenkungsteuerlichen Vergünstigungen für Betriebsvermögen beanspruchen.[900] Gleichzeitig kann er den nach dem § 14 BewG kapitalisierten Wert des Nießbrauchrechts vom Steuerwert des Kommanditanteils abziehen. Nach § 10 Abs. 6 Satz 4 ErbStG ist ein Abzug aber nur in dem Umfang zulässig, der dem Verhältnis des nach Anwendung des § 13a ErbStG anzusetzenden Werts des Kommanditanteils zum Wert des Kommanditanteils vor Anwendung des § 13a ErbStG entspricht.

HINWEIS:

S hat den Kommanditanteil trotz der Belastung mit dem Nießbrauchrecht in vollem Umfang unentgeltlich erworben. Das Nießbrauchrecht stellt keine Gegenleistung dar.[901]

498 Ertragsteuerlich muss V aufgrund der unentgeltlichen Übertragung des Mitunternehmeranteils auf S die stillen Reserven seines gesamten Mitunternehmeranteils (anteiliges Vermögen zuzüglich Sonderbetriebsvermögen)[902] aufdecken und als laufenden Gewinn versteuern.[903] Dieses Ergebnis könnte er nur vermeiden, wenn die Voraussetzungen einer **unterquotalen Übertragung von Sonderbetriebsvermögen** i. S. des § 6 Abs. 3 Satz 2 EStG vorlägen. Nach § 6 Abs. 3 Satz 2 EStG wird nämlich eine Buchwertfortführung gewährt, *„wenn der bisherige Betriebsinhaber (Mitunternehmer)* ***Wirtschaftsgüter, die weiterhin zum Betriebsvermögen derselben Mitunternehmerschaft*** *gehören, nicht überträgt"* und der Erwerber eine Haltefrist von fünf Jahren einhält. Die unterquotale Übertragung des Sonderbetriebsvermögens eröffnet V die Möglichkeit einer Buchwert-

900 § 13b Abs. 1 Nr. 2 ErbStG.

901 BFH, Urteil v. 28.7.1981 - VIII R 124/76, BStBl 1982 II S. 378 NWB OAAAB-02412; Ehmcke in Blümich, EStG, § 6 Rz. 1223.

902 Siehe Kapitel D. III. 7. c) Rz. 484.

903 BMF, Schreiben v. 20.11.2019 - IV C 6 - S 2241/15/10003, BStBl 2019 I S. 1291 NWB HAAAH-35697.

fortführung also nur dann, wenn er Wirtschaftsgüter zurückbehält, die weiterhin zum Betriebsvermögen gehören. Dies setzt voraus, dass V auch nach der Übertragung seines Gesellschaftsanteils Mitunternehmer der KG bleibt. Nur dann gehört die von ihm zurückbehaltene Immobilie weiterhin zum (Sonder-) Betriebsvermögen der KKG. Verliert er die Stellung als Mitunternehmer, muss er die stillen Reserven aufdecken.

Die Aufdeckung und Versteuerung der stillen Reserven kann V verhindern, 499 wenn das Nießbrauchrecht in der **Variante (2)** so ausgestaltet wird, dass V die Mitunternehmerstellung behält und nicht auf S überträgt. Im Gegenzug kann S schenkungsteuerlich nun aber nicht mehr die Vergünstigungen für Betriebsvermögen in Anspruch nehmen. Denn zum begünstigten Vermögen i.S.des §13b Abs.1 Nr.2 ErbStG gehört nur der Erwerb einer Beteiligung an einer Gesellschaft i.S.des §15 Abs.1 Satz1 Nr.2 EStG. S erwirbt jedoch keine Beteiligung an einer gewerblichen Personengesellschaft, da ihm seine Beteiligung keine Mitunternehmerstellung vermittelt.[904]

Die „goldene Lösung", die sowohl S die schenkungsteuerlichen Vergünstigun- 500 gen für Betriebsvermögen als auch V ertragsteuerlich einen Buchwertansatz eröffnet, wurde in der Gestaltungspraxis bisher darin gesehen, entsprechend **Variante (3)** das Nießbrauchrecht so auszugestalten, dass sowohl V als auch S ertragsteuerlich die Merkmale eines Mitunternehmers erfüllten, sog. **doppelte Mitunternehmerstellung.**[905] Diese langjährig geübte Praxis muss jedoch auf den Prüfstand gestellt werden, nachdem der BFH in seinem Urteil v. 19.7.2018[906] in einem obiter dictum die Bemerkung fallen ließ, an einem Gesellschaftsanteil könne grds. **nur eine einzige Mitunternehmerstellung** begründet werden. Der Erwerber eines Gesellschaftsanteils sei *„nur dann Inhaber der daran bestehenden Mitunternehmerstellung geworden, wenn Mitunternehmerinitiative und Mitunternehmerrisiko vollständig auf ihn übergegangen"* seien. Ein vollständiger Übergang von Mitunternehmerinitiative und Mitunternehmerrisiko bedeutet zwangsläufig, dass auf Seiten des Übertragenden kein noch so kleiner Rest an Mitunternehmerinitiative und Mitunternehmerrisiko verbleiben darf. Der Übertragende muss damit seine Mitunternehmerstellung in Bezug auf den Gesellschaftsanteil aufgegeben haben. Auch wenn die Äuße-

904 BFH, Urteil v.16.5.2013 - II R 5/12, BStBl 2013 II S.635 NWB YAAAE-39302; BFH, Urteil v.23.2.2010 - II R 42/08, BStBl 2010 II S.555 NWB DAAAD-42166.

905 Frank, MittBayNot 2010 S.96, mit Formulierungsvorschlag; Stein, ZEV 2019 S.131; Kepper, NZG 2019 S.211; Bode in Blümich, EStG, §15 Rz.364ff.; zur Anerkennung einer Mitunternehmerstellung sowohl des Gesellschafters als auch des Nießbrauchers siehe auch Gleich lautende Erlasse der obersten Finanzbehörden der Länder v.2.11.2012 - 34 - S 3812b - 005 - 38 141/12, DStR 2012 S.2440, ZEV 2013 S.51.

906 BFH, Urteil v.19.7.2018 - IV R 10/17 NWB QAAAG-97089.

rungen des BFH Spielraum zur Interpretation lassen, ob zwar die Mitunternehmerstellung in Bezug auf den Gesellschaftsanteil aufgegeben, in Bezug auf ein Nießbrauchrecht aber neu begründet werden kann, legen sie die Vermutung nahe, der BFH könnte zukünftig die Anerkennung einer doppelten Mitunternehmerstellung ablehnen. Bis zur Bestätigung oder einer ausdrücklichen Abkehr von dieser Rechtsprechung bedeutet dies für die Beratungspraxis eine erhebliche **Rechtsunsicherheit,** vor deren Hintergrund die bisherige Gestaltung nicht mehr empfohlen werden kann.[907] Als Ausweg bleibt dem Steuerpflichtigen die Möglichkeit, seinen Mitunternehmeranteil unter Zurückbehalt eines „Mini"-Anteils auf seinen Nachfolger zu übertragen. Der „Mini"-Anteil gewährleistet den Fortbestand seiner Mitunternehmerstellung, so dass ertragsteuerlich auch im Falle der unterquotalen Übertragung von Sonderbetriebsvermögen der Buchwertansatz gewährleistet wird.[908] Schenkungsteuerlich kann sich der Schenker einen Nießbrauch vorbehalten, der dann jedoch so ausgestaltet ist, dass die durch diesen Gesellschaftsanteil vermittelte Mitunternehmerstellung vollständig auf den Erwerber übergegangen ist. Dadurch würde dem Erwerber die Anwendung der §§ 13a ff. ErbStG ermöglicht.[909]

HINWEIS:

Mit Urteil v. 25.1.2017[910] hatte der BFH für die Übertragung eines Einzelunternehmens unter Nießbrauchvorbehalt festgestellt, dass ein Buchwertansatz nach § 6 Abs. 3 EStG zu versagen sei, wenn der Schenker seine bisherige gewerbliche Tätigkeit nicht einstelle. Auch dieses Urteil führte in der Beraterschaft zu Unsicherheit, weil befürchtet wurde, dass die Entscheidung auf die Übertragung von Mitunternehmeranteilen unter Nießbrauchvorbehalt übertragen werden könnte. Nach bisheriger Gestaltung war es jedoch üblich, auch dem Nießbraucher eine Mitunternehmerstellung einzuräumen, der damit seine gewerbliche Tätigkeit gerade nicht einstellte. Erfreulicherweise hat die Finanzverwaltung nicht nur die bisherige ganz überwiegende Auffassung in der Literatur, sondern auch die erforderliche Rechtssicherheit durch Veröffentlichung des BMF-Schreibens v. 20.11.2019[911] zum Teil wiederhergestellt. In Tz. 7 heißt es hierzu:

„Erfolgt die Übertragung eines Mitunternehmeranteils unter Vorbehalt eines Nießbrauchsrechts und wird der neue Gesellschafter Mitunternehmer, steht der Nießbrauchsvorbehalt der Buchwertfortführung nach § 6 Abs. 3 EStG nicht entgegen. Die Grundsätze des zu Einzelbetrieben mit gewerblichen Einkünften nach § 15 EStG ergangenen BFH-Urteils v. 25.1.2017 - X R 59/14, DStR 2017 S. 1308, gelten nicht für die Übertragung von Mitunternehmeranteilen."

907 So auch Kepper, NZG 2019 S. 211; Stein, ZEV 2019 S. 131.

908 § 6 Abs. 3 Satz 2 EStG.

909 Zu den ertragsteuerlichen Konsequenzen siehe Kapitel D. III. 7. d) Rz. 494.

910 BFH, Urteil v. 25.1.2017 - X R 59/14, BStBl 2019 II S. 730 NWB LAAAG-47393.

911 BMF-Schreiben v. 20.11.2019 - IV C 6 - S 2241/15/10003, BStBl 2019 I S. 1291 NWB HAAAH-35697.

Die Finanzverwaltung sieht damit den Vorbehalt eines Nießbrauchrechts als grds. unschädlich für Zwecke des § 6 Abs. 3 EstG an. Unklar und nicht im BMF-Schreiben geregelt, bleibt aber,

- wie der Nießbrauch ausgestaltet sein muss, um eine Buchwertfortführung zu ermöglichen,
- ob nach Ansicht der Finanzverwaltung eine doppelte Mitunternehmerschaft überhaupt möglich ist und
- wie die Zahlungen des Gesellschafters an den Nießbraucher steuerlich zu behandeln sind, falls eine doppelte Mitunternehmerstellung verneint werden sollte.

(3) Kapitalgesellschaft

Sowohl die Schenkung eines GmbH-Anteils unter Nießbrauchvorbehalt als 501
auch die Zuwendung eines Nießbrauchs an einem Geschäftsanteil sind schenkungsteuerlich unproblematisch.

Beim Vorbehaltsnießbrauch erhält der Erwerber einen Geschäftsanteil, der nach den § 12 Abs. 2 ErbStG i.V. mit §§ 151 Abs. 1 Satz 1 Nr. 3 und 11 BewG zu bewerten ist. Liegen darüber hinaus die Voraussetzungen des § 13b Abs. 1 Nr. 3 ErbStG vor, können zudem die erbschaftsteuerlichen Vergünstigungen für Betriebsvermögen in Anspruch genommen werden. Den Nießbrauch darf der Erwerber vom Steuerwert des Geschäftsanteils mit dem nach den §§ 14 ff. BewG kapitalisierten Wert abziehen. Er stellt keine Gegenleistung dar und führt somit nicht zum Vorliegen einer gemischten Schenkung.[912] Allerdings kann der Wert des Nießbrauchrechts nach § 10 Abs. 6 Satz 4 ErbStG nur anteilig abgezogen werden, wenn der Geschäftsanteil unter Inanspruchnahme der §§ 13a ff. ErbStG übertragen wurde. Dann beschränkt sich die Abzugsfähigkeit des Nießbrauchrechts auf den Betrag, der dem Verhältnis des nach Anwendung des § 13a ErbStG anzusetzenden Werts des Geschäftsanteils zum Wert des Geschäftsanteils vor Anwendung des § 13a ErbStG entspricht.

Wendet der Schenker dem Erwerber ein Nießbrauchrecht zu (Zuwendungs- 502
nießbrauch), unterliegt der nach den §§ 14 ff. BewG kapitalisierte Wert des Nießbrauchrechts der Schenkungsteuer. Eine Anwendung der §§ 13a ff. ErbStG ist ausgeschlossen, da es sich beim Nießbrauchrecht um eine bloße Forderung handelt, die – anders als beim Nießbrauch an einer gewerblichen Personengesellschaft – dem Nießbrauchberechtigten auch keine Mitunternehmerstellung vermitteln kann.

912 BMF, Schreiben betr. ertragsteuerliche Behandlung der vorweggenommenen Erbfolge v. 13.1.1993, BStBl 1993 I S. 80, 464.

bb) Ertragsteuerliche Aspekte

503 Wurde ein Nießbrauchrecht an einem Gesellschaftsanteil bestellt, stellt sich die Frage, wem die Einkünfte aus dem Gesellschaftsanteil steuerlich zuzurechnen sind: dem Gesellschafter oder dem Nießbraucher?

Ausgangspunkt der Überlegungen ist die Erkenntnis, dass diejenige Person die Einkünfte erzielt und zu versteuern hat, die den gesetzlichen Tatbestand der jeweiligen Einkunftsart verwirklicht.[913] Der Steuerpflichtige muss Chancen nutzen und Leistungen erbringen, er handelt im eigenen Namen und auf eigenes Risiko; der wirtschaftliche Erfolg oder Misserfolg muss sich in seinem Vermögen auswirken.[914] Anhand dieser Kriterien hat eine Prüfung für die jeweilige Einkunftsart zu erfolgen. Besteht das Nießbrauchrecht am Gesellschaftsanteil einer vermögensverwaltenden Personengesellschaft, können insoweit z. B. Einkünfte aus Vermietung und Verpachtung sowie Einkünfte aus Kapitalvermögen betroffen sein, bei einem Nießbrauchrecht an einer gewerblichen Personengesellschaft Einkünfte aus Gewerbebetrieb und bei einem Nießbrauchrecht an einer Kapitalgesellschaft wiederum Einkünfte aus Kapitalvermögen. Diese drei Einkunftsarten sollen nachfolgend genauer untersucht werden.

(1) Einkünfte aus Vermietung und Verpachtung

504 Die steuerliche Zurechnung von Einkünften aus Vermietung und Verpachtung im Verhältnis zwischen Eigentümer der Immobilie und Nießbraucher wurde bereits oben unter Kapitel D. I. 1. d) Rz. 3 und Kapitel D. I. 2. c) Rz. 380 dargestellt. Danach ist zwischen Vorbehalts- und Zuwendungsnießbrauch zu unterscheiden. Im Falle eines Vorbehaltsnießbrauchs erzielt nach allgemeiner Auffassung der Nießbraucher die Einkünfte, wenn er als Vermieter auftritt, und kann dabei AfA und Werbungskosten abziehen. Beim Zuwendungsnießbrauch werden zwar ebenfalls dem als Vermieter auftretenden Nießbraucher die Einkünfte zugerechnet, jedoch kann er mangels eigener Belastung nicht die Gebäude-AfA geltend machen.

505 Überträgt man diese Grundsätze auf eine Immobilie, die zum **Gesellschaftsvermögen** einer vermögensverwaltenden Personengesellschaft gehört, an deren

913 § 2 Abs. 1 EStG; BMF, Schreiben betr. einkommensteuerrechtliche Behandlung des Nießbrauchs bei Einkünften aus Vermietung und Verpachtung und aus Kapitalvermögen v. 23.11.1983, BMF, Schreiben v. 23.11.1983 - IV B 1-S 2253-103/83, BStBl 1983 I S. 508. Das Schreiben ist hinsichtlich des Nießbrauchs bei Einkünften aus Vermietung und Verpachtung ab VZ 1984 nicht mehr anzuwenden, gilt aber hinsichtlich des Nießbrauchs bei Einkünften aus Kapitalvermögen weiterhin fort.

914 BMF-Schreiben v. 23.11.1983 - IV B 1-S 2253-103/83, BStBl 1983 I S. 508.

Gesellschaftsanteil ein Nießbrauchrecht bestellt wurde, gilt Folgendes: Gemäß **§ 39 Abs. 2 Nr. 2 AO** werden Wirtschaftsgüter, die mehreren zur gesamten Hand zustehen, den Beteiligten anteilig zugerechnet, soweit eine getrennte Zurechnung für die Besteuerung erforderlich ist (sog. Bruchteilsbetrachtung). Da eine Personengesellschaft über Gesellschaftsvermögen verfügt, ist der Geltungsbereich des § 39 Abs. 2 Nr. 2 i. V. mit § 14a AO bei einer vermögensverwaltenden Personengesellschaft, deren Zweck auf die Erzielung von Einnahmen gerichtet ist, zweifellos eröffnet.[915] Dem einzelnen Gesellschafter wird damit die im Gesellschaftsvermögen befindliche Immobilie im Umfang seiner Beteiligung an der Personengesellschaft zugerechnet. Der Gesellschafter wird steuerlich folglich so gestellt, als gehörte die Immobilie anteilig ihm. Überträgt der Gesellschafter seinen Gesellschaftsanteil unter Vorbehalt eines Nießbrauchrechts auf einen Dritten, ist der Vorgang konsequenterweise steuerlich so zu werten, als habe der Gesellschafter sein Bruchteilseigentum an der Immobilie auf den Dritten unter Nießbrauchvorbehalt übertragen.[916] Bezüglich der aus der Immobilie erzielten Einkünfte aus Vermietung und Verpachtung stellt die Finanzverwaltung in diesem Zusammenhang fest: *„Den Tatbestand der Einkunftsart Vermietung und Verpachtung erfüllt auch der am Gesellschaftsanteil einer Gesellschaft des bürgerlichen Rechts mit Einkünften aus Vermietung und Verpachtung Nießbrauchsberechtigte, wenn ihm kraft seines Nießbrauchs eine Stellung eingeräumt ist, die der eines Gesellschafters entspricht."*[917]

Unter welchen Voraussetzungen davon ausgegangen werden kann, dass dem Nießbrauchberechtigten *„eine Stellung eingeräumt ist, die der eines Gesellschafters entspricht"*, wurde bisher jedoch weder von der Finanzverwaltung noch von der Rechtsprechung näher definiert. 505/1

Der BFH hat inzwischen mit Urteil v. 15.11.2022[918] entschieden, dass der Nießbraucher dann eine Position innehabe, die zu einer Zurechnung der Einkünfte bei ihm führe, *„wenn und soweit er aufgrund der ihm vertraglich zur Ausübung überlassenen Stimm- und Verwaltungsrechte grds. in der Lage ist, auch an Grundlagengeschäften der Gesellschaft mitzuwirken"*. Er begründet seine Auffassung wie folgt: 505/2

915 BFH, Urteil v. 13.7.1999 - VIII R 72/98, BStBl 1999 II S. 820 NWB UAAAA-96676; Ratschow in Klein, AO, 14. Aufl. 2018, § 39 Rz. 75.

916 BFH, Urteil v. 13.7.1999 - VIII R 72/98, BStBl 1999 II S. 820 NWB UAAAA-96676.

917 BMF, Schreiben v. 30.9.2013 - IV C 1 - S 2253/07/10004, („Nießbraucherlass"), BStBl 2013 I S. 1184 Tz. 2 NWB AAAAE-45949.

918 BFH, Urteil v. 15.11.2022 - IX R 4/20, BStBl 2023 II S. 389 = NWB 7/2023 S. 446 NWB QAAAJ-33345.

505/3 Vermiete eine Gesamthandsgemeinschaft eine Immobilie, ist sie also Eigentümerin der Immobilie und schließt sie den Mietvertrag im eigenen Namen ab, seien die Mieteinkünfte den Gesellschaftern zuzurechnen, da diese den Willen der Gesellschaft bildeten. Nur ausnahmsweise könnten einem Nießbraucher als Nicht-Gesellschafter die Mieterträge zuzurechnen sein,

- wenn entweder der Nießbraucher im Außenverhältnis das Mietvertragsverhältnis beherrsche (das könnte eventuell der Fall sein, wenn der Nießbraucher zugleich als Geschäftsführer nach Außen auftritt[919]) oder
- wenn dem Nießbraucher neben dem Gewinnbezugsrecht in der Gesellschafterversammlung Stimmrechte eingeräumt würden, die seine Rechtsstellung der eines Gesellschafters hinreichend annäherten. In diesem Falle müsse die Rechtsstellung des Nießbrauchers derjenigen des Gesellschafters *„vor allem im Hinblick auf die Ausübung der wesentlichen Stimm- und Verwaltungsrechte so angenähert sein, dass der Gesellschafter insoweit jedenfalls nicht ohne den Nießbraucher handeln“*[920] könne. *„Da Stimmrechte – anders als der Gewinnanspruch – nicht teilbar sind, sondern einheitlich – und zwar vom Gesellschafter in der Gesellschafterversammlung ... – ausgeübt werden müssen, wird dem Quotennießbraucher eine an die Stellung des Gesellschafters „angenäherte“ Position nur eingeräumt, wenn er die wesentlichen Stimm- und Verwaltungsrechte des Gesellschafters nicht nur diesem gegenüber (intern) ausüben, sondern auch durchsetzen kann. Dies erfordert es, dass der Nießbraucher den Gesellschafter zumindest „blockieren“ (d. h. in der Gesellschafterversammlung zur Enthaltung zwingen) und mithin verhindern kann, dass der Gesellschafter Entscheidungen mitbeschließen kann, die dem Willen des Nießbrauchers entgegenstehen.“*

HINWEIS:

Ob das Vetorecht des Nießbrauchers auch im Falle eines Vollrechtsnießbrauchs oder nur im Falle des vom BFH entschiedenen Quotennießbrauchs ausreicht, um die Einkünfte steuerlich dem Nießbraucher zuzurechnen, scheint unklar. Im Zweifel müsste daher auch die Entscheidungsbefugnis über Grundlagengeschäfte im Innenverhältnis zwischen Gesellschafter und Nießbraucher dem Nießbraucher zugestanden werden – soweit dies gesellschaftsrechtlich möglich ist –, um eine steuerliche Zurechnung der Einkünfte bei diesem zu erreichen.

506 Vorbehaltlich der schenkungsvertraglichen Herausforderung eine Einkünftezurechnung beim Nießbraucher zu erreichen, macht es aus ertragsteuerlicher

919 Schothöfer, DStR 2023 S. 1695 f.

920 BFH, Urteil v. 15.11.2022 - IX R 4/20, BStBl 2023 II S. 389 = NWB 7/2023 S. 446 Rz. 35 NWB QAAAJ-33345.

Sicht ansonsten keinen Unterschied, ob ein Nießbrauchrecht an einer Immobilie vorbehalten wird, die sich im unmittelbaren Eigentum des Steuerpflichtigen befindet und schenkweise übertragen wird, oder ob sich die Immobilie im Gesellschaftsvermögen einer vermögensverwaltenden Personengesellschaft befindet und der Gesellschafter nun den Gesellschaftsanteil unter Nießbrauchvorbehalt überträgt.

Das Gleiche gilt für die **Zuwendung eines Nießbrauchrechts** am Gesellschaftsanteil einer vermögensverwaltenden Personengesellschaft, in deren Gesellschaftsvermögen sich eine Immobilie befindet. Denn auch in diesem Fall wird dem Gesellschafter die Immobilie über § 39 Abs. 2 Nr. 2 i. V. mit § 14a AO zugerechnet, so dass sich das Nießbrauchrecht eines Dritten steuerlich nur auf diese Rechtsposition auswirken kann.

(2) Einkünfte aus Kapitalvermögen

Im Zusammenhang mit der Beteiligung an Personen- oder Kapitalgesellschaften können Einkünfte aus Kapitalvermögen entweder 507

- von einer **vermögensverwaltenden Personengesellschaft** bzw. über steuerliche Zurechnungsvorschriften von den Gesellschaftern dieser Personengesellschaft erzielt werden oder
- von den Gesellschaftern einer **Kapitalgesellschaft,** die ihre Gewinne an die Gesellschafter ausschüttet.

Einkünfte aus Kapitalvermögen erzielt derjenige, der anderen Marktteilnehmern Kapital zur Nutzung überlässt, die mit dem Wertpapier verbundenen Vermögens- und Verwaltungsrechte ausübt und diese effektiv durchsetzen kann.[921] Kapital zur Nutzung überlässt derjenige, der die rechtliche und tatsächliche Macht hat, das in § 20 Abs. 1 Nr. 1–7 EStG genannte Kapitalvermögen entgeltlich auf Zeit zur Nutzung zu überlassen. Dabei ist das Rechtsverhältnis maßgebend, auf dem die Überlassung des Kapitalvermögens zur Nutzung beruht.[922] Die „Macht", Kapitalvermögen zur Nutzung zu überlassen, hat üblicherweise der **Eigentümer** des jeweiligen Wertpapiers.[923] **Ausnahmen** von diesem Grundsatz beinhaltet § 39 Abs. 2 Nr. 1 AO. Danach gilt, dass immer dann, wenn ein anderer als der zivilrechtliche Eigentümer die tatsächliche Herrschaft über ein Wirtschaftsgut in der Weise ausübt, dass er den Eigentümer im Re-

921 FG Münster, Urteil v. 14.1.2003 - 7 K 2638/00 E NWB FAAAB-11111; Ratschow in Blümich, EStG, § 20 Rz. 455.

922 BFH, Urteil v. 26.11.1997 - X R 114/94, BStBl 1998 II S. 190 NWB OAAAA-96117; BFH, Urteil v. 22.8.1990 - I R 69/89, BStBl 1991 II S. 38 NWB SAAAA-93622.

923 Ratschow in Blümich, EStG, § 20 Rz. 444.

gelfall für die gewöhnliche Nutzungsdauer von der Einwirkung auf das Wirtschaftsgut wirtschaftlich ausschließen kann, „dem anderen“, also dem wirtschaftlichen Eigentümer, das Wirtschaftsgut zuzurechnen sein soll.[924] Nach § 39 Abs. 2 Nr. 2 AO sind darüber hinaus **gesamthänderisch gebundene Wirtschaftsgüter** den Beteiligten anteilig zuzurechnen.

508 Speziell für **Dividenden** regelt § 20 Abs. 5 EStG, dass Dividenden der Anteilseigner erzielt. Anteilseigner ist derjenige, dem nach § 39 AO die Anteile am Kapitalvermögen zuzurechnen sind.[925] § 39 Abs. 1 AO rechnet die Wirtschaftsgüter grds. dem **Eigentümer** zu. Sind jedoch einem **Nießbraucher** Dividenden zuzurechnen, gilt dieser als Eigentümer.[926] Ob dem Nießbraucher die Einnahmen zuzurechnen sind, bestimmt sich wiederum nach den allgemeinen Regeln, insbesondere danach, ob das **wirtschaftliche Eigentum** nach § 39 Abs. 2 Nr. 1 AO auf den Nießbraucher übergegangen ist und er den zivilrechtlichen Eigentümer von der Einwirkung auf das Wertpapier ausschließen kann.[927]

509 Im Ergebnis lässt sich damit festhalten, dass grds. der Eigentümer eines Wertpapiers die Einkünfte aus Kapitalvermögen erzielt. Ausnahmsweise sind die Einnahmen jedoch dem Nießbraucher zuzurechnen, wenn ihm das wirtschaftliche Eigentum an den jeweiligen Wertpapieren zusteht.

Zivilrechtlicher Eigentümer eines Anteils an einer **Kapitalgesellschaft** ist der Gesellschafter. Dividenden, die eine Kapitalgesellschaft ausschüttet, erzielt daher grds. der **Gesellschafter.**

510 Zivilrechtlicher Eigentümer eines Wertpapiers, das sich im Gesellschaftsvermögen einer Personengesellschaft befindet, ist ebendiese **Personengesellschaft.** Aufgrund der **Transparenz der Personengesellschaft** gelten für ertragsteuerliche Zwecke die obigen Ausführungen zu den Einkünften aus Vermietung und Verpachtung unter Rz. 496 jedoch entsprechend: Dem einzelnen Gesellschafter wird das im Gesellschaftsvermögen befindliche Wertpapier über § 39 Abs. 2 Nr. 2 AO im Umfang seiner Beteiligung an der Personengesellschaft steuerlich zugerechnet. Der Gesellschafter wird damit so gestellt, als gehörte das Wertpapier anteilig ihm. Überträgt der Gesellschafter seinen Gesellschaftsanteil unter Vorbehalt eines Nießbrauchrechts auf einen Dritten, ist der Vorgang konsequenterweise steuerlich so zu werten, als habe der Gesellschafter sein Bruchteilseigentum am Wertpapier auf den Dritten unter Nießbrauchvorbehalt übertragen.

---

924 § 39 Abs. 2 Nr. 1 Satz 1 AO.

925 § 20 Abs. 5 Satz 2 EStG.

926 § 20 Abs. 5 Satz 3 EStG.

927 Ratschow in Blümich, EStG, § 20 Rz. 441.

Da somit der **Gesellschafter einer vermögensverwaltenden Personengesellschaft** steuerlich so gestellt wird, als besäße er die von der Gesellschaft gehaltenen Wertpapiere unmittelbar, und da gleichzeitig auch der **Anteil eines Gesellschafters an einer Kapitalgesellschaft** ein Wertpapier darstellt, können nachfolgend beide Fallkonstellationen einheitlich behandelt werden. In beiden Fällen sind die Einkünfte eines Gesellschafters zu beurteilen, die diesem entweder unmittelbar aus seinem Geschäftsanteil an einer GmbH oder mittelbar (unter Zwischenschaltung einer steuerlich transparenten Personengesellschaft) aus einem solchen Geschäftsanteil und anderen Wertpapieren zuzurechnen sind, wobei die mittelbare Beteiligung der unmittelbaren Beteiligung aufgrund des § 39 Abs. 2 Nr. 2 AO gleichgestellt ist. 511

Überträgt der **Inhaber eines Wertpapiers**[928] sein Wertpapier auf einen Dritten und behält er sich dabei ein Nießbrauchrecht am Wertpapier vor, erzielt damit grds. der Dritte als (neuer) Eigentümer des Wertpapiers die Einkünfte aus Kapitalvermögen.[929] Dem Nießbraucher dürfen die Einnahmen hingegen nur dann steuerlich zugerechnet werden, wenn er die tatsächliche Herrschaft über das Wertpapier in einer Weise ausübt, dass er als wirtschaftlicher Eigentümer angesehen werden kann. Eine derartig starke Stellung des Nießbrauchers nimmt die Finanzverwaltung regelmäßig und ohne weitere Begründung beim **Vorbehaltsnießbraucher** an.[930] Dem schließt sich – wenngleich auch differenzierender – die Rechtsprechung an, wobei eine Entscheidung des BFH zu dieser Fragestellung noch aussteht.[931] Jedenfalls in den Fällen, in denen der Nießbraucher sich über den Vorbehaltsnießbrauch rechtlich eine Position sichert, die ihm vorher als Inhaber des Wertpapiers zustand, besteht jedoch Einigkeit, dass die Einnahmen weiterhin dem Nießbraucher zuzurechnen sind. 512

Demgegenüber rechnet die Finanzverwaltung beim **unentgeltlichen Zuwendungsnießbrauch** die Einnahmen regelmäßig dem **Inhaber des Wertpapiers** zu.[932] Denn nur dieser überlässt Kapital anderen zur Nutzung. Der Nießbraucher zieht lediglich einen Gewinnanspruch ein, den der Inhaber zuvor an ihn 513

928 Der „Inhaber eines Wertpapiers" soll hier stellvertretend sowohl für den Gesellschafter einer Kapitalgesellschaft stehen, der einen Geschäftsanteil an „seiner" GmbH hält, als auch für den Gesellschafter einer Personengesellschaft, dem über § 39 Abs. 2 Nr. 2 AO die von der Gesellschaft gehaltenen Wertpapiere zugerechnet werden.

929 BFH, Urteil v. 18.11.2014 - IX R 49/13, BStBl 2015 II S. 224 NWB XAAAE-82121.

930 BMF-Schreiben v. 23.11.1983 - IV B 1-S 2253-103/83, BStBl 1983 I S. 508.

931 FG Düsseldorf, Urteil v. 15.2.2000 - 14 K 7410–96 E NWB SAAAB-14170; ausdrücklich offen gelassen von BFH, Beschluss v. 24.8.2005 - VIII B 4/02 NWB XAAAB-71130; BFH, Urteil v. 29.5.2001 - VIII R 11/00 NWB LAAAA-67577. Kritisch auch Milatz/Sonneborn, DStR 1999 S. 137; Scherer, Unternehmensnachfolge, 6. Aufl. 2020, § 28 Vorweggenommene Erbfolge, Rz. 177; Frank, MittBayNot 2010 S. 96.

932 BMF, Schreiben v. 23.11.1983 - IV B 1-S 2253-103/83, BStBl 1983 I S. 508.

abgetreten hat.[933] Der Inhaber hat die Einnahmen daher auch dann zu versteuern, wenn die Erträge nicht ihm, sondern dem Nießbraucher zufließen. Die Weiterleitung an den Nießbraucher bzw. der unmittelbare Zufluss beim Nießbraucher im Rahmen eines abgekürzten Zahlungsweges ist beim Inhaber steuerlich als **Einkünfteverwendung** zu werten. Der Nießbraucher selbst zieht eine Forderung ein, die ihm zuvor unentgeltlich zugewendet wurde.[934]

HINWEIS:

Die potenzielle Steuerpflicht des Inhabers des nießbrauchbelasteten Wertpapiers ist unbedingt im Zuwendungsvertrag zu berücksichtigen. Hier sollte entweder geregelt werden, dass dem Nießbraucher nur der Netto-Ertrag zusteht oder dass der Nießbraucher den Inhaber/Zuwendenden im Innenverhältnis von sämtlichen Steuerzahlungen, die sich aus der Fruchtziehung des Wertpapiers ergeben, freizustellen hat.

(3) Einkünfte aus Gewerbebetrieb

514 Überträgt ein Mitunternehmer seinen Mitunternehmeranteil unter Vorbehalt eines Nießbrauchrechts auf einen Nachfolger, hängt die steuerliche Zurechnung der Einkünfte davon ab, ob der Schenker auch nach der Schenkung noch Mitunternehmer geblieben ist oder nicht. Vermittelt ihm das Nießbrauchrecht weiterhin eine Stellung als **Mitunternehmer,**[935] liegt ein sog. **Unternehmensnießbrauch** vor,[936] der beim Nießbrauchberechtigten zu Einkünften aus Gewerbebetrieb nach § 15 I Satz 1 Nr. 2 EStG führt.[937] Ist daneben auch der Erwerber des Gesellschaftsanteils Mitunternehmer geworden, erzielte auch dieser nach der bisherigen Rechtsprechung, der bisherigen Auffassung der Finanzverwaltung und der bisher herrschenden Meinung in der Literatur[938] Einkünfte aus Gewerbebetrieb nach § 15 I Satz 1 Nr. 2 EStG. Die Einkünfte sind dann zwischen Gesellschafter und Nießbraucher in der Weise aufzuteilen, dass

933 Barry, RNotZ 2014 S. 401; Ratschow in Blümich, EStG, § 20 Rz. 441; BFH, Urteil v. 14.12.1976 - VIII R 146/73, BStBl 1977 II S. 115 NWB RAAAA-91178; FG Münster, Urteil v. 16.5.2013 - 2 K 577/11 E NWB BAAAE-54221.

934 Scherer, Unternehmensnachfolge, 6. Aufl. 2020, § 28 Vorweggenommene Erbfolge, Rz. 179; FG Münster, Urteil v. 16.5.2013 - 2 K 577/11 E NWB BAAAE-54221, das jedoch eventuell eine andere Wertung andeutet, wenn dem Nießbraucher die Möglichkeit eingeräumt wurde, „Marktchancen zu nutzen, das Vermögen zu verwalten, an dem Anteil hängende Stimm-, Anfechtungs- u. a. Mitgliedschaftsrechte auszuüben, die Modalitäten einer Kapitalanlage zu verändern (z. B. durch Umwandlung eines Sparguthabens in eine längerfristige Anlage) oder die Leistung durch Zurückziehen des Kapitalvermögens zu verweigern".

935 Kapitel D. I. 7. d) Rz. 494.

936 Scherer, Unternehmensnachfolge, 6. Aufl. 2020, § 28 Vorweggenommene Erbfolge, Rz. 174; Wacker in Schmidt, EStG, 43. Aufl. 2024, § 15 Rz. 144.

937 Wacker in Schmidt, EStG, 43. Aufl. 2024, § 15 Rz. 307; Hochheim/Wagenmann, ZEV 2010 S. 109.

938 Zum aktuellen Streitstand siehe Kapitel D. I. 7. d) Rz. 500.

dem Nießbraucher der entnahmefähige Gewinn – soweit er auf den nießbrauchbelasteten Gesellschaftsanteil entfällt – zuzurechnen ist und dem Gesellschafter die nicht entnahmefähigen Gewinnanteile, die anteiligen Gewinnrücklagen und die im entnahmefähigen Gewinn enthaltenen außerordentlichen Erträge.[939]

Trennt sich der Mitunternehmer von seinem **gesamten Gesellschaftsanteil,** 515
ist nach neuerer Rechtsprechung allerdings fraglich, ob eine **doppelte Mitunternehmerstellung** von Nießbraucher und Gesellschafter künftig noch anerkannt wird.[940] Sollte dies verneint werden und/oder ist der Gesellschafter aufgrund der Ausgestaltung des Nießbrauchrechts nicht Mitunternehmer geworden, müssten sämtliche Erträge aus dem Mitunternehmeranteil dem Nießbraucher steuerlich zugerechnet werden. Auch die nach der Nießbrauchvereinbarung dem Gesellschafter zustehenden Erträge wären somit beim Nießbraucher zu erfassen; die Weiterleitung der Erträge an den Gesellschafter gälte auf Seiten des Nießbrauchers als steuerlich nicht relevante Einkommensverwendung, § 12 Nr. 2 EStG, die beim Gesellschafter steuerlich nicht weiter zu erfassen wäre.[941] Im umgekehrten Fall, wenn also mangels Anerkennung einer doppelten Mitunternehmerschaft nur der Gesellschafter als Mitunternehmer angesehen wird, nicht aber auch der Nießbraucher, könnten beim Gesellschafter Einkünfte aus Gewerbebetrieb nach § 15 Abs. 1 Nr. 2 EStG anzunehmen und die Weiterleitung der Nießbrauchszahlungen an den nichtmitunternehmerischen Nießbraucher auf Ebene des Gesellschafters als Sonderbetriebsausgaben und auf Ebene des Nießbrauchers entweder als sonstige Einkünfte nach § 22 EStG oder als steuerlich irrelevante Zahlungen nach § 12 EStG zu behandeln sein. Finanzverwaltung und Rechtsprechung haben sich hierzu noch nicht geäußert. Den Steuerpflichtigen, die die Einkünfte aus der gewerblichen Personengesellschaft „irgendwie“ erfassen und im Rahmen der Einkommensteuererklärung erklären müssen, müsste daher dringend zur Einholung einer verbindlichen Auskunft geraten werden. Problematisch ist es jedoch, wenn die Finanzämter mit Hinweis auf die ungeklärte Rechtslage keine verbindlichen Auskünfte erteilen.

Wird umgekehrt ausschließlich der Erwerber der Gesellschaftsanteils Mitunter- 516
nehmer und verliert der Vorbehaltsnießbraucher seine Mitunternehmerstel-

939 Scherer, Unternehmensnachfolge, 6. Aufl. 2020, § 28 Vorweggenommene Erbfolge, Rz. 174; Hochheim/Wagenmann, ZEV 2010 S. 109; Wacker in Schmidt, EStG, 43. Aufl. 2024, § 15 Rz. 307; Bode in Blümich, EStG, § 15 Rz. 367.

940 Siehe Kapitel D. I. 7. d) Rz. 500.

941 Hochheim/Wagenmann, ZEV 2010 S. 109; Wacker in Schmidt, EStG, 43. Aufl. 2024, § 15 Rz. 307; Bode in Blümich, EStG, § 15 Rz. 369.

lung, liegt ein sog. **Ertragsnießbrauch**[942] vor. Die vom Nießbraucher erzielten Einkünfte können mangels Mitunternehmerstellung nicht mehr als Einkünfte aus Gewerbebetrieb qualifiziert werden. Gewerbliche Einkünfte nach § 15 Abs. 1 Satz 1 Nr. 2 EStG erzielt ausschließlich der Mitunternehmer, d. h. der „neue" Gesellschafter.[943] Diesem werden daher auch sämtliche Erträge aus dem Gesellschaftsanteil steuerlich zugerechnet. Soweit der Gesellschafter aufgrund der Nießbrauchvereinbarung Erträge an den Nießbrauchberechtigten weiterleiten muss, stellt dies wiederum eine steuerlich nicht relevante Einkommensverwendung durch den Gesellschafter in Form einer Vorausabtretung künftiger Gewinnansprüche dar. Der Gesellschafter darf diese Zahlungen daher nicht steuermindernd abziehen; umgekehrt unterliegen die Zahlungen beim Nießbrauchberechtigten nicht der Einkommensteuer, da er lediglich eine Forderung einzieht, die ihm der Gesellschafter zuvor abgetreten hat. Die Abtretung selbst wurde steuerlich bereits im Rahmen der schenkungsteuerlichen Würdigung des Vorgangs erfasst.

517 Denkbar ist aber auch, dass der Schenker nur einen **Teil-Gesellschaftsanteil** unter Nießbrauchvorbehalt auf den Erwerber überträgt und die Mitunternehmerstellung in Bezug auf den übertragenen Gesellschaftsanteil aufgibt, hinsichtlich des zurückbehaltenen Gesellschaftsanteils jedoch behält. Wollte man in diesem Fall den zurückbehaltenen und den übertragenen Teil-Gesellschaftsanteil getrennt voneinander betrachten, würde der Schenker in Bezug auf den zurückbehaltenen Anteil Einkünfte aus Gewerbebetrieb und in Bezug auf den übertragenen Anteil steuerlich nicht relevante Einnahmen erzielen. Ob eine solche Aufteilung zutreffend ist, ist jedoch fraglich. Zwar verbinden sich zivilrechtlich grds. die Mitgliedschaftsrechte an einer Personengesellschaft, wenn ein Gesellschafter einen weiteren Gesellschaftsanteil hinzuerwirbt.[944] Da der weitere Gesellschaftsanteil die Rechte des Gesellschafters in Bezug auf den bereits vorhandenen Gesellschaftsanteil nicht schwächt, müsste die Qualifikation eines Gesellschafters als Mitunternehmer folglich auf den „neuen" Gesellschaftsanteil abfärben mit der Konsequenz, dass der Gesellschafter insgesamt als Mitunternehmer anzusehen ist.[945] Diese Auffassung teilt der BFH scheinbar nicht. Für schenkungsteuerliche Zwecke hatte er in einem Urteil aus dem Jahr 2013 festgestellt, dass im Falle einer unentgeltlichen Übertragung eines

942 BFH, Urteil v. 16.5.1995 - VIII R 18/93, BStBl 1995 II S. 714 NWB TAAAA-95353; Scherer, Unternehmensnachfolge, 6. Aufl. 2020, § 28 Vorweggenommene Erbfolge, Rz. 174; Wacker in Schmidt, EStG, 43. Aufl. 2024, § 15 Rz. 307.

943 Bode in Blümich, EStG, § 15 Rz. 370.

944 Kapitel D. III. 7. a) Rz. 470.

945 Jülicher, DStR 1998 S. 1977; Hessisches FG, Urteil v. 25.10.2011 - 1 K 1507/08 NWB GAAAE-02637.

Gesellschaftsanteils unter Nießbrauchvorbehalt, der Gesellschaftsanteil in der Hand des Erwerbers bestehen bleibt und sich nicht mit dem bisherigen Anteil des Erwerbers vereinigt. Dies sei zur Wahrung der Rechte des Nießbrauchers erforderlich.[946] Ob die Ansicht des BFH auf das Ertragsteuerrecht durchschlagen kann, ist fraglich. Mag die Teilung eines Gesellschaftsanteils zum Schutze der Rechte des Nießbrauchers gerechtfertigt sein, für ertragsteuerliche Zwecke sollte entscheidend sein, dass dem Gesellschafter über seine Beteiligung in der Gesellschaft Mitunternehmerinitiative und Mitunternehmerrisiko zustehen. Die Mitwirkungsrechte und das finanzielle Risiko treffen den „geteilten" Gesellschafter einheitlich, so dass es ertragsteuerlich angezeigt scheint, den Gesellschafter insgesamt als Mitunternehmer zu behandeln.[947]

e) Grunderwerbsteuerliche Aspekte

Jeder **Rechtsträgerwechsel** in Bezug auf eine in Deutschland belegene Immobilie löst grds. Grunderwerbsteuer aus. Ein Rechtsträgerwechsel liegt vor, wenn das zivilrechtliche Eigentum an einer Immobilie ganz oder teilweise von einer Person auf eine andere Person übertragen wird. Steht eine Immobilie im Eigentum einer Personen- oder Kapitalgesellschaft und ändert sich der Gesellschafterkreis der Gesellschaft – bspw. durch Übertragung von Gesellschaftsanteilen auf einen neu hinzutretenden Gesellschafter –, wird dadurch das zivilrechtliche Eigentum an der Gesellschaftsimmobilie nicht tangiert. Sowohl vor als auch nach dem **Gesellschafterwechsel** ist die Gesellschaft Eigentümerin der Immobilie und als solche im Grundbuch eingetragen.[948] Wäre ein solcher Gesellschafterwechsel für grunderwerbsteuerliche Zwecke unbeachtlich, könnte das Grunderwerbsteuergesetz regelmäßig umgangen werden, indem Immobilien nur noch über Gesellschaften gehalten und ein Handel mit Immobilien nur noch mittels Übertragung von Gesellschaftsanteilen durchgeführt würde. Um dies zu verhindern, enthält das Grunderwerbsteuergesetz verschiedene Regelungen, die nicht erst den Transfer des **zivilrechtlichen Eigentums** an einer Immobilie der Grunderwerbsteuer unterwerfen, sondern bereits eine wesentliche Änderung der 518

946 BFH, Urteil v. 18.9.2013 - II R 63/11 NWB WAAAE-53161, ähnlich bereits zuvor BFH, Urteil v. 23.2.2010 - II R 42/08, BStBl 2010 II S. 555 NWB DAAAD-42166, der die Entscheidung zu diesem Punkt aber noch ausdrücklich offen ließ.

947 Entsprechendes gilt, wenn der Schenker einen Mitunternehmeranteil unter Nießbrauchvorbehalt überträgt und die Mitunternehmerstellung nicht auf den Erwerber übergeht, der Erwerber aber bereits Mitunternehmer aufgrund eines ihm schon zuvor gehörenden Gesellschaftsanteils ist.

948 Meßbacher-Hönsch in Boruttau, GrEStG, 19. Aufl. 2018, § 1 Rz. 87.

wirtschaftlichen Zuordnung dieser Immobilie zu einem oder mehreren Personen. So kann trotz gleichbleibenden zivilrechtlichen Eigentums eine Änderung der wirtschaftlichen Zuordnung einer Immobilie insbesondere dann angezeigt sein, wenn der Rechtsträger nur noch als Hülle fungiert, während die wirtschaftliche Verfügungsmacht innerhalb der Hülle übertragen wird. Kritische und daher zu regelnde Fälle sieht das Gesetz zu einem dann, wenn sich der Gesellschafterbestand derart ändert, dass die Gesellschaft ihre Identität verliert und der Austausch der Gesellschafter wirtschaftlich zu einer „neuen" Gesellschaft führt, und zum anderen, wenn eine Gesellschaft derart von einem Gesellschafter beherrscht wird, dass wirtschaftlich das Handeln der Gesellschaft einem Handeln des Gesellschafters gleichkommt.

aa) Änderungen im Gesellschafterbestand einer Immobiliengesellschaft

519 Ändert sich innerhalb von zehn Jahren der Gesellschafterbestand einer Personengesellschaft so umfänglich, dass mindestens 90 % der Anteile am Gesellschaftsvermögen auf neue Gesellschafter übergehen, und gehört zum Vermögen dieser Personengesellschaft ein inländisches Grundstück, gilt dies gem. § 1 Abs. 2a Satz 1 GrEStG als ein auf die Übereignung eines Grundstücks auf eine **neue Personengesellschaft** gerichtetes Rechtsgeschäft. Trotz zivilrechtlichen Bestands der Personengesellschaft fingiert das Gesetz also einen Transfer von einer Personengesellschaft auf eine andere Personengesellschaft, wenn sich der Gesellschafterbestand in einem solchen Maß ändert, dass dies wirtschaftlich der Übertragung des Gesamthandseigentums auf eine neue Gesamthand entspricht. Das Gleiche gilt gem. § 1 Abs. 2b GrEStG mit Wirkung ab dem 1.7.2021 auch für immobilienbesitzende **Kapitalgesellschaften**.

HINWEIS:

§ 1 Abs. 2a und 2b GrEStG findet nur Anwendung, wenn mindestens 90 % der Anteile am Gesellschaftsvermögen auf einen „neuen" Gesellschafter übergehen. Kein „neuer" Gesellschafter in diesem Sinne ist ein Gesellschafter, der entweder bereits vor Beginn des Zehnjahreszeitraums oder spätestens zum Zeitpunkt des Erwerbs der Immobilie durch die Personen oder Kapitalgesellschaft Gesellschafter war.[949]

949 Gleich lautende Erlasse der obersten Finanzbehörden der Länder betr. Anwendung des § 1 Abs. 2 a GrEStG v. 12.11.2018 („Grunderwerbsteuererlass 2018"), BStBl 2018 I S. 1314; es ist davon auszugehen, dass diese Ansicht von der Finanzverwaltung auch unter Geltung des Gesetzes zur Änderung des Grunderwerbsteuergesetzes v. 12.5.2021, BGBl 2021 I S. 986 vertreten wird.

BEISPIEL: Vater V und Mutter M sind zusammen mit ihren Kindern S und T an der Familien KG beteiligt, in deren Vermögen sich eine Immobilie befindet. Alle vier sind Gründungsgesellschafter. V ist am Vermögen der KG zu 60 % beteiligt, M zu 35 % und die beiden Kinder zu jeweils 2,5 %. V und M übertragen ihre Gesellschaftsanteile auf S und T. Obwohl dadurch 95 % der Anteile übertragen werden, gehen diese nicht auf „neue" Gesellschafter über, so dass der Anwendungsbereich des § 1 Abs. 2a GrEStG nicht eröffnet ist.

Liegt eine qualifizierte Anteilsübertragung i. S. des § 1 Abs. 2a GrEStG (Änderungen im Bestand einer Personengesellschaft) vor, ist der Vorgang zunächst grunderwerbsteuerbar, möglicherweise jedoch nicht steuerpflichtig, soweit sachliche oder persönliche **Steuerbefreiungen** zur Anwendung gelangen.[950] 520

BEISPIEL: Vater V und Mutter M sind zu jeweils 50 % am Vermögen der Familien KG beteiligt. Zum Gesellschaftsvermögen der KG gehören verschiedene Immobilien. Im Rahmen der vorweggenommenen Erbfolge übertragen V und M ihre Beteiligung jeweils hälftig auf ihre beiden Kinder S und T, so dass nach der Übertragung erstmals S und T zu jeweils 50 % beteiligt sind.

Aufgrund des einheitlichen Übertragungsaktes sind innerhalb von fünf Jahren 100 % der Anteile am Gesellschaftsvermögen auf neue Gesellschafter übergegangen. Der Vorgang erfüllt damit den Tatbestand des § 1 Abs. 2a Satz 1 GrEStG. Der steuerbare Erwerb ist jedoch nach § 3 Nr. 2 GrEStG steuerfrei, da die Gesellschaftsanteile schenkweise übertragen wurden. Hätten S und T die Anteile entgeltlich erworben, wäre der Vorgang nach § 3 Nr. 6 GrEStG steuerfrei, da ein Erwerb zwischen Verwandten in gerader Linie vorliegt.

Neben den allgemeinen in § 3 GrEStG geregelten Befreiungsvorschriften sind 521
im Zusammenhang mit der Übertragung von Anteilen an Personengesellschaften die **besonderen Ausnahmen** nach § 6 GrEStG zu beachten. Diese gelten zwar in erster Linie für die Grundstücksübertragung von einer Gesamthand auf einen Gesamthänder; § 6 Abs. 3 GrEStG ordnet jedoch eine entsprechende Anwendung dieser Befreiungsvorschriften auch für den Fall an, dass ein Grundstück von einer Gesamthand auf eine andere Gesamthand übertragen wird. Da § 1 Abs. 2a GrEStG einen Grundstückstransfer zwischen Gesamthandsgemeinschaften fingiert, ist folglich der Anwendungsbereich des § 6 GrEStG eröffnet. Die Übertragung eines Anteils an einer grundbesitzhaltenden Personengesellschaft kann daher insoweit grunderwerbsteuerfrei sein, als ein bisheriger Gesellschafter weiterhin am Gesellschaftsvermögen beteiligt bleibt.[951]

950 Grunderwerbsteuererlass 2018, BStBl 2018 I S. 1314; Meßbacher-Hönsch in Boruttau, GrEStG, 19. Aufl. 2018, § 1 Rz. 729; siehe zur Anwendung der persönlichen Steuerbefreiungen für Übertragungen zwischen Personengesellschaft und Gesellschafter auch oben Kapitel D. III. 4. a) Rz. 450 ff.

951 Grunderwerbsteuererlass 2018, BStBl 2018 I S. 1314.

HINWEIS:

Mit Inkrafttreten des MoPeG[952] zum 1.1.2024 zählen Personengesellschaften zivilrechtlich nicht mehr zu den Gesamthandsgemeinschaften; vielmehr verfügen sie seitdem über eigene Rechtspersönlichkeit und separates Gesellschaftsvermögen (sog. rechtsfähige Personengesellschaften). Für grunderwerbsteuerliche Zwecke fingiert jedoch § 24 GrEStG weiterhin die Gesamthandseigenschaft von Personengesellschaften. Diese Fiktion wiederum gilt derzeit nur bis zum 31.12.2026. Mit Wirkung zum 1.1.2027 tritt § 24 GrEStG außer Kraft. Es ist derzeit noch nicht abzusehen, wie Personengesellschaften nach dem 31.12.2026 grunderwerbsteuerlich zu behandeln sind. Sollte keine weitere gesetzliche Regelung erfolgen, müssten auf Basis der derzeitigen Rechtslage Personengesellschaften grunderwerbsteuerlich wie Kaitalgesellschaften behandelt werden; der Anwendungsbereich des § 6 GrEStG wäre nicht mehr eröffnet.

HINWEIS:

Die personenbezogenen Steuerbefreiungen des § 3 GrEStG sowie die Steuerbefreiungen der §§ 5, 6 GrEStG finden auf § 1 Abs. 2b GrEStG auch weiterhin keine Anwendung.

522 Erfüllt eine Anteilsübertragung alle Tatbestandsvoraussetzungen des § 1 Abs. 2a oder Abs. 2b GrEStG (Änderungen im Bestand einer Kapitalgesellschaft) und greift auch keine sachliche oder persönliche Befreiungsvorschrift, löst die Übertragung der Gesellschaftsanteile Grunderwerbsteuer aus. Die nach § 8 Abs. 2 Nr. 3 GrEStG der Besteuerung zugrunde zu legende **Bemessungsgrundlage** umfasst dabei stets den Wert der gesamten Immobilie und nicht lediglich den anteiligen Wert, der dem übertragenen Gesellschaftsanteil entspricht.[953] Derartige Korrekturen werden allein im Rahmen der Steuerbefreiung nach § 6 GrEStG geprüft.

523 Befinden sich im Gesellschaftsvermögen **mehrere Grundstücke**, liegen entsprechend viele grunderwerbsteuerlich relevante Sachverhalte vor, die jedoch in einem Steuerbescheid zusammengefasst werden können.[954] Diese **grundstücksbezogene Betrachtungsweise** führt gleichzeitig dazu, dass für jedes Grundstück gesondert zu prüfen ist, ob die Voraussetzungen des § 1 Abs. 2a oder Abs. 2b GrEStG erfüllt sind. Gehört ein Grundstück z. B. zum Zeitpunkt des qualifizierten Gesellschafterwechsels noch keine fünf Jahre zum Gesellschaftsvermögen, kann sich in Bezug auf dieses Grundstück der Gesellschafterbestand *„innerhalb eines Zeitraums von zehn Jahren"* deutlich anders verändert haben als in Bezug auf Grundstücke, die der Gesellschaft schon zehn oder mehr Jahre zuzurechnen sind. Hinsichtlich jedes einzelnen Grundstücks sind

952 Gesetz zur Modernisierung des Personengesellschaftsrechts, BGBl 2021 I Nr. 53 S. 3436.

953 Grunderwerbsteuererlass 2018, BStBl 2018 I S. 1314.

954 Meßbacher-Hönsch in Boruttau, GrEStG, 19. Aufl. 2018, § 1 Rz. 869, 903; Pahlke, GrEStG, § 1 Rz. 279.

nur diejenigen Gesellschafterwechsel relevant, die seit Erwerb des Grundstücks durch die Gesellschaft stattgefunden haben.[955]

BEISPIEL: Tante T gründet die Immobilien-GmbH & Co. KG, deren alleinige Kommanditistin sie ist; die Komplementär GmbH ist am Vermögen nicht beteiligt. Zum Gesellschaftsvermögen der KG gehört die Immobilie A-Straße. Im Jahr 01 veräußert sie einen Teil-Kommanditanteil im Umfang von 40 % an ihren Neffen E. Zwei Jahre später, im Jahr 03, erwirbt die KG die Immobilie B-Straße. Kurz danach überträgt T einen weiteren Teil-Kommanditanteil im Umfang von 60 % auf ihre Nichte I.

Durch die Übertragung des Gesellschaftsanteils auf I hat sich der Gesellschafterbestand der KG innerhalb eines Zeitraums von zehn Jahren um 100 % verändert, so dass der Tatbestand des § 1 Abs. 2a GrEStG zu prüfen ist. Die grundstücksbezogene Betrachtungsweise führt zu dem Ergebnis, dass in Bezug auf die Immobilie A-Straße ein qualifizierter Gesellschafterwechsel stattgefunden hat. In Bezug auf die Immobilie B-Straße hat sich der Gesellschafterbestand hingegen nur um 60 % geändert. Im Ergebnis wird somit nur ein grunderwerbsteuerlich relevanter Transfer in Bezug auf die Immobilie A-Straße fingiert.

Steuerschuldner der Grunderwerbsteuer ist die Personengesellschaft bzw. die Kapitalgesellschaft.[956]

HINWEIS:

§ 1 Abs. 2a GrEStG galt ursprünglich nur für Personengesellschaften. Bereits seit 2018 gab es jedoch Bestrebungen, die Vorschrift auf Kapitalgesellschaften auszudehnen. Darüber hinaus war geplant, die schädliche Beteiligungsquote von ursprünglich 95 % auf 90 % herabzusetzen und den „Überwachungszeitraum" von fünf auf zehn Jahre zu verlängern. Der entsprechende Gesetzesentwurf ist nach mehrmaligem Stocken durch das Gesetz zur Änderung des Grunderwerbsteuergesetzes v. 12.5.2021 umgesetzt worden.[957]

bb) Anteilsvereinigung

Werden Anteile an grundbesitzhaltenden Gesellschaften übertragen, ist neben 524
§ 1 Abs. 2a und 2b GrEStG auch eine Grunderwerbsteuerpflicht nach § 1 Abs. 3 GrEStG zu prüfen. Ausgehend von einer wirtschaftlichen Betrachtungsweise fingiert § 1 Abs. 3 GrEStG den Erwerb einer Immobilie, wenn sich mindestens 90 % der Anteile an einer immobilienhaltenden Gesellschaft in der Hand eines Gesellschafters vereinigen. § 1 Abs. 3 GrEStG gilt gleichermaßen für Anteile an **Personen- und Kapitalgesellschaften**. Ist jedoch bereits der Tatbestand des Abs. 2a oder Abs. 2b erfüllt, scheidet eine Anwendung des Abs. 3 aus, da § 1 Abs. 2a und 2b GrEStG als Leges speciales § 1 Abs. 3 GrEStG vorgehen. Dies gilt

955 Grunderwerbsteuererlass 2018, BStBl 2018 I S. 1314.

956 Grunderwerbsteuererlass 2018, BStBl 2018 I S. 1314.

957 BGBl 2021 I S. 986.

in Bezug auf Personengesellschaften selbst dann, wenn im konkreten Fall aufgrund sachlicher oder persönlicher Steuerbefreiungen keine Grunderwerbsteuer nach Abs. 2a festgesetzt wird.[958] In Bezug auf Kapitalgesellschaften dürfte nichts anderes gelten.

HINWEIS:

Während § 1 Abs. 2a und 2b GrEStG den fingierten Transfer einer Immobilie von einer Gesellschaft auf eine neue Gesellschaft der Grunderwerbsteuer unterwerfen wollen, erfasst § 1 Abs. 3 GrEStG den fingierten Transfer von einer Gesellschaft auf den Gesellschafter, in dessen Hand sich die Gesellschaftsanteile vereinigen.[959]

525 Soweit **Personengesellschaften** betroffen sind, greifen wiederum die allgemeinen sachlichen und persönlichen **Steuerbefreiungen** des § 3 GrEStG[960] sowie die besonderen für Gesamthandsgemeinschaften geltenden Regelungen des § 6 i. V. mit § 24 GrEStG. Ergänzend sei an dieser Stelle auf Kapitel D III. 4. a) Rz. 451 ff. verwiesen. Die dortigen Ausführungen zur Übertragung einer Immobilie aus dem unmittelbaren Eigentum eines Gesellschafters in das Gesellschaftsvermögen der Gesellschaft gelten entsprechend für die (fingierte) Übertragung von der Gesamthand auf den Gesellschafter.

Vereinigen sich die Anteile an einer grundbesitzhaltenden **Kapitalgesellschaft** in der Hand eines Gesellschafters, kommen die **persönlichen**, das Verwandtschaftsverhältnis zwischen Veräußerer und Erwerber betreffenden **Steuerbefreiungen** hingegen nicht zur Anwendung. Denn da § 1 Abs. 3 GrEStG den Transfer einer Immobilie von der Gesellschaft auf den Gesellschafter fingiert und zwischen Kapitalgesellschaft und Gesellschafter kein verwandtschaftliches Verhältnis besteht, ist kein Platz für derartige Steuerbefreiungen.[961]

526 Nach Ansicht der Finanzverwaltung sollen die persönlichen Befreiungsvorschriften jedoch dann wieder zur Anwendung gelangen, wenn **bereits vereinigte Anteile** auf einen Dritten übertragen werden. Dann nämlich würde das im Gesellschaftsvermögen der Kapitalgesellschaft befindliche Grundstück dem Gesellschafter, der

958 Grunderwerbsteuererlass 2018, BStBl 2018 I S. 1314.

959 Zu § 1 Abs. 2a GrEStG: BFH, Urteil v. 16.2.2005 - II R 59/02 NWB NAAAB-53912; BFH, Urteil v. 25.11.2015 - II R 35/14, BStBl 2016 II S. 234 NWB FAAAF-48785.

960 Gleich lautende Erlasse der obersten Finanzbehörden der Länder v. 19.9.2018 - S 4501, BStBl 2018 I S. 1069 NWB WAAAG-97800.

961 BFH, Urteil v. 8.6.1988 - II R 143/86, BStBl 1988 II S. 785 NWB PAAAA-98289; FG Düsseldorf, Urteil v. 21.8.2017 - 7 K 471/17 GE NWB LAAAG-58542; zur Gestaltungsmöglichkeit bei Ausscheiden von Mitgesellschaftern und drohender Anteilsvereinigung in der Hand des verbliebenen Gesellschafters siehe Saecker, NWB 36/2020 S. 2699 NWB UAAAH-56916.

mindestens 95 %[962] der Anteile auf sich vereinigt, für grunderwerbsteuerliche Zwecke zugerechnet. Übertrage nun dieser Gesellschafter seine Anteile (mindestens aber 95 %[963] aller Gesellschaftsanteile) auf einen Dritten, sei der Vorgang wirtschaftlich so zu werten, als habe der bisherige Gesellschafter die Immobilie auf den neuen Gesellschafter übertragen. Infolgedessen stünde einer Anwendung der personenbezogenen Befreiungsvorschriften nichts im Wege.[964]

Hinsichtlich der **sachlichen Steuerbefreiungstatbestände**, insbesondere § 3 Nr. 2 GrEStG, war lange Zeit umstritten, ob diese auch im Rahmen des § 1 Abs. 3 GrEStG gelten sollten. Inzwischen hat jedoch der BFH entschieden und die Finanzverwaltung sich dieser Auffassung angeschlossen, dass der Grundsatz, dass ein und derselbe Lebenssachverhalt nicht zugleich der Schenkungsteuer und zusätzlich der Grunderwerbsteuer unterliegen soll, auch im Rahmen des § 1 Abs. 3 GrEStG gelten soll. Vereinigen sich mindestens 90 % der Anteile an einer Immobilien-Kapitalgesellschaft in der Hand eines Gesellschafters, wird daher der Vorgang insoweit von der Grunderwerbsteuer befreit, als die Anteilsvereinigung auf einen unentgeltlichen Erwerb der Gesellschaftsanteile zurückzuführen ist.[965] 527

BEISPIEL:[966] Vater V ist Alleingesellschafter der V GmbH. Im Gesellschaftsvermögen der V GmbH befindet sich eine Immobilie. V überträgt seinen Geschäftsanteil schenkweise auf seinen Sohn S.

Die Anteilsübertragung unterliegt als unentgeltliche Zuwendung der Schenkungsteuer. Zwecks Vermeidung einer doppelten Transfersteuer auf denselben Lebenssachverhalt, ist der Vorgang zwar nach § 1 Abs. 3 GrEStG steuerbar, aber nach § 3 Nr. 2 GrEStG steuerfrei. Nach Ansicht der Finanzverwaltung greift zudem die Steuerbefreiung des § 3 Nr. 6 GrEStG (Erwerb zwischen Verwandten in gerader Linie), da V zu mindestens 95 %[967] an der GmbH beteiligt war, ihm die Immobilie für grunderwerbsteuerliche Zwecke damit zuzurechnen war, diese Position aufgrund der vollständigen Übertragung der Geschäftsanteile auf S übergegangen ist und wirtschaftlich somit eine Übertragung des Grundstücks von V an S stattgefunden hat.

---

962 Die Finanzverwaltung äußerte ihre Ansicht noch zu § 1 Abs. 3 GrEStG a. F. Es ist davon auszugehen, dass diese Auffassung auch unter Geltung des Gesetzes zur Änderung des Grunderwerbsteuergesetzes beibehalten wird.

963 Siehe Kapitel D. III. 7. e) Rz. 522 FN 2.

964 Gleich lautende Erlasse der obersten Finanzbehörden der Länder v. 19.9.2018 - S 4501, BStBl 2018 I S. 1069 NWB WAAAG-97800.

965 BFH, Urteil v. 23.5.2012 - II R 21/10 mit Änderung der bis dato geltenden Rechtsprechung, BStBl 2012 II S. 793 NWB FAAAE-13312; Gleich lautende Erlasse der obersten Finanzbehörden der Länder v. 19.9.2018 - S 4501, BStBl 2018 I S. 1069 NWB WAAAG-97800.

966 Nach Gleich lautende Erlasse der obersten Finanzbehörden der Länder v. 19.9.2018 - S 4501, BStBl 2018 I S. 1069 NWB WAAAG-97800.

967 Die Finanzverwaltung äußerte ihre Ansicht noch zu § 1 Abs. 3 GrEStG a. F. Es ist davon auszugehen, dass diese Auffassung auch unter Geltung des Gesetzes zur Änderung des Grunderwerbsteuergesetzes beibehalten wird.

528 Eine Befreiung nach § 3 Nr. 2 GrEStG kommt nur insoweit in Betracht, als **Gesellschaftsanteile unentgeltlich übertragen** wurden. Hätte V im obigen Beispielsfall nur 90 % der Geschäftsanteile auf S übertragen, läge nur hinsichtlich dieser 90 % die Gefahr einer Doppelbesteuerung vor. Die zurückbehaltenen 10 % unterliegen nicht der Schenkungsteuer. Da § 1 Abs. 3 GrEStG aber den Transfer der **gesamten Immobilie** auf denjenigen fingiert, in dessen Hand sich die Anteile vereinigen, fließt in die grunderwerbsteuerliche Bemessungsgrundlage der gesamte Wert der Immobilie ein.[968] Werden nun über § 3 Nr. 2 GrEStG 90 % des Grundbesitzwerts von der Grunderwerbsteuer freigestellt, verbleiben 10 %, die der Grunderwerbsteuer unterliegen (sofern nicht andere Befreiungsvorschriften greifen).

529 Nicht ganz einfach stellt sich auch die Situation in Fällen einer gestreckten Anteilsübertragung und zwischenzeitlichem Erwerb neuer Grundstücke durch die Gesellschaft dar:

BEISPIEL: Vater V ist Alleingesellschafter der V GmbH. Im Gesellschaftsvermögen der V GmbH befindet sich eine Immobilie. V überträgt im Jahr 01 einen 45 %-Geschäftsanteil schenkweise auf seinen Sohn S. Im Jahr 03 überträgt er den verbliebenen 55 %-Geschäftsanteil auf S.

Im Jahr 03 vereinigen sich die Anteile der V GmbH in der Hand des S, so dass der Tatbestand des § 1 Abs. 3 GrEStG erfüllt ist. Gleichzeitig liegt hinsichtlich des Erwerbs im Jahr 03 eine schenkungsteuerpflichtige Schenkung vor. Um eine Doppelbelastung desselben Lebenssachverhalts (Anteilsvereinigung aufgrund der Schenkung eines 50 %-Geschäftsanteils in 03) mit Schenkung- und Grunderwerbsteuer zu vermeiden, wird der Erwerb in 03 von der Grunderwerbsteuer freigestellt. Aber auch die Anteilsübertragung im Jahr 01 unterlag als unentgeltlicher Erwerb der Schenkungsteuer. Die Rechtsprechung sieht es daher als gerechtfertigt an, die in 03 erfolgende Anteilsvereinigung auch insoweit von der Grunderwerbsteuer freizustellen, als sie auf die frühere Schenkung in 01 zurückzuführen ist.[969] Damit wird der fingierte Immobilientransfer zu 100 % von der Grunderwerbsteuer ausgenommen, obwohl nur die Übertragung des 55 %-Geschäftsanteils einen gleichzeitig schenkung- und grunderwerbsteuerlich relevanten Sachverhalt darstellt.

ABWANDLUNG:[970] Vater V ist Alleingesellschafter der V GmbH. Im Gesellschaftsvermögen der V GmbH befindet sich eine Immobilie. V überträgt im Jahr 01 einen 45 %-Geschäftsanteil schenkweise auf seinen Sohn S. Im Jahr 02 erwirbt die V GmbH eine zweite Immobilie, bevor V im Jahr 03 seinen verbliebenen 55 %-Geschäftsanteil auf S überträgt.

968 § 8 Abs. 2 Nr. 3 GrEStG.

969 FG Düsseldorf, Urteil v. 21.8.2017 - 7 K 471/17 GE NWB LAAAG-58542; BFH, Urteil v. 23.5.2012 - II R 21/10, BStBl 2012 II S. 793 NWB FAAAE-13312.

970 Nach Gleich lautende Erlasse der obersten Finanzbehörden der Länder v. 19.9.2018 - S 4501, BStBl 2018 I S. 1069 NWB WAAAG-97800.

Im Jahr 03 vereinigen sich sämtliche Geschäftsanteile der VGmbH in der Hand des S. Es liegt somit ein grunderwerbsteuerbarer Vorgang nach § 1 Abs. 3 GrEStG vor. Die Anteilsvereinigung ist ausschließlich auf unentgeltliche Anteilsübertragungen in den Jahren 01 und 03 zurückzuführen, so dass nach § 3 Nr. 2 GrEStG der Vorgang von der Grunderwerbsteuer freizustellen sein müsste. Allerdings ist wie bereits im Rahmen des § 1 Abs. 2b GrEStG[971] auch im Rahmen des § 1 Abs. 3 GrEStG eine grundstücksbezogene Einzelbetrachtung vorzunehmen. Für jedes einzelne Grundstück des Gesellschaftsvermögens wird ein Transfer auf S fingiert. Daher ist für jedes Grundstück gesondert zu prüfen, ob und inwieweit sein Erwerb durch S zuvor der Schenkungsteuer unterlegen hat. Eine solche grundstücksbezogene Betrachtung führt vorliegend zu dem Ergebnis, dass S die Immobilie 1 jeweils schenkweise durch Übertragung des 45 %- und des 55 %-Geschäftsanteils erhalten hat. Dementsprechend ist der Wert der Immobilie 1 in vollem Umfang von der Grunderwerbsteuer auszunehmen.

Die Immobilie 2 war demgegenüber im Jahr 01 noch nicht im Bestand der VGmbH und konnte folglich noch nicht mit Schenkungsteuer belastet werden. Erst anlässlich der Schenkung in 03 war auch die Immobilie 2 von der Schenkung umfasst. In 03 hat S jedoch nur einen 55 %-Geschäftsanteil erhalten, so dass nur im Umfang von 55 % eine Doppelbelastung mit Schenkungsteuer und Grunderwerbsteuer droht. Die Immobilie 2 ist daher nur zu 55 % ihres Werts von der Grunderwerbsteuer zu befreien. 45 % ihres Werts unterfallen hingegen der Grunderwerbsteuer.

cc) Nießbrauch

Oftmals werden Anteile an Familien-Immobiliengesellschaften nicht „frei von Rechten Dritter", sondern unter Nießbrauchvorbehalt übertragen. Obwohl der Nießbrauch **keine Gegenleistung** darstellt, sondern dem übertragenen Gesellschaftsanteil als wertmindernder Faktor anheftet,[972] der einer voll unentgeltlichen Übertragung nicht entgegensteht, wird diese Wertung für Zwecke der Grunderwerbsteuer nicht vollständig übernommen. Zwar handelt es sich auch bei der Übertragung eines Anteils an einer Immobiliengesellschaft unter Nießbrauchvorbehalt zunächst um eine Schenkung, die sowohl den Tatbestand des § 1 Abs. 2a GrEStG als auch des § 1 Abs. 3 GrEStG verwirklichen kann. Entsprechend sind auch bei dieser Zuwendung die sachlichen und persönlichen Befreiungsmöglichkeiten von der Grunderwerbsteuer zu prüfen. Bei Anwendung des § 3 Nr. 2 GrEStG ist in diesem Zusammenhang jedoch zu berücksichtigen, dass 530

971 Kapitel D. III. 7. e) Rz. 522.

972 BFH, Urteil v. 28.7.1981 - VIII R 124/76, BStBl 1982 II S. 378 NWB OAAAB-02412; BFH, Urteil v. 10.4.1991 - XI R 7, 8/84, BStBl 1991 II S. 791 NWB JAAAA-93813; BFH, Urteil v. 24.4.1991 - XI R 5/83, BStBl 1991 II S. 793 NWB TAAAA-93814; BMF, Schreiben betr. einkommensteuerrechtliche Behandlung des Nießbrauchs und anderer Nutzungsrechte bei Einkünften aus Vermietung und Verpachtung (Nießbraucherlass) v. 30.9.2013 - IV C 1 – S 2253/07/10004, BStBl 2013 I S. 1184 NWB AAAAE-45949; Gebel in Troll/Gebel/Jülicher/Gottschalk, ErbStG, § 7 Rz. 160; Goetze, RNotZ 2013 S. 147.

von der Grunderwerbsteuer zwar Grundstückserwerbe von Todes wegen oder Grundstücksschenkungen unter Lebenden ausgenommen sind. Allerdings unterliegen **Schenkungen unter einer Auflage** im Wege der Rückausnahme doch wieder der Grunderwerbsteuer hinsichtlich des Werts solcher Auflagen, die bei der Schenkungsteuer abziehbar sind.[973] [974] Grunderwerbsteuerlich steht die abziehbare Auflage damit einer Gegenleistung gleich[975] und führt daher genau wie diese für grunderwerbsteuerliche Zwecke zum Vorliegen einer gemischten Schenkung.

531 Der Nießbrauch als Nutzungs- oder Duldungsauflage darf für schenkungsteuerliche Zwecke vom Steuerwert des zugewandten Wirtschaftsgutes abgezogen werden.[976] Demnach unterliegt der Kapitalwert des Nießbrauchrechts nicht der Schenkungsteuer mit der Folge, dass insoweit keine Doppelbelastung mit Grunderwerb- und Schenkungsteuer droht. Die Steuerbefreiung nach § 3 Nr. 2 GrEStG greift daher nicht, soweit sich der Schenker ein Nießbrauchrecht am Gesellschaftsanteil vorbehalten oder einem Dritten zugewandt hat.

BEISPIEL:[977] Vater V ist Alleingesellschafter der V GmbH. Im Gesellschaftsvermögen der V GmbH befindet sich eine Immobilie im Wert von 1 Mio. €. V überträgt im Jahr 01 einen 45 %-Geschäftsanteil schenkweise auf seinen Sohn S. Im Jahr 02 erwirbt die V GmbH eine zweite Immobilie ebenfalls im Wert von 1 Mio. €, bevor V im Jahr 03 seinen verbliebenen 55 %-Geschäftsanteil auf S unter Vorbehalt eines lebenslangen Nießbrauchs überträgt. Der Kapitalwert des Nießbrauchs beträgt 700.000 €. Der Wert der Geschäftsanteile soll dem Wert der Immobilien entsprechen.

Im Jahr 03 vereinigen sich sämtliche Geschäftsanteile der V GmbH in der Hand des S. Es liegt somit ein grunderwerbsteuerbarer Vorgang nach § 1 Abs. 3 GrEStG vor, der eine Übertragung der Immobilien 1 und 2 von der GmbH auf S fingiert. Sowohl in 01 als auch in 03 hat S die Anteile im Wege der Schenkung erhalten, so dass eine Grunderwerbsteuerbefreiung nach § 3 Nr. 2 GrEStG zu prüfen ist. In 03 hat sich V jedoch den Nießbrauch an den Gesellschaftsanteilen vorbehalten. Da das Nießbrauchrecht im Rahmen der Schenkungsteuer bereicherungsmindernd zu berücksichtigen ist, kann insoweit keine Befreiung von der Grunderwerbsteuer gewährt werden. Der grunderwerbsteuerpflichtige Anteil der Schenkung in 03 ermittelt sich wie folgt:

973 § 3 Nr. 2 Satz 2 GrEStG.

974 Siehe hierzu auch die Ausführungen unter Kapitel D. I. 3. Rz. 384.

975 BFH, Urteil v. 20.11.2013 - II R 38/12, BStBl 2014 II S. 479 NWB DAAAE-55574; BFH, Urteil v. 12.7.2016 - II R 57/14, BStBl 2016 II S. 897 NWB MAAAF-80973; BFH, Beschluss v. 9.2.2017 - II B 38/15 NWB PAAAG-40089.

976 R E 7.2 Abs. 1 ErbStR 2019.

977 Nach Gleich lautende Erlasse der obersten Finanzbehörden der Länder v. 19.9.2018 - S 4501, BStBl 2018 I S. 1069 NWB WAAAG-97800.

Wert der schenkungsteuerlich abziehbaren Auflage (= Kapitalwert des Nießbrauchs)	700.000€
Wert des in 03 übertragenen Geschäftsanteils (55 % von 2 Mio. €)	1.100.000€
Umfang der Gegenleistung für grunderwerbsteuerliche Zwecke: 700.000€/1.100.000€ =	64%
Unentgeltlicher Transfer i. S. des GrEStG	36%

Die Übertragung der Geschäftsanteile im Jahr 03 ist zu 36% nach § 3 Nr. 2 GrEStG von der Grunderwerbsteuer befreit; im Umfang von 64% unterliegt sie hingegen der Grunderwerbsteuer.

Wegen der grundstücksbezogenen Betrachtungsweise, wonach die Voraussetzungen der Steuerbefreiung für jedes Grundstück einzeln zu prüfen sind, ist hinsichtlich der Grundstücke wie folgt zu differenzieren:

Immobilie 1:

S hat die Immobilie 1 zu 45% im Jahr 01 schenkweise erhalten. Im Jahr 03 erhält er weitere 55%, die jedoch nur zu 36% geschenkt wurden. Insgesamt hat S die Immobilie 1 damit zu 64,80% (45% + 36% x 55%) unentgeltlich erworben und zu 35,20% entgeltlich, d. h. grunderwerbsteuerpflichtig.

Immobilie 2:

Die Immobilie 2 war nicht Gegenstand der Schenkung im Jahr 01. Damit hat S die Immobilie 2 nur zu 55% schenkweise erhalten. Auch diese Zuwendung erfolgte jedoch nicht in vollem Umfang unentgeltlich, sondern nur im Umfang von 36%. Folglich ist der Erwerb der Immobilie 2 im Umfang von 19,80% (36% x 55%) grunderwerbsteuerfrei und zu 90,20% grunderwerbsteuerpflichtig.

8. Nachfolgeklauseln in Gesellschaftsverträgen bei Erwerb von Todes wegen

Hält der Erblasser zum Zeitpunkt seines Todes Anteile an einer Gesellschaft, 532
stellt sich die Frage, wie und an wen diese Gesellschaftsanteile vererbt werden. Die Beantwortung der Frage richtet sich nicht allein nach dem Testament oder der gesetzlichen Erbfolge, sondern auch und vor allem nach den anwendbaren **Regeln des Gesellschaftsrechts**. Diese können den erbrechtlichen Vorstellungen des Erblassers zuwiderlaufen und eine geplante Nachfolgestrategie zunichtemachen. Daher ist jedem Gesellschafter dringend anzuraten, eventuelle letztwillige Verfügungen oder – sofern keine letztwillige Verfügung errichtet wurde – die Rechtsfolgen einer gesetzlichen Erbfolge mit den gesetzlichen bzw. gesellschaftsvertraglichen Regeln über die Nachfolge in die zu vererbenden Gesellschaftsanteile abzugleichen. Widersprechen sich erbrechtliche und gesellschaftsrechtliche Rechtsfolgen, besteht **akuter Handlungsbedarf!**

HINWEIS:

In gleicher Weise sind auch Eheverträge in eine umfassende Nachfolgeplanung miteinzubeziehen. Denn auch Zugewinnausgleichsansprüche unter Ehegatten können eine gesellschaftsvertraglich vorgesehene Nachfolgestruktur gefährden. Auch wenn vorrangige gesellschaftsvertragliche Nachfolgeklauseln dazu führen, dass der überlebende Ehegatte nicht in die Gesellschafterstellung nachrückt, können sich güterrechtliche Ausgleichsansprüche dennoch auf den Anteil des verstorbenen Ehegatten an der Familiengesellschaft beziehen. Der überlebende Ehegatte wird dadurch möglicherweise finanziell am Gesellschaftsvermögen beteiligt. Eine sich hieraus ergebende Liquiditätsbelastung des nachfolgeberechtigten Gesellschafters kann diesen ggf. zu einer nicht geplanten Veräußerung des Gesellschaftsanteils zwingen. Güterrechtliche Ausgleichsansprüche können nicht nur durch Tod eines Ehegatten, sondern auch durch Beendigung des Güterstandes durch Scheidung entstehen. Auch eine Scheidung kann damit den Bestand der Gesellschaft gefährden, sofern die Ansprüche des Nichtgesellschafter-Ehegatten nicht per Ehevertrag begrenzt sind und die Pflicht zum Abschluss eines entsprechenden Ehevertrages gesellschaftsvertraglich abgesichert ist.

Die gesellschaftsrechtlichen Folgen, die das Gesetz an den Tod eines Gesellschafters knüpft, unterscheiden sich je nach Rechtsform der Gesellschaft teilweise erheblich. So ist zunächst zwischen Personen- und Kapitalgesellschaften zu differenzieren; innerhalb der Personengesellschaften bestehen zudem noch Unterschiede zwischen GbR, oHG und KG.

a) Gesellschaftsrechtliche Regelungen

aa) Personengesellschaft

(1) GbR

533 Gemäß § 727 Abs. 1 BGB wird die GbR durch den Tod eines Gesellschafters aufgelöst, sofern nicht die Gesellschafter im Gesellschaftsvertrag eine abweichende Regelung getroffen haben. Mit dem **Grundsatz der Auflösung der Gesellschaft** trägt der Gesetzgeber dem Umstand Rechnung, dass bei einem Zusammenschluss zu einer GbR in aller Regel dem persönlichen Verhältnis der Gesellschafter untereinander eine herausragende Bedeutung zukommt. Der Gesellschaftszweck einer Personengesellschaft wird nach der Grundkonzeption des Gesetzes nämlich in erster Linie unter Inanspruchnahme der persönlichen Fähigkeiten und Kenntnisse der einzelnen Gesellschafter und nicht durch ihre finanzielle Beteiligung verfolgt. Verstirbt ein Gesellschafter, ist es den verbleibenden Gesellschafter daher nicht zumutbar, dieses persönliche Näheverhältnis mit einem fremden Dritten fortzuführen, den die verbleibenden Gesellschafter sich nicht aussuchen konnten.

Wie sich bereits unmittelbar aus § 727 Abs. 1 BGB ergibt, ist die Rechtsfolge der Auflösung der GbR **nicht als zwingendes Recht** konzipiert. Vielmehr steht es den Gesellschaftern frei, auf diese Schutzvorschrift zu verzichten und eine andere Rechtsfolge zu vereinbaren.

Sofern eine Immobilien-Familiengesellschaft überhaupt in der Rechtsform ei- 534
ner GbR errichtet wird,[978] erscheint die automatische Auflösung bei Tod eines Gesellschafters kontraproduktiv, da das Ziel der Familiengesellschaft u. a. darin besteht, das familieneigene Vermögen langfristig und gebündelt zu erhalten und an nachfolgende Generationen weiterzugeben. Die Gesellschafter sollten daher von der Möglichkeit einer anderweitigen Regelung Gebrauch machen. Hierbei können sie sich an den für Personenhandelsgesellschaften (oHG und KG) bestehenden Regelungen orientieren.

(2) (GmbH & Co.) KG

Sofern der Gesellschaftsvertrag einer oHG keine abweichenden Bestimmungen 535
enthält, führt der Tod eines Gesellschafters zum Ausscheiden des verstorbenen Gesellschafters aus der oHG.[979] Die Gesellschaft selbst bleibt hingegen mit den verbleibenden Gesellschaftern bestehen. Gleiches gilt für den persönlich haftenden Gesellschafter (**Komplementär**) einer KG.[980] Das HGB regelt damit als Grundtatbestand die Fortsetzung der Gesellschaft unter den verbleibenden Gesellschaftern (**Fortsetzungsklausel**). Der Anteil des Erblassers am Gesellschaftsvermögen wächst infolgedessen gem. §§ 105 Abs. 3 HGB i. V. mit § 738 BGB den übrigen Gesellschaftern an.

HINWEIS:

Ausnahmsweise ist jedoch eine Fortsetzung unter den verbleibenden Gesellschaftern nicht möglich, wenn die Personengesellschaft nur zwei Gesellschafter hatte. Verstirbt in diesem Fall ein Gesellschafter, wächst zwar dessen Anteil dem anderen Gesellschafter an; aufgrund der Tatsache, dass eine Personengesellschaft immer mindestens zwei Gesellschafter benötigt, kann die oHG oder KG aber nicht mehr fortbestehen. Der verbleibende Gesellschafter führt das Handelsunternehmen dann als Einzelunternehmen fort.

Die Anwachsung nach §§ 105 Abs. 3 HGB i. V. mit § 738 BGB bewirkt, dass die 536
Beteiligung des Erblassers an der Gesellschaft **nicht in den Nachlass fällt**. In den Nachlass fällt vielmehr nur der Anspruch des Erblassers auf ein **Abfindungsguthaben** nach § 738 Abs. 1 BGB. Die Erben eines persönlich haftenden

978 Siehe oben Kapitel D. III. 2. a) Rz. 401 ff.

979 § 131 Abs. 3 Satz 1 Nr. 1 HGB.

980 §§ 161 Abs. 2 i. V. mit 131 Abs. 3 Satz 1 Nr. 1 HGB.

Gesellschafters gehen daher nicht leer aus, sondern erben einen Abfindungsanspruch. Sie werden eben nur nicht Gesellschafter. Aber auch der Abfindungsanspruch kann hinsichtlich seines Werts zweifelhaft sein. Ähnlich wie bei den Regelungen zum Ausscheiden eines Gesellschafters steht es den Gesellschaftern einer Personengesellschaft in gewissem Umfang frei, **Regelungen über das Ob und die Höhe von Abfindungszahlungen** zu vereinbaren. Die gesellschaftsvertragliche Gestaltungsfreiheit geht sogar so weit, dass die Gesellschafter im Gesellschaftsvertrag die Abfindung für den Fall des Versterbens eines Gesellschafters vollständig ausschließen können.[981] Es ist damit keinesfalls sicher und im Gegenteil eher unüblich, dass der Abfindungsanspruch eines weichenden Erben dem Verkehrswert des Gesellschaftsanteils entspricht.

Darüber hinaus entspricht auch die Fortsetzungsklausel in aller Regel nicht dem Ziel einer Familiengesellschaft, das Familienvermögen kontinuierlich auf die nachfolgenden Generationen zu übertragen. Stirbt nämlich ein Gesellschafter, bevor er seine Kinder oder Enkel an der Gesellschaft beteiligt hat, gehen die Gesellschaftsanteile gerade nicht auf die nächste Generation, sondern nur auf die verbleibenden Gesellschafter über. Selbst dann, wenn Kinder oder Enkel bereits Gesellschafterstellung erlangt haben, wächst der Anteil des Erblassers allen verbleibenden Gesellschaftern im Verhältnis ihrer bisherigen Beteiligungsquoten an. Damit profitieren auch Mitgesellschafter eines eventuellen anderen Familienstammes von der Fortsetzungsklausel. Zudem widerspricht eine derartige Anwachsung möglicherweise dem Wunsch des Erblassers, seinen Anteil nur an bestimmte Personen übertragen zu wollen.

Auch die gesetzliche Regelung zur Nachfolge in einen oHG-Anteil oder in den Gesellschaftsanteil eines Komplementärs einer KG ist damit für die gesellschaftsvertragliche Ausgestaltung einer Familiengesellschaft eher ungeeignet. Die Gesellschafter sollten daher von der **Möglichkeit einer anderweitigen Regelung** Gebrauch machen.

537 War der Erblasser als **Kommanditist** an einer Gesellschaft beteiligt, sieht das Gesetz als Regelfall – mangels abweichender vertraglicher Bestimmung – die Fortsetzung der Gesellschaft mit den Erben vor[982] (**einfache Nachfolgeklausel**). Bei mehreren Erben wird jedoch nicht die Erbengemeinschaft als solche Gesellschafterin, sondern jeder einzelne Erbe in Höhe seines Erbteils. Es liegt insoweit eine Einzelrechtsnachfolge vor (**Sondererbfolge**), ohne dass es einer Erb-

981 BGH, Urteil v. 29.4.2014 - II ZR 216/13 NWB YAAAE-69227; Werner, NWB 32/2018 S. 2332, 2341 NWB EAAAG-89985; Schäfer in MüKoBGB, § 738 Rz. 61, mit Verweis auf weitergehende Beratungserfordernisse bei Hölscher, ZEV 2010 S. 609.

982 § 177 HGB.

auseinandersetzung bedarf. Damit besteht nicht nur die Gefahr, dass auch testamentarische **Erben außerhalb des Familienverbundes** in die Gesellschaft „eindringen“ können; darüber hinaus vervielfachen sich die Kommanditanteile im Laufe der Zeit und schmelzen zu Zwerganteilen ab.

BEISPIEL: Die TGmbH & Co. KG wurde von den beiden Schwestern A und B errichtet. Beide sind zu jeweils ein Halb als Kommanditistinnen beteiligt. A hat drei Kinder, B zwei. Verstirbt die Gründergeneration, folgen in den Anteil der A drei und in den Anteil der B zwei neue Kommanditisten mit jeweils eigenständigen Kommanditanteilen. Die Kinder der A halten folglich Kommanditanteile von jeweils ein Sechstel, die der B von jeweils ein Viertel. Die Gesellschafterversammlung wächst gleichzeitig von zwei auf fünf Gesellschafter an. Vererben die Kinder ihre Kommanditanteile wiederum an jeweils zwei Kinder (= Enkel), sind aus dem Stamm der A in der Enkelgeneration bereits sechs Gesellschafter mit einem Kommanditanteil von jeweils ein Zwölftel und aus dem Stamm der B vier Gesellschafter mit einem Kommanditanteil von jeweils ein Achtel beteiligt. Der Einfluss des einzelnen Gesellschafters wird immer geringer, die Gesellschafterversammlung im Gegenzug immer größer.

Entscheiden sich die Gesellschafter trotz der **Gefahr der Zersplitterung der Gesellschaftsanteile** für die gesetzlich vorgesehene einfache Nachfolgeklausel, sollte zumindest eine sog. Stammesregelung in den Gesellschaftsvertrag aufgenommen werden. Diese Regelung verpflichtet die Erben eines Kommanditisten, einen gemeinsamen Vertreter zu benennen, der den Familienstamm in der Gesellschafterversammlung mit Wirkung für und gegen alle Erben vertritt. Nur der Vertreter soll die Mitgliedschaftsrechte für den jeweiligen Stamm ausüben. So kann zumindest die Handlungsfähigkeit der Gesellschafterversammlung gesichert werden, auch wenn die Kommanditanteile in der Generationenfolge immer weiter zersplittern. 538

Soll auch die Zersplitterung der Gesellschaftsanteile vermieden werden, 539 kann gesellschaftsvertraglich eine sog. **qualifizierte Nachfolgeklausel** vereinbart werden. Danach darf die Gesellschaftsbeteiligung bei Tod eines Gesellschafters nur auf bestimmte Personen, auf einen oder einzelne Miterben übergehen. Unabhängig von der testamentarischen oder gesetzlichen Erbfolge kann ein Erbe oder Vermächtnisnehmer damit nur dann in den Gesellschaftsanteil nachfolgen, wenn er auch **nachfolgeberechtigt i. S. der gesellschaftsvertraglichen Regelungen** ist. Erfüllt ein Erbe die gesellschaftsvertraglichen Vorgaben nicht, geht der Gesellschaftsanteil nicht auf ihn über. Allein der nachfolgeberechtigte (= qualifizierte) Erbe erwirbt den Gesellschaftsanteil unmittelbar durch Einzelrechtsnachfolge (Sondererbfolge). Ist von mehreren Erben nur einer nachfolgeberechtigt, geht der gesamte und nicht lediglich ein seiner Erbquote entsprechender Gesellschaftsanteil auf ihn über. Bei mehreren qualifizierten Miterben wird der Gesellschaftsanteil im Verhältnis ihrer Erbquoten geteilt.

BEISPIEL: A ist Kommanditist einer Familiengesellschaft in der Rechtsform einer KG. Der Gesellschaftsvertrag sieht vor, dass Gesellschaftsanteile nur an nachfolgeberechtigte Personen vererbt werden können. Als nachfolgeberechtigt definiert der Gesellschaftsvertrag Abkömmlinge eines Gesellschafters, Mitgesellschafter oder Abkömmlinge von Mitgesellschaftern. Als A verstirbt, wird er von seinen beiden Kindern K1, K2 und seiner Ehefrau jeweils zu gleichen Teilen beerbt. Nur K1 und K2 rücken in die Gesellschafterstellung des A nach, da nur diese nachfolgeberechtigt sind. Beide Kinder erwerben jeweils unmittelbar 50 % der bisher von A gehaltenen Beteiligung. Der Ehefrau ist hingegen eine Beteiligung an der KG aufgrund der gesellschaftsvertraglichen qualifizierten Nachfolgeklausel verwehrt. Ihr können jedoch erbrechtliche Ausgleichsansprüche gegen die nachfolgeberechtigten Kinder zustehen.

Eine gesellschaftsvertraglich vereinbarte qualifizierte Nachfolgeklausel schränkt die **erbrechtliche Dispositionsbefugnis** des Erblassers in Bezug auf seinen Gesellschaftsanteil erheblich ein. Der Erblasser kann nicht mehr losgelöst von gesellschaftsvertraglichen Regelungen bestimmen, auf wen er im Falle seines Ablebens die Beteiligung übertragen will. Stimmen gesellschaftsvertragliche Regelung und erbrechtliche Verfügung bezüglich der Nachfolge in den Gesellschaftsanteil nicht überein, geht bei Personengesellschaften zum Schutz der Mitgesellschafter die gesellschaftsrechtliche Regelung vor.

540 Obwohl im Falle einer qualifizierten Nachfolgeklausel eventuell nicht alle Erben am Gesellschaftsanteil des Erblassers beteiligt werden, entstehen **keine gesellschaftsvertraglichen Abfindungsansprüche** der weichenden Erben.[983] Der Gesellschaftsanteil des Erblassers bleibt in der Vermögenssphäre des Erblassers, er geht weder auf die Gesellschaft noch auf Nichterben (Mitgesellschafter) über, sondern auf seine Erben – wenn auch nicht auf alle. Weichenden Erben können jedoch **erbrechtliche Ausgleichs- oder Pflichtteilsansprüchen** gegenüber dem qualifizierten Erben zustehen, wenn der Wert des auf den qualifizierten Nachfolger übertragenen Gesellschaftsanteils dessen Erbquote übersteigt bzw. wenn der Anteil des weichenden Erben am verbleibenden Nachlass hinter der Höhe seines Pflichtteilsanspruchs zurückbleibt.

HINWEIS:

Verfügt der qualifizierte Erbe nicht über ausreichende Liquidität, um die Ansprüche der weichenden Erben erfüllen zu können, ist er möglicherweise gezwungen, den Gesellschaftsanteil zu veräußern. Auch dies dürfte der Intention einer Familiengesellschaft widersprechen, das Familienvermögen langfristig in der Hand nachfolgender Generationen zu bündeln.

983 BGH, Urteil v. 10.2.1977 - II ZR 120/75, NJW 1977 S. 1339; Esskandari, ZEV 2012 S. 249.

Will der Erblasser Ausgleichsansprüche weichender Erben gegenüber dem Nachfolgegesellschafter verhindern, sollte er den Nachfolgegesellschafter mindestens zu der Erbquote als Erben einsetzen, die dem Wert des Gesellschaftsanteils im Vergleich zum Wert des gesamten Nachlasses entspricht. Möglich wäre es auch, dem qualifizierten Erben die Gesellschaftsbeteiligung als **Vorausvermächtnis** zukommen zu lassen. Damit würden sowohl die Anrechnung der Beteiligung auf den Erbteil als auch eine eventuelle Ausgleichspflicht vermieden.

HINWEIS:

Vorsicht ist bei der qualifizierten Nachfolgeklausel auch dann geboten, wenn der Erblasser an einer gewerblich tätigen oder gewerblich geprägten Personengesellschaft beteiligt war und dort über steuerliches Sonderbetriebsvermögen verfügt hat. Die qualifizierte Nachfolgeklausel bezieht sich nämlich allein auf den zivilrechtlichen Gesellschaftsanteil und nicht auf sonstiges Vermögen im Eigentum des Erblassers – unabhängig von dessen steuerlicher Behandlung. Soweit Sonderbetriebsvermögen auch auf nicht qualifizierte Erben und damit Nicht-Gesellschafter übergeht, gilt es als aus dem steuerlichen (Sonder-)Betriebsvermögen entnommen und ins steuerliche Privatvermögen überführt. Diese (Teil-)Entnahme führt schließlich zur Aufdeckung und Versteuerung der im Sonderbetriebsvermögen ruhenden stillen Reserven, soweit das Sonderbetriebsvermögen auf die weichenden Erben übergeht.[984] Der Entnahmegewinn ist dabei noch dem Erblasser zuzurechnen.[985]

Abweichend von der gesetzlich vorgesehenen Fortsetzungsklausel bei Tod eines persönlich haftenden Gesellschafters kann gesellschaftsvertraglich auch für den **Komplementär** bzw. einen Gesellschafter einer oHG eine **(einfache oder qualifizierte) Nachfolgeklausel** vereinbart werden. Der Erbe des persönlich haftenden Gesellschafters kann in diesem Fall aber sein Verbleiben in der Gesellschaft davon abhängig machen, dass ihm die Stellung eines Kommanditisten eingeräumt wird.[986] Lassen sich die anderen Gesellschafter nicht auf ein entsprechendes Verlangen des Erben ein, steht dem Erben ein **Sonderkündigungsrecht nach § 139 Abs. 2 HGB** zu. Er kann dann ohne Einhaltung einer Kündigungsfrist sein Ausscheiden aus der Gesellschaft erklären. 541

984 BMF, Schreiben v. 14.3.2006 - IV B 2 - S 224, BStBl 2006 I S. 253 NWB PAAAH-23614, geändert durch BMF, Schreiben v. 27.12.2018 - IV C 6 - S 2242/07/10004, BStBl 2018 I S. 11 NWB RAAAH-04522.

985 BMF, Schreiben v. 14.3.2006 - IV B 2 - S 224, BStBl 2006 I S. 253.

986 § 139 Abs. 1 HGB.

bb) Kapitalgesellschaft (GmbH)

542 Geschäftsanteile einer GmbH sind grds. **frei vererblich und übertragbar.**[987] Verstirbt der Gesellschafter einer GmbH, geht sein Geschäftsanteil im Wege der Gesamtrechtsnachfolge auf seine Erben über, der **Gesellschaftsanteil fällt in den Nachlass**. Erben mehrere Personen, treten diese als Erbengemeinschaft (=Gesamthandsgemeinschaft) die Nachfolge in die Gesellschaftsanteile an. Der **Gesellschaftsanteil bleibt zunächst ungeteilt**. Erst im Wege einer Erbauseinandersetzung kann der Geschäftsanteil auf einen einzelnen Erben übertragen werden; soll der Anteil auf mehrere Erben übertragen werden, ist zuvor die Teilung des Geschäftsanteils erforderlich. Bis zur Auseinandersetzung der Erbengemeinschaft können die Miterben ihre Rechte aus dem Gesellschaftsanteil nur gemeinschaftlich ausüben.[988] Rechtshandlungen der Gesellschaft (z.B. Einberufung zur Gesellschafterversammlung) wirken für und gegen alle Miterben, auch wenn sie nur gegenüber einem der Miterben vorgenommen werden.[989] Ähnlich wie bei der Nachfolgeklausel bei Personengesellschaften empfiehlt sich daher auch für die Nachfolge in einen GmbH-Gesellschaftsanteil eine gesellschaftsvertragliche Regelung, wonach die Erben gehalten sind einen **gemeinsamen Vertreter** zu bestellen, der zur Entgegennahme der Rechtshandlungen befugt ist.

Die freie Übertragbarkeit von Geschäftsanteilen einer GmbH kann **durch gesellschaftsvertragliche Regelungen eingeschränkt** werden.[990] Im Gegensatz zu Personengesellschaften bezwecken bei Kapitalgesellschaften abweichende gesellschaftsvertragliche Regelungen damit keine Einräumung bzw. Erweiterung der Übertragbarkeit von Gesellschaftsanteilen, sondern deren Einschränkung. Dies wird üblicherweise mithilfe von Einziehungs- oder Abtretungsklauseln erreicht.

543 Soll der Erblasser seinen Geschäftsanteil nicht frei an einen beliebigen Erben vererben dürfen, kann gesellschaftsvertraglich eine **Einziehungsklausel** vereinbart werden. Wird der Erblasser in diesem Falle aufgrund gesetzlicher oder testamentarischer Erbfolge von einem nicht nachfolgeberechtigten Erben beerbt, steht es den übrigen Gesellschaftern frei, den Anteil des Erblassers aufgrund eines entsprechenden Gesellschafterbeschlusses einzuziehen. Zwingend erforderlich ist jedoch, dass im Gesellschaftsvertrag die Einziehungsklausel vorgesehen ist und die einzelnen Voraussetzungen, unter denen die Einziehung

987 § 15 GmbHG.
988 § 18 GmbHG.
989 § 18 Abs. 3 GmbHG.
990 § 15 Abs. 5 GmbHG.

erfolgen soll, festgelegt sind. Werden diese Vorgaben nicht berücksichtigt, ist eine spätere Einziehung ausgeschlossen.[991]

BEISPIEL ▶ § X Einziehung

Die Gesellschafter können die Einziehung von Geschäftsanteilen mit Zustimmung des betroffenen Gesellschafters jederzeit beschließen. Ohne die Zustimmung des betroffenen Gesellschafters ist eine Einziehung nur möglich, wenn

- über das Vermögen des Gesellschafters das Insolvenzverfahren eröffnet oder die Eröffnung des Verfahrens mangels Masse abgelehnt ist oder
- der Geschäftsanteil des Gesellschafters gepfändet wird und der Gesellschafter diesen nicht innerhalb von drei Monaten wieder pfandfrei innehat oder
- im Falle des Todes eines Gesellschafters nicht nachfolgeberechtigte Personen i. S. des § Y dieser Satzung seinen Gesellschaftsanteil erben, oder

steht ein Geschäftsanteil mehreren Mitberechtigten ungeteilt zu, so ist die Einziehung ohne Zustimmung der Betroffenen auch dann zulässig, wenn ihre Voraussetzungen nur in der Person eines Mitberechtigten vorliegen.[992]

Gemäß § 34 Abs. 3 GmbHG setzt die Einziehung von Geschäftsanteilen dane- 544
ben voraus, dass die Stammeinlage auf die einzuziehenden Anteile in voller Höhe erbracht ist[993] und eine Abfindungszahlung nicht zur Rückzahlung von Stammkapital führt.[994] Um die Möglichkeit zur Einziehung von Geschäftsanteilen sicherzustellen, wird empfohlen, gesellschaftsvertraglich die **Bildung einer Rücklage** vorzuschreiben, aus der die Abfindungszahlung an den ausgeschlossenen Gesellschaftererben finanziert werden kann. Alternativ können sich die Gesellschafter auch gem. § 26 GmbHG im Gesellschaftsvertrag verpflichten, Nachschusszahlungen zu leisten, die nicht ins Stammkapital gehen, wenn dies zur Erfüllung von Abfindungszahlungen erforderlich ist.

Selbst wenn der Gesellschaftsvertrag die Möglichkeit zur Einziehung von Geschäftsanteilen vorsieht, wird dadurch der **zivilrechtliche Übergang des Gesellschaftsanteils** auf den (unliebsamen) Erben zunächst nicht vermieden. Der (unliebsame) Erbe wird Gesellschafter. Erst in einem zweiten Schritt prüfen die übrigen Gesellschafter, ob sie von der Einziehungsmöglichkeit Gebrauch machen wollen. Möchten sie einziehen, fassen sie einen entsprechenden Beschluss; erst dann wird die Einziehung wirksam, § 46 Nr. 4 GmbHG, d. h. erst dann scheidet der (unliebsame) Erbe nachträglich aus der Gesellschaft aus.

---

991 § 34 GmbHG.

992 Siehe ergänzend Klein/Müller, Praxishandbuch der GmbH, 4. Aufl. 2017 NWB AAAAG-61702.

993 § 19 Abs. 2 GmbHG.

994 § 30 Abs. 1 GmbHG.

Da der unliebsame Erbe bis zur Beschlussfassung Gesellschafter ist, stehen ihm bis zur Beschlussfassung auch die Gesellschafterrechte, insbesondere die **Stimm- und Verwaltungsrechte** aus den vererbten Geschäftsanteilen zu. Den übrigen Gesellschaftern wird jedoch in aller Regel daran gelegen sein, den Erben weder an der Beschlussfassung über die Einziehung noch an anderen Beschlüssen, die die Geschäfte der GmbH betreffen, teilhaben zu lassen. Es bietet sich daher an, für den Zeitraum zwischen Erbfall und Einziehung gesellschaftsvertraglich das Ruhen der Stimm- und Verwaltungsrechte anzuordnen. Andernfalls könnte der Nachfolgegesellschafter die Einziehung vereiteln, wenn er über eine entsprechend hohe Beteiligung verfügt, die ihm ein ausreichendes Stimmrecht einräumt.

545 Als Folge der Einziehung wird der Geschäftsanteil vernichtet. Die Rechte und Pflichten aus dem Geschäftsanteil erlöschen. Das Stammkapital der Gesellschaft wird von der Einziehung hingegen nicht tangiert. Infolgedessen stimmt die Summe des Nennwerts der verbleibenden Geschäftsanteile nicht mehr mit der Höhe des Stammkapitals überein. Daraus resultiert eine anteilige Aufwertung der übrigen Geschäftsanteile.

BEISPIEL: A, B, C und D sind an der FGmbH zu jeweils 25 % beteiligt. Das Stammkapital beträgt 100.000 €. Jeder der Gesellschafter hält also einen Geschäftsanteil im Nennwert von 25.000 €. A verstirbt und wird von S und T beerbt. Die verbleibenden Gesellschafter B, C und D beschließen in einer Gesellschafterversammlung, den Geschäftsanteil des A entsprechend der gesellschaftsvertraglichen Regelung einzuziehen. Dadurch wird der Geschäftsanteil des A im Nennwert von 25.000 € vernichtet; gleichwohl beträgt das Stammkapital der FGmbH weiterhin 100.000 €. Die verbleibenden Gesellschafter sind nun aber nicht mehr zu jeweils 25 % an der FGmbH beteiligt, sondern jeweils zu 33,33 %. Der (Verkehrs-)Wert ihrer Geschäftsanteile erhöht sich daher in dem Maße, in dem zuvor A an der Gesellschaft beteiligt war.

In der Zeit zwischen Erbfall und Einziehung der Gesellschaftsanteile können die Erben zudem aufgrund ihrer Gesellschafterstellung frei über die Anteile verfügen und diese z. B. auch veräußern. Ein Unterlaufen der Einziehungsklausel droht hierdurch aber nicht, da ein **gutgläubiger unbelasteter Erwerb** der Gesellschaftsanteile durch einen Dritten **nicht möglich** ist. Die Einziehungsmöglichkeit ergibt sich nämlich zwingend aus dem Gesellschaftsvertrag. Der Dritte kann den Geschäftsanteil daher nur belastet mit der Einziehungsmöglichkeit erwerben.

546 Als weitere Möglichkeit, die freie Übertragbarkeit eines Geschäftsanteils einzuschränken, kommt eine sog. **Abtretungsklausel** in Betracht. Danach werden die Erben des verstorbenen Gesellschafters, die nicht Gesellschafter werden sollen, per gesellschaftsvertraglicher Regelung verpflichtet, den Gesellschafts-

anteil im Erbfall an eine bestimmte nachfolgeberechtigte Person bzw. an einen oder mehrere Mitgesellschafter abzutreten.

Wie bei der Einziehungsklausel fällt der Gesellschaftsanteil bis zur Abtretung zunächst **ungeteilt in den Nachlass**. Den Erben stehen grds. die mit dem Geschäftsanteil verbundenen **Stimm- und Verwaltungsrechte** zu; darüber hinaus können sie über den Geschäftsanteil verfügen, d.h. ihn belasten und abtreten. Zum Schutz der übrigen Gesellschafter bietet sich daher auch im Falle einer Abtretungsklausel eine gesellschaftsvertragliche Regelung an, die allgemein die wirksame Übertragung und Abtretung von Gesellschaftsanteilen von der Genehmigung der Gesellschafter abhängig macht. Dann nämlich können die Erben den Geschäftsanteil nicht gegen den Willen der übrigen Gesellschafter durch Vertrag unter Lebenden auf einen Dritten übertragen. Zudem sollte der Gesellschaftsvertrag auch hier das auf die abzutretenden Gesellschaftsanteile entfallende Stimmrecht bis zur Abtretung ausschließen.

HINWEIS:

Aus erbschaftsteuerlicher Sicht ist die Abtretungsklausel – bei unterstellter gewerblicher Tätigkeit der Gesellschaft – günstiger als die Einziehungsklausel. Die Einziehungsklausel bewirkt nämlich, dass der eingezogene Gesellschaftsanteil untergeht. Der Wertzuwachs, der dadurch bei den verbleibenden Gesellschaftern als Reflexwirkung entsteht, wird erbschaftsteuerlich nicht nach den §§ 13a, 13b ErbStG begünstigt. Diese Regelungen sehen u.U. erhebliche erbschaftsteuerliche Erleichterungen vor, wenn Betriebsvermögen oder Gesellschaftsanteile im Wege der Schenkung oder eines Erwerbs von Todes wegen auf einen anderen übergehen. Ist aber der Gesellschaftsanteil untergegangen, kann er nicht mehr übertragen werden mit der Folge, dass diese Nichtübertragung steuerlich nicht begünstigt werden kann. Anders verhält es sich demgegenüber, wenn der Gesellschaftsanteil abgetreten wird. Dieser Gesellschaftsanteil ist nach wie vor existent, so dass die Übertragung in den Anwendungsbereich der §§ 13a, 13b ErbStG fallen kann.[995]

b) Ertrag- und erbschaftsteuerliche Konsequenz von Abfindungs- und Ausgleichsansprüchen

aa) Auflösungsklausel

Sieht der Gesellschaftsvertrag einer GbR nichts anderes vor, wird die (werbende) Gesellschaft durch den Tod eines Gesellschafters aufgelöst.[996] Die werbende Gesellschaft wandelt sich in eine **Auflösungsgesellschaft** mit der Folge, dass der Erbe – bei mehreren Erben die Erbengemeinschaft – insoweit die mitgliedschaftlichen Rechte in der Auflösungsgesellschaft ausübt. **Der Anteil an** 547

995 R E 3.4 Abs. 3 Satz 9 ErbStR 2019; Viskorf in Viskorf/Schuck/Wälzholz, ErbStG, § 3 Rz. 174 ff.

996 § 727 Abs. 1 BGB; siehe Kapitel D. III. 8. a) Rz. 533.

der Auflösungsgesellschaft fällt in den Nachlass; die Gesellschafterstellung geht nicht im Wege der Sondererbfolge auf die Erben persönlich über.[997]

Erbschaftsteuerlich wird der Erwerb einer Beteiligung an einer vermögensverwaltenden Personengesellschaft dem anteiligen Erwerb der im Gesellschaftsvermögen befindlichen Wirtschaftsgüter gleichgestellt.[998] Dies gilt mangels abweichender gesetzlicher Regelungen auch für die Auflösungsgesellschaft. Die Erben einer in Auflösung befindlichen vermögensverwaltenden Immobilien-GbR erhalten aus steuerlicher Sicht somit anteilig Immobilien und sonstiges Vermögen der GbR. Diese Immobilien und sonstigen Vermögensgegenstände sind für erbschaftsteuerliche Zwecke zu bewerten und der Erbschaftsteuer zu unterwerfen. Die bis zum Eintritt des Erbfalls entstandenen **Gesellschaftsschulden** können dabei von den Erben anteilig als **Nachlassverbindlichkeiten** abgezogen werden.[999]

548 Wird anschließend das Gesellschaftsvermögen veräußert, erzielen die Erben einen Veräußerungsgewinn, der bei ihnen der Besteuerung nach den allgemeinen Regeln des Ertragsteuerrechts unterliegt. Da somit alle Erben am Gesellschaftsvermögen und Liquidationserlös beteiligt werden, entstehen aufgrund des Erbfalls keine Abfindungs- oder Ausgleichsansprüche, die besondere ertrag- oder erbschaftsteuerlichen Konsequenzen nach sich ziehen könnten.

HINWEIS:

Kommt in Bezug auf eine gewerbliche Personengesellschaft eine Auflösungsklausel zur Anwendung, geht die Finanzverwaltung von einer grds. begünstigten Betriebsaufgabe nach §§ 16, 34 EStG aus, soweit weder eine Realteilung erfolgt noch eine Buchwertfortführung nach § 6 Abs. 5 EStG möglich ist. Die Betriebsaufgabe erfolgt noch in der Hand des Erblassers, so dass der Aufgabegewinn nicht von den Erben, sondern dem Erblasser zu versteuern ist.[1000]

bb) Fortsetzungsklausel

549 Wird eine Personengesellschaft unter Anwendung der Fortsetzungsklausel unter den verbleibenden Gesellschaftern fortgeführt, ist hinsichtlich der steuerlichen Konsequenzen aus der Abfindung der weichenden Erben danach zu unterscheiden, ob überhaupt eine Abfindung gezahlt wird oder nicht. Falls die

997 Schäfer in MüKoBGB, § 727 Rz. 13 f.; Schöne in BeckOK, BGB, § 727 Rz. 3 f.; Stürner in Jauernig, BGB, § 728 Rz. 14.

998 § 10 Abs. 1 Satz 4 ErbStG.

999 Schäfer in MüKoBGB, § 727 Rz. 21.

1000 BMF, Schreiben v. 14.3.2006 - IV B 2 - S 2242 - 7/06, BStBl 2006 I S. 253 NWB WAAAB-80130; v. Proff, DStR 2017 S. 2555.

weichenden Erben eine Abfindung erhalten, hängen die **ertragsteuerlichen Folgen** davon ab, ob die Höhe der Abfindung dem Buchwert entspricht oder darüber liegt; **erbschaftsteuerlich** ist hingegen relevant, ob die Abfindung die Höhe des erbschaftsteuerlichen Werts des Gesellschaftsanteils erreicht oder darunter liegt.

(1) Ertragsteuerliche Konsequenzen bei der gewerblichen Personengesellschaft

Das Ausscheiden des Erblassers aus einer Personengesellschaft unter Anwach- 550
sung seines Gesellschaftsanteils bei den verbleibenden Gesellschaftern führt im Falle einer gewerblichen Personengesellschaft dazu, dass der Erblasser seinen **Mitunternehmeranteil aufgibt**. Sieht der Gesellschaftsvertrag hierfür eine **Abfindung in Höhe des Buchwerts** vor, entsteht aus ertragsteuerlicher Sicht noch in der Hand des Erblassers ein **entgeltlicher Veräußerungsvorgang**, der jedoch mangels eines über dem Buchwert liegenden Veräußerungspreises nicht zur Aufdeckung und Versteuerung stiller Reserven führt.[1001] Die verbleibenden Gesellschafter erwerben den Mitunternehmeranteil bzw. das anteilige Kapitalkonto des Erblassers zu Buchwerten.

Erst dann, wenn die Abfindung **über dem Buchwert** liegt, realisiert der Erblas- 551
ser im Jahr seines Versterbens durch **Aufgabe seines Mitunternehmeranteils** einen **nach §§ 16, 34 EStG begünstigten Veräußerungsgewinn.** Die Höhe des Veräußerungsgewinns bemisst sich dabei nach der Differenz zwischen der Höhe der Abfindung und dem Buchwert seines Kapitalkontos.[1002] Für Zwecke der §§ 16, 34 EStG kommt es allein auf die persönlichen Verhältnisse des Erblassers an. Da die Abfindung damit als Veräußerungsentgelt bereits in der Person des Erblassers ertragsteuerlich berücksichtigt wurde, unterliegt sie auf Ebene der weichenden Erben nicht mehr der Einkommensteuer. Die Abfindung entfaltet für die Erben ausschließlich erbschaftsteuerliche Relevanz.

Erhalten die weichenden Erben aufgrund einer entsprechenden Regelung im Gesellschaftsvertrag eine **Abfindung unter dem Buchwert** oder sogar überhaupt keine Abfindung, kommt es für die ertragsteuerliche Behandlung darauf an, ob die Minderabfindung bzw. der Übergang des Gesellschaftsanteils betrieblich oder privat veranlasst ist. Beruht die Vereinbarung auf **betrieblichen Gründen**, entsteht spiegelbildlich zur Abfindung über dem Buchwert noch in

1001 BMF, Schreiben v. 14.3.2006 - IV B 2 - S 2242 - 7/06, BStBl 2006 I S. 253 NWB WAAAB-80130; Schallmoser in Blümich, EStG, § 16 Rz. 81.

1002 BMF, Schreiben v. 14.3.2006 - IV B 2 - S 2242 - 7/06, BStBl 2006 I S. 253 NWB WAAAB-80130; Schallmoser in Blümich, EStG, § 16 Rz. 81.

der Person des Erblassers ein **Veräußerungsverlust,**[1003] der wiederum bei der Steuerveranlagung **des Erblassers** für das Todesjahr zu berücksichtigen ist. Die verbleibenden Gesellschafter müssen die bisherigen Buchwerte des Gesellschaftsvermögens in der Steuerbilanz der Gesellschaft anteilig herabsetzen. Der Ausweis eines negativen Geschäftswerts ist nicht zulässig. In Höhe der Differenz zwischen den abgestockten Buchwerten und der Abfindungsleistung entsteht **bei den Altgesellschaftern** ein **laufender Gewinn.**[1004]

552 Bleibt die Abfindung hingegen **aus privaten Gründen** hinter dem Buchwert zurück, erwirtschaftet der Erblasser keinen Veräußerungsverlust.[1005] Aufgrund der Einheitstheorie wird ein **voll unentgeltliches Rechtsgeschäft** fingiert, das sich im ertragsteuerlich nicht relevanten Vermögensbereich abspielt. Dementsprechend führt die privat veranlasste Abfindungszahlung unter Buchwert **nicht zu Anschaffungskosten der verbleibenden Gesellschafter.** Diese haben vielmehr die Buchwerte des Erblassers gem. § 6 Abs. 3 EStG fortzuführen. In Höhe der Differenz zwischen Buchwert und Abfindung liegt eine **Einlage der verbleibenden Gesellschafter** vor.[1006]

HINWEIS:

Private Gründe können insbesondere dann vorliegen, wenn zwischen dem Erblasser und den verbleibenden Gesellschaftern familiäre Beziehungen bestehen.

BEISPIEL: Der Erblasser E (Vater) ist zu 30 % als Kommanditist an der ABC GmbH & Co. KG beteiligt. Die weiteren Beteiligungen werden von den Kommanditisten A (40 %) und B (30 %) (Söhne) gehalten; die Komplementärin D GmbH ist am Vermögen der KG sowie an Gewinn und Verlust nicht beteiligt. Für den Fall des Versterbens eines Kommanditisten sieht der Gesellschaftsvertrag die Fortführung der Gesellschaft unter den verbleibenden Gesellschaftern vor.

1003 BFH, Urteil v. 26.6.2002 - IV R 3/01, BStBl 2003 II S. 112 NWB WAAAA-89423; Schallmoser in Blümich, EStG, § 16 Rz. 84.

1004 Wacker in Schmidt, EStG, § 16 Rz. 511.

1005 BFH, Urteil v. 20.8.1970 - IV R 236/67, BStBl 1971 II S. 83 NWB KAAAA-98671; Schallmoser in Blümich, EStG, § 16 Rz. 84.

1006 BFH, Urteil v. 7.2.1995 - VIII R 36/93, BStBl 1995 II S. 770 NWB AAAAA-95381.

Die Bilanz am Tag vor dem Versterben des E sieht wie folgt aus:

Aktiva		Passiva	
Immobilien	500.000 €	Kapitalkonto E	240.000 €
Geschäftsausstattung	150.000 €	Kapitalkonto A	320.000 €
Bank	250.000 €	Kapitalkonto B	240.000 €
		Verbindlichkeiten	100.000 €
	900.000 €		900.000 €

a) Die Erben des ausscheidenden Gesellschafters sollen eine Abfindung i. H. von € 240.000 erhalten.

b) Die Erben sollen eine Abfindung i. H. von 360.000 € erhalten.

c) Die Erben sollen eine Abfindung i. H. von 120.000 € erhalten.

Zu a)

Die Wertansätze der Aktiva ändern sich nicht, da sich Buchwert und Höhe der Abfindung entsprechen. Das Kapitalkonto des A erhöht sich um 137.143 € auf 457.143 €, das Kapitalkonto des B um 102.857 € auf 342.857 €.

Bei E entsteht weder ein Veräußerungsverlust noch ein Veräußerungsgewinn.

Zu b)

Die Gesellschafter A und B haben i. H. von 120.000 € weitere Anschaffungskosten. Die Buchwerte und die Kapitalkonten sind entsprechend aufzustocken. Die neue Bilanz stellt sich wie folgt dar (die „Bank“ beinhaltet keine stillen Reserven):

Aktiva		Passiva	
Immobilien	592.308 €	Kapitalkonto E	
Geschäftsausstattung	177.692 €	Kapitalkonto A	525.714 €
Bank	250.000 €	Kapitalkonto B	394.286 €
		Verbindlichkeiten	100.000 €
	1.020.000 €		1.020.000 €

E erzielt einen Veräußerungsgewinn i. H. von 360.000 € ./. 240.000 € = 120.000 €. Dieser ist im Rahmen seiner Einkommensteuerveranlagung für das Todesjahr zu berücksichtigen. Die Erben sind aus ertragsteuerlicher Sicht in den Vorgang nicht involviert.

Zu c)

Zwischen E einerseits sowie A und B andererseits bestehen familiäre Beziehungen. Es wird daher unterstellt, dass die Vereinbarung einer Abfindungsleistung unter dem Buchwert auf privaten Gründen beruht. Der Vorgang wird insgesamt als unentgeltlich eingestuft. Daher müssen die verbleibenden Gesellschafter die Buchwerte des Erblassers nach § 6 Abs. 3 EStG fortführen. In Höhe der Differenz von 120.000 € liegt eine Einlage der verbleibenden Gesellschafter vor, die sich in den Kapitalkonten widerspiegelt.

Aktiva		Passiva	
Immobilien	500.000 €	Kapitalkonto E	
Geschäftsausstattung	150.000 €	Kapitalkonto A	457.143 €
Bank	250.000 €	Kapitalkonto B	342.857 €
		Verbindlichkeiten	100.000 €
	900.000 €		900.000€

(2) Ertragsteuerliche Konsequenzen bei der vermögensverwaltenden Personengesellschaft

553 Das Ausscheiden eines Gesellschafters aus einer vermögensverwaltenden Personengesellschaft und die sich daran anknüpfende Anwachsung seines Gesellschaftsanteils bei den verbleibenden Gesellschaftern können naturgemäß nicht zu einer Betriebsaufgabe des ausscheidenden Gesellschafters führen. Vielmehr zählte der Gesellschaftsanteil steuerlich sowohl vor als auch nach dem Ausscheiden zum Privatvermögen des Erblassers.

Erfolgt die Anwachsung gegen Zahlung einer Abfindung, ist in analoge Anwendung der Feststellungen zur Anwachsung eines Gesellschaftsanteils an einer gewerblichen Personengesellschaft davon auszugehen, dass die „Übertragung“ des Gesellschaftsanteils noch in der Hand des Erblassers stattfindet.

HINWEIS:

Zwar ist allgemein anerkannt, dass die Anwachsung eines Anteils an einer Personengesellschaft nicht zu einem Übergang dieses Gesellschaftsanteils durch die verbleibenden Gesellschafter im rechtstechnischen Sinne führen kann; vielmehr erhöht sich lediglich der Wert der Gesellschaftsanteile der verbleibenden Gesellschafter.[1007] Dennoch behandelt der BFH die Anwachsung zumindest für erbschaftsteuerliche Zwecke wie einen

1007 Böing in BeckOK, ErbStG, § 3 Rz. 247; Gottschalk in Troll/Gebel/Jülicher, ErbStG, § 3 Rz. 265.

Rechtsübergang.[1008] Diese Wertung kann nach hier vertretener Auffassung auch für ertragsteuerliche Zwecke übernommen werden. Entsprechend stellt auch die Finanzverwaltung fest, dass die Anwachsung ertragsteuerlich als Übertragung des Anteils des ausscheidenden Gesamthänders auf die verbleibenden Gesamthänder zu werten ist.[1009]

Die entgeltliche oder unentgeltliche Übertragung eines Anteils an einer vermögensverwaltenden Personengesellschaft wiederum wird steuerlich der anteiligen Übertragung des Gesellschaftsvermögens gleichgestellt.[1010] Scheidet der Erblasser **ohne Abfindung** aus der Gesellschaft aus, ist der Vorgang mangels Gegenleistung **ertragsteuerlich irrelevant**. Die verbleibenden Gesellschafter führen die anteiligen Werte des Erblassers fort. Sind die verbleibenden Gesellschafter hingegen verpflichtet, eine Abfindung zu zahlen, liegt in Bezug auf die Vermögenswerte des Gesellschaftsvermögens ein **anteiliger Veräußerungsvorgang** vor, der dem Erblasser zuzurechnen und in der Steuererklärung des Jahres seines Versterbens zu berücksichtigen ist, sofern überhaupt ein steuerpflichtiges Veräußerungsgeschäft **nach §§ 17, 23 EStG** vorliegt. Im Gegenzug liegen bei den verbleibenden Gesellschaftern Anschaffungskosten vor, die dem Gesellschaftsvermögen in entsprechender Höhe zuzuordnen sind.[1011] 554

(3) Erbschaftsteuerliche Konsequenzen

Die Nachfolge in einen Gesellschaftsanteil im Wege der Fortsetzungsklausel kann erbschaftsteuerlich **zwei relevante Sachverhalte** verwirklichen: zum einen **den Erwerb der Gesellschaftsanteile durch die verbleibenden Gesellschafter** und zum anderen **den Erwerb der Abfindungsansprüche durch die Erben**. 555

Bei den **verbleibenden Gesellschaftern** gilt erbschaftsteuerlich der auf dem Ausscheiden eines Gesellschafters beruhende Übergang des Gesellschaftsanteils auf die anderen Gesellschafter insoweit als eine **Schenkung auf den Todesfall** des Erblassers an die verbleibenden Gesellschafter, als der für erbschaftsteuerliche Zwecke anzusetzende Wert des Gesellschaftsanteils Abfindungsansprüche der weichenden Erben übersteigt.[1012] Das Gesetz fingiert mithin eine **unentgeltliche Übertragung der Beteiligung vom Erblasser an die verbleibenden Gesellschafter**. Der Wert dieser Schenkung bemisst sich dabei nach

1008 BFH, Urteil v. 1.7.1992 - II R 20/90, BStBl 1992 II S. 912 NWB PAAAA-94284; R E 3.4 Abs. 2 Satz 2 ErbStR 2019; BFH, Urteil v. 1.7.1992 - II R 12/90, BStBl 1992 II S. 925 NWB UAAAA-94291.

1009 BMF, Auseinandersetzungserlass, Tz. 48.

1010 § 10 Abs. 1 Satz 4 ErbStG, § 23 Abs. 1 Satz 3 EStG.

1011 V. Proff, DStR 2016 S. 2227, 2229; Orth, DStR 1999 S. 1011, 1014.

1012 § 3 Abs. 1 Nr. 2 Satz 2 ErbStG.

der Differenz zwischen dem Wert des Gesellschaftsanteils[1013] einerseits und andererseits an der Höhe der an die weichenden Erben zu zahlenden Abfindung. Handelt es sich bei der fiktiv auf die verbleibenden Gesellschafter übertragenen Beteiligung um einen Mitunternehmeranteil, können die verbleibenden Gesellschafter die **erbschaft- und schenkungsteuerlichen Vergünstigungen für Betriebsvermögen** nach § 13a ErbStG in Anspruch nehmen, sofern alle hierfür erforderlichen Voraussetzungen erfüllt sind.

HINWEIS:

Vereinbaren die verbleibenden Gesellschafter mit den Erben, diese entgegen der gesetzlichen oder vertraglichen Regelung gegen Verzicht auf ihren Abfindungsanspruch in die Gesellschaft eintreten zu lassen, verlieren die verbleibenden Gesellschafter rückwirkend die erbschaftsteuerlichen Vergünstigungen, da die verbleibenden Gesellschafter den Mitunternehmeranteil auf diese Weise wieder veräußern. Die steuerlichen Vergünstigungen nach § 13a ErbStG können darüber hinaus auch nicht von den Erben geltend gemacht werden, weil diese die Beteiligung durch entgeltliches Rechtsgeschäft unter Lebenden und nicht durch Verfügung von Todes wegen bzw. vorweggenommene Erbfolge erworben haben.

556 Sind die verbleibenden Gesellschafter in ihrer gesamthänderischen Verbundenheit[1014] verpflichtet, eine unterhalb des nach § 12 BewG erbschaftsteuerlich relevanten Werts des Gesellschaftsanteils liegende Abfindung an die weichenden Erben zu zahlen, reduziert sich der Erwerb von Todes wegen durch die verbleibenden Gesellschafter entsprechend. Nur die Differenz zwischen dem Wert des Gesellschaftsanteils abzüglich der Abfindungszahlung gilt als Schenkung auf den Todesfall; nur diese Differenz kann nach § 13a ErbStG begünstigt sein.

HINWEIS:

Ein Erwerb auf Seiten der verbleibenden Gesellschafter nach § 3 Abs. 1 Nr. 2 Satz 2 ErbStG wird nicht fingiert, wenn die Abfindung über dem erbschaftsteuerlich relevanten Wert des Gesellschaftsanteils liegt. Dies würde bei den verbleibenden Gesellschaftern zu einem negativen Erwerb führen. Einer solchen Interpretation stehen sowohl der Wortlaut der Vorschrift als auch die Tatsache entgegen, dass es sich hierbei um eine Sonderregelung handelt, die einer Auslegung gegen den Wortlaut nicht offensteht.[1015]

1013 § 12 ErbStG.

1014 Der Anspruch auf Zahlung der Abfindung richtet sich gegen die Gesellschaft und nicht gegen die Gesellschafter, Gottschalk in Troll/Gebel/Jülicher/Gottschalk, ErbStG, § 3 Rz. 266; Böing in BeckOK, ErbStG, § 3 Rz. 245; v. Proff, DStR 2016 S. 2227, 2229; Orth, DStR 1999 S. 1011, 1014.

1015 FG Münster, Urteil v. 8.11.2018 - 3 K 1118/16 Erb NWB LAAAH-04845; das Finanzgericht hat jedoch gegen das Urteil Revision eingelegt, Az. beim BFH: II R 2/19; Böing in BeckOK, ErbStG, § 3 Rz. 241.

Auf Seiten der **weichenden Erben** fällt der Abfindungsanspruch **in den Nachlass** und stellt eine reine Geldforderung des Privatvermögens dar. Die weichenden Erben haben die Abfindung damit in voller Höhe der Erbschaftsteuer ohne die Möglichkeit einer Anwendung des § 13a ErbStG zu unterwerfen.[1016]

cc) Nachfolgeklausel

Da die **einfache Nachfolgeklausel** zu einem unentgeltlichen Übergang des Gesellschaftsanteils vom Erblasser auf sämtliche Erben führt und mithin keine Abfindungszahlungen zu leisten sind, liegt **kein ertragsteuerlich relevanter Erwerb** eines Gesellschaftsanteils vor. Die Erben haben die Buchwerte des Erblassers fortzuführen.[1017] Das Gleiche gilt darüber hinaus auch im Falle der **qualifizierten Nachfolgeklausel**: Weil die nicht nachfolgeberechtigten Erben nicht Gesellschafter werden und der qualifizierte Erbe daher eine eventuelle Ausgleichszahlung an die nicht qualifizierten Erben nicht als Gegenleistung für die Übertragung von Gesellschaftsanteilen leistet, stellen die Ausgleichszahlungen des qualifizierten Erben **weder Veräußerungsentgelt noch Anschaffungskosten** auf die Beteiligung dar.[1018] Die Zahlungen sind wirtschaftlich vielmehr als reine Erbfallschulden einzuordnen.[1019] 557

HINWEIS:

Wegen der Qualifizierung als Erbfallschuld kann der qualifizierte Erbe Schuldzinsen, die ihm aus einer eventuellen Finanzierung der Abfindungsleistungen entstehen, nicht steuerlich abziehen.

Sind keine qualifizierten Nachfolger vorhanden, die in die Gesellschafterstellung des Erblassers nachrücken könnten, treten die **Rechtsfolgen einer Fortsetzungsklausel** ein: Die Gesellschaft wird dann unter Ausscheiden des Erblassers unter den verbleibenden Gesellschaftern fortgesetzt. Der Gesellschaftsanteil des Erblassers wächst den verbleibenden Gesellschaftern an.[1020]

1016 Gottschalk in Troll/Gebel/Jülicher/Gottschalk, ErbStG, § 3 Rz. 138; Böing in BeckOK, ErbStG, § 3 Rz. 237.

1017 § 6 Abs. 3 EStG.

1018 BFH, Urteil v. 29.10.1991 - VIII R 51/84, BStBl 1992 II S. 512 NWB XAAAA-94105; abweichend FG Saarland, Urteil v. 17.3.2004 - 1 K 24/00 NWB RAAAB-21952, soweit der Wert des von qualifizierten Erben übernommenen Mitunternehmeranteils über seiner quotalen Beteiligung am Nachlass liegt, so dass er erbrechtlich verpflichtet ist, entsprechende Ausgleichszahlungen zu leisten.

1019 BFH, Urteil v. 27.7.1993 - VIII R 72/90, BStBl 1994 II S. 625 NWB UAAAA-94936; BMF, Auseinandersetzungserlass, Tz. 72.

1020 Prinz/Kahle in Beck'sches Handbuch der Personengesellschaften, § 11 Rz. 82; zu den ertrag- und erbschaftsteuerlichen Konsequenzen siehe oben Kapitel D. III. 8. a) Rz 535.

dd) Einziehungsklausel

558 Da die Vererblichkeit von Anteilen an Kapitalgesellschaften nicht ausgeschlossen werden kann,[1021] sehen Gesellschaftsverträge von Familien-Kapitalgesellschaften üblicherweise Einziehungs- und Abtretungsklauseln vor, die die Fungibilität der Gesellschaftsanteile zum Teil stark einschränken. Einziehungs- und Abtretungsklauseln bewirken, dass der Gesellschaftsanteil des Erblassers zwar zunächst in den Nachlass fällt, sein Verbleib im Nachlass aber von der Ausübung des Einziehungs- oder Abtretungsrechts abhängt.[1022]

Beschließt die Gesellschafterversammlung die **Einziehung** und zahlt sie im Gegenzug hierfür eine Abfindung, ist die dogmatische Herleitung der sich daraus ergebenden **ertragsteuerlichen Folgen** umstritten. Nach **teilweise vertretener Ansicht** stellt die Einziehung gegen Abfindung eine **entgeltliche Veräußerung** des Gesellschaftsanteils dar.[1023] Nach anderer und auch **hier vertretener Auffassung** führt die Einziehung des Gesellschaftsanteils zu einer Kapitalherabsetzung gem. § 5 Abs. 3 Satz 2 GmbHG[1024] und einer (entsprechenden) Anwendung des **§ 17 Abs. 4 EStG**. Soweit die Abfindung auf das anteilige Nennkapital des Erblassers entfällt, gilt sie damit als aus dem steuerlichen Einlagekonto[1025] geleistet. Soweit die Abfindung das anteilige Nennkapital übersteigt, liegt eine Ausschüttung vor, die bei der Erbengemeinschaft zu Einkünften aus Kapitalvermögen i. S. des § 20 Abs. 1 Nr. 2 KStG führt.[1026]

559 Aus **erbschaftsteuerlicher Sicht** kann die Einziehung zu einem Vermögensvorteil sowohl auf Seiten der weichenden Erben als auch auf Seiten der verbleibenden Gesellschafter führen. Bei den verbleibenden Gesellschaftern kann immer dann eine Schenkung auf den Todesfall vorliegen, wenn die für die Einziehung zu zahlende Abfindung hinter dem erbschaftsteuerlichen Wert des Gesellschaftsanteils zurückbleibt und dadurch eine **Werterhöhung der Anteile** der verbleibenden Gesellschafter bewirkt wird.[1027] Anders als bei der Fortsetzungsklausel wird hier nicht der schenkweise Übergang eines Gesellschaftsanteils vom Erblasser an die verbleibenden Gesellschafter fingiert, sondern lediglich die Werterhöhung der Anteile der Altgesellschafter. Ein Übergang des

---

1021 Reichert/Weller in MüKoGmbHG, § 15 Rz. 438; Görner in Rowedder/Schmidt-Leithoff, GmbHG, § 15 Rz. 8.

1022 Siehe Kapitel D. III. 8. a) Rz. 542 ff.

1023 Vogt in Blümich, AStG, § 17 Rz. 400; Trossen in BeckOK, EStG, § 17 Rz. 568.

1024 Zum Rechtsstreit, ob das Gesetz im Falle der Einziehung zwingend eine Kapitalherabsetzung verlangt, Schwandtner in MüKoGmbHG, § 5 Rz. 44a.

1025 § 27 KStG.

1026 Braun/Siemers in Beck'sches Handbuch der GmbH, § 20 Rz. 373; Weber-Grellet in Schmidt, EStG, § 17 Rz. 101.

1027 § 3 Abs. 1 Nr. 2 Satz 3 ErbStG.

Gesellschaftsanteils ist nämlich nicht möglich, da der **Gesellschaftsanteil des Erblassers mit der Einziehung untergeht**. Folgerichtig kann die Bereicherung bei den verbleibenden Gesellschaftern nur in der Werterhöhung ihrer eigenen Anteile gesehen werden. Damit scheidet eine Anwendung des § 13a ErbStG zugunsten der verbleibenden Gesellschafter aus. Die Werterhöhung unterliegt damit stets ohne Eingreifen steuerlicher Vergünstigungsnormen der Erbschaftsteuer.[1028]

Solange der Gesellschaftsanteil des Erblassers nicht eingezogen wurde, ist er 560
Teil des Nachlasses und als solcher auf die **Erbengemeinschaft** übergegangen. Dass der Gesellschaftsanteil nur auflösend bedingt erworben wurde, ist für steuerliche Zwecke zunächst unerheblich.[1029] Mithin ist der Gesellschaftsanteil für erbschaftsteuerliche Zwecke zu bewerten und – ggf. nach Abzug steuerlicher Vergünstigungen – in die erbschaftsteuerliche Bemessungsgrundlage miteinzubeziehen. Wird nun der Gesellschaftsanteil eingezogen, verlieren die Erben nicht nur die erbschaftsteuerlichen Vergünstigungen, sondern auch den Gesellschaftsanteil, der jedoch durch die Abfindung ersetzt wird. Spiegelbildlich zum Erwerb des Gesellschaftsanteils haben die Erben das Abfindungsguthaben aufschiebend bedingt erworben, § 4 Abs. 1 BewG; die Verpflichtung zur Abtretung an die verbleibenden Gesellschafter bzw. an die Gesellschaft stellt eine aufschiebend bedingte Last dar. Mit Eintritt der Bedingung haben die Erben nun die Möglichkeit, einen Antrag auf Änderung des Erbschaftsteuerbescheides nach § 6 Abs. 2 i. V. mit § 5 Abs. 2 BewG zu stellen.[1030]

Entspricht die Höhe der **Abfindung** nicht dem steuerlichen Wert des Gesell- 561
schaftsanteils und übertragen die weichenden Erben aufgrund der gesellschaftsvertraglichen Regelung **unverzüglich nach dem Erwerb** den Gesellschaftsanteil, regelt § 10 Abs. 10 ErbStG, dass in einem solchen Fall von vornherein **nur die Abfindung in den Nachlass** fällt.

HINWEIS:

In der Literatur wird eine Durchführung der Abtretung innerhalb von sechs Monaten seit dem Erbfall sowie innerhalb der im Gesellschaftsvertrag vorgesehenen Frist als „unverzüglich" eingestuft.[1031]

1028 R E 3.4 Abs. 3 Satz 9 ErbStR 2019.

1029 § 5 Abs. 1 BewG.

1030 Gottschalk in Troll/Gebel/Jülicher/Gottschalk, ErbStG, § 10 Rz. 275; § 3 Rz. 155.

1031 Königer in BeckOK, ErbStG, § 10 Rz. 327.

ee) Abtretungsklausel

562 Enthält ein Gesellschaftsvertrag eine Abtretungsklausel,[1032] wonach nicht nachfolgeberechtigte Gesellschafter den Gesellschaftsanteil an Dritte, Mitgesellschafter oder die Gesellschaft abtreten müssen, besteht Einigkeit darüber, dass die Abtretung gegen Zahlung einer Abfindung **ertragsteuerlich als entgeltliche Veräußerung des Gesellschaftsanteils** zu werten ist.[1033] Die Erben realisieren einen Veräußerungsvorgang, dem Abtretungsempfänger entstehen Anschaffungskosten.

Aus **erbschaftsteuerlicher Sicht** fällt nicht der Gesellschaftsanteil, sondern nur die Abfindung in den Nachlass und ist von den weichenden Erben zu versteuern, sofern die Abtretung aufgrund gesellschaftsvertraglicher Regelung unverzüglich übertragen wird und die hierfür erhaltene Abfindung hinter dem erbschaftsteuerlichen Wert des Gesellschaftsanteils zurückbleibt.[1034] Die obigen Ausführungen zur Einziehungsklausel betreffend die erbschaftsteuerliche Behandlung der Abfindung bzw. des abzutretenden Gesellschaftsanteils gelten entsprechend.[1035] Als reine Kapitalforderung kann die **Abfindung nicht nach § 13a ErbStG** begünstigt werden.

563 Auf Seiten des **Abtretungsempfängers** wird wiederum der Erwerb eines Gesellschaftsanteils vom Erblasser fingiert, soweit die Höhe der Abfindung hinter dem erbschaftsteuerlichen Wert des Gesellschaftsanteils zurückbleibt. Liegen die übrigen Voraussetzungen des § 13a ErbStG vor, kann der Abtretungsempfänger für diesen Erwerb die steuerlichen Vergünstigungen für Betriebsvermögen in Anspruch nehmen.[1036]

HINWEIS:

§ 10 Abs. 10 ErbStG gilt sowohl für Abtretungsklauseln einer Kapitalgesellschaft als auch für Abtretungsklauseln einer Personengesellschaft.

c) Grunderwerbsteuerliche Konsequenzen von Nachfolgeklauseln

564 Befinden sich im Gesellschaftsvermögen Immobilien und sind Anteile an einer solchen Gesellschaft Gegenstand eines Erwerbs von Todes wegen, können die gesellschaftsvertraglichen Nachfolgeregelungen grunderwerbsteuerliche Rele-

1032 Siehe Kapitel D. III. 8. a) Rz. 546.

1033 Braun/Siemers in Beck'sches Handbuch der GmbH, § 20 Rz. 379.

1034 § 10 Abs. 10 ErbStG.

1035 Siehe hierzu auch Kapitel D. III. 8. b) Rz. 560.

1036 Braun/Siemers in Beck'sches Handbuch der GmbH, § 20 Rz. 379; R E 10.13 Abs. 3 Satz 4 ErbStR 2019; R E 3.4 Abs. 3 Satz 5 ErbStR 2019.

vanz entfalten. Vereinigen sich nämlich durch die Nachfolge in den Gesellschaftsanteil mindestens 90 % der Gesellschaftsanteile in der Hand des Erwerbers, erfüllt dies den Tatbestand des **§ 1 Abs. 3 Nr. 1 GrEStG**. Ganz offensichtlich tritt diese Rechtsfolge ein, wenn ein Gesellschaftsanteil an einen Mitgesellschafter **abgetreten** wird bzw. abgetreten werden muss, bei dem der erworbene und der bisherige Anteil zusammen die 90 %-Grenze erreichen. Nach unbestrittener Ansicht kann der Tatbestand des § 1 Abs. 3 Nr. 1 GrEStG aber auch durch die **Einziehung** von Geschäftsanteilen einer GmbH gem. § 34 GmbHG verwirklicht werden, wenn die Beteiligungshöhe eines verbleibenden Gesellschafters allein aufgrund der Einziehung 90 % oder mehr erreicht.[1037]

Bei der Nachfolge in immobilienhaltende Gesellschaften ist darüber hinaus **§ 1 Abs. 2a und Abs. 2b GrEStG** zu beachten, sofern sich aufgrund der Nachfolge in den Gesellschaftsanteil der Gesellschafterbestand dergestalt ändert, dass innerhalb von fünf Jahren mindestens 90 % der Anteile am Gesellschaftsvermögen auf neue Gesellschafter übergehen.

Wegen der weiteren Einzelheiten zu den grunderwerbsteuerlichen Konsequenzen einer unentgeltlichen Übertragung von Anteilen an Immobilien-Gesellschaften soll an dieser Stelle auf Kapitel D. III. 7. e) verwiesen werden.

(Einstweilen frei) 565–575

1037 BFH, Urteil v. 10.8.1988 - II R 193/85, BStBl 1988 II S. 959 NWB JAAAA-92708; BFH, Urteil v. 14.2.1990 - II B 107/89, BStBl 1990 II S. 390 NWB HAAAA-93199; FG Sachsen-Anhalt, Urteil v. 28.6.2016 - 2 K 620/13 NWB WAAAF-87104; Müller in Beck'sches Handbuch der GmbH, § 13 Rz. 145.

E. Immobilien mit Auslandsbezug

Nicht nur inländische, d.h. in Deutschland belegene Immobilien, sondern auch ausländische Immobilien können Gegenstand einer unentgeltlichen Übertragung sein. Die Übertragung ausländischen Vermögens ist oftmals komplex, da mehrere Rechtsordnungen miteinander konkurrieren können, die sich sowohl auf die Frage des anwendbaren Zivilrechts als auch auf die Frage des Besteuerungsrechts beziehen. 576

AUSGANGSFALL: Witwe W, deutsche Staatsangehörige, lebt schon seit mehr als zehn Jahren in Spanien in einer in ihrem Alleineigentum stehenden Finca. Ebenfalls vor Jahren, aber noch während ihrer Wohnsitznahme in Deutschland und vor Wegzug nach Spanien, hat sie ein Testament errichtet, in dem sie Tochter T zur Alleinerbin einsetzt, die Finca jedoch ihrer Enkelin E vermacht. T und E sind beide deutsche Staatsangehörige. T lebt jedoch seit drei Jahren in Österreich, während E über einen Wohnsitz in Deutschland verfügt. W verstirbt im Jahr 2020. T möchte wissen, ob das Testament wirksam ist. E fragt sich, in welchem Land sie zur Zahlung einer Erbschaftsteuer herangezogen werden kann.

ABWANDLUNG I: Nach Wegzug aus Deutschland und Begründung eines Wohnsitzes und gewöhnlichen Aufenthaltes in Spanien verschenkt W bereits zu Lebzeiten die Finca an ihre Enkelin E.

ABWANDLUNG II: Witwe W ist weiterhin deutsche Staatsangehörige, lebt nun aber in Deutschland und vermacht Enkelin E eine Immobilie in den USA.

I. Anwendbares Zivilrecht

1. Übertragung im Wege der Erbfolge

Die zivilrechtliche Beurteilung grenzüberschreitender Sachverhalte erfolgt in aller Regel auf der Basis des sog. **Internationalen Privatrechts** (IPR). Anders als es der Name vermuten lässt, stellt das IPR kein international gültiges Recht dar, sondern beinhaltet lediglich innerstaatliches nationales Recht, das Regeln über die Anwendbarkeit einer bestimmten Rechtsordnung im internationalen Verhältnis mehrerer Staaten zueinander enthält. Die Regelungen des deutschen IPR sind im EGBGB (Einführungsgesetz zum Bürgerlichen Gesetzbuch) niedergelegt. Auch das IPR gilt jedoch – wie alle anderen nationalen Vorschriften – nur, *„soweit nicht unmittelbar anwendbare Regelungen der Europäischen Union maßgebend sind“.*[1038] Solche unmittelbar anwendbaren Regelungen sind insbesondere **EU-Verordnungen**; diese binden die Mitgliedstaaten der EU und 577

1038 Art. 3 Nr. 1 EGBGB; Lorenz in BeckOK, BGB, Art. 3 Rz. 3.

entfalten auch ohne Umsetzung in innerstaatliches Recht stets unmittelbare Wirkung.[1039]

578 Die Frage des anwendbaren Erbrechts (Erbstatut) war lange Zeit in Art. 25 EGBGB geregelt, wonach die Rechtsnachfolge von Todes wegen grds. dem Recht des Staates, dem der Erblasser im Zeitpunkt seines Todes angehörte, unterliegen sollte. Ausschlaggebendes Kriterium war also die Staatsangehörigkeit des Erblassers. Am 16.8.2012 trat jedoch die **Europäische Erbrechtsverordnung[1040] (EuErbVO)** in Kraft und löste mit Wirkung ab dem 15.8.2015 das bisher geltende nationale Recht ab. Für alle Erbfälle innerhalb der EU, die ab dem 15.8.2015 eintreten, gilt damit die EuErbVO, für Erbfälle bis zu diesem Datum gilt Art. 25 EGBGB.

579 Die EuErbVO wählt für internationale Erbfälle einen anderen Anknüpfungspunkt als das EGBGB. Nach Art. 21 Abs. 1 EuErbVO unterliegt die gesamte Rechtsnachfolge von Todes wegen nun grds. dem **Recht des Staates, in dem der Erblasser im Zeitpunkt seines Todes seinen gewöhnlichen Aufenthalt hatte**. Anstelle der Staatsangehörigkeit ist für Erbfälle ab dem 15.8.2015 somit der Ort des gewöhnlichen Aufenthalts für das Erbstatut ausschlaggebend.

HINWEIS:

Die EuErbVO gilt aus Sicht der Mitgliedstaaten der EU auch im Verhältnis zu Drittstaaten. Verstirbt eine Person mit letztem gewöhnlichem Aufenthalt in einem Drittstaat und wäre vor einem europäischen Gericht die Frage des anwendbaren Erbstatuts zu entscheiden, käme jedes europäische Gericht zur Anwendung des Rechts des Aufenthaltsstaates, selbst wenn dies kein Mitgliedsstaat der EU sein sollte.[1041]

580 Nicht immer ist der spätere Erblasser im Falle einer Verlagerung seines Wohnsitzes „en detail" mit der Rechtsordnung seines Zuzugstaates vertraut. Daher räumt Art. 22 Abs. 1 EuErbVO dem Testierenden die Möglichkeit ein, diejenige Rechtsordnung zu wählen, die auf seinen Nachlass Anwendung finden soll. Allerdings ist der Testierende bei der **Rechtswahl** nicht vollkommen frei: Er kann nur das Recht des Staates wählen, dem er zum Zeitpunkt der Rechtswahl oder zum Zeitpunkt seines Todes angehört. Ein deutscher Staatsbürger kann folglich die Anwendung des deutschen Erbrechts wählen.

1039 Art. 288 II AEUV.

1040 VO (EU) Nr. 650/2012 v. 4.7.2012 über die Zuständigkeit, das anzuwendende Recht, die Anerkennung und Vollstreckung von Entscheidungen und die Annahme und Vollstreckung öffentlicher Urkunden in Erbsachen sowie zur Einführung eines Europäischen Nachlasszeugnisses.

1041 Art. 22 EuErbVO.

HINWEIS:

Die Rechtswahl muss ausdrücklich in einer Erklärung in Form einer Verfügung von Todes wegen erfolgen.[1042] Ohne Testament oder Erbvertrag ist eine Rechtswahl mithin nicht möglich. Hat der Erblasser keine Verfügung von Todes wegen errichtet und kommt daher die gesetzliche Erbfolge zur Anwendung, richtet sich das Erbstatut automatisch nach dem Recht des Ortes des letzten gewöhnlichen Aufenthalts des Erblassers.

Nur klarstellend sei angemerkt, dass sich die Rechtswahl allein auf das anwendbare Erbrecht (Zivilrecht) bezieht und nicht auf das anwendbare Erbschaftsteuerrecht.

Errichtet der spätere Erblasser eine Verfügung von Todes wegen, stellt sich neben der Frage des anwendbaren **materiellen Rechts** die Frage der **formellen Wirksamkeit** der letztwilligen Verfügung. Leidet die Verfügung an formalen Mängeln und wird sie bereits deshalb nicht anerkannt, kommt es auf den Inhalt der Verfügung nicht mehr an. Die EuErbVO zeigt sich in diesem Punkt sehr großzügig, indem sie eine Vielzahl von Ansatzpunkten bietet, die eine formelle Wirksamkeit der Verfügung begründen können. So ist eine schriftliche Verfügung von Todes wegen hinsichtlich ihrer Form bspw. wirksam, wenn sie dem Recht des Staates entspricht, in dem die Verfügung errichtet wurde, oder dem der Erblasser im Zeitpunkt der Errichtung der Verfügung oder im Zeitpunkt des Todes angehörte oder in dem er seinen Wohnsitz hatte oder in dem sich unbewegliches Vermögen befindet, soweit es sich um dieses unbewegliche Vermögen handelt.[1043] 581

HINWEIS:

Art. 27 EuErbVO tritt in weiten Teilen hinter dem Haager Übereinkommen über das auf die Form letztwilliger Verfügungen anwendbare Recht v. 5.10.1961 Haager Testamentsformübereinkommen (HTestformÜ) zurück. Aus Gründen der Übersichtlichkeit soll an dieser Stelle jedoch nicht vertiefend auf das HTestformÜ eingegangen werden.[1044]

LÖSUNG AUSGANGSFALL: W ist als deutsche Staatsangehörige mit gewöhnlichem Aufenthalt in Spanien verstorben. Unter Geltung der EuErbVO richtet sich das Erbstatut nach dem Recht des Staates, in dem der Erblasser im Zeitpunkt seines Todes seinen gewöhnlichen Aufenthalt hatte. Folglich richtet sich die Erbfolge nach dem Recht Spaniens, sofern W keine abweichende Rechtswahl getroffen hat.[1045] Erkennt das Spanische Recht letztwillige Verfügungen und die Differenzierung zwischen Erbe und Vermächtnisnehmer an – dies ist im Einzelfall anhand der betroffenen Rechtsordnung zu prüfen – kann Ws letzter Wille umgesetzt werden, sofern das Testament

1042 Art. 22 Abs. 2 EuErbVO.

1043 Art. 27 EGBGB.

1044 Zu Einzelheiten siehe Dutta in MüKoBGB, Art. 27 Rz. 1, mit einer Gegenüberstellung der beiden Vorschriften unter Rz. 3; Loyal in BeckOK, BGB, Art. 27 Rz. 3, 3.1.

1045 W hätte gem. Art. 22 Abs. 1 EuErbVO deutsches Recht wählen können.

der W formell wirksam ist. Unterstellt, W hat ihr Testament eigenhändig unter Beachtung der Vorschriften des deutschen Erbrechts aufgesetzt, ist die letztwillige Verfügung gem. Art. 27 EuErbVO bzw. Art. 1 HTestformÜ auch für Zwecke des Spanischen Rechts wirksam errichtet.

LÖSUNG ABWANDLUNG II: Sofern W in ihrem Testament nicht die Anwendung des deutschen Rechts wählt, unterliegt ihre Rechtsnachfolge von Todes wegen – aus Sicht des europäischen Rechtsanwenders – dem U.S.-amerikanischen Recht. Der Verweis auf das amerikanische Recht schließt dessen Internationales Privatrecht mit ein.[1046] Somit schließt sich die Prüfung der Frage an, ob das amerikanische IPR den Verweis akzeptiert oder ob es zu einem Rückverweis („renvoi") auf das deutsche Recht (z. B. wegen der Staatsangehörigkeit der Erblasserin) oder auf das spanische Recht (z. B. wegen der Belegenheit der Immobilie in Spanien) kommt. Ein Rück- oder Weiterverweis auf das Recht eines Mitgliedsstaates oder auf das Recht eines Drittstaates, der sein eigenes Recht anwendet, würde von der EuErbVO akzeptiert.

2. Lebzeitige Übertragungen

582 Werden Immobilien durch Rechtsgeschäft unter Lebenden übertragen, bestimmt sich das anzuwendende **Schuldrechtsstatut**, d. h. das auf den schuldrechtlichen Vertrag anzuwendende Rechtsstatut, seit dem 17.12.2009 nach der sog. **Rom I-Verordnung.**[1047] Danach steht es den Vertragsparteien grds. frei, eine Rechtswahl zu treffen; sie können also darüber bestimmen, welcher Rechtsordnung das Schuldverhältnis unterworfen werden soll.[1048] Haben die Parteien keine Rechtswahl getroffen, unterliegt ein Vertrag, der ein dingliches Recht an unbeweglichen Sachen zum Gegenstand hat, grds. dem **Recht des Staates, in dem die unbewegliche Sache belegen ist.**[1049] Schenkungsverträge über Immobilien folgen im Falle einer fehlenden Rechtswahl somit dem Recht des Staates, in dem die Immobilien belegen sind.[1050] Von dem **schuldrechtlichen Verpflichtungsgeschäft** zu unterscheiden ist das **dingliche Erfüllungsgeschäft**, das sich nach Art. 43 EGBGB bestimmt. Der Eigentumsübergang selbst, d. h. die Aufgabe des Eigentums durch den Schenker und die Begründung des Eigentums durch den Beschenkten, richtet sich danach immer nach dem Ort der Belegenheit (lex rei sitae).

1046 Art. 34 Abs. 1 EuErbVO.

1047 Verordnung (EG) Nr. 593/2008 des Europäischen Parlaments und des Rates v. 17.6.2008 über das auf vertragliche Schuldverhältnisse anzuwendende Recht (Rom I), ABl Nr. L 177 S. 6, ber. 2009 ABl Nr. L 309 S. 87 NWB SAAAD-24192.

1048 Art. 3 Rom I-VO.

1049 Art. 4 Abs. 1 Buchst. c Rom I-VO.

1050 OLG Brandenburg (5. Zivilsenat), Urteil v. 9.6.2016 - 5 U 60/14, Rz. 26, BeckRS 2016 S. 11238; Martiny in MüKoBGB, Art. 4 Rz. 119.

LÖSUNG ABWANDLUNG I: W und E können für den Schenkungsvertrag die Anwendung des deutschen Rechts wählen. Die Ausführung der Schenkung, d.h. die Übertragung des Eigentums an der Finca richtet sich hingegen zwingend nach spanischem Recht.

II. Internationales Erbschaftsteuerrecht

Ist das auf einen grenzüberschreitenden Erbfall oder eine grenzüberschreitende Zuwendung unter Lebenden anzuwendende Rechtsstatut geklärt, stellt sich in einem nächsten Schritt die Frage, welchem Staat das **Besteuerungsrecht für den jeweiligen Erbfall** oder zumindest für einzelne unentgeltlich übertragene Vermögensgegenstände zusteht. Ausgangspunkt ist dabei zunächst das innerstaatliche Recht, das bestimmte Lebenssachverhalte der unbeschränkten oder beschränkten Erbschaft- und Schenkungsteuer unterwirft. Zusätzlich muss bei grenzüberschreitenden Vorgängen geprüft werden, ob nicht auch ein anderer betroffener Staat die Besteuerungskompetenz für sich beansprucht und wie in einem solchen Falle eine Doppel- oder Mehrfachbesteuerung desselben Vermögens abgemildert, wenn nicht gar vermieden werden kann. 583

1. Unbeschränkte Steuerpflicht

§ 2 Abs. 1 Satz 1 ErbStG unterwirft den gesamten Vermögensanfall der unbeschränkten deutschen Erbschaftsteuerpflicht, wenn der Erblasser zur Zeit seines Todes, der Schenker zur Zeit der Ausführung der Schenkung oder der Erwerber zur Zeit der Entstehung der Steuer ein **Inländer** ist. Als Inländer gelten jede natürliche Person, die im **Inland einen Wohnsitz** oder ihren gewöhnlichen Aufenthalt hat, und jede Körperschaft, Personenvereinigung und Vermögensmasse, die ihre Geschäftsleitung oder ihren Sitz im Inland haben. Auf die Staatsangehörigkeit kommt es insoweit nicht an. Die Staatsangehörigkeit spielt jedoch dann eine entscheidende Rolle, wenn der Zuwendende oder der Begünstigte zwar über keinen Wohnsitz in Deutschland verfügen, sich aber nicht länger als fünf Jahre dauernd im Ausland aufgehalten haben. In diesen Fällen besteht nämlich die unbeschränkte Erbschaft- und Schenkungsteuerpflicht für einen Zeitraum von fünf Jahren seit Aufgabe des Wohnsitzes in Deutschland fort, wenn es sich beim Zuwendenden oder Zuwendungsempfänger um deutsche Staatsangehörige handelt (**erweiterte unbeschränkte Erbschaft- und Schenkungsteuerpflicht**). 584

HINWEIS:

Trotz Wegzugs aus Deutschland endet die unbeschränkte Erbschaft- und Schenkungsteuerpflicht für deutsche Staatsangehörige also nicht schon mit dem Wegzug, sondern erst nach Ablauf von fünf Jahren. Eine sofortige Beendigung der unbeschränkten Steuerpflicht kann nur erreicht werden, wenn der Steuerpflichtige die deutsche Staatsbürgerschaft aufgibt. Auch dann müssen aber immer noch die Voraussetzungen einer beschränkten, insbesondere einer erweitert beschränkten, Erbschaftsteuerpflicht geprüft werden.

585 Das Gesetz nennt verschiedene Anknüpfungspunkte, um eine unbeschränkte Erbschaftsteuerpflicht zu definieren: Entweder begründet bereits der Erblasser oder Schenker die unbeschränkte Steuerpflicht, weil er „Inländer" ist, oder die unbeschränkte Erbschaftsteuerpflicht resultiert – hilfsweise – aus der **Inländereigenschaft des Begünstigten**. Der Umfang der unbeschränkten Steuerpflicht bestimmt sich dabei trotz einheitlicher Bezeichnung nach dem jeweils einschlägigen Anknüpfungspunkt. Besitzt der Erblasser oder Schenker die Inländereigenschaft, wird tatsächlich der **gesamte Vermögensanfall** der Erbschaftsteuer unterworfen. Ist lediglich der Erwerber als Inländer zu qualifizieren, unterliegt **nur der Teil des übertragenen Vermögens** der deutschen Erbschaftsteuer, der auf den inländischen Erwerber entfällt.

LÖSUNG AUSGANGSFALL (FORTSETZUNG): Losgelöst von allen zivilrechtlichen Überlegungen und damit unabhängig von der Wirksamkeit und dem Geltungsbereich einer letztwilligen Verfügung, bestimmt sich die deutsche Erbschaftsteuerpflicht nach § 2 ErbStG. Danach tritt die unbeschränkte deutsche Erbschaftsteuerpflicht ein, wenn W, T oder E zum Zeitpunkt des Erbfalls Inländer i. S. des § 2 ErbStG waren. W verfügte zum Zeitpunkt ihres Todes seit mehr als fünf Jahren über keinen Wohnsitz oder gewöhnlichen Aufenthalt in Deutschland. Von ihr kann daher keine unbeschränkte deutsche Erbschaftsteuerpflicht abgeleitet werden, so dass nicht bereits aus diesem Grund der gesamte Vermögenstransfer der deutschen unbeschränkten Erbschaftsteuer unterworfen werden kann. Es ist daher weiter zu prüfen, inwieweit der Vermögenstransfer auf den jeweiligen Erwerber der unbeschränkten Erbschaftsteuerpflicht unterliegt: E verfügt über einen Wohnsitz in Deutschland; soweit der Nachlass auf E von Todes wegen übergeht, greift folglich die unbeschränkte deutsche Erbschaftsteuerpflicht. Aber auch T unterliegt der (erweiterten) unbeschränkten deutschen Erbschaftsteuerpflicht, da sie als deutsche Staatsangehörige zum Zeitpunkt des Erbfalls nicht länger als fünf Jahre im Ausland lebte, ohne in Deutschland einen Wohnsitz zu haben.

2. Beschränkte Steuerpflicht

586 Handelt es sich weder beim Zuwendenden noch beim Zuwendungsempfänger um Inländer i. S. des § 2 Abs. 1 Nr. 1 ErbStG, kann die Zuwendung dennoch der deutschen Erbschaft- und Schenkungsteuer unterliegen, soweit **Inlandsver-**

mögen i. S. des § 121 BewG betroffen ist, sog. beschränkte Steuerpflicht.[1051] Zum Inlandsvermögen zählen insbesondere inländisches Grundvermögen, inländisches Betriebsvermögen und Anteile an Kapitalgesellschaften mit Sitz oder Geschäftsleitung in Deutschland, an denen der Erblasser zu mindestens 10 % beteiligt ist.

HINWEIS:

Der Begriff „Inlandsvermögen" entspricht nicht dem „im Inland befindlichen Vermögen". Insbesondere Bankguthaben, Hausrat oder Anteile von unter 10 % an inländischen Kapitalgesellschaften stellen kein „Inlandsvermögen" i. S. des § 121 BewG dar, selbst wenn die Gegenstände im Inland belegen sind bzw. Forderungen gegenüber einem deutschen Finanzinstitut bestehen. Die Aufzählung in § 121 BewG ist insoweit abschließend.

Ausnahmsweise erstreckt sich nach § 4 AStG die beschränkte Steuerpflicht 587
über die in § 121 BewG aufgezählten Vermögensgegenstände hinaus auf alle Gegenstände, deren Erträge bei unbeschränkter Einkommensteuerpflicht nicht zu den ausländischen Einkünften i. S. des § 34d EStG gehören (erweiterte beschränkte Erbschaftsteuerpflicht),

- wenn der Erblasser oder Schenker eine natürliche Person ist,
- die in den letzten zehn Jahren vor dem Wegzug als Deutscher insgesamt mindestens fünf Jahre nach § 1 Abs. 1 EStG unbeschränkt einkommensteuerpflichtig war,
- zum Zeitpunkt des Erbfalls oder der Schenkung in einem Niedrigsteuerland ansässig (gewesen) ist,
- über mittelbare oder unmittelbare wesentliche wirtschaftliche Interessen i. S. des § 2 Abs. 3 und 4 AStG im Inland verfügt und
- wenn die Anwendung des § 4 AStG nicht aufgrund eines Doppelbesteuerungsabkommens ausgeschlossen ist oder der Steuerpflichtige nachweist, dass der über die „einfache" beschränkte Erbschaftsteuerpflicht hinausgehende Erwerb im Ausland einer der deutschen Erbschaftsteuer entsprechenden Steuer unterlegen hat, die mindestens 30 % der nach § 4 Abs. 1 AStG anfallenden Erbschaftsteuer beträgt.[1052]

1051 § 2 Abs. 1 Nr. 3 ErbStG.

1052 BMF, Schreiben betr. Grundsätze zur Anwendung des Außensteuergesetzes (Außensteuererlass) v. 14.5.2004 - IV B 4 - S 1340 - 11/04, BStBl 2004 I Sondernummer 1/2004 S. 3 NWB ZAAAB-22327, zu den derzeit gültigen Erbschaftsteuer-DBA vgl. auch H E 2.1 ErbStR 2019.

HINWEIS:

Die erweiterte unbeschränkte Erbschaftsteuerpflicht ist allein an die Person des Erblassers oder Schenkers geknüpft. Qualifikationsmerkmale in der Person des Erben, Vermächtnisnehmers oder Beschenkten können damit nicht zu einer erweiterten unbeschränkte Erbschaftsteuerpflicht führen.

HINWEIS:

Eine erweiterte beschränkte Erbschaftsteuerpflicht kann erst dann Auswirkung entfalten, wenn weder der Zuwendende noch der Zuwendungsempfänger der erweiterten unbeschränkten Erbschaftsteuerpflicht unterliegen. Gibt ein deutscher Staatsbürger nach Wegzug ins Ausland seinen deutschen Wohnsitz und seinen gewöhnlichen Aufenthalt in Deutschland auf, unterliegt er zunächst noch für die ersten fünf Jahre der erweiterten unbeschränkten Erbschaftsteuerpflicht.[1053] Erst nach Ablauf dieser fünf Jahre kann also die erweiterte beschränkte Erbschaftsteuerpflicht greifen.

588 Die **erweiterte beschränkte Erbschaftsteuerpflicht** knüpft an § 34d EStG und damit an ertragsteuerliche Qualifikationsmerkmale an. Nur Vermögensgegenstände, aus denen ausländische Erträge generiert werden, die im Ausland zu einer der deutschen Einkommensteuer vergleichbaren Steuer herangezogen werden, sind somit von der erweitert beschränkten Erbschaftsteuerpflicht ausgenommen. Zu den Vermögensgegenständen, die der erweiterten beschränkten Erbschaftsteuerpflicht unterliegen, gehören **insbesondere Spareinlagen und Bankguthaben** bei Geldinstituten im Inland oder **Aktien und Anteile an inländischen Kapitalgesellschaften**, Investmentfonds und offenen Immobilienfonds.[1054]

HINWEIS:

Befinden sich im Nachlass Immobilien oder Anteile an Immobiliengesellschaften, können folgende Ansatzpunkte für eine beschränkte und darüber hinaus erweitert beschränkte deutsche Erbschaftsteuerpflicht bestehen:

1053 § 2 Abs. 1 Nr. 1b ErbStG.

1054 BMF, Außensteuererlass, Tz. 4.1.1.

Beschränkte Erbschaftsteuerpflicht (§ 2 Abs. 1 Nr. 3 ErbStG i. V. mit § 121 BewG)	Erweitert beschränkte Erbschaftsteuerpflicht (§ 4 AStG i. V. mit § 34d EStG)
► In Deutschland belegene Immobilien.	
► Anteile an einer Immobilien-Kapitalgesellschaft mit Sitz oder Geschäftsleitung in Deutschland, wenn der Erblasser mindestens 10 % der Anteile hält.	► Anteile an einer Immobilien-Kapitalgesellschaft mit Sitz oder Geschäftsleitung in Deutschland, wenn der Erblasser weniger als 10 % der Anteile hält.
► In Deutschland belegene Immobilien, die über eine vermögensverwaltende Immobilien-Personengesellschaft gehalten werden (aufgrund des Transparenzprinzips gelten nach deutschem Recht die einzelnen Vermögensgegenstände des Gesellschaftsvermögens und nicht die Gesellschaftsanteile selbst als übertragen, § 10 Abs. 1 Satz 4 ErbStG).	► Neben den in Deutschland belegenen Immobilien auch Spareinlagen und Bankguthaben bei Geldinstituten im Inland sowie inländische Aktien und sonstige inländische Wertpapiere, die zum Gesellschaftsvermögen einer vermögensverwaltenden Immobilien-Personengesellschaft gehören.
► Anteile an einer gewerblich tätigen, geprägten oder infizierten Immobilien-Personengesellschaft.	

3. Aufteilung des Besteuerungsrechts im zwischenstaatlichen Verhältnis

Neben Deutschland erhebt eine Vielzahl anderer Staaten Erbschaftsteuer. Dabei ist die jeweilige Erbschaftsteuer zum Teil als **Erbanfallsteuer** (z. B. Deutschland), zum Teil aber auch als **Nachlasssteuer** (z. B. Großbritannien, USA) ausgestaltet. Die Erbanfallsteuer besteuert den Erbanfall, also den konkreten Vermögenszuwachs beim jeweiligen Erben oder Vermächtnisnehmer unter Berücksichtigung der individuellen verwandtschaftlichen Verhältnisse. Die Nachlasssteuer hingegen bezieht sich auf den vom Erblasser hinterlassenen Nachlass als Ganzes ohne Rücksicht auf die Zahl der Erwerber und deren Verwandtschaftsverhältnis zum Erblasser. 589

Beanspruchen bei grenzüberschreitenden Erbfällen oder Schenkungen auch andere Staaten eine Besteuerungskompetenz für sich, kann es – nicht anders als im Ertragsteuerrecht – zu einer Doppelbesteuerung kommen.

BEISPIEL: Witwe W, deutsche Staatsangehörige mit Wohnsitz in Deutschland, verbringt jedes Jahr einige Monate in ihrer Ferienimmobilie in Florida. Bereits vor Jahren hat sie ein Testament errichtet, in dem sie ihrer Enkelin E diese in den USA belegene Immobilie vermacht. E ist deutsche Staatsangehörige und lebt ebenfalls in Deutschland. W verstirbt im Jahr 2020.

Aufgrund der unbeschränkten deutschen Erbschaftsteuerpflicht der W unterwirft Deutschland den gesamten Vermögenstransfer der deutschen Erbschaftsteuer. Da die von E erworbene Immobilie in den USA belegen ist, könnten auch die USA denselben Vorgang der US-amerikanischen Erbschaftsteuer unterwerfen wollen.

a) Aufteilung bei Bestehen eines DBA mit dem ausländischen Staat

590 Um in derartigen Fällen eine Doppelbesteuerung desselben Vermögens zu vermeiden, hat Deutschland mit einigen Staaten – analog der Vorgehensweise im Ertragsteuerrecht – Doppelbesteuerungsabkommen (DBA) geschlossen. Anders als im Bereich des Ertragsteuerrechts existieren DBA für Zwecke der Erbschaft- und Schenkungsteuer jedoch nur in sehr begrenztem Maße. Zudem beschränken sich einige dieser seltenen DBA ausschließlich auf das Erbschaftsteuerrecht, so dass die Abkommenslage im Bereich der Schenkungsteuer noch übersichtlicher ist. Derzeit bestehen mit folgenden Ländern Doppelbesteuerungsabkommen auf dem Gebiet der Erbschaftsteuer:[1055]

- Dänemark (Erbschaft- und Schenkungsteuer)
- Frankreich (Erbschaft- und Schenkungsteuer)
- Griechenland (nur Erbschaftsteuer)
- Schweiz (nur Erbschaftsteuer)
- USA (Erbschaft- und Schenkungsteuer)

591 Unter Geltung der Erbschaftsteuer-DBA kann eine drohende Doppelbesteuerung entweder im Wege der **Freistellungsmethode** oder im Wege der **Anrechnungsmethode** beseitigt oder abgemildert werden. Greift die Freistellungsmethode, werden die jeweiligen Vermögensgegenstände von dem Staat, dem das Besteuerungsrecht nicht zugewiesen wurde, von der Steuer freigestellt. In diesen Fällen erhebt Deutschland aber entsprechend dem ertragsteuerlichen Progressionsvorbehalt die Steuer unter Anwendung des Steuersatzes, der für den ganzen Erwerb gelten würde.[1056] Im Falle der Anrechnungsmethode besteuern vom Grundsatz her beide Staaten. Der Staat mit der nachrangigen

1055 Eine aktuelle Übersicht mit Fundstellen enthält H E 2.1 ErbStH 2019.

1056 § 19 Abs. 2 ErbStG.

Besteuerungskompetenz rechnet jedoch die im anderen Staat gezahlte Erbschaftsteuer an. Aus deutscher Sicht gilt für die Anrechnung § 21 Abs. 1–3 ErbStG analog.[1057]

FORTFÜHRUNG DER LÖSUNG ZUM BEISPIELSFALL: Wie bereits festgestellt, unterliegt der Erbfall aufgrund des Wohnsitzes der W in Deutschland der unbeschränkten deutschen Erbschaftsteuerpflicht und bezieht sich auf ihr weltweites Vermögen. Gehören zu diesem Vermögen auch Immobilien in den USA, kann neben der deutschen Erbschaftsteuer zusätzlich noch die US-amerikanische Erbschaftsteuer eingreifen. Um eine Doppelbesteuerung des Nachlassvermögens zu vermeiden, haben Deutschland und die USA ein Doppelbesteuerungsabkommen auf dem Gebiet der Erbschaft- und Schenkungsteuer (DBA (E)) abgeschlossen. Danach steht das vorrangige Besteuerungsrecht dem sog. DBA-Wohnsitzstaat zu. Der andere Staat (Quellenstaat) darf nur dort belegene und im Einzelnen aufgeführte Vermögensgegenstände besteuern; der Wohnsitzstaat wiederum rechnet die hierauf im Quellenstaat gezahlte Erbschaftsteuer auf seine eigene Erbschaftsteuer an.

Der DBA-Wohnsitzstaat bestimmt sich zunächst nach Art. 4 Abs. 1 DBA (E). Dort heißt es:

„(1) Eine natürliche Person hat im Sinne dieses Abkommens einen Wohnsitz

a) *in den Vereinigten Staaten von Amerika, wenn sie dort ansässig ist oder Staatsangehöriger der Vereinigten Staaten von Amerika ist;*

b) *in der Bundesrepublik Deutschland, wenn sie dort ihren Wohnsitz oder gewöhnlichen Aufenthalt hat oder aus anderen Gründen für die Zwecke der deutschen Erbschaftsteuer (Schenkungsteuer) als unbeschränkt steuerpflichtig gilt."*

Unbeschränkte Erbschaftsteuerpflicht in Deutschland ist bereits festgestellt worden. Sofern W aufgrund ihres nur vorübergehenden Aufenthaltes in den USA dort nicht als „ansässig" gilt,[1058] hat W ihren DBA-Wohnsitz damit eindeutig in Deutschland. Das sich daraus ergebende umfassende Besteuerungsrecht Deutschlands wird aufgrund des DBA (E) jedoch gegenständlich beschränkt, wonach insbesondere in den USA belegene Immobilien von den USA besteuert werden dürfen.[1059] Nehmen die USA ihr Besteuerungsrecht wahr, rechnet Deutschland die auf diese Vermögenswerte gezahlte US-Erbschaftsteuer auf die deutsche Erbschaftsteuer an.[1060]

1057 § 21 Abs. 4 ErbStG.

1058 Dies ist eine Frage des Einzelfalls und sollte nur mithilfe eines auf das US-amerikanische Steuerrecht spezialisierten Steuerberaters bzw. eines US-amerikanischen Tax Advisor beantwortet werden.

1059 Art. 5 DBA (E).

1060 Art. 11 Abs. 3 Buchst. a DBA (E).

HINWEIS: ART. 8 DBA

Hätte W die amerikanische Immobilie über eine vermögensverwaltende oder gewerbliche Personengesellschaft gehalten, wäre der Sachverhalt nicht anders zu werten. Nach Art. 8 DBA (E) kann nämlich eine Beteiligung an einer Personengesellschaft, der unbewegliches Vermögen oder eine Betriebsstätte „gehört", in dem Staat der Erbschaft- und Schenkungsteuer unterworfen werden, in dem das betreffende Vermögen liegt. In diesen Fällen bezieht sich das Besteuerungsrecht jedoch nicht auf den Gesellschaftsanteil als Ganzes, sondern nur auf den durch die Gesellschaftsbeteiligung vermittelten Anteil am Grund- oder Betriebsvermögen.[1061]

b) Aufteilung aufgrund innerstaatlicher Regelungen bei Fehlen eines DBA

592 Besteht mit den Staaten, die den Erbfall oder den Erwerb ebenfalls der Erbschaftsteuer unterwerfen, kein Doppelbesteuerungsabkommen, sieht **§ 21 ErbStG** als innerstaatliche Norm die Anrechnung ausländischer Erbschaft- und Schenkungsteuer vor (**Anrechnungsmethode**).

Gemäß § 21 Abs. 1 Satz 1 ErbStG gilt:

„Bei Erwerbern, die in einem ausländischen Staat mit ihrem Auslandsvermögen zu einer der deutschen Erbschaftsteuer entsprechenden Steuer – ausländische Steuer – herangezogen werden, ist in den Fällen des § 2 Abs. 1 Nr. 1, sofern nicht die Vorschriften eines Abkommens zur Vermeidung der Doppelbesteuerung anzuwenden sind, auf Antrag die festgesetzte, auf den Erwerber entfallende, gezahlte und keinem Ermäßigungsanspruch unterliegende ausländische Steuer insoweit auf die deutsche Erbschaftsteuer anzurechnen, als das Auslandsvermögen auch der deutschen Erbschaftsteuer unterliegt."

593 Eine Anrechnung der ausländischen Steuer ist zunächst einmal nur dann möglich, wenn **Auslandsvermögen** vorhanden ist, das zu einer der deutschen Erbschaftsteuer entsprechenden Steuer herangezogen worden ist. Das Auslandsvermögen ist in § 21 Abs. 2 ErbStG wie folgt definiert:

„Als Auslandsvermögen im Sinne des Absatzes 1 gelten,

- *wenn der Erblasser zur Zeit seines Todes Inländer war: alle Vermögensgegenstände der in § 121 des Bewertungsgesetzes genannten Art, die auf einen ausländischen Staat entfallen, sowie alle Nutzungsrechte an diesen Vermögensgegenständen;*

1061 Zur nicht eindeutig geklärten Rechtslage, wenn ein deutscher Steuerpflichtiger Anteile an einer US Limited Partnership oder an einer Limited Liability Company vererbt oder verschenkt, siehe Jülicher in Wassermeyer, DBA USA (E), Art. 8 Beteiligungen an Personengesellschaften Rz. 5 ff.

- *wenn der Erblasser zur Zeit seines Todes kein Inländer war: alle Vermögensgegenstände mit Ausnahme des Inlandsvermögens im Sinne des § 121 des Bewertungsgesetzes sowie alle Nutzungsrechte an diesen Vermögensgegenständen."*

War der **Erblasser Steuerinländer**, umfasst das **Auslandsvermögen** damit alle Gegenstände, die im Falle einer beschränkten Steuerpflicht in Deutschland der Erbschaftsteuer unterlägen. Dem ausländischen Staat wird also nur insoweit ein Besteuerungsrecht zugebilligt und von Deutschland mit steuerlicher Wirkung akzeptiert, als auch umgekehrt Deutschland ausländische Erwerber besteuern würde. Beanspruchen andere Staaten hingegen weiter reichende Besteuerungskompetenzen oder knüpfen sie ihr Besteuerungsrecht an andere Voraussetzungen, nimmt Deutschland hierauf keine Rücksicht. Die auf anderes als „Auslandsvermögen" entfallende ausländische Erbschaftsteuer kann weder auf die deutsche Erbschaftsteuer angerechnet noch als Nachlassverbindlichkeit abgezogen werden.[1062] 594

HINWEIS:

Anders kann es sich verhalten, wenn die Anrechnung lediglich an der Vergleichbarkeit der ausländischen Steuer mit der deutschen Erbschaftsteuer scheitert. Dann kann ggf. ein Abzug als Nachlassverbindlichkeit in Betracht kommen. Für die kanadische Capital Gains Tax ist dies bspw. durch den BFH bestätigt worden.[1063]

Der Streit darüber, welchem Staat in welchem Umfang eine Besteuerungskompetenz zusteht, wird letztendlich auf dem Rücken des Steuerpflichtigen ausgetragen. Die Vorgehensweise des deutschen Gesetzgebers wird aber sowohl durch die deutschen Finanzgerichte als auch durch den EuGH gedeckt. Bereits mit Urteil aus dem Jahr 2005 stellte das FG München fest, es sei *„nicht Aufgabe des deutschen Fiskus, andere Staaten zu subventionieren"*.[1064] 595

1062 BFH, Urteil v. 19.6.2013 - II R 10/12, BStBl 2013 II S. 746 NWB CAAAE-41605.

1063 BFH, Urteil v. 26.4.1995 - II R 13/92, BStBl 1995 II S. 540 NWB WAAAA-95284.

1064 FG München, Urteil v. 6.7.2005 - 4 K 3290/03 NWB BAAAB-61196. Der im Revisionsverfahren mit dem Rechtsstreit befasste BFH hat mit Beschluss v. 16.1.2008 - II R 45/05, BStBl 2008 II S. 623 NWB TAAAC-72109, dem EuGH die Frage zur Vorabentscheidung vorgelegt, ob § 21 ErbStG i. V. mit § 121 BewG mit der europäischen Kapitalverkehrsfreiheit vereinbar sei. Diese Frage ist vom EuGH positiv beschieden worden, EuGH, Urteil v. 12.2.2009 - Rs. C-67/08 „Block" NWB KAAAD-10610. Die Entscheidung des FG München ist inzwischen mehrfach bestätigt worden, z. B. durch FG Baden-Württemberg, Gerichtsbescheid v. 6.11.2013 - 7 K 3551/13 NWB IAAAE-56391; BFH, Urteil v. 19.6.2013 - II R 10/12, BStBl 2013 II S. 746 NWB CAAAE-41605.

HINWEIS:

Häufigster Aufgriffsfall ist in diesem Zusammenhang die Besteuerung ausländischer Bankguthaben. Verfügte der in Deutschland unbeschränkt erbschaftsteuerpflichtige Erblasser über Bankkonten im Ausland, unterwirft Deutschland diese Guthaben der deutschen Erbschaftsteuer, ohne eine eventuell auch im Ausland hierauf erhobene Erbschaftsteuer anzurechnen. Denn nach deutscher Lesart unterlägen die Guthaben im Falle einer nur beschränkten deutschen Erbschaftsteuerpflicht keiner deutschen Erbschaftsteuer, da Bankguthaben nicht im Katalog des § 121 BewG enthalten sind.

War der Erblasser kein Inländer i. S. des § 2 Abs. 1 ErbStG und knüpft die unbeschränkte deutsche Erbschaftsteuerpflicht allein an der **Inländereigenschaft des Erben oder Vermächtnisnehmers** an, ist der Umfang der Anrechnung der ausländischen Erbschaftsteuer deutlich größer. In diesem Falle wird nämlich nur diejenige Steuer nicht auf die deutsche Erbschaftsteuer angerechnet, die auf Inlandsvermögen i. S. des § 121 BewG entfällt. Das Besteuerungsrecht für dieses inländische Vermögen beansprucht Deutschland in jedem Fall für sich.

596 Die **Anrechnung** der ausländischen Erbschaft- und Schenkungsteuer ist begrenzt auf den Betrag, der auch in Deutschland auf das ausländische Vermögen entfällt (*„... soweit das Auslandsvermögen auch der deutschen Erbschaftsteuer unterliegt“*). Als Konsequenz setzt sich damit immer **das jeweils höhere Steuerniveau** durch. Zudem ist die zeitliche Begrenzung in § 21 Abs. 1 Nr. 4 ErbStG zu beachten. Eine Anrechnung ist danach nur möglich, wenn die deutsche Steuer innerhalb von fünf Jahren seit dem Zeitpunkt der Entstehung der ausländischen Steuer entstanden sei.

Schließlich beziehen sich die Anrechnungsgrenzen immer nur auf den einzelnen Staat, der eine der deutschen Erbschaftsteuer entsprechende Steuer erhebt, sog. „**Per-Country-Limitation**“. Es werden also nicht sämtliche ausländischen Steuern zusammengefasst und als Gesamtbetrag auf die deutsche Steuer angerechnet.[1065]

c) Gestaltungsmöglichkeiten

597 Kommt bei grenzüberschreitenden Schenkungen oder Erbfällen die Anrechnungsmethode entweder unmittelbar oder über den Verweis in einem Doppelbesteuerungsabkommen zur Anwendung, setzt sich immer das höhere Steuerniveau durch: Entweder ist die deutsche Erbschaftsteuer auf den fraglichen Zuwendungsgegenstand so hoch, dass auch nach Anrechnung der ausländischen Steuer eine „überschießende“ deutsche Steuer verbleibt, oder die aus-

1065 H E 21 ErbStH 2019 enthält verschiedene Rechenbeispiele, in denen die Anrechnung ausländischer Erbschaftsteuer pro betroffenen ausländischen Staat dargestellt werden.

ländische Steuer überschreitet die anteilig auf den Zuwendungsgegenstand entfallende deutsche Steuer, kann aber nur bis zur Höhe der deutschen Steuer angerechnet werden. Aus Sicht eines der deutschen Erbschaft- und Schenkungsteuer unterliegenden Steuerpflichtigen bieten sich daher zumindest solche Gestaltungsmöglichkeiten an, die einen **Anrechnungsüberhang ausländischer Steuer vermeiden**. Darüber hinaus wird der deutsche Steuerpflichtige auch ein Interesse daran haben, Vermögenswerte, die nicht unter den Begriff des **Inlandsvermögens** i. S. des § 121 BewG i. V. mit § 21 ErbStG fallen, in eben solches Vermögen „zu verwandeln", damit überhaupt erst eine Anrechnung ausländischer Steuer ermöglicht wird.

Ist Zuwendungsgegenstand eine im Ausland belegene Immobilie und fällt die ausländische Erbschaft- oder Schenkungsteuer höher aus als die darauf entfallende deutsche Steuer, könnte die Immobilie vor der **Übertragung in eine Personen- oder Kapitalgesellschaft mit Sitz und Geschäftsleitung in Deutschland** eingebracht werden. Anschließend würden Anteile an der Immobiliengesellschaft und nicht mehr die Immobilie selbst übertragen. Das Besteuerungsrecht des ausländischen Staates könnte dadurch nicht mehr zur Anwendung gelangen. Dies müsste jedoch im Einzelfall geprüft werden, da oftmals Personengesellschaften, in einzelnen Staaten aber auch Kapitalgesellschaften, **für erbschaft- und steuerliche Zwecke als transparent** behandelt werden, wenn oder soweit sie über Immobilien verfügen.[1066] 598

Kann ein ausländisches Besteuerungsrecht nicht vermieden werden, könnte geprüft werden, ob sich nach dem dort geltenden Recht die **Bemessungsgrundlage für die Erbschaft- und Schenkungsteuer reduzieren** lässt. Dies wäre bspw. durch eine entsprechende Zuordnung von Verbindlichkeiten zu diesem Vermögen denkbar. 599

Ebenso könnte es sich anbieten, Guthaben auf Auslandskonten, die aus deutscher Sicht grds. nicht zum Inlandsvermögen zählen und damit mangels erforderlicher Qualifikation keine Steueranrechnungsmöglichkeit eröffnen, in eine ausländische gewerbliche Personengesellschaft oder eine ausländische Kapitalgesellschaft einzulegen, an der der Erblasser zu mindestens 10 % beteiligt ist. Die anschließend übertragenen Gesellschaftsanteile fallen unter § 121 Nr. 3 und 4 BewG i. V. mit § 21 ErbStG und eröffnen somit ein Anrechnungspotenzial.

(Einstweilen frei) 600–610

1066 Entsprechend können sich Sonderregelungen in Erbschaftsteuer-DBA finden, vgl. Art. 5 Abs. 3 und 4 ErbSt-DBA Frankreich; für Immobilien, die zum Gesellschaftsvermögen einer Personengesellschaft gehören, Art. 8 ErbSt-DBA USA.

III. Besonderheiten ausländischer Ferienimmobilien

1. Vorbemerkungen

611 Ausländische Ferienimmobilien erfreuen sich seit Jahren einer wachsenden Beliebtheit. Beim Erwerb treten die damit einhergehenden steuerlichen Risiken einer zu eigenen Wohnzwecken im Ausland belegenen Ferienimmobilie meist in den Hintergrund. Dabei können steuerliche Risiken während aller Nutzungszyklen der Immobilie auftreten. Sowohl beim Erwerb des Objekts, während der privaten Nutzung, als auch bei Beendigung des Investments, sei es durch Verkauf oder durch Übertragung im Rahmen der (vorweggenommenen) Erbfolge, sollten die – mitunter weitreichenden – steuerlichen Folgen im Vorfeld geprüft werden. Im Nachfolgenden sollen die wesentlichen steuerlichen Wirkungen einer zu eigenen Wohnzwecken im Ausland belegenen Ferienimmobilie aufgezeigt werden. Aufgrund der Vielzahl der denkbaren Fallkonstellationen beschränken sich die Ausführungen hierbei auf die wesentlichen steuerlichen Punkte.

2. Ertragsteuer

a) Ansässigkeitsverlagerung durch gewöhnlichen Aufenthalt

612 Wie Deutschland knüpfen viele Staaten für Zwecke der unbeschränkten Einkommensteuerpflicht alternativ an den Wohnsitz bzw. den gewöhnlichen Aufenthalt innerhalb des jeweiligen Hoheitsgebiets an. Von untergeordneter Bedeutung bei ausländischen Ferienimmobilien war bisher die Staatsbürgerschaft, was sich allerdings durch die Liberalisierung des Staatsangehörigkeitsrechts im Jahr 2024[1067] durchaus ändern kann.

613 Soweit insbesondere durch den Aufenthalt in der ausländischen Ferienimmobilie eines bisher in Deutschland unbeschränkt Steuerpflichtigen auch eine unbeschränkte Einkommensteuerpflicht im Belegenheitsstaat der Ferienimmobilie begründet wird, stellt sich die Frage nach den Auswirkungen auf die Besteuerung der natürlichen Person in Deutschland. Aufgrund der Beibehaltung des inländischen Wohnsitzes in Deutschland unterliegt der Steuerpflichtige nunmehr sowohl in Deutschland als auch im Belegenheitsstaat der Ferienimmobilie der unbeschränkten Einkommensteuerpflicht. Eine solche doppelte unbeschränkte Steuerpflicht kann zu einer Mehrfachbesteuerung von Einkünften führen. Hierbei können geltende Doppelbesteuerungsabkommen beachtlich

1067 Gesetz zur Modernisierung des Staatsangehörigkeitsrechts v. 22.3.2024, BGBl 2024 I S. 104.

sein, welche in solchen Fällen bestenfalls eine Vermeidung, zumindest jedoch eine Milderung, etwaiger Doppelbesteuerungen sicherstellen soll.

Da die BRD über ein umfangreiches Netz an Doppelbesteuerungsabkommen verfügt,[1068] werden die Folgen vereinfachend anhand des OECD-Musterabkommens[1069] aufgezeigt. Im individuellen Fall sind die Folgen selbstverständlich anhand des einschlägigen Doppelbesteuerungsabkommens zu untersuchen. Nach Art. 1 Abs. 1 und 4 Abs. 1 OECD-Musterabkommen hat eine doppelte unbeschränkte Steuerpflicht natürlicher Personen zur Folge, dass diese in beiden Staaten als „ansässig" gelten. In diesen Fällen ist es – aufgrund der Funktionsweise von Doppelbesteuerungsabkommen – erforderlich, dass die (Haupt-)Ansässigkeit mittels einer sog. abstufenden Tie-Breaker-Rule nach Art. 4 Abs. 2 OECD-Musterabkommen zu bestimmen ist: 614

- Mittelpunkt der Lebensinteressen,
- gewöhnlicher Aufenthalt,
- Staatsangehörigkeit,
- Verständigung der Finanzbehörden beider Staaten.

Bei Eigentümern von eigengenutzten ausländischen Ferienimmobilien ist es in der Praxis meist ausreichend, den Mittelpunkt der Lebensinteressen zu ermitteln, um die (Haupt-)Ansässigkeit im DBA-rechtlichen Sinne zwischen Deutschland und dem ausländischen Staat aufzulösen. Gemäß des Art. 4 Abs. 2 Buchst. 1) OECD-Musterabkommen liegt der Mittelpunkt der Lebensinteressen in dem Staat, zu dem die natürliche Person die engeren persönlichen und wirtschaftlichen Beziehungen unterhält. 615

Das Innehaben dieser Umstände ist an objektiven Kriterien zu messen.[1070] Die persönlichen Beziehungen umfassen die gesamte private Lebensführung und in der Folge insbesondere familiäre, gesellschaftliche, politische und kulturelle Beziehungen.[1071] Hierbei ist jedoch zu beachten, dass fehlende Sprachkennt- 616

1068 Vgl. hierzu BMF, Schreiben betr. Stand der Doppelbesteuerungsabkommen und anderer Abkommen im Steuerbereich sowie der Abkommensverhandlungen am 1. Januar 2024 v. 15.1.2024 - IV B 2 - 1301/21/10048 :003, BStBl 2024 I S. 193 NWB IAAAJ-58936.

1069 OECD-Musterabkommen zur Beseitigung der Doppelbesteuerung sowie der Steuerverkürzung und -umgehung auf dem Gebiet der Steuern vom Einkommen und vom Vermögen (Stand: Juli 2017).

1070 BFH, Urteil v. 31.10.1990 - I R 24/89, BStBl 1991 II S. 562 NWB GAAAB-04817; Lehner in Vogel/Lehner, DBA, 7. Aufl. 2021, Art. 4 Rz. 193; Kaeser in Wassermeyer, DBA, Werkstand: 166. Erg.-Lfg. 2024, Kommentierungsstand: 122. Erg.-Lfg. 2013, MA Art. 4 Rz. 67; Gosch/Kroppen/Grotherr/Kraft, DBA-Kommentar, Werkstand: 59. Erg.-Lfg. 2024, Kommentierungsstand: 29.11.2023, OECD-MA Art. 4 Rz. 266.

1071 BFH, Urteil v. 31.10.1990 - I R 24/89, BStBl 1991 II S. 562 NWB GAAAB-04817.

nisse der Annahme von persönlichen Beziehungen einer natürlichen Person zu einem Staat nicht entgegenstehen.[1072] Wirtschaftliche Beziehungen bestehen vor allem zu örtlich gebundenen Tätigkeiten, Einnahmequellen und Vermögensgegenständen.[1073] Es ist denkbar, dass die persönlichen und wirtschaftlichen Beziehungen verschiedenen Staaten zuzuordnen sind. In diesen Konstellationen kommt es nach Ansicht des BFH darauf an, welcher der beiden Orte für den Steuerpflichtigen der bedeutungsvollere ist.[1074] Aufgrund der regelmäßig längerfristigen Nutzung der im Ausland belegenen Ferienimmobilie ist zu beachten, dass es sich bei dem Mittelpunkt der Lebensinteressen um keinen statischen Zustand handeln muss, sondern sich dieser insbesondere bei grundlegenden Veränderungen – wie bspw. dem Ausscheiden aus dem Erwerbsleben – ändern kann.

617 Entsprechend sind aus steuerlicher Sicht insbesondere die Fälle zu beobachten, in denen sich der Mittelpunkt der Lebensinteressen – und damit die abkommensrechtliche (Haupt-)Ansässigkeit – von Deutschland in einen anderen Staat verlagert. Dies wird auch als Ansässigkeitsverlagerung bezeichnet. Im Zeitpunkt einer Ansässigkeitsverlagerung verschiebt sich nach Art. 13 Abs. 5 OECD-Musterabkommen das Besteuerungsrecht für Veräußerungsgewinne aus etwaig gehaltenen Beteiligungen an Kapitalgesellschaften von Deutschland in den neuen Ansässigkeitsstaat. Um die Besteuerung der bis zur Ansässigkeitsverlagerung eingetretenen Wertzuwächse in Deutschland sicherzustellen, wurde bereits mit Einführung des Außensteuergesetzes[1075] eine gesonderte Regelung für entsprechende Fallkonstellationen aufgenommen.[1076]

618 Nach der Neufassung durch das ATAD-Umsetzungsgesetz[1077] sind nach § 6 Abs. 1 Satz 1 Nr. 3 AStG die in wesentlichen (in- und ausländischen) Beteiligungen an Kapitalgesellschaften i. S. des § 17 EStG[1078] enthaltenen stillen Reserven im Zeitpunkt der Ansässigkeitsverlagerung – auch ohne Veräußerung – im

1072 FG Rheinland-Pfalz, Urteil v. 31.3.2004 - 1 K 2475/03, DStRE 2004 S. 881 NWB UAAAB-24235; Lehner in Vogel/Lehner, DBA, 7. Aufl. 2021, Art. 4 Rz. 192; Kaeser in Wassermeyer, DBA, Werkstand: 166. Erg.-Lfg. 2024, Kommentierungsstand: 122. Erg.-Lfg. 2013, MA Art. 4 Rz. 69.

1073 BFH, Urteil v. 31.10.1990 - I R 24/89, BStBl 1991 II S. 562 NWB GAAAB-04817.

1074 BFH, Urteil v. 23.7.1971 - III R 60/70, BStBl 1971 II S. 758 NWB WAAAA-98936; BFH, Urteil v. 31.10.1990 - I R 24/89, BStBl 1991 II S. 562 NWB GAAAB-04817.

1075 Gesetz zur Wahrung der steuerlichen Gleichmäßigkeit bei Auslandsbeziehungen und zur Verbesserung der steuerlichen Wettbewerbslage bei Auslandsinvestitionen v. 8.9.1972, BGBl 1972 I S. 1713.

1076 BT-Drucks. VI/2883 S. 18, 26.

1077 Gesetz zur Umsetzung der Anti-Steuervermeidungsrichtlinie (ATADUmsG) v. 25.6.2021, BGBl 2001 I S. 2035.

1078 Seit dem 1.1.2002 ist eine Beteiligung i. S. des § 17 EStG wesentlich, wenn der Anteilseigner zu mindestens 1 % unmittelbar oder mittelbar beteiligt ist.

Rahmen einer sog. Entstrickungsbesteuerung in Deutschland der Einkommensteuer zu unterwerfen. Dies gilt auch bei Ansässigkeitsverlagerungen in EU/EWR-Staaten, für die die Altregelung des § 6 Abs. 5 Satz 3 Nr. 2 AStG a. F. früher noch eine zinslose, unbefristete Stundung vorsah, für die auch keine Sicherheitsleistung zu hinterlegen war.

b) Besonderheiten beim Direkterwerb der Immobilie

aa) Steuerfreiheit von Immobilienveräußerungsgewinnen

Die Veräußerung von Immobilien im steuerlichen Privatvermögen, bei denen 619
zwischen Anschaffung und Veräußerung nicht mehr als 10 Jahre vergangen sind, führt in Deutschland zu einem einkommensteuerpflichtigen privaten Veräußerungsgeschäft i. S. des § 23 Abs. 1 Satz 1 Nr. 1 EStG. Von der Besteuerung ausgenommen sind nach § 23 Abs. 1 Satz 1 Nr. 1 Satz 3 EStG solche Immobilien, die im Zeitraum zwischen der Anschaffung und Veräußerung oder im Jahr der Veräußerung in den beiden vorangegangenen Jahren ausschließlich zu eigenen Wohnzwecken genutzt wurden.

Bei eigengenutzten Ferienimmobilien ist zu beachten, dass ein Gebäude nach 620
der Rechtsprechung des BFH[1079] auch dann zu eigenen Wohnzwecken genutzt wird, wenn es der Steuerpflichtige nur zeitanteilig bewohnt, sofern es ihm in der übrigen Zeit als Wohnung zur Verfügung steht. Vor diesem Hintergrund können auch Zweitwohnungen, nicht zur Vermietung bestimmte Ferienwohnungen und Wohnungen, die im Rahmen einer doppelten Haushaltsführung genutzt werden, unter die Ausnahmeregelung des § 23 Abs. 1 Satz 1 Nr. 1 Satz 3 EStG fallen.

Sofern die Ferienimmobilie auch zeitweise vermietet werden soll,[1080] ist zu 621
beachten, dass eine solche Ferienvermietung unter gewissen Voraussetzungen[1081] die Grenzen der privaten Vermögensverwaltung überschreiten kann, und in der Folge zu einem Gewerbebetrieb führt. Hierdurch wird die Immobilie im Betriebsvermögen des Gewerbebetriebs steuerverstrickt, wodurch ein Veräußerungsgewinn zeitlich unbefristet einer Besteuerung im Rahmen von § 15 EStG in Deutschland unterliegen kann.

1079 BFH, Urteil v. 27.6.2017 - IX R 37/16, BStBl 2017 II S. 1192 NWB HAAAG-59871.

1080 Zur Einkünfteerzielung bei Einkünften aus Vermietung und Verpachtung in entsprechenden Konstellationen vgl. BMF, Schreiben betr. Einkünfteerzielung bei den Einkünften aus Vermietung und Verpachtung v. 8.10.2004 - IV C - S 2253 - 91/04, BStBl 2004 I S. 933 unter Tz. 2.c).

1081 Vgl. hierzu H 15.7 (2) „Ferienwohnung" EStG; siehe auch für in Spanien belegene Grundstücke OFD Rheinland v. 26.5.2011 - S 1301 - 2009/0016 - St 123 und OFD Münster v. 26.5.2011 - S 1301 - 35 - St 45 - 32, IStR 2011 S. 518 unter Tz. 1.

622 Aufgrund der Belegenheit der Immobilie im Ausland kann ein etwaig später realisierter Veräußerungsgewinn nach Art. 13 Abs. 1 OECD-Musterabkommen auch im Ausland besteuert werden (sog. Belegenheitsprinzip). Soweit im Ausland nicht ohnehin eine unbeschränkte Einkommensteuerpflicht begründet wurde, üben die anderen Staaten ihr DBA-rechtliches Besteuerungsrecht für den Immobilienveräußerungsgewinn i. d. R. im Rahmen einer beschränkten Einkommensteuerpflicht aus. Hierbei ist zu beachten, dass viele Länder entsprechende Veräußerungsgewinne zeitlich unbefristet bzw. über einen deutlich längeren Zeitraum besteuern und auch Ausnahmen von der Besteuerung aufgrund von Eigennutzungen in vielen Rechtsordnungen unbekannt sind. Vor diesem Hintergrund sollten die Ausnahmeregelungen in Deutschland eher als Besonderheit eingeordnet werden.

623 Soweit der Immobilienveräußerungsgewinn sowohl in Deutschland als auch im Ausland einer Besteuerung unterliegen sollte, wird diese in der Regel durch Anrechnung der ausländischen Einkommensteuer auf die deutsche Einkommensteuer vermieden.[1082]

bb) Besteuerung der Eigennutzung von Zweitimmobilien

624 In anderen Ländern ist mitunter auch eine Besteuerung der Eigennutzung von Zweitimmobilien vorgesehen. Oftmals erfolgt die Besteuerung, die an unterschiedliche Faktoren anknüpfen kann, anhand von fingierten Einkünften. Eine solche Besteuerung ist der Erhebung einer Zweitwohnsitzsteuer in Deutschland vergleichbar.

c) Gesellschaften als Erwerbervehikel der Immobilie

aa) Kapitalgesellschaften

(1) Meldepflichten des Gesellschafters

625 Aus außersteuerlichen oder ausländischen steuerlichen Gründen kann es vorteilhaft sein, eine eigengenutzte Ferienimmobilie über eine Kapitalgesellschaft zu erwerben. Hintergrund für die Zwischenschaltung kann insbesondere der Schutz der Privatsphäre der natürlichen Person oder auch eine unterschiedliche steuerliche Behandlung von Kapitalgesellschaftsanteilen im Vergleich zu unmittelbar gehaltenen Immobilien sein. Regelmäßig sind dabei in Deutschland lebende natürliche Personen 100%ige Gesellschafter einer ausländischen Kapitalgesellschaft – üblicherweise vergleichbar einer deutschen GmbH.

1082 So bspw. nach § 34c Abs. 6 Satz 2 i. V. mit Abs. 1 EStG i. V. mit Art. 22 Abs. 2 Buchst. b) Nr. vii) DBA Spanien 2011.

Bei derartigen Auslandssachverhalten ist aus deutscher steuerlicher Sicht zu beachten, dass inländischen Steuerpflichtigen nach § 138 Abs. 2 AO besondere Anzeigepflichten gegenüber den inländischen Finanzbehörden auferlegt werden. So ist nach § 138 Abs. 2 Nr. 3 AO dem zuständigen Finanzamt unter anderem der Erwerb oder die Veräußerung von Beteiligungen an einer Körperschaft mit Sitz und Geschäftsleitung außerhalb Deutschlands anzuzeigen, wenn damit eine (mittelbare)[1083] Beteiligung von mindestens 10 % erreicht wird oder die Summe der Anschaffungskosten aller Auslandsbeteiligungen mehr als 150.000 € beträgt.[1084] Eine Ausnahme gewährt die Finanzverwaltung in den Fällen, in denen es sich um Beteiligungen an einer börsennotierten Gesellschaft von weniger als 1 % handelt, wenn mit der Hauptgattung der Aktien der ausländischen Gesellschaft ein wesentlicher und regelmäßiger Handel an einer zugelassenen Börse stattfindet.[1085] 626

Entsprechende Mitteilungen sind seit dem 1.1.2018[1086] nach § 138 Abs. 5 Satz 1 AO zusammen mit der Einkommensteuererklärung für den Veranlagungszeitraum, in dem der mitzuteilende Sachverhalt verwirklicht wurde, spätestens jedoch bis zum Ablauf von 14 Monaten nach Ablauf dieses Veranlagungszeitraums, grds. nach amtlich vorgeschriebenem Datensatz an das zuständige Finanzamt zu übermitteln. 627

Die Praxis zeigt, dass solche Meldungen häufig unterbleiben. Eine vorsätzlich oder leichtfertig unterlassene Anzeige stellt nach § 379 Abs. 2 Nr. 1 AO eine Ordnungswidrigkeit dar und kann – vorbehaltlich einer leichtfertigen Steuerverkürzung – nach § 379 Abs. 7 AO mit einer Geldbuße von bis zu 25.000 € sanktioniert werden. Vor dem Hintergrund des international stetig wachsenden Informationsaustauschs sollten bisher unterbliebene Anzeigen nachgemeldet werden. 628

(2) Besteuerung von Anteilsveräußerungsgewinnen

Nach Art. 13 Abs. 5 OECD-Musterabkommen steht das Besteuerungsrecht an Veräußerungsgewinnen aus Beteiligungen an Kapitalgesellschaften grds. dem 629

1083 Nach § 138 Abs. 2 Satz 3 AO sind unmittelbar und mittelbare Beteiligungen zusammenzurechnen.

1084 Weitergehend hierzu BMF, Schreiben betr. Mitteilungspflichten bei Auslandsbeziehungen nach § 138 Abs. 2 AO und § 138b AO in der Fassung des Steuerumgehungsbekämpfungsgesetzes v. 26.4.2022 - IV B 5 - S 0391/19/10009 :001, BStBl 2022 I S. 579 NWB XAAAI-60524.

1085 Vgl. BMF, Schreiben betr. Mitteilungspflichten bei Auslandsbeziehungen nach § 138 Abs. 2 AO und § 138b AO in der Fassung des Steuerumgehungsbekämpfungsgesetzes v. 26.4.2022 - IV B 5 - S 0391/19/10009 :001, BStBl 2022 I S. 579 Rz. 10 NWB XAAAI-60524.

1086 Vgl. Gesetz zur Bekämpfung der Steuerumgehung und zur Änderung weiterer steuerlicher Vorschriften, Steuerumgehungsbekämpfungsgesetz v. 23.6.2017, BGBl 2017 I S. 1682.

Ansässigkeitsstaat zu. Über die Jahre hat sich jedoch die Verhandlungspraxis für Doppelbesteuerungsabkommen der BRD dahingehend geändert, dass bei Neuabschlüssen bzw. der Revision von Doppelbesteuerungsabkommen zunehmend die in Art.13 Abs.4 OECD-Musterabkommen vorgesehene Ausnahmeregelung für sog. Immobiliengesellschaften aufgenommen wird:

„Gewinne, die eine in einem Vertragsstaat ansässige Person aus der Veräußerung von Anteilen oder vergleichbaren Rechten [...] bezieht, können im anderen Vertragsstaat besteuert werden, sofern der Wert dieser Anteile oder vergleichbaren Rechte zu irgendeinem Zeitpunkt während der der Veräußerung vorangehenden 365 Tage zu mehr als 50 v.H. unmittelbar oder mittelbar auf in diesem anderen Staat belegenem unbeweglichem Vermögen [...] beruhte."

630 Sofern eine solche Regelung Eingang in das anzuwendende Doppelbesteuerungsabkommen findet, ist es bei Immobiliengesellschaften möglich, dass neben dem Ansässigkeitsstaat des Gesellschafters auch der andere Staat Anteilsveräußerungsgewinne besteuern kann.

631 Vergleichbar mit der Ansässigkeitsverlagerung eines Gesellschafters wurde für diesen Fall des freiwilligen Verzichts auf ein Besteuerungsrecht durch die BRD im Rahmen eines Abschlusses bzw. der Revision eines Doppelbesteuerungsabkommens bereist frühzeitig in Betracht gezogen, dass eine Entstrickungsbesteuerung in Deutschland drohen könnte.[1087] Ursächlich hierfür ist bei Immobiliengesellschaften ebenfalls der Tatbestand des § 6 Abs.1 Satz 1 Nr.3 AStG, nach dem der Ausschluss oder die Beschränkung des Besteuerungsrechts der BRD hinsichtlich des Gewinns aus der Veräußerung der (Kapitalgesellschafts-)Anteile zur Besteuerung der stillen Reserven im Zeitpunkt der Beschränkung des Besteuerungsrechts zur Folge hat.

632 Im Schrifttum wurde dieses Verständnis aus diversen Gründen abgelehnt.[1088] Die Finanzverwaltung hat sich dem bislang allerdings nicht anschließen können und sich hierzu erstmalig in Rahmen des BMF-Schreibens v. 26.10.2018 – konkret zu einer neu eingeführten Immobiliengesellschaftsklausel im revidierten Doppelbesteuerungsabkommen mit Spanien – positioniert.[1089] Demnach soll der Tatbestand des Ausschlusses oder der Beschränkung des Besteue-

1087 Hinsichtlich der generellen Einführung von Entstrickungsvorschriften im Rahmen des SEStEG vgl. Reiter, IStR 2012 S. 357 ff., sowie in Bezug auf die Einführung einer Immobiliengesellschaftsklausel in das DBA Spanien vgl. Bron, IStR 2012 S. 904 ff.

1088 Hierzu bspw. Reiter, IStR 2012 S. 357 ff.; Bron, IStR 2012 S. 904 ff.; Herbort/Sendke, IStR 2014 S. 499 ff.; Binnewies/Wollweber, DStR 2014 S. 628 ff.; Schönfeld, FR 2015 S. 156 ff.; Chuchra/Dorn/Schwarz, IWB 2016 S. 745 ff.

1089 BMF, Schreiben betr. Passive Entstrickung aufgrund erstmaliger Anwendung eines DBA v. 26.10.2018 - IV B 5 - S 1348/07/10002-01, BStBl 2018 I S. 1104.

rungsrechts der BRD keine Handlung des Steuerpflichtigen voraussetzen. Trotz der bestehenden Kritik hält die Finanzverwaltung weiterhin an dieser Auffassung fest.[1090]

In der Praxis hat sich im Rahmen des revidierten Doppelbesteuerungsabkommens mit Spanien gezeigt, dass eine Vielzahl von entsprechenden Entstrickungsfällen nicht gegenüber der Finanzverwaltung angezeigt wurden. Vor diesem Hintergrund hat die Finanzverwaltung in einigen Fällen sogar (steuer-) strafrechtliche Vorwürfe erhoben.[1091] Die Steuerpflichtigen sind daher gut beraten, entsprechende Fälle im Rahmen der Steuerdeklaration offenzulegen und gegen eine daraus resultierende Steuerfestsetzung im Rahmen eines Rechtsbehelfsverfahrens vorzugehen. 633

(3) Auswirkungen des Multilateralen Instruments auf die Besteuerung von Anteilsveräußerungsgewinnen

Mit Stand 13.11.2024[1092] haben neben der BRD weitere 103 Staaten das sog. Multilaterale Instrument (MLI)[1093] unterzeichnet. Nach Art. 9 Abs. 8 MLI stand es den Vertragsparteien frei, sich für die Anwendung folgender – in Art. 9 Abs. 4 MLI normierter – Immobiliengesellschaftsklausel auszusprechen: 634

„Für die Zwecke eines unter das Übereinkommen fallenden Steuerabkommens können Gewinne, die eine in einem Vertragsstaat ansässige Person aus der Veräußerung von Anteilen oder vergleichbaren Rechten [...] erzielt, im anderen Vertragsstaat besteuert werden, sofern der Wert dieser Anteile oder vergleichbaren Rechte zu irgendeinem Zeitpunkt während der 365 Tage vor der Veräußerung zu mehr als 50 Prozent unmittelbar oder mittelbar auf in diesem anderen Vertragsstaat belegenem unbeweglichem Vermögen (Grundvermögen) beruhte."

Auch Deutschland hat sich für die Anwendung dieser Immobilienklausel entschieden, was dazu führt, dass bei beiderseitiger Ratifikation des MLI diese Klausel neu in das jeweilige DBA eingeführt wird bzw. an die Stelle einer etwaig bereits vorhandenen Immobilienklausel tritt. Neben der Ratifikation des 635

1090 BMF, Schreiben betr. Grundsätze zur Anwendung des Außensteuergesetzes v. 22.12.2023 - IV B 5 - S 1340/23/10001 :001, BStBl 2023 I Sondernr. 1 S. 2 Rz. 88.

1091 Ausführlich zu der (Nicht-)Erfüllung der steuerstrafrechtlichen Tatbestandsmerkmale Herbort/Sendke, IStR 2014 S. 499, 505 ff.

1092 Abgerufen am 18.11.2024 unter https://www.oecd.org/content/dam/oecd/en/topics/policy-sub-issues/beps-mli/beps-mli-signatories-and-parties.pdf.

1093 Mehrseitiges Übereinkommen zur Umsetzung steuerabkommensbezogener Maßnahmen zur Verhinderung der Gewinnverkürzung und Gewinnverlagerung v. 16.5.2017, deutsche Fassung abrufbar unter https://www.bundesfinanzministerium.de/Content/DE/Standardartikel/Themen/Steuern/Internationales_Steuerrecht/BEPS/beps-mli.html.

MLI verhandelt die BRD die entsprechenden DBA-Modifikationen auch weiterhin bilateral. Hierbei ist zu beachten, dass durch die erstmalige Anwendung der Immobiliengesellschaftsklausel nach MLI nach der oben dargestellten Auffassung der Finanzverwaltung eine entsprechende Entstrickung erfolgt. Aber auch bei der Anpassung bestehender Immobiliengesellschaftsklauseln kann es in bestimmten Konstellationen zu einer nochmaligen passiven Entstrickung[1094] der Anteile kommen.[1095]

(4) Unbeschränkte Steuerpflicht von ausländischen Gesellschaften

636 Bei der Verwendung ausländischer Kapitalgesellschaften zum Erwerb von Ferienimmobilien zeigt sich, dass der Fokus bei den steuerlichen Auswirkungen oftmals ausschließlich auf die Gesellschafterebene gelegt wird. Auf Gesellschaftsebene wird regelmäßig davon ausgegangen, dass ausschließlich im Ausland steuerliche Konsequenzen zu ziehen sind. Eine solche Fehlannahme birgt ein erhebliches steuerliches Risiko. Hintergrund hierfür ist, dass die unbeschränkte Körperschaftsteuerpflicht in Deutschland nach § 1 Abs. 1 KStG neben dem Sitz der Körperschaft auch an den Ort der Geschäftsleitung anknüpft.

637 § 10 AO definiert die Geschäftsleitung als den Mittelpunkt der geschäftlichen Oberleitung. Diese ist dort belegen, wo der für die Geschäftsführung maßgebende Wille gebildet wird, also an dem die vertretungsberechtigten Personen ihre Geschäftsführungstätigkeit entfalten und die sog. Tagesgeschäfte vorgenommen werden.[1096] Auch wenn der beherrschende Gesellschafter nicht als gesetzlicher Vertreter einer ausländischen Kapitalgesellschaft bestellt wurde, kann sein Handeln Auswirkungen auf den Ort der Geschäftsleitung haben. Dies hat seinen Hintergrund darin, dass der Ort der Geschäftsleitung beim beherrschenden Gesellschafter zu verorten ist, wenn dieser nicht nur den ihm aus den Gesellschaftsrechten zustehenden Einfluss auf die Geschäftsführung ausübt, sondern dergestalt die Geschäftsführung übernimmt, dass die gesetzlichen Vertreter lediglich als seine ausführenden Organe anzusehen sind.[1097]

BEISPIEL: Eine in Deutschland ansässige natürliche Person hält über eine spanische Kapitalgesellschaft eine Finca auf den Balearen. Mehrmals im Jahr wird die Immobilie zu Urlaubszwecken genutzt. Hierzu kontaktiert der Gesellschafter ca. eine Woche vor

1094 Zur Möglichkeit der mehrfachen Beschränkung des deutschen Besteuerungsrechts vgl. Kessler/Spychalski, IStR 2019, S. 193, 198.

1095 Zu den Auswirkungen der Einführung des Multilateralen Instruments in Bezug auf Immobiliengesellschaften siehe auch Kessler/Hübner, PIStB 2019 S. 216 ff. sowie Grotherr, IWB 2020 S. 597 ff.

1096 Koenig in Koenig, AO, 5. Aufl. 2024, § 10 Rz. 5.

1097 Koenig in Koenig, AO, 5. Aufl. 2024, § 10 Rz. 6 mit Verweis auf RFH, Urteil v. 2.7.1936 - III A 86/36, RFHE 39 S. 305.

der jeweiligen Anreise diverse Dienstleister in Spanien (Gärtner, Reinigungsfirma, Poolservice etc.). Soweit während der Aufenthalte weitere Instandhaltungsmaßnahmen an der Finca auffallen, werden umgehend Besichtigungen mit örtlich ansässigen Handwerkern durchgeführt und entsprechende Angebote eingeholt. Die Angebote werden durch den Gesellschafter noch auf dem Rückflug nach Deutschland verglichen und nach der Ankunft in Deutschland per E-Mail vergeben.

Wie das Beispiel verdeutlicht, wird nachweisbar dokumentiert, dass die für den Ort der Geschäftsleitung relevanten Tagesgeschäfte der spanischen Kapitalgesellschaft aus Deutschland heraus geführt werden. In der Folge unterliegt die spanische Kapitalgesellschaft in Deutschland nach § 1 Abs. 1 KStG der unbeschränkten Körperschaftsteuerpflicht und ist zur Einreichung entsprechender Steuererklärungen verpflichtet. 638

(5) Nutzung der Immobilie durch den Gesellschafter

Die Nutzung einer im Ausland belegenen Immobilie durch den oder die Gesellschafter bzw. auch durch die Angehörigen der Gesellschafter einer Kapitalgesellschaft stellt ein weiteres steuerliches Risikofeld dar. Ursächlich hierfür sind mehrere BFH-Urteile, die sich explizit mit den steuerlichen Folgen einer Eigennutzung von Ferienimmobilien befasst haben. Zunächst hatte der erste Senat im Jahr 2013[1098] darüber zu entscheiden, ob die unentgeltliche Nutzung einer in Spanien belegenen Ferienimmobilie einer spanischen Kapitalgesellschaft durch die in Deutschland ansässigen Gesellschafter auch dann zu einer verdeckten Gewinnausschüttung führt, wenn die Tätigkeit der Kapitalgesellschaft von Beginn an nicht auf eine Gewinnerzielung ausgerichtet ist. 639

Hierbei kam der erste Senat zu dem Ergebnis, dass eine aus dem Verzicht auf ein angemessenes Entgelt herrührende fehlende Gewinnerzielungsabsicht der spanischen Kapitalgesellschaft für die Annahme einer verdeckten Gewinnausschüttung an deren Gesellschafter unbeachtlich ist. Durch Rückverweisung an das Finanzgericht ließ der BFH hingegen offen, ob die seitens der Finanzverwaltung für die verdeckte Gewinnausschüttung angesetzte Kostenmiete i. H. von 6 % des notariell beurkundeten Kaufpreises[1099] zzgl. eines Gewinnzuschlags i. H. von 10 % „marktgerecht und angemessen" sei. 640

1098 BFH, Urteil v. 12.6.2013 - I R 109-111/10, BStBl 2013 II S. 1024 NWB ZAAAE-45410.

1099 Ausweislich des Tatbestands äußerte der Betriebsprüfer, „der den Voreigentümer geprüft hatte, [..] aufgrund vertraulicher Informationen den – allerdings nicht belegten – Verdacht, dass jener mit den Klägern [...] einen Kaufpreis vereinbart habe, der doppelt so hoch gewesen sei, wie der tatsächlich beurkundete Kaufpreis." Solche Unterverbriefungen sollen regelmäßig die Bemessungsgrundlage der Grunderwerbsteuer senken. Bei einer späteren Veräußerung der Immobilien wirken sich diese regelmäßig negativ – in Form von höheren Veräußerungsgewinnen – aus.

641 Nach den allgemeinen Grundsätzen[1100] müsste sich die Höhe der verdeckten Gewinnausschüttung nach dem sog. Fremdvergleichsgrundsatz richten und damit der üblicherweise erzielbaren Miete für vergleichbare Immobilien entsprechen. Nach der Auffassung des BFH[1101] wird ein ordentlicher und gewissenhafter Geschäftsleiter einer Kapitalgesellschaft nur dann bereit sein, die Aufwendungen einer durch den Gesellschafter privat genutzten Immobilie zu tragen, *„wenn der Gesellschaft diese Aufwendungen in voller Höhe erstattet werden und sie zudem einen angemessenen Gewinnaufschlag erhält"*, also eine Kostenmiete bekommt.

642 Die Grundlage zur Berechnung einer Kostenmiete ist die Zweite Berechnungsverordnung,[1102] wobei steuerliche Vorteile die der Kapitalgesellschaft unabhängig von der Vorteilszuwendung an den Gesellschafter zustehen – wie bspw. AfA für Baudenkmäler nach § 7i EStG – zu berücksichtigen sind. Darüber hinaus ist eine Verzinsung des eingesetzten Eigenkapitals einzubeziehen sowie ein angemessener Gewinnaufschlag zu berücksichtigen. Hierbei wurde der in dem einen entschiedenen Fall[1103] von der Finanzverwaltung mit 5 % angesetzte Gewinnaufschlag durch den BFH nicht beanstandet. Eine etwaig tatsächlich gezahlte Miete ist von dem Ergebnis in Abzug zu bringen.

643 Diese Rechtsprechung hat u.a. zur Folge, dass selbst bei einer mit der Kapitalgesellschaft marktüblichen Miete ggf. verdeckte Gewinnausschüttungen durch den Gesellschafter im Rahmen seiner Einkommensteuererklärung nach § 32d Abs. 3 Satz 1 EStG zu deklarieren sind.

bb) Personengesellschaften

(1) Verwendung ausländischer Immobilien

644 Vergleichbar dem Einsatz ausländischer Kapitalgesellschaften ist auch beim Einsatz von ausländischen Personengesellschaften als Vehikel zum Erwerb von Ferienimmobilien zu beachten, dass inländische Steuerpflichtige nach § 138 Abs. 2 AO besondere Anzeigepflichten gegenüber den deutschen Finanzbehörden zu erfüllen haben. Gemäß § 138 Abs. 2 Nr. 2 AO ist dem zuständigen inländischen Finanzamt der Erwerb, die Aufgabe oder die Veränderung einer Beteiligung an ausländischen Personengesellschaften anzuzeigen.

1100 Vgl. hierzu H 8.5 III „Allgemeines" KStH m.w.N.

1101 BFH, Urteil v. 27.7.2016 - I R 8/15, BStBl 2017 II S. 214 NWB EAAAF-85889, und BFH, Urteil v. 27.7.2016 - I R 12/15, BStBl 2017 II S. 217 NWB UAAAF-85888.

1102 Verordnung über wohnungswirtschaftliche Berechnungen nach dem Zweiten Wohnungsbaugesetz i.d.F. v. 12.10.1990, BGBl 1990 I S. 2178.

1103 BFH, Urteil v. 27.7.2016 - I R 8/15, BStBl 2017 II S. 214 NWB EAAAF-85889.

Wie bei ausländischen Kapitalgesellschaften sind seit dem 1.1.2018[1104] entsprechende Mitteilungen zusammen mit der Einkommensteuererklärung für den Veranlagungszeitraum, in dem der mitzuteilende Sachverhalt verwirklicht wurde, spätestens bis zum Ablauf von 14 Monaten nach Ablauf dieses Veranlagungszeitraums grds. nach amtlich vorgeschriebenem Datensatz gem. § 138 Abs. 5 Satz 1 AO an die Finanzverwaltung zu übermitteln. Eine vorsätzlich oder leichtfertig unterlassene Anzeige stellt ebenfalls nach § 379 Abs. 2 Nr. 1 AO eine Ordnungswidrigkeit dar und kann – vorbehaltlich einer leichtfertigen Steuerverkürzung – nach § 379 Abs. 7 AO mit einer Geldbuße von bis zu 25.000 € sanktioniert werden. 645

(2) Gewerbliche inländische Personengesellschaften

Erwirbt eine originär gewerblich tätige, gewerblich infizierte oder gewerblich geprägte Personengesellschaft eine ausländische Ferienimmobilie, stellt sich zunächst die Frage, ob diese dem steuerlichen Betriebsvermögen zuzuordnen ist. Anders als bei Kapitalgesellschaften ist hierbei von entscheidender Bedeutung, ob die Ferienimmobilie durch die Gesellschafter (teil-)entgeltlich oder unentgeltlich genutzt wird. Wird die Immobilie, die im zivilrechtlichen Eigentum der Personengesellschaft steht, unentgeltlich von einem Gesellschafter für eigene Wohnzwecke genutzt, gehört diese nicht zum steuerlichen Betriebsvermögen der Personengesellschaft, sondern wird dem notwendigen steuerlichen Privatvermögen der Gesellschafter zugerechnet.[1105] Entsprechend kann ein zum Gesamthandsvermögen einer Personengesellschaft gehörendes Wirtschaftsgut, wenn es ausschließlich oder fast ausschließlich der privaten Lebensführung eines, mehrerer oder aller Mitunternehmer der Gesellschaft dient, nicht zum steuerlichen Betriebsvermögen gehören.[1106] 646

Wird die Ferienimmobilie hingegen von der Personengesellschaft zumindest teilentgeltlich ihren Gesellschaftern überlassen, ist diese dem steuerlichen Betriebsvermögen der Personengesellschaft zuzuordnen.[1107] Soweit die teilent- 647

1104 Vgl. Gesetz zur Bekämpfung der Steuerumgehung und zur Änderung weiterer steuerlicher Vorschriften, Steuerumgehungsbekämpfungsgesetz v. 23.6.2017, BGBl 2017 I S. 1682.

1105 Beispielsweise BFH, Urteil v. 6.6.1973 - I R 194/71, BStBl 1973 II S. 705 NWB XAAAA-90888; BFH, Urteil v. 16.3.1983 - IV R 36/79, BStBl 1983 II S. 459 NWB LAAAA-91838; BFH, Urteil v. 8.2.1996 - IV R 24/95, BStBl 1996 II S. 308 NWB GAAAA-95541.

1106 H 4.2 (11) „Ausnahme bei privater Nutzung" EStH.

1107 BFH, Urteil v. 24.3.2011 - IV R 46/08, BStBl 2011 II S. 692 NWB XAAAD-84762.

geltliche Nutzung aus außerbetrieblichen Gründen resultiert, ist diese als Nutzungsentnahme zu behandeln[1108] und mit den tatsächlichen Selbstkosten zu bewerten.[1109] Entscheidender Unterschied zu der bei Kapitalgesellschaften anzusetzenden Kostenmiete ist damit der bei gewerblichen Personengesellschaften nicht vorhandene Gewinnzuschlag. In dieser Betrachtung liegt aber auch ein erhebliches steuerliches Risiko. Problematisch sind die Fälle, in denen die Ferienimmobilie zunächst (teil-)entgeltlich überlassen wird und im weiteren zeitlichen Verlauf keine Miete mehr vereinnahmt wird. Dies hat zur Folge, dass eine Entnahme der Immobilie aus dem steuerlichen Betriebsvermögen der Personengesellschaft in das steuerliche Privatvermögen des Gesellschafters nach § 4 Abs. 1 Satz 2 EStG erfolgt. Diese ist nach § 6 Abs. 1 Nr. 4 Satz 1 EStG mit dem Teilwert anzusetzen.

648 In diesen Fällen kann das jeweilige Doppelbesteuerungsabkommen das Besteuerungsrecht der stillen Reserven in Deutschland einschränken, da das Besteuerungsrecht von Immobilienveräußerungsgewinnen regelmäßig dem Belegenheitsstaat zugeordnet wird und in Deutschland eine Freistellung dieser Gewinne erfolgt. Problematisch bleiben die Fälle, in denen das Doppelbesteuerungsabkommen eine etwaige Doppelbesteuerung lediglich durch Anrechnung der im Ausland entstandenen Einkommensteuer mildert.

(3) Vermögensverwaltende inländische Personengesellschaften

649 Der Erwerb von im Ausland belegenen Ferienimmobilien über einer vermögensverwaltende Personengesellschaft kann im Vergleich zum Direkterwerb, zum Erwerb über Kapitalgesellschaften bzw. gewerblichen Personengesellschaften steuerlich vorteilhaft sein, insbesondere durch das Vorliegen von steuerlichem Privatvermögen. Vorteilhaft kann die vermögensverwaltende Personengesellschaft auch dann sein, wenn es sich durch die Vermögensstruktur innerhalb der Personengesellschaft nicht um eine Immobiliengesellschaft i. S. von Art. 13 Abs. 4 OECD-Musterabkommen handelt. Allerdings können auch hier steuerliche Stolperfallen lauern.

650 Neben der GbR tritt in der Praxis häufig die gewerblich entprägte GmbH & Co. KG als vermögensverwaltende Personengesellschaft im steuerlichen Sinne auf. Ausreichend für eine gewerbliche Entprägung der GmbH & Co. KG ist es, wenn die Geschäftsführung gesellschaftsvertraglich (neben der GmbH als Komple-

1108 H 4.7 „Teilentgeltliche Überlassung“ EStH mit Verweis auf BFH, Urteil v. 24.3.2011 - IV R 46/08, BStBl 2011 II S. 692 NWB XAAAD-84762.

1109 H 6.12 „Nutzungen“ EStH mit Verweis auf BFH, Urteil v. 24.5.1989 - I R 213/85, BStBl 1990 II S. 8 NWB QAAAA-93400.

mentärin) einer natürlichen Person übertragen wird, die zugleich Kommanditist ist.[1110] Sieht der Gesellschaftsvertrag der Kommanditgesellschaft diesbezüglich keine allgemeine Geschäftsführungsklausel, sondern eine namentliche Nennung des geschäftsführungsberechtigten Kommanditisten vor, so drohen beim Ausscheiden oder Ableben dieses namentlich genannten Kommanditisten negative steuerliche Folgen. Hintergrund ist die dann nach § 15 Abs. 3 Nr. 2 EStG eintretende gewerbliche Prägung der KG mit den daraus resultierenden steuerlichen Konsequenzen.[1111] Solch eine unkalkulierbare Prägung sollte entsprechend stets mit einer allgemeinen Geschäftsführungsklausel im Gesellschaftsvertrag vermieden werden bzw. sollte zumindest immer mehr als ein Kommanditist zur Geschäftsführung befugt sein.

Zur steuerlichen Anerkennung der inländischen Personengesellschaft wird im 651
Belegenheitsstaat der Ferienimmobilie i. d. R. zwischen der vermögensverwaltenden Personengesellschaft und dem Gesellschafter ein Mietvertrag über die Nutzung der Ferienimmobilie abgeschlossen. Unabhängig von den individuellen Regelungen des einschlägigen Doppelbesteuerungsabkommens wird ein Mietvertrag zwischen einer vermögensverwaltenden Personengesellschaft und einem Gesellschafter in Deutschland für steuerliche Zwecke nicht anerkannt, wenn und soweit diesem das Grundstück nach § 39 Abs. 2 Nr. 2 AO anteilig zuzurechnen ist.[1112] Hieraus folgt, dass nur die dem nicht nutzenden Gesellschafter zustehende Vergütung bei diesem zu Einkünften aus Vermietung und Verpachtung führt.

Hinsichtlich der Rechtsfolgen aus der Veräußerung der ausländischen Ferien- 652
immobilie durch die vermögensverwaltende Personengesellschaft kann auf die Ausführungen oben unter Kapitel E. III. 2. b) aa) verwiesen werden.[1113] Sollte es sich bei dem Verkauf um ein einkommensteuerpflichtiges privates Veräußerungsgeschäft i. S. des § 23 Abs. 1 Satz 1 Nr. 1 EStG handeln, so kann dieses in Deutschland nicht durch den alternativen Verkauf der Anteile an der vermögensverwaltenden Personengesellschaft vermieden werden. Für diesen Fall regelt § 23 Abs. 1 Satz 4 EStG, dass die Anschaffung oder Veräußerung einer

1110 So ausdrücklich R 15.8 Abs. 6 Satz 3 EStR: „Eine gewerbliche Prägung ist selbst dann nicht gegeben, wenn der beschränkt haftende Gesellschafter neben dem persönlich haftenden Gesellschafter zur Geschäftsführung befugt ist".

1111 Beispielsweise Einkünfte aus Gewerbebetrieb, Betriebseröffnung, Anwendung des Subsidiaritätsprinzips etc.

1112 H 6.12 „Nutzungen" EStH mit Verweis auf BFH, Urteil v 24.5.1989 - I R 213/85, BStBl 1990 II S. 8 NWB QAAAA-93400.

1113 Vgl. hierzu auch OFD Frankfurt/M, Verfügung betr. Veräußerungstatbestände bei vermögensverwaltenden Personengesellschaften/-gemeinschaften; Einheitliche und gesonderte Feststellung v. 26.10.2012 - S 2256 A - 41 - St 213, BeckVerw 269440 NWB VAAAE-32343.

unmittelbaren oder mittelbaren Beteiligung an einer Personengesellschaft als Anschaffung oder Veräußerung der anteiligen Wirtschaftsgüter gilt. Entsprechend würde der Anteilsveräußerungsgewinn der Einkommensteuer in Deutschland unterworfen werden.

653 Darüber hinaus bietet es sich regelmäßig an, aufgrund von Nachfolgeüberlegungen im Gesellschaftsvermögen einer vermögensverwaltenden Personengesellschaft weitere Wirtschaftsgüter des steuerlichen Privatvermögens, wie Vermietungsimmobilien, Edelmetalle, Aktien etc., zu bündeln. Gerade bei der erstmaligen Etablierung einer vermögensverwaltenden Personengesellschaft und der damit zusammenhängenden Übertragungen entsprechender Wirtschaftsgüter vom Gesellschafter auf die Gesellschaft sind jedoch Besonderheiten zu beachten. Handelt es sich bei der Übertragung der Wirtschaftsgüter um eine verdeckte Einlage in das steuerliche Gesamthandsvermögen der Personengesellschaft, sind diese nicht als Anschaffungs- oder Veräußerungsvorgänge anzusehen.[1114]

654 Dies gilt auch dann, wenn es sich bei den Übertragungen um zivilrechtliche Veräußerungsgeschäfte zwischen dem Gesellschafter der vermögensverwaltenden Personengesellschaft und der Gesamthand selbst handeln würde. In diesem Fall liegt in Höhe der Beteiligung des betreffenden Gesellschafters ein steuerrechtlich irrelevantes In-Sich-Geschäft vor.[1115] Dies ergibt sich aus dem Umstand, dass die vermögensverwaltende Personengesellschaft – im Unterschied zur Mitunternehmerschaft – nach § 39 Abs. 2 Nr. 2 AO steuerlich wie eine Bruchteilsgemeinschaft behandelt wird.[1116] Werden also Wirtschaftsgüter auf eine vermögensverwaltende Personengesellschaft übertragen, liegen nach der Bruchteilsbetrachtung Veräußerungs- und Anschaffungsvorgänge – und damit eine Realisation von stillen Reserven – lediglich insoweit vor, als sich die Anteile der übrigen Gesellschafter an dem übertragenden Wirtschaftsgut gegenüber den bisherigen Beteiligungsquoten erhöht haben.[1117]

1114 Detmering/Tetzlaff, NWB 39/2013 S. 3043 unter Rz. 51 NWB IAAAE-41266.

1115 Engel, Vermögensverwaltende Personengesellschaften im Ertragsteuerrecht, 3. Aufl. 2023, S. 339 Rz. 1053. Detmering/Tetzlaff, NWB 39/2013 S. 3043 unter Rz. 51 NWB IAAAE-41266.

1116 BFH, Urteil v. 2.4.2008 - IX R 18/06, BStBl 2008 II S. 679 NWB SAAAC-80792.

1117 BFH, Urteil v. 18.10.2011 - IX R 15/11, BStBl 2012 II S. 205 NWB ZAAAD-97578; BFH, Urteil v. 2.4.2008 - IX R 18/06, BStBl 2008 II S. 679 NWB SAAAC-80792.

3. Erbschaft- und Schenkungsteuer

a) Die Ferienimmobilie im ausländischen Recht

Sofern der Belegenheitsstaat der ausländischen Ferienimmobilie eine Erbschaft-/Schenkungsteuer erhebt, ist davon auszugehen, dass bei einer unbeschränkten Steuerpflicht das weltweit erworbene Vermögen in die Bemessungsgrundlage einbezogen wird. Liegt keine unbeschränkte Erbschaft-/Schenkungsteuerpflicht vor, so wird zumindest das im Ausland belegene Vermögen einer beschränkten Steuerpflicht unterliegen. Sofern zwischen Deutschland und dem Belegenheitsstaat der Ferienimmobilie kein Doppelbesteuerungsabkommen auf dem Gebiet der Erbschaft-/Schenkungsteuer bestehen sollte, steht zur Vermeidung bzw. Abmilderung einer etwaigen Doppelbesteuerung in Deutschland lediglich die Steueranrechnung unter den Voraussetzungen des § 21 ErbStG zur Verfügung. 655

Beim Direkterwerb der ausländischen Ferienimmobilie unterliegt der Übertragungsvorgang im Rahmen der (vorweggenommenen) Erbfolge im Belegenheitsstaat zumindest der beschränkten Erbschaft-/Schenkungsteuerpflicht. Bei dem Einsatz von Gesellschaften als Erwerbervehikel für ausländische Ferienimmobilien stellt sich die spannende Frage, ob das ausländische Recht eine entsprechende Besteuerungsnorm für Immobiliengesellschaften vorsieht oder nicht. Ist dies nicht der Fall, so unterliegen entsprechende Beteiligungen im Belegenheitsstaat im Ergebnis nicht der Erbschaft-/Schenkungsteuer. 656

Zudem ist zu beachten, dass ausländische Jurisdiktionen mitunter – anders als das deutsche Steuerrecht – die Besteuerung von Wertzuwächsen im Rahmen von unentgeltlichen Übertragungen kennen.[1118] Dies ist bei entsprechenden Übertragungen im Vorfeld zu berücksichtigen. 657

b) Die Ferienimmobilie im inländischen Recht

Zunächst ist zu beachten, dass die deutsche Erbschaft-/Schenkungsteuerpflicht nach § 2 Abs. 1 Nr. 1 ErbStG sowohl an den Erlasser/Schenker als auch an den Erben/Beschenkten anknüpft. Vor diesem Hintergrund kann auch dann von einer unbeschränkten Erbschaft-/Schenkungsteuerpflicht in Deutschland ausgegangen werden, wenn der Erblasser/Schenker aufgrund der Ferienimmobilie vollständig im Ausland ansässig geworden sein sollte. 658

Bei einer eigengenutzten ausländischen Ferienimmobilie stellt sich die Frage, ob die Steuerbefreiung für ein sog. Familienheim unter den Voraussetzungen 659

1118 So kennt bspw. das spanische Steuerrecht eine sog. Wertzuwachssteuer, die entsteht, wenn Grundstücke in Spanien unentgeltlich übertragen werden.

der § 13 Abs. 1 Nr. 4a–4c ErbStG in Anspruch genommen werden können. Im Wesentlichen muss die Immobilie hierfür innerhalb der EU/des EWR belegen sein und durch den Erblasser/Schenker eine Nutzung zu eigenen Wohnzwecken vorgelegen haben. Der BFH[1119] hat in Bezug auf die „Nutzung zu eigenen Wohnzwecken" entschieden, dass sich zur Erfüllung dieses Tatbestands der Mittelpunkt des familiären Lebens in der Immobilie befinden muss. Dies ist bei Zweit- oder Ferienimmobilien jedoch nicht gegeben, sodass diese generell nicht in den Genuss der erbschaft- und schenkungsteuerlichen Begünstigungen für Familienheim kommen und damit vollständig in Deutschland der Erbschaft- und Schenkungsteuer unterliegen. Etwaig im Zusammenhang stehende Verbindlichkeiten mindern in Erbfällen[1120] den Wert der Bereicherung nach § 10 Abs. 5 Nr. 1 ErbStG.

660 Wird die ausländische Ferienimmobilie hingegen mittelbar über eine Gesellschaftsstruktur gehalten, hängt die erbschaft- und schenkungsteuerliche Behandlung von der Rechtsform sowie der Art der Nutzungsüberlassung ab:

- Bei vermögensverwaltenden Personengesellschaften sowie bei der unentgeltlichen Überlassung durch eine gewerbliche Personengesellschaft[1121] können die Betriebsvermögensbegünstigungen der §§ 13a ff. ErbStG dem Grunde nach nicht zur Anwendung kommen, so dass die Immobilie – wie beim unmittelbaren Besitz – uneingeschränkt der Besteuerung mit Erbschaft- und Schenkungsteuer unterliegt.
- Bei der entgeltlichen Vermietung der ausländischen Ferienimmobilie durch eine gewerbliche Personengesellschaft oder Kapitalgesellschaft an ihren Gesellschafter handelt es sich bei der Immobilie um sog. Verwaltungsvermögen nach § 13b Abs. 4 Nr. 1 Satz 1 ErbStG und es gehört damit nicht zum erbschaft- und schenkungsteuerlich begünstigten Betriebsvermögen.[1122]

1119 BFH, Urteil v. 18.7.2013 - II R 35/11, BStBl 2013 II S. 1051 NWB SAAAE-47926.

1120 Im Rahmen von Schenkungen übernommene Verbindlichkeiten für Wirtschaftsgüter des Privatvermögens führen zu einem sog. teilentgeltlichen Geschäft, vgl. BMF, Schreiben betr. Ertragsteuerliche Behandlung der vorweggenommenen Erbfolge v. 13.1.1993 - IV B 3 - S 2190 - 37/92, BStBl 1993 I S. 80, ber. S. 464 Tz. 9 sowie R E 7.4 ErbStR.

1121 Siehe hierzu R E 13b.5 Abs. 2 Satz 3 ErbStR.

1122 Zur Anwendung der 10%igen Steuerbefreiung für Wohngrundstücke nach § 13d ErbStG im Betriebsvermögen vgl. R E 13d Abs. 4 ErbStR. Ob diese bei Vermietungen von Ferienimmobilien zur Anwendung kommen kann, ist jedoch zweifelhaft, da hier keine Vermietung zu Wohnzwecken im Sinne des Zivilrechts erfolgt, vgl. hierzu Jülicher in Troll/Gebel/Jülicher/Gottschalk, ErbStG, 69. Erg.-Lfg. 2024, ErbStG § 13d Rz. 12.

4. Vermögensteuer

Aufgrund mehrerer Entscheidungen des BVerfG[1123] wird die Vermögensteuer in Deutschland seit dem 1.1.1997 nicht mehr erhoben, so dass sich aus dem Halten einer ausländischen Ferienimmobilie keine inländischen vermögensteuerlichen Belastungen ergeben können. Ungeachtet dessen erheben viele Länder eine Vermögensteuer. Eigentümer von ausländischen Ferienimmobilien unterliegen regelmäßig aufgrund der Belegenheit der Immobilie zumindest einer beschränkten Vermögensteuerpflicht. Eine Einschränkung ergibt sich meist auch nicht aus dem geltenden Doppelbesteuerungsabkommen, da nach Art. 22 Abs. 1 OECD-Musterabkommen unbewegliches Vermögen auch durch den Belegenheitsstaat besteuert werden kann. 661

Wird die ausländische Ferienimmobilie mittelbar über eine Gesellschaftsstruktur gehalten, so ist das jeweils einschlägige Doppelbesteuerungsabkommen auf eine besondere Regelung für Immobiliengesellschaften zu prüfen. Das OECD-Musterabkommen sieht keine entsprechende Immobiliengesellschaftsklausel vor, so dass nach Art. 22 Abs. 4 OECD-Musterabkommen das Besteuerungsrecht die Anteile für Vermögensteuerzwecke ausschließlich dem Ansässigkeitsstaat zuordnet. 662

(Einstweilen frei) 663–673

1123 BVerfG, Urteil v. 22.6.1995 - 2 BvL 37/91, BStBl 1995 II S. 655 NWB FAAAA-95336, und BVerfG, Urteil v. 22.6.1995 - 2 BvR 552/91, BStBl 1995 II S. 671 NWB ZAAAA-95338.

F. Anhang

I. Top-Ten-Fallstricke bei der Vererbung von Anteilen an Familien-Immobiliengesellschaften

1. Scheitern der Nachfolge in einen Gesellschaftsanteil mangels Übereinstimmung von Erbeinsetzung und gesellschaftsvertraglicher Nachfolgeklausel.

   Lösung: Erbe/Vermächtnisnehmer muss nachfolgeberechtigte Person im Sinne des Gesellschaftsvertrages sein.

2. Entstehen ungewollter Zuwendungen an die verbleibenden Gesellschafter, sofern eventuelle Abfindungsansprüche weichender Erben unterhalb des Verkehrswerts des Gesellschaftsanteils liegen.

   Lösung: Berechnung des Abfindungsguthabens im Gesellschaftsvertrag entsprechend regeln.

3. Entstehen von Grunderwerbsteuer, wenn der weichende Erbe als Abfindung eine Immobilie aus dem Gesellschaftsvermögen erhält.

   Lösung: Leistung an Erfüllungs statt in Form von Immobilien gesellschaftsvertraglich ausschließen.

4. Verlust eventueller erbschaftsteuerlicher Verschonungsmöglichkeiten im Falle von Einziehungsklauseln.

   Lösung: Gesellschaftsvertraglich nur eine Zwangsabtretung zulassen.

5. Gefährdung der Liquidität der Familiengesellschaft durch Zugewinnausgleichsansprüche wegen Fehlens eines Ehevertrages, der die Gesellschaftsanteile aus der Ermittlung des Zugewinnausgleichs herausnimmt.

   Lösung: Ausschlussklausel in den Gesellschaftsvertrag für den Fall aufnehmen, dass der Gesellschafter nicht innerhalb einer bestimmten Frist seit Eheschließung (und danach in regelmäßigen Abständen) nachweist, dass er einen Ehevertrag mit entsprechender modifizierter Zugewinngemeinschaft oder Gütertrennung geschlossen hat.

6. Gefährdung der Liquidität der Familiengesellschaft durch Pflichtteilsansprüche wegen Fehlens eines entsprechenden Pflichtteilsverzichtsvertrags.

   Lösung: Ausschlussklausel in den Gesellschaftsvertrag für den Fall aufnehmen, dass der Gesellschafter nicht den Abschluss eines Pflichtteilsverzichtsvertrages nachweist.

7. Sofern Erblasser einziger Komplementär der Familien KG war: Gefahr der Auflösung der Gesellschaft mangels Übernahme der Komplementärstellung durch Erben.

   Lösung: Absicherung durch Gründung und Beteiligung einer zusätzlichen Komplementär-GmbH (Achtung: Eintritt einer gewerblichen Prägung verhindern, indem neben dem Komplementär/den Komplementären auch ein Kommanditist zur Geschäftsführung berufen wird).

8. Im Falle einer GmbH & Co. KG: Auseinanderfallen der Nachfolge in GmbH-Anteil und Kommanditanteil mangels Abstimmung zwischen Gesellschaftsverträgen und Testament.

   Lösung: Gesellschaftsvertragliche Vinkulierungsklauseln vorsehen, die eine Übertragung von KG-Anteilen nur für den Fall erlauben bzw. eine Nachfolgeberechtigung daran knüpfen, dass in gleichem Umfang Anteile an der Komplementär-GmbH mitübertragen werden.

9. Zersplitterung der Gesellschaftsanteile und ausufernde Gesellschafterversammlungen bei Fehlen der Verpflichtung, das Stammesprinzip über die Bestellung eines gemeinsamen Bevollmächtigten zu wahren.

   Lösung: Gesellschaftsvertragliche Verpflichtung zur Bestellung eines gemeinsamen Vertreters; bei Nichterfüllen der Verpflichtung Ruhen der Stimmrechte vorsehen.

10. Entstehen eines Sonderkündigungsrechts, sofern GbR-Anteile an Minderjährige vererbt werden.

    Lösung: Per Gesellschaftsvertrag Minderjährige aus dem Kreis der Nachfolgeberechtigten ausschließen.

II. Entscheidungshilfe für die Rechtsformwahl von Familien-Immobiliengesellschaften

	Pro	Contra
GbR	Unkomplizierte Errichtung (privatschriftlicher/mündlicher Gesellschaftsvertrag, keine Registereintragung).	
	Immobilien sind/bleiben Privatvermögen; steuerfreie Veräußerung nach Ablauf der zehnjährigen Haltefrist möglich.	Keine Haftungsbeschränkung möglich.
		Bestehen eines Sonderkündigungsrechts minderjähriger Gesellschafter.
	Übertragung von Gesellschaftsanteilen auch ohne Notarkosten möglich.	Gefahr eines gewerblichen Grundstückshandels auf Ebene des Gesellschafters aufgrund Zusammenrechnens der Handlungen auf Gesellschafts- und Gesellschafterebene.
(GmbH & Co.) KG mit Privatvermögen	Haftungsbegrenzung in Form einer Kommanditistenstellung möglich.	Erhöhte Gründungskosten der GmbH & Co. KG durch Gründung einer zusätzlichen GmbH.
	Immobilien sind/bleiben Privatvermögen; steuerfreie Veräußerung nach Ablauf der zehnjährigen Haltefrist möglich.	
	Bei „Nur-KG" Übertragung von Gesellschaftsanteilen auch ohne Notarkosten möglich.	
(GmbH & Co.) KG mit Betriebsvermögen		Gefahr eines gewerblichen Grundstückshandels auf Ebene des Gesellschafters aufgrund Zusammenrechnens der Handlungen auf Gesellschafts- und Gesellschafterebene.
	Bei „Nur-KG" Übertragung von Gesellschaftsanteilen auch ohne Notarkosten möglich.	Keine steuerfreie Veräußerung von Immobilien möglich.

	Pro	Contra
	Erbschaftsteuerliche Verschonungsregeln können im Falle von „Wohnungsunternehmen“ greifen.	Besteuerung mit dem persönlichen Steuersatz des jeweiligen Gesellschafters. Sofern die erweiterte Kürzung des § 9 Nr. 1 Satz 2 GewStG nicht greift, fällt zusätzlich zur Einkommensteuer noch Gewerbesteuer an (ggf. Anrechnung der GewSt gem. § 35 EStG möglich).
GmbH	Haftungsbeschränkung zugunsten der Gesellschafter auf das Gesellschaftsvermögen. Gewerblicher Grundstückshandel auf Ebene der GmbH färbt nicht auf den einzelnen Gesellschafter ab. Niedrige Ertragsteuerbelastung von Mieterträgen und Veräußerungsgewinnen auf Ebene der GmbH. Erbschaftsteuerliche Verschonungsregeln können im Fall von „Wohnungsunternehmen“ greifen.	Transfer von Immobilien zwischen Gesellschaft und Gesellschafter löst Grunderwerbsteuer aus. Übertragung von Gesellschaftsanteilen kann ebenfalls Grunderwerbsteuer auslösen. Auf die Erträge der GmbH fällt zusätzlich zur Körperschaftsteuer noch Gewerbesteuer an (sofern keine Kürzung nach § 9 Nr. 1 Satz 2 GewStG möglich ist). Keine Anrechnung der GewSt auf die Einkommensteuer des Gesellschafters nach § 35 EStG möglich. Für Gründung und Übertragung von Gesellschaftsanteilen entstehen Notarkosten.

STICHWORTVERZEICHNIS

E

F

G

H

I

J

K

L

M

N

O

P

Q

R

S

T

U

V

W

Z